Harry Ladiges

Mein lieber Buttje

Harry Ladiges

Mein lieber Buttje!

Feldpostbriefe meines Vaters

Unter Mitarbeit von

Wiebke Kaya
Hildegard Ladiges

Bibliografische Information der Deutschen Nationalbibliothek:
Die Deutsche Nationalbibliothek verzeichnet diese Publikation in
der Deutschen Nationalbibliografie; detaillierte bibliografische
Daten sind im Internet über http://dnb.ddb.de abrufbar.

© 2016 Harry Ladiges
Herstellung und Verlag
BoD – Books on Demand, Norderstedt

ISBN: 978-3-7431-1933-8

Prolog

Im Nachlass meiner verstorbenen Mutter Minna Ladiges fand ich ein gesondert aufbewahrtes Bündel, bestehend aus in Sütterlin geschriebenen, verblassten Briefen. Es waren die aufbewahrten Feldpostbriefe, die mein Vater Willy Ladiges während des 2. Weltkrieges an seine Familie zu Hause geschickt hat.

Ich begann, die Briefe in chronologische Reihenfolge zu sortieren und übersetzte sie in mühevoller Kleinarbeit aus dem damals gängigen Sütterlin ins Hochdeutsche.

Die Sütterlinschriften, die zumeist einfach Sütterlin genannt wurden, sind zwei im Jahr 1911 von Ludwig Sütterlin entwickelte Ausgangsschriften. Ludwig Sütterlin entwickelte diese Schriften im Auftrag des Preußischen Kultur- und Schulministeriums. Um den Kindern das Schreiben lernen zu erleichtern, vereinfachte Sütterlin die Buchstabenformen, verringerte die Ober- und Unterlängen und stellte die relativ breiten Buchstaben aufrecht.

Ich habe versucht diese Briefe so zu übersetzen, wie sie geschrieben wurden. Einige Worte konnte ich leider nicht entziffern. Ich setzte dafür „..." oder „(?)" ein.

In den letzten Jahren hat sich unsere deutsche Sprache mehrfach geändert. Damals wurden Worte zusammengeschrieben, die jetzt getrennt geschrieben werden oder umgekehrt. Schreibform, Groß - und Kleinschreibung, Kommasetzung und anderes hat sich sehr verändert.

Es können sich auch meinerseits einige Schreibfehler eingeschlichen haben. Ich bitte dieses zu entschuldigen.

Feldpostbriefe, die zwischen der Heimat und der Front hin- und hergingen sind Zeugen des Kriegsgeschehens.

Für die im 2. Weltkrieg geschriebenen weit über 40 Milliarden geschriebenen Feldpostbriefe prüften 12.000 Personen, ob diese nach den „Mitteilungen für die Truppe" „inhaltsreich, männlich, fest und klar" waren und keine „geheim zu haltenden Nachrichten" oder „Nachrichten zersetzenden Inhalts" enthielten. Dafür wurden die Briefe mit der Schere geöffnet, mit Klebestreifen wieder verschlossen und mit einem Prüfvermerk versehen.

Wer einmal einen geöffneten Brief mit einem Vermerk der Feldpostprüfstelle empfangen hatte, überlegte sich danach genau, was er noch schrieb oder was er besser wegließ.

Dies führte zu einer inneren Zensur und vermittelte nur bedingt einen tatsächlichen Eindruck über die Lage in der Heimat und an der Front.

Es sind keine spektakulären Briefe, dennoch sind diese Feldpostbriefe gespickt mit persönlichen Details über die eigenen Gefühle meines Vaters, über die Angst um die Familie zu Hause und über die Frage, wie der 2. Weltkrieg wohl enden würde. Die alltäglichen Dinge, die Sorgen und Nöte um die eigene Familie standen im Vordergrund. Zahlreiche ausführliche Beschreibungen gaben mir und meiner Familie damals die Möglichkeit, nachzuvollziehen, wo mein Vater sich ungefähr aufhielt und wie es ihm erging. Für uns waren die detaillierten Beschreibungen über die Länder und Leute, die mein Vater kennen lernte, ein Lichtblick im Kriegsgeschehen und letztendlich ein Lebenszeichen von ihm.

Aus den Briefen geht weiterhin hervor, dass mein Vater in seiner Soldatenzeit von zu Hause mit Dingen des Alltags unterstützt wurde; umgekehrt sandte mein Vater Päckchen nach Hause, gefüllt mit in der Heimat nicht mehr verfügbaren Dingen, die er von seiner eigenen Ration abzwackte oder mit von zu Hause geschicktem Geld besorgte. Weiterhin schickte er Geld von der Front nach Hause, weil er dort nichts damit anfangen konnte.

Im Großen und Ganzen verschaffen diese Feldpostbriefe keinen Überblick über den 2. Weltkrieg, wohl aber einen Einblick über die letzten Lebensjahre meines Vaters.

08. April 1943

Lieber Willemann!

Auch für Dich mal ein paar Zeilen. Von Mama bekommst Du wohl auch öfter mal Post, nicht wahr? Würdest von mir auch mehr Post bekommen, habe aber nicht immer so viel Zeit über. Denn deine Mutti muß ja auch ihre regelmäßige Post haben. Das wirst Du doch gewiß verstehen. Deine Mutti freut sich genau so auf Post von mir als auch die von Dir. Du schreibst doch öfter mal an Mama, nicht wahr? Und Harry schreibt er auch mal? Ich habe bis jetzt noch keine Post erhalten. Aber das macht mir auch nichts aus. Ich weiß ja, daß er gerne spielt und die Freude will ich ihm auch nicht nehmen. Und Du lieber Willemann hast gewiß auch nicht immer Lust, Briefe zu schreiben, nicht wahr? Macht ihr auch noch immer viel Ausflüge? Habt ihr da auch solch schlechtes Wetter? Hier schneit es schon 2 Tage ununterbrochen. Sieht aus, als ob man mitten im Winter wäre. Ist alles wieder weiß geworden. Hier ist überhaupt eine schöne Gegend. Wäre für Dich und Harry und auch für Mama mal eine schöne Abwechslung hier ein paar Wochen zu verbringen. Nur müßte es besseres Wetter werden. So viele Berge wie hier, wirst Du in deiner Gegend wohl nicht zu sehen bekommen. Bist Du auch schon braun geworden oder ist das Wetter noch nicht danach gewesen? Wir haben schon viele schöne Sommertage gehabt. War hier am Tage schon so warm wie mitten im Sommer. Ich habe auch schon ordentlich Farbe bekommen. Lieber Willemann wie geht es Dir denn sonst, bist Du noch immer gesund und macht Dir das Lagerleben noch Spaß? Will es doch hoffen. Hast Du auch schon etwas zugenommen? Mir geht es auch noch gut. Sonst weiß ich nichts mehr zu berichten. Werde aber bald mal wieder etwas von mir hören lassen. So, lieber Willemann für heute erst mal genug. Sei also recht herzlich gegrüßt von Deinem Papa.

Anmerkung:
Der Brief ist an Willy, er war zu der Zeit im KLV-Lager (Kinderlandverschickung) Hellkofen/Niederbayern. Unser Vater war in der Ausbildungskaserne Heuberg im Schwarzwald.

30. Juni 1943

Mein lieber Buttje!

Wir liegen noch immer auf der Bahn. Bis jetzt ist es mir noch nicht über geworden. Das Wetter ist immer noch herrlich. Und die Gegend auch. Sind schon seit gestern Abend über die Grenze. Man merkt es gleich, wenn man in einem anderen Lande ist. Nicht nur die Beschriftung, sondern auch die Wege und Straßen sowie auch die Bebauung der Felder ist hier ganz anders als bei uns. Das Korn steht hier ganz gut. Ist aber nicht so kultiviert (das Land im allgemeinen meine ich). Ungeheure Strecken Weideland ziehen sich an der Bahn entlang. Dann aber auch wieder ungeheure Strecken mit Getreide und Anpflanzungen aller Art. Aus dem Boden könnte natürlich viel mehr herausgeholt werden, aber es wird wohl an Arbeitskräften fehlen. Die Bevölkerung in den Städten ähnelt sich der unseren. Obwohl man von Städten eigentlich gar nicht sprechen kann. Das sind nur ein paar Häuseransammlungen. Von der Hauptstadt des Landes hatte ich mir mehr versprochen. An Größe kommt es vielleicht mit der Stadt Harburg gleich. Die anderen Stationen die wir anlaufen, sind auf Deutsch gesagt, Dörfer. Die Bevölkerung außerhalb der Stadt armselig Die Häuser sind auch im Gegensatz zu unseren noch dürftig. Aber das ist ja nicht immer ausschlaggebend. Denn wer weiß vielleicht leben sie viel glücklicher als andere mit Kultur bedrohte Menschen. Ich will damit nur nicht sagen, daß diese Menschen hier keine Kultur haben. Der Mensch und seine Umgebung wird ja aber meistenteils nach seinem Äußeren beurteilt. Gegensätze wie hier, sieht man sonst wohl kaum. Zerlumpte barfuß gehende Märmer und Frauen. Dagegen wieder Männer und Frauen ordentlich in Zeug. Die Mädels und Frauen auch wie bei uns, die nur ländischen Frauen und Mädels sieht man mit ihren berühmten Kopftüchern. Überhaupt die Mädels kleiden sich auch auf den Dörfern einigermaßen. Sehen auch sonst gut aus, trotzdem sie etwas slawisches an sich haben. Den Unterschied sieht man aber doch, wenn man vom Österreichischen ins Land der Slawen kommt. Da die Männer in ihrer hübschen tiroler Kluft und die Frauen in ihren leichten Kleidern. Wir haben überhaupt gestaunt über die hübschen Menschen in Oberbayern und Österreich. Sind auch viel aufrichtiger und freundlicher als z. B. bei unserer Ausbildungsstätte. Hier sind die Menschen ziemlich zurückhaltend. Kommen aber doch an den Zug. Gestern haben sie ganz kleine Waffeln angeboten, das Stück für 1.-, hatten vielleicht einen Wert von 10 Pfg. Ist aber doch von einigen gekauft worden. Vor allen Dingen wollten sie tauschen. Heute hat einer von uns sein Feuerzeug für 50 Zigaretten eingetauscht. Preise nehmen sie hier, daß ist direkt enorm. 1 Zigarette = 30 Pfg., 1 Bier 1.20 bis 1.40 M. Habe aber von dem edlen Zeug noch nichts getrunken, dafür ist mir das Geld doch zu schade, Gestern habe ich mit einem Urlauber gesprochen, der schon weiter südöstlich war. Danach sind die Aussichten in punkte Rauchwaren gut. Denke, daß ich Dir dann auch etwas schicken kann. Dafür kannst Du mir aber Zigarettenpapier schicken. Kannst ja mal sehen ob Du jetzt schon etwas organisieren kannst. Denn das ist hoch im Kurs, Tabak soll es genug geben, aber auch da wird hauptsächlich getauscht. Ich denke doch, daß Du alles entziffern kannst. Habe diesen Brief zum größten Teil während der Fahrt geschrieben. Sonst geht es mir noch immer gut. Hoffe dasselbe auch von Dir und Harry. Haben eben ein paar Minuten Aufenthalt gehabt. Es geht aber schon wieder weiter. Hatten schon unser Eßgeschirr bereitgehalten, dachten es gäbe schon Mittagessen. Werden es wohl auf der nächsten Station erhalten. Das Essen ist noch immer gut. Haben heute morgen auch wieder 6 Zigaretten bekommen. Wird wohl eine Tagesration sein. Haben vorgestern auch schon mal 12 Stück bekommen. Also mein lieber Buttje fürs erste erstmal genug. Ich hoffe, daß Dich das von mir geschriebene interessiert. Halte Dich und auch Harry gesund und munter es grüßt und küßt Euch Beiden herzlich Dein Willy und

Dein Papa. An meinen Eltern u. Geschwistern sowie an Deine Mutter, Emil, Frida und Harro auch einen schönen Gruß.

Anmerkung: Mit „Buttje" ist unsere Mutter gemeint.

Sohn Willy wurde nicht gegrüßt, da er sich zu dieser Zeit nicht in Hamburg, sondern im KLV-Lager in Helkofen/Bayern befand.

02. Juli 1943

Mein lieber Buttje!

Ich bin gestern garnicht zum Schreiben gekommen, werde es aber heute nachholen. Den Brief von vorgestern habe ich noch nicht befördert. Hatte noch keine Gelegenheit dazu. Wir rollen immer eben weg. Haben manchmal am Tage und in der Nacht auch viel Aufenthalt. Gestern hatten wir 5 Stunden Aufenthalt. Werden wohl noch einige Tage auf der Bahn liegen. Die Gegend ist immer noch hübsch und abwechslungsreich. Gestern sind wir fast den ganzen Tag durch flaches mit Getreide und Wein bebautes Land gefahren. In der Ferne sah man die Berge. Heute fahren wir wieder durch bergiges Land. An beiden Seiten Berge und in der Mitte die Bahn und ein Fluß. Beinahe wie im Donautal. Die Donau haben wir gestern auch schon überquert. Sind heute direkt im Zick-Zack-Kurs gefahren. Die Tunnel, die wir durchqverten, wollten gar kein Ende nehmen. Ungeheuer lang waren sie auch. Die Leute gehen auch hier schlecht in Zeug. Größtenteils laufen sie barfuß. Ihre Trachten sehen trotzdem nett aus. Ist auch guter starker Stoff. Scheint selbst gewirkt zu sein. Durch den Krieg werden sie aber wohl in solch schlechten Zustand gekommen sein. Städte, wie bei uns, habe ich noch nicht gesehen. Sind alle nur klein und furchtbar unsauber und ziemlich verfallen. Zwischen den einzelnen Ortschaften liegen immer etliche Kilometer. Sind furchtbar weit auseinander. Zu den Weiten des Landes steht die Bevölkerungszahl in gar kein Verhältnis. Auch gibt es bei uns garnicht, daß die Obstbäume an den Feldwagen stoßen. Es stoßen Kirschen - Pflaumen und Pfirsichbäume an den Wagen und außerhalb der Felder winken uns Buschwerk und fruchtige Bäume. Die Bevölkerung kommt an die Bahn um zu tauschen. Zu erst hatten sie nicht viel zu bieten, da kamen sie mit Kirschen und Pflaumen zum tauschen gegen Brot. Aber heute morgen (3.7.) lagen wir auf einer Station, da war ein richtiger Tauschhandel. Zigaretten und Tabak gab es in reichen Mengen. Aber nur gegen Artikel. Feuerzeuge, Feuersteine, Uhren, Ketten und sonstige Sachen. Auch Pantoffel und alte Unterwäsche haben sie genommen. Unser Geld haben sie nicht angenommen. Haben noch nichts eingewechselt. Können es auch nur in einem größeren Ort. Zigaretten und Tabak sind einfach blendend, da kommt selbst der holländische nicht mit. Vor allen Dingen ist er auch billig. Die Einwohner rauchen alle Zigaretten, ob alt oder jung. Sogar die kleinen Jungen rauchen ihre Zigaretten. Wovon die Leute leben ist mir allerdings ein Rätsel. Man sieht sie mit der Bahn fahren (Mir kommt es auch so vor als wenn sie überhaupt nicht bezahlen, für die Fahrt). Schalter und Bahnbeamte, die die Karten auf der Bahn prüfen, habe ich noch nicht gesehen. Man sieht die Einwohner viel an den Landstraßen gehen in ihrer malerischen Tracht mit einer Tasche an der Seite. Was sie machen und wovon sie leben ist mir ein Rätsel. Bei der Feldbestellung sieht man aber auch viele. Die Kleidung ist bei den Balkanvölker fast alle die gleiche. Sieht aber doch hübsch aus, trotzdem sie größtenteils in schlechtem Zustand sind. Vorgestern und gestern haben wir nicht viel zurückgelegt. Haben alle Augenblicke halten müssen. Müssen immer warten, bis der entgegenkommende Zug vorbei ist. Und das dauert manchmal Stunden. Von gestern Nacht 1 Uhr bis früh morgens Va 8Uhr haben wir auf einer Station gelegen. Die Fahrt selbst ist eigentlich nicht aufregend. Wir haben in unserem Waggon außer der Nachtlager noch 9 Hängematten. Letzte Nacht habe ich auch in einer solchen zugebracht. Am Tage habe ich schon öfter drin gelegen. Ist direkt knorke. Man kann dann schlafen, lesen und auch die Welt begucken. Und das ist bestimmt sehenswert. Habe mir nie träumen lassen, das ich diese Ecke noch mal durchreisen könnte. Schildern kann man es garnicht, muß man gesehen haben. Wann ich diesen Brief aufgebe weiß ich noch nicht, hoffe aber, daß Du ihn erhältst.

Denke vor allen Dingen an Zigarettenpapier, damit ich noch etwas zum Tauschen habe. Wenn wir angelangt sind, werde ich Dir auch sofort schreiben. Gelesen habe ich auch schon einige Bücher. Hat Frau Heiden von Ernst schon Nachricht? Das alte Feuerzeug, welches ich dir mitgegeben habe, kannst Du mir auch gelegentlich mitschicken. Kann es vielleicht auch an den Mann bringen. Denn vor allen Dingen sind sie auf Artikel zum Tauschen scharf. Will nun man schließen, hoffe daß ich den Brief bald los werde.

Halte Dich also gesund und munter es grüßt und küßt Dich herzlichst dein Willy, an Harry auch einen herzlichen Gruß. Gleichfalls an meine Eltern und Geschwister sowie an Deine Mutter, Emil, Frieda und Harro. An Tante Jung, Tante Marie und Onkel Ernst, Emil Kahns, Trude und Hilde. Für Familie Nerlich auch einen herzlichen Gruß. Haben eben gerade unsere Tagesration Zigaretten erhalten, Grade 6 Stück.

Also lieber Buttje viele Grüße und Küsse Dein Willy.

Freitag, den 16. Juli 1943

Mein lieber Buttje!

Sind wieder in unserem vorläufigen Quartier gelandet, Heute hatten wir schon zur rechten Zeit Dienstschluß. Haben die Zeit genutzt und einen Stadtbummel gemacht. Zu sehen gibt es genug. Allein die Händler beim Verkauf und Angreifung ihrer Ware zu sehen lohnt sich. Die Kinder sind fast noch geschäftstüchtiger wie die Alten. Mit ihren Bauchladen oder mit kleinen Beuteln und Körben laufen sie durch die Stadt und bieten ihre Waren an. In Tauschgeschäften sind sie auch groß. Die Bahnhöfe und Durchgangsstationen belagern sie auch. Man muß sich nur wundern, wo sie immer so schnell herkommen.

Heute habe ich mich auch knipsen lassen. Ist aber doch nicht zu meiner Zufriedenheit ausgefallen. Ich habe mich mit dem Fotografen noch eine ganze Zeit abgesabbelt, aber das nützte auch nichts, denn wir haben uns ja doch nicht verständigen können. Also

zahlte ich und nahm das Bild mit. Ich glaube doch, daß Dir das Bild trotzdem Freude machen wird. Rosinen oder Korinten werde ich Dir wohl auch noch schicken können. Sollen welche noch bekommen. Wenn Du mal Zeit hast, schicke mir doch meine Turn - und Badehose mit. Das Wetter ist immer noch ein Tag wie der andere. Klarer blauer Himmel und Sonnenschein. Und viel viel warm. Moskitos gibt es hier aber noch nicht. Werden aber wohl noch Bekanntschaft mit garstigen machen. - Sonst kann ich Dir mitteilen, daß es mir noch gut geht. Dasselbe hoffe ich auch von Dir und Harry. Also lieber Buttje! Für heute erst mal genug, will noch an meine Eltem schreiben.
Halte Dich gesund und munter es grüßt und küßt Dich uind Harry herzlichst Dein Willy und Papa.

Sonntag, den 18. Juli 1943

Mein lieber Buttje!

Habe mir den ganzen Tag schon vorgenommen, das Paket zu packen und den Brief dazu zu schreiben. Ich bin heute garnicht recht auf``n Damm, Habe mir einen ganz dollen Durchmarsch geholt, Fieber habe ich auch dabei. Das geht mir aber nicht alleine so, Ist eine allgemeine Erscheinung, Die meisten von uns haben es schon gleich zu Anfang gehabt. Hoffentlich bin ich da schnell mit durch. Gestern haben wir Rosinen und Korinthen bekommen. Ich glaube, daß Du Dich zu dem kleinen Paket freuen wirst. Ein paar Zigaretten habe ich auch beigelegt. Es sind noch welche aus dem Bulgarischen, die sind sogar noch besser als die griechischen. Wenn man genug Geld hätte, könnte man hier allerhand einkaufen. Zu haben ist hier noch alles. Wir bekommen aber nur die Hälfte unserer Löhnung in Drachmen und die andere Hälfte in Wehrmachtsgeld.
Für 10,. M. gibt es 6000 Drachmen, 20 Zigaretten kosten 1200 Drachmen, Rosinen 1600 bis 2000 und Obst ist auch so teuer. Für das Wehrmachtsgeld, das man aber nur in Wehrmachtslokalen ausgeben kann, bekommt man auch nicht viel. Eine Flasche Bier

kostet 3.50 M, Wenn man die schönen Sachen sieht, möchte man am liebsten kaufen. Schicken lassen kann man sich auch kein Geld. Es wird mämlich nicht eingewechselt. Wir sind noch immer in Saloniki, sollen aber in den nächsten Tagen verschifft werden. Kommen auf eine kleine Insel, den Dardarnellen vorgelagert. Sie heißt Limnos. Es soll da ganz ruhig zugehen. Nur wird es da wohl noch heißer sein wie hier.
Lieber Buttje! Halte Dich also gesund und munter, es grüßt und küßt Dich herzlichst Dein Willy.
Will gleich wieder ins Bett, damit ich bald wieder gesund bin. Fühle mich ganz
flau in den Knochen.
2 Briefe habe ich einem Kameraden mitgegeben. Trage sie schon einige Tage
mit mir herum. Konnte sie nicht los werden.

Montag, den 19. Juli 1943

Mein lieber Buttje!

Komme eben gerade wieder zurück. War in der Stadt und habe mir das über den hiesigen Rundfunk übertragene Volkstümliche Konzert angehört. War sehr schön. Will jetzt noch schnell die Zeit nutzen und Dir ein paar Zeilen zu schreiben. Mir geht es heute schon wieder besser. Mittagessen und Zigarette schmeckte schon wieder. Und wenn die Zigarette erst wieder schmeckt ist das Schlimmste auch vorbei. Letzten Sonnabend war ich im Kino und habe den Film „Münchhausen" gesehen. War der erste Farbfilm den ich gesehen habe. Die Ausstattung war ja ganz groß mit der Handlung war aber nicht allzuviel los. Für die Ausstattung muß ja eine Unmasse Geld ausgegeben sein. Im Kino selbst war es trotzdem vor Beginn sämtliche Türen auf waren, eine ungeheure Wärme. Mir ist das Wasser in Bächen den Körper runtergelaufen. Mein Taschentuch war ganz naß. Über die Wärme können wir uns nicht beklagen. Ein Tag ist wie der andere, immer die gleiche Hitze.

Ob es hier im Zimmer einen Witterungsunterschied gibt, glaube ich garnicht, denn so lange wir hier sind, ist das Wetter immer beständig gewesen. - Die längste Zeit sind wir wohl auch hier gewesen, denn wahrscheinlich geht es morgen weiter unserem Bestimmungsort entgegen. Post habe ich bis jetzt, außer Deinen Brief vom 7.7., noch nicht wieder erhalten. Und doch, das Illustrierte Blatt und die Fußballwoche habe ich noch bekommen. Von Marta bekam ich gestern und von Andreas heute einen Brief. An Marta und Andreas habe ich gleich wieder geschrieben. - Hast Du eigentlich von Ernst Heiden etwas gehört? Wenn ja, schreibe mir doch mal. - Das Paket, das ich gestern für dich gepackt habe geht morgen auch von hier ab. Es ist heute nicht mehr mitgekommen. 40 Zigaretten habe ich für dich auch mit beigelegt. Hoffe, daß alles gut überkommt und Euch alles gut schmecken wird. Ich würde Dir ja gern öfter etwas schicken aber wie ich dir schon mitteilte ist es alles hier zu teuer. Na, hoffentlich bekommen wir öfter mal Marketenderware, dann kann es doch noch was werden. - Die Hauptsache ist ja, daß an unserem neuen Bestimmungsort genug zu haben ist. - Wir können hier jeden Tag auf Stadturlaub gehen. Bis jetzt habe ich es auch jeden Tag gemacht. Und wenn ich auch nur ein bißchen am Wasser spazieren gegangen bin. In der Mittagszeit während der größten Hitze haben wir ein paar Stunden Bettruhe. Die kann man aber auch gut gebrauchen. Und abends ist immer zur rechten Zeit Dienstschluß. Ich wollte diese Seite noch voll schreiben, schaffe es aber doch nicht. Denn erstens ist es schon ziemlich spät und dann bin ich mit meiner Weisheit auch zu Ende.
Also lieber Buttje! nächstes Mal mehr. Sei also recht herzlich gegrüßt und geküßt von Deinem Willy, Grüße mir Harry auch schön. An meine Eltern und Geschwister sowie Deine Mutter, Emil, Frieda und Harro auch einen schönen Gruß. Das gleiche auch an Herr und Frau Nerlich, Emil Kahns, Trude und Hilde.

Im Süd-Osten, den 25. Juli 1943

Mein Lieber Buttje!

Deinen Brief von 23. Juni habe ich gestern erst erhalten. Meinen besten Dank. Der Brief wird wohl erst über H. gegangen sein. Daher wohl auch die Verspätung. Mit der Postzustellung wird es jetzt auch nicht mehr so schnell gehen. Denn so oft geht sie von hier nicht weg. Ich denke aber, daß Du meine Post, die ich in kurzen Abständen während der Fahrt geschrieben habe, jetzt wohl schon alle erhalten hast. Wie ich im letzten Brief, den ich vor 2 Tagen an Dir geschrieben habe, schon mitteilte, sind wir ohne Zwischenfall an unseren Bestimmungsort angekommen. Unser Quartier haben wir inzwischen auch schon wieder gewechselt. Wir wurden gestern schon wieder abgelöst. Leider hatten wir uns dort ganz gut eingelebt. Augenblicklich sind wir in der Stadt Stadt ist ja ein bißchen zu viel gesagt. Ist nämlich nur ein Häufchen Häuser. Die Städte, die ich bis jetzt hier im sonnigen Süden gesehen habe, sind aber nicht allzu groß. Auch hier durchweg nur kleine Häuser. Gestern habe ich mich beim Frisör mit dem Inhaber unterhalten, der erzählte mir, daß es hier früher ein reges Leben und Treiben war. Viele große Schiffe sollen hier rein- und rausgegangen sein. Klein Paris haben sie den Ort genannt. Er hat mich auch gleich gefragt, ob ich nicht irgend etwas zu verkaufen hätte. Auf Hautcreme und Kämme war besonders scharf. Zu kaufen gibt es hier leider nicht viel. Außer Obst und Eier habe ich eigentlich noch nichts gesehen. Zigaretten sind hier auch nicht zu haben. Bin aber augenblicklich noch mit einigen versorgt. Habe heute noch 20 in unserer Kantine bekommen. Morgen will ich noch mal Ausschau halten, ob ich doch noch etwas einkaufen kann. Wollte für Dich gerne noch ein Paket fertig machen. - Die Hauptsache dabei ist ja, daß es alles gut rüberkommt und nicht zu den Fischen geht. Hast Du das Paket, das ich vor einer Woche abschickte schon erhalten? Ich hoffe doch. Wäre sonst zu ärgerlich. Mit der Post kann es jetzt auch leicht mal vorkommen, daß sie verloren geht. Kann deshalb leicht mal vorkommen, daß Du eine ganze Zeit ohne Post bist. Ich glaube aber, daß Du das vertragen wirst. Denn die Hauptsache ist ja, daß Du weißt, das es mir gut geht und sonst eigentlich nichts zu befurchten ist. Hast Du die Abzüge inzwischen schon erhalten? Richard Heinitz fragte heute morgen auch danach. War heute morgen hier, hat Verpflegung für seine Truppe geholt. Haben gestern auch schon ihr 2. Quartier bezogen. Kam wie ein Eingeborener mit einem Esel angetratscht. - Ob ich nun hier in der Stadt bleibe, weiß ich noch nicht. Wechselt hier von Tag zu Tag. Würde gerne wieder auf meinem Stützpunkt gehen. Denn da draußen mit seine Gruppe seinen Dienst machen, bringt doch mehr Laune. Vor allen Dingen auch die Ruhe in der Einsamkeit tut gut. Obwohl wir auch hier genug Ruhe haben, gefällt es mir doch besser. Denn in der Stadt geht es doch immer ein bißchen kasernenmäßig zu. In die Stadt können wir auch jeder Tag gehen, werde da aber nicht viel Gebrauch von machen. Denn was soll man dort schon groß anfangen. Und um ins Lokal zu gehen und Wein zu trinken, habe ich auch keine Lust. Erstmal ist es alles ziemlich teuer hier und zweitens bin ich auf Wein garnicht so versessen. Ich lege mich lieber ein bißchen an den Strand und schaue ins Weite. Der Strand ist nur ein paar Meter vom Haus entfernt. Ein herrlicher Anblick. Möchte nur, Du könntest es auch alles mal so sehen. Aber das wird wohl für uns gewöhnliche Erdenbüger nur ein frommer Wunsch bleiben. Die Bevölkerung ist uns hier sonst ganz freundlich gestimmt. Sind im Allgemeinen auch ziemlich sauber. Obwohl es hier Ungeziefer genügend gibt. Vor allen Dingen gibt es Wanzen in rauhen Mengen. Ich selbst habe aber mit ihnen noch keine nähere Bekanntschaft gemacht. Scheint als sagt meinem Blut ihnen nicht zu. Moskitos gibt es hier nicht. Vielleicht schon daher, weil es hier immer etwas windig ist. Sollen sich ja hauptsächlich in ruhigen Gewässern und Tümpeln aufhalten. Augenblicklich ist der Strand ganz leer, nicht ein einziges menschliches Wesen ist auf der Straße und am Strande zu sehen. Der größte Teil von meinen Kameraden haben sich ins Bett zum Schlafen gelegt, nur einer außer mir sitzt am Tisch und schreibt wie auch ich an meine Lieben. Wenn ich diesen Brief beendet habe, werde auch ich mich in die kühlen Fluten stürzen. Meine Bade- und Turnhose vermisse ich sehr. Und nun zu den Wichtigsten aus deinem letzten Brief. Ehrlich gesagt hat es mir einen ordentlichen Schlag versetzt. Ich glaube auch, daß Paul seine Freud(?) und Leiden mit ihrer Klatscherei keinen guten Dienst erwiesen hat. Denn ich kann es nicht ändern was ich einmal begangen habe, trotz aller guten Worte die man dafür in Anwendung bringen könnte. Habe ich auch nicht die Absicht Dir dafür, weil es nicht so war wie es hätte zwischen uns sein sollen, etwa die Schuld in die Schuhe zu schieben. Ich will auch ganz ehrlich sein, ich hatte damals einfach nicht den Mut es Dir zu sagen, wollte Dir auch nicht unnötig das Herz schwer machen. Bin auch von dem Grundsatz ausgegangen, was man nicht weiß, macht einem nicht heiß. Denn umgekehrt würde mir die Wut hochkommen. Eine Antwort selbst hieraufhalte ich schriftlich doch nicht für richtig. Glaube auch, daß wir uns mündlich gerade in dieser Sache besser aussprechen. Sonst kannst Du aber ganz beruhigt sein, ein gewisser Herr L. wird dir keinen Anlaß zur Klage geben. Glaube auch nicht, daß es in den letzten Jahren der Fall war. Ich glaube und hoffe auch, daß Du in Erinnerung all der schönen Stunden, die wir zusammen verlebt haben, über diese Geschichte so gut es geht wegkommen wirst. Und sonst kann man zu Paul's Frau nur wohl sagen: Wenn über eine Sache mal endlich Gras gewachsen ist, kommt sicher ein Kamel gelaufen, daß alles wieder runterfrißt. - Von Willy habe ich immer noch keine Post erhalten. Hat wohl jetzt in der Erntezeit viel zutun. An Hinni und Martha habe ich eben auch geschrieben und an meine Eltern schon Freitag. Wollte an Frieda, Willy und Harry auch noch schreiben, ist aber doch schon etwas spät geworden. Wollte gern noch etwas an den Strand zum Baden. Vielleicht komme ich da ja morgen zu. Frieda und Emil haben auch schon lange keine Post von mir erhalten. Werde schließen, der Stoff ist mir auch ausgegangen.

Also lieber Buttje! Sei nicht mehr böse, halte Dich gesund und munter es grüßt und küßt Dich und Harry Dein Willy und Dein Papa. An meine Eltern und Geschwister sowie an Deine Mutter, Frieda, Emil und Harro auch einen schönen Gruß. Dasselbe auch an Nerlich und Frau, sowie an Emil Kahns, Trude und Hilde.

Im Süd-Osten, den 25. Juli 1943

Mein lieber Willemann!

Haben beide lange nichts von uns hören lassen, nicht wahr? Du hast bestimmt augenblicklich nicht viel Zeit zum Schreiben. Habt wohl während der Erntezeit viel zu tun. Während unserer Fahrt hierher hatte ich auch nicht viel Zeit. Werde es jetzt aber nachholen. Mir geht es sonst noch gut, hoffe dasselbe auch von Dir. Ich komme hier viel zum Baden. Das Wetter und auch das Wasser ist einfach herrlich. Warm ist es hier ganz enorm. 50-60 Grad haben wir hier jeden Tag.
Lieber Willemann! Nächstes Mal mehr. Halte Dich gesund und munter es grüßt Dich herzlichst Dein Papa.
Anmerkung:
Mein Bruder (Willy) war zu der Zeit im KLV-Lager (Kinderlandverschickung) in Hellkofen über Sünching, Bez. Regensburg.

Im Süd-Osten, den 26. Juli 1943

Lieber Hans und liebe Dora!

Einen schönen Gruß aus dem sonnigen Süden sendet Euch Euer Bruder und Schwager Willy. Unsere herrliche Fahrt haben wir ohne Unterbrechung beendet. Sind am letzten Mittwoch hier angekommen. Das letzte Stück der Fahrt haben wir mit einem Dampfer zurückgelegt. - Wir hatten zuerst eine Stellung direkt am Meer bezogen. War ein herrliches Leben. Nur war es zu schnell beendet. Hatten uns in der kurzen Zeit gut eingelebt und auch mit den Eingeborenen so gut es ging angefreundet. Gab da allerhand zu organisieren. Haben die paar Tage wie Gott in Frankreich gelebt. Melonen, Gurken, Zwiebeln, Erbsen, Bohnen Eier und Milch, direkt von der Kuh, gab es in rauhen Mengen. Wir sind dann aber nach 3 Tagen wieder abgelöst worden. Seit Sonnabend sind wird jetzt schon wieder in der Stadt (Es nennt sich jedenfalls so). Wir liegen in einem ganz netten Bau direkt am Meer. In der Stadt selbst gibt es eine Hauptstraße, die noch nicht einmal so breit wie der Grimm in Hamburg ist. Von der Straße gehen noch ein paar Gassen ab. Die Häuser sind alle ziemlich verfallen. Hauptsächlich sind in der Straße Kneipen und Gemüsegeschäfte vorhanden. Viel zu kaufen gibt es hier nicht mehr. Ist auch alles enorm teuer hier. Zigaretten sind auch so gut wie garnicht zu haben. Wir haben in der letzten Zeit von unserer Komp. erhalten. Rosinen und Korinthen haben wir heute auch schon wieder zu einem annehmbaren Preis erhalten. Ein Paket habe ich schon vor 14 Tagen abgeschickt. Wir können im Monat nur zwennal je 1 Kg- Paket nach Hause schicken. Hätte Euch sonst auch ein Paket geschickt. Wir sollen in Zukunft von unserer Komp. auch mehr mit Obst und Gemüse versorgt werden. Der Wein ist auch schon beinahe reif und an den Feigenbäumen sitzt auch schon allerhand dran. Ganz nette Aussichten nicht wahr? Vielleicht bekommen wir auch durch unsere Komp. das schöne Olivenöl. - Sonst kann es hier aushalten. Bis jetzt noch schön ruhig und friedlich. Der Dienst ist auch nicht anstrengend. Das Wetter immer noch gut. Jeden Tag Sonnenschein. Zum Baden gehe ich jeden Tag ein Paar Mal. Das Wetter ist auch herrlich. Ungefähr wie an der Ostsee. Ist hier hauptsächlich bergiges Gelände. Viel ausgedörtes, unfruchtbares Land. Und trotzdem muß man staunen, daß überhaupt noch so viel wächst. - Nach dem gestrigen Wehrmachtsbericht muß der Tommy ja wieder mal ordentlich in Hamburg gehaust haben. Hoffentlich ist bei Euch alles heil und gesund geblieben. Lieber Hans und Dora haltet Euch gesund und munter es grüßt Euch herzlichst Euer Bruder und Schwager Willy. Viele Grüße auch an Papa und Mama, sowie an Martha, Paul und Marion.

Anmerkung:
Komp.: Kompanie

Im Süd-Osten, den 27. Juli 1943

Mein lieber Buttje!

Ich habe wieder einmal Rosinen und Korinthen bekommen und habe sie gleich zu einem Paket gepackt. Das Paket muß nämlich noch bis zum 31.7. abgegeben sein, sonst wird es für den nächsten Monat mitgerechnet. Und dann kann ich nur noch ein Paket für August schicken. Wir sind nach der Insel Limnos gekommen. Ist nicht ganz so weit als nach der zuerst vorgesehenen. Ich habe von gestern Abend bis heute Abend Wache. Habe sie aber bis auf zwei Stunden schon rum. Brauche erst wieder von 16-18 Uhr stehen. Jetzt ist es 1/2 10 Uhr. Habe also den ganzen Vor- und Nachmittag frei. Muß mich aber im Wachlokal aufhalten. Der Dienst ist hier zu ertragen. Haben eigentlich nur Wache zu stehen. Neuerdings gibt es hier auch Arbeitsdienst. Wird sich aber auch nicht bei uns ... Von morgens 11 Uhr bis nachmittags 1/2 4 Uhr wird garnichts gemacht. Wegen der Hitze schon. Regen kennt man hier fast garnicht. Seit April hat es hier dreimal geregnet. Hat aber nur ein bißchen geschmuddelt. Die Erde ist nicht mal reichtig naß geworden. Das Land ist hier richtig ausgedörrt. Kein Wunder bei der ununterbrochen scheinenden Sonne. Und trotzdem muß man sich wundern, daß überhaupt noch etwas wächst. Lange werde ich wohl auch nicht in der Stadt bleiben. Werden nach einer bestimmten Zeit ausgetauscht. Aushalten läßt es sich aber hier wieder. Vom Krieg sehen und hören wir hier garnichts. Ist das für Dich eine Beruhigung nicht wahr? Deinen Brief vom 23. Juni habe ich letzten Sonnabend erst erhalten. Konnte ihn darum auch nicht eher beantworten. Hast doch bestimmt gedacht, ich wollte kneifen, oder ist es doch nicht so. Ich hoffe auch, daß Du Dich inzwischen wieder beruhigt hast. Grund zu einer Beunruhigung hast Du ja auch nicht. Weißt doch ganz genau, daß ich nur Dich lieb habe. Wenn er auch mal manchmal seine Eigenheiten hat, nicht wahr? Aber das tut der Liebe doch keinen Abbruch. - Der Tommy hat in den letzten beiden Tagen ja wieder mal ordentlich in Hamburg gehaust. Hoffe nur, daß im Hause alles heil und gesund geblieben ist. Man ist doch immer in

Unruhe. Jetzt noch viel mehr, da die Post so spärlich und es mit dem Überkommen solange dauert. So mein lieber Buttje ich will jetzt auch schließen, ich hoffe, daß Du und auch Harry das Paket bei guter Gesundheit erhaltet und es Euch schmecken werdet. Es grüßt und küßt Dich und Harry vielmals Dein Willy und Dein Papa.

Anmerkung:
Aus dem Bericht der Feuerwehr zum 50. Jahrestag der Bombenangriffe auf Hamburg (Auszüge): „Während des 2. Weltkrieges wurde die Zivilbevölkerung unmittelbar und massiv in militärische Handlungen einbezogen. Gezielte flächenmäßige Abwürfe von Bomben auf Wohngebieten sollten den Durchhaltewillen der Bevölkerung brechen. In den Tagen vom 25. Juli bis zum 3. August 1943 war Hamburg Ziel der bis dahin größten Luftangriffe auf die Stadt.

Sieben Luftangriffe

- zerstörten 2293 qkm Stadgebiet,
- 40414 Wohnhäuser waren nicht mehr bewohnbar,
- 31647 Menschen wurden Opfer der Bomben,
- 8500 Tonnen Spreng- und Brandbomben entfachten einen Feuersturm von bis dahin nicht gekannter Größe. Die Planungen der Organisationen für den Luftschutz lösten sich buchstäblich in Rauch auf,
- durch Flüssigkeits- und Phosphorbomben wurden an vielen Stellen große Wohnhäuser vom untersten Geschoss her schlagartig in Brand gesetzt. Rund 25 Minuten nach dem Fallen der ersten Bomben wurden Blockbrände beobachtet. Vierstöckige Wohnhäuser brannten innerhalb von 30 Minuten auf. Durch die an diesen Tagen herrschenden besonderen atmosphärischen Bedingungen entwickelte sich ein Feuersturm von orkanartiger Stärke, Dächer wurden durch die Luft gewirbelt, Bäume abgedreht und Menschen in das Zentrum der Flammen gerissen.

Viele Tausende Menschen erstickten in den Luftschutzkellern, weil der in den Straßen tobende Feuersturm allen Sauerstoff aufsog. Die neben der CO-Vergiftung häufigste Todesart war die Hyperthermie infolge der glühenden Hitze. Es wurden Temperaturen bis 800° erreicht."

Im Süd-Osten, 29 Juli 1943

Mein lieber Buttje!

Dieses Paket sollte eigentlich meine Mutter haben. Für Dich habe ich gestern ein 1 Kg-Paket abgeschickt. Ich hoffe, daß es überkommen wird, dann kannst Du dieses Paket ja meiner Mutter geben. Habe die Adresse verkehrt draufgeschrieben. Mit Schnur zu verpacken bin ich sehr knapp. Kannst ja gelegentlich etwas mitschicken, Post habe ich immer noch nicht erhalten. Es wird erzählt es sollen einige kleine Dampfer mit Post untergegangen sein, damit muß man schon rechnen. Auch Du denn die Post die von hier abgeht, kann genau so zu den Fischen gehen. Hoffentlich geht es Euch noch allen gut. Man ist direkt in Sorge, jetzt nach den vielen Angriffen auf Hamburg. Wenn die Zustellung der Post nicht so lange dauern würde ginge es noch. Aber was kann ich in der langen Zeit in der man nicht zu hören bekommt, alles passieren. Ich will aber hoffen, das alle Schrecknisse des Krieges an uns vorübergehen werden. Es wäre ganz schön, wenn Du mit den Beiden außerhalb Hamburgs zubringen könntest, - Mir geht es sonst immer noch gut. Ich hoffe es von Dir und Harry auch. Willemann wird jetzt ja auch bald wieder bei Dir zu Hause sein. Freust Dich bestimmt schon, nicht wahr?
Lieber Buttje, ich hoffe, daß Du das Paket bei guter Gesundheit erhältst. Sei also recht herzlich gegrüßt und geküßt von Deinem Willy. An Harry auch einen schönen Gruß. An meine Eltern und Geschwister, sowie an Deine Mutter, Emil, Frieda und Harro. Dasselbe auch Nerlich und an Familie Kahns.

Im Süd-Osten, den 30. Juli 1943

Mein lieber Buttje!

Vorgestern habe ich ein Paket für Dich aufgegeben (1Kg). Und gestern ein von ungefähr ½ Pfd.. Das kleine Päkchen hatte ich eigentlich als eine Kostprobe für meine Mutter vorgesehen. Ich habe ganz in Gedanken Deine Adresse drauf geschrieben. Sollte aber eins verloren gehen, dann kannst du es behalten. Will aber hoffen, daß alles überkommen wird. In den Paketen habe ich dieses Mal nur Sultaninen und Korinthen. Zigaretten habe ich augenblicklich nicht viel. In der Stadt sind gar keine zu haben. Habe letzte Woche in unserer Kantine allerdings 4 Schachtel a 20 Stück abgekauft. Sollte nur 20 Stück haben. Bin aber jeden Tag hingegangen und habe mir 20 Stück gekauft. Wäre sonst schon lange ohne Zigaretten gewesen. Ich bin 2 Tage schon wieder außerhalb der Stadt. Und wenn man nicht in der Stadt bei der Komp. ist, bekommt man nicht so oft etwas von der Marketenderware ab. In der Hinsicht ist es besser, wenn man in der Stadt stationiert ist. Hätte sonst auch von den Sultaninen und Korinthen nichts abbekommen. Denn die Kameraden mit denen ich hier zusammen bin, haben keine gekriegt. - Post habe ich auch noch keine wieder erhalten. Eben ist aber von unserer Komp. durchgerufen worden, daß welche für uns angekommen ist. Hoffentlich ist für mich auch welche dabei. Man freut sich doch auf jedes kleine Lebenszeichen. Ich schreibe jetzt auch öfter, damit Du, wenn wirklich Post verloren gehen sollte, nicht so lange auf Post zu warten brauchst. - Unsere Fahrt zu unserem neuen Stützpunkt war nicht ganz nett. Haben für die Fahrt, die sonst in einer Stunde zurückzulegen ist, fast 12 Stunden gebraucht, hatten uns oft verfahren und mußten um uns von einer anderen Einheit die genaue Wegstrecke geben zu lasen, 17 km wieder zurück. Als wir in dem kleinen Ort abkamen, war da gerade eine Filmveranstaltung (Freilichtbühne). Wie der erste Film hieß, weiß ich nicht, kamen gerade mitten im Stück an. Wir haben natürlich die Gelegenheit wahrgenommen und haben uns die Vorstellung angesehen. Einen zweiten Film gab es auch noch, Und zwar: „Ich liebe Dich und kenn

Dich nicht" gab es auch noch. Es ist zwar ein alter Film, war aber doch ganz schön. Willi Forst und Magda Schneider spielten drin mit. Nach dem Film wurde unser Auto überholt und es ging dann wieder weiter. Allzuweit sind wir aber nicht gekommen, kriegten wieder Panne. Wir wurden dann nach dem letzten Ort abgeschleppt. Wo wir dann übernachteten, Viel Schlaf habe ich nicht bekommen. Waren keine Betten mehr für uns frei. Morgens früh ging es dann mit einem anderen Fahrzeug weiter. Sind dann auch nach einer kurzen Fahrt gelandet, Waren schon auf die Verlustliste gesetzt, dachten wir wären in einem Schützengraben gekippt. Leicht möglich ist es, denn die Straßen sind alles andere als vorbildlich. Wenn man durch einen Ort fährt, muß man direkt Angst haben, daß man die Häuser mitnimmt. Durch die Straßen kann ein Auto gerade eben durchkommen. Wie lange ich nun hierbleibe weiß ich noch nicht. Bin mit 2 anderen zur Umschulung hierher gekommen. Sollen an einem Geschütz ausgebildet werden. Es ist aber möglich, daß wir hier länger bleiben. Der Stützpunkt liegt auch ganz schön. In der Nähe des Wassers. Nur sind wir hier mit mehren stationiert. Sind aber fast alle von unserem Zug. Das Essen ist auch gut und reichlich. Der Dienst ist auch zu ertragen. Habe gleich den ersten Tag Wache stehen müssen. Die Wache geht von mittags 1 Uhr bis zum anderen Mittag 1 Uhr. Wir brauchen aber nur von 6-6 Uhr stehen. Die andere Zeit haben wir frei. Wenn wir keine Wache haben, machen wir von morgens ½ 7 Uhr bis 10 1/2 und nachmittags von ½ 3 -1/2 5 Uhr Arbeitsdienst. Ich weiß nicht ob es Dich interessiert was ich schreibe. Möchte Dir gern zur Beruhigung schreiben wie es mir geht. Siehst auch daraus, daß es mir gut geht. Morgen müssen wir mit einigen von uns mit Maulesel in die Stadt und unsere Verpflegung für die nächsten Tage holen. Werde wohl auch mitgehen. Will versuchen etwas einzukaufen. Es gibt hier schöne Fettseife, eine Art Kernseife. Wenn ich welche bekomme, werde ich sie Dir schicken. Kleine Päckchen bis zu einem halben Pfund sind für uns frei. Werde also wenn meine Finanzen es erlauben die Gelegenheit wahrnehmen und so oft es geht Dir kleine Päckchen zu senden. Das meiste ist hier sehr teuer und vieles auch nicht mehr zu haben. Gibt aber immer noch allerhand Sachen, die bei Euch gar nicht zu haben sind. In der ersten Zeit war hier noch alles zu billigen Preisen zu haben. Wenn man die Landser hört, was hier alles gekauft und nach Hause geschickt wird, muß man nur staunen. Ist aber schon 1-2 Jahre her. Na, vielleicht haben wir ja noch Glück, daß wir noch Olivenöl bekommen. Mandeln gibt es hier auch, sind aber noch nicht reif. Die Hauptsache ist, daß die Pakete auch überkommen. Wäre sonst zu ärgerlich. Das Wetter ist immer noch gut. Gestern nachmittag war es etwas bewölkt. Sah ganz nach Regen aus, ist aber doch nichts geworden. Zur Abwechslung gibt es bei schönstem Sonnenschein 1 - 2 Tage mal eine ordentliche Mütze Wind. Viel Abkühlung bringt er aber auch nicht. Bei euch zu Hause muß es in der letzten Zeit ja bös zugegangen sein. Hoffentlich seit Ihr von allen verschont geblieben. Bis ich die Gewißheit habe, daß es Euch allen noch gut geht kann noch eine lange Zeit vergehen. So mein lieber Buttje ich will den Brief nun beenden. Ich hoffe und wünsche, daß es Euch allen noch gut geht. Seid also recht herzlich gegrüßt und geküßt von Deinem Willy und Deinem Papa. An meine Eltern und Geschwister sowie an Deine Mutter, Emil, Frieda und Harro noch einen schönen Gruß, desgleichen an Fam. Nerlich, Michaelsen sowie an Familie Kahns. An Tante Jung, Onkel Ernst und Tante Marie auch.

Im Süd-Osten, den 01. August 1943

Mein lieber Buttje!

Ich habe mir vorgenommen Dich mindestens alle 2 Tage zu schreiben, wenn dann wirklich mal Post verloren geht, denke ich doch, daß der eine oder andere ankommen wird. Die beiden Zeitungen (Das Reich und das Illustrierte Blatt) habe ich vorgestern erhalten. Die letzte Post, die ich von Dir erhalten habe, ist der Brief vom 23. Juni gewesen. Es war der, den gleich nach Deiner Ankunft in Hamburg geschrieben hast. Lieber Buttje! Schreibe doch bitte auch öfter mal es braucht ja nur eine Karte mit einem Gruß sein.

Denn die Post von Dir kann genau so verloren gehen. Ich werde die Post jetzt auch wieder numerieren. Kannst dann immer gleich sehen, welche Post fehlt. Du kannst es ja auch so machen. Von Emi Riehm habe ich vorgestern auch einen Brief mit einigen Zigaretten bekommen. Geschrieben habe ich gleich wieder. An Hans und Dora, meinen Eltern, Martha und an Frieda und Emil habe ich letzte Woche auch geschrieben. Für Dich sind auch Briefe unterwegs. Wenn man solange ohne Post ist, ist man doch unruhig. Überhaupt wo Hamburg wieder Tag für Tag angegriffen wird. Muß ja wüst in Hamburg aussehen. Wenn wir den Wehrmachtsbericht bekommen, gucke ich zuerst immer nach, ob Hamburg angegriffen worden ist. Morgen, vielleicht auch schon heute abend wird es Post geben. Einer von uns ist zur Stadt geritten und wird die Post mitbringen. Hoffentlich ist welche für mich dabei. Obwohl ich über die letzten Angriffe doch nichts raus hören werde. Damit muß ich mich wohl noch 14 Tage gedulden. Die Post läuft ungefähr 14 Tage. Und was kann ich der Zeit alles passieren. Wenn der Krieg doch bloß bald zu Ende wäre. Hier ist es immer noch ruhig. Ich laufe den ganzen Tag in der Badehose umher. Habe mit eine machen lassen. Ist aber nicht besonders. - Gestern war ich mit noch einigen Kameraden nach der Stadt zu unserer Komp. zur Verpflegung holen. Wir hatten 6 Esel mit. Waren mit vier Mann. Unterwegs haben wir 2 Griechen 3 von unseren Eseln abgetreten. Wollten auch zur Stadt. Die Beiden verstanden natürlich mit den Eseln viel besser umzugehen. Es ging dann auch mit ein Karacho die staubigen unebenen Straßen der Stadt zu. Sie sind in einem furchtbar schlechten Zustand. Hin sind wir ziemlich schnell gekommen. Zurück haben wir aber 4 Stunden gebraucht. Die Esel haben aber auch eine schöne Last zu tragen gehabt. Haben Verpflegung für 10 Tage für 36 Mann geholt. Und trotzdem muß man sich wundern wie die Esel mit der schweren Last fertig wurden. Sie gehen mit ihrer Last ohne zu bocken immer ihren flotten Gang. Das Reiten strengt natürlich, schon weil man es garnicht gewohnt ist, ziemlich an. Mir taten abends, als wir zurück waren, die ganzen Knochen weh. Kam wohl auch mit von Laufen. Mir hat die Tour aber doch Spaß gemacht. Trotzdem man manchmal ordentlich zu steigen hatte. Es ist hier nämlich alles bergig. Auf dem Rückweg sind wir auch einmal eingekehrt. Es lagen 2 Lokale direkt nebeneinander. In das eine ist einer von uns mit unserem Unteroffizier gegangen. Der andere und ich haben es aber vorgezogen in das nebenan liegende Lokal zugehen. Wir haben uns da mit einem Mann (Es war der Bürgermeister von dem Kaff) unterhalten. Er konnte ganz gut deutsch. Er hat es sich aber nicht nehmen lassen, für uns ein paar Wein auszugeben. Ein paar Eier haben wir dann auch noch gekauft. Bei Hitze in der Stadt bin ich auch noch gewesen. Habe 2 Kämme und Zahnpasta verkauft. Die Euzerin (Salbe) wollte er nicht haben. Weil sie ohne Geruch ist. Wurde sie aber anderswo los. Für das Geld habe ich ein Stück Seife gekauft. Es ist eine Art Kernseife. Werde sie Dir in den nächsten zuschicken. Werde es als kleines Päckchen zurechtmachen. Das Päckchen kann bis zu einem ½ Pfd. wiegen. Muß wohl etwas von der Seife abschneiden, wiegt mehr als ein ½ Pfd. Wollte gleich noch ein Stück Toilettenseife mit kaufen, hatte aber nicht mehr so viel Geld. Wir haben unsere Löhnung gestern noch nicht erhalten. Werden sie morgen holen. Einige von uns müssen morgen wieder in die Stadt. Habe heute Nachtwache. Alle 2 Tage muß sowieso einer von uns zur Stadt, dann kann ich mir sie ja mitbringen lassen, wenn ich selbst nicht hinkomme. Gelohnt hat der Weg zur Stadt aber doch. Wir haben einige Zigaretten und 18 Eier mitgebracht. Morgen geht es dann schon nicht mehr. Um 7 Uhr kommen wir dann mit einem Bärenhunger in unser Heim an, Waren von morgens 5 Uhr unterwegs gewesen. In der Zwischenzeit habe sie hier eine Ziege gekauft und geschlachtet. Wir haben heute zu Mittag schon den

größten Teil vermöbelt. Für die nächsten Tage sind wir mit Frischfleisch auch gut eingedeckt. Haben uns heute morgen ein Schaf geholt und gleich geschlachtet. Schafe gibt es hier in rauhen Mengen. das Schaf hat nur 5 Pfd. Zucker gekostet. Doch ein ganz guter Tausch, nicht wahr? Siehst also, daß wir hier mit dem Essen ganz gut zurecht kommen. Man muß aber ein bißchen organisieren können. Gestern morgen waren einige von uns zum Fischen. Haben eine ganz schöne Portion mitgebracht. Ungefähr einen halben Zentner. Die Fische haben wir als Beikost zum Abendbrot erhalten. Kam auf jeden Mann allerhand. Unser Koch hatte die Fische gebraten. Sie schmeckten aber extra prima. Ein Ausdruck der Griechen. Die Anwohner sind uns auch ganz gut gestimmt. Wissen auch schon was für Banausen wir sind. Spricht sich doch schnell herum. Auf die Kapitalisten haben sie eine furchtbare Wut. Einer fragte gestern auch, bei Euch besser, bei Euch keine Kapitalisten. - Sonst geht es mir noch gut. Essen und Trinken schmeckt und der Dienst ist auch noch zu ertragen. Als wir 3 Mann letzte Woche hier an unserem Stützpunkt ankamen, hatten wir noch gar keine Schlafgelegenheit. Es waren nicht genügend Betten vorhanden. Am nächsten Tage bekamen wir aber welche. Da hatten wir Betten aber noch keinen Raum dafür. Wir fanden aber einen. An dem eigentlichen Haus war noch ein kleiner Raum angebaut. Der war für Werkzeug und Gerümpel vorgesehen. Den haben wir uns dann hergerichtet. Paßte gerade für 3 Mann. Jetzt wo wir alles fertig haben, sind sie drauf scharf Vor allen Dingen die Herren Unteroffiziere. Der Raum bleibt uns aber, denn der Stabsfeld hat ihn uns selbst zugewiesen. Einer von uns ist heute Nachmittag zum Einkaufen zu den Bauern gegangen. Ich bin gespannt, was er alles mitbringen wird. Holt natürlich nur für uns 3 ein.
So mein lieber Buttje! Für heute will ich es genug sein lassen. Ich hoffe und wünsche, daß es Euch noch allen gut geht und wir uns in

nicht allzu langer Zeit wiedersehen werden. Sei also recht herzlich gegrüßt und geküßt von Deinem Willy. An Harry auch einen schönen Gruß. Dergl. an meine Eltern + Geschwister, sowie an Deine Mutter, Emil, Frieda und Harro

Anmerkung:
Banause: spießbürgerlicher, kleindenkender Mensch (wurde so aber nicht gemeint, eher Schlitzohrig)

Im Süd-Osten, den 03. August 1943

Mein lieber Buttje!

Deinen Brief von 22. Juli habe ich gestern erhalten, wofür meinen besten Dank. Gesehen habe daraus allerdings nicht, ob Du und welche Post Du von mir erhalten hast. Es muß ja allerhand Post von Dir verloren gegangen sein. Kann es mir sonst garnicht vorstellen. Heute Mittag wurde mir Dein Telegramm telefonisch durchgegeben. Das Telegramm selbst habe ich noch nicht. Ist noch beim Batl. Wie ich den Bescheid erhielt, daß für mich ein Telegramm da wäre, wurde mir doch ein bißchen weich in den Knien. Habe die letzten Tage schon immer in Angst und Unruhe gelebt. Mein lieber Buttje! Ich freue mich aber trotz des Verlustes unserer Einrichtung, daß es Euch Beiden gut geht und Ihr außerhalb Hamburgs seid. Die Hauptsache ist ja, daß man keinen körperlichen Schaden erleidet. Alles andere ist ja zu ersetzen. Wenn es für unser einer auch nicht so leicht ist. Habe da aber keine Befürchtungen denn einen Tisch und Bett werden wir schon zurecht gezimmert kriegen. Ich habe sofort um Urlaub nachgefragt. Hoffentlich wird es was. Große Hoffnung habe allerdings nicht. Nach den Berichten muß in Hamburg ja allerhand verwüstet sein. Ist denn bei meinen Eltern und Geschwistern und bei Deiner Mutter und Geschwister alles heil und gesund geblieben? Ich will es doch hoffen. So Buttje! Ich will hoffen, daß ich einen Sonderurlaub erhalte. Halte den Kopf hoch und denke Dir, wie auch ich es denke „Es geht alles vorüber". Also mein lieber Buttje! sei recht vielmals gegrüßt und geküßt von Deinem Willy An Harry auch einen schönen Gruß und Kuß. Die Päckchen mit den Bildern habe ich noch nicht erhalten. Hast Du mein Paket mit Rosinen und Zigaretten eigentlich schon erhalten? Ein 1 Kg Paket und ein Pfd. Paket sind seit voriger Woche unterwegs. Denke doch, daß alles ankommen wird. Kannst bei der Post ja Deine Adresse angeben.

Im Süd-Osten, den 05.August 1943

Mein lieber Buttje!

Ich warte schon einige Tage auf Post von Dir. Denke doch, daß ich heute oder morgen welche bekomme. Sonst geht es mir noch gut. Hoffe dasselbe auch von Dir und den beiden Jungens. Wegen der Urlaubsgeschichte weiß ich immer noch nichts Neues. Glaube auch nicht mehr daran. Wir haben eben kein Glück. Wäre ich bei einer anderen Einheit würde ich trotz der Urlaubssperre zu Dir auf Urlaub kommen. Du siehst es doch an Hinni. Ich glaube nämlich nicht, daß er vor der Sperre noch abgefahren ist. Und dann hat die Sperre mit dem Sonderurlaub nach Regensburg zu Dir ja garnichts zu tun. Die Sperre gilt nur für das Gebiet Groß-Hamburg. Und mit einer Aufhebung einer Sperre rechne ich auch nicht. Es wird aber so kommen, daß es für Bombenbeschädigte außer wenn ein Leben der Angehörigen in Gefahr ist, überhaupt kein Urlaub mehr gibt. Denn wenn es so weiter geht, wird der größte Teil noch Bomben beschädigt. Hast Du schon wegen meines Urlaubes etwas unternommen? Vielleicht nützt es ja was, wenn Du über die Partei zur Wehrmacht gehst. Denn eigentlich liegt da ja garnichts im Wege. Genehmigt ist er und meinen Urlaubsschein habe ich ausgestellt erhalten. Wie steht es nun mit Willemann? Hast Du ihn schon rausbekommen oder sind sie genau so stur wie hier. Ich hoffe ja, daß ich diese Woche von meinem Kompaniechef Bescheid bekomme auf meinen Brief Wenn der doch bloß ein Einsehen hätte. Hoffentlich bekomme ich nicht den Bescheid, daß ich wieder zurück zur Insel muß. Denn dann besteht überhaupt keine Aussicht mehr. Von Martha habe ich letzte Woche einen Brief bekommen. War aber schon vom 13. August. Habe sonst noch nichts wieder gehört. Hat Willy meinem Brief zu seinem Geburtstag schon erhalten. Und Du meine letzten Briefe auch schon? Von den Paketen hast Du wohl noch keine erhalten, nicht wahr?

Also mein lieber Buttje! für heute will ich erst mal schließen. Halte Du Dich und auch Willy und Harry gesund und munter es grüßt und küßt Euch Drei herzlichst Dein Willy und Euer Papa.

Wenn Du mal etwas Bindfaden und Packpapier auftreiben kannst, dann denke mal an mich. Mit Briefpapier bin auch ganz knapp aber davon wirst Du jetzt wohl auch nichts mehr haben.

13. August 1943

Mein lieber Buttje!

Augenblicklich bin ich auf der Fahrt zu Dir, Der Sonderurlaub ist genehmigt worden. Sollte schon am Montag Fahren. Ist aber nichts mehr geworden. War Schiffssperre. Schreibe dir diesen Brief, weil ich noch nicht weiß, wann ich bei Dir sein werde. Denn bis zur Reichsgrenze ist es eine ganz schöne Strecke. Können auch in Sal. vielleicht noch 8-14 Tage liegen. Ich befinde mich jetzt mit noch einigen Hamburgern auf einem 2 Master, ganz alter Kasten. Werden darum auch noch 3 Tage auf dem Wasser zubringen. Die gefährliche

Strecke haben wir schon hinter uns. Werden aber doch erst morgen früh in S. rausgehen. Ich habe immer noch auf Post von Dir gewartet, Wüßte ich doch noch garnicht genauer. Auch wie es meinen Eltern und Geschwister sowie Deine Mutter, Emil, Frieda und Harro gehen. Gestern habe ich nun endlich Post von Martha bekommen. Man ist doch gleich ein bißchen ruhiger. Wie ich nun zu Dir gelangen soll weiß ich noch garnicht. Auch weiß ich noch garnicht wie weit ich fahren muß. Na, erst werde ich doch zum Hamburger Hauptbahnhof fahren und von da werde ich schon weiter sehen. Hast Du nun schon etwas unternommen wegen des Bombenschadens? Ersetzt bekommen wir die Sachen und Möbel ja augenblicklich doch nicht. Bin aber trotz des Verlustes in glücklicher Stimmung, daß ich Dich und Harry in kürze wiedersehen kann. Es wäre ja schön, wenn Willy zu der Zeit auch da wäre. Vielleicht kannst Du Willy ja doch noch zu der Zeit zu Dir hin bekommen. Kannst es ja mal versuchen. Würde mich natürlich freuen. Wie wir gestern abend abfuhren waren wir alle froh. War nämlich noch unbestimmt ob wir abfahren sollten. Wir hatten schon einige Tage gewartet. Während der Nacht habe ich fast garnicht geschlafen. Habe den Sonnenunter- und auch Aufgang gesehen. Bis jetzt haben wir herrliches ruhiges Wetter. Nachts war es heller Mondschein. Und heute seit morgens früh schon sehr warm. Bin hier auf Deck nur mit einer Badehose bekleidet. Ist sonst auch nicht auszuhalten. Ich schwitze direkt beim Schreiben. Aber nicht weil der Brief mir Mühe macht, sondern weil es so warm ist. Heute werden wir den ganzen Tag noch fahren. Während der Nacht werden wir irgendwo anlegen und morgen noch das letzte Stück zurücklegen. Hoffentlich brauchen wir dann in S. nicht mehr solange liegen. Denke doch, daß sie bei uns Bombengeschädigten eine Ausnahme machen. Von der Reichsgrenze wird es dann auch nicht mehr so lange dauern, 1 ½ - 2 Tage höchstens. Werde Dir auch von Wien ein Telegramm schicken. Also lieber Buttje! Denke mal daran. Kannst ja gleich einen Eilbrief zu Willy oder vielmehr zu der Leitung schicken mit der Begründung, daß ich auf Urlaub komme. Wie es Deiner Mutter, Emil, Frieda und Harro geht weiß ich noch nicht. Martha schreibt mir nichts davon. Wird aber wohl alles in Ordnung sein, denn sonst hätte Martha mir davon geschrieben. Lieber Buttje! Ich hoffe, daß Dir die Zeit nicht mehr so lange dauern wird um Dich wieder in den Arm zu nehmen. Bis dahin halte Dich und auch Harry gesund und munter es grüßt und küßt Dich herzlichst Dein Willy.

Anmerkung:
Sal.: Saloniki, griechische Stadt
2 Master = Segelschiff, evtl auch mit Motor
S.: See

Im Süd-Osten, den 20. August 1943

Mein lieber Buttje!
Lieber Willy und Harry!

Ich hoffe doch daß Ihr alle beisammen seid und auch ein festes Quartier habt. Habt Ihr Euch nun auch gleich auf dem Lande angesiedelt? Denn auch das kleine Regensburg kann vom Tommy angegriffen werden. Soviel ich weiß, ist es auch vor ein paar Tagen angegriffen worden. Verschont wird wohl keine Stadt bleiben. Am sichersten ist es also immer auf dem Lande. Ich warte schon sehnsüchtig auf Post von Dir. Habe noch immer keine erhalten. Außer der Karte die Du gleich bei Deiner Ankunft in Regensburg an mir geschickt hast. Wenn es Dir möglich ist, schreibe doch bitte öfter mal. Gerade jetzt in der ungewissen Zeit wäre es schon richtiger. Und vor allen Dingen schicke mir sofort wie möglich Deine neue

Anschrift. Denn wenn die Urlaubssperre aufgehoben wird, muß ich die Adresse haben weil sie auf meinen Urlaubsschein eingezeichnet werden muß. Also schicke sie mir sofort wie möglich. Mit der Festsetzung der Entschädigung wartet noch bis ich bei Dir bin. Alleine wirst Du da auch garnicht damit zurecht kommen. Ich weiß selbst noch nicht, wie wir mit der Aufstellung zurecht kommen. Na, wir werden das Kind schon schaukeln wenn ich erst bei Dir bin. Ich bin noch immer in Saloniki, werde wohl auch bis zum Antritt meines Urlaubes hierbleiben. 2 Tage habe ich auch schon wieder krank gespielt. Hatte die hier bekannte Kakalatschenkrankheit. Man fühlt sich vom ganzen Körper flau und Kopfschmerzen auch. Bin aber heute schon wieder besser zu Wege. Hoffentlich beeilen sie sich in Hamburg ein bißchen damit die Sperre aufgehoben wird. Denn so bei kleinem wird die Geschichte langweilig. Na hoffen wir das Beste.
Also meine Lieben haltet Euch munter es grüßt und küßt Euch herzlichst Dein Willy und Euer Papa.

Anmerkung:
Der Angriff auf Regensburg, von dem mein Vater schrieb, galt den in der Nähe gelegenen Flugzeugwerken von Messerschmidt. Es war am sonnigen Tage, wir haben die Flugzeugpulks gesehen und auch die Bombenexplosionen gehört. Danach haben auch die Dorfbewohner geglaubt, das Hamburg zerstört wurde.

Im Süd-Osten, den 22. August 1943

Mein lieber Buttje!
Lieber Willy und Harry!
Ich warte schon wieder einige Tage auf Post von dir. Vertröste mich selbst schon immer von einem Tag zu anderen. Ist aber doch nie etwas dabei. Ich kann mir nicht vorstellen, daß Du mir, außer der

Karte in der Du mir mitteilst, daß Du nach Itzstedt fährst und der einen Karte von Regensburg, weiter nichts geschrieben hast. Ich habe doch zu mindestens damit gerechnet, daß Du mir mitteilst, warum Du überhaupt so plötzlich nach Regensburg ziehst. Kann es mir nur so vorstellen, daß die Briefe direkt nach der Insel gegangen sind. Hier übersehen sind. Man ist jetzt doch immer in Unruhe. Denn mit den Angrifen der Tommys wird es doch von Tag zu Tag schlimmer. Nun auch kurz nach Deiner Ankunft in Regensburg gleich den Angriff auf Regensburg. Man kommt überhaupt nicht mehr aus dem Unruhigen heraus. Also lieber Buttje! Schreibe doch öfter mal. Es genügt doch auch, wenn du eine Karte schreibst, daß es Euch gut geht. Möchte auch gern wissen, wie es mit Willy geworden ist. Und vor allen Dingen ziehe nicht in die Stadt. Bleibe lieber außerhalb denn da besteht die Gefahr der Angriffe doch fast garnicht. Und mit dem Essen und Trinken wirst Du da doch auch besser zurechtkommen. - Ich hoffe jedenfalls, daß die Wohnungsfrage und auch die Geschichte mit Willy erledigt ist. Und Du und die Beiden Eure Ruhe habt. Wenn Du mir Deine neue Anschrift noch nicht mitgeteilt hast, dann hole es bitte schnellstens nach. - Wegen des Urlaubes vielmehr der Sperre, ist immer noch nichts raus. Hoffentlich läßt das nicht mehr so lange auf sich warten. Mein lieber Buttje! Für heute will ich erstmal schließen, weiß nichts mehr zu schreiben. Habe die Ruhe auch nicht dazu. Na hoffentlich bekomme ich bald Post von dir. Haltet Euch alle gesund und munter es grüßt und küßt Euch herzlich Dein Willy und Euer Papa.

Im Süd-Osten, den 23. August 1943

Mein lieber Willemann!
Zu Deinem Geburtstage wünsche ich Dir alles Gute. Ich habe immer noch damit gerechnet Deinen Geburtstag mit Dir, Deiner Mutti und Harry zu verleben. Ist nun aber leider doch nichts daraus geworden. Na, vielleicht komme ich ja doch noch zu einem anderen Zeitpunkt. - Wie geht es Dir denn sonst noch? Bist Du schon mit Deiner Mutti und Harry zusammen oder bist du noch im Lager? In der letzten Zeit seid Ihr wohl viel bei der Erntearbeit gewesen nicht wahr? Macht doch Spaß was? Hast Du auch schon mal auf ein Pferd gesessen und geritten? Damals im Weltkrieg war ich auch als Junge in Deinem Alter auf dem Lande zur Erholung. Habe bei der Ernte auch mitgeholfen. Da habe ich von morgens bis abends auf dem Pferd gesessen und das Korn eingefahren. Hat mir viel Spaß gebracht. Und vor allen Dingen hat man sich nützlich gemacht und ist den Bauern eine Hilfe gewesen. - Ja, lieber Willemann unsere Wohnung ist ja nun auch nicht mehr. Und all Deine und Harry 's schöne Sachen sind auch mit weg. Aber laß man Willemann wenn der Krieg zu Ende ist, kaufen wir uns alles wieder. Vielleicht wird es uns ja garnicht so schwer fallen. Denn Ihr Beiden werdet doch auch schon immer größer und älter und werdet bestimmt mithelfen, daß wir unsere Wohnung wieder zusammen kriegen, nicht wahr? So mein lieber Willemann verlebe Deinen Geburtstag mit Deiner Mutti und Harry recht schön, es grüßt und küßt Dich Dein Papa. An Deine Mutti und Harry auch einen schönen Gruß. Vergesse das Schreiben nicht.

Anmerkung:
Mein Vater war während des 1. Weltkrieges (1914 -1918) auf der Insel Fehmarn auf einem Bauernhof.

Im Süd-Osten, den 24. August 1943

Schicke Dir die von Hellkofen zurückgekommene Post

Mein lieber Buttje!

Endlich mal warmer Regen. Habe heute Deinen Brief von 11.8. erhalten. Meinen besten Dank. Ich weiß jetzt wenigstens, daß Du untergebracht bist, das andere wird sich schon zurecht laufen. Hoffentlich hast Du inzwischen von mir nun auch Post erhalten. Für Dich ist nämlich ein ganzer Haufen Post unterwegs. Scheint aber, daß er in Hamburg noch fest liegt oder ein Raub der Flammen geworden ist. An Willy seine Adresse habe ich auch schon verschiedene Briefe geschrieben. Ich war direkt schon verzweifelt, daß ich gar keine Post von Dir bekam. Hast Du Deine neue Adresse schon nach Itzstedt geschrieben, damit Dir die Post nachgeschickt wird? Willst Du nun in der Nähe von Regensburg bleiben? Ich muß es nämlich wissen. Sonst komme ich eines Tages auf Urlaub und Du bist garnicht mehr da. Also wenn Du Deine Wohnung änderst schreibe sofort. Ich bin noch immer in Saloniki wie ich Dir schon verschiedentlich mitgeteilt habe. Vielleicht weißt Du es ja auch noch garnicht, wenn Du meine Briefe noch nicht erhalten hast. Mein Urlaub ist genehmigt bin auch schon auf der Fahrt gewesen. Wurde aber in Saloniki unterbrochen. Kam eine Urlaubssperre für Hamburger Bombengeschädigte dazwischen. Wenn die Urlaubssperre da nicht zwischen gekommen wäre, wäre ich schon bei Dir. Ich will aber doch noch mal beim Leutnant und ihm die Geschichte vortragen. Denn die Sperre ist für Groß-Hamburg und da kann ich ja doch nichts erledigen. Vielleicht hat er ja ein Einsehen und läßt mich bald fahren. Kann die Zeit schon garnicht abwarten bis ich bei Euch bin. Kannst mich jetzt auch gut gebrauchen, nicht wahr? - Sonst weiß ich soviel wie garnichts über Hamburg. Warst

Du zur Zeit des Angriffes im Eidelstedter Weg eigentlich da im Bunker? Sind aus unserem Hause auch welche ums Leben gekommen? Und wie ist es mit Nerlich war er auch im Bunker? Ist Emils und Friedas Wohnung heil geblieben? Was macht er denn jetzt allein in Hamburg? Hast Du jetzt Aussicht, daß Du länger bleiben kannst? Für Schule und Wohnung muß doch eine Möglichkeit vorhanden sein. Denn Nahrungsmittel erhältst Du doch auf Karten und Schulen gibt es doch überall. Ich hoffe jedenfalls, daß Du mit allen gut zurecht kommen wirst, damit Du endlich Deine Ruhe hast. - Daß Willy sich gefreut hat. Euch zu sehen, kann ich mir vorstellen. Auch daß Ihr ihm fremd vorkamt, hat er Euch doch ein ganzes halbes Jahr nicht gesehen. Mir ging es im Weltkrieg genau so. - Wieviel Zimmer hast Du denn bei dem Bauer bekommen? Kommst Du mit den Leuten schon zurecht? - Willy seinen Geburtstag habe ich beinahe ganz vergessen. Man lebt von einem Tag in den andren und weiß meistens garnicht welchen Tag und Datum man hat. Gestern Mittag fiel es mir plötzlich ein. Habe sofort geschrieben. Den Brief aber in meinem Spind liegen lassen. Bin nämlich auf Wache gezogen und heute erst wiedergekommen. Ich glaube aber, daß Willy sich trotzdem freuen wird, auch wenn er den Brief etwas später bekommt. Eine Kleinigkeit habe ich auch noch für ihn. Habe vor ein paar Wochen eine Mundharmonika gekauft. Die wollte ich ihm eigentlich zum Geburtstag schenken. Lieber Buttje, hast du eigentlich schon meine Pakete erhalten? Sonst kann ich Dir mitteilen, daß es mir noch gut geht. Von dir und den Beiden hoffe ich dasselbe.
So mein lieber Buttje für heute erst mal genug ich hoffe daß Du den Brief recht schnell erhalten wirst. Es grüßt und küßt Dich und die beiden Jungs Dein Willy und Euer Papa. Hast Du von meinen Eltern und Geschwistern sowie von Deine Mutter, Frieda und Harro auch schon Nachricht?

Anmerkung:
Im Eidelstedter Weg 89, wo wir wohnten, lag gegenüber ein sogenannter Röhrenbunker. In dem war ich mit meiner Mutter. Als wir nach dem Angriff den Bunker verließen, war die ganze Häuserfront (vierstöckige Häuser) ein Flammenmeer. Frauen mit Kindern wurden aufs Land (Umgebung Hamburgs) ausquartiert. So kamen wir nach Itzstedt.

Im Süd-Osten, den, 26.August 1943

Mein lieber Buttje!
Mein lieber Willy und Harry!

Gestern schieb ich vom warmen Regen. Heute hat er sich erst richtig eingestellt. Bekam heute 3 Briefe in 1 Karte. Von Marta bekam ich vorgestern ein Paket mit Schinken, Ölsardinen und Nivea-Creme. Dein Brief vom 6.8. aus Itzstedt war erst am 18.8. von Oldesloe abgestempelt und den vom 4.8. bekam ich auch heute erst. Hat wohl solange in Oldesloe gelegen, gestempelt ist er am 5.8.. Gar kein Wunder, daß man solange auf Post warten muß. Deine Karte vom 13.8. und den Brief vom l5.8 erhielt ich auch heute. Für alles meinen besten Dank. Ist man doch erstmal beruhigt. Denn ich wußte doch garnicht genau wo Du überhaupt warst. Ich denke doch, daß Du inzwischen von mir auch Post erhalten hast. Das Telegramm habe ich nicht abgeschickt, ist wohl vom Batl. oder Regiment aufgegeben worden. In Fahrt gesetzt in Urlaub bin ich immer noch nicht. Erst wurde uns erzählt es wäre Urlaubssperre (Obwohl es für uns garnicht infrage kommt, weil Du außerhalb Hamburgs bist) und jetzt haben sie keine Platzkarten (für den Urlaubszug). Vor dem 8. oder 9. September komme ich von hier garnicht weg. Bin jetzt schon bald 14 Tage in Saloniki und bis zum 8.9. sind es auch noch mal 14 Tage. Dabei wird immer gesagt Bombenbeschädigte werden vorgezogen. Habe bis jetzt noch nichts davon gemerkt. - Solltest Du in der Zwischenzeit ein anderes Quartier bekommen, so laß wenigstens Bescheid in Hellkofen. Nach Hamburg kann ich nicht fahren weil da immer noch Sperre ist. Habe es mir auch überlegt (wenn ich wirklich fahren könnte) hat gar keinen Zweck, denn sonst haben wir von den paar Tagen überhaupt nichts. Wenn meine Eltern mich gerne sehen möchten, können sie ja für ein paar Tage nach Hellkofen kommen. Was meinst Du dazu? Ist es Dir auch recht? Ich glaube doch daß Du das verstehen wirst, wenn sie mich gern nochmal sehen möchten. Also mein lieber Buttje! Halte Du Dich und auch die beiden Jungs gesund und munter es grüßt und küßt Euch herzlichst Dein Willy und Euer Papa. Vielleicht klappt es ja doch noch, daß ich etwas eher komme. Werde versuchen was ich kann.

Anmerkung:
Batl.: Batailion (Unterabteilung eines Regiments)

        Im Süd-Osten, den 27. August 1943

Mein lieber Harry!

Du sollst nun auch einmal einen Brief von mir haben. Hast doch Du mir schon so oft geschrieben und keine Antwort drauf erhalten. Deinen letzten Brief vom 11. August aus Hellkofen habe ich heute bekommen. Meinen besten Dank. Hast Du denn jetzt schon Spielkameraden gefunden? Oder hilfst du bei dem Bauern mit? Schreibe mir doch mal wie du den Tag zubringst. Auch ob Du in die Schule gehst, interessiert mich. Wie sieht es da sonst in der Gegend aus, sind da auch Berge und Wälder und Badegelegenheit? Muß es doch alles wissen, damit ich, wenn ich auf Urlaub komme meine Zeit noch einrichten kann. Ich kann die Zeit garnicht mehr abwarten bis ich bei Euch bin. Freust Du Dich auch schon? Besuchst Du Willy

auch jeden Tag? Oder kriegst Du ihn nicht immer zu sehen. Und sonst Harry bist Du doch immer artig und folgsam und machtst Deiner Mutti keinen unnötigen Kummer, nicht wahr? Ich will es doch hoffen, denn alt genug bist Du doch schon um so vernünftig zu sein. Denn Deine Mutti hat in der letzten Zeit genug schweres durchgemacht. Ihr müßt jetzt bißchen schön zusammen halten um für Eure Mutti alles leichter zu machen. So, Harry ich glaube daß Du mich verstehen wirst, bist doch schon ein großer Junge, nicht wahr? Halte Dich also gesund und munter es grüßt und küßt Dich herzlichst
Dein Papa.
An Deine Mutti und Willemann auch einen schönen Gruß und Kuß.

Im Süd-Osten, den 31. August 1943

Mein lieber Buttje!

Ich muß Dir heute leider eine traurige Nachricht mitteilen. Mit dem Urlaub wird es nichts. Ich habe die ganze Zeit immer noch damit gerechnet, daß ich fahren konnte, aber gestern habe ich nun den Bescheid erhalten, daß es für uns nicht in frage kommt. Dabei ist mein Urlaub von meiner Kompanie, vom Batl. und vom Regiment genehmigt worden. Jeder Hamburger von anderen Einheiten fahren auch noch in Urlaub zu ihren Angehörigen, nur uns lassen sie nicht fahren. Ich mußte mich hier in Saloniki bei der Urlaubskompanie melden (um eine Platzkarte für den Zug zu bekommen). Als ich hier ankam war gerade die Sperre zur Einreise nach Hamburg in Kraft getreten. Mein Urlaubsschein war aber nach Itzstedt nur gestellt, hätte also fahren können. Der Leutnant von der Urlaubskompanie steht aber auf dem Standpunkt, daß es dann kein Sonderurlaub mehr ist, sondern Erholungsurlaub. Wie es unter diesen Umständen ein Erholungsurlaub sein soll ist mir ein Rätsel. Das scheint beinahe so als wenn der Totalverlust überhaupt nicht ist. Dabei muß auf

Grund eines besonderen Führerbefehls ein Sonderurlaub gewährt werden. Der mir ja auch gewährt wurde. Aber alles scheitert an den Leutnant der Urlauberkompanie. Alle anderen Einheiten lassen ihre Leute aber fahren, nur wir werden zurückgehalten. Die Sperre kommt für uns nicht in frage, dreht man es einfach so daß man aus einem Sonderurlaub einen Erholungsurlaub macht. Nicht genug, daß man alles verloren hat, gönnt man uns nicht mal das Beisammensein für einige Tage. Und gerade jetzt könntest Du mich doch so gut gebrauchen. Wärst Du doch bloß nicht so ganz ohne alle Verwandte, bist ganz allein auf Dich angewiesen. So allmählich kann einen die Wut doch hochkommen. Warum tut man uns das alles an? Tun wir nicht auch wie alle anderen unsere Pflicht. Mit welchem Recht hält man uns denn noch zurück? Ich werde heute noch einen Brief an unseren Kompaniechef aufsetzen vielleicht hat der ja Erfolg, viel Hoffnung habe ich allerdings nicht mehr. Mein Lieber Buttje, mir wäre es ja lieber gewesen ich hätte Dir in diesem Brief mitteilen können, daß ich in den nächsten Tagen zu Dir komme, geht nun aber leider nicht. Ich glaube doch, daß Du auf diese Pille wie auch schon so viele andere schlucken wirst. Ich hoffe auch daß Du trotz alledem den Kopf nicht verlierst, sondern die Zeit bis wir uns wiedersehen durch hälst. - Ich habe heute auch 3 Pakete aufgegeben. 1 Paket ist mit Tabak und in dem Tabak ist eine kleine Flasche Öl. Wenn das Öl etwas schlecht schmeckt muß Du es mit 1 Zwiebel und 1 Kartoffel aufkochen. Das nimmt den schlechten Geschmack weg. 1 Paket ist mit Rosinen und eins mit Korinthen. 1 Paket habe ich an meine Eltern geschickt. Eben bekomme ich auch ein Paket aus Hamburg zurück. Werde es Dir auch noch zuschicken. Habe noch etwas Seife hier, die werde ich Dir in den nächsten Tagen zuschicken. Wenn Du von da aus etwas unternehmen kannst wegen meinen Urlaub, kannst Du es ja mal versuchen. Kannst Dich ja bei der Partei mal erkundigen, denn was den einen Recht ist, warum nicht auch für uns. Denn Gründe sind für uns doch wohl genug vorhanden. Ich lege diesem Brief einen anderen bei, den kannst Du wenn es sein muß, ja für die Urlaubsgenehmigung gebrauchen. Eben bekam ich auch 2 Briefe von Dir einen vom 23.8. und den anderen vom 25.8. meinen besten Dank. Ich kann jetzt auch bald nicht mehr schreiben habe kein Briefpapier mehr.

So mein lieber Buttje halte Dich gesund und munter es grüßt und küßt Dich herzlichst Dein Willy und Euer Papa.

Quer an den Rand geschrieben:
Ich habe noch einen Brief an meinen Komp.- Chef geschrieben, hoffentlich hat der nun Erfolg
An der anderen Querseite steht:
Diesen Brief gebe ich einen Urlauber mit. Bombenschaden in Nürnberg.

Im Süd-Osten, den 08.September 1943

Mein lieber Buttje!

Kann Dir heute eine freudige Nachricht übermitteln. Die Urlaubssperre ist aufgehoben worden. Das wo an schon gar nicht mehr geglaubt habe ist jetzt doch eingetroffen. Ich werde voraussichtlich am Freitag, den 10. September oder Sonntag, den 12. September fahren. Kann dann wenn nichts dazwischen kommt am 15. September bei Dir in Hellkofen sein. Hoffentlich hast Du die Sache mit Willy soweit geregelt, damit wir dann gleich weiter nach Hamburg fahren können. Wäre doch das Beste nicht wahr? Wenn es doch bald soweit wäre und ich Euch begrüßen könnte. Na gedulden wir uns noch die paar Tage. Mitbringen kann ich nun leider garnichts. Das was ich hatte, habe ich inzwischen alles nach Hause geschickt. Hoffe aber, daß wenn ich mit leeren Händen komme auch von Euch aufgenommen werde. - Von Marta und Paul habe ich gestern einen Kartengruß und heute ein Paket aus Süderlügum erhalten. Bloß von Dir habe ich schon eine ganze Zeit keine Post, d.h. ungefähr eine Woche. Hätte jetzt gern welche gehabt um auch sicher zu gehen. Nachher komm ich in Hellkofen an und Du bist garnicht mehr da. Na, hoffen wir, daß wir uns treffen werden. In den nächsten Tagen werde ich wohl nicht mehr schreiben. Werde vielleicht auch vor diesem Brief bei Dir sein.

Also mein lieber Buttje halte Dich bis dahin gesund und munter es grüßt und küßt Dich vielmals Dein Willy. An Willy und Harry auch die herzlichsten Grüße.

Am Rand der Vorderseite des Briefes steht:
Habe eben Bescheid erhalten, daß ich schon am Freitag fahre.

Wien, den 30. September 1943

Mein lieber Buttje!

Unser Aufenthalt in Wien ist auch schon wieder zu Ende. Wäre gern noch ein bißchen hiergeblieben. Es wäre auch besser gewesen, wenn Du gleich mit mir hier her gefahren wirst Wir wären dann immer noch beinahe 2 Tage zusammen geblieben. Den Urlaub gab es hier von 14 - 24 Uhr und wenn die Frau hier ist und Quartier nachgewiesen werden kann sogar bis morgens 7 Uhr. Vor allen Dingen hättest Du hier gleich einkaufen können. Ich habe mich zuerst gefreut wie ich hier ankam, denn beim Bahnhofsoffizier wurde mir gesagt, daß ich wohl 4 Tage hierbleiben würde. Wollte auch morgens gleich telefonieren. Kam aber dann doch anders. In der Kaserne wurde, am nächsten Morgen die Transporte zusammen gestellt und ich wurde dann auch gleich mit eingeteilt. Ich habe alles mögliche versucht um noch ein paar Tage hierzubleiben. War aber nicht möglich. Die Urlauber werden jetzt immer auf dem schnellsten Wege von hier abtransportiert. - Auf dem Fliegerschein hättest Du bestimmt noch verschiedene Sachen einkaufen können. Man ist doch immer noch nicht schlau genug. Hätte es einfach auf ankommen lassen sollen. Ich hätte auch Dienstag morgen noch fahren können. Der Zug ist über Berlin gefahren und sogar noch einige Stunden von uns hier. Ich habe auch eine richtige Rundfahrt gemacht. Ist aber alles glatt gegangen. Wie seid Ihr denn zu Haus gekommen. Habt Ihr noch einen Luftschutzkeller aufsuchen müssen? Sonst geht es mir noch gut hoffe dasselbe auch von Euch Allen. Ich will jetzt auch schließen. Sitze schon im Zug. Der Brief soll noch mit von hier weg.

Halte Dich und auch Willy und Harry gesund und munter es grüßt und küßt Euch herzlichst Dein Willy und Euer Papa.

An meine Eltern und Geschwister auch einen schönen Gruß.

Belgrad, 01. Oktober 1943

Gestern abend sind wir von Wien abgefahren und nach einer verhältnismäßig guten Fahrt in B. angekommen. Wir werden wohl morgen oder übermorgen weiter fahren. Über Budapest sind wir auch gekommen aber leider des Nachts. Hätte B. gern bei Tage gesehen. Ich bin gerade eben noch mit 2 Hamburgern zurück gekommen. Haben uns ein Quartier besorgt in dem wir schon bei unserer Hinfahrt übernachtet haben, in einem Feldpost - Haus. Sind heute in Belgrad ein bißchen spazieren gegangen. Der eine von uns hatte serbisches Geld und da haben wir uns einen----- gekauft. Haben ein paar Flaschen getrunken und sogar etwas in Stimmung gekommen. Dabei ist mir eingefallen, daß wir die Flasche Wein die ich mitgebracht habe, garnicht ausgetrunken haben. Ich hoffe aber, daß sie Euch auch ohne mich schmecken wird. Wir sind hier auf der 2 Etage und unter uns auf der ersten ist ein Kameradschaftsabend der Feldpost. Meine Kameraden sind eben mit einer Flasche runter gegangen um da ein bißchen Stimmung rein zubringen. - In Wien wäre ich gern noch ein wenig länger geblieben, ging aber nicht. Wir hätten doch gleich zusammen fahren sollen. Hätten doch beinahe noch 2 Tage zusammen bleiben können. Hättest dabei auch gleich noch etwas einkaufen können. Man ist doch noch viel zu viel Anfänger. Einige Hamburger, die ich hier getroffen habe sind einfach ein paar Tage länger geblieben. Und das wird auch gut gehen. Denn auf der Fahrt zur Einheit gehen so viele Tage verloren, daß es darauf garnicht ankommt. Es können aber auch ein paar Tage einbringen. Sonst geht es mir noch immer gut. Hoffe dasselbe auch von Euch allen. Wenn Du zu Riehn gehst, denke mal an Rasierklingen.

So mein Buttje! Für heute erst mal genug. Halte Dich gesund und sei recht herzlichst gegrüßt und geküßt von Deinem Willy. Grüß mir auch die beiden Jungens sowie meine Eltern und Geschwister.

02. Oktober 1943

Mein lieber Buttje!

Deinen Brief vom 27.8. eben erhalten, wofür meinen besten Dank, was Du nun magst, ob Du nun gleich nach Hamburg fahrst oder nicht, weiß ich noch nicht. Ich glaube, das beste ist, Du wartest damit noch, bis ich Bescheid von meinem Chef habe. Habe ihn nämlich geschrieben ob ich Erholungsurlaub bekommen könnte. Wen ich den erhalte darf ich wohl auch noch nicht nach Hamburg rein. Werde dann aber schon einen Ausweg finden. Werde dann einfach Quickbom angeben. Denn mit der Aufgabe der Sperre rechne ich nicht mehr. Deine Post erhalte ich jetzt laufend. Ein Paket habe ich auch aus Hamburg zurück erhalten. Ist aber schon wieder zu Dir unterwegs. Im ganzen also 4 Stück. Müßstest eigentlich darum schon noch einige Zeit warten. Sonst bekomme ich die Pakete wieder alle hierher zurück. Hast Du meinen Eltern- Brief schon erhalten? Vielleicht nützt es ja auch etwas wenn Du über die Partei bei der Wehrmacht mal etwas schürst ob ich nicht doch meinen Urlaub fortsetzen kann. Jeder andere fährt in Urlaub und nur uns läßt man einfach nicht fort. Man weiß tatsächlich nicht mehr was man machen soll Sonst geht es mir aber noch gut was ich auch von Euch Allen hoffe. Haltet Euch also gesund und seid recht herzlichst gegrüßt und geküßt von Deinem Willy und Euren Papa. Von Marta habe ich eben auch Post bekommen.

Anmerkung:
Datum des Briefes kann nicht stimmen, da der Poststempell vom 03.09.1943 ist

Im Süd -Osten, 3. Oktober 1943

Mein lieber Buttje!

Ich bin noch immer in Belgrad. Heute sind wir auch nicht mehr mitgekommen. Wie ich Dir schon geschrieben habe, bin ich mit 2 Kameraden zum Übernachten nach der Feldpost gegangen, wo wir auch schon 2 Nächte geschlafen haben. Heute sind wir nun nach der Frontleitstelle gegangen, um eine Platzkarte zur Weiterfahrt zu bekommen, Haben da aber keine erhalten, wurden nach einer Kaserne die am Rande der Stadt liegt geschickt. Da angekommen wurden wir gefragt, wenn wir nicht zur Kaserne raus kommen und uns nicht anmelden würden wir überhaupt nicht wegkommen. Wenn wir uns gleich angemeldet hätten, wären wir heute schon mitgekommen. Jetzt aber noch bis Freitag warten müssen. Also müssen wir unsere Sachen packen und nach der Kaserne hin. Wir wären ja gerne in unserem Quartier geblieben denn so waren wir direkt am Bahnhof und mitten in der Stadt. Aber das soll auch nichts sagen. Denn eine Straßenbahn fährt hier auch mit der man schnell raus und rein kommt. Gegessen haben wir hier auch. Gestern gab es vorweg eine Tomatensuppe und hinterher Gulasch und Kartoffeln. Dazu auch noch Gurken und Tomatensalat. Was es nun heute gibt weiß ich noch nicht. Wollen heute noch mal hier essen, denn in der Kaserne werden wir heute wohl nicht mehr bekommen, wird wohl zu spät werden. Mit den Kameraden mit denen ich zusammen nach Hamburg gefahren bin, habe ich bis jetzt bloß erst einen getroffen. Einen erwarte ich heute noch und die anderen werde ich wohl in Saloniki wieder treffen. Gestern sind wir von früh bis spät in der Stadt rumgestrolcht. Es ist hier wie überall im Balkan ein bewegtes Leben. Schöne Bauten und Anlagen gibt es hier, mit S. überhaupt nicht zu vergleichen. Man merkt auch garnicht, daß hier mal ein Krieg gewesen ist. Von der Bevölkerung verstehen auch viele Deutsch. Der Schwarzhandel ist hier auch in Blüte. Bekleidung, Schuhwaren und andere Artikel gehen hier auch auf Bezugschein. Nur eins gibt es hier in rauhen Mengen zu haben und das ist Wein und Schnaps. Das wäre hier so richtig etwas für Paul. Gekostet habe ich auch schon davon. Aber so richtig in Stimmung komme ich überhaupt nicht mehr. So wie einige, die machen noch Klamauk und kommen so richtig aus sich heraus. Ich dagegen wurde immer ruhiger. Vorgestern auch, wir hatten schon etliche Flaschen Wein getrunken und waren auf dem Nachhauseweg . Unterwegs haben meine Kameraden einen Spektakel gemacht, daß man es direkt mit der Angst bekam. Jeder der des Weges kam wurde angehalten und begrüßt, ganz gleich wer es war. Natürlich mußten sie noch in eine Destille hinein. Vor der Tür lief uns auch ein Hauptmann über den Weg und sagte zu den einen er solle nicht mehr ins Lokal gehen. Jawohl Herr Stabsfeld sagte er darauf Worauf ihn der Hauptmann mit einem „ Nun ist aber genug" nach Hause schickte, durch den Bahnhof hatte ich auch noch meine liebe Not die beiden mitzubekommen. Es standen dort nämlich allerhand Leute mit Paketen und Körben. Ich denke mir, daß die vom Hamstern zurück kamen. Sie hatten Weintrauben, Tomaten, Paprika, Hühner und was nicht alles bei sich. Weintrauben haben sie sich natürlich geschnürt. Wir kamen dann aber noch zur rechten Zeit ins Quartier. Die Feldpost hatte in dem selben Hause einen Hauptmann, der nach einer anderen Einheit versetzt wurde, einen Kameradschaftsabend veranstaltet. Die beiden mußten natürlich noch mit daran teilnehmen. Ich bin aber nicht mehr mitgegangen. Ich habe Deinen Brief zu Ende geschrieben. Allerhand haben sie da noch gemacht. Müssen sich aber doch ganz gut aufgeführt haben, denn die von der Feldpost haben uns ganz kameradschaftlich begrüßt. Wie die Beiden raufkamen lag ich schon im tiefsten Schlaf. Morgens mußte ich sie nur aus den Kojen rausziehen. Haben bis 9 Uhr geschlafen. Gestern wurde es aber nicht so schlimm. Habe den Beiden, nachdem wir 3 Flaschen Wein ausgetrunken hatten, vorgeschlagen bißchen spazieren zu gehen. Fast unglaublich, was? Ja es geschehen doch noch Zeichen und Wunder. Wir sind dann zum Park der sich in der Nähe der Stadt befindet gegangen und nach kurzem Verweilen in unser Quartier zurückgekehrt. Interessiert Dich das Geschreibsel auch? Weiß nämlich nicht was ich sonst schreiben soll. Wenn ich erstmal von Dir Post bekomme wird es ja anders. Bis dahin wird es aber wohl noch eine Zeit dauern. - Sonst geht es mir noch gut Und

wie geht es Euch. Hoffe doch dasselbe. Was machen die beiden Jungs? Halten sie auch ihre Schreibstunden inne?
So mein lieber Buttje! Und nun für heute erst mal genug. Es wird nämlich Zeit daß ich meine Sachen packe. Bleibe recht gesund und sei recht herzlich gegrüßt und geküßt von deinem Willy. - Willy und Harry gleichfalls.
An meine Eltern und Geschwister, sowie an Deine Mutter, Frieda und Harro auch einen schönen Gruß.

Im Süd-Osten, 05. Oktober 1943

Mein lieber Buttje!

Ich bin nun seit Sonntag nachmittag draußen in der Kaserne. Wir liegen hier ziemlich hoch. Vom Fenster aus kann man fast ganz Belgrad übersehen. Ein schöner Anblick. Auch die Donau mit ihren herrlichen Brücken kann man sehen. Ich bin fast jeden Tag mit einigen Kameraden (alles Hamburger) unterwegs. Sind aber die letzten Tage ganz solide gewesen. Gestern war ich mit noch einem Kamerad im Kino. Die anderen waren zum Barbier gewesen. Im Kino gab es den Film „ Und abends auf der Heide". War ein ganz netter Film. Du hast ihn glaube ich doch auch schon gesehen, nicht wahr? Nachher haben wir uns mit den andren im Soldatenheim getroffen. Da haben wir erstmal gegessen. Es gab da eine Tomatensuppe mit Nudeln darin gekocht. Mit 2 Teller voll war ich zufrieden. Danach gab es auch noch Bier. Auf unsere Kosten sind wir dann auch noch gekommen. Vom Belgrader Sender wurde Musik übertragen. Bis um 10 Uhr haben wir immer Ausgang. Um 9 Uhr müssen wir aber schon mit der Bahn fahren, sonst schaffen wir es nicht mehr bis 10 Uhr. Können auch mit der 10 Uhr - Bahn fahren, aber wenn die Verspätung hat, schaffen wir es nicht mehr. Gestern morgen habe ich große Wäsche gehabt. Anzug, Taschentücher, Strümpfe und Hemd waren schon wieder so schmutzig, daß es höchste Zeit wurde. Der ganze Vormittag steht uns zur Verfügung. Wecken gibt es morgens auch nicht. Jeder kann so lange schlafen wie er will. Aber vor 2 Uhr kommt keiner aus der Kaserne raus. Das Unangenehme ist nur, daß es auch hier schon viele Birnen (Wanzen) gibt. In Wien war es aber noch schlimmer. Ins Bett bin ich da überhaupt nicht gegangen. Ich habe mir da im Tagesraum 4 Stühle zusammen gestellt und darauf geschlafen. Hier sind sie auch sehr für die Reinlichkeit. Jeden morgen kann man hier zum Baden gehen. Wäre aber noch besser, wenn sie die Räume mal ausräuchern würden, damit das Ungeziefer verschwinden würde. Auf der Fahrt war es sehr kalt. Es hat mich ordentlich gefroren. Auch in Wien war es den ersten Tag noch sehr kalt und ungemütlich. Hier aber ist vom ersten Tag an schon herrliches Sonnenwetter. Die ganzen Tage wolkenloser blauer Himmel. Temperatur ungefähr 30-35 Grad. Auszuhalten ist es schon. Diese Woche werden wir wohl noch hierbleiben. Werden wahrscheinlich Freitag von hier weiterfahren und Sormtag in Saloniki sein. Alle Hamburger die ich getroffen habe und Sonderurlaub hatten haben auch keinen Nachurlaub bekommen. Hat Hinni und Andreas schon wieder geschrieben? Ich weiß die Anschriften von den Beiden garnicht mehr. Habe ja alle Briefe und Karten im Hause gelassen. Mit den Geburtstagen geht es mir genau so. Weiß sie auch nicht alle aus dem Kopf. Muß mir sie schon alle noch mal aufschreiben. Bis Du inzwischen schon mal wieder bei Heini Riehm gewesen? Wenn Du zu ihm gehst, denke doch bitte an Rasierklingen und Streichhölzer. Kannst es ja in kleine Päckchen schicken. Wenn Du Zeit und Lust hast kannst Du ja auch schon schreiben. Wenn ich dann nach S. komme, liegt dann wenigstens Post von Dir vor und weiß dann auch gleich wie es Euch geht. Mit Rauchwaren bin ich auch schon ziemlich am Ende. Etwas

habe ich noch aber das hält auch nicht mehr lange vor. Es wird Zeit, daß wir nach S. kommen. Hier gibt es auch Zigaretten, aber die sind ziemlich teuer. 20 Zigaretten kosten 120 Dinar. Für eine Mark gibt es 20 Dinar. Also kosten 20 Zigaretten 6 Mark nach deutschem Geld. Habe bis jetzt aber erst einmal für 2 und 5 Mark umgetauscht. Macht also gerade 1 Schachtel Zigaretten. Hoffentlich bekomme ich in Bulgarien noch ein Paket von 100 Stück. Es wird hier erzählt, daß auch dort Karten eingeführt werden sollen. Sonst geht es mir noch immer gut. Hoffe dasselbe auch von Euch Allen. Hat Tante Jung sich schon mal sehen lassen? Wird wohl nicht gut auf mich zu sprechen sein, nicht wahr? Werde anschließend eine Karte an ihr schreiben.
Bis zum nächsten Mal sei also recht herzlichst gegrüßt und geküßt von Deinem Willy. An die beiden Raudis Willy und Harry auch einen schönen Gruß dasselbe auch an meine Eltern und Geschwister sowie an Deine Mutter, Frieda und Harro.

Anmerkung:
Bis 10 Uhr Ausgang: hier wird 10 Uhr abends gemeint sein
2 Uhr: 14 Uhr.
Raudis: frech, Freche.

Im Süd-Osten, 06.Oktober 1943

Mein lieber Buttje!
Damit Du nicht solange auf Post waren brauchst, schreibe ich Dir heute noch einen kleinen Gruß. Hoffe, daß ich es nachher auch einhalten kann. Bin heute morgen um 8 Uhr aufgestanden. Habe mich gewaschen und Kaffee getrunken. Danach habe ich mich wieder hin gelegt und gelesen. Bin dabei natürlich wieder eingeschlafen. Jetzt ist es 11 Uhr. 2 von meinen Kameraden schlafen noch. Ist doch ein faules Leben was wir fuhren, nicht wahr? Gestern war ich wieder einmal im Kino. Es gab den Film „Das Bad auf der

Tenne". Ein ganz blöder Film. Das einzig gute dabei waren die Aufnahmen. Es war nämlich ein Farbfilm. Nach der Vorstellung war ich noch mit den Hamburgern im Soldatenheim zum Essen. Kartoffeln und Soße bekamen wir. Danach tranken wir noch ein Glas Bier. Auf dem Nachhausewege sind wir dann noch in ein russisches Lokal gewesen. Es ist ein Kellerlokal Aber ganz gut eingerichtet. An Fußboden, Decken und Wänden mit Teppichen belegt. Sieht ganz romantisch aus. Zur Unterhaltung spielte eine Russenkapelle. Sind Emigranten aus der Revolutionszeit. Nachdem wir eine Buddel Wein vernascht hatten, sind wir wieder nach unserer Kaserne rausgefahren. Da haben wir dann noch bis um 1 Uhr geklöhnt. Was ich heute unternehme weiß ich noch nicht. Werde wohl wieder ins Kino gehen. Denn was soll man sonst schon groß anfangen. So allmählich wird es hier langweilig. Sonst geht es mir aber immer noch gut. Hoffe dasselbe auch von Euch Allen. Meine Nagelbürste habe ich auch im Hause liegenlassen. Habe in Wien schon und auch hier versucht eine zu bekommen, ist aber keine aufzutreiben. Kannst sie mir ja mal mitschicken. Hast Du schon irgend etwas wegen des Bombenschadens unternommen? Kannst ja erstmal nur hören. Denn Zeit hat es ja noch. Wenn Du knapp bei mit Geld bist, kannst Du ja etwas holen. Denn das wird doch das einzige sem, was wir wieder bekommen werden. So jetzt muß ich Schluß machen es gibt nämlich gleich Mittagessen.
Sei Du sowie Willy und Harry recht herzlich gegrüßt und geküßt von Deinem Willy und Eurem Papa.
An meine Eltern und Geschwister sowie an Deine Mutter, Frieda und Harro auch einen schönen Gruß.

Anmerkung:
Geklöhnt: unterhalten (Gespräch)

Abs. Soldat W. Ladiges, 41269 D

Feldpost

An Frau
M. Ladiges
Hamburg 19
Methfesselstraße 47
Laden

08. Oktober 1943

Mein lieber Buttje!

In Wien habe ich mir ein paar Bücher gekauft. 2 davon schicke ich Dir. Denke doch, daß sie Dir gefallen. Wenn ich die andren durchgelesen habe werde ich sie Dir auch schicken. Sonst geht es mir noch gut, was ich auch von Euch allen hoffe. Seid also recht herzlich gegrüßt und geküßt von Deinem Willy und Eurem Papa.

Im Süd-Osten, 08. Oktober 1943

Mein lieber Buttje!

Heute wird es wohl weiter gehen. Haben schon Marschverpflegung für 2 Tage erhalten. Werden dann wohl Sonntag in Saloniki sein. Gestern war ich wieder einmal im Kino. „Der Schritt im Dunkeln" betitelte sich der Film. Es gibt doch glaube ich keine vernünftigen Filme mehr. Heute habe ich auch ein kleines Päckchen mit 2 kleinen Büchern abgeschickt. Denke doch daß sie Dir gefallen werden.
Bis zum nächsten Mal sei also recht herzlich gegrüßt und geküßt von Deinem Willy. An Willy und Harry meinen Eltern und Geschwistern sowie an Deine Mutter, Frieda und Harro auch einen schönen Gruß.

Im Süd-Osten, den 10. Oktober 1943

Mein Lieber Buttje!

Ich bin heute abend nach einer 2 tätigen Fahrt in Saloniki angekommen. Als ich in der Kaserne ankam, habe ich gleich einen ganzen Stapel Post bekommen. Es war die Post, auf die ich damals so sehnsüchtig gewartet habe. 3 Briefe von Marta, 1 Karte von Harry und eine von Willy und 4 hübsche Karten sowie 6 Briefe von Dir waren es. Auf Deine Briefe vom 29.9. und 1.10. waren auch dabei. Habe mich sehr gefreut, daß die beiden Briefe... Datums schon hier waren. Meine Post wirst Du wohl inzwischen auch erhalten haben. Habe natürlich als ich abfuhr an Euch gedacht ob Ihr wohl noch vor dem Alarm zu Hause angekommen wart. War aber beruhigt als nach kurzer Zeit die Entwarnung kam. Der Tommy war in der Nacht ja in Hannover. Das Feuer haben wir von der Bahn aus gesehen. Ich habe mir auf der Bahnfahrt einen schönen Schnupfen geholt. Meine Nase läuft in einem fort. Meine Taschentücher habe ich schon aufgehängt. - Hier ist auch schon alles wieder teurer geworden. Die Löhnung ist auch um das Doppelte gestiegen. Na, morgen werde ich mir die Sachen erstmal angucken. Ob ich auch an Dir und die beiden Jungens denke fingst Du in Deinem Brief vom 28.9.. Da kann man nur sagen Kommentar überflüssig. Oder muß ich es ganz feierlichst beteuern, daß meine Gedanken immer bei Euch sind. Und sonst bin ich mit Dir einer Meinimg, die Urlaubstage waren doch viel zu kurz. Nicht einmal vernünftig ausgegangen sind wir alle zusammen einmal. Habe in der Bahn immer wieder daran gedacht. Die beiden, Willy und Harry haben doch eigentlich garnichts von meinem Urlaub gehabt. Na, wollen hoffen daß bald ein Ende kommt, dann werden die Beiden auch noch zu ihrem Recht kommen. Ich möchte jetzt schließen. Bin nämlich ziemlich müde und abgespannt.

Also mein lieber Buttje, halte Dich gesund und munter es grüßt und küßt Dich vielmals Dein Willy. An Harry und Willy auch einen schönen Gruß dergleichen auch an meine Eltern und Geschwister, sowie an D. Mutter, Frieda und Harro.
3 Briefe habe ich auch aus Hellkofen zurückbekommen, schicke sie Dir noch zu.

Im Süd-Osten, 11 Oktober 1943

Mein lieber Buttje!

Anbei ein paar Zigaretten, Wünsche dir guten Appetit. Wenn Du diese Päckchen auftreiben kannst, schicke mir bitte einige davon. Sie werden auch zusammen gepfalzt. Sind aber besser als die von den Fgr. - Mir geht es noch gut hoffe dasselbe von Euch allen. Halte Du Dich und auch die Jungen gesund und munter.
Es grüßt und küßt Euch herzlichst Dein Willy und Euer Papa

Anmerkung:
Dies ist einer der Kurzbriefe die dem Päckchen beiliegen.
Mit Fgr. ist vermutlich Feldgrau (Feldgrauen, Wehrmacht) gemeint.

8) Im Süd-Osten, den 12. Oktober 1943

Mein lieber Buttje!

Ich bin noch immer in S. Werde wohl auch noch einige Tage hier bleiben. Morgen gehe ich erstmal zum Zahnarzt. Gestern abend war ich in der Stadt. Wäre besser gewesen ich wäre in der Kaserne geblieben. Es hat nämlich junge Hunde geregnet. Kam natürlich naß wie ein Pudel an. Zwei Kameraden und ich wollten uns mit noch 2 Hamburgern treffen. Wir haben sie aber nicht getroffen. Sind etwas zu spät dagewesen. Wir haben uns da auch nicht lange aufgehalten.

Sind nachher bei uns in der Kantine gewesen. Die beiden Kameraden von mir haben da noch Musik gemacht. Der eine spielt Akkordeon und der andere Gitarre. Habe da noch paar Glas Bier getrunken und dann ins Bett gegangen. Fliegeralarm hatten wir gestern mittag auch. Die Flieger sind hier aber garnicht angekommen. Das Papier ist ja furchtbar schlecht. Schlägt alles durch. Liegt es mehr am Papier oder an der Tinte? Ich glaube am Papier, denn es schlägt auf den Umschlägen ja auch nicht durch. - Die ganzen Sachen sind hier ganz schön teuer geworden. Fast alles ist um das Doppelte gestiegen. Zigaretten haben früher 1500 Drachmen gekostet und jetzt kosten sie 3500 Drachmen und mit den anderen Artikeln verhält es sich genau so. Morgen früh wenn ich zum Zahnarzt gehe ich mich mal auf den Markt umsehen. Mal sehen was sich machen läßt. Wenn Du mal wieder Zigarettenpapier, Klingen und Zahnpasta bekommen kannst, schicke es mir bitte. Kannst es mir ja in kleinen Päckchen schicken. Im ganzen sind jetzt 5 kl. Päckchen unterwegs, 4 mit kl. Büchern und 1 mit 50 Zigaretten. Hoffentlich kommt alles über. Die Bücher habe ich in Wien gekauft. Gelesen habe ich sie schon. Denke, daß sie Dir gefallen werden. -...
geht es mir noch gut, hoffe dasselbe auch von Dir und den beiden Jungs
Halte Dich also gesund und munter es grüßt und küßt Dich und den beiden Jungs herzlichst Dein Willy und Euer Papa.
An meine Eltern + Geschwister sowie an Deine Mutter, Emil, Frieda und Harry auch einen schönen Gruß.

Armerkung:
junge Hunde geregnet: starker ergiebiger Regenschauer
naß wie ein Pudel: Haare völlig naß, Kleidung ebenfalls

Im Süd-Osten, 12. Oktober 1943

Mein lieber Buttje!

Schicke Dir heute diese und noch ein anderes Päckchen. Sind also im ganzen 3 Bücher. Gestern habe ich auch ein Päckchen mit 50 Zigaretten abgeschickt. Hoffe daß alles überkommen wird. Sonst geht es mir noch gut. Hoffe dasselbe auch von Euch Allen. Herzliche Grüße und Küsse sendet Dir sowie Willy + Harry Dein Willy und Euer Papa.
An meine Eltern, Marta, Hans und Dora auch einen schönen Gruß.

Im Süd-Osten, den 13. Oktober 1943

Mein lieber Buttje!

Ich muß gleich zum Dienst antreten, will Dir aber schnell ein paar Zeilen schreiben. Bin um 1 Uhr mit der Wache fertig gewesen. Hatte Stallwache von gestern mittag bis heute mittag 1 Uhr. Ich mußte außer daß ich des Nachts 2 ½ Stunden Wache schieben mußte, am Tage noch die Pferde tränken, futtern, für frisches Stroh sorgen, Mist auskehren und sie auch striegeln. War mir natürlich eine ungewohnte Beschäftigung. Bin da aber ganz gut mit zurecht gekommen. Na, das wäre ja auch gelacht. - Jetzt habe ich noch 3 Stunden Arbeitsdienst von 2-5 Uhr. Hatte schon gedacht ich brauchte heute nachmittag keinen Arbeitsdienst mitzumachen. Wollte mal zur Stadt und einkaufen. Abends ist es immer schon so früh dunkel Na, will heute abend mal sehen was sich machen läßt. Morgen werde ich wieder ein Päckchen mit Zigaretten abschicken. Habe heute Marketenderware bekommen. - Sonst geht es mir noch gut, hoffe dasselbe auch von Euch Allen. Sei Du sowie Willy und Harry recht herzlichst gegrüßt und geküßt von Deinem Willy und

Eurem Papa. An meine Eltern und Geschwister sowie an Deine Mutter, Emil, Frieda und Harro auch einen schönen Gruß.

Anmerkung:
Marketender: Kaufleute, die den Soldaten Lebensmittel und Getränke verkaufen

10) Im Süd-Osten, 14. Oktober 1943

Mein lieber Buttje!

Will Dir heute schnell noch ein paar Zeilen schreiben. Ich werde wohl morgen oder übermorgen in See gehen. Bin heute nachmittag auf den Kahn gegangen. Mußte bei der Verladung mit dabei sein. Morgen früh kommen noch 2 Kameraden, die die Überfahrt auch mit machen. Der Kapitän (eigentlich bißchen viel gesagt, also der Inhaber des Schiffes) hat mir eben meinen Platz zum schlafen angewiesen. Er fragte mich ob ich noch mal zur Promenade wollte. Ich muß aber auf dem Schiff bleiben, gewissermaßen als Wachtposten. Er ist noch mal weggegangen. Werde morgen wohl noch mal in die Stadt gehen. Wie ich eben hörte, werden wir vor übermorgen garnicht fahren. Will morgen, wenn die beiden Kameraden hier sind zum Einkaufen gehen, damit ich die Pakete gleich von hier noch weggehen. Gestern habe ich Dir einen Feldpostbrief geschrieben und nicht numeriert. Muß also Nr. 9 sein. Deinen Brief vom 5.10. also den 3. Brief habe ich gestern erhalten. Meinen besten Dank. Werde alles beherzigen und in Zukunft nur das machen was mir meine Frau sagt. Vielleicht fahren wir dann ja besser. Ein kleines Päckchen für Willy und Harry habe ich gestern aufgegeben. Sind 2 kleine Päckchen Feigen drin. Heute habe ich ein Paket für Dich mit Tabak und ein Päckchen mit 40 Zigaretten für Marta abgeschickt. Den Tabak kannst Du ja wenn Paul an der

Grenze bleibt, ihn mitgeben, denn das kommt Euch ja doch wieder zugute. Mal sehen wie morgen alles klappt. Wollte für dich eigentlich ein Paar Strümpfe kaufen. Und für meine Eltern zum Hochzeitstag auch eine Kleinigkeit. Vielleicht bleibt dann ja noch etwas zum Kaufen für Dich über. Meine Schreibunterlage ist ja gerade nicht schön, wirst es wohl auch schon am Schreiben gemerkt haben. Bin hier in der Kajüte (1/4 m breit und 2 m lang) schreibe auf einem schmalen Brett welches an der Wand befestigt ist. Man kann es auch als Bord bezeichnen. Stuhl oder Hocker gibt es hier auch nicht. Also beinahe stehend freihändig. Mit der Post wird es wohl, wenn ich wieder auf der Insel bin, nicht mehr so flott gehen. Da wird wohl wieder ein jeder Brief 3-4 Wochen gebrauchen. Na, wir wollen hoffen, daß es so wie so nicht mehr so lange dauert, damit wir uns bald gesund wieder sehen. Es scheint so als wenn das Wetter wieder etwas besser wird. Die letzten Tage war es schon nicht mehr schön. Letzte Nacht war es auch fürchtbar kalt. Ich bin um 12 Uhr noch in den Stall gegangen und habe mir eine Decke besorgt. Das war wenigstens noch eine Decke. Konnte mich damit 2 mal eindrehen. Ich sag ja, für die Pferde wird doch besser gesorgt. Ich werde mich gleich wenn ich diesen Brief zu Ende geschrieben habe ein bißchen nach oben ans Deck begeben. Kann jetzt doch nicht schlafen. Es ist ganz sternenklar und Vollmond. Die Musik von der Promenade hört man hier auch. Zum zu Bett gehen ist es auch noch ein bißchen zu früh. Es ist eben 1/2 8 Uhr. - Und sonst mein lieber Buttje! geht es mir noch gut, ich hoffe dasselbe auch von Dir und Willy und Harry. Meiner Mutter wünsche ich gute Besserung und Liselotte mein herzliches Beileid. Was hast Du denn beim Wirtschaftsamt erreicht? Hast Du auch für mich einen Schein für Hausschuhe bekommen? Eben kommt der Schiffseigentümer auch wieder zurück. Will mit dem Schreiben aufhören. Er will wohl zu Bett wollen. Halte Dich

also gesund und munter und sei Du sowie Willy und Harry recht herzlichst gegrüßt und geküßt von Deinem Willy und Eurem Papa. An meine Eltern und Geschwister sowie Deine Mutter, Emil, Frieda und Harro auch einen schönen Gruß.
Ich lege 2 Zulassungsmarken bei. Kannst sie ja vielleicht noch verwenden.

11) Im Süd-Osten, 16. Oktober 1943

Mein lieber Buttje!

Heute fahren wir übers Meer zu unserem Bestimmungsort. Fahren auf einem kleinen Segler. Haben gestern und vorgestern geladen. Bin Transportführer hier auf dem Schiff. Muß gleich ins Kontor und die Papiere holen und dann geht es gleich weiter. Habe gestern eingekauft und bis um 11 Uhr noch die Pakete gepackt. Es sind 16 Stück geworden. 3 Pakete mit Feigen, 1 mit Rosinen (großen) 3 Pakete mit Nüsse, 1 Paket mit geschälten Nüssen, 1 Päckchen mit Strümpfen und Gummiband, 2 Päckchen mit Seife, 3 Päckchen mit Tabak und 1 Päckchen mit 100 Zigaretten. Hoffe daß nun auch alles über kommt. 3 Pakete habe ich an meine Mutter adressiert. Soll für den Hochzeitstag sein. Ob ich heute noch zum Schreiben an meine Eltern komme weiß ich noch nicht. Wünsche Ihnen alles Gute zum Hochzeitstag. Von dem Tabak kannst Du meinen Vater ja auch was abgeben. Muß mal sehen wie Du es einteilst. Überlasse es Dir. Kannst jedem etwas abgeben. Und wünschen Euch jedenfalls guten Appetit. Hoffentlich passen Dir die Strümpe auch. Habe gar nicht nach der Größe gesehen. Waren ziemlich teuer. 40000 Drachmen haben sie gekostet. Heute steht der Kurs noch 1 Mark : 2400 Dr. Aber das macht nichts, daß sie so teuer sind. Denn wir haben es ja.

Also mein Lieber Buttje! Halte Du Dich und Willy und Harry gesund und munter es grüßt und küßt Euch herzlichst Dein Willy und Euer Papa.

An meine Eltern, Marta, Paul, Hans, Dora sowie Deine Mutter, Emil, Frieda, Harro, Hans und Alwine, sowie Fide und Johanna und Kinder auch herzliche Grüße.

12) Im Süd-Osten, 17. Oktober 1943

Mein lieber Buttje!

Seit heute morgen 6 Uhr sind wir wieder auf Fahrt. Dieses Mal aber auf dem Wasser. Rechts von uns liegt der Olymp. Hätte gerne auf der Ecke etwas klarer sein können. Es ist sonst ganz schönes klares Wetter, nur rechts von uns sind Wolken am Himmel. Zu sehen ist der Olymp aber trotzdem. Die See ist auch ziemlich ruhig. So'n klein bißchen bewegt. Die Besatzung auf dem Segler sind auch ganz annehmbare Menschen, Mit denen der Hinfahrt nicht zu vergleichen. Das war so'n richtiges Piratenschiff. Die Besatzung sah jedenfalls so aus. Wir sollten eigentlich gestern schon fahren, sind aber mit dem Tanken zu spät fertig geworden. Ich habe am Land Mittag gegessen und mich dann lang gemacht. Danach habe ich meine ganzen Sachen überholt und neu eingepackt. Der eine von uns ist nachmittags noch einmal zum Einkaufen gegangen und als er wiederkam bin ich mit ihm ins Kino gegangen. Es wurde der Film „ Lache Bajazzo" gegeben. Anfang der Woche war ich schon mal da. Habe aber von dem Film nichts zu sehen bekommen. Bin nämlich eingeschlafen. Gestern ging es mir genau wieder so. Was nun eigentlich mit dem Film los ist, weiß ich noch nicht. Bin kurz vor Schluß wieder aufgewacht. Na vielleicht komme ich ja noch einmal dazu mir den Film anzusehen. Die Pakete habe ich gestern alle aufgegeben, Es sind nicht wie ich Dir schrieb 16, sondern nur 15 Pakete bzw. Päckchen. Die Aufteilung der Pakete überlasse ich Dir. Die 100 Zigaretten behalte Du man auch. Den Tabak (Feinschnitt) wirst Du wohl doch nicht gebrauchen können. Denn drehen wirst Du Dir wohl doch keine. Kannst ja meinem Vater etwas und das andere Paul geben. Genau dasselbe mit dem Blättertabak. Denn wenn Paul dafür Lebensmittel für Euch besorgt, ist Euch allen doch auch geholfen. Hoffentlich passen Dir die Strümpfe nun auch. Habe sie gekauft ohne nach der Größe zu sehen. Sollten sie zu groß sein, kannst Du sie ja Marta überlassen. Paul kann ja für Dich gegen den Tabak welche aus D. mitbringen. Viel Auswahl hatten sie hier nicht. Auch was die Farbe anbetrifft. Diese waren noch die einzigsten die einigermaßen aussahen. Ich hätte beinahe gar keine mehr gekriegt. Es gab nämlich gerade Fliegeralarm. Im Nu waren alle Geschäfte geschlossen. Zum Glück dauerte es nicht so lange. Da vor den Tag war es auch hier und zwar 3 mal am Tag, Wir waren mit dem kleinen Rettungsboot auf dem Wasser. In einer ziemlichen Höhe kamen sie angebrummt. Man konnte sie aber nur sehen wie sie an einer kleinen Wolke vorbei flogen. Es war ganz klares Wetter bis auf ein paar kleine Wolken. Geworfen haben sie auch etwas. Kann aber nicht viel gewesen sein, Denn nach einer kurzen Zeit sah man keinen Rauch mehr. War auch ein ganzes Stück von uns entfernt. - Für meine Mutter habe ich ein größeres und 2 kleine Pakete zurecht gemacht. Soll für den Hochzeitstag sein. Geschrieben habe ich gestern noch an meine Eltern. 2 Fotos habe ich auch noch mit beigelegt. Ein davon sollst Du haben. Geworden sind sie ja wieder nichts. Zu sehen ist aber daß ich es bin. Von unserer Komp. habe ich auch schon einige getroffen. Haben mir allerhand Neuigkeiten erzählt. Danach habe ich mit meinem Urlaub noch viel Glück gehabt. Bis jetzt ist noch keiner wegen Bombenschaden in Urlaub gekommen. Wird jetzt glatt abgelehnt. - Die Faltpakete die ich von

Dir mitgenommen habe, kann ich gar nicht gebrauchen. Solltest Du andere auftreiben können, schicke mir bitte welche. Sie müssen schon etwas dicker sein. In der Art wie ich sie Dir geschickt habe (die braunen). Mit Packpapier bin ich auch knapp. Den Bindfaden und die unbeschädigten Pakete kannst Du mir ja wieder herschicken. Und wenn Du mal eine Zeitung hast, wäre ich Dir auch dankbar.

So mein Buttje! Das wäre erstmal alles. Sei Du sowie Willy + Harry recht herzlich gegrüßt und geküßt von Deinem Willy un Eurem Papa.

An meine Eltern, Marta, Paul, Hans, Dora sowie Deine Mutter, Emil, Frieda + Harro auch einen schönen Gruß.

Anmerkung:
Olymp: ein Bergmassiv in Griechenland

13) Im Süd-Osten, den 18. Oktober 1943

Mein Lieber Buttje!

Wir haben gestern abend nach einer herrlichen Fahrt in einer ganz von Bergen umgebenen Bucht halt gemacht. Werden heute abend erst weiter fahren. Haben das kleine Stück noch übers Meer zu fahren. Als wir hier ankamen, haben wir uns gleich schlafen gelegt, war erst 8 Uhr, bin aber von der Seefahrt ziemlich müde gewesen. Geschlafen habe ich sehr schön. Hatte auch einen wunderschönen Traum. War bei Dir in Hamburg. Hoffentlich wird es bald Wirklichkeit. Heute morgen nach dem Waschen und Rasieren sind die beiden Kameraden, die mit mir die Überfahrt mitmachen, zum Verpflegung holen ans Land gerudert. Nach einer kurzen Zeit riefen sie mich von einem Haus, das uns gegenüber liegt, ich sollte mal rüberkommen. Ich dann ja auch rüber und traf dort 4 Mann von

unserer Komp.. Die 4 M. haben die Verpflegungsstelle hier unter sich. Ist ein herrliches Leben, ganz und gar ohne Aufsicht, wenig Arbeit, leben so in den Tag hinein. Nur eins bedauern sie, daß sie schnell wieder abgelöst werden. Die Herrlichkeit dauert nur eine Monat Wir hatten uns jedenfalls allerhand zu erzählen. Nach dem wir dann unsere Verpflegung gefaßt hatten, sind wie dann wieder zu unserem Segler zurück gerudert und haben dann erst mal ordentlich gefrühstückt. Heute mittag wollen wir Essen kochen. Haben jeder eine Dose Erbsen mit Fleisch (schon zubereitet) bekommen. Und nach dem Essen wollen wir dann mit den anderen Kameraden an den herrlichen Strand zum Baden und Sonnen gehen. Das Wetter ist hier wunderschön. Der Wind soviel wie garnicht. Ist als ob man hier in einem großen Tal liegt. Draußen auf dem Meer soll es ziemlich windig sein. Wenn es heute abend zu windig ist, fahren wir noch nicht raus. Jetzt zu dieser Jahreszeit geht es noch. 1 oder 2 Monate weiter kann man das Glück haben, daß man hier 2 oder 3 Wochen festgehalten wird. Habe heute auch wieder gehört, daß außer mir und der andere der mit mir gefahren ist, noch keiner wieder auf Urlaub wegen Bombenschaden gefahren ist. Wird wohl auch keiner mehr wegkommen. Habe also doch noch trotz der kurzen Zeit, die ich bei Dir verweilen konnte, Glück gehabt. So nun will ich schließen der Brief soll noch mit weg. Hier liegt ein Schiff, das heute noch nach S. fahrt.
Halte Du Dich sowie Willy und Harry gesund und munter und seid recht herzlichst gegrüßt und geküßt von Deinem Willy und Eurem Papa.
An meine Eltern, Marta, Paul, Hans, Dora sowie Deine Mutter, Emil, Frieda und
Harro auch einen schönen Gruß.

14) Im Süd-Osten, den 19. Oktober 1943

Mein lieber Buttje!

Heute morgen ½ 5 Uhr sind wir auf unserer Insel angekommen. Sind zuerst noch Kas... wo unsere Komp. liegt gefahren und haben da Post ausgeladen Mußten dann eine ganze Zeit warten, bis die Hafenkontrolle kam. Am Kai stand ein Posten von unserer Komp.. Der hat uns die ganze Zeit durch ein Fernrohr beobachtet. Nachher kamen noch 2 Mann von der Wache und sahen auch zu uns hinüber. Mit einem Mal scholl der alte Hamburger Schlachtruf „Hummel, Hummel" zu uns herüber. Hatten doch endlich heraus gekriegt, wer sich an Deck befand. Nachdem dann die Hafenkontrolle bei uns an Deck war, bin ich dann schnell mal auf einen Sprung ins Wachlokal gegangen und mich beim Spieß der sich gerade da aufhielt zurückgemeldet. Dann sind wir aber gleich weiter gefahren nach dem Hafen wo die Ladung gelöscht wird. Ich muß nämlich so lange auf dem Schiff bleiben bis alles ausgeladen ist. Werde wohl erst in 2 Tagen bei der Komp. sein. - Gestern wollte ich, wie ich Dir schrieb, mit den anderen Kameraden von der Verpflegungsstelle zum Baden, ist aber nichts daraus geworden. Die beiden Kameraden von mir sind mit ihren Musik-Instrumenten an Land gefahren, währenddessen habe ich geschrieben. Als ich mit dem Briefe schreiben fertig war (an Hinni habe ich auch geschrieben), waren sie immer noch nicht zurück. Ich bin dann natürlich auf die Suche gegangen. Lange zu laufen hatte ich aber nicht. Saßen in der einzigen Kneipe die es da gab. Bin da natürlich auch hängen geblieben. Die Kapitäne von allen Schiffen, die im Hafen lagen waren da vertreten und einen nach den anderen ausgegeben. Außer uns 3 waren noch mehr Soldaten vertreten. Wenn Du das gesehen hättest wie wir da zusammen saßen, schöner Anblick war es gerade nicht. Die Hütte sah ziemlich räubermäßig aus. Der Tisch war nach der stundenlangen K... auch wüst aus. Die Kapitäne waren seit dem frühen Morgen schon im Gange. So besoffen waren sie aber garnicht mal. Sie vergessen bei dem Trinken das Essen nicht. Fisch und Paprika ist immer auf dem Tisch. Um 1/2 4 Uhr sind wir dann auch wieder weiter gefahren, hatten als wir auf dem Meer waren, einen ganz schönen Wellengang. Das Schiff schaukelte ganz schön. Sah manchmal so aus als wenn es umkippen wollte. Ist aber alles glatt gegangen. - So nun will ich schließen. Ich lege 3 Marken bei, habe sie gestern von Urlauber geschenkt gekriegt.

Also mein lieber Buttje sei Du sowie Willy und Harry recht herzlich gegrüßt und geküßt von Deinem Willy und Eurem Papa. An meine Eltern, Marta, Paul, Hans und Dora sowie Deine Mutter, Frieda, Emil und Harro auch eine schönen Gruß.

Anmerkung:
Mit unserer Insel ist die Insel Limnos gemeint.

15) Im Süd. Osten, den 20. Oktober 1943

Mein lieber Buttje!

Ich befinde mich noch immer an Bord. Sind gestern gar nicht mehr zum Ausladen gekommen. Habe gestern den ganzen Tag an Bord zugebracht. War nur abends zum Essen an Land. Um 6 Uhr habe ich mich schon schlafen gelegt. Es wird hier schon früh dunkel und des Nachts ist es hier sehr kalt. Geschlafen habe ich nicht viel, trotzdem ich 2 Wolldecken hatte, hat mich gefroren. So allmählich sehn ich mich doch nach ein Schlafraum wo der Wind nicht so ankommt. Heute morgen konnte ich erst garnicht warm werden aber als die Sonne dann durchkam wurde mir doch anders. Heute hat der Wind noch zugenommen. Auf dem Wasser merkt man es noch viel mehr. Eine Ladung hatten wir gegen 10 Uhr aus dem Schiff raus. Mußten

beim Hafenkommandeur bescheid sagen und fragen ob wir weiter fahren konnten. Auf dem Wege dahin wurde ich beinahe schwitzen von dem Wind war am Land fast garnichts zu merken. - Nach einer kurzen Zeit hatten wir unseren Bestimmungsort erreicht. Und jetzt warten wir auf die Arbeiter die ausladen sollen und vor allen Dingen auf die Pinasse, die die Kisten an Land bringt. Eine Landestelle gibt es hier nicht. Können auch nicht so dicht heran, weil es zu flach ist. Eine Nacht werde ich wohl noch an Bord schlafen. So frieren werde ich dann aber nicht, denn der Laderaum ist dann frei und da kommt der Wind nicht so ran. Werde dann morgen mit dem Schiff nach Kasteron (?) zurückfahren und dann zur Komp. gehen. - Sonst kann ich Dir mitteilen, daß es mir noch gut geht, hoffe dasselbe auch von Euch Allen. Ich hoffe auch, daß ich in den nächsten Tagen Post von Dir bekomme. Bis jetzt habe ich Deine ersten 3 Briefe erhalten.
So mein lieber Buttje! sei Du sowie Willy uns Harry recht herzlich gegrüßt und geküßt von Deinem Willy und Eurem Papa.
An meine Eltern, Marta, Paul, Hans und Dora, sowie Deine Mutter, Emil, Frieda und Harro, Hans , Alwine, Fide und Johanna auch die herzlichsten Grüße. Desgleichen Emil Kahns, Trude und Hilde sowie Rudolf Nerlich.

Anmerkung:
Pinasse: Beiboot von Kriegsschiffen, auch mit Motor oder Segel, für 10 -12 Mann.

16) Im Süd-Osten, den 22. Oktober 1943

Mein lieber Buttje!

Heute geht es wieder zur Komp.. Vorgestern und gestern war ich zum Entladen mit dem Schiff bei unserem 2. Zug. Sind da von

unserem Oberfeld zum Essen und Trinken eingeladen. Entladen haben wir vorgestern nicht mehr. Hatten kein Fahrzeug zur Verfügung, Sollte eins um 1 Uhr kommen. Kam aber nicht über. Mein ehemaliger Gruppenführer kam mit den Lastern vom 2. Zug aber zur vorgeschriebenen Zeit. Da das Fahrzeug aber nicht ... haben wir einen Klönschnack gehalten. Der Gruppenführer meinte ich sollte mich bald mal fotografieren lassen. Meint ich wäre nicht wieder zu erkennen, weil ich so dick geworden bin. Nachher kam der Oberfeld auch noch und sagte wir sollten nachmittags zum essen kommen und könnten dort auch schlafen. Das Essen war ganz gut und reichlich und das Trinken auch. Gab da gerade Marketenderware. Hatten ordentlich einen unter die Mütze. Bei dem Zug sind viele Hamburger. Sind bis jetzt aber noch nicht auf Urlaub gekommen. Den nächsten Tag also gestern hatte ich doch so'n kleinen Kater. Morgens um 5 Uhr ging es dann schon wieder an die Arbeit. Waren um ½ 11 Uhr damit aber schon fertig. Haben dann aber noch bis ½ 3 Uhr da gelegen. Wollte zum Zahnarzt, kam erst so spät wieder. Um 3 Uhr waren wir im Hafen von Muders (?). Da haben wir uns dann unsere Verpflegung für 2 Tage geholt. Wir bekommen jeder 1 Brot, 1 Pfd. Schinken, ½ Pfd. Butter und 6 Zigaretten. Ganz nett nicht wahr? Geschlafen haben wir noch mal auf dem Schiff und zwar im Laderaum. Gefroren hat mich diesmal nicht. Es ist hier nachts ziemlich frisch auch morgens in der Frühe weht ein frischer Wind. Sonst geht es mir noch immer gut, hoffe dasselbe auch von Euch allen. Wie geht es meiner Mutter und Paul? Sind sie noch krank?
So mein lieber Buttje, muß jetzt schließen, es geht bald weiter. Habe noch etwas zu besorgen. Sei Du sowie Willy und Harry recht herzlichst gegrüßt und geküßt von Deinem Willy und Eurem Papa. Meinen Eltern, Marta, Paul, Hans, Dora sowie Deine Mutter, Emil, Frieda und Harro auch einen schönen Gruß.

Anmerkung:
Ordentlich einen unter der Mütze: erheblich angetrunken.
Kater : Brummkopf, Kopfschmerzen von Alkohol
Klönschnack : gemütliches Gespräch

17) Im Süd -Osten, den 24. Oktober 1943

Mein lieber Buttje!

Seit vorgestern bin ich wieder bei meiner Komp.. Bin noch abends gleich auf Wache gezogen. Gestern hatte ich Streifendienst und zwar des Nachts. Mußten zu einem Stützpunkt und wieder zurück. In ungeiahr 2 1/2 - 3 Stunden hat man es geschafft. Der Weg dahin war weniger schön. Erstmal war ziemlich dunkel und dann sind die Wege so voller Steine, daß man Mühe hat da durch zu kommen. Zuletzt wurde der Weg so schmal, daß man sich bös vorsehen mußte. Einmal bin ich doch am Weg vorbei getreten und habe einen kleinen Rutscher gemacht und dabei meine Taschenlampe verloren. Habe aber noch Glück gehabt, fand sie nach kurzer Zeit wieder. Bei dem Stützpunkt angekommen, fand ich Richard Heinitz als Wachposten vor. Soll auch vielmals grüßen. Nach kurzer Rast begaben wir uns dann wieder auf den Marsch in unser Quartier. Heute haben wir fast gar keinen Dienst gehabt. Hatten nur Waffen reinigen und Appell. Heute morgen bekamen wir sogar Kuchen. War eine Art Klöben. Jeder bekam einen halben davon. Hier bei der Komp. gibt es jetzt jeden Sonntag Kuchen. Das Mittagessen war auch ganz gut. Es gab: Kartoffeln, Soße, Fleisch und Spargel und als Nachtisch noch Griespudding. Auch gestern war das essen gut. Wir bekamen Kartoffelsalat und Rührei. Ganz nett nicht wahr? Mein Gesuch, daß ich damals von S. aus an unseren Kompaniechef richtete, ist wie mir hier gesagt wurde, genehmigt worden. Es ist nur ein Tag zu spät in S. angekommen. Unser Spieß der in Urlaub fuhr hat es mit nach S. gebracht. Er kam freitags mittag da an und ich war morgens früh schon zur Bahn. Hätte es doch nachschicken können. Dann hätte ich auch 3 Wochen gehabt und auch Nachurlaub bekommen Es nützt aber jetzt nichts mehr. Sollte der Krieg noch so lange dauern, werde ich ja meinen Erholungsurlaub bekommen. Denke aber, daß der Krieg noch vorher zu Ende geht und ich dann wieder ganz im Hause sein werde. - Einen Haufen Post habe ich hier auch vorgefunden. Auch einige Briefe noch von Itzstedt. Die anderen waren von Hellkofen und von Hamburg (Juli). In Eins waren 3 Bücher Zigarettenpapier. Willy seinen Geburtstagsbrief, einen von Harry und 2 die für Dich waren habe ich wieder zurückbekommen. Einen 1/2 Kilo Olivenöl habe ich auch für Dich. Will mal sehen ob ich eine kl. Dose oder Kanister auftreiben kann. In 3 - 4 Wochen bekomme ich noch mal 1 Kilo. Der Kapitän auf dessen Schiff ich hierher gefahren bin hat es mir versprochen. Hoffentlich bleibe ich noch solange in Kastron, damit ich es mir abholen kann. Hoffe auch, daß ich bis dahin von Dir Zigarettenpapier von Dir bekomme. Hier in K. gibt es so gut wie garnichts zu kaufen. Freue mich daß ich in Saloniki noch eingekauft habe. Zigaretten und Tabak habe ich auch noch fürs erste. Rauchwaren gibt es auch fest garnicht. - Mit der Post wird es jetzt auch nicht mehr so schnell gehen. Es ist hier ziemlich windig. Bei zu großem Wind fahren die Schiffe nicht aus. Das mit dem wir angekommen sind, liegt hier auch noch. Es kann im November, Dezember und Januar vorkommen, daß hier wochenlang kein Schiff ankommt. Nette Aussichten, nicht wahr? Aber tröste Dich man es geht alles vorüber - Gestern abend war ich hier im Kino. Es gab den Film „ Das unsterbliche Herz" Wirst ihn wohl auch kennen. Es ist die Geschichte von der Entdeckung der Uhr. Hat mir sehr gut gefallen. Und jetzt will ich gleich schließen es wird für mich Zeit. Will zum Fußball zu gucken. Mal sehen was sie hierfür einen Ball treten. - Für die schlechte Schrift bitte ich um Nachsicht. Denke doch, daß Du alles entziffern kannst. Ich hoffe auch, daß ich in den nächsten Tagen von Dir Post bekomme. Habe bis jetzt Deine ersten 3 Briefe bekommen. Wieviel hast Du schon von mir? Sind alle der Reihe nach angekommen?

So mein lieber Buttje nun halte Dich sowie Willy und Harry gesund und munter und seid recht herz¬ lichst gegrüßt und geküßt von Deinem Willy und Eurem Papa. An meine Eltern, Marta, Paul, Hans, Dora sowie Deine Mutter, Emil, Frieda und Harro auch eine schönen Gruß.

Anbei ein paar Herbstblumen, die ich gestern auf dem Berg hier gepflückt habe.

Anmerkung:
Kastron: heute Myrina, ist die Hauptstadt der Insel und zu gleich Fährort. Sie liegt in einer natürlichen Bucht an der Westküste von Limnos

18) Im Süd-Osten, den 25. Oktober 1943

Mein lieber Buttje!

Diese hübschen Blumen habe ich heute morgen beim Arbeitsdienst gepflückt. Stehen auf einer Stelle auf dem Berge, wo wir arbeiten, zu kleinen Häufchen. Die Blumen, die ich Dir im vorigen Brief geschickt habe, waren nicht mehr so schön. Hatte sie so in die Tasche gesteckt. Mit diesen bin ich behutsamer umgegangen. Hoffe doch, daß sie dir eine kleine Freude bereiten. Die Seife die ich für den Altonaer Kameraden mitgenommen habe, mußt Du, wenn Du so gut sein willst, an folgende Adresse schicken: Frau Langmaack, bei Mathiessen, Sachau, Post Solyke, Kreis Gardelegen. Es sind wie du wohl weißt, die beiden langen flachen Stücke. Gestern war ich noch auf dem Sportplatz zum Zugucken. Das Fußballspiel war ganz

nett. Ein Hamburger war auch darunter. Ich selbst würde mir heute garnicht trauen zu spielen. Bin doch ein bißchen steif geworden. Merke es bei jeder kleinen Bewegung die ich mache. Habe doch allerhand zugenommen. Die Kameraden die mich seit der Überfahrt nach hier (von Heuberg) nicht mehr gesehen haben, haben es jedenfalls festgestellt. Nach dem Spiel bin ich noch zum Hafen runtergegangen. Habe den Kapitän und einige Matrosen getroffen. Der von den Matrosen hat mich mit zu seiner Mutter mitgenommen und mich ihr vorgestellt. Habe ein paar Rosinen von ihr bekommen. Der Matrose will mir bei nächster Gelegenheit etwas Öl geben. Werde mich da wenn ich noch hier bin natürlich sehen lassen. Denn solche Freunde muß man sich warm halten. Kannst Du mir nicht mal ein Glas Büroleim oder etwas ähnliches kann auch Sichtleim sein, sowie etwas Packpapier schicken? So und jetzt will ich schließen. Hoffe, daß ich heute oder morgen Post von Dir bekomme. Sind heute ein paar Schiffe eingelaufen. Sonst geht es mir noch gut, dasselbe hoffe ich auch von Euch Allen.
Seid also recht herzlichst gegrüßt und geküßt von Deinem Willy und Eurem Papa.
An meine Eltern, Paul, Marta, Hans, Dora, Deine Mutter, Emil Fieda und Harro auch einen schönen Gruß.

Anmerkung:
Heuberg war das Militärausbildungslager im Schwarzwald.

19) Im Süd- Osten, den 25. Oktober 1943

Mein lieber Buttje!

Heute abend bekam ich die erste Post von Dir (auf d. Insel). Habe mich sehr gefreut. Meinen besten. Es waren die Briefe vom 2.10. (Waldenau) 6. 10. (4) und 10.10. (5). Ich habe heute schon einen Brief geschrieben und zwar war es der 18. Brief. Böse bin ich Dir nicht wegen der Stichlein. Kann Dir aber leider keinen dicken Brief schreiben. Habe nämlich nicht viel Zeit. Der Tag ist immer ziemlich ausgenutzt. Heute wurde es sowieso etwas später. Haben heute Nacht eine Übung. Das Päckchen mit Rosinen habe ich aber auch noch fertig gemacht. - Ich habe Dir doch in 2 Briefen (vor meinem Urlaub) davon geschrieben. Oder genügt es Dir noch nicht? Solltest mich doch allmählich kennen. Und warum immer wieder die alten Sachen aufwärmen. Eine Beruhigung ist es für Dich doch nicht. Denn so'n bißchen vor die Nieren geht es einen doch. Und wenn man sich doch noch so gewunden ausdrückt. Genügt es Dir nicht wen ich versichere daß die alten Geschichten für mich erledigt sind und nicht wieder vorkommen? Ich habe doch Dich und die beiden Jungens und das kannst Du mir gerne glauben mehr will ich garnicht. Also mein lieber Buttje, hälst Du es nicht auch für richtiger wenn wir da einen Schwamm über decken? Auch kannst Du es mir glauben, daß mir die Wiener und griechischen Mädels absolut nicht interessieren. Mögen sie noch so hübsch sein. Du scheinst es gar nicht zu wissen, daß für einen Mann, seine Frau immer noch die Hübschte und Beste ist. - Aus Deinem Brief vom 10.10. bin ich noch nicht ganz schlau geworden. Du Schreibst, daß Willy und Harry noch nicht zur Schule gehen und Du hättest gedacht, ich würde dir einen guten Rat geben. Ferner habe ich mich um die ganze Sache nicht gekümmert und uns wegen der ganzen Sache nicht richtig ausgesprochen. Und dann zum Schluß darunter man ist tatsächlich immer allein. Meinst Du nun wegen der Aussprache die Erledigung der Bombengeschichte? Viel zu besprechen ist da doch jetzt nicht mehr. Du kannst ja die Liste fertig machen und einen Preis festsetzten der zwischen 15 und 20000 liegt. Denn, daß wir das was wir einmal gehabt haben nicht wieder bekommen, davon bin ich jetzt schon überzeugt. Die Hauptsache ist mir erstmal, daß Du das

Nötigste erhältst und sie Dir einen angemessenen Vorschuß auf die zu kaufenden Sachen geben. Alles andere werden wir später schon sehen. Die Hauptsache ist doch der Krieg geht bald zu Ende, Ich will lieber noch mal von vome anfangen. Denn wenn der Krieg zu Ende ist, ist man doch erstmal alle Sorgen los und zwar die um Euch. Denn was kann noch alles passieren. - Du meinst hier wäre es noch nicht so kalt. Die letzten Tage war es hier auch ziemlich ungemütlich. Aber heute ging es, war in der Sonne ganz schön warm. Nur kühlt es abends und in der Nacht ziemlich schnell wieder ab. Ich wollte es bliebe auch den Winter immer schön windstill, hätte man doch dann immer Aussicht auf Post. Denn schön ist es nicht wenn die Verbindung mit der Heimat unterbrochen ist. Nun habe ich die 4 Seiten doch noch voll gekriegt. Will jetzt auch schnell ins Bett. Um 1 Uhr muß ich schon wieder auf. Jetzt ist es gleich 11 Uhr. Ich wünsche Dir einen schönen Traum und eine angenehme Nacht.

Es grüßt und küßt Dich sowie Willy und Harry herzlichst Dein Willy und Euer Papa. An meine Eltern sowie an Marta, Paul, Hans u, Dora sowie Deine Mutter, Emil, Frieda und Harro auch herzliche Grüße.

Anmerkung:
Waldenau: ein Ort in der Nähe von Pinneberg. Dort hatte Onkel Fide (Friedrich), der Bruder meiner Mutter ein Siedlungshaus.

Mein lieber Buttje!

Ich übersende dir hiermit einige Rosinen. Ich hoffe daß sie Dir und den beiden Jungens gut schmecken mögen. Hätte sie Dir gern selber überreicht, ist mir leider nicht vergönnt, wie ich Dir in meinem letzten Brief mitteilte, wird es nun doch nichts mit dem Urlaub. Was müssen wir doch für schlechte Kerle sein wenn sie uns nicht mal den Urlaub, der uns durch einen besonderen Führererlaß zu steht, nicht mal geben. Aber mein lieber Buttje! das ganze Reden darüber ändert ja doch nichts. Es tut mir nur leid um Dich und die beiden Jungens. Also laßt es Euch gut schmecken. Halte den Kopf hoch und bleibt mir gesund und munter es grüßt und küßt Euch herzlichst Dein Willy und Euer Papa.

20) Im Süd-Osten, den 27. Oktober 1943

Mein lieber Buttje!

Deinem Brief vom 13.10. (also den 6.) erhielt ich heute mittag. Meinen besten Dank. Der Soldat von dem Ihr die Seife noch im Hause habt, fährt morgen auch in Urlaub. Es geht jetzt doch los mit den Bombenbeschädigten. Es fahren sogar 4 auf einmal. Vielleicht gebe ich ihm die kleine Flasche Oel, die ich habe, mit. Will morgen noch versuchen, einen kleinen Kanister zu bekommen. Vielleicht klappt es ja noch. Hast du eigentlich alle meine Briefe bekommen? Ich meine der Nr. nach. Deine habe ich bis jetzt jedenfalls alle gekriegt. Nun, wollen hoffen, daß es so bleibt. Zufrieden bin ich auch mit Deinen Briefen und freuen tue ich mich auch wenn ich von Dir Post bekomme. Richard Heinitz habe ich jetzt auch schon etliche Male getroffen. Bei unserer Übung die wir vorgestern Nacht hatten war er auch mit dabei. War für mich ein anstrengender Tag hatte darauf die Nacht auch noch Streife zu gehen. Müssen dann immer zu dem Stützpunkt bei dem er stationiert ist Als ich ankam hatte er noch Dienst. - Deine Stichlein (wie Du es nennst) in den letzten Brief habe ich zur Kenntnis genommen und auch darauf geantwortet. Hoffe auch daß Du mich verstehen wirst. Darfst auch gern wenn es dir Spaß macht ein bißchen Sticheln, das gestatte ich Dir gnädigst. Sonst kann ich Dir mitteilen, daß es mir noch gut geht, hoffe dasselbe auch von Dir und Willy und Harry. Wenn Du

Zigarettenblättchen bekommen kannst, schicke mir doch bitte welche. Ohne diese ist hier garnichts zu machen. Auf Geld sind sie hier garnicht wild. Es ist doch schon ziemlich spät geworden. Bin heute abend im Kino gewesen. Es gab den Film: „Damals", mit Zara Leander. Hat mir gut gefallen.
Also mein lieber Buttje! halte Dich gesund und munter es grüßt und küßt Dich sowie Willy und Harry herzlichst Dein Willi und Euer Papa.
An meine Eltern und Geschwister sowie an Deine Mutter, Emil, Frieda und Harro auch einen schönen Gruß.
Sehnsucht habe ich auch nach Dir. Aber halte man noch ein bißchen aus denn einmal muß es ia ein Ende nehmen. Angenehme Träume wünscht Dir Dein
Willy.

21) Im Süd-Osten, den 29. Oktober 1943

Mein lieber Buttje!

Ich habe eben ein Paket für Dich zurecht gemacht. Inhalt: 1 Dose Oel, 20 Zigaretten und eine Rolle Drops. Ich werde es einem Urlauber mitgeben. Er ist augenblicklich nicht hier. Vielleicht bringt er es ja zu dir. Kannst ihn dann gleich die Seife mitgeben, d.h. wenn Du sie noch nicht aufgegeben hast. Diesen Brief wirst du wohl eine ganze Zeit eher bekommen. Er fährt erst noch nach Stendal. Wenn Du etwas Zigarettenpapier, Feuersteine fürs Feuerzeug, Rasierklingen, 1 Tube Zahnpasta und wenn Du hast etwas Creme (Haut) hast, kannst Du ihm es vielleicht, wenn Du es zu einem kleinem Paket machst, mitgeben. Sollte er das Paket aber aufgeben und nicht kommen, dann läßt sich das nicht ändern. Kannst es mit dann ja in kleinen Päckchen schicken. Etwas Büroleim hätte ich auch gern. - Hier ist alles ziemlich knapp. Oel und Seife ist garnicht zu haben und Zigaretten und Tabak so teuer, daß wir uns von unserem Geld nur 2 Schachteln kaufen können. Auf das Geld sind sie auch gar nicht scharf, wollen nur gegen Tausch verkaufen. Zigarettenpapier ist einer der beliebtesten Tauschmittel. Ich bin mit Zigarettenpapier ziemlich blank. Wenn Du bei meinem Zigarettenhändler nicht genügend bekommst, kannst Du es ja mal bei Janssen (meinem früheren Chef) versuchen. Ist ein Großhändler auf der 2. Etage. Die Firma heißt Kurigg. Vielleicht kannst du mir auch ein Glas Tinte und etwas Packpapier mitschicken. Ist hier nicht zu haben und wenn furchtbar treuer. - Ein Feuerzeug habe ich jetzt auch. Habe es mir besorgt als ich noch in S. auf dem Kahn war. Der eine Matrose hatte einen Bekannten mitgebracht, waren ziemlich duhn. Der Bekannte hatte es uns zum Zigaretten anbrennen gegeben und nicht wieder zurückgefordert. Habe es in die Tasche gesteckt und nicht wieder dran gedacht. Den nächsten Tag fiel es mir wieder in die Hand. Habe den guten Marm aber nicht wieder gesehen. Wird wohl denken daß er es verloren oder daß es ihm einer gestohlen hat. Der Grieche sagt "klappsie, klappsie" dazu. Wie ich in S. ankam habe ich auch Marketenderware abbekommen. Jedenfalls das Hauptsächlichste. Mußte am selben Tag noch zum Schiff. Die Zigaretten und den Tabak habe ich aber bekommen. Den Tabak (1 kg) habe ich Dir zugeschickt und außerdem noch 16 Pakete bzw. Päckchen. Von hier habe ich letzte Woche auch noch ein Päckchen mit Rosinen abgeschickt. Hoffe doch daß alles gut ankommen wird. Hast Du die anderen Pakete nun schon alle erhalten? - Die letzte Post die ich von Dir erhalten habe, ist der 6. Brief also der vom 13. Oktober. Wieviel hast du schon von mir? - Wir haben jetzt schon wieder 2 Tage Sturm. Läuft dann kein Schiff aus und an kommt dann auch keins. Hoffentlich legt sich der Wind bald wieder damit die Post zu Dir weg geht und ich auch zu meinem Recht komme. Wie soll das erst werden, wenn in den nächsten

Monaten wochenlang der Wind um uns braust? Wenn Du dann mal lange keine Post bekommst, sei man nicht ungeduldig. Eines Tages wird dann doch mal wieder die Sonne scheinen und Dir zum Dank einen ganzen Berg voll bringen. Kannst Du mir nicht auch mal eine Zeitung schicken? Ich habe eigentlich allerhand Wünsche nicht wahr? Aber ich weiß ja wenn es in Deiner Macht steht erfüllst Du sie mir. Morgen werde ich wohl auch wieder zu meinem alten Stützpunkt rauskommen. Der Feldwebel hat mich wieder angefordert. Sollte erst hier in der Stadt bleiben. Gehe aber ebenso gerne zu meinem alten Stützpunkt. Wird ja ein bißchen einsamer aber das gefällt mir besser als zwischen so vielen. Auf der Herfahrt mit den beiden Kameraden war es mir manchmal sogar etwas peinlich. Ausschließen konnte ich mich auch nicht immer. Hatten nur das Saufen und die Weiber im Kopf. Beide natürlich verheiratet und eben erst von der Frau vom Urlaub gekommen. Mit Frauen hatten sie aber auf der Herfahrt kein großes Glück. Denn ob es die Frauen von Serbien oder von Griechenland sind, einem Soldaten geben sie sich doch nicht hin. Die beiden haben sich den einen Tag wie ich schon auf dem Schiff war und da aufpassen mußte, ein Straßenmädchen angelacht. Der eine von den beiden hat sich dann auch dabei etwas aufgesackt und mußte dann wie wir hier ankamen sofort in ein Lazarett. Vom Kompaniechef hat er dann noch außerdem eine Arreststrafe von 5 Tagen bekommen. Eine Strafe kommt selten allein. Du brauchst meinetwegen aber keine Angst zu haben. Da kann ich noch so besoffen sein (das kann ja mal vorkommen) aber mit einer anderen Frau werde ich doch nicht losgehen. Erstens werde ich es Dir nicht antun und dann müßte doch schon eine innere Bindung bestehen. Denn nur um sich mal auszutoben ist es mir nicht zu tun. Bei einem jungen Mann von sagen wir mal 20 Jahren kann man es schon verstehen. Ist eigentlich auch schon ganz gut, daß wir alle schon ältere Semester sind. Ich schreibe dieses nicht um mich bei Dir ins gute Licht zu setzen. Glaube doch, daß Du mich verstehen wirst. Warum sollte man sich nicht mal über solche Fragen unterhalten. Es ist doch alles menschlich. Und vor allen Dingen dreht sich doch alles darum. Da kann man es drehen wie man will. Ich habe es Dir auch auf dem Heuberg schon gesagt und auch während meines Urlaubs wie ich darüber denke und daß mir das alles nicht reizen kann. Mich interessiert und fesselt nur eins und das bist Du und auch die beiden Jungens. Ich weiß auch daß es für dich selbst vielleicht viel schwerer ist. Ich glaube aber, daß es für Dich schon viel sagt wenn Du weißt wie ich denke und handle. Ich lege diesem Brief ein paar Blumen oder besser gesagt Blümchen bei. Man sagt ja: Laßt Blumen sprechen. Will es mir bei kleinem angewöhnen meiner kleinen Frau auch Blumen zu schenken. Wenn es jetzt auch noch per Brief geschickt so werde ich sie Dir aber später selbst überreichen. Will mir doch nicht immer sagen lassen, daß da zu kein Herz oder Mut zu habe. Hast mir doch öfter gesagt alle Männer machen ihrer Frau die Freude. Warum sollte ich es nicht auch können. So mein lieber Buttje nun bin ich so ziemlich mit meinem Latein zu Ende. Kann Dir mitteilen, daß es mir noch gut geht. Das selbe hoffe ich von Dir und den beiden Jungens. Meiner Mutter wünsche ich gute Besserung. Brauchst diesen Brief ja meinen Eltern nicht zu zeigen. Ist vielleicht doch nicht das Richtige, wenn sie ihn lesen. Kannst ja ruhig sagen, daß ich ein bißchen intim geschrieben habe. Kannst ja auch die weniger gefährlichen Stellen vorlesen. Hätte auch gern gewußt wie es mit Dir steht. Schreibe es mir doch mal. Sonst kann ich Dir auch noch mitteilen, daß ich genau wie Du große Sehnsucht habe. Möchte Dich mal wieder so richtig an mein Herz drücken.

So mein Buttje sei Du sowie Willy und Harry recht herzlich gegrüßt und geküßt von Deinem Willy und Euren Papa.

An meine Eltern, Marta, Paul, Hans, Dora sowie Deine Mutter, Emil, Frieda und Harro auch einen schönen Gruß.

Einen Brief habe ich im Paket auch beigelegt.

Im Süd-Osten, 29.10.43

Mein lieber Buttje!

Ich schicke dir mit einem Urlauber eine kleine Dose Oel, 20 Zigaretten und für Willy und Harry die rolle Drops. Möge Euch alles gut schmecken. Ich weiß noch nicht, ob der Urlauber das Päckchen selbst zu Dir bringt oder ob er es in Deutschland aufgibt. Sicherer ist es so ja immer noch als wenn es den weiten Weg von hier mit der Post macht. Gestern sollte der Kamerad schon fahren, war aber zu windig. Das Schiff ist nicht ausgefahren. Habe mich natürlich gefreut, denn sonst hätte ich das Päckchen nicht mitgeben können. Hatte die Dose Oel noch nicht fertig. Habe sie eben zulöten lassen. Wenn der Kamerad das Päckchen selbst abgibt gebe (wenn Du die Seife noch nicht abgeschickt hast) ihm bitte die Seife mit.
So mein lieber Buttje recht guten Appetit wünscht Dir Dein Willy. Recht herzliche Grüße und Küsse wünscht Dir auch Dein Willy und Euer Papa.
Meinen Eltern, Paul, Marta, Hans und Dora sowie Deine Mutter, Emil, Frieda und Harro auch einen schönen Gruß.
Wenn Du etwas im Hause hast, gebe ihn doch etwas Zigarettenpapier, Feuersteine, Klingen für mich mit.

22) Im Süd-Osten, den 31. Oktober 1943

Mein lieber Buttje!

Ich habe eben ein kleines Päckchen fertig gemacht. Ist nur ein Stück Seife drin. Glaube aber, daß Du Dich auch dazu freuen wirst. Ich bin bis jetzt noch nicht zum Einkaufen gekommen. Habe nämlich nicht genug Geld und auch keine Tauschmittel mehr. Habe in Saloniki einem Kameraden der in Urlaub fahren wollte aus der Verlegenheit geholfen. Wenn er aus dem Urlaub kommt soll ich die Blättchen wieder haben (50 Stck). Vielleicht kannst Du mir ja in kleinen Päckchen einige schicken. Denke aber daran, das geht ja garnicht, denn vom 10.11. ab kannst Du ja auch kleine Päckchen nicht ohne Zulassungsmarken schicken. Muß dann schon ein größeres Paket zurecht machen. Zulassungsmarken habe ich Dir ja einmal 2 und einmal 3 geschickt. Etwas Geld werde ich Dir auch demnächst zuschicken. Kannst ja dafür Zigarettenpapier kaufen und mir schicken. Denn für das Geld kannst Du Dir doch nichts kaufen. Sollte ich aber Oel, Mandeln, Seife oder Tabak dafür bekommen, ist es für Dich doch eine gute Hilfe. Für den Wehrsold kann man sich hier doch fast garnichts kaufen. Ist alles viel zu teuer. Höchstens wenn die Komp. etwas einkauft. Haben jetzt auch etwas eingekauft. Ist aber nichts dabei was man nach Hause schicken kann. Haben Wein und Schnaps eingekauft. Getrunken habe ich noch nichts davon. Bin immer froh wenn ich abends soviel Zeit über habe, daß ich meine Sachen in Ordnung kriege und zur rechten Zeit ins Bett komme. Haben viel Dienst. Nach meinem alten Stützpunkt bin ich noch nicht gekommen. Weiß auch nicht ob ich noch hinkomme. Werde vorläufig hier gebraucht. Das Wetter ist noch immer stürmisch. Gestern abend so stark, daß man sich ordentlich gegen stemmen mußte, um nicht um geweht zu werden. War mit noch 2 Kameraden auf Streife. Waren froh als wir wieder zurück waren und ins Bett kriechen konnten. Hoffentlich läßt der Wind bald mal nach damit die Post abgeht und ich auch mal wieder etwas bekomme.

So mein lieber Buttje, für heute erst mal genug. Weiß auch nichts Neues mehr zu berichten. Halte Dich also gesund und munter es grüßt + küßt Dich sowie Willy und Harry Dein Willy u. Euer Papa. An meine Eltern, Marta, Paul, Hans u. Dora sowie Deine Mutter, Emil, Frieda u. Harro auch einen schönen Gruß.

23) Im Süd-Osten, den 02. November 1943

Mein lieber Buttje!

Der Wind hat sich immer noch nicht gelegt. Die Post also noch nicht abgegangen und auch noch keine angekommen. So bei kleinem wird es jetzt auch mal Zeit. Ist es doch schon eine Woche her als ein Schiff auslief. Heute ist es aber schon etwas ruhiger geworden. Wenn es so bleibt, wird wohl morgen oder übermorgen die Post abgehen. - Seit gestern bin ich bei der Wache eingeteilt. Habe heute fast den ganzen Tag frei. Um 9 Uhr heute morgen wurde ich abgelöst und um 17 Uhr brauche ich erst wieder anzutreten. Habe die Zeit gleich genutzt und meine schmutzige Wäsche gewaschen. Der 2. Anzug, Unterwäsche und Hemd waren schon wieder reinigungsbedürflig. Beim Appell vorige Woche bin ich auch aufgefallen. Aber nach der angenehmen Seite. Der Spieß war nämlich von meiner Stopfkunst so begeistert, daß ich den Auftrag erhielt, seine Strümpfe auch zu stopfen. Bis jetzt habe ich es aber noch nicht. Werde mich auch nicht darum reißen. Es ist doch nichts wenn man auffällt, ob angenehm oder unangenehm. - Eben wurde mir auch erzählt daß ich Sonntag Fußball spielen soll. Wie sie daraufkommen, mich mitspielen zu lassen, ist mir ein Rätsel. In der Mannschaft spielen nämlich nur Vorgesetzte. Soll außer mir noch ein Landser spielen. Gespielt wird gegen die andere Einheit, die auch hier stationiert ist. Ist eine sehr gute Mannschaft. Ich sehe uns schon mit fliegenden Fahnen untergehen. Mir selbst ist es garnicht recht, daß ich mitspielen soll. Wenn man wenigstens noch vorher im Training gewesen wäre. Denn ich mit meiner körperlichen Fülle, bin doch wirklich steif und bequem geworden. Na wollen mal sehen wie es wird, denn mehr als versagen kann man ja nicht. - Sonst geht es mir aber immer noch gut. Hoffe dasselbe auch von Euch Allen. Wie ist es mit Hans geworden? Denke doch, daß er noch mal Glück hat. Dasselbe wünsche ich für Paul auch. Und was macht meine Mutter? Geht es ihr schon wieder besser? Wünsche ihr jedenfalls alles Gute. So mein Buttje! nun bin ich mal wieder mit meinem Latein zu Ende. Glaube doch, daß Du auch mit einem kleinen Brief zufrieden bist. Habe doch eigentlich für die kurze Zeit schon viele Briefe geschrieben, nicht wahr? So und nun aber Schluß. Muß nämlich nach meiner Wäsche sehen. Sonst hängt am Ende noch das Doppelte auf der Leine.

Sei also recht herzlich gegrüßt und geküßt von Deinem Willy und Eurem Papa.

An meine Eltern + Geschwister, Paul + Dora sowie Deine Mutter, Emil, Frieda und Harro auch einen schönen Gruß.

24) Im Süd-Osten, den 03. November 1943

Mein lieber Buttje!

Heute sollen, wie mir eben erzählt wurde, 2 Schiffe auslaufen. Der Urlauber wird dann wohl auch mitkommen. Wenn er zu Dir kommen sollte und das Paket abgibt, gebe ihn bitte ein paar Zigarettenblättchen mit. Die anderen Sachen, die ich gerne haben möchte, kannst Du mir ja so zu schicken. Sonst wird am Ende das Päckchen zu groß. Post nimmt er von hier auch mit (für mich). Wirst gleich allerhand Briefe auf einmal bekommen. - Der Wind heult noch immer eben weg. Gestern war es schon etwas ruhiger geworden. Hatte schon damit gerechnet, daß der Wind ein paar Tage wegbleibt. Sieht danach aber noch nicht nach aus. Glaube auch nicht, daß die Schiffe heute rausfahren. Wenn es so bleibt kann ich Dir zu Deinem Geburtstag nicht mal eine Kleinigkeit schicken. Und zu Weihnachten wohl auch nicht. Die Zulassungsmarken sind auch noch nicht angekommen. Wird ja zu Weihnachten doch nichts mehr daraus. Denn wenn ich sie wirklich diese Woche noch bekomme, wann hast Du sie dann. Nicht daß ich etwas von Euch zu Weihnachten haben möchte. Nein, ich möchte gerne etwas zum Tauschen haben, damit ich Euch Sachen, die in Hamburg nicht zu haben sind, schicken kann. An Frau Riehm habe ich gestern auch geschrieben. Werde in den nächsten Tagen auch an Hinni und Andreas schreiben. Ich gebe diesem Brief auch je einen Brief, die ich an Willy und Harry geschrieben hatte und wieder zurückbekommen habe, bei. Sind ja nun schon überholt, aber das macht wohl nichts. Sonst geht es mir immer noch gut. Hoffe dasselbe auch von Euch allen. Will jetzt schließen. Nächstes Mal mehr.

Halte Dich gesund und munter und sei Du sowie Willy und Harry recht vielmals gegrüßt und geküßt von Deinem Willy und Eurem Papa.

An meine Eltern und Geschwister, Paul, Dora sowie Deine Mutter, Emil, Frieda, Harro, Hans u. Alwine, Fide und Johanna auch einen schönen Gruß.

25) Im Süd-Osten, 04. November 1943

Mein, lieber Buttje!

Der Wind hat nachgelassen und gleich kamen einige Schiffe rein. Mit den Schiffen auch Post. Ich gehörte auch zu den Glücklichen, Für mich war nämlich auch Post dabei und zwar vom 21. und 22. Oktober. Der vom 22. 10. hatte die Nr. 9. Fehlt also nochNr.7 d.h. wenn der vom 21.10. Nr. 8 sein soll (der ohne Nr. ist). Von Marta war auch ein Brief dabei. Für die lieben Zeilen meinen besten Dank. Daß die fälligen Pakete doch noch über gekommen sind, freut mich. Der Tabak wird doch wohl noch gut gewesen sein. Wenn das Oel schlecht schmeckt mußt Du eine Zwiebel und eine Kartoffel reinlegen. Nehmen den schlechten Geschmack weg. Soviel darf man auch nicht davon nehmen. Haben bei der Überfahrt und einmal auch ein Essen zusammengebraut und von dem Oel zuviel genommen. Habe nicht einmal einen flachen Teller voll von dem Essen aufgekriegt. Gestern abend sind die Urlauber nun auch abgefahren. Bin gespannt, ob er das Paket selbst abgeben wird oder ob er es mit der Post Dir zuschickt. Versprochen hat er es mir ja, daß er es selbst abgeben will. Ehrlich ist er, nur weiß man nicht ob er sich die Zeit nimmt. Na, wenn es mit der Post kommt, hast Du es ja auch nicht viel später. - Die Zigaretten und die anderen Pakete wirst Du wohl auch bald erhalten. Hast ja einen schönen Raubbau mit Deiner Raucherkarte getrieben. Etwas wird es ja helfen, wenn Du die Zigaretten bekommst. In der Sonne habe ich allerdings beim Fotografieren gesessen und die Augen natürlich dabei zugekniffen. Zugewachsen sind sie noch nicht. Hoffe auch nicht, daß es geschieht. Wenn ich erst wieder bei Dir im Hause bin, wird das überflüssige Fett sowieso wieder abfallen. Brauchst also keine Angst zu haben. Den dicken Mann wirst Du nicht behalten. Denn wenn ich erst wieder richtig meiner Arbeit nachgehen kann, werde ich so bei kleinem auf mein altes Gewicht kommen. Pickeln habe ich in N... nicht, war selbst ganz baff. Kannst du nicht Tante Jung ihre Wohnung bekommen. Bist du überhaupt für eine Wohnung angemeldet. Wenn nicht tu es jetzt man schon. Daß jetzt noch keine Aussicht besteht kann ich mir denken, aber für richtiger halte ich es auf jedem Fall. Die Hausschuhe wollte ich eigentlich garnicht hierher haben. Hier genügen mir die Holzpantoffel, Solltest du sie aber abgeschickt haben macht es auch nichts. - Ich bin seit gestern auch wieder mal umgezogen. Bin noch in K. aber nicht mehr in der Kaserne. Stehe am Hafen Wache. Gefällt mir ganz gut. Ist vor allen Dingen abwechslungsreicher. Heute besonders. Kamen doch den ganzen Tag über Schiffe in den Hafen. Das erste ist immer: Ist auch Post mitgekommen? Was doch so ein kleines Kärtchen oder Brief ausmacht. Man ist doch nicht so in Stimmung, wenn man länger keine Post erhalten hat. Der für uns das Essen holte, brachte für mich auch keine Post mit. Habe mich und auch einen anderen getröstet, daß von Hamburg noch keine mit gekommen ist. Nachmittags kam aber einer von der Komp. und brachte mir die 3 Briefe. Hatten sie für mich angenommen bei der Verteilung. War gleich anders bei Stimmung. Ich glaube es wird bei Dir genau so sein. Sonst geht es mir noch immer gut. Ich hoffe dasselbe auch von Euch Allen. Bekomme den Brief doch nicht mehr zu Ende. Muß jetzt hinaus und Wache stehen. - So das hätten wir hinter uns. Will den Brief schnell beenden und gleich ins Bett. Muß in 4 Stunden noch mal stehen und dann habe ich bis mittags 2 Uhr frei. Also mein lieber Buttje! Träume schön will auch versuchen ob ich nicht auch im Traum bei Dir sein kann. Halte dich weiter gesund und munter und sei Du sowie Willy und Harry recht herzlich gegrüßt + geküßt von Deinem Willy und Eurem Papa. An meine Eltern, Marta, Hans, Paul u. Dora sowie Deine Mutter, Emil, Frieda und Harro auch eine schönen Gruß.

26) Im Süd-Osten, den 06. November1943

Mein lieber Buttje!

Wollte erst gestern abend schon schreiben bin da aber nicht mehr zu gekommen. Habe erst Bratkartoffeln fertig gemacht (mit Oel gebraten). Als die Kartoffeln beinahe fertig waren, bekamen wir Bescheid, daß Kinovorführung wäre. Ich bin dann auch hingegangen, weil ich gerade frei hatte und den nächsten Tag nicht mitkann. Bin natürlich nicht gern gegangen, denn die schönen Bratkartoffeln lockten mich doch mehr. Geärgert habe ich mich erst als ich da war, denn den Film hatte ich schon mal gesehen. Als ich dann zurückkam waren die Bratkartoffeln nicht mehr so schön. Na das macht aber nichts, wird heute eben bißchen mehr rein gehauen. Heute abend wollen wir uns Kartoffelpfannkuchen machen. Ich bin ja gespannt wie die schmecken werden. Gestern erhielt ich wieder einmal Post und zwar 2 Briefe von Dir und einen von Andreas. Deine Beiden hatten die Nr. 7 und 8. Meinen besten Dank. Es ist doch was schönes, wenn man laufend Post bekommt. Es ist doch so, nicht wahr? Man möchte am liebsten immer so weiter lesen. Meinetwegen könnte es ein recht dickes Buch sein (ich meine Deine Briefe). Geht es dir nicht genau so. - Die 50 Zigaretten, die ich als erstes Päckchen abgeschickt habe, sind natürlich für Dich. Auch die anderen, die ich Dir geschickt habe. Daß die Pakete nun endlich doch noch angekommen sind, freut mich. Wollen hoffen, daß die anderen nun auch alle überkommen werden. - Die Karten sind allerliebst. Werde sie natürlich wie auch alle Briefe aufheben - Das Ding mit der durchgebrochenen Bettstelle ist auch gut. Ja, das glaube ich, wenn uns das passiert wäre, wär es noch zu verstehen. Sonst davon haben wir auch schon allerhand erlebt. Das gab immer einen Hallo wenn des Nachts eine auf den andren herab fiel. Meistenteils war es mit einem Schreck oder einer kleinen Beule abgetan. Habe den Brief gestern nicht mehr fertig gekriegt. Wir sind gerade beim Kartoffelpuffer backen. Meinen Pfingerabdruck habe ich auch gleich mit draufgesetzt. Bekam aber gerade drei Pfannkuchen auf dem Tisch gestellt und sie zur Seite gerückt. Dabei habe ich wohl noch etwas Fett an die Pfinger bekommen. Und die Bescherung siehstDu nun selbst. Auf meine Kosten werde ich wohl kommen. Sind mit 8 Mann und haben eine ganze Waschschüssel voll angerührt. Ein paar Stunden werden wir wohl zu backen haben. Eben habe ich meine ersten drei verdrückt. Schmeckten „extra prima", wie der Grieche sagt. - Letzte Nacht hatten wir hier einen Sturm, der hatte es in sich. Gestern am Tage war es so schön warm und windstill und nachts um ½ 1 Uhr legte der Sturm los. Ging so bis heute mittag. Kalt war es dabei überhaupt nicht. Jetzt hat sich der Sturm aber gelegt. Nur das Meer ist noch etwas unruhig. Na hoffentlich beruhigt es sich wieder ganz, damit die Schiffe wieder verkehren. Heute (Sonntag) gab es sogar eine Torte. Schmeckte vorzüglich. Der Brief von Andreas war vom 11.10.43. Er schrieb mir, daß er allerhand Enttäuschungen in Hamburg erlebt hat. Will mir im nächsten Brief davon schreiben. Weiß Du da etwas von ... - Bis um 10 Uhr habe ich jetzt frei. Bin heute mittag um 14 Uhr abgelöst worden. Was ich mit meiner freien Zeit anfange, wenn ich mit diesen Brief fertig bin, weiß ich noch nicht. Man kann hier auch garnichts unternehmen. Ich könnte mal in die Kantine gehen und einen kleinen trinken. Habe aber absolut keinen Appetit darauf. Mit Schach und Kartenspiel geht es mit genau so. Das einzige wäre wohl ein gutes Buch lesen. Werde das wohl auch machen. Die Zeit läuft auch so schnell. Vor allen Dingen die Dienstfreie. Wenn man darüber nachdenkt, daß wir jetzt schon November haben muß man doch sagen, daß die Zeit überhaupt schnell läuft. Na wollen hoffen, daß der Tag an dem wir uns für immer wieder haben, nicht mehr so fern ist. - Das Fußballspiel an dem ich mitwirken sollte, hat nicht stattgefunden. In einer Hinsicht freue ich mich, denn richtige Lust habe ich nicht dazu gehabt. Fast unglaublich, nicht wahr? Mir geht es sonst immer noch gut. Hoffe dasselbe auch von Euch Allen. Bin jetzt so ziemlich mit meiner Weisheit zu Ende, Muß auch sowieso Schluß machen, denn mir sind schon wieder drei Pfannkuchen hergestellt worden. Werden sonst auch kalt und dann schmecken sie nicht mehr. Muß es auch mal mit dem Oel versuchen. Gerade für Pfannkuchen ist es schön. Nur darf man nicht zuviel davon nehmen. - Ich lege Dir 4 Zulassungsmarken bei. Sind für Nov. und Dezember. Kannst mir ja, wenn Du welches bekommst, Zigarettenpapier schicken. Und wenn Du soviel Geld hast. So mein Buttje! halte Dich gesund und munter es grüßt und küßt Dich sowie Willy und Harry recht vielmals Dein Willy und Euer Papa. An meine Eltern, Marta, Paul, Hans, Dora sowie Deine Mutter, Emil, Frieda und Harro auch einen schönen Gruß.

Anmerkung:
Im 19. und Anfang des 20. Jahrhundert hatte man noch eine andere deutsche Schreibweise. Sie wurde bis jetzt, 21. Jahrhundert, mehrmals verändert und modernisiert. Vergleiche z.b. Oel = Öl; oder Pfinger =Finger; sodaß = so daß; garnicht = gar nicht; und andere Worte.

27) Im Süd-Osten, 10. November 1943

Mein lieber Buttje!

Will schnell noch einige Zeilen schreiben. Vielleicht fährt heute noch ein Schiff ab. Es ist schon wieder ein paar Tage stürmisches Wetter. Heute ist es auch noch nicht viel anders. Na, vielleicht fährt es ja heute noch ab. Vor einigen Tagen ist auch ein Schiff welches von S. nach hier unterwegs war untergegangen. Dabei sind 10 Soldaten und 5 Mann der Besatzung ums Leben gekommen. Die Post ist dabei auch verloren gegangen. Aber das ist ja immer noch nicht so schlimm. Denn die kann man schon verschmerzen. Wartet man eben etwas länger auf Post. Aber die 15 Mann sind nicht zu ersetzen. Die 10 Soldaten waren Urlauber, die zu ihrer Einheit wollten. Das Schiff ist nicht durch Feindeinwirkung sondern ein Opfer des Sturmes geworden. Ich habe bei den beiden Fahrten übers Meer viel Glück gehabt. Auf der Hinfahrt war es beinahe windstill und auf der Rückfahrt ging es auch. Die letzte Nacht war allerdings ziemlich stürmisch. Das Schiff kämpfte sich aber gut durch, - Gestern habe ich auch wieder von dem Blättertabak bekommen. An Fiede, Hans, Nerlich und Emil Kahns habe ich ein paar Päckchen fertig gemacht, ich werde sie heute noch aufgeben. Wenn alle Pakete die ich von S. aufgegeben, ankommen, dann habt Ihr ja erstmal genug Rauchwaren. Ich glaube Fiede, Hans, Nerlich und Emil Kahns werden sich auch zu der kleinen Gabe freuen. Ich hätte den Frauen auch gerne etwas geschickt, bin aber augenblicklich noch schlecht bei Kasse. - Gestern habe ich allerdings eine Nachzahlung erhalten, heute aber gleich etwas dafür eingekauft. Habe Mandeln dafür gekauft. Die Mandeln will ich aber noch entschalen. Bekommst sie dann aber sofort zugeschickt. Sonst geht es mir noch immer gut, hoffe dasselbe auch von Euch Allen. Gefällt mir auf meinem Posten auch noch. Ist hier noch immer ruhig.- Das Wetter ist auch noch gut. Nur ist es noch immer ziemlich windig. Die Sonne scheint den ganzen Tag. Am Tage ist es auch noch ganz schön warm. So warm wie hier im Sommer allerdings nicht. Es ist hier jetzt wie in Hamburg zur Zeit des Sommers. Ich hoffe daß ich morgen oder übermorgen auch Post von Dir erhalte. Ein Schiff ist heute angekommen. Also mein lieber Buttje! für heute will ich erstmal Schluß machen. Habe noch zu tun. Wäsche waschen und dann will ich mich über die Mandeln hermachen. Wirst sie wohl dann zu Weihnachten bekommen. Halte Dich gesund und munter (Willy + Harry auch) und sei Du sowie Willy und Harry recht vielmals gegrüßt und geküßt von Deinem Willy und Eurem Papa. An meine Eltern und Geschwister sowie Dora, Paul, Deine Mutter, Emil, Frieda und Harro auch einen schönen Gruß.

28) Im Süd-Osten, 10. November 1943

Mein lieber Buttje!

Eben bekam ich Deine Post vom 31.10. also Nr. 13. Nr, 10 und 12 wird wohl verloren gegangen sein. Ich schrieb Dir gestern schon, daß ein Schiff untergegangen ist Den Brief von gestern habe ich mit 10.11. addressiert muß also 9.11. heißen. Man kommt hier allmählich mit Datum und Tagen durchhin. Lebt von einen Tag zum andern, muß schon immer fragen was man für einen Tag hat. Von Harry habe ich auch einen Brief bekommen. In dem Brief hat er einen 100 Drachmen-Schein beigelegt, ist ja nett von ihm. Nur kann ich da garnichts für kaufen. Den Schein sollte er doch gewissermaßen als Andenken haben. Für Deinen und Harrys Brief meinen besten Dank. Eine Trauerkarte, die den Tod von Tante Jung ankündigt habe ich von Ferdinand erhalten. Sonst weiß ich aber nichts Näheres, da ich Deine 3 vorhergehenden Briefe nicht erhalten habe. Wenn Du in den Briefen etwas wichtiges geschrieben hast und Du Dich daran noch erinnerst, kann Du es mir ja noch mal mitteilen. Inzwischen wirst Du wohl auch von mir Post erhalten haben. Heute morgen habe ich die Mandeln, die ich gestern gekauft habe, entschält. War über 1 Kilo und nach der Entschalung zu einem kleinen Häufchen zusammen geschmolzen. Habe mein letztes Zigarettenpapier (8 Stck.) geopfert und noch ein Kilo zugekauft. Muß nachher gleich dabei gehen und sie fertig machen. Möchte das Paket schnell mit weg haben. Heute ist es wieder herrliches Wetter. Fährt auch ein Schiff von hier weg. Das Paket werde ich wohl nicht mehr mitgekommen. - Von Hinnis Beförderung habe ich gelesen. Bringt so bei kleinem es doch auch zu etwas. Hoffentlich hat er Glück mit seinem Urlaub. Hier fahren jetzt jede Woche 3-4 Mann (Bombenbeschädigte) in Urlaub. Ist auch neu geregelt worden. Kriegen 3 Wochen bei Total¬ schaden. Bin doch noch zu früh gefahren. Na, wer weiß wo zu es gut ist. Auch sind die Fahrten nicht gerade angenehm. - Wie ist es denn nun mit Hans geworden? Sonst kann ich Dir mitteilen, daß es mir noch gut geht. Hoffe dasselbe auch von Euch Allen. - Von der Komp. bekomme ich diese Wochen auch noch Rosinen und Mandeln, weiß nur nicht, wieviel. Der

Kapitän von dem ich das Oel haben soll, ist bis jetzt mit seinem Kahn noch nicht eingelaufen. Wird mit dem Oel wohl auch noch ein paar Wochen dauern. Hast Du schon Pakete, die ich in S. aufgegeben habe bekommen? Wie schmeckt Euch das Oel denn? Zuerst war es mir im Geruch und Geschmack auch zu strenge. Aber jetzt nach dem ich schon öfter davon gegessen schmeckt es mir gut. Man muß sich da erst an gewöhnen.

So mein lieber Buttje! Halte Dich gesund und munter und sei Du sowie Willy und Harry recht vielmals gegrüßt und geküßt von Deinem Willy und Eurem Papa.

An meine Eltern, Marta, Hans, Paul, Dora sowie Deine Mutter, Emil, Frieda und Harro auch einen schönen Gruß.

Im Süd-Osten, den 12. November 1943

Mein lieber Buttje!

Heute gab es wieder einmal Post. Für mich war auch wieder etwas dabei. Bis jetzt bin ich bei jeder Postausgabe bedacht worden. Will hoffen, daß es so bleibt. Ist es doch etwas Schönes, wenn man von seinen Lieben Nachricht bekommt. Nachdem ich gestern Deinen 13. Brief erhielt und die fehlenden schon abgeschrieben hatte, bekam ich heute Deinen 11. Also warten wir ab, vielleicht kommen die beiden, der 9. und 10. auch noch über. Die beiden Illustrierten und das Reich kriegte ich heute auch. Für alles meinen besten Dank. Die Bilder sind wieder allerliebst. Wenn ich so damit bedacht werde, sehe ich mich gezwungen ein Album dafür anzulegen. Ich weiß nur noch nicht, wie ich es machen soll, denn hier ist es genau wie in Hamburg, nichts zu haben. Obwohl es mir in Hamburg ein leichtes wäre, die Zutaten dafür zu beschaffen. - Zu Hinnis Beförderung muß ich ihn wohl noch mein Glückwunsch aussprechen. Das er vielleicht nach Frankreich kommt, freut mich. Verdient hat er es ja auch, daß er aus dem Schlamassel rauskommt. Einen Brief habe ich von Hinni gestern auch bekommen. Will ihn nachher gleich beantworten. Auch an Andreas muß ich noch schreiben. Die Nachricht vom Tode Tante Jung's habe ich auch noch nicht beantwortet. So leicht wird es auch nicht sein. Denn was soll man da schon groß schreiben. Na ich werde mich nachher mal darüber hermachen. Werde es wohl schaffen. Wer bekommt dann nun die Wohnung. Wäre doch ganz schön wenn wir die bekommen könnten. Daß heißt doch immer Bombenbeschädigte werden bevorzugt. Für Dich wäre es doch auch besser, wenn Du Dein Reich allein hättest. Und nicht zuletzt auch für meine Eltern, denn allerhand Unruhe bringt es doch für sie mit soviel Personen. Wenn sie auch gerne alle bei sich aufnehmen, so weiß man doch selbst was ein eignes Heim bedeutet. Die Anschaffung der Möbel wäre ja auch nicht das schwierigste Kapitel. Das Notdürftigste würdest Du wohl erst bekommen. Denn für die Dauer des Krieges genügten doch auch erstmal 2 Einzelbetten, Tisch und Stühle. Wohn- und Schlafzimmer werden wir uns später immer noch anschaffen können. Da habe ich gar keine Befürchtungen. Die Hauptsache ist ja, daß der Krieg bald zu ende geht. Du meinst daß der Ausgang des Krieges in nebelhafte Frne gerückt ist? Der Meinung bin ich nun gerade nicht. Denn ewig wird dieser Krieg nicht dauern. Kann es sich doch im modernen Krieg alles so schnell überstürzen, daß man im voraus garnichts sagen kann. Also mein lieber Buttje immer schön den Kopf hochhalten und nicht den Mut sinken lassen. Du wirst bestimmt sagen, es schreibt und liest sich ganz schön, aber wenn man die Sorgen des Alltags an einen heran ist doch meistens damit vorbei. Aber geht es uns nicht allen so. Ich würde auch viel lieber bei Dir und Willy und Harry sein. Also mein lieber Buttje nicht die Hoffnung aufgeben, denn einmal scheint für uns auch wieder die Sonne. Das wäre gelacht. So und sonst geht es mir noch gut. Was ich auch von Dir sowie Willy und Harry wünsche. Hast Du so oft an mich gedacht oder hast Du etwa auf einmal soviel Post von mir bekommen? Mir klingt nämlich schon eine ganze Zeit das linke Ohr. - Gestern habe ich auch ein Kilo Paket für Dich abgeschickt und ein kleines mit Rosinen für Marta. Das kleine Päckchen Rosinen welches mit in Deinem Paket ist, kannst Du ja Marta mit geben. Sie gibt ja auch was sie kann. Ich möchte ja gerne jeden etwas zukommen lassen, aber es fehlt immer am nötigen Kleingeld. Paul hat doch wohl noch genügend Tabak, wenn nicht kannst Du ihm ja von dem Tabak geben, den ich von S. abgeschickt habe. Es ist auch ein Kilo-Paket an Dein Bruder Hans und Fiete sowie Nerlich und Emil Kahns habe ich auch eine Kostprobe von dem Blättertabak geschickt. Hoffentlich kommt alles über. Würde mich auch freuen, wenn die Pakete die ich von S. und von hier abgeschickt sowie das welches ich dem Urlauber mitgegeben habe noch zu Weihnachten ankämen. Kannst es als Geburtstag - und Weihnachtsgeschenk betrachten. Denn die Pakete die ich diese und nächste Woche aufgebe, werden bis dahin doch nicht mehr ankommen. Hätte dir ja gerne etwas Besonderes geschickt, geht aber leider nicht. - Ich denke doch, daß Du mit Zigaretten erstmal versorgt bist. Wenn es nicht reichen sollte, kannst Du Dir ja von dem Tabak der wohl inzwischen von S. angekommen ist, welche drehen. Sollte ich inzwischen von dir Zigarettenblättchen bekommen, so werde ich versuchen für Dich auch Zigaretten mitzuschicken. - Ich bin für's erste mit Zigaretten versorgt. Habe gestern 100 Stck. bekommen. Mein Geld von einer Dekade ist dabei draufgegangen, aber das macht nichts, denn das ist ein günstiger Preis. Im freien Handel wird hier schon für 20 Zigaretten 7000 Dr. gezahlt und ich habe für 100 Stck. nur 1200 Dr. bezahlt. Habe sie von unserer Komp.. Bekomme von da auch noch Rosinen und Mandeln. Und jetzt mein Buttje möchte ich schließen, denn ich möchte an Hinni, Andreas und

Ferdinand auch noch schreiben. Halte Dich also gesund und munter und sei Du sowie Willy und Harry vielmals gegrüßt und geküßt von Deinem Willy und Eurem Papa.

An meine Eltern, Marta, Hans, Paul, Dora sowie Deine Mutter, Frieda und Harro auch einen schönen Gruß gleichfalls an Emil Kahns, Trude und Hilde sowie Fam. Nerlich.
Ich wünsche Dir angenehme Träume!

Anmerkung:
Schlamassel: widerwärtiges, unübersichtliches Durcheinander.
Dekade: zehner Teilung, 10 Tage.

        Im Süd-Osten, den 13. November 1943

Lieber Willy und Harry!

Zu Deinem Brief Harry meinen besten Dank. Die 100 Drachmen hättest Du aber gerne behalten können, denn kaufen kann ich da doch nichts für. Es ist hier alles sehr teuer. Hätte dir sonst etwas dafür gekauft. Das es Euch Allen gut geht, freut mich. Mir geht es auch noch gut. Das Wetter ist hier auch nicht gerade schön. Heute regnet und stürmt es, daß das Haus bald weg weht. Ein paar Scheiben haben schon dran glauben müssen. Und ein Stück vom Schornstein ist eben auch weggeweht. Gewöhnlich hält der Sturm einige Tage an. Meistens ist danach das schönste Sommerwetter. Bei dem Sturm Wache zu stehen ist gerade nicht schön. Aber immer noch besser, als an der Front selbst. Gestern hatten wir eine Schauübung zu machen. Allerhand Zuschauer hatten wir dabei. Waren natürlich Soldaten. Von den Einheimischen haben auch viele zugeschaut. Vor allen aber die Kinder haben sich da sehen lassen. Mußten immer wieder zurückgejagt werden. Weil sie sich zu weit vorwagten. Sind genau so neugierig wie Ihr Beiden. Wir haben einen Straßenkampf vorgeführt. Ich war als Verteidiger der Stadt eingeteilt. Mußten aus Fenster, Türen und Fenster schießen. War eine ganz schöne Knallerei. Es war natürlich Platzmunition. Ich war bei dieser Gelegenheit in verschiedene Häuser. Eine ältere Frau fing sogar an zu weinen. Dachte es wäre ernst. Hat sich als die Schießerei anfing verkrochen. - So und was treibt Ihr? Schreibt mir doch mal von Euren Erlebnissen. Schreibt Ihr auch noch jeden Tag 1 Stunde? Und seid Ihr noch immer artig? Ich hoffe jedenfalls, daß Ihr alt und vernünftig genug seid und Eurer Mutter sowie Oma und Opa keine Sorgen mehr macht. So Ihr Beiden bleibt schön brav und laßt mal wieder etwas von Euch hö¬ren. Es grüßt und küßt Euch herzlichst Euer Papa. An Eure Mutti sowie Oma, Opa, Tante Marta, Onkel Paul, Onkel Hans und Tante Dora auch einen schönen Gruß. Grüßt Oma, Tante Frieda, Onkel Emil und Harro auch vielmals von mir.

30) Süd-Osten, den 15. November 1943

Mein lieber Buttje!

Ich rechne heute oder morgen mit Post von Dir. Gestern nachmittag hat sich der Sturm gelegt. War danach das beste Wetter Einige Schiffe sind auch eingelaufen. Hatten aber keine Post bei sich. Es sind aber Schiffe in den anderen Hafen eingelaufen. Die meisten laufen nämlich in den anderen Hafen ein, er ist größer und ausgebauter wie unserer. Heute ist auch wieder herrliches Wetter. Wenn auch nicht mehr so heiß wie im Sommer, so doch immer noch ganz schön warm. Auch des Nachts geht es. Augenblicklich ist es Nachts ganz hell (Mondschein) Bei dem Wetter läßt sich das Posten stehen gefallen. Der eine Postenbereich den wir abzugeben haben, ist ungefährlich. 500 Meter lang, wenn man den einmal rum hat, sind 20 Minuten um. Man trifft die ganze Zeit über nicht eine

Menschenseele. Da wäre höchstens mal die Offiziersstreife. Zeit zum Nachdenken hat man dabei genug. Letzte Nacht habe ich auch eine Parallele zwischen Deinen Aufenthalt auf dem Heuberg und meinen Urlaub in Hamburg gezogen und dabei zu der Überzeugung gekommen, daß die Tage auf dem Heuberg eigentlich besser waren, als die während meines Urlaubs. Die Umstände sprechen auch da mit. Wenn ich auch nicht viel belaufen habe, so war der Tag doch immer ziemlich ausgenutzt. Aber ich glaube doch, daß Du, Willy, Harry sowie meine Eltern und Geschwister sich zu meinem Aufenthalt gefreut haben. Wir wollen nur hoffen und wünschen, daß das Ende des Krieges nicht mehr so fern ist und wir bald wieder alle daheim sind. - Ich wollte eigentlich gestern schon schreiben bin aber nicht mehr dazu gekommen. Vormittags habe ich mein Hemd vorgenommen. Es wurde auch die höchste Zeit. Der Kragen war schon ganz zerfetzt. Hatte auf der Fahrt den Kragen schon einmal gestopft. Ist aber danach ganz und gar draufgegangen. Habe den Kragen gekehrt. Wollte es erst von einem Griechen machen lassen. Hätte aber dafür etwas von meinen Tauschmitteln opfern müssen. Und da habe ich nicht mehr viel von. Habe nur etwas von den Zacharintabletten. - Das Schiff mit dem ich die Überfahrt gemacht habe, ist vorgestern und gestern auch hier gewesen. Mit dem Oel wird es leider doch nichts. Haben augenblicklich andere Fahrten zu machen. Hätte jetzt gerne Zigarettenpapier gehabt, denn bei den Fahrten die sie jetzt machen, bringen sie viel Zigaretten mit. Könnte Dir dann welche schicken. Von dem Smutje, dem jüngsten von dem Schiff, habe ich gleich 20 Stck. bekommen und von seinem Bruder 40. Mit dem Kapitän habe ich abends noch einen getrunken und da habe ich auch noch 100 Stck. bekommen, davon habe ich meinen Kameraden 40 Stck. abgegeben. Habe also noch 100 Stück für mich überbehalten. Wollte sie eigentlich für mich als Reserve behalten, denn es kann ja noch dem Winter über flau mit Rauchwaren werden. Ich denke, daß ich in 8 oder 14 Tagen wenn der Kahn wieder hier ist, meine Blättchen die ich in S. an einen Kameraden verliehen habe, zurück bekomme. Wird dann wohl inzwischen wieder von seiner Urlaubsfahrt zurück sein, werde dann für die Blättchen Zigaretten eintauschen und Dir dann welche zuschicken. Hätte ja lieber jetzt welche eingetauscht, dann hätte ich sie einem Urlauber mitgeben können. Die Mutter des Urlaubers hat auch in der Methfesselstraße gewohnt und zwar neben Frau Schöppner im Haus. Werde ihm auch, wenn ich sonst noch etwas auftreiben kann, etwas mitgeben. Hat der andere Urlauber sich schon sehen lassen? In dem Paket sind ja auch einige Zigaretten drin. Die Pakete die ich in S. aufgegeben habe, müssen eigentlich auch schon angekommen sein. Wenn du sie alle bekommst, hast Du ja erstmal etwas zum Rauchen. Wie schmeckt Dir das Oel denn? Hast du dich schon daran gewöhnt? Jetzt mag ich es aber ganz gem. Für Kartoffelpuffer ist es besonders geeignet. Aber auch zu anderen Speisen kann man es gut gebrauchen. Besser wie die Margarine und das Kokosfett ist es auf jedem Fall. Unsere Mandeln und Rosinen die wir von der Komp. haben sollen, habe ich noch nicht. Hätte sie gern gehabt und sie Dir geschickt. Vorigen Monat habe ich meine beiden Kilo-Pakete auch nicht schicken körmen, weil ich nicht so viel hatte. Gut geschrieben wird es aber für den nächsten Monat nicht. Wenn ich die Mandeln und Rosinen noch bis zur abfahrt des Urlaubers bekomme, werde ich sie ihm mitgeben. Ist immer schwer. Werde dann wohl so nett sein und dir eine Kostprobe abgeben. Muß schon 2 Pakete daraus machen, weil es sonst zu schwer wird. Ich kann von diesem Wein noch mehr bekommen, nur hat es mit dem Schicken seine Schwierigkeit, denn 2 Pakete kann man nur im Monat schicken. Dieses ist griechischer Wein, mir schmeckt er nicht so gut. Bin vielleicht auch ein bißchen verwöhnt. Habe an Bord bei dem Kapitän vorgestern einen

Bulgarischen getrunken an dem war alles dran. Wenn ich von dem mal eine Flasche bekomme, werde ich sie Dir schicken. Den wirst auch du gewiß mögen. Ist ein schöner schwerer süßer Wein. Sonst geht es mir noch immer gut. Der Dienst ist zu ertragen und ruhig ist es hier auch noch immer. Schlafen kann ich hier auch, ohne daß mir die Haustierchen die hier sonst in rauhen Mengen vorhanden sind stören. Habe hier in unserem Schlafkabinett noch nichts von dem Ungeziefer bemerkt. Bei der Komp. war es ganz schlimm. Da liefen die niedlichen Tierchen auf dem Zeug welches man anhatte, herum. Heute morgen hat Richard Heinitz mich hier besucht. Hatte auch am Hals 2 schöne Quaddeln, hatten sich da wohl richtig festgesaugt. Lange ist er nicht geblieben. Ich mußte auch gleich danach Posten stehen. Es geht auch ihm noch gut. - Zuerst als ich hier auf Posten stand, habe ich mich immer über die Hühner, vielmehr über die Hähne, gewundert. Die krähen nämlich zu jeder Tages und Nachtzeit. Bei uns krähen sie ja auch, aber doch eigentlich nur morgens in der Frühe. Bin da zuerst immer durchhin gekommen. Dachte erst es wäre Zeit zum Wecken. Sonst sind sie aber in der Gestalt und der Eigenschaft wie bei uns. Legen auch ihre Eier. Wenn man des Nachts Streife geht wird man auch alle Augenblicke aufgeschreckt und zwar von Katzen und Hunden, die sich hier zu vielen herum treiben. Es ist aber in der vollkommenen Ruhe die hier des Nachts herrscht eine kleine Abwechslung, Ab und zu schreit auch noch ein Esel dazwischen. Beinahe wie bei den Bremer Stadtmusikanten. Du wirst auch denken und da sprichst Du auch noch von der Ruhe da des Nachts. Sie krähen und schreien aber nicht alle auf einmal. Und 2 Stunden haben allerhand Sekunden und Minuten, Das hat man als Posten, der immer froh ist, schon spitz gekriegt. Der eine von uns hat vor kurzem seiner Frau geschrieben, daß er des Nachts soviel spinnt und sich auch den Inhalt der Briefe zurecht legt. Sternklarer Himmel, der Mond scheint schön, das Meer

ist glatt und der Wind weht augenblicklich auch nicht, so ungefähr hat er es uns vordiktiert. Hat ihr auch geschrieben, wenn er so weiter spinnt, noch ein Spinner wird. Denke eben daran, weil ich auch soviel ungehobeltes Zeug zusammen geschrieben habe. Brauchst meinetwegen aber nicht besorgt zu sein. Habe nur die Absicht Dir von dem was man so macht und erlebt mitzuteilen. Und vor allen dingen bekommst Du einen etwas längeren Brief. Freue mich doch auch wenn ich von Dir einen Brief bekomme, der etwas länger ausfällt. - Vorgestern habe ich fast den ganzen Tag geschrieben. Einen 4 Seiten langen Brief für dich, einen an Marta einen an Willy und Harry, an Hinni, Andreas und Ferdinand Jung auch ja einen. War danach auch wie durchgedreht. Es wurde aber auch mal Zeit, daß ich die Briefe beantwortete. Jetzt bin ich mit mein Latein aber doch zu Ende. Muß aber auch sowieso Schluß machen. Haben um 3 Uhr Waffenappell Jetzt ist es schon ½ vor 2 Uhr. Die anderen sind mit ihren Waffen alle fertig. Also wird es Zeit, daß ich auch dabei komme. Werde es aber noch schaffen. Also mein lieber Buttje! Halte Dich gesund und munter und sei Du sowie Willy und Harry recht herzlich gegrüßt und geküßt von Deinem Willy und Eurem Papa. An meine Eltern Marta, Paul, Hans, Dora, Deine Mutter, Emil, Frieda, Harro sowie Nerlich, Emil Kahns, Trude und Hilde auch einen schönen Gruß.
Ich weiß nicht genau, ob ich den Brief vom 12.11. numeriert habe muß Nr. 29 sein. Sollte es der Fall sein, bitte es zu entschuldigen. Dein Willy.

Anmerkung:
Zacharin: Süßstoff.
Quaddeln: juckende Schwellung auf der Haut

31) Im Süd-Osten, den 15. November 1943

Mein lieber Buttje!

Daß ich heute Post bekam habe ich geahnt, aber nicht im entferntesten damit gerechnet auf einmal so viel zu bekommen. Von Dir waren es 3 Briefe und 3 Päckchen mit 5 Illustrierten Zeitungen, 1 Brief von meiner Mutter und einer von Frieda. Deine hatten die Nr. 12, 14 und 15. Es fehlt nur noch der Brief mit der Nr. 10. Sonst sind alle angekommen. Die Freude war natürlich bei so einem Postsegen groß. Die Briefe sind eigentlich alle schnell übergekommen. Wollen hoffen, daß es so bleibt. - Die Päckchen mit den kleinen Büchern sind in den 16 Paketen, die ich von S. geschickt habe, nicht enthalten. Es sind 3 oder 4 Päckchen. Habe sie auch schon von Belgrad geschickt. - Ich hoffe ja auch stark damit, daß die Stümpfe passen werden, sonst ist meine und auch Deine ganze Freude dahin. - Meine Haare haben nicht zu Berge gestanden als ich von der Plünderung Deiner Raucherkarte erfuhr. 1. ist es ja nichts Neues, mir ging es ja auch genau so als ich noch eine hatte und 2. ließ es, wie Du auch richtig bemerktest, meine Haarpracht nicht zu. Ich denke aber, wenn Du die Zigaretten, die ich alle aufgegeben, erhältst, fürs erste auskommen wirst. - Daß Du die Nr. Deiner Briefe nicht weißt, verstehe ich nicht. Dürfte bei Dir doch eigentlich gar nicht vorkommen. Wo Du doch sogar beruflich in der Buchhaltung tätig warst. Ich komme da jedenfalls nicht durch hin. Ich habe mir 2 Listen gemacht. Auf der einen vermerke ich die Briefe, die ich schreibe und auf der anderen die ich bekomme. Einfach nicht wahr? Man kann da wenigstens nicht durch hin kommen. Empfehle es Dir es auch so zu machen. Vielleicht hältst Du Deine Methode ja für richtiger. Oder bekomme ich auch mal Recht? - Deinen Brief vom 2.11. Nr. 14 habe ich verschiedene Male durchgelesen. Der Brief hat mir besondere Freude gemacht. Hat er doch mal etwas ganz anderes und für uns Beiden sehr wichtiges gebracht, welches wir eigentlich schon lange hätten besprechen müssen. Ob es uns nun gelingen wird, schriftlich eine Klarheit in der Sache zu finden, weiß ich nicht, hoffe es aber. So getroffen habe ich mich nun gerade nicht gefühlt wegen des Wiener Madels. Habe Dir doch nur mitgeteilt wie ich darüber denke und handle. Der nächste Satz findet ja auch ein beiderseitiges Einverständnis. Daß für einen Mann die eigene Frau immer noch die Hübschte und Beste ist. Nur der Leitsatz gefällt mir nicht. Du schreibst Du hättest da nur nichts von gemerkt. Hattest Du noch nie mal über nachgedacht, warum ich früher etwas von Dir auszusetzen gehabt habe? Trifft das nicht gerade auf das erste zu (Hübschte + Beste). Gerade wenn man jung ist will man seine Frau hübsch und nett zurecht gemacht haben. Auf den selben Standpunkt stehe ich heute auch noch, fühle mich nämlich heute noch nicht alt. Du wirst es mir auch zu gestehen müssen, daß ich Dir in den letzten Jahren keine Vorwürfe deshalb gemacht habe, weil ich auch keinen Grund dazu hatte. Du hast dich gerade darin, vielleicht ohne daß Du es selbst groß gemerkt hast ganz und gar geändert. Ich könnte nun ja sagen, hat das Meckern doch Zweck gehabt. Tu es aber nicht, denn so eine Art Pädagogik halte ich nicht für richtig. Gebe auch zu, daß die Art von mir aus nicht die Richtige war. Weil man dadurch nicht weiter kommt und nur böses Blut bringt. Daß ich darauf nicht eher gekommen bin, verstehe ich nicht. Habe ich doch auch schon früher wegen der Erziehung der Kinder einen humanen Standpunkt vertreten und zum größten Teil durchgeführt. Ich glaube, hätte ich Dich in die Arme genommen und gut zugeredet wäre es viel eher zu einer Verständigung zwischen uns gekommen. Also Du stehst auf den Standpunkt Du bist immer allein. Auch wenn ich bei Dir bin? Da bin ich anderer Ansicht. Eine Verständigung zwischen Mann und Frau muß es geben und gibt es auch. Ohne Aufgabe des eigenen Ichs. Wie würde es traurig bestellt sein um eine Ehe wenn keine Verständigung zwischen Mann und Frau bestände. Wenn man mit einem Menschen zusammen lebt mit dem man viel durchgemacht hat, mit dem man schlechte und gute Stunden verbracht hat und bei der (doch immer durch eine innere Verständigung), durch die körperliche Harmonie (wie Du richtig schreibst) Kindern das Leben geschenkt hat, muß man doch zu den Schluß kommen, daß Beides eng verkettet ist. Ich gebe zu daß eine körperliche Harmonie leichter zu erreichen ist. Es aber nicht bei uns der Fall ist. Denn wie ich Dir in dem letzten Brief schon schrieb muß das innerste schon mitsprechen (Der letzte Brief war es nicht, aber einer der vorherigen). Denn gerade durch die innere Verständigung kann es doch nur zu einer „körperlichen Harmonie kommen" (Das Wort hat es mir angetan). Warum nimmt man sich in die Arme, warum küßt man sich und warum kommt es zu einer sexuellen Befriedigung? Weil die Körper aneinander Gefallen finden. Weil man sich liebt, weil man sich gern hat? Was heißt Lieben und Gemhaben? Doch immerhin was etwas mit den Gedanken zu tun hat. Man liebt doch einen Menschen doch nur dann, wenn man an sein Inneres Anteil hat, wenn man ihn versteht. Und darum kann es doch nur durch die innere Verständigung eine körperliche Harmonie geben. Also meiner Ansicht nach ist ein Mensch nicht allein. Durch den Austausch der Gedanken kann es ja erst zu einer Verständigung kommen. Ich von mir aus kann wohl sagen, daß ich Dich genau kenne und Dich auch zu nehmen weiß. Denke auch von Dir dasselbe. Oder kennst Du mich etwa so wenig? Du schreibst „Man kann sich wohl aussprechen, aber die letzte innere Verständigung bleibt aus" Hat die letzte innere Verständigung etwas mit der Aufgabe des inneren Ichs zutun? Verstehe sonst nicht warum die letzte innere Verständigung ausbleiben soll. Mit der Aufgabe des eigenen Ichs ist aber schon die Harmonie selbst zerstört. Den gerade durch die Verschiedenheit der Gedanken und durch die Aussprache kann es zu einer vollkommenen Harmonie kommen. Ich möchte keine Frau haben, die ihr eigenes Ich wegen der Liebe zu ihrem Mann aufgibt. Denn wie würde es für einen Mann aussehen, wenn eine Frau zu allem was der Mann sagt, ihr ja und Amen gibt? Denn es ist doch so, gerade die Verschiedenheit der Charaktere ziehen sich an. Ein Beispiel: Ohne Plus und Minus keine Elektrizität und ohne die Verschiedenheit der körperliche Konstitution des Mannes und der Frau kein neues und gesundes Leben und darum auch bei Aufgabe des eigenen Ichs keine innere Verständigung. Die Aufgabe des eigenen Ichs, bedeutet doch gewissermaßen Unterwerfung. Wenn ich mich z.B. im Leben sagen wir im Beruf unterordne d.h. mit meinen Gedanken, daß ich nur noch das mache was der andere (den ich mir untergeordnet habe) mir vorschreibt, werde ich selbst für die Allgemeinheit nichts Neues und Gutes bringen können. Alle die guten Gaben die ich selbst in mir habe, können dadurch nicht zur Entfaltung kommen. Und genau so verhält es sich in der Ehe. Wenn eine Frau ihr eigenes Ich aus Liebe zu ihrem Mann ausgibt, wird es mit der Zeit eine geistige Verflachung geben. Die Frau kann dem Mann in geistiger Hinsicht nichts Neues bieten weil sie sich dadurch ja auch schon geistig unterwandert hat. Denn es kann doch nur durch eine beiderseitige geistige oder gedankliche Klarheit zu einer guten Harmonie kommen. Wenn aber der eine Teil sich den anderen unterordnet wird es aber auch mit der körperlichen Harmonie vorbei sein. Ich will damit nicht sagen, daß der Geschlechtsverkehr dadurch aufhört. Beide sind ja schon durch die Gesetze der Ehe verpflichtet zusammen zu bleiben. Aber daß bei so einem Fall die vollkommene Harmonie fehlt, und nicht mehr etwas Gutes dabei heraus kommt, ist doch wohl zu verstehen. Wenn alle Menschen die gleichen Gedanken hätten, würden sie mit der Zeit verkalken und nichts Neues zu Wege bringen also mit der Zeit der

Vernichtung entgegensehen. Bis jetzt habe ich immer von der körperlichen Harmonie gesprochen. Habe es aber nur getan um es verständlicher zu machen. Ich glaube, daß Du mir bis hierher gefolgt bist und auch richtig verstanden hast. Ich stehe nämlich auch auf dem Standpunkt, daß es eine körperliche Harmonie ohne innere Verständigung nicht gibt. Denn der Verkehr ohne innere Verständigung kann ja nicht zu einer Harmonie führen. Der sexuelle Verkehr zweier Menschen die sich geistig nicht zugetan sind werden sich nur für kurze Zeit vertragen können. Den nach der sexuellen Befriedigung gibt es für sie nichts, was sie zusammen hält und bindet. Muß also wie bei der Aufgabe des eigenen Ichs zu nichts gutem führen. Kann man auch nicht von einer Harmonie sprechen. - Du führst auch an, daß wir uns auch sonst nicht so oft gezankt hätten. Wenn du meine Ausführungen richtig gefolgt bist und verstanden hast, wirst Du auch zu der Überzeugung kommen, daß es gerade bei uns die wir verschieden geartet sind, zu derartigen kommen muß. Und zwar darum, weil wir uns noch nie darüber Gedanken gemacht und ausgesprochen haben. Wenn wir versucht hätten unsere Gedanken vor der Explosion/ Streit, Zank auf ein Gleis zu bringen, wäre es garnicht geschehen.* Ich will damit nicht sagen, daß bei einer Verständigung nicht auch mal ein Streit ausbrechen kann, stehe sogar auf dem Standpunkt, daß es mal sein muß. Ist genau wie in der Natur, wenn nach dem Gewitter der Regen kommt. Das bedeutet aber nicht die Aufgabe der eigenen Gedanken oder des eigenen Ichs. Den doch nur bei Menschen die verstehen ihre Gedanken zu ordnen und im richtigen Moment zu ein Ganzes zusammenfügen kann man doch nur von einer inneren Verständigung also von einer Harmonie sprechen. Genauso verhält es sich beim geschlechtlichen Verkehr. Wie viele zerrüttete Ehen gibt es, nur weil der innere Kontakt fehlt. Denn eine körperliche Annäherung ohne Harmonie, man kann auch sagen ohne geschlechtliche Verständigung, führt doch meistens zu einer einseitigen Befriedigung. - Für heute will ich mit diesem aber aufhören. Ich hoffe, daß Du aus allem schlau geworden bist. Die Gedanken, gerade auf dieses Gebiet zu bringen ist garnicht mal so leicht. Ich denke aber, daß Du im großen und ganzen es verstanden hast, was ich meine. Eine mündliche Aussprache wäre ja besser und verständlicher gewesen. Etwas habe ich bei meinen Ausführungen vergessen und zwar das, was für Dich das Wichtigste ist und Dir die ganzen Jahre den ganzen Kummer bereitet hat. Ich möchte es nicht gerne aufs Papier bringen. Könnte es dir genau so auseinander setzen aber ich ziehe es vor, es Dir mündlich zu erklären. Bei der schriftlichen Erklärung könnte es leicht zu Mißverständnissen kommen. Nicht zwischen uns Beiden. Denn ich glaube wenn ich es Dir erkläre, wirst Du es viel besser verstehen. Ich habe die Absicht gehabt es Dir in meinem Urlaub zu sagen aber da Du da nicht von angefangen, habe ich es auch unterlassen. Wollte Dir die paar Tage nicht damit verärgern. Ich glaube auch, daß es so richtiger war. Auch zweifle nicht daran, daß es noch einmal so wird wie Du es Dir früher mal ausgemalt hast. Man soll die Hoffiiung nicht aufgeben. Sind wir uns in den letzten Jahren nicht viel näher gekommen? Hat es nicht zuletzt an eine vernünftige Aussprache gelegen? Und ich glaube, daß die Sätze und vor allem Dingen die Gedanken die Du aufgeworfen hast auch eine Fortsetzung finden werden. Ich sehe aber auch ein, das eine Verständigung nur dann von Erfolg sein kann, wenn alle Geheimnisse die man mit sich herum trägt, preis gegeben werden. Denn wie sollte man einen Menschen glauben und trauen wenn das innerste nicht offen vor einem liegt. - Etwas möchte ich noch wissen und zwar schreibst Du: „Aber da muß man sich ja mit abfinden (die Bombengeschichte), wie man sich mit vielen abfinden muß, na dadurch bekommt man ein immer dickeres Fell." Möchtest Du mir das nicht näher erklären? Kann es mir denken, weiß aber nicht ob ich mit meiner Annahme recht habe - Du schreibst mir auch, daß Du mir die Seife schicken willst. Ich weiß garnicht, daß ich um Seife geschrieben habe. Habe doch wegen einer Nagelbürste geschrieben. Packpapier kannst Du mir doch genau so wie die Zeitungen schicken. Bis zu 20 Gramm ist doch frei. Warum ist denn in Hamburg jetzt schon eine Postsperre? Die Sperre für Päckchen und Pakete ohne Zulassungsmarken gehen doch erst ab 10. Nov.. An Willy und Harry habe ich auch einen Brief geschrieben. Wenn ich Deinen Brief eher bekommen bekommen hätte, hätte ich ihn doch etwas anders aufgesetzt. Wir wollen nur eines hoffen und zwar das der Krieg bald ein Ende findet. Es ist für uns besser und vor allen Dingen für die Kinder. Denn so kann es auf keinen Fall bleiben. Was soll aus den Kindern später nur einmal werden. Daß der Staat da überhaupt noch nichts unternommen hat - Diesen Brief bin ich gestern abend angefangen und habe dabei etliche freie Stunden dafür geopfert. Bin natürlich erst spät zu Bett gekommen. Den Brief aber trotzdem nicht zu Ende gebracht. Mußte ihn heute beenden Ich hoffe, daß ich Dir mit diesem Brief viel Freude bereitet habe. Hoffe auch, daß Du richtig lesen und verstehen wirst. So mein lieber Buttje! Ich wünsche Dir angenehme Unterhaltung und hoffe, daß der Brief auch wieder beantwortet wird. Halte Dich gesund und munter und sei Du sowie Willy und Harry recht herzlich gegrüßt und geküßt von Deinem Willy und Eurem Papa. An meine Eltern, Marta, Paul, Hans, Dora sowie Deine Mutter Emil, Frieda und Harro auch einen schönen Gruß

32) Im Süd-Osten, 19. November 1943

Mein lieber Buttje!

Post ist noch nicht wieder gekommen. Habe vor 3 Tagen erst welche bekommen, warte aber doch schon wieder auf ein Lebenszeichen von Dir. Jedes Schiff mit Post wird sehnsüchtig erwartet. 2 Tage ist es schon wieder ganz windstill. Heute regnet es sogar. Habe Glück gehabt, heute war mal wieder eine Übung, brauchte aber nicht mit machen. Die Kameraden, die sie mitgemacht haben, kamen eben wieder zurück, waren ganz und gar durch genäßt. - Eben wurde mir erzählt, daß von S. mehrere Schiffe unterwegs sind. Kann man also mit Post rechnen. - Gestern habe ich 5 Päckchen (ungefähr ½ Pfd. je Päckchen schwer) zurecht gemacht. Werde sie heute noch aufgeben. In den Paketen sind Linsen. Denke doch daß ihr sie gebrauchen könnt. Sind gut 2 ½ Pfd.. Linsen, Erbsen und Bohnen sind bei Euch doch auch knapp. Wäre ja besser, wenn die Pakete schneller überkommen würden. Na, schlecht kann es ja nicht werden. Die Hauptsache ist es ja, daß es überhaupt ankommt. Bis jetzt haben wir ja eigentlich Glück damit gehabt. Wollen hoffen, daß es auch fernerhin so bleibt. Denke, wenn Du diesen Brief erhältst, daß Du den vorherigen schon verdaut hast. Bin jetzt schon gespannt auf Deine Antwort. - Über Nacht haben die Berge, die die ganze Zeit kahl und öde waren, ein grünes Kleid angezogen. Jetzt nach dem Regen ist sogar auf den steinigen Bergen grünes raus gekommen. Komisch, nicht wahr. Im Sommer grau und öde und jetzt wo es eigentlich zum Winter geht, wird es wieder grün. Man freut sich direkt daran. denn an den öden Felsen kann man sich doch zu leicht über sehen. - Die Bucht und Lage des Ortes in dem wir liegen ist sonst ganz hübsch. Muß dir die Lage ungefähr so vorstellen wie die Binnenalster. Und zwar so, daß die Lombardsbrücke das offenen Meer, der Jungfernstieg der Ort selbst und links und rechts also bei

Vaterland und Vier Jahreszeiten Berge sind. Bei Vaterland habe ich mein Quartier und Postenbereich. Auf unserer Seite befindet sich auch ein altes verfallenes Kastell. Muß da öfter auch mal rauf und die Fahne hissen. War aber vordem auch schon öfter da oben (Arbeitsdienst). Überbleibsel von der Burg sind noch vorhanden. Zum größten Teil ist es aber verfallen. Der Bau der ganzen Anlage muß viel Zeit und Arbeitskraft gekostet haben. Wird aber Sklavenarbeit gewesen sein. Die Insel gehörte früher zur Türkei. Kriege werden wohl auch hier an der Tagesordnung gewesen sein. - Nicht nur über die Natur, sondern auch über die Griechen selbst muß man sich wundern. Der Grieche ist im großen und ganzen zuvorkommend und freundlich. Wenn er auch Geschäftsmaim ist, so vergißt er doch nie, wenn man ihn mal entgegengekommen ist. Wird nie versuchen, mich über den Löffel zu barbieren. Im Gegensatz zum Deutschen ist er auch, wenn er was getrunken, freundlich, lustig und läßt nie den Gesang vermissen. Schlägerei wie es bei uns zum größten Teil an der Tagesordnung ist, kennt er nicht. Sie sitzen zusammen trinken, sind vergnügt und singen in mehrstimmigen Chören und genau so gehen sie nach Hause und auseinander. Wenn man sie unterwegs trifft, haben sie immer ein freundliches Wort für uns über. Dabei muß man doch immer wieder sehen, daß ihrer Freiheit Grenzen gesetzt sind. Zuerst konnte ich ihren Gesang nicht ertragen. Sie singen fast immer in denselben Tonfällen. Hört sich direkt schwermütig, beinahe wie Trauergesang an. Jetzt verstehe ich ihren Gesang schon besser und höre ihn mir überhaupt wenn er noch mehrstimmig gesungen wird, ganz gern an. Wenn man Griechenland und die Griechen nur vom Hörensagen kennt oder davon gelesen, stellt man sich alles ganz anders vor. Wenn der Grieche auch sich zu kleiden versteht, so muß man doch immer wieder staunen, daß er seine Häuser verfallen läßt. Wenn es jetzt während des Krieges auch nicht möglich ist, seine

Kleidung sowie Häuser und Straßen instand zu setzen, so sieht man doch daß der Verfall der Häuser und Straßen älteren Ursprungs sind. Und wenn man dann noch bedenkt, daß es vor Jahrhunderten eines der ersten Kulturländer war, muß man sich doch wundem. Nur eins hat der Grieche sich erhalten und das ist der gerade und schöne Wuchs ihrer Figur. Wenn es da auch Ausnahmen gibt, so sind sie doch in der Minderheit. Eines ist aber typisch und das sieht man an ihre Häuser und auch an ihre Kleidimg und das ist der krasse Gegensatz zwischen arm und reich. Einen Mittelstand gibt es nicht. - Eben kam auch Post. Für mich war die Karte von dem Hochzeitstag dabei. Ist schon älteren Datums. Denn ich habe vor ein paar Tagen schon Post von Anfang November erhalten. Aber darum habe ich mich doch dazu gefreut. Allen meinen besten Dank. Es sind schon verschiedene Schiffe eingelaufen aber noch kein bei uns, Rechne aber damit, daß morgen welche kommen und damit auch Post. Die Post ist doch immer noch das Wichtigste. - Ich wollte Marta und Paul eine Flasche Wein schicken, wird aber nichts mehr draus. Der Wein ist noch zu jung und hält sich darum nicht. Denke daß ich Marta mal mit etwas anderen beehren kann. Wenn die 16 Päckchen bzw. Pakete ankommen, wirst Du Marta und Dora doch auch etwas abgeben, nicht wahr? Wir sollen in diesem Monat auch noch Rosinen haben. Wollte eigentlich Deine Mutter und Frieda etwas zukommen lassen. Denn meine Eltern sowie Hans und Dora haben von den Sachen die ich Dir schicke (jetzt bei der Hausgemeinschaft) doch Anteil, nicht wahr? Brauche darum doch nicht jeden einzeln etwas schicken. Nächste Woche geht wahrscheinlich ein Kamerad, mit dem ich hier zusammen bin, in Urlaub nach Hamburg. Werde ihm auch ein Paket und Geld mitgeben und zwar 40.- Mark. Wenn es Dir möglich, kannst Du dafür Zigarettenpapier kaufen und ihm mitgeben. Nimmt es gern mit, nur muß Du das Paket fertig haben oder es zu ihm bringen.

Denn Du weiß ja selbst wie wenig Zeit ein Urlauber hat. So mein lieber Buttje! und nun bin ich mal wieder am Ende angelangt. Ich hoffe und wünsche daß es Dir sowie Willy und Harry noch gut geht. Seid also recht herzlich gegrüßt und geküßt von Deinem Willy und Eurem Papa. An meine Eltern, Marta, Paul, Hans, Dora, Deine Mutter, Emil, Frieda + Harrro auch einen schönen Gruß.

Anmerkung;
„Vier Jahreszeiten": eines der bekanntesten und nobelsten Hamburger Hotels, dass sich am rechten Alsterufer an der Binnenaltster am Neuen Jungfernstieg befindet
„Vaterland": ein bekanntes Variete und Tanzhaus am linken Alsterufer am Ballindamm gelegen, es exisitierte nach dem Krieg nicht mehr lange
einen über dem Löffel zu barbieren: einen übers Ohr hauen, übervorteilen
kraß: drastisch, deutlich

33) Im Süd-Osten, 19. November 1943

Mein lieber Buttje!

Ich war mit Deinem Brief gerade fertig und auch schon abgegeben, da bekomme ich Deinen Brief vom 16.11. Nr. 16. Muß mich also gleich wieder hinsetzen und Dir darauf Antwort geben. Brauchst aber nicht zu denken, daß ich mir Zwang dabei antue. Ich schreibe, obwohl es mir früher geradezu eine Pein war, jetzt ganz gern. Es macht mir jetzt direkt Spaß. Die Kameraden sagen schon immer, wenn ich mit meinen Schreibsachen ankomme. Du solltest auch mal wieder schreiben, denn Deine Frau wird gewiß schon wieder in Sorge sein, weil Du so lange nicht geschrieben hast. Der Unteroffizier sagt auch immer was der Ladiges bloß immer zu schreiben hat, solange Episteln würde ich garnicht fertig kriegen.

Dabei macht es mir überhaupt keine Schwierigkeiten mehr. Man hat in der freien Zeit, die man für sich hat, auch noch genügend anderes zu tun. - Die kleinen Bücher die ich geschickt habe, scheinen jetzt ja alle angekommen zu sein. Freut mich auch, daß die Feigen angekommen und Euch auch geschmeckt haben. Von hier habe ich noch keine abgeschickt. Aber bei den 15 Paketen sind welche dabei. Werden wohl demnächst auch ankommen. Denn die Pakete die ich bis zum 13.10. aufgegeben habe, hast Du jetzt wie es scheint alle gekriegt. Das Päckchen mit Zigaretten ist ja auch schon bei Dir. Es waren doch 50 Stück, nicht wahr? Muß doch vom 15.10. sein. Am selben Tag habe ich auch ein Paket mit Blättertabak aufgegeben. Über die Verwendung lasse ich Dir vollkommene Freiheit. Sollte mein Vater keinen mehr haben, denke bitte auch an ihn. Die 15 Pakete bzw. Päckchen habe ich am 16.10 aufgegeben und als nächstes fällig. Denke daß Du dann für Weihnachten genug Feigen hast. Werde wenn ich Geld bekomme welche kaufen und auch schicken. Sind nicht so teuer wie Rosinen. Das griechische Geld ist auch wieder etwas höher geklettert. Bekomme etwas nachgezahlt. werde es dann gleich an den Mann bringen. Damit ich auch noch genug dafür bekomme. Eben habe ich mal auf meine Liste gesehen und festgestellt daß noch 22 Pakete bzw. Päckchen für Dich unterwegs sind. Ein Paket für meine Mutter, ein Päckchen mit Rosinen für Marta und je 1 Päckchen mit Blättertabak für Deine Brüder Hans und Fiete sowie Emil Kahns und Nerlich. Blättertabak und Rosinen werden wir auch bald wieder bekommen. Wenn die Pakete bzw. Päckchen alle bis Weihnachten ankommen würde ich mich sehr freuen. Bei den letzten Paketen habe ich gar keinen Zettel und Gruß beigelegt. Werde es in Zukunft aber wieder tun. Wenn man unsere Pakete zu packen hat und meistens sollen sie schnellstens weg, freut man sich wenn man sie einigermaßen gepackt kriegt. Will sie auch heute mit einer Nr. versehen, ist so besser zu kontrollieren. Packpapier ist hier sehr rar und folgedessen auch sehr teuer. Du hättest doch schon mal ein oder 2 Bogen in eine Zeitung packen können und Zeitung schicken können. Daß Du da noch garnicht auf gekommen bist. Hast doch sonst immer so gute Einfälle. Auch als Päckchen kannst Du es doch schicken. Denn die Grenze für Päckchen ist doch 250 Gramm. Schicke ich doch auch immer. Kannst Du eigentlich kein Zigarettenpapier mehr auftreiben. Habe doch schon verschiedentlich darum gebeten. Auch um verschiedene andere Sachen habe ich gebeten. Hättest es mir doch, auch wenn Du nichts bekommen kannst, mitteilen können. Oder hast Du es mir im 10. Brief, der noch aussteht mitgeteilt. Ich schrieb Dir auch im letzten Brief, daß ich um Seife gebeten habe. Bin nachdem, als der Brief schon weg war, erst auf gekommen, was für Seife damit gemeint war. Der Groschen ist ja spät gefallen aber er ist wenigstens gefallen. Für die lange Leitung kann man ja nichts. Vielleicht kann der Urlauber die Seife ja selbst mitnehmen, wenn Du die Seife noch nicht abgeschickt hast. Das heißt, wenn er selbst vorkommt. - Diese Woche fährt auch ein Urlauber. Hoffentlich bekomme ich noch alles zusammen was ich ihn mitgeben will. Ich habe ihn auch Bescheid gesagt, daß Du ihn vielleicht ein Paket mit gibst. Will es gerne mitnehmen. Vielleicht bekommst Du bis dahin ja noch Zigarettenpapier. - Mir geht es auch so, wenn ich paar Tage keine Post bekomme, bin ich auch gleich ungeduldig. Schreibe darum auch so oft ich Zeit dazu habe. - Über den Film „Münchhausen" bin ich mit Dir einer Meinung. Haben mit dem ungeheuren Aufwand versucht den miesen Inhalt zu verdecken. Das Wetter ist hier immer noch gut. Die letzten Tage besonders. Jetzt wo bei Euch der Winter anfängt, setzt hier der Frühling ein. Durch den Regen, den wir jetzt ab und zu mal haben und die warme Luft (zum größten Teil scheint die Sonne) schießt natürlich alles aus der Erde. Sogar zwischen den Felsen kommt das Grün hervor. Es soll hier in den nächsten Wochen auch allerhand Blumen geben. Bis jetzt habe ich, außer die ich Dir im Brief beigelegt, hier noch keine gesehen. Gebadet habe ich hier aber noch nicht wieder. Warm genug ist die Luft und auch das Wasser. Man kommt da jetzt nur nicht dazu. Auch badet hier im Meer keiner mehr. Ganz so warm wie im Hochsommer ist es ja auch nicht. Ist hier ja immerhin jetzt Frühling. - Die Karten die Du mir im letzten Brief geschickt hast, sind wieder allerliebst. Sollen die 3 Bilder mit den kleinen Kindern … Wink sein. Wie geht es Dir den sonst? Denke doch daß es Dir, Willy, Harry sowie meinen Eltern noch gut geht. Mir geht es noch gut. Ich bin diesen Brief gestern Abend angefangen aber nicht mehr fertig gekriegt. Bin am Tage auch nicht mehr dazu gekommen. Habe es aber doch noch geschafft. So mein Buttje! halte Dich gesund und munter und sei recht vielmals gegrüßt und geküßt von Deinem Willy. An Willy und Harry auch Grüße und Küsse. Herzliche Grüße auch an meine Eltern Marta, Hans, Dora, Paul sowie Deine Mutter, Emil Frieda und Harro.

Anmerkung;
Epistel: Sammlung bibl. Briefbücher
ehe der Groschen gefallen ist: er hat lange gebraucht (die Sache, Angelegegenheit) zu begreifen

34) Im Süd-Osten, 22. November 1943

Mein lieber Buttje!

Gestern habe ich schon mal einen Brief abgefangen. Bin da aber nicht mit fertig geworden. Hatte so allerlei zu belaufen. Bei der Gelegenheit habe ich gleich etwas für mein Geld gekauft. Habe zur Abwechslung Bohnen für Dich gekauft und zwar 2 1/2 Pfd. Denke doch daß es für eine Mahlzeit reicht. Wenn nicht muß Du es mir schreiben. Die Pakete habe ich gleich zurecht gemacht. Es ist ein

Kilo- Paket und ein Päckchen. Die letzten Tage war es schönes warmes Sommerwetter. Auch nachts ist es nicht so kalt. Nur am Tage wenn die Sonne weg geht, ist es frisch. Überhaupt die Sonnenuntergänge sind herrlich. Die paar Wolken die am Himmel und auch das Meer sind zum größten Teil goldig - rot. Ein schöner Anblick. - Gestern war direkt beängstigend ruhig. So richtig die Ruhe vor dem Sturm. Es ist auch tatsächlich so gewesen. Denn in der Nacht schlug das Wetter um. Es hat ganz schön gestürmt. Heute morgen nach der Kletterpartie die ich gemacht habe bin ich ordentlich schwitzen geworden. Habe die Fahne oben nach der Burg hoch geschafft. Habe dann weil ich warm war ohne Mantel meine Wache angetreten. Bin dabei direkt klappern geworden. Ist heute ungemütliches Wetter. Mit Post wird es wohl für die nächsten Tage schlecht bestellt sein. Denn Schiffe werden jetzt doch nicht ankommen. Sind allerdings an den ruhigen Tagen auch fast keine Schiffe angekommen. Und damit natürlich auch keine Post. - Das Paket für den Urlauber werde ich heute auch zurecht machen. Wann er fährt ist noch nicht raus. Sollte diese Woche sein, aber bei diesem Sturm ist es fraglich ob es diese Woche noch was wird. - Gestern morgen war auch das Schiff wieder hier, mit welches ich die Überfahrt gemacht habe. Es hat sich hier aber nicht lange aufgehalten. Wird aber heute wahrscheinlich wieder reinkommen. Sie sind garnicht erst von Bord gekommen. Ein Hafenarbeiter der mit dem Kapitän gesprochen hatte, erzählte mir, daß er für mich Zigaretten hätte. Ist doch eine treue Seele. Werde ihn mir und auch seine Besatzung zu Freunden halten. Mit den Zigaretten bin ich auch auf den Rest. Tabak für die Pfeife habe ich aber noch genug. Von der Komp. werden wir aber diese Tage auch Zigaretten bekommen. Marketenderware. So mein Buttje! Heute muß Du Dich schon mit diesem kurzem Brief begnügen bekommst aber als nächsten wieder einen längeren. Ich hoffe daß es Dir sowie Willy

und Harry noch gut geht. Mir geht es noch gut. Sei also recht herzlich gegrüßt und geküßt von Deinem Willy. An Willy und Harry auch Grüße und Küsse. Gleichfalls auch an meine Eltern, Marta, Hans, Dora, Paul sowie Deine Mutter, Emil, Frieda und Harro einen schönen Gruß,
Paket und Päckchen habe ich mit den Nr. 1 und 2 bezeichnet.

Im Süd-Osten, 22. November 1943

Mein lieber Buttje!

Ich schicke Dir heute zur Abwechslung mal Bohnen. Ich denke doch, daß Du sie gebrauchen kannst. Bohnen und Linsen sind noch nicht ganz so teuer. Hoffentlich habe ich es auch richtig gemacht. Ich weiß nämlich nicht ob Du mit 2 ½ Pfd. Linsen für eine Mahlzeit genug hast. Hätte dann ja noch Linsen zu kaufen müssen. Aber ich glaube doch, daß es für eine Mahlzeit reicht. - Habt Ihr in diesem Jahr eigentlich auch Kartoffeln eingenommen? Heute haben wir frische bekommen. Sind gerade in der Pfanne. Es riecht ganz gut. Haben gestern auch schon mal welche gehabt. Waren extra prima.
So und nun sei recht herzlichst gegrüßt und geküßt von Deinem Willy. Grüße und Küsse auch an Willy und Harry.
An meine Eltern, Marta, Hans, Dora, Paul, Deine Mutter, Emil, Frieda und Harro auch einen schönen Gruß.

25. November 1943

Mein lieber Buttje!

Zu Deinen Geburtstag wünsche ich Dir alles Gute. Möge Dein wie auch mein Wunsch in Erfüllung gehen, daß wir uns recht bald für ganz wieder haben, Als besondere Aufmerksamkeit lasse ich Dir

von dem Urlauber einen Blumenstrauß überreichen. (hoffentlich bekommt er auch einen). Denke doch, daß Du dieses Mal mit der kleinen Gabe zufrieden bist. Das Oel und die Seife kannst Du aber auch als Geschenk betrachten.
So mein lieber Buttje! Möge Dir Dein Geburtstag den Verhältnissen entsprechend viel Freude bringen. Angenehme Träume die in Erfüllung gehen und viele Grüße und Küsse sendet Dir Dein Willy.
An Willy und Harry auch einen schönen Gruß.
Allen Anwesenden meine herzlichsten Grüße.

35) Im Süd-Osten, 25. November 1943

Mein lieber Buttje!

Habe nun schon 3 Tage nicht mehr geschrieben. Hatten schon wieder Sturm. Hat sich heute aber schon etwas gelegt. Schiffe sind bis jetzt aber noch nicht wieder abgegangen. Morgen soll eins auslaufen und da geht der Urlauber auch mit. Das Paket habe ich fertig. Habe noch mal wieder Glück gehabt. Kann eine Doppel-Dose und ein Stück Seife mitgeben. Wenn das Oel beim Zubereiten etwas strenge riecht, muß Du es mit ein Stück altes Weizenbrot oder einen alten Rundstück aufkochen. Aber nicht zu lange, sonst geht zu viel verloren. Zu genießen ist es aber auch so, es riecht wohl zuerst etwas strenge aber schmecken tut es nicht schlecht. Es ist auch alles Gewohnheit, zuerst konnte ich den Geruch auch nicht ab, weiß da jetzt aber nichts mehr von. - Zu Weihnachten kann ich Dir nichts mehr schicken. Wird ja auch so wie so nicht mehr bis dahin ankommen. Von der Komp. sollten wir auch Mandeln und Rosinen haben. Sind aber komischer Weise vorzeitig alle geworden. Man kann sich da nie auf verlassen. Das Beste ist immer noch, man kauft sich selbst etwas. Wenn ich etwas auftreibe werde ich auch laufend schicken. - Ich denke doch, daß Du Linsen und Bohnen gebrauchen kannst, denn soviel ich weiß, bekommst Du davon auch nicht so viel. Und 1 Ocker das sind 2 ½ Pfd. ergibt doch schon eine ganz gute Mahlzeit. Oder ist es für eine Mahlzeit nicht genug? Kenne mich darin nicht so aus. - Werde in der nächsten Zeit auch lieber solche Sachen kaufen. Rosinen, Mandeln und Feigen sowie Seife ist zu teuer. Das muß man schon eintauschen. Ich hoffe doch, daß ich noch mal irgend etwas von Dir geschickt bekomme. Wenn Du irgend etwas auftreiben kannst, schicke bitte Zigarettenpapier, Klingen, Haut - Creme und wenn Du bekommen kannst auch Schuhcreme. Der Grieche will Waren sehen. Das Geld nimmt er nicht gern. Es verliert ja doch zu schnell seinen Wert Und dann kann man auch mit Waren günstiger einkaufen. Also sehe mal zu was sich machen läßt. Es kommt Euch ja doch wieder zu Gute. Und wenn ich Zigaretten kaufe und sie Dir schicke. Kannst doch dafür immer mal etwas Anderes kommen, d.h. wenn Du für Dich genug hast. Ein begehrter Artikel ist es doch auch. Ich sehe nämlich nicht ein, warum Ihr etwas, was bei Euch nicht zu haben ist entbehren sollt. So lange ich etwas kaufen und schicken kann, werde ich es auch machen. - Ihr braucht nichts zusätzlich zu schicken, habe hier genug zu essen. Und sonst geht es mir auch noch gut. Ruhig ist es hier auch noch immer und der Dienst ist auch noch zu ertragen. Nur eins habe ich und zwar große Sehnsucht nach Dir. Aber das brauche ich wohl nicht besonders erwähnen. Wird Dir genau so gehen. Wir wollen nur hoffen, daß es bald ein Ende hat. Denn all die schönen Jahre gehen an ein vorbei, ohne daß wir da etwas von haben. Wenn man noch 20 Jahre jünger wäre, ließe man sich das noch eher gefallen. - Im letzten Brief habe ich Dir geschrieben, daß ich dem Urlauber 40.- M. mitgeben wollte. Werde ihn aber nur 30.- Mark mitgeben. Etwas muß ich doch hier behalten, im Falle ich etwas mehr für Marketenderware gebrauche. Wenn ich in der nächsten Zeit etwas über habe, werde ich es Dir so wie so schicken. Falls Du etwas

Tauschware für mich aufgetrieben hast, kannst Du es dem Urlauber (sein Name ist Walter Krützfeldt) ohne Bedenken mitgeben. Er ist auch so in Ordnung. Kenne ihn schon etliche Jahre. War damals auch mit ihm zusammen. Wird Dir auch bestätigen, daß es mir noch gut geht und es sich auch so verhält, wie ich es Dir geschrieben und auch immer schreiben werde. Die Wahrheit werde ich Dir sowieso immer schreiben, sehe nämlich nicht ein, warum ich Dir etwas vormachen soll, wenn Dir irgend etwas unklar ist oder Du was besonderes wissen möchtest, kannst Du den Urlauber ruhig fragen. Er wird Dir auf alles Antwort geben. Ist der erste Urlauber (dem die Seife gehört) schon bei Dir gewesen oder hat er das Paket per Post aufgegeben? Dieser Urlauber wird es aber selbst abgeben. Also hoffen wir, daß er gut überkommen wird. Vor kurzem ist auch wieder ein Schiff untergegangen. Dieses Mal durch U- Boot Beschuß. Haben sich aber noch die meisten retten können. Die letzten Tage war auch wieder U-Boot-Sperre. Ist heute aber wieder aufgehoben worden. - So mein lieber Buttje! und wie geht es Dir, wird Dir die Zeit auch nicht zu lang werden bis ich wieder bei Dir bin. Heute Nacht war ich auch im Traum bei Dir. Wäre ja in Wirklichkeit besser gewesen. Vielleicht ist es ja schon eine Vorahnung. Na, meiner Meinung nach, kann es ja so wie so nicht mehr so lange dauern. Glaube auch daß wir über den Schlimmsten weg sind. Denn ewig kann und wird der Krieg auch nicht dauern. Einmal hat alles sein Ende. - Wie ist es eigentlich, hast Du die Zulassungsmarken alle bekommen? Habe Dir einmal 2 dann 3 und jetzt zuletzt noch mal 4 geschickt. Ich wollte dir zuerst mit dem Urlauber ein paar Holzschuhe mit hohen Absätzen und oben mit Leder bezogen schicken, bin aber nicht handelseinig geworden. Als Gegenstück hatte ich die kleinen Gummischuhe von Willy. Der Schuhmacher wollte zu den Schuhen noch 50000 Dr. haben. Augenblicklicher Kurs 1 Mark = 36000 Dr. Ich habe nur die allen verständliche Bewegung mit dem Finger gemacht und bin gegangen. Natürlich mit meinen Schuhen. Ich hätte ja lieber noch ein paar Lederschuhe gekauft, aber die sind zu teuer. Kosten 1/2 Million Dr. und die Holzschuhe 150 - 175000 Dr.. Die Holzschuhe sehen ganz gut aus. Für alle Tage hättest Du sie gut gebrauchen können. Na, mal sehen, was sich machen läßt. Welche Größe haben Willy und Harry eigentlich. Vielleicht kann ich für die Beiden mal welche bekommen. Natürlich für die Sommermonate zu tragen. So mein lieber Buttje und nun will ich schließen. Wollen hoffen, daß die Zeit nicht mehr fern ist, wo ich Dich in die Arme nehmen kann. Halte Dich also gesund und munter und sei Du sowie Willy und Harry recht vielmals gegrüßt und geküßt von Deinem Willy und Eurem Papa. An meine Eltern, Marta, Hans, Dora, Paul sowie Deine Mutter, Emil, Frieda und Harro auch einen schönen Gruß.

36) Im Süd-Osten, 25. November 1943

Mein lieber Buttje!

Diesen Brief wird der Urlauber Walter Krützfeldt in Hamburg in den Kasten stecken. Ein Paket und 2 Briefe wird er bei Dir abgeben. Diesen lasse ich mit der Post befördern, damit Du ihn noch zur rechten Zeit bekommst. Solltest du nämlich Zigarettenpapier oder sonst etwas bekommen, so kannst Du es ihm mitgeben. Habe mit ihm darüber gesprochen, nimmt es gerne mit. Seh man mal zu was sich machen läßt. Kannst ja mal zu dem Großisten bei Janssen im Grimm (in dem selben Haus) gehen und versuchen ob Du da etwas bekommst. Solltest Du genug davon bekommen, kannst Du ja auch welches in kleinem Päckchen schicken. Wenn Du zu Heini Rhiem gehst, kannst Du ja auch mal sehen ob Du da auch etwas auftreiben kannst. Begehrte Artikel sind ferner Schuhbänder, Hautcreme,

Zahnpasta, Feuersteine (für Feuerzeug) - Das Packpapier und die kleinen Päckchen kannst Du mir auch wieder zusammengefaltet zu schicken. Gleichfalls den Bindfaden. Hier ist garnichts zu haben und wenn, sehr teuer. - Ich denke auch, daß ich morgen Post bekomme. Die ersten Anzeichen sind schon da. Es bubbert nämlich gerade jetzt (Motorengeräusch). Ein Geräusch, das uns alle aufhorchen läßt. Morgen werden wohl noch mehr Schiffe reinkommen. Es ist auch schon wieder über 8 Tage her, als ich die letzte Post von Dir bekam. Wie lange wartest Du schon? Auch wohl schon so lange, nicht wahr? Ich will aber zufrieden sein, wenn Du und ich, den Winter über immer nur 8 Tage zu warten brauchen. Gestern und heute ist hier bei uns Kino. Ich bin aber garnicht hingegangen. Habe den Film in Saloniki schon gesehen. Ein böses Ding. Betitelt sich „Menschen im Sturm". Heute sind die Griechen auch hingegangen. Männlein und Weiblein untergehakt gehen sie friedlich und unbekümmert die Straßen dahin. Wenn man das sieht, kann man direkt neidisch werden, wenn sie auch in ihrer Lebensweise beengt sind, so leben sie doch. Wogegen es uns doch alles vom Leben abgeht. Man kann nur immer wieder fragen, wie lange noch - Wie ist es eigentlich mit Hans abgelaufen? Hat er noch mal Glück gehabt? Ich wünsche es ihm jedenfalls. Genügt es doch, daß Hirmi und ich schon von zu Hause fort sind. - Mit den Schiffen habe ich es schwer auf dem Kieker. Setzt doch jetzt nach dem es den ganzen Tag ruhig war, der Wind wieder ein. Hoffentlich hält der Sturm nicht so lange an. Letzte Nacht war es auch ganz schlimm. Heute morgen hatte das Meer sich noch nicht beruhigt. Wenn die Wellen gegen die Kaimauer schlugen, spritzte es immer 2-3 Meter hoch. Am Tage hatten wir dabei das beste Sommerwetter. Will den Brief jetzt beenden. Habe ihn vor ein paar Tagen angefangen, ihn aber nicht beendet weil der Urlauber doch noch nicht fuhr. Es war inzwischen wieder mal eine Sperre und zwar wegen Sturm und als der sich gelegt hatte wegen U-Boot-Gefahr. Gestern am Sonntag bekam er nun Bescheid, daß er sich bereit halten sollte. Kam aber doch nicht weg. Vor einer halben Stunde hat er nun Bescheid bekommen, daß er heute rausfährt. Das Schiff ist noch nicht hier wird aber heute Nachmittag wohl noch kommen. Glaube auch daß es heute endgültig ist. So bei kleinem wird es jetzt auch Zeit. Seine Frau wird sich bestimmt auch freuen. Wird er doch gerade zu Weihnachten im Hause sein. Glücklich kann er auch sein, denn seine Wohnung ist ihm erhalten geblieben. Seine Mutter und Kinder aus erster Ehe sind total beschädigt. - Vorgestern habe ich für eine angebrochene Dose Schuhcreme 1 Ocker Mandeln eingehandelt. Kannst daran sehen wie hoch die Artikel im Kurs sind. Zigaretten kosten augenblicklich 7000 Dr. D. ist nach deutschen Geld ungefähr 2 Mark. Also garnicht mal so teuer. Nur hat man nicht genug Drachmen. Bekommen wir doch in 10 Tagen nur 18 000 Dr. Und die sind natürlich schnell ausgegeben. Die Artikel behalten ihren Wert und sind natürlich sehr begehrt. Den für 30 Buch Zigarettenpapier 1 Kilo Oel ist doch verhältnismäßig billig. Schon darum weil Oel doch sonst garnicht aufzutreiben ist. Zu meinem Zigarettenhändler kannst Du ja auch mal gehen. Etwas wirst Du da doch auch bekommen. Und Marta und Paul haben darin vielleicht ja auch Beziehungen. Wenn ich da genug von habe, kann ich für sie auch mal etwas schicken. Sie nehmen doch alle gerne etwas von den hier zu erhaltenden Sachen. Genau so ist es mit Hans + Dora und auch mit Deiner Mutter, Emil und Frieda. So ganz ohne Tauschmittel ist natürlich nicht viel zu machen. Ich hätte damals doch bei Heini Riehm vorsprechen sollen. Wir wollen uns heute Nachmittag auch noch fotografieren. Soll der Urlauber zum entwickeln mitnehmen. Vielleicht macht Gehlsen es ja. Habe ihm seine Adresse gegeben. Soll sie natürlich auch gleich wieder hierher mitbringen. Ich habe dem Urlauber noch ein Paket mehr mitgegeben. Bekommst also 2 Pakete (ein rundes in Pappe und ein Beutel) 3 Briefe wird er Dir auch noch übergeben. Voraussichtlich wird er am 20.12. also auf Deinem Geburtstag bei Dir vorsprechen. Wenn Du zu dem Tage etwas zum Tauschen aufgetrieben hast, kannst Du es ihm ja mitgeben. - Richard Heinitz hat mich am Sonnabend besucht und hat sich sehr lobend über Dich ausgesprochen. Er hat sich sehr gefreut, daß Du mit seiner Frau im Briefwechsel stehst. Ein Bild von ihm soll ich auch haben. Hat sich hier fotografieren lassen. Das Bild soll ich zu Dir schicken. Soll für uns beide sein. Ich hatte auch erst die Absicht mich zu fotografieren lassen (Beim Fotograf) ist mir aber zu teuer. 3 Bilder kosten 35 000 Dr..

So mein lieber Buttje und nun bin ich mal wieder am Ende angelangt. Hoffen wir, daß der Urlauber eine gute Überfahrt hat und auch mit allen gut überkommen wird. Ich wünsche Euch auch einen guten Appetit, denn viel Freude wird es mir bereiten , wenn es zu Eurer Zufriedenheit ausgefallen ist. Herzliche Grüße und Küsse für Dich sowie Willy und Harry von Deinem Willy und Eurem Papa. Meine Eltern, Marta, Hans, Dora, Paul sowie Deine Mutter, Emil und Frieda Harro seien vielmals gegrüßt.

Solltest Du von mir Briefe ohne unserem Dienststempel bekommen, brauchst Du Dir keine Gedanken zu machen. Gebe sie dann + wann zur schnelleren Beförderung einem Urlauber mit.

Anmerkung:
Großisten: Großhändler
Gehisen: Drogerie in Eimsbüttel

37) Im Süd-Osten, 28. November 1943

Mein lieber Buttje!

Heute wird der Urlauber noch abfahren. Wir hatten schon wieder mal eine U-Boot-Sperre, ist aber heute aufgehoben. Habe gestern noch einige Sachen bekommen, die ich gleich mitschicken will. Eine kleine Flasche mit Fruchtsaft schicke ich auch mit. Korinthen, Mandeln, 2 Stück Seife und Tabak sowie eine Doppeldose mit Oel wird er Dir überreichen. Soll für Dich Geburtstags- wie auch Weihnachtsgeschenk sein. Für die Jungens habe ich leider nichts auftreiben können. Denke aber, daß sie bei den Sachen die ich Dir schicke auch auf ihre Kosten kommen. Ich hatte auch die Absicht meinen Eltern, Marta, Paul, Hans und Dora sowie Deine Mutter, und Frieda etwas zu Weihnachten zu schicken. Ist mit aber leider nicht möglich gewesen. Meine Eltern, Hans und Dora sind ja sowieso schon daß Ihr zusammen wohnt, Teilnehmer an fast allen N.. Und wenn Du die 16 Pakete aus Saloniki geschickt kriegst kannst Du ja für Marta, Paul sowie Deine Mutter, Frieda, Emil und Harro ein kleines Weihnachtspäckchen zurecht machen. An Hinni und Andreas habe ich heute ja ein Päckchen von einem 1/2 Pfd. Tabak aufgegeben. Wenn sie es zu Weihnachten nicht mehr bekommen, macht es ja auch nichts. Denn zu Weihnachten werden sie wohl genug zu rauchen haben. Wenn es Dir möglich ist, mache doch ein Paket zurecht, damit der Urlauber es mitnehmen kann. Wie hoch die Artikel, die ich gerne zum Tauschen haben möchte sind, Kannst Du Dir an sehen, daß ich z. B. gestern für eine angebrochene Dose Schuhcreme (halb voll) ein Ocker Mandeln bekommen habe. 1 Stange Bonbon lege ich dem Paket auch noch bei. Der Urlauber wird wahrscheinlich auch einen Film mitbringen. D.h. wenn wir es noch schaffen. Wollen nämlich noch heute nachmittag die Aufnahmen machen. Heute mittag um 12 Uhr bekam er den Bescheid, daß er sich um 3 Uhr bereithalten sollte, weil eventuell ein Schiff kommt. Nun geht natürlich alles im Galopp. Habe einen Griechenjungen schnell zum Mandeln knacken angestellt. Es ist jetzt schon ½ 2 Uhr um 4 Uhr wird der Kahn wenn er kommt, fahren. Habe eben von unseren Unteroffizier Bescheid gekriegt, daß ich jetzt, wenn der Urlauber weg ist, den Stellvertreter machen soll. Fungiere also wenn der Unteroffizier nicht da ist oder schläft als Wachhabender. Brauche von jetzt ab auch nicht mehr Posten stehen. Zum Schreiben habe ich jetzt Zeit genug. Muß ich doch immer die Hälfte der Nacht aufbleiben. Kann dann wenigstens in Ruhe und fast ohne Störung schreiben. - Ich hoffe, daß ich nun nach Aufhebung der Sperre, bald Post bekomme. Mir geht es sonst noch immer gut, was ich auch von Euch allen hoffe. Gestern gab es bei uns Marketenderware. Jeder bekam ein Wasserglas voll Sherry- Brandy und ungefähr eben so viel Fruchtsaft. Den Fruchtsaft habe ich in eine Flasche getan und mir noch etwas zu geschnorrt damit sie voll wurde. Wenn ich das vorher gewußt hätte, daß ich noch einen Anteil Sherry bekommen würde, hätte ich ihn Dir auch geschickt. Ich hatte meinen aber schon probiert und fast alles getrunken, als ich den anderen bekam. Er schmeckte mir sehr gut, habe ihn dann weil es sich doch nicht mehr lohnte (zum wegschicken) mit dem Urlauber (W. Krützfeldt) ausgetrunken. Ich war direkt ein bißchen aufgeräumt. Haben uns so allerhand aus vergangenen Zeiten erzählt. Meine Wache habe ich aber trotzdem wie es der Dienst verlangt versehen. War nur heute morgen ziemlich müde. Habe mich deshalb auch nach meiner Morgenwache (4- 6 Uhr) noch einige Stunden hingelegt. So und jetzt will ich schließen. Der Urlauber ist zur Komp. und wenn er wieder kommt muß ich auf Posten ziehen.

Also mein Lieber Buttje! nochmals zu Deinem Geburtstag alles Gute. In Gedanken werde ich bei dir sein. Halte Dich also gesund

und munter und sei Du sowie Willy und Harry recht vielmals gegrüßt und geküßt von Deinem Willy und Eurem Papa.
N.B. Den Film kannst du ja zu Gehlsen bringen vielleicht bekommst Du da ja irgend etwas für mich.

Liebe Eltern und Geschwister!

Will Euch auch noch ein paar Zeilen schreiben. Habe schon lange nichts mehr von Euch Allen gehört. Liegt aber wohl weniger an Euch. Wenn es nicht gerade Sturm ist, der die Schiffe zurück hält, sind es die U - Boote, die sich hier ab und zu mal sehen lassen. Aber wenn es weiter nichts ist, kann man schon zufrieden sein. Hier ist es trotzdem noch immer ruhig. Die Überfahrt ist jetzt auch schon ein bißchen gewagter als früher. Werde auch lieber damit warten, bis alles ein Ende hat. Kann ja eigentlich nicht mehr lange dauern. Ob wohl überhaupt noch etwas in der Heimat stehen wird, wenn wir wieder nach Hause kommen. Berlin und Bremen muß ja auch wieder bös gelitten haben. Ich bin direkt beruhigt, daß in Hamburg nicht mehr viel zum kaputt schmeißen steht. So traurig wie es ist. aber es ist doch eine Beruhigung. Man war sonst immer in Sorge und Angst um Euch. So meine Lieben alles Gute und ein frohes Weihnachtsfest wünscht Euch Euer Sohn, Bruder und Schwager Willy. An Minnas Mutter, Frieda, Emil und Harro auch einen schönen Gruß.

Anmerkung:
schnorren: etwas organisieren, schmarotzern

38) Im Süd-Osten, 04. Dezember 1943

Mein lieber Buttje!

Habe schon 5 Tage nicht mehr geschrieben. War für 4 Tage zu einem Kursus nach dem anderen Teil der Insel. Es ging alles so schnell, wie alles so plötzlich kommt beim Barras. Habe dadurch nicht mal Schreibpapier mit gekriegt. Gestern abend bin ich hier wieder gelandet. War froh als ich wieder in meiner Behausung war. Erstens weil ich ziemlich fertig war. Ich bin nämlich fast den ganzen Weg zu Fuß gegangen. Das letzte Stück habe ich noch ein Auto erwischt. Einige Blasen habe ich mir auch wieder gelaufen. Und zweitens war ich froh, weil es mir da doch zu dreckig war. Einen Kameraden mit dem ich damals in Urlaub gefahren bin, habe ich da auch getroffen. Der hat auch mehr Glück ge habt, als ich. Er hat gleich von Hamburg aus ans Regiment wegen Nachurlaub geschrieben und als er seine 10 Tage rum hatte und schon in Wien war, war da Bescheid bekommen, daß ihm noch 10 Tage Nachurlaub beteiligt sind. Hat natürlich kehrt gemacht und wieder zu seiner Frau gefahren. Den Tipp ans Regiment zu schreiben, haben sie ihm beim Wehrkommando beim Hauptbahnhof gegeben. Hätten sie mir nicht auch den Bescheid geben können? Aber was nütz das jetzt alles, es läßt jetzt sich ja doch nicht ändern. Wenn man das aber hört, ärgert man sich doch immer wieder. Bin ich doch so ziemlich der einzige der damit kein Glück gehabt hat. Wenn wenigstens in den paar Tagen alles geregelt worden wäre, ging es auch noch, aber das ist ja nicht mal der Fall. Sonst hast Du mir wie Du richtig sagst „viel Freude gegeben" in der kurzen Zeit. Aber wie gesagt, die Zeit des Beisammenseins kann nie lang genug werden. Geht es doch nur alles von unserem Leben ab. Hoffen wir, daß das Ende des Krieges nicht mehr so lange auf sich warten läßt.

Ein Gedicht von dieser schönen einsamen Insel habe ich mir auch abgeschrieben. Fand es direkt des Abschreibens wert. Es betitelt sich: Lemnos Hymne. Vielleicht gefällt es Dir ja auch. Über die Bezeichnung des verlängerten Rückgrads wirst du wohl nicht erröten. Also es lautet:

1) Wo die Wogen der Ägäis glätschern leis
   wo die Sonne brennt entsetzlich heiß.
   Dort im Lande Helas, da stehen wir im Feld
   auf Soldatendeutsch heißt das der Arsch der Welt.

2) Wo Chinin und Alibrin der Landser frißt
   weil er sonst ein Opfer der Malaria ist
   wo man sich mit Impfstoff und Tabletten quält
   ist für den Soldaten nur der Arsch der Welt.

3) Wo das Öltransportgerät erfunden wurd
   wo vor Langeweile man auf Urlaub hurrt
   wo man für den Wehrsold einen Dreck erhält dort, Ihr körmt mir ja glauben, ist der Arsch der Welt.

4) Wo Gefechtsbereitschaft und Alarm man übt
   wo für Öl und Seife jeder Landser schiebt
   wo die Mädchen stur auf Stolz gestellt
   dort ist höchstwahrscheinlich noch der Arsch der Welt.

5) Wo's mehr Sonderfuhrer als Soldaten gibt
   wo der Muli auf dem letzten Loche piept
   wo's uns schon seit langem garnicht mehr gefällt
   dort ist geografisch genau der Arsch der Welt.

Wenn es auch alles ein bißchen roh zusammen gezimmert ist, so trifft doch alles genau zu. - Also das nebenbei. Als ich wieder von dem Lehrgang zurück kam lagen schon verschiedene Briefe von Dir vor. Abends spät und heute mittag bekam ich auch noch einen Brief von Marta und Emi Rhiem war auch Post dabei. Von Dir waren es Nr. 17 vom 10.11. Nr. 18 vom 12.11. Nr. 19 vom 15.11. Nr. 20 vom 16.11. und Nr.22 vom 22.11. Habe bis jetzt alle Deine Briefe bis auf Nr. 21 erhalten. Wenn ich Dich richtig verstanden habe, ist der ins Paket gekommen. „Das Reich" kam heute auch an. Für all die lieben Briefen meinen besten Dank. Das Zigarettenpapier ist auch übergekommen, das in den Briefen war. Sind im ganzen 12 Stück. Meine Löhnung habe ich heute fast ganz ausgegeben. Habe mir dafür Zigaretten gekauft. Das Zigarettenpapier werde ich mir noch aufsparen, bis ich dafür günstig einkaufen kann. Den Wert verliert es ja nicht. - Das mit den Zulassungsmarken ist mir ein Rätsel. Weiß ich doch ganz genau, daß ich sie im Brief gelegt habe. Es könnte höchstens sein, daß der Brief geöffnet und sie dabei verloren gegangen sind. 4 sind aber noch unterwegs, für die Monate November und Dezember. Wenn sie nicht mehr zur rechten Zeit ankommen, macht es ja nichts, denn gebrauchen kannst Du sie ja immer noch. Wegen der Schiffssperre sind sie so spät weggekommen. Kuchen und Kekse hättest Du mir aber nicht zu schicken brauchen. Daß du es gut gemeint und mit Liebe zubereitet glaube ich, aber nötig ist es doch nicht. Ihr knappt es Euch doch nur ab. Ich bekomme hier immer noch genug zum futtern. So viel bekommt Ihr bestimmt nicht. - Was hat der Urlauber denn nun gefragt? Werde es ihn wohl ersetzen müssen. Böse bin ich Dir darum aber nicht. - Wozu der Tabak nicht gut ist, nicht wahr? Hättest doch wohl sonst so leicht kein Talg dafür bekommen. - Augenblicklich ist es wieder ruhiges Wetter. Heute mittag war es warm wie im Mai, Juni. Nur Nachts ist es jetzt immer ziemlich kalt. In Deinem Brief vom 16.11. schreibst Du, ich sollte das Päckchen schicken lieber lassen wenn es mit soviel Schwierigkeiten verknüpft ist. Ich weiß allerdings nicht, von welchen Schwierigkeiten ich Dir geschrieben habe. Werde Deinen Rat aber nicht befolgen, so gerne ich es sonst tue. Denn so lange mir die Möglichkeit gegeben, werde ich schicken. Brauchst auch keine Bange zu haben, ich schicke Dir Zigaretten wenn ich welche über habe. Ich rauche selbst sehr viel. Ich hätte den Urlauber Walter Krützfeldt gerne welche für Dich mitgegeben, war aber selbst knapp damit. Werde aber, wenn ich welche über habe an Dich denken. - Wegen unserer früheren Wohnung mach Dir man weiter keine Gedanken, denn es läßt sich ja doch nichts ändern. Ich bin aber sonst ganz zuversichtlich. Die Hauptsache ist ja, daß ich erstmal wieder bei Dir bin. Das andere kommt alles von alleine. Eine Wohnung und Möbel werden wir auch dann noch bekommen. Und warum sollten wir es nicht wieder so bekommen. Bin darum nicht bange. Die Hauptsache ist ja, daß wir alles gut überstehen. Zu Deinem Brief habe ich sehr gefreut. Bin Dir auch für die wenigen Stunden, die wir für uns hatten dankbar. - Hast Du meinen Brief der Dich angeht schon erhalten? Bin direkt auf Deine Antwort darauf gespannt. Will auch auf Deinem Brief vom 16.11. nicht näher eingehen. Habe dasselbe Thema ja schon immer im erwähnten Brief behandelt. Von wegen der inneren Bindung. Ich glaube doch, daß Du aus allem schlau geworden bist - So und jetzt zu Deinem Brief vom 22.11. Nr. 22. Wann ist Langenmark denn bei Dir gewesen und was hat er eigentlich gefragt? Ich denke doch, daß Du mit Deiner Überredungskunst und den nötigen Augenaufschlag ihn wieder versöhnt hast. - Deine Briefe habe ich alle, wie ich schon erwähnt habe, erhalten. Dein Paket habe ich noch nicht erhalten, glaube aber nicht, daß es verloren gegangen ist, denn die Pakete kommen so schnell nicht über. Da gehen doch allerhand Wochen über hin, bis sie hier sind. - Die Pakete von S. wirst Du jetzt wohl auch erhalten. Der Anfang ist ja schon gemacht. Also hoffen wir, daß die anderen auch ankommen werden. Wirst sie zu Weihnachten schon gebrauchen können. Hast Du das Öl von Langmark eigentlich erhalten? Und wie schmeckt es

Euch denn überhaupt? Hast mir bis jetzt noch garnichts davon geschrieben. Ich glaube aber, daß Ihr es gebrauchen könnt - Aus den Paketen, die Du abgeschickt hast, bin ich nicht schlau geworden. Mache Dir doch von den Briefen und Paketen eine Liste. Kannst dann nie dadurch hinkommen. Die letzten Pakete und Päckchen habe ich auch numeriert. Ist für Dich und mich eine bessere Kontrolle. - Und sonst bin ich auch Deiner Meinung meinetwegen könnten die Festtage auch vorbei sein. Wenn ich da auch nicht viel auf gebe, so ist man doch gerade die Tage mit den Gedanken noch mehr als sonst daheim. Sind einem die Tage schon vom Kind auf gewisse Freudentage gewesen. Ich hätte zu den Festtagen gerne etwas für die Jungens beigesteuert, ist mir aber leider nicht möglich gewesen. Wird für die Beiden diesmal ein flauer Weihnachten werden. Und für Dich natürlich auch. Ich glaube aber, daß Willy und Harry groß und vernünftig genug sind um ein zu sehen, daß es auch mal ohne Geschenke gehen muß. Die Hauptsache ist ja, daß sie immer noch genug zu essen haben. Wir waren damals im Weltkriege noch schlechter dran, denn mit dem Essen war es doch noch flauer. - Diesen Brief habe ich unterbrechen müssen, mußte auf Wache und danach bin ich ins Kino gegangen. Lange bin ich aber nicht dagewesen, hatte den Film schon mal gesehen. Es war „Komödianten" mit Henny Jahn. Einmal genügte vollauf für mich. Beim ersten Mal hatte mir die Jahn es schon angetan. So gut wie sie vielleicht früher mal gewesen sein mag, aber die Hauptrolle als Neuberin war sie doch nicht die richtige Schauspielerin. Als Marlitt und Courths - Mahler Figur lasse ich mir sie noch gefallen, wäre für mich aber auch nichts. Idee und Sinn des Films ist sonst garnicht mal schlecht. Also habe ich mir etwas davon angesehen und habe mich dann aus dem Staube gemacht. Viel Zeit zum Schreiben hatte ich aber dann nicht mehr. Denn ich mußte danach wieder auf Wache ziehen und ein paar Stunden schlafen. Die See war die letzte Nacht so ruhig und hell war es auch. Hatten Mondschein. Einen Begleiter hatte ich auf meinem Rundgang auch. Und zwar einen kleinen Hund. Ist mit mir die ganze Strecke abgelaufen. Einmal war er sich mit einem anderen Hund nicht ganz im Klaren. Machte Anstalten, als ob er ihn fressen wollte. Machte einen Radau, daß es weit zu hören war. Dabei konnte er den Hund gewiß nichts anhaben, war der doch ihn schon körperlich überlegen. Fühlte sich aber wohl so stark, weil ich dabei war. Als ich an den Hund vorbeiging rührte er sich überhaupt nicht, guckte mich nur von der Seite an. Als ich dann eine Bewegung auf ihn zu machte, kniff er aus. Der Kleine natürlich mit Hallo hinterher. Kam dann stolz wie ein Gockelhahn auf mich zu. Wollte er mir doch zeigen, was er doch für ein tüchtiger Kerl ist. Ja, so hat man auch des Nachts wo man außer Katzen und Hunden nichts begegnet, seine kleinen Erlebnisse. Der kleine Hund würde Dich auch gefallen, er ist allerliebst. - Das Wetter ist heute auch wieder schön warm. Klarer blauer Himmel. Könnten die Menschen nicht auch so friedlich sein, wie die Natur augenblicklich ist. - Wir schreiben heute den 5.12. Ist heute Sonntag. Muß in 45 Minuten auf Wache ziehen, und bis dahin will ich mit dem Brief fertig sein. das letzte Stück macht mir doch Schwierigkeiten. So allmählich geht mir auch die Puste aus. - Du hast doch schnell wieder zu Deiner alten gewohnten Schrift zurückgefunden. Ist doch nicht so einfach, nicht wahr? Daß Du das Paket mit Rosinen bekommen hast und auch Deinen Beifall gefunden, freut mich. Genau weiß ich es nicht mehr ob zwischen den anderen Paketen von S. noch eins mit Rosinen zwischen ist. Glaube es aber. Hatte es mir notiert, den Zettel aber wohl verloren.

So mein lieber Buttje. Ich möchte jetzt doch Schluß machen. Es wird für mich allmählich Zeit. Halte Dich also gesund und munter und sei Du sowie Willy und Harry recht herzlichst gegrüßt und geküßt von Deinem Willy und Eurem Papa. An meine Eltern, Marta, Hans,

Dora, Paul sowie Deine Mutter, Emil, Frieda und Harro viele Grüße. Auch an Onkel Ernst, Tante Marie, Emil Kahns, Trude und Hilde sowie Rudolf Nerlich. An Marta und Erni Riehm will ich heute auch noch schreiben. Und wenn ich in der Woche Zeit habe auch an Willy und Harry.

Anmerkung:
Barras: Militär
Neuberin: dt. Schauspielerin und Leiterin einer Theatergruppe im 18. Jh
Marlitt: dt. Schriftstellerin im19. Jh.
Courths- Mahler: Schriftstellerin, im 19. / 20 Jh., über 200 Romane
Aus dem Staube machen :weg laufen, schnell entfernen
kniff aus: ängstliches schnelles weglaufen

39) Im Süd-Osten, 06. Dezember 1943

Mein lieber Buttje!

Deinen Brief von 17. Nov. Nr.21, der schon auf die Verlustliste geschrieben, habe ich heute erhalten. Meinen besten Dank. Daß Du den größten Teil der von S. abgeschickten Päckchen erhalten hast, freut mich besonders. Es sind dann noch 3 große Pakete mit Feigen unterwegs. 1 davon war für meine Mutter bestimmt. Das Paket mit den Rosinen hast Du ja schon Erhalten. Ist also alles bis auf die Feigen soweit angekommen. Die Feigen brauchst Du aber nicht als verlustig zu betrachten. Die großen Pakete dauern doch immer etwas länger. Das die Strümpfe Deinen Beifall gefunden haben, freut mich. Hatte ich doch schon Angst, daß ich sie zu groß oder zu klein gekauft hatte. Du schreibst von Paketen mit Seife, ich weiß tatsächlich nicht mehr, wieviel Stücke es waren. Auch habe ich auf meinem Zettel nur 1 Päckchen stehen. Habe am 26.10. auch ein

Stück Seife geschickt. Kann mir aber nicht denken, daß es schon dabei war. Sind die Päckchen alle von 16. Oktober? Ich rate Dir auch etwas von dem guten Tabak zu behalten. Kannst Dir zur Not mal welche drehen, wenn Du mal wieder ganz knapp bist. - Es stehen noch folgende Pakete aus, vom 26.10. m. Seife, 11.11. Kilo Paket, was da drin ist, weiß ich nicht mehr. 18.11. 5 Päckchen mit Linsen, 22.11. (Nr. 1)1 Kg-Paket (Nr. 2) Päckchen mit Bohnen. Für Marta ein Päckchen mit Rosinen und für Deine Brüder Hans und Fiede sowie für Emil Kahns und Nerlich je ein Päckchen mit Blätter-Tabak. Von denselben habe ich Andreas und Hinni auch etwas geschickt. Das Paket an Langmark wirst Du wohl erhalten haben. Daß er bei Dir war, hast Du geschrieben aber nicht, daß er etwas abgegeben hat. Der andere Urlauber Walter Krützfeldt hat auch noch ein Paket vielmehr 2. Die er in der nächsten Zeit wohl bei Dir abgeben wird. Die Zigarettenblättchen sind auch alle übergekommen. Eben habe ich für 7 Buch Zigarettenpapier 1 Kg Feigen gekauft. Vielleicht mache ich die Päckchen heute noch fertig. Sonst morgen. Für Marta und Paul werde ich wohl auch noch ein Paket schicken und zwar mit Schnaps. Der landesübliche Uso. Ein ganz gefährliches Kraut. So ganz ohne Wasser ist er garnicht zu genießen. So lange man im Raum ist, geht es noch aber wenn man an die frische Lufl kommt, ist es meistens passiert. Auf der Herfahrt habe ich einmal auch einen ziemlichen Rausch gehabt. Seitdem trinke ich ihn soviel wie garnicht.

So mein lieber Buttje! für heute erstmal genug. Muß gleich wieder raus. Halte Dich also gesund und munter und sei recht herzlich gegrüßt und geküßt von Deinem Willy. An Willy und Harry auch Gruß und Kuß. Herzliche Grüße auch an meine Eltern, Marta, Paul, Hans + Dora. Einen Brief von meiner Mutter habe ich heute auch erhalten.

40) Im Süd-Osten, 07. Dezember 1943

Mein lieber Buttjel

Heute bekam ich Deinen Brief vom 24.11. (Nr. 24). Wenn die Nr. stimmt fehlt mir noch Nr.23. Sonst sind alle übergekommen. 5 kleine Päckchen mit Feigen habe ich heute auch abgeschickt. Die Feigen sind nicht so gut wie die vorherigen. Diese sind im Sack gewesen, wogegen die anderen in der Sonne getrocknet sind. Schlecht sind diese auch nicht. Sie sind nur nicht so sauber. Mußt sie ordentlich in Wasser abspülen, - Eine kleine Flasche Schnaps habe ich heute auch bekommen. Mir fehlt nur noch ein Korken dazu. Hätte sie sonst schon mit weggeschickt. Werde in den nächsten Tagen wohl noch eine kleine Flasche zu bekommen. Kann dann wenigstens an meinen Vater und an Marta und Paul eine schicken. Das eine Päckchen habe ich schon zusammen genäht. Für das andere muß ich mir noch erst Pappe organisieren. Der Schnaps ist ziemlich scharf. Die Griechen verdünnen ihn mit Wasser. Wird dann ganz milchig aussehen und hat Anisgeschmack. Er haut aber trotzdem ganz schön hin. Unverdünnt ist er aber auch zu genießen. Nur muß man sich dann vorsehen. - Heute kann auch der Unteroffizier, dem ich in S. die Blättchen geliehen hatte, aus dem Urlaub zurück. Er hat mir ¼ Kg von dem guten Tabak, 100 Zigaretten und 20 Blättchen mitgebracht. Hat also doch sein Wort gehalten. Ganz gut abgeschnitten habe ich dabei auch. Kostet doch der Tabak jetzt schon 50 - 60000 Dr. und 100 Zigaretten fast das Gleiche. Die Mark steht augenblicklich noch 1 : 3600 Dr. Den ganzen Tabak werde ich nicht schicken. Etwas werde ich für mich hier behalten. Werde etwas mit dem Schnaps zusammen einpacken. Zigaretten werde ich in den nächsten Tagen auch schicken. Bis die bei Dir sind, wirst du wohl wieder knapp damit sein. - Mir geht es sonst noch immer gut. Nur bin ich augenblicklich sehr müde. Wirst es wohl auch schon am

Schreiben bemerkt haben. - Was hat Emmy sich denn wieder abgekniffen. Ob es das ist, was Andreas mir in einem seiner Briefe schon angedeutet hat. Nicht genug, daß sie auf ihre Kinder soviel wie garnichts gibt, macht sie so auch noch dauernd....Sie scheint nicht für einen Pfennig Überlegung zu haben, denn sonst würde sie Andreas nicht auch noch das Leben schwer machen. Wie soll das bloß noch mal werden, wenn sie älter wird. Daß Andreas das die ganzen Jahre aus gehalten hat, ist mir schon immer ein Rätsel gewesen. - Mit der Bombardierung der Städte muß es ja schlimm sein. Es fahren von hier jetzt außer den Hamburgern auch Bombengeschädigte anderer Städte in Urlaub. Nach den Berichten muß es da ja beinahe eben so schlimm wie in Hamburg aussehen. Wo soll das bloß noch hinführen. - Mit der Verschickung der Kinder bin ich mit Dir einer Meinung. Vielleicht ist es bei Euch noch sicherer als sonst irgendwo. - Von Hnnii habe ich heute vom 18.11. auch Post bekommen. Er fragt an ob ich genug zu rauchen habe. Wollte mir sonst etwas schicken. Er wird wohl Augen machen wenn er von mir das Päckchen Tabak bekommt. So wie er mir schreibt wird er in den nächsten Tagen wieder an die Front zurück kommen. Ob er nun als Sani bleibt weiß er noch nicht,, hofft es aber. Einigermaßen ruhig soll es da aber noch sein. Er schreibt mir auch, daß er sich sehr zu dem Paket, das von Dir und meinen Eltern kam, gefreut hat. Hoffentlich hat Hinni auch weiterhin Glück. Es wäre ja schön wenn er rausgezogen würde. Wie ist es denn überhaupt mit seinem Urlaub? Müßt doch eigentlich fällig sein. - Ich freue mich auch, daß Du und die beiden Jungs wenigstens etwas Zeug durch Anna Jung bekommen habt. Hoffentlich geht es mit der Schadensaufstellung und dem Vorschuß auch klar. - Den kombinierten Brief von Willy, Harry meiner Mutter und Marta habe ich heute auch erhalten. Willemann hat sich dabei sehr angestrengt und auch sehr gut geschrieben. Hat es sich wohl doch zu Herzen genommen, was ich ihm vor kurzem geschrieben habe. Harry dagegen hat darauf los geschmiert als hätte er überhaupt noch gar kein Unterricht in Schreiben gehabt. Ich will aber hoffen, daß es damit noch besser wird.

So mein lieber Buttje! Jetzt möchte ich doch schließen. Möchte auch gerne noch ein bißchen schlafen. Möchte diesen Brief fertig haben, falls morgen Post weg geht. Es ist jetzt schon fast eine Woche ruhiges Wetter. Man hat aber immer Angst, daß es umschlagen könnte, und die Post dann nicht weg kommt.- Ich wünsche Dir angenehme Träume die auch so bald wie möglich in Erfüllung gehen mögen. Sei Du sowie Willy und Harry recht vielmals gegrüßt und geküßt von Deinem Willy und Eurem Papa. An meine Eltern, Marta, Hans, Dora, Paul sowie Deine Mutter, Emil Frieda und Harro auch einen schönen Gruß.

NB. Vor einer ganzen Zeit habe ich schon mal nachgefragt um eine mich sehr interessierende Sache, bis jetzt aber immer noch nicht davon zuhören gekriegt, Vielleicht denkst Du mal daran. (Vorderseite) Die Päckchen habe ich außen mit 1 - 5 numeriert. Die Nr. haben aber nichts zu sagen. Maßgebend sind die Nr. die im Päckchen beiliegen.

Anmerkung:
Sani: Sanitäter.

41) Im Süd Osten, 08. Dezember 1943

Mein lieber Buttje!

Ich hatte erst die Absicht Dir ein kleines Päckchen mi Zigaretten zu schicken. Habe es mir aber überlegt. Die Päckchen sind doch zu lange unterwegs und im Brief kann man die Zigaretten ja auch schicken. Im Paket das der Urlauber Walter Krützfeldt mit nahm konnte ich leider keine beilegen. Wenn Du auch erst 100 Stck. bekommen hast, so glaube ich doch, daß sie bis zu Deinem Geburtstage schon auf die Neige gegangen sind. Hast dann wenigstens einige zu rauchen. Vielleicht gebe ich heute auch das Paket mit dem Schnaps. Werde es an meinem Vater schicken. Wird dann wohl erst im nächsten Jahr ankommen. Aber das macht ja nichts. Zu trinken ist er dann auch noch. Bis auf die letzten 5 kleinen Päckchen mit Feigen habe ich noch nichts wieder abgeschickt. Will erst mal sehen, daß ich die kleinen Gummischuhe günstig absetze. Habe ein paar schöne Schuhe gesehen (mit Holzsohle), sind mir so eigentlich zu teuer. Vielleicht kann ich die Gummischuhe ja mit in Zahlung geben. Die Schuhe sind sauber gearbeitet, kosten aber 250 000 Dr.. Das sind ungefähr 60 Buch Zigarettenpapier. Na, wollen mal sehen, was sich machen läßt. - Rosinen sind augenblicklich fast gar- nicht zu haben. Scheinen von den Geschäftsleuten fest gehalten zu werden. - Das Wetter geht augenblicklich noch. Letzte Nacht ist zwar etwas Wind aufgekommen, hat aber noch nicht viel zu sagen. Hoffen wir daß es nicht schlimmer wird. Wie ist das Wetter bei Euch denn jetzt? Hat es schon geschneit? Deine Steilschrift hast Du ja auch schnell wieder aufgegeben. Man fällt doch immer wieder in die angewohnte man kann auch sagen in die angeborene Schrift zurück, nicht wahr? Du wirst wohl schon bemerkt haben, daß ich an diesem Brief ziemlich herumstottere. Aber das ist mal so, manchmal weiß man tatsächlich nicht was man schreiben soll. - Obwohl ich diese Woche allerhand Post bekommen habe, warte ich doch schon wieder auf welche. Es wird dir wohl genau so gehen. So mein lieber Buttje! Ich wünsche Dir zu Deinem Geburtstage nochmals alles Gute und es küßt Dich vielmals Dein Willy. An Willy und Harry sowie meine Eltern, Marta, Hans und Dora, Paul, Deine Mutter. Emil, Frieda, Harro, Hans u. Alwine, Fiede und Johanna und Kinder auch einen schönen Gruß. Gleichfalls auch an Emil Kahns, Trude, Hilde sowie Rudolf Nerlich.

Im Süd -Osten, 10. Dezember 1943

Mein lieber Buttje!

Gestern sind 5 Päckchen mit Feigen und 4 Päckchen mit Rosinen von hier abgegangen. die für dich bestimmt sind. Für Marta habe ich auch 1 Päckchen mit Rosinen und 2 Päckchen mit gutem Tabak zurecht gemacht. Für Deine Mutter und Frieda auch je ein Päckchen mit Rosinen und für meinen Vater ein Kilo- Paket mit einer kleinen Flasche Schnaps. Zur Ausfüllung des leeren Raumes hab ich Papier genommen. In einigen Papierknäuel habe ich etwas Tabak getan. Müßt das Papier schon mal durchsehen. Außer Deinen Päckchen sind aber noch keine mit weg gekommen. Habe nicht ganz mehr schaffen können. Ob heute ein Schiff geht ist noch fraglich. Scheint wieder mal eine Schiffssperre zu sein. Die Rosinen werden bestimmt Euren Beifall finden, sind extra prima. Sind aber augenblicklich ziemlich knapp. Habe nur ein Ocker davon bekommen. Ich hätte Deiner Mutter, Frieda und Marta gerne etwas mehr geschickt, glaube aber, daß sie sich auch zu der kleinen Kostprobe freuen werden. Vielleicht gibt es ja bald mal wieder etwas mehr davon, werde dann an sie denken. Den Tabak habe ich an Marta geschickt, damit sie für Paul etwas hat. Martas Päckchen habe ich alle nach der Methfesselstraße addressiert. Bei Euch ist doch immer jemand im Haus wogegen Marta öfter nicht im Hause ist. Sie braucht dann wenigstens nicht hinter die Päckchen her laufen. Für die 2 ½ Pfd. Rosinen habe ich 10 Buch Zigarettenpapier bezahlt. Doch ein ganz guter Tausch, nicht wahr? Denke doch, daß

Du derselben Meinung bist. Es wäre ja ganz schön gewesen, wenn die andren Päckchen auch mit weggekommen wären. Wären vielleicht zu Weihnachten noch mit angekommen. - Das Wetter ist die ganze Woche schon herrlich. Sind aber nur, während der Zeit 2 Schiffe angekommen und abgegangen auch nicht viel mehr. Hoffentlich hält die Sperre nicht allzu lange an. - Im vorigen Brief habe ich Zigaretten für Dich mit beigelegt. Werde in diesem auch welche reinlegen. Bekommst sie so wenigstens etwas schneller.

So mein lieber Buttje und jetzt möchte ich schließen. Habe noch einen Brief an den Urlauber zu schreiben. Viel Zeit hab ich augenblicklich auch nicht. Werde Dir in den nächsten Tagen aber wieder einen etwas längeren Brief schreiben. Halte Dich also weiterhin gesund und munter und sei Du sowie Willy und Harry recht vielmals gegrüßt und geküßt von Deinem Willy und Eurem Papa.

An meine Eltern, Marta, Hans, Dora, Paul sowie Deine Mutter, Emil, Frieda, Harro, Fide und Johanna, Hans und Alwine, Onkel Ernst und Tante Marie auch einen schönen Gruß.

Im Süd-Osten, 12. Dezember 1943

Mein lieber Buttje!

Wir haben schon wieder ein paar Tage Schiffssperre. Hoffentlich wird sie bald wieder aufgehoben. Damit wieder Post für Dich und auch für mich kommt. Einige Päckchen und Pakete habe ich auch aufgegeben. Habe Dir im vorigen Brief auch schon davon geschrieben. Für Marta habe ich etwas Tabak abgeschickt. Hat sie dann doch auch mal etwas für Paul. Diesen Brief wirst Du wohl doch nicht mehr bis zum Eintreffen von dem Urlauber Walter Krützfeldt erhalten. Er hätte mir aus S. von einigen Sachen die Du ihn (wenn Du etwas bekommen hast) mitgegeben, Tabak

mitbringen können. Hier ist Tabak fast garnicht zu haben. In S. gibt es z.B. für 30 Buch Zigarettenpapier 2 ½ Pfd. Tabak. Ist eine ordentliche Wucht. Es ist guter Feinschnitt. Auch könntest Du oder Frieda versuchen einen Film bei Gehlsen zu bekommen. Hätte gerne ein paar Aufnahmen von Land und Leute gehabt. Mein Zigarettenpapier ist inzwischen auch schon wieder zur Neige gegangen. Habe dafür aber allerhand eingekauft. Es wäre ganz schön, wenn Du da noch immer etwas bekommen könntest. Das Bild von Richard Heinitz habe ich noch nicht bekommen. Habe ihn gestern getroffen, war beim Bäcker zum Torte anrühren. Habe garnicht gewußt, daß er Bäcker vom Beruf ist. Er hat mich zum Torte essen nach seinem Stützpunkt eingeladen. Konnte aber leider nicht hinkommen. Denn jetzt während der Schiffssperre habe ich nicht soviel Zeit. Auch liegt der Stützpunkt zu weit von uns entfernt.- Gestern hatten wir hier recht ungemütliches stürmisches Wetter. Geregnet hat es auch. Heute ist aber wieder herrliches Wetter. Im Kino war ich gestern auch. Es gab den Film „Sonntagskinder". War soweit ich gesehen, ganz nett. Habe den Schluß nicht gesehen. Bin wieder mal eingeschlafen. Müde bin ich eigentlich immer. Das kommt daher, weil man nie die Nacht durchschläft. Ich könnte am Tage auch schlafen, nehme mir die Zeit aber nicht. Ich habe immer etwas zu tun. - Einige Zigaretten lege ich wieder bei.
So mein Buttje halte Dich gesund und munter und sei du sowie Willy und Harry recht herzlich gegrüßt und geküßt von Deinem Willy und Eurem Papa.
Herzliche Grüße auch an meine Eltern, Marta, Hans, Dora sowie Deine Mutter, Emil, Frieda und Harro.

Im Süd-Osten, 12. Dezember 1943

Lieber Willy und Harry!

Euren gemeinsamen Brief habe ich erhalten, wozu ich mich sehr gefreut habe. Ich hätte mich aber noch mehr gefreut, wenn Du Harry diesen Brief auch in Reinschrift geschrieben hättest. So schwer ist es doch nicht ein paar Zeilen ordentlich zu schreiben. Ich denke aber, daß Du dich das nächste Mal befleißigen wirst und mir einen gut lesbaren Brief schreibst. - Was war denn das für ein Stück, das Ihr im Kino gesehen habt? Bin da garnicht recht aus schlau geworden. Ist es ein Film von den Diesel-Motoren? Zu Weihnachten kann ich Euch leider nichts schicken. Es gibt hier außer Lebensmittel soviel wie garnichts. 2 Sendungen mit Feigen und eine mit Rosinen sind unterwegs. Werdet wohl wenn Ihr artig seid, von Eurer Mutti welche davon abbekommen. Müßt da schon mit zufrieden sein. Die Hauptsache ist ja auch, daß Ihr zu essen habt. Spielsachen körmt Ihr Euch doch schon selbst anfertigen. Groß genug seid Ihr doch schon. Handwerkzeug hast Du, Harry ja schon etwas. Also kann es ja los gehen. - Was macht denn Eure Trümmerhöhle? Wühlt Ihr da noch immer in rum? Oder betragt Ihr Euch schon gesitteter? Haltet Ihr die Schreibstunde noch inne, oder seid Ihr da noch garnicht mit angefangen? - Ich hoffe doch, daß Ihr es macht, ist es doch nur zu Eurem Vorteil. In 2 und 3 Jahren seid Ihr soweit, daß Ihr einen Beruf ergreifen müßt und dann wird es Euch zu gute kommen. Lesen, schreiben und rechnen wird man immer gebrauchen können. Also beherzigt es und setzt Euch am Tage 1 oder 2 Stunden hin und versucht Euer Wissen zu bereichern. Und dann noch eins, seid nicht so frech zu Erwachsenen, Eure Mutti und Eure Großeltern gehören auch dazu. Ihr solltet es eigentlich auch schon so wissen. Darum will ich auch nicht näher darauf eingehen. - Mir geht es noch gut. Stehe immer noch am Meer Posten. In 2 Stunden muß ich bei uns in der Nähe, vom Kastell die Fahne runterholen. Die Krappelei wäre so richtig etwas für Euch gewesen. Hättet in der alten Ruine schön rumstrolchen können. Wäre hier überhaupt ein schönes

Betätigungsfeld für Euch. - So nun will ich schließen. Werde Euch, wenn ich etwas mehr Zeit habe, wieder mal schreiben. Zu Weihnachten und zum neuen Jahr wünsche ich Euch alles gute. Seid also recht herzlich gegrüßt und geküßt von Eurem Papa. Grüßt Eure Mutti, Oma, Opa, Tante Marta, Onkel Hans und Tante Dora sowie Tante Frieda, Oma, Onkel Emil, Tante Frieda und Eurem Vetter Harro schön von mir.

44) Im Süd-Osten, 14. Dezember 1943

Mein lieber Buttje!

Deine letzte Post habe ich am 7. Dezember erhalten. Seitdem ist noch kein Schiff wieder angekommen. Die Sperre war inzwischen schon mal aufgehoben, hat aber nur ein Tag gedauert. Wie erzählt wird, sollen gleich wieder einige Schiffe und auch Menschen untergegangen sein. Ob von uns auch Post mit verloren gegangen ist, weiß ich nicht. Hoffentlich dauert die Sperre nicht so lange. - In den Briefen mit den Nr. 41, 42 und 43 habe ich jedesmal 16-18 Zigaretten mit beigelegt. Hoffe doch, daß sie ankommen werden. Die Briefe 42 und 43 hatte ich vergessen zu nummerieren, die Nr. aber nachträglich auf den Umschlag angebracht. Auch das letzte Paket, das ich für Dich zurecht gemacht habe, hat keine Nr. bekommen. Habe es in meiner Liste als Paket Nr. 12 eingetragen. Es ist ein Kilo-Paket mit Feigen. Zwei kleine Päckchen für Dora habe ich auch aufgegeben. Es enthält Rosinen und Mandeln. - Zum Einhandeln habe ich außer der kleinen Gummischuhe nichts mehr. An den Gummischuhen wollen sie nicht so recht ran. Werde sie so lange behalten, bis ich sie günstig verkaufen kann. Die 50 Buch Zigarettenpapier, die ich nach meinem Urlaub ausgeliehen hatte, habe ich, wie ich Dir auch schon mitteilte, wieder bekommen. Und zwar habe ich 2 ½ Pfd. guten Tabak (Feinschnitt), 100 Zigaretten und 20 Blättchen dafür wieder gekriegt. - Hätte ich doch bloß den Urlauber W. Krützfeldt gesagt, (Wenn er von Dir etwas zum umtauschen bekommt), daß er für mich von S. Tabak mitbringt. Hier gibt es den Tabak garnicht und wenn ungeheuer teuer. Für 20 Blättchen 2 14 Pfd. ist doch noch sehr billig. - Meine Schuhe, die ich mir erst gekauft, hätte ich man auch mitnehmen sollen. Würde dafür hier gut einkaufen können. Die Schuhe sind mir doch etwas zu eng und andere werde ich später immer bekommen. Dieser Brief kommt doch zu spät, sonst hättest Du den Urlauber sie mitgeben können. Vielleicht hätte ich für dich Willy und Harry dafür Schuhzeug oder sonst etwas Brauchbares einhandeln können. Das ist doch im Augenblick wichtiger. Meine stehen im Augenblick doch nur rum und warten auf den Besitzer. Mit meinen erst gekauften Anzug verhält es sich genau so. Tragen werde ich ihn doch wohl nicht können. Muß später mal sehen ob ich ihn nicht gegen einen anderen umtauschen kann. Vielleicht biete Dir die Gelegenheit ja jetzt schon mal. Muß also die nächste Nr. sein. Der Anzug hat glaube ich die Nr. 46, muß dann also 48 sein. - Mir geht es sonst noch immer gut, was ich auch von Euch Allen hoffe. Ein Tag läuft hier wie der andere. Nur das Wetter ist nicht immer gleich. Gestern und heute ist es ungemütlich und auch etwas kalt. Man kann direkt einen Mantel vertragen. Wenn es auch nicht so kalt wie bei Euch ist, so macht es sich doch mehr bemerkbar, weil der Witterungsumschwung ein so plötzlicher ist. Ist es doch einmal so warm wie bei Euch im Mai, Juni und dann wieder wie im Herbst. Zu ertragen ist es aber. Ist es doch lange so kalt wie bei Euch im Winter. - Den Brief habe ich nicht mehr fertig gekriegt. Wir schreiben heute schon den 15. Dezember. Heute morgen früh ist endlich mal wieder ein Schiff angekommen. Post ist auch mit gekommen. Wird aber wohl erst zu Mittag ausgeteilt. Hoffe doch, daß etwas für mich dabei ist. Der Urlauber Langmark wird wohl auch in den nächsten Tagen hier ankommen. Hoffentlich hat er eine gute Überfahrt. In einer Hinsicht freue ich mich, daß ich die Überfahrt hinter mir habe. - Von Hinni und Andreas habe ich auch noch keine Post erhalten. Habe an Hinni gestern öfters gedacht. Wie er wohl seinen Urlaub verlebt hat? Ist Marie schon wieder in Hamburg? Mit den Schuhen habe ich es mir doch anders überlegt. Können doch leicht unterwegs verloren gehen. Und andere Tauschmittel, wie Zigarettenpapier usw. haben ja nicht einen so großen wert. Kann man immer leichter verschmerzen. - Seit langer Zeit habe ich mir mal wieder ein Buch vorgenommen. Es ist das Buch von Hermann Löns „Der Wehrwolf'. Habe es vor einigen Jahren schon mal gelesen. Kommt mir so vor, als hätte ich es überhaupt noch nicht gelesen. Es ist sehr gut geschrieben. Habe gleich als ich das Buch bekam an das „Braune Buch" gedacht. Habe es nicht mal zu lesen gekriegt. Dann und wann denkt man doch an die schönen Sachen, die man verloren hat. - Hast Du eigentlich schon mal Frau Heiden nach Ernst seiner Anschrift gefragt? Denke doch mal daran. Hätte gern mal von ihm gehört. So mein lieber Buttje! für heute will ich jetzt schließen. Halte dich gesund und munter und sei Du sowie Willy und Harry recht vielmals gegrüßt und geküßt von Deinem Willy und Eurem Papa. An meine Eltern, Marta, Hans, Dora, Paul sowie deine Mutter, Emil, Frieda und Harro auch einen schönen Gruß. An Willy und Harry habe ich auch einen Brief geschrieben. Hätte den Beiden zu Weihnachten gerne etwas geschickt, habe aber nichts auftreiben können. Werden wohl so vernünftig sein und es begreifen.

Im Süd-Osten, 17. Dezember 1943

Mein lieber Buttje, Willy und Harry!

Post ist immer noch nicht gekommen. Du wirst gewiß auch schon lange darauf warten. Augenblicklich ist es direkt ungemütlich. Kalter Ostwind. So stark ist er aber garnicht mal. Auf See wird er aber wohl stärker sein, denn sonst würden die Schiffe ja fahren. Mir geht es aber immer noch gut. Eines Tages wird die Post auch schon wieder eintrudeln. Werde dann wohl garnicht genug Zeit zum Lesen derselben überhaben.

So mein lieber Buttje, Willy und Harry zum neuen Jahr wünsche ich Euch alles Gute, Möge auch das nächste Jahr uns alle wieder für immer vereint sehen. Herzliche Grüße und Küsse von Deinem Willy und Eurem Papa

Im Süd-Osten, 18. Dezember 1943

Mein lieber Buttje!

Der Wind weht immer noch aus dem Osten. Infolgedessen auch noch keine Post bekommen. So wie es augenblicklich aussieht werden wir uns noch etwas gedulden müssen. Denn nach einem Witterungsumschlag sieht es nicht aus. Es schreibt sich doch besser, wenn man laufend Post erhält. Denn so ins Blaue zu schreiben ist nicht jedermanns Sache. - Ich habe eben mein Mittagessen verdrückt. Alle anderen, bis auf die Posten machen ein Nickerchen. Ich habe es vorgezogen schnell ein paar Zeilen an dich zu schreiben. Denn Du wartest doch genau so auf Post wie ich. - Das Wetter ist heute am Tage wieder prima. In der Sonne ist es herrlich. Aber wenn die Sonne weg geht ist es auch gleich wieder ungemütlich kalt. Das macht zur Hauptsache der Wind. Der Wind, der Wind und nochmals der Wind. Ist hier an allen Schuld. Aber das wird mit der

Zeit auch vorüber gehen. Es wird hier gemunkelt, daß in Zukunft die Post mit Flugzeugen transportiert werden soll. Ob es zutrifft entzieht sich meiner Kenntnis. Es gehen immer allerhand Scheißhausparolen um. Meistens sind es fromme Wünsche. Zu verachten wäre es nicht, würde die Post doch schneller überkommen. - Wie die Zeit doch bloß läuft, nächste Woche haben wir schon Weihnachten. Und das Jahr ist auch bald wieder rum. Zu den Feiertagen soll es für jeden einen Kloben und Torte geben. Einige Hammel werden wohl auch daran glauben müssen. Gestern ist hier ein kleines Schiff mit Tannenbäumen angekommen. Haben heute für uns auch einen gekriegt. Wenn nun noch Post kommen würde, könnte man beinahe zufrieden sein. In Gedanken werde ich natürlich auf Deinem Geburtstag und auch zu den Feiertagen bei Euch sein. Daß Ihr mit Euren Gedanken auch bei uns, die wir nicht bei Euch sein können, seid, weiß ich. Wir wollen nur hoffen und wünschen, das uns das nächste Jahr den langersehnten Frieden bringen möge. Damit wir alle recht bald unserer friedlichen Arbeit nachgehen können und unser Leben leben können. Ich hoffe, daß es Euch noch allen gut geht. Von mir kann ich es noch sagen. - Gestern habe ich auch allerhand Karten zum Jahreswechsel geschrieben. Neujahrskarten hatte ich dazu nicht. Habe Geburtstagskarten dazu benutzt. Im 5. Kriegsjahr wird sich da wohl keiner an stoßen. So mein lieber Buttje für heute erst mal genug. Bekommst wenn Deine ganze Post eintrudelt wieder eine dicken Brief. Halte Dich gesund und sei Du sowie Willy und Harry recht vielmals gegrüßt und geküßt von Deinem Willy und Eurem Papa. An meine Eltern, Marta, Hans, Dora, Paul sowie deine Mutter, Emil, Frieda und Harro auch einen schönen Gruß,

47) Im Süd-Osten, 20. Dezember 1943

Mein lieber Buttje!

Deinen Brief sollst Du haben obwohl es mir schwer fällt. So bei kleinen weiß man nämlich bald nicht mehr was man schreiben soll. Post ist immer noch nicht angekommen. Ob es vor Weihnachten noch etwas wird, bezweifle ich nun doch. Sind es doch nur wenige Tage bis dahin. Das Wetter hat sich noch nicht viel geändert. Der Wind hat allerdings etwas nachgelassen aber kalt ist es noch immer. Die letzten Tage haben wir herrliches Wetter. Morgens und eben über Mittag weg ist es in der Sonne auszuhalten. Aber um 2 Uhr wird es schon wieder frisch. Komisch ist es, es ist hier nicht so kalt wie bei Euch und trotzdem friert man hier. Ob die Seeluft das macht? Es scheint beinahe so. Habe eben rausgeguckt. Am Horizont ist ein Schiff zu sehen. Scheint aber nicht in unseren Hafen reinzulaufen. Na, das macht nichts, die Hauptsache ist ja, daß er Post mitbringt. Gestern haben wir auch schon ein vorbeifahren sehen. Ist auch nach den anderen Hafen gefahren. Wenn da Post mitgekommen ist, müßte morgen oder übermorgen welche ausgeteilt werden. Wenn die Schiffe von S. sind, werden sie bestimmt Post mitgebracht haben. Na, warten wir ab. Ich hoffe und wünsche, daß Du den heutigen Tag, Deinen Geburtstag, so gut wie möglich verbringst. Wenn der Urlauber Walter Krützfeldt noch da ist, wird er Dir von mir eine kleine Aufmerksamkeit übergeben. Ich denke doch, daß die wenigen Sachen Dir Freude bereiten. Ich hätte gerne ein nettes Stück für Dich selbst gekauft aber hier ist schlecht was zu bekommen und dann fehlt mir auch noch das nötige Pulver. Augenblicklich bin ich überhaupt ziemlich knapp mit Geld (Drachmen). Die Blättchen habe ich schon umgesetzt, die Du mir geschickt hast (mit den Briefen). Diesen Monat werde ich höchstwahrscheinlich keinen Blätter-Tabak schicken. Wollte ihn gegen andere Sachen umtauschen. Glaube auch, daß mein Vater und Paul für eine Zeit noch versorgt sind. Denn der hält doch für eine ziemliche Zeit vor. - Ich hoffe, daß es Dir, den beiden Jungens sowie meinen Eltern und Geschwister noch gut geht. Von mir kann ich es jedenfalls sagen. So mein lieber Buttje! Für heute erst mal genug. Wenn es auch nicht viel ist, so ist es doch ein Lebenszeichen von mir. Ich hoffe auch, daß Du meine Post immer schnell bekommst. Damit Du nicht so lange zu warten brauchst. In Sorge brauchst du auch nicht sein, denn es ist hier noch ruhig. Halte Dich also weiterhin gesund und sei Du sowie Willy + Harry recht vielmals gegrüßt und geküßt von Deinem Willy und Eurem Papa. An meine Eltern, Marta, Hans, Dora, Paul sowie Deine Mutter Emil, Frieda und Harro auch herzliche Grüße.

48) Im Süd-Osten, 22. Dezember 1943

Mein lieber Buttje!

Du wirst schon lange auf Post warten. Aber wenn Du diesen Brief und auch alle anderen Briefe, die ich in letzter Zeit geschrieben habe erhältst, hast Du ja erstmal ein Lebenszeichen von mir. Die letzten beiden Tage haben wir wieder schönes Wetter. Der Wind hat nach Süden abgedreht. Ist aber fast windstill. Wenn es auch mal mit, etwas regnet, so ist es doch nicht mehr so kalt wie vor einigen Tagen. Die Schiffe fahren aber immer noch nicht. Wird wohl auch noch einige Zeit dauern. Ist eine Sperre wegen U-Bootgefahr. Dauert jetzt schon bald 14 Tage. Es wird wohl wieder so hinkommen, daß, wenn die Sperre zu Ende ist, der Sturm wieder da ist. Letztes Mal war es nämlich so. Na, wollen hoffen, daß es nicht mehr so lange dauert. - Sonst geht es mir aber immer noch gut. Hoffe dasselbe auch von Euch Allen. In der letzten Zeit bin ich auch wieder mit dem Lesen angefangen. Als erstes habe ich das Buch Wehrwolf von Löns gelesen. Danach auch noch einige Abenteuerromane - Päckchen habe ich noch nicht wieder aufgegeben, bin mit Geld und Tauschmittel knapp. Wie hast du Deinen Geburtstag denn verbracht? Hast du viel Besuch gehabt? Und ist der Urlauber auch dagewesen? Auf sein Erscheinen hier, warte ich natürlich jetzt schon. Auch auf Langmark. Bringt er mir doch Nachrichten, die von Euch direkt kommen. Aber bis die Beiden hier sind, wird es wohl noch lange dauern.- Gestern war Richard Heinitz auch bei mir auf paar Minuten. Das Bild hat er aber immer noch nicht mitgebracht. Er wollte zur Bäckerei zum Tortebacken und danach noch mal zu mir kommen. Eine Kostprobe wollte er mir mitbringen. Hat mich aber schmälichst im Stich gelassen. Zu der Zeit hat es gerade ganz anständig geregnet. Ist wohl deshalb nicht mehr gekommen. Habt Ihr Beide Euch schon mal in letzter Zeit wieder geschrieben? Ich meine Du und Frau Heinitz. - Du hast wohl schon gemerkt, daß mir das Schreiben schwer fallt. Man weiß bald auch nicht mehr, was man schreiben soll, wenn man solange keine Post bekommen hat. So mein lieber Buttje! Ich muß jetzt auch sowieso schließen, muß gleich auf Posten gehen. Halte dich also gesund und munter und sei Du sowie Willy und Harry recht herzlich gegrüßt und geküßt von Deinem Willy und Eurem Papa. An meine Eltern und Geschwister sowie Dora und Paul sowie Deine Muttetr, Emil, Frieda und Harro auch eine schönen Gruß.

49) Im Süd-Osten, 25. Dezember 1943

Mein lieber Buttje!

1 Tag vor Heiligen Abend habe ich Dein Paket mit Kuchen, Kekse und Packpapier erhalten. Habe mich dazu sehr gefreut. Es war alles

noch in gutem Zustand. Der Kuchen wie immer, extra prima. Die eine Seite von dem Kuchen war etwas eingedrückt. Hat wohl etwas Schweres auf dem Paket gelegen. Geschmeckt hat es darum aber doch. Mit dem Paket bekam ich nur einen Brief und der war noch nicht mal von Dir. War von dem Urlauber W. Krützfeldt. Hatte ihn von Wien geschrieben. Gestern nachmittag bekam ich aber noch mal Post. Es war ein Brief von dir und zwar der vom 4.12. (Nr. 27) und das kleine Päckchen mit Rasierklingen und Str.. Ein paar Zeitungen habe ich auch erhalten. Das Reich, Kicker und 2 Illustrierte. 1 davon mit etwas Packpapier. Einige Briefe von Dir fehlen mir noch. Nr. 23, 25 und 26 habe ich noch nicht. Es werden aber wohl noch mehr fehlen. Die Post liegt alle noch fest. Die Schiffe sind noch nicht übergekommen. Werden wohl auch nicht so schnell kommen. Einige Post ist durch ein Marinefahrzeug abgeholt worden, dabei war auch das große Paket. Die Schiffe liegen alle in der Bucht, von der ich bei meiner Überfahrt geschrieben habe. Ob das Wetter nun gut oder schlecht ist, hat augenblicklich nichts zu sagen. Die Schiffe kommen darum doch nicht Es ist nämlich schon eine Zeit Schiffssperre wegen U-Bootgefahr. Die letzte Post ist schon mit einem Flugzeug gekommen. Meinetwegen kann sie weiter damit befördert werden. Ist es doch sicherer und kommt sie auch noch schneller hier an. Wie es nun mit der anderen Post wird, weiß ich nicht. Es ist aber möglich, daß sie von da wieder abgeholt wird und dann per Flugzeug befördert wird. Es wird die ganze Weihnachtspost sein. Langmark liegt auch da. Ein Urlauber der mit ihm zusammen da gelegen und mit dem Marine-Boot gekommen ist, erzählte es mir. Er wäre sonst bei normalen Schiffsverkehr gerade zu Weihnachten hier gewesen.- Das Päckchen mit Rosinen war doch im Kilo-Paket, nicht wahr? Ich weiß es nicht so genau. Habe es mir wohl aufgeschrieben aber nicht bei geschrieben, was es enthält. Neuerdings notier ich mir den Inhalt und nummeriere sie auch. Man kommt dann nicht so durchhin. - In den nächsten Tagen werde ich auch ein Paket mit Mandeln fertig machen. Wir haben zu Weihnachten 5 Pfd. davon bekommen. Werden ja noch, wenn ich sie aufknacke ziemlich zusammen schmelzen. Aber 2 – 2 ½ Pfd. werden wohl doch dabei rauskommen. Den Heiligen Abend habe ich glücklich hinter mir. Er war wie jeder andere Tag. Nur an der Verpflegung merkte man, daß es ein besonderer Tag war. Beklagen können wir uns nicht. Haben wir doch allerlei bekommen. Für jeden gab es einen Klöben von 2 Pfd., ein Stück Torte, ein Stück Schokolade, bis jetzt 2 Rollen Drops und über 100 Zigaretten. Wenn es auch zum größten Teil restliche Verpflegungs-Zigaretten waren, so hatten wir doch erstmal wieder Zigaretten. Meine waren auch schon auf die Neige gegangen. Habe mich aber gut längst geholfen. Durch den Tabak den ich noch hatte. Wir bekommen jetzt den Tag 6 Zigaretten, sonst gab es 3. - Abends gab es auch ein prima Essen. Unser Komp.- Chef war auch eine kurze Zeit bei uns und hat uns mit ein paar Geschenken bedacht. Wir haben ein Tischtuch, eine Flasche Schnaps und ein gutes Buch bekommen. Sonst ging es mir aber genau so wie bei uns zu Haus nach der Bescherung. Bin nach dem Essen am Tisch eingeschlafen. Nur konnte ich leider nicht so lange schlafen weil ich auf Posten mußte. Heute haben wir wieder ein ganz wunderschönes Wetter. Ich hätte ganz gern eine kleine Wanderung gemacht. Die Zeit langt aber nicht dazu. Wir haben jetzt während der U-Boot-Gefahr nur immer 4 Stunden frei. Und während der Zeit hat man auch noch immer was zu tun. In den Genuß der 4 freien Stunden kommt man garnicht. - Post wirst Du wohl inzwischen wohl auch erhalten haben. - Die Vollmacht werde ich ausstellen und Dir zuschicken. Selbst überbringen kann ich sie leider nicht. Die Hoffnung auf Urlaub will ich dir aber nicht nehmen. Wenn auch noch nichts raus ist, so wird doch allerlei erzählt. Und etwas ist immer dran. Es soll danach ab Februar mit unserem Urlaub los gehen. Wir wollen jedenfalls hoffen, daß es auch was wird. Ich würde sonst schon gerne auf den Urlaub verzichten, wenn ich in Kürze für ganz nach Hause fahren könnte. - Und warum sollten wir nicht mal wieder einen Walzer zusammen tanzen können. Über das Wann kann man allerdings schlecht etwas sagen. Na, lassen wir uns überraschen. Wie habt Ihr denn den Heiligen Abend verlebt. Wohl ziemlich ruhig, nicht wahr? War Paul auf Urlaub, oder ist Marta bei Ihm gewesen? - Sonst geht es mir aber genau so wie dir. Wenn ich Musik höre, werde ich auch leicht melancholisch. Schon wenn ich mal im Kino sitze empfinde ich es besonders. Und bei den leichten Filmen ist doch eigentlich garnicht solche Musik, die an die Nieren geht. Ein Buch lenkt doch mehr ab. Schon wieder mal einer Meinung. Es scheint so, daß sich unsere Gedanken und Ansichten mit der Zeit doch noch auf einen Nenner bringen lassen. Na, das wäre ja auch gelacht. Eine innere Verständigung kann es ja auch erst dann geben, wenn keine Geheimnisse die Gedanken trüben. Sollte es da noch Unstimmigkeiten geben, so ist immer noch Zeit, das zu beheben. Hast Du meinen Brief, der sich 8 Seiten lang mit der „inneren Verständigung" beschäftigt, schon erhalten. Auf deine Antwort bin ich direkt gespannt. - Gestern am Heiligen abend hatten wir auch sogar einen Tannenbaum. Die Versetzung der Zweige und die Ausschmückung habe ich übernommen. Er sah, ohne groß anzugeben, ganz gut aus. Zu essen gab es am Heiligen Abend Kartoffeln, Gemüse und Rolladen und als Nachtisch Mandarinen in Zucker. Mittags hatten wir eine kräftige Fleischsuppe. Heute gab es Kartoffeln, Soße und Hammelbraten. Vorweg eine Suppe. Für jeden einen Liter Wein gab es auch und gestern sogar Bier. Es ist doch allerhand gemacht worden, um uns den Abend zu verschönen. Ich hoffe, daß Ihr Alle für das leibliche Wohl auch genug gehabt habt. - Not tat es auch nicht, daß Du mir den Kuchen geschickt hast. Ihr hättet ihn doch gewiß gebrauchen können. Ich möchte nicht, daß Ihr meinetwegen darauf verzichtet. Wie du aus meinen Aufzeichnungen siehst, bekomme ich doch genug. Ich glaube auch nicht, daß Euer Verpflegungssatz mit unserem zu vergleichen ist. Sind die letzten 3 Pakete aus S. auch schon angekommen? Ich hoffe es stark. Und die Sachen, die der Urlauber Dir an Deinem Geburtstag überreicht hat, waren die auch noch alle heil. Hatte wegen der Dose Oel Angst, habe sie darum auch in starker Pappe eingenäht. Wenn man immer einen Urlauber zum Überbringen der Pakete hätte, wäre es ganz schön. Würdest Du doch die Pakete immer schnell haben und das Wichtigste, sie würden auch ankommen. Die letzten haben ja etwas länger gedauert, aber das war so vorgesehen. Solltest Du es doch zu Deinem Geburtstag haben. Ich hoffe, daß es alles zu Deiner Zufriedenheit ausgefallen ist. Im nächsten Brief werde ich Dir auch wieder einige Zigaretten beilegen. Hast Du die 3 Briefe mit den Zigaretten schon bekommen? Habe den Brief doch nicht mehr fertig gekriegt. Gestern schrieb ich noch, daß wohl fürs erste keine Schiffe ankommen werden. Und nun ist heute morgen doch eins eingelaufen und das nächste ist in Sicht. Das Zweite soll Post an Bord haben. Hoffentlich ist für mich auch etwas dabei. Die Vollmacht habe ich schon ausgeschrieben. Muß nur noch den Stempel haben. Etwas anders habe ich sie aufgesetzt. Wäre es nicht richtiger gewesen, ich hätte gleich eine ausgeschrieben, die Du für alles gebrauchen kannst. Also ohne den Beisatz: Fliegerangriff, Sachschaden usw.. So mein lieber Buttje halte dich so wie Willy die beiden Jungs gesund und munter und seid recht vielmals gegrüßt und geküßt von Deinem Willy und Eurem Papa. An meine Eltern, Marta, Hans, Dora, Paul, Deine Mutter, Emil, Frieda und Harro auch eine schönen Gruß.

50) Im Süd-Osten, 27. Dezember 1943

Mein lieber Buttje!

Deinen Brief vom 28.November habe ich erhalten (Nr. 25). Meinen besten Dank. Daß die Pakete von S. nun alle übergekommen sind, freut mich. Auch daß sie Dir schmecken (die Feigen). Daß Du da gleich beigegangen bist, macht doch nichts, denn zum Essen sind sie doch da. Die Hauptsache ist doch, daß sie Dir schmecken. Eben habe ich auch ein Päckchen mit Mandeln für Dich zurecht gemacht. Für Hans + Dora und Frieda auch je eins. Ich habe wunder gedacht wieviel es werden, aber wenn die Schale weg ist, bleibt doch nicht viel übrig. - Was soll das denn, Du schreibst mir, daß Du ein Weihnachtspaket für mich abgeschickt hast. Das ist doch nicht nötig. Ich habe hier doch genug. Ihr knappt es Euch doch nur ab. - Die Weihnachtstage habe ich nun glücklich hinter mir. Sind genau so gelaufen, wie jeder andere Tag. So weihnachtlich war mir garnicht, obwohl für das leibliche Wohl gut gesorgt worden war. - Spielsachen sind hier auch nicht zu haben, sonst hätte ich für Willy und Harry schon mal etwas gekauft. Für die Kinder ist es ja nicht schön, so ganz ohne Geschenk zu Weihnachten. Aber man kann ja doch nichts daran ändern. Ich glaube auch, daß sie so vernünftig sind, und es einsehen. - Wenn im nächsten Jahr der Urlaub losgeht, kriege ich ihn genau so wie jeder andere. Der Sonderurlaub wird nicht angerechnet. Brauche also auch nicht länger zu warten. Daß ich darauf auch sehnsüchtig warte, kannst Du Dir wohl denken. Einen Vorwurf werde ich Dir nicht machen, weil Du so ungeduldig bist. Denn wirst Du es nicht, könntest Du auch nicht soviel für mich überhaben. Daß Dir die Ungewißheit zu schaffen macht, glaube ich. Brauchst aber nicht in Sorge zu sein, denn hier ist es noch immer ruhig. Das einzige Unruhige ist augenblicklich wieder mal das Wetter. Nachdem wir die Feiertage herrliches Sommerwetter hatten, bläst der Wind seit letzte Nacht wieder nur aus dem Osten. Habe schon gedacht, daß hier morgen oder übermorgen Langmark ankommt, aber wird wohl noch nichts draus. Die See ist doch zu unruhig. Einige Schiffe sind gestern und heute angekommen. Post haben sie aber nicht mitgebracht. Den Brief den ich heute bekam wird wohl mit der Luftpost gekommen sein. Wäre ja schön, wenn sie immer damit befordert würde. Denn sicher ist es doch auf alle Fälle. Obwohl ich, bis auf einige Briefe, bis jetzt alles bekommen habe. Das Weihnachtspaket von Dir kann noch hier sein. Wird wohl noch einige Zeit dauern. Und Du hast ja bist jetzt ja eigentlich auch alles bekommen. Die Briefe und Päckchen, die noch ausstehen, wirst du wohl auch noch erhalten. Die Päckchen die ich von S. aufgegeben, sind ja auch eine ganze Zeit unterwegs gewesen. Freue mich jedenfalls daß sie alle übergekommen sind. Die Hauptsache ist ja auch, daß die Briefpost immer regelmäßig ankommt. Denn ein Brief ist doch immerhin wichtiger als ein Päckchen. Sieht man doch daraus ob noch alles wohlauf ist. - Kannst Du eigentlich immer aus meinem Geschreibe klug werden? Reinschrift ist es nämlich nicht. Daß Du schlecht schreibst finde ich nicht. Deine Schrift ist doch immer gleich gut. Was ich von meiner nicht behaupten kann. Bei Dir macht es doch viel aus, daß Du früher beruflich viel geschrieben hast. Denn gut schreiben ist doch zur Hauptsache Gewohnheit. - Kannst du nicht vielleicht ein Lehrbuch für mich besorgen. Es genügt wenn es ein von Langenscheidt vielmehr Trussant-Langenscheidt ist. Wenn Du kriegen kannst „Deutsch - Englisch" und „Deutsch - Griechisch". Wollte es schon immer mal schreiben, habe es aber immer wieder vergessen. Vielleicht glückt es ja. - Die Vollmacht ist bei der Komp. zum abstempeln werde sie Dir sofort zuschicken, wenn ich sie wieder bekomme. Wie ist es überhaupt mit der Schätzung geworden? Ist es schon festgesetzt wieviel wir bekommen? Und wann kannst du Geld abheben, doch wohl nur, wenn Du irgend etwas an Sachen in Aussicht hast, nicht wahr? Besteht überhaupt eine Möglichkeit mal ein Stück zu bekommen? - Ich werde dir auch mal wieder ein paar Zigaretten in diesem Brief beilegen. Ich wollte es eigentlich nicht eher, bis ich von Dir den Bescheid habe, daß Du die anderen bekommen hast. Will es aber trotzdem riskieren. Habe jetzt gerade paar über. Wird schon schief gehen. - Bist Du und Harry schon wieder aus Draht? Will es doch hoffen. Mir geht es jedenfalls noch gut. So und nun möchte ich bei kleinem schließen. Die Zeit geht doch zu schnell um. Habe den Brief gestern nicht mehr fertig gekriegt. Ich war so müde, daß ich es vorgezogen habe, schlafen zu gehen. Und jetzt muß ich schon gleich wieder auf Posten ziehen.

Also mein lieber Buttje ich wünsche Dir und Harry und Willy gute Gesundheit. Seid auch recht vielmals gegrüßt und geküßt von Deinem Willy und Eurem Papa. An meine Eltern, Marta, Hans, Dora, Paul sowie Deine Mutter, Emil, Frieda und Harro auch einen schönen Gruß. Gleichfalls an Familie Nerlich und Familie Kahns. Hast du nun schon mehr Post von mir bekommen? Ich denke doch, denn so allmählich muß die Post ja wieder eintrudeln.

(Zur Seite 1, Nr. 50) Das halbe Hundert ist voll. Wieviele werden es wohl noch werden. Wollte es wäre schon der Letzte.

Anmerkung:
Langenscheidt war damals der bekannteste Verlag, der Sprachführer (Bücher) druckte

51) Im Süd-Osten, 30. Dezember 1943

Mein lieber Buttje!

Du wirst wohl genau so auf Post warten, wie ich. Ist für mich immer noch keine angekommen. Habe zu Weihnachten 2 Briefe von dir bekommen und das große und kleine Päckchen. Die Briefe hatten die Nr. 25 und 27 und das große Paket hatte das Datum 10.12. Wirst Dich wohl verschrieben haben. Soll wohl der 10.11. sein. Denn in den Briefen vor dem 10. Dezember schreibst du schon von dem Paket - Langmark ist auch noch nicht hier. Walter Krützfeldt wird vielleicht noch eher eintreffen als Langmark, denn wahrscheinlich wird er mit dem Flugzeug transportiert. Gestern habe ich auch wieder einige Päckchen zu recht gemacht. Wir haben eine Nachzahlung bekommen und die habe ich gleich wieder umgesetzt. Wollte gerne Feigen oder Rosinen haben, sind aber ohne Tauschmittel nicht zu kriegen. Habe für mein Geld deshalb noch mal Mandeln genommen. Gebrauchen werdet ihr sie doch können. Dieses Mal habe ich für Dich, meine Mutter und Marta Päckchen zurecht gemacht. Abgegeben habe ich sie aber noch nicht. Werden augenblicklich keine angenommen. Durch die Schiffssperre hat sich die Post so angehäuft. Das Flugzeug wird es so schnell auch nicht alles schaffen können. Wenn ich von Dir mal wieder etwas zum Tauschen bekommen werde ich auch wieder Feigen und Rosinen schicken. Oder möchtest Du lieber Oel oder Seife? - Kannst du mir nicht mal eine Schreibfeder mitschicken? Wenn es geht eine By - oder Kugelspitzfeder. Meine schreibt schon so schlecht. Tinte schicken wird wohl schwer halten. Habe davon auch nichts mehr.- Die Vollmacht habe ich noch nicht wieder zurück, bekommst sie dann aber gleich zugeschickt. - Im letzten Brief habe ich Dir auch wieder einige Zigaretten beigelegt. Bin direkt gespannt ob Du sie alle erhalten wirst. Sind jetzt im Ganzen 4 Briefe mit Zigaretten. Na, wir wollen das Beste hoffen. - Sonst geht es mir noch gut. Hoffe Daß Du und Harry die Erkältung wieder los seid. Wünsche auch, daß Du meine ganze Post schnell bekommst, damit Du Dir nicht unnötig Gedanken meinetwegen machst. So und jetzt möchte ich schließen meine Zeit reicht nicht mehr für einen längeren Brief Halte Du Dich sowie Willy und Harry gesund und munter und seid recht vielmals gegrüßt und geküßt von Deinem Willy und Eurem Papa. An meine Eltern, Marta, Hans, Dora und Paul sowie an Deine Mutter, Emil, Frieda und Harro auch einen schönen Gruß.

52) Im Süd-Osten, den 01. Januar 1944

Mein lieber Buttje!

Gestern war bei uns im Hafen ein reger Betrieb. 17 oder 18 Schiffe sind hier angelaufen. Kamen ein nach dem anderen hier an. Mit einem der Schiffe kam Langmark auch. Ist gleich zu mir ins Wachtlokal reingekommen und hat mir das Paket überreicht. Er hatte noch einen Kameraden auch von unserer Komp. bei sich. Der war nicht recht auf`n Damm. Bin deshalb mit den Beiden zur Komp. gegangen und habe die Sachen mit hingeschafft. Als ich ihn so ganz ruhig die Geschichte mit der Seife erklären wollte, lächelte er und sagte bemühe Dich man nicht. Deine Frau hat es mir schon erzählt. Krumm hat er es jedenfalls nicht genommen. Er hat sich gefreut, daß er hier heil gelandet ist und mir das Paket auch übergeben konnte. Zu dem Paket habe ich mich sehr gefreut. Will in den nächsten Tagen mal sehen, was ich dafür einkaufen kann. Das Reich und die Illustrierten habe ich heute auch bekommen. Meine Kameraden sagten mir, als ich von der Wache rein kam, ich hätte den Vogel abgeschossen. Lag da für mich auch ein ganz schöner Stapel Post. 2 Briefe von dir vom 10. und 11.12. (Nr. 29 und 30), ein Brief von meinen Eltern mit Zigarettenpapier, ein Brief mit Schreibpapier von Hans und Alwine, je eine Karte von Willy und Harry und ein Paket von Emil und Frieda für mich angekommen. Habe mich natürlich zu allen riesig gefreut. - Dein erstes Paket und Päckchen habe ich zum heiligen Abend erhalten. Schreibe es noch mal, sollte noch ein

Brief verloren gehen, weiß Du dann wenigstens Bescheid. Damit Du auch noch richtig Deine Eintragung in die Liste machen kannst, gebe ich Dir das Datum auf. Das Paket hast Du am 11.11. abgeschickt. Den Brief Nr. 21 habe ich jetzt in doppelter Ausführung. Der Brief der im Paket lag, hatte auch die Nr. 21. Etwas Tinte war auch aus der Flasche gelaufen. Ist aber nichts beschädigt worden. Den Farbfilm „Das Bad auf der Tenne" habe ich auch schon gesehen. Hat mir auch ganz gut gefallen. Im Kino war ich schon lange nicht. Haben jetzt immer wenig Zeit. Lege mich lieber dafür schlafen. Durchschlafen kann ich Nachts sowie so nicht. Habe immer nur 4 Stunden frei bei 2 Stunden Wache. Wenn die Gefahr der U-Boote mal aufgehoben ist, haben wir am Tage mehr Zeit. Dann kann man den Schlaf am Tage mal nachholen. Sonst gefällt es mir hier ganz gut. Als ich mit den beiden Urlaubern zur Komp. war, bin ich auch noch für ein paar Minuten in der Kantine gewesen. War da ganz nett. Die Komp. hatte Silvesterfeier. Von Weihnachten und Sylvester habe ich außer der guten Verpflegung nichts gehabt. Muß nämlich nachmittags von 4-6 und dann von 10-12 und morgens wieder von 4-6 Uhr Wache stehen. Am Tage geht es dann mit 4 stündiger Unterbrechung weiter. Wirst wohl verstehen, daß ich da den Schlaf vorziehe. Mir macht es aber nichts aus, denn zum Feiern steht einem doch nicht der Sinn. Man müßte nur am Tage etwas mehr Zeit haben. Die Tage laufen mir wie im Fluge. Ich will auch mal sehen, was ich Frieda schicken kann. Sie hat mir ein so liebes Paket geschickt, daß ich da direkt nicht um hin komme. Sogar Zucker, em Artikel der besonders hoch im Kurs steht. Auch ein Stück Kuchen hat sie mir geschickt. Mir kommt es so vor, trotzdem ich weiß, daß sie es mir gerne geben, als ob sie sich direkt gezwungen fühlen mir etwas zu schicken, weil ich mal ein kleines Päckchen für sie geschickt habe. Das ist doch gewiß nicht nötig, denn über hat heute doch keiner etwas. Alwine hat mir

Schreibpapier geschickt. Ob das wohl eine Mahnung sein soll? Zigarettenpapier und 3 Buch habe ich auch noch gekriegt, weiß aber nicht von wem. Mir kommt es so vor als wäre es von Dir. Von meinen Eltern habe ich 6 Buch bekommen, das weiß ich genau, weil die alle mit einem Klebestreifen verbunden waren. Hast Du nun noch Schlittschuhe für Willy und Harry bekommen? Du scheinst ja von den Beiden zu Weihnachten allerhand bekommen haben. Sie haben mir es mitgeteilt. Erstauntes Gesicht habe ich nicht gemacht weil du zum beantworten meines 8 seitenlangen Briefes nachdenken muß. Kann ich mir solche Tiraden auch nicht immer aus dem Ärmel schütteln. Du hast schon recht, immer ist man nicht danach aufgelegt um solche Themen beantworten zu können. Der Brief ging mir aber glatt von der Hand. Ob die Beantwortung Deines Briefes genau so flott geht, weiß:ich noch nicht. Gestern habe ich von der Komp. 200 Zigaretten bekommen. Meine, die ich zu Weihnachten (100 Stck.) bekommen habe, waren auch schon wieder alle. Man qualmt doch allerhand weg. Hast Du die Zigaretten, die ich in den Brief (4) geschickt habe, schon gekriegt? Ich werde Dir in einen der nächsten Briefe wieder welche schicken. Bekommst sie dann etwas schneller. Die Briefpost geht auch immer regelmäßig ab. Mit den Päckchen ist es noch nicht der Fall. Du hast doch außer dem Oel noch anderes im Paket gehabt, welches Langmark Dir mitgebracht hat. Auch hast du mir bis jetzt noch nicht mitgeteilt, ob dir das Oel zu sagt. Das das Zigarettenpapier so knapp ist, ist ja nicht schön. Ist es doch ein schönes Tauschmittel. Zu den Großisten bei Janssen im Haus machst du wohl nicht hingehen. Vielleicht würdest Du da etwas mehr bekommen. Kann ja sein, daß er knapp mit Tabak ist (oder Zigaretten). Bestände dadurch vielleicht die Möglichkeit davon zu bekommen. Das einige Kähne untergegangen sind, war mir bekannt, aber nicht daß der Sohn von meinem Zigarettenhändler dabei war. Hat ja viel Glück gehabt. 8 Stunden im

Wasser ist doch keine Kleinigkeit. Wie froh er wohl gewesen ist, als er gerettet wurde. Hängt doch jeder am Leben. Hast du mal wieder etwas von Ernst Heiden gehört? Kannst du mir seine Anschrift nicht mal besorgen? Haben Nerlichs eine andere Wohnung oder wohnen sie noch bei der Heißluftmangel? Komme nur darauf, weil Du von da unsere alte Wohnung gesehen hast. D.h. wo sie mal gestanden hat. Nach meiner Liste fehlen Dir noch folgende Briefe von mir; Nr. 29, 30, 31, 33, 34, und 36. Vielliecht sind ja auch einge Briefe von Dir unterwegs, die daß Ankommen bestätigen. Die Zeitschriften, die ich von Dir bekam, sind „Das Reich „ Nr. 49, „ K— lle" Nr. 44 , „Hamburger Illustrierte" Nr. 46, 47 und 49. Du hast ja Deine Buchführung jetzt ganz groß aufgezogen. Für die Zeitschriften habe ich mir noch keine Liste zugelegt. Man hat doch so einen viel besseren Überblick nicht wahr? Brauchst auch keine Angst zu haben, daß ich später über gewisse Dinge Buch führen werde. Denn das würde doch zu weit gehen. Kommt es doch auch nicht auf die Zahl auf an, sondern auf die gute Ausfuhrung. Und das wird doch immer in Erinnerung bleiben. Sind das doch Erinnerungen, die nur uns angehen und dazu beitragen unser Verhältnis die richtige Harmonie zu geben. Daß Du nur Spaß gemeint hast weiß ich, sah mich aber gezwungen, da auch etwas zu sagen. Der Hund besucht uns auch noch immer. In unsere Behausung kommt er aber nicht rein. Scheint gut angelernt zu sein. Wir können ihn mit allen Möglichen locken, über die Türschwelle geht er aber nicht. Mitbringen kann ich den Hund aber nicht. Erstens hat er schon einen Herrn und zweitens ist er für mich schon zu alt. Wenn er jetzt auch noch nicht alt und gebrechlich ist (er tobt mit mir wie so'n Verrückter umher) so möchte ich für mich doch einen jungen Hund haben. Am liebsten einen der von der Mutter kommt. Man hat doch von so einen viel mehr. Über die Hundegeschichte können wir aber später noch mal sprechen. Haben möchte ich schon einen. Silvester hatten wir ein ganz prächtiges Essen. Es gab Kartoffeln, Soße, Salat, Fisch (gebraten) und Pudding. Auch gestern und heute war es wieder gut. Wie gut und wichtig es ist, kannst Du daraus sehen, daß ich mit Brot sogar im voraus bin. So mein lieber Buttje! Nun will ich Schluß machen. Will gleich damit anfangen. Deinen Brief vielmehr einen Teil desselben zu beantworten. Ob ich da heute noch mit fertig werde bezweifle ich, aber das macht ja nichts, hast ja erstmal an diesen zu studieren. Denke doch, daß Du alles entziffern kannst. Meine Schrift ist nicht besonders und die Tinte auch nicht mehr. Bin Dir aber doch dankbar, daß Du mir sie geschickt hast. Halte Dich also gesund und munter und sei recht herzlich gegrüßt und geküßt von Deinem Willy. An Willy und Harry auch Gruß und Kuß. In den nächsten Tagen werden sie auch von mir hören. Meinen Eltern, Marta, Hans und Dora, Paul sowie Deine Mutter, Emil, Frieda und Harro auch einen schönen Gruß.

Anmerkung:
Krumm nehmen: es ihm übel nehmen, nachtragend sein
nicht auf`n Damm: sich nicht wohl fühlen, krank sein
Tirade: hochtrabende Phrase
Großisten: Großhändler

53) Im Süd-Osten, 3. Januar 1944

Mein lieber Buttje!

Heute gab es wieder einmal Post. Für mich war auch etwas dabei. Von Dir 2 Briefe (Nr. 28 vom 6.12. und Nr. 28 vom 7.12.). Gleich zweimal die Nr. 28. So eine Buchführung hat es doch in sich. Oder hattest Du sie zu der Zeit noch nicht angelegt? Von Hinni und Andreas und von Marta und Paul auch eine Karte und einen Brief war mit dabei. Hinni sein Brief war vom 8.12. und Andreas sein vom

12.12.. Eine Karte von Paul und Marta war vom 16.12. und der Brief vom 7.12. Habe mich aber trotzdem zu allem gefreut. Deine Briefe waren wieder allerliebst ich meine natürlich den Inhalt. Müßte eigentlich heißen die Karten waren allerliebst und der Inhalt hat mir viel Freude bereitet. Mit der Beantwortung der „Probleme des Lebens" bin ich schon angefangen aber noch nicht zu Ende gekommen. Muß ich Dir doch erst Deine Briefe beantworten. Geht erst mal vor. Daß ich einen Witz gemacht habe, weiß ich nicht, ist aber möglich. Von wegen daß die Hühner Eier legen. Daß Du darüber gelacht hast, kann ich mir vorstellen. Nach meiner Liste fehlt Dir nur noch mein Brief vom 25.11. Nr. 36. Hast dann wohl alle bis auf Nr. 38 erhalten. Inzwischen wirst Du aber wohl schon mehr von mir bekommen haben. Durch die Schiffssperre und dadurch daß alle Schiffe lange festgelegen haben, ist direkt ein Durcheinander gekommen. Habe ich doch schon zu Weihnachten einen Brief neueren Datums bekommen. Mit der Zeit wird es aber wieder laufend gehen. Die Briefpost geht von hier regelmäßig per Flugzeug ab. Nur die Päckchen liegen noch hier. Wird da wohl auch noch eine Regelung getroffen werden. Daß Du keine ½ Pfd. - Pakete schicken kannst, habe ich so allmählich jetzt auch begriffen. Das Paket habe ich zu Weihnachten erhalten, was ich Dir auch schon geschrieben habe. Auch das von Langmaak habe ich bekommen für alles nochmals meinen besten Dank. - Wie hast du denn Deinen Geburtstag und Weihnachten verlebt? Haben sie Dir Deine Weihnachtsflasche mit austrinken geholfen? Paul schrieb mir nämlich daß sie versuchen wollten am 20.12. einen Schluck bei Dir zu erwischen.- Und Hans ist jetzt auch eingezogen. Habe davon garnichts gewußt. Geschrieben habe ich allerdings öfter, wie es mit ihm geworden ist. Aber bis jetzt noch keine Nachricht darauf erhalten. Paul hat sich auch wieder ein Ding abgekniffen. Hat sich für etwas (Rosinen) was er noch garnicht bekommen hat, jetzt schon bedankt. Die Flasche Schnaps habe ich immer noch nicht abgeschickt (für Paul und Marta). Kann dafür keine Flasche auftreiben. Hoffnung auf Post habe ich auch schon wieder. Es ist heute morgen schon wieder Post angekommen. So allmählich wird sie jetzt wohl überkommen. Ich hoffe, daß Du nicht so lange auf Post zu warten brauchst. Angenehm ist es nicht. Lese aber nochmal Deine Karten durch und stelle dabei fest, daß Du mir ganz energisch Bescheid getan hast von wegen der 100g Päckchen. Habe es jetzt aber zur Kenntnis genommen. Habe im stillen gelächelt. Kann ich mir doch lebhaft vorstellen wie Du durch meine Besserwisserei in Zorn gekommen bist. Oder ist es vielleicht nicht so gewesen. Daß Du nichts dafür kannst, daß es nicht mehr soviel Zigarettenpapier gibt ist doch klar. Bin Dir auch so dankbar. Hast Du doch versucht alle meine Wünsche zu erfüllen. Und so wenig sind es garnicht mal geworden. Werde in Zukunft auch nicht so viel schreiben, schick mir, schick mir, schick mir. Weiß ich doch daß Du wenn du etwas auftreiben kannst, es mir schickst. Brauchst nun nicht zu denken, daß ich etwa beleidigt bin. Konnte ich doch nicht wissen, daß die Zigarettenblättchen so knapp geworden sind. Denn mitgeteilt habe ich es vorige Woche bekommen. Der Zweck der Liste, soll nun nicht sein, damit ich später da Einsicht halte um zu sehen, ob Du auch genug geschickt hast. An so etwas habe ich bestimmt nicht gedacht. Weiß ich doch genau, daß Du mir jeden Wunsch erfüllst, wenn es in Deiner Macht steht. Und daß Du etwas für mich über hast, hast Du doch schon in ganz anderen Sachen bewiesen. Da bin ich doch erstmal dran um zu beweisen, daß ich genau so viel für Dich überhabe. Daß Du so leicht empfindlich bist, macht nichts, wirst es auch nicht ablegen können. Denn es ist doch ein Stück von Dir. Denn jeder Mensch hat doch seine Eigenarten. Sonst etwas anders wird es nachher doch werden, denn durch den Austausch unserer Gedanken, wirst auch Du mich besser verstehen können. Glaube ich doch, daß wir uns auch so nahe kommen werden, daß der eine den anderen genau versteht. Das finde ich auch, auch ohne Babys kann man sich der Liebe freuen. Es wäre für die beiden Jungens auch nicht schön, wenn jetzt nach langer Zeit nochmal was Kleines käme. Und für Dich jetzt auch nicht mehr. Das Wetter ist augenblicklich immer noch schön. Wäre ja ganz schön wenn es nicht mehr so kalt wird. Die Griechen erzählen aber, daß es im Januar und Februar kalt wird und auch Schnee gibt. Na wollen mal abwarten, so schlimm wird es wohl nicht werden. Sonst geht es mir auch immer noch gut. Ich hoffe dasselbe auch von Euch Allen. Ein kleines Päckchen werde ich auch in den nächsten Tagen zurecht machen. Habe für Willy und Harry je eine Rolle Drops und für Dich ein paar Zigaretten. Die Geburtstage von Emil und Hinni habe ich gewußt (Hattest Du mir die Daten doch alle mal aufgeschrieben), und auch eine Karte an beide geschrieben. So mein lieber Buttje und jetzt will ich schließen. Halte dich also weiter gesund und munter und sei du sowie Willy und Harry recht vielmals gegrüßt und geküßt von Deinem Willy und Eurem Papa. An meine Eltern, Marta und Paul, Hans und Dora sowie Deine Mutter, Emil, Frieda und Harro, auch einen schönen Gruß. Dein Wunsch alle 4 Wochen mich mal besuchen kommen wäre ja ganz schön, aber ist es leider nicht zu verwirklichen. Na, trösten wir uns. Einmal wird es auch mal ein Ende nehmen. Bis dahin küßt dich in Gedanken Dein Willy

54) Im Süd-Osten, den 03. Januar 1944

Mein lieber Buttje!

Heute bekommst Du wieder einmal einen Brief von mir, der für Dich allein bestimmt ist. Wenn die anderen Briefe auch nur für dich bestimmt sind, so muß man aber doch an sich halten, damit man nicht zu viel ausplaudert. Denn die Briefe kriegen meine Eltern und Geschwister doch auch mal zu sehen. Das Wetter ist heute mal wieder prima. Herrlicher Sonnenschein. Sitze hier am Fenster mit dem Blick aufs Meer. Habe eben gerade dem Spiel der Delphine zu gesehen. Ein ganzer Schwärm jumpte nur so übers Wasser. Werden wohl Jagd auf Makrelen gemacht haben. Es sind zierliche Burschen. Ungefähr einen Meter lang. Die Makrelen sind auch größer und dicker wie die, die wir bei uns zu sehen bekommen. Habe von den Makrelen schon etliche verspeist. Schmecken gebraten und gekocht extra prima. Soll doch allerhand heißen, wenn sie mir sogar schmecken, gebe ich doch sonst fast garnichts auf Fische. So das nur nebenbei. Habe es dir nur mitgeteilt, weil es Dich doch bestimmt auch interessiert. Die Beantwortung Deines Briefes v. 11.12. wird wohl nicht so leicht sein. Werde aber versuchen, es dir so verständlich wie möglich aufzuschreiben. Zu dem Brief selbst habe ich mich sehr gefreut. Die fragen die in unseren Briefen auftauchen, werden, das glaube ich bestimmt, viel zur Klärung beitragen. Ich werde da wohl nicht umhin kommen, auf die früheren Jahre zurückgreifen. Ein Armutszeugnis müßte ich mich natürlich ausstellen, wenn ich eine Vogelscheuche wie Du sie von der Hand gemalt hast, mein eigen nennen würde. Ein bißchen Geschmack habe ich mir aber immer schon zugetraut. Du warst jedenfalls für mich die Hübscheste und Beste für mich und bist es auch heute noch. Oder sehe ich danach aus, daß ich mir eine Vogelscheuche zur Frau genommen hätte. Ich glaube doch nicht, wenn ich an dir etwas auszusetzen hatte, so hat es einen anderen Grund gehabt. Der Umgang, die Jugend und auch wohl zur Hauptsache der Leichtsinn spielt wohl eine große Rolle. Eine Verständigung hätte doch sonst möglich sein müssen. Erinnerst Du Dich garnicht mehr an die ersten Jahre. Wie oft bin ich da in Zorn gewesen, wenn Du einen anderen angelächelt hast oder mit einen anderen tanztest. Oder glaubst du, daß ich eifersüchtig war, weil ich für dich nichts über hatte? Die Geschichte von Krupunder See hat mich genau so gewurmt wie Dir die, von der Du jetzt erst erfahren. Du hast es damals mit der Jugend entschuldigt. Ich stehe auf dem Standpunkt, daß es an der nötigen Verständigung gefehlt hat, weil wir noch zu jung waren. Es hätte aber anders kommen können, wenn wir damals gleich unser Heim für uns gehabt hätten. Auch wenn Du Dich mir öfter angeschlossen hättest. Denn einmal wäre es schon beinahe so weit gewesen. Und da war als Du mich vom Sportplatz abgeholt hast. Ich weiß nicht ob Du dich dessen noch erinnerst. Wir sind damals mit H. (?) noch zusammen im Kino gewesen und haben den Film „ Mata Hari" gesehen. Wir haben uns da doch noch gut vertragen auch nachher noch als wir im Hause waren. Ich weiß es alles noch so genau, als wäre es erst jetzt gewesen. Wenn ich daran denke, denke ich immer an Harry. Ich glaube auch, daß Harry da viel mit zu tun hat. Wenn es auch danach nicht anders mit uns wurde, lag es wohl wie ich schon sagte an unserer Unerfahrenheit und Jugend. Ich selbst habe mich damals sehr gefreut. Du hattest dich auch so nett zurecht gemacht. Hättest du es öfter gemacht vielleicht wäre uns vieles erspart geblieben. Vielleicht. Denn wer kann sagen, ob es dann nicht etwas anderes dazwischen gekommen wäre. Jedenfalls da eine mußt Du zugeben an allen trage ich die meiste Schuld. Ein eigenes Heim hätte alles eine andere Richtung gegeben, das steht fest. Denn Jugend muß schon für sich sein, um sich zu finden. Die Eltern oder Schwiegereltern mögen es noch so gut meinen, in Dingen die Mann und Frau angehen, können sie doch nicht mitreden. Da müssen beide alleine mit fertig werden. Daß es für dich augenblicklich auch nicht angenehm ist, weiß ich. Hätte auch lieber gesehen wir hätten unser Heim noch. Aber das läßt sich jetzt doch nicht ändern. Wird unser Verhältnis zu einander auch nicht mehr trüben. Im Irrtum bist Du aber, wenn Du etwa denkst, daß sich nach den 2 Jahren alles noch genau so abspielt hat. Wenn ich auch meistens spät vom Spiel nach Hause gekommen bin so war doch alles andere aus und vorbei. Ich will es ganz genau sagen es war schon im Sommer 34 alle damit. Mir selbst ist es über geworden. Wenn du damals zu der Zeit als wir unsere eigene Wohnung hatten, in mich hinein gesehen hättest, würde es ein leichtes gewesen sein mich von allen abzubringen. Mir hat es nur an Mut gefehlt. Und eines hat uns auch gefehlt, und das war die Reife. Man muß doch Erfahrung haben in allen Dingen und so auch in der Ehe. Denn Kennenlernen kann man sich doch nur im Laufe der Jahre wenn man gemeinsam Freud und Leid zusammen getragen hat. Und ich glaube, das haben wir auch jetzt schon. Vor allen Dingen hast Du es. Und ich glaube sagen zu können, ich kenne Dich. Denn du hast Dich bewährt. In guten Tagen, wenn alles seinen Gang geht und es im großem und ganzen nichts fehlt ist es leicht, sich zu behaupten. Das gute im Menschen wird man aber in schlechten Zeiten sehen. Es ist schon so wie Gorch Fock schreibt: „Als ich den alten Jochen Mewes mal besuchte, und wir klönten so allerhand von früher und seiner Familie, da fragte ich ihn, wann er denn seine Frau kennen gelernt hätte? Da sagte Jochen Mewes langsam und bedächtig; „Kennen gelernt? - Ja, sechs Jahre nach unserer Hochzeit, als unser Junge, der Klaus, in der Elbe ertrunken war, und sie hatten ihn noch nicht gefunden, und ich lag mit gebrochenem Bein, und konnte mich nicht rühren, da habe ich mein Gesehen richtig kennengelernt." Rudolf Kinau schreibt so ähnlich: „Und als ich Peter Berg und seine Frau mal traf und sie auch so ähnlich fragte, da sagten sie beide: „Wir sind noch nicht so weit, wir sind erst ein halbes Jahr zusammen - wir kennen uns noch nicht." Und standen doch beide Hand in Hand, in lauter Glück und strahlten sich an." Findest Du nicht auch, daß diese beiden Sachen ganz treffend sind. Möchte Dir noch etwas von Kinau aufschreiben. Er schreibt es alles so leicht und verständlich. Er schildert hier Mann und Frau nach dem ersten Liebestaumel. Wie sie nicht wissen, was sie mit einander anfangen sollen. Ich schrieb Dir in meinem letzten Brief der dieses Thema behandelte schon, daß es keine körperliche Harmonie ohne geistige Verständigung gibt. Und jetzt habe ich ein kleines Büchlein von Kinau gelesen, der auch ungefähr so schreibt und wohl auch denkt. Ich lasse ihn sprechen: „ Aber es kommt bei allen von uns - oder doch bei fast allen - kommt mal ein Tag, kommt mal eine Zeit, - da können wir das Licht und die Sonne nicht ertragen, - da mögen wir die Freude und das Glück nicht mehr. Wer jeden Tag spiegelglatte See hat und fast immer nur einen blauen Himmel über sich, - der sehnt sich bald nach Wind und Wolken oder nach einem Sturm. - Wer Tag für Tag Kuchen -und immer nur Kuchen kriegt, der möchte gern mal ein Stück trockenes Schwarzbrot haben oder möchte lieber mal hungern. Und so kommt denn wohl bei uns allen, bei den Männern und auch bei den Frauen - kommt ein Tag oder kommt eine Stunde - da ist plötzlich alles von uns abgefallen, jeder Schmuck und jede Schminke, - da gilt keine Schönheit der Augen oder des Körpers (die sehen wir nicht mehr, weil wir sie immer vor uns hatten), - Da gilt keine liebe Stimme (die klingt uns nicht mehr lieb, weil wir sie immer hörten), - da gilt kein Wohlstand- und kein Wissen und Können, - da gilt keine Schale mehr, - da gilt nur noch der <u>Kern</u>, nur noch das <u>Herz</u> und weiter nichts! Nackt und nüchtern stehen sich zwei Menschen gegenüber und sehen sich fremd und fragend an: „ Wer bist Du eigentlich?" Und: „Wo willst Du hin?" Wir meinten wir wären eins geworden und köimten nie mehr auseinander finden, aber wir waren wohl nur eins im seligen Taumel der Liebe. Wir sind noch immer zwei ganz verschiedene Menschen, die sich jetzt erst richtig suchen und zusammen finden müssen. „Die Lippen und Leiber finden einander bald" sagt Gorch Fock „aber der Weg von einer Seite zur anderen ist meilenlang. Meilenlang. Und weil der weg nun kahl und grell in der heißen Sonne liegt, weil es kein Verstellen und Verstecken gibt, so ist der Gang von einem zum andern auch, oftmals mühsam und schwer. Mit „Biegen oder Brechen" ist da nichts zu machen. Mit „Güte und Mitleid" kommen wir nicht vorwärts. Mit „freundlich und gut sein" kommt man sich näher. Man muß schon einen festen Willen und ein festes Ziel haben! Man muß von beiden Seiten wissen, daß man nicht nur ein andern sucht, sondern daß man auch selber sein muß: Kamerad fürs Leben." Es ist tatsächlich so. Man braucht da eigentlich nichts mehr hinzufugen, so klar ist es beschrieben. Ist es nicht so, daß nach dem ersten Liebestaumel (Flitterwochen) der Alltag an einen heran tritt? Und ist es nicht so, daß dann der eine mit dem anderen nichts anzufangen weiß. Es ist damit nicht gesagt, daß man sich von da an nicht mehr verträgt. Aber wenn sich nicht beide ganz und gar nahe sind, werden die Beziehungen mit der Zeit der Jahre ganz und gar verfliehen. Und dadurch wird, wie ich Dir schon schrieb, es auch keine körperliche Harmo¬ nie mehr geben. Man muß also versuchen eins zu werden. Bevor man aber zum Kennenlernen und zur inneren Verständigung kommt, muß man aber frei von aller Ballast sein. Auch muß man die Wahrheit vertragen können, ohne daß man gleich eingeschnappt ist. denn wenn man nicht ein gut gemeintes Wort vertragen kann, wie soll es dann zu einer Verständigung kommen. Der eine muß in den anderen hinein sehen können. Beide müssen sich genau kennen und vor allen Dingen, wo Du ganz berechtigt drauf bestanden hast, keine Geheimnisse vor einander haben. Wirst gewiß sagen, „sieh mal einer an", nicht wahr? Wenn ich aber heute dazu übergehe Klarheit zu schaffen, dann muß es auch von Grund auf tun, denn mir ist es ernst damit. Rudolf Kinau schreibt in seinem Büchlein von eins garnichts und das ist was viel gesagt wird, daß ein Mann bevor er in die Ehe tritt sich austoben muß. Auf Deutsch: Daß er Erfahrungen gesammelt hat oder besser, daß er sich die Beste gesucht hat. Daß da etwas dran ist, glaube ich. Denn bei der ganzen Sache sucht man doch etwas und zwar einen Kamerad fürs Leben. Ich schrieb auch schon Erfahrung muß man haben auch in Liebessachen. Auch andere Männer haben das durchgemacht. Es gibt natürlich auch Ausnahmen aber die sind dünn gesät. Ein fremder Mann wird es einer Frau nicht erzählen und auch Bekannte und Verwandte nicht. Oder glaubst Du, um ein Beispiel zu nennen, Dein Bruder Andreas oder mein Bruder Hans, Dir erzählen würden, was sie für Erlebnisse gehabt haben. Ich glaube auch bestimmt, daß sie genau wie der größte Teil der Männer welche gehabt haben. Zum Schaden ist es größtenteils nicht gewesen, d. h. wenn es vor der Ehe war. Bei denen aber, die vorher keine Ablenkung gesucht oder gefunden haben, wird es meistens in den späteren Jahren der Fall sein. Und da geht meistenteils etwas in die Brüche. Als Beispiel Onkel Eugen und Tante Dora. Wie oft habe ich auch gesagt, Hinni hätte bevor er heiratet, andere Frauen kennenlernen müssen, dann hätte er auch jetzt das Richtige gefunden. So da will ich heute erstmal mit Schluß machen. Wird sonst zuviel des Guten. Dein Brief hat mir viel Freude bereitet auch ist er verständlich genug geschrieben gewesen. Du tust gerade so als könntest Du es nicht. Dabei hast Du doch durch Deinen guten Gedanken es fertig gebracht hierin eine Verständigung herbeizuführen. Ich werde mir jetzt und auch später, die größte Mühe geben damit es auch zu einer seelischen Harmonie kommt. Sonst bin ich mit Deinen Ausführungen einer Meinung. Die Tage auf dem Heuberg haben mir auch wieder mal wie schon so oft gezeigt, wie lieb Du mich hast. Ich bin augenblicklich in einer Stimmung, Daß ich Dir am liebsten mein Herz ausschütten möchte. Du glaubst garnicht wie oft ich in Gedanken bei dir bin. Möchte Dich gerne mal wieder in die Arme nehmen und Dich ordentlich drücken. Ich sehe auch sehnsüchtig die Zeit herbei in der Du wieder sagen wirst; „oh paß auf'. Wirst Du jemals die guten Stunden, die wir zusammen verlebt haben, vergessen können? Ich glaube auch, daß mit der Zeit, wenn ich wieder bei dir bin, die guten die schlechten aufwiegen werden. Und sonst mein lieber Buttje! Hoffe ich, daß dieser Brief seinen Zweck nicht verfehlt. Wirst du meine Dummheiten vergessen können? So mein lieber Buttje bleibe mir gesund es küßt Dich recht vielmals Dein Willy. Unseren beiden Strolchen Willy und Harry auch Gruß und Kuß. An meine Eltern und Geschwister, Dora, Paul sowie Deine Mutter, Emil, Frieda und Harro auch eine schönen Gruß. Hast Du Hans seine Anschrift schon?

55) Im Süd-Osten, 04. Januar 1944

Mein lieber Buttje!

Heute gab es schon wieder Post. Ich wurde wieder ganz gut damit bedacht. Die Freude war natürlich groß. Von Dir erhielt ich die Briefe vom 1.12. (Nr. 26), 14.12. (ohne Nr.), 20.12. (Nr. 33). Dann die Geburtstagskarte vom 20.12., von Frieda eine Karte v. 21.12., von Hinni einen Brief vom 17.12. und eine Karte, Briefpapier und Zigarettenpapier von Hans und Alwine. Den Brief von Marta und Paul habe ich schon einen Tag vorher bekommen. Bist Du nun zu Weihnachten in der Staatsoper gewesen? Du hast doch schon allerhand Sachen für unseren neuen Hausstand. Aller Anfang ist aber schwer aber nachher mit vereinten Kräften werden wir es schon schaffen. Daß Walter Krützfeld keine Blumen mehr bekommen hat ist schade. Wäre doch ganz schön gewesen wenn er sie für mich abgegeben hätte. Warum ist er dann schon am 14.12. zu dir gekommen, er wollte doch auf Deinem Geburtstag mit allen erscheinen. Er wird hier wohl auch bald wieder erscheinen, dann kann er es mir ja selbst ausrichten. Er hat Dir doch außer dem Paket mit Oel doch auch noch eins mit einer Flasche Fruchtsaft auch etwas Tabak und Korinthen waren dabei. Du schreibst nämlich nur von 1 Paket. Aber er wird wohl zu einem Paket zusammen gepackt haben. Daß meine Eltern zum Fest nicht in richtiger Stimmung waren, kann ich mir denken. Haben sie doch keinen mehr von ihren Söhnen im Haus. Wie es Hans wohl ankommen wird? Zu Deinem Geburtstage hast Du ja allerhand schöne Sachen gekriegt. Trotz der Warenknappheit. Man muß doch staunen, wo sie es alles her haben. Haben die Tage von Heuberg doch etwas Gutes gebracht (Ich meine wegen der Schnapstrinkerei). Oder findest Du es nicht? Habe ich doch später einen der mir zu trinkt, wenn wir mal eine Flasche im Hause haben, und uns einen gemütlichen Abend machen wollen. Auch darin gehen wir uns einig. Kommen doch immer ein Stück weiter. Zu besaufen braucht man sich ja gerade nicht, aber so'n kleinen Schluck an einem dafür vorgesehenen Abend ist doch ganz schön. Kommen wir kaltschneuzigen Norddeutschen doch dann wenigsten mal ein bißchen aus unserer Reserve. War damals doch ganz schön nicht wahr? Werde die Tage nicht vergessen. Das Wetter ist hier noch immer schön. Gestern Abend wurde es erst ein bißchen windig, hat sich aber doch wieder gelegt. Heute scheint die Sonne wieder so schön. Es ist direkt eine Pracht. Die Pakete und Päckchen sind auch von hier mit einem kleinen Kahn abgegangen. Briefpost war auch dabei. Verschiedene Päckchen von mir sind auch dabei. Hoffentlich kommt alles gut über. Sonst geht es mir noch immer gut. Hoffe dasselbe auch von Dir, Willy und Harry. Briefe mit Luftpostmarken brauchst du nicht wieder zu schicken. Werden da doch nicht mit befördert. Das ist nur für besondere Einheiten. Wenn unsere Post aber trotzdem mal damit befördert wird, haben sie keine andere Möglichkeit sie herzubekommen. So mein lieber Buttje! Jetzt möchte ich schließen. Ich habe noch so viele Post zu beantworten. Also halte Dich gesund und munter und sei Du sowie

Willy und Harry recht vielmals gegrüßt und geküßt von Deinem Willy und Eurem Papa. An meine Eltern, Marta, Dora, Paul sowie Deine Mutter, Emil, Frieda und Harro sowie Onkel Ernst und Tante Marie auch einen schönen Gruß,

56) Im Süd-Osten, 08. Januar 1944

Mein lieber Buttje!

Ich bin gerade mit meinem Päckchen packen fertig. Will jetzt schnell Deinen Brief vom 17.12. beantworten. Den Brief bekam ich am 6. Januar. Mit dem Brief auch noch 3 Pakete. Das Paket von Dir und meinen Eltern ist heil angekommen. Dagegen das von Marta und Paul war etwas beschädigt. Die Tabletten waren alle rausgefallen. Wird das einzige gewesen sein, was verloren gegangen ist. Die eine Ecke vom Paket war kaputt gegangen. Zu allen 3 Paketen habe ich mich sehr gefreut. Haben sie doch viele liebe Dinge enthalten, die Eßwaren sind auch noch alle gut. Auch der Kuchen und die Plätzchen nicht alt und schlecht. Schmeckt alles großartig. Beim auspacken habe ich den ganzen Tisch gebraucht. Es war ja auch so viel. Wie soll ich das nur wieder gut machen? Da habt Ihr Euch alle mal wieder allerhand abgeknappt. Es wäre doch nicht nötig gewesen. Aber was nützt das ganze Reden, du läßt dir darin ja doch nichts sagen. Aber wie gesagt, gefreut habe ich mich doch riesig. Dazu war es doch ein schöner Gruß von Euch Lieben. Ich habe für Dich, meine Eltern, Marta und Paul, deine Mutter und Frieda, Hans und Alwine ein Päckchen von ungefähr 1 Pfd. Rosinen abgeschickt. Für Dora habe ich ein Päckchen von einem halben Pfimd zurecht gemacht. Ich hoffe, daß es alles überkommen wird. Für Dich habe ich außerdem 1 Päckchen mit 40 Zigarretten und für Willy und Harry 2 Rollen Drops sowie 1 Kilo-Paket mit Seife zurecht gemacht und abgeschickt. Es waren 4 schöne Stücke, 3 davon sind gerade 1 Kilo. Das vierte habe ich für mich behalten. Für die Wäsche brauche ich auch immer allerhand. Als Du mir schriebst, daß Du die Seife, die Langenmaark mitgebracht hat, gleich in Gebrauch genommen hast, habe ich mir gleich vorgenommen, als nächstes Seife zu schicken. Fürs erste wirst Du ja mit diesen 3 Stücken auskommen. Will nämlich für die anderen Blättchen Oel kaufen. Denn das Oel ist doch eigentlich noch wichtiger. Bei der geringen Fleisch - und Fettzuteilung ist es doch ein ganz guter Rausreißer. Du hast mir bis jetzt noch nicht mitgeteilt ob Du es magst. Habe schon paar Mal darum gefragt. Das Wetter ist schon wieder einige Tage windig. Geregnet hat es gestern und heute auch beinahe in einer Tour. Viel freie Zeit habe ich nicht. Verbringe sie immer noch mit Schreiben. Das Packen der Päckchen hat auch eine ganze Zeit in Anspruch genommen. Habe mir einige Faltschachteln selbst zusammen gebastelt. Werden wohl unterwegs nicht auseinander gehen. Von Hans und Alwine habe ich auch Post bekommen. Sie haben mir auch Brief- und Zigarettenpapier mitgeschickt. Wenn die Pakete zu Weihnachten noch angekommen wären, hätte ich die Lichter und auch die Halter direkt gebrauchen können. Ihr habt auch an alles gedacht. Einen Tannenbaum hatten wir ja, aber keine Halter und Lichter dazu. Na. das hat uns auch nichts ausgemacht, denn Zeit für eine groß angelegte Weihnachtsfeier hatten wir nicht. Das Wetter war die Tage über schön. Wenn ich mehr Zeit gehabt hätte, wäre ich mal ein bißchen über die Berge landeinwärts gegangen. Na vielleicht dauert es nicht mehr lange, daß wir am Tage mehr Zeit für uns haben. Den Schnaps für Paul und Marta habe ich schon in einer Flasche. Werde sie in den nächsten Tagen abschicken. Heute gib es Marketenderware und wenn es dabei wieder den Blättertabak gibt, habe ich ja etwas zum Einpacken. Ich bin ja gespannt, was sie zu dem Gebräu sagen werden. Unverdünnt ist es ein scharfes Zeug.

Hier wird es meistens verdünnt getrunken. Man kann da soviel Wasser zugießen wie man will. Das muß man schon selber ausprobieren. Das ist Geschmackssache. Von der kleinen Flasche kann man, wenn es verdünnt wird, allerhand Gläser ausschenken. Vorsehen muß man sich aber mit dem Zeug. Es wirkt erst richtig hinterher. Es schmeißt auch hier jeden Landser um. Der Grieche kann da schon eher gegen an. Er ißt auch immer irgend etwas beim Trinken. Sie trinken es aber größtenteils verdünnt. Der Geschmack ist garnicht mal so schlecht. Es schmeckt nach Anis. Das Oel ist auch schon in Arbeit. Ein Griechenjunge holt es gerade für mich. Ich werde das Oel ebenso wie den Schnaps morgen oder übermorgen abschicken. Vielleicht werde ich auch noch ein Päckchen mit Zigaretten schicken. Will mal sehen, was es bei der Marketenderware gibt. Es scheint doch zu morgen wieder gutes Wetter zu werden. Die Wolken sind nämlich alle weg und die Sonne scheint wieder. Der Wind hat sich auch etwas gelegt. Die Post kommt jetzt öfter mit dem Flugzeug. Hast du jetzt auch schon mehr Post von mir bekommen? Die Karten sind wieder allerliebst, auch die bunte ist doch garnicht mal so schlecht. Die Farbenzusammenstellung ist doch ganz schön. Ja, mein Buttje! mir geht es manchmal auch so, vergesse manchmal auch während des Schreibens etwas. Sind das doch allgemeine Erscheinungen. Das bringt die Zeit mit sich. Und so'n bißchen weichen Keks ist ja auch nicht so schlimm. Wird nachher schon wieder alles besser werden. Auch fasse ich es nicht als vorjammern auf, wenn Du mir Deine Stimmungen mitteilst. Bei dem Leben kommt man doch von ganz allein auf alle möglichen Gedanken. So, mein Buttje und nun muß ich den Brief beenden. Meine freie Zeit ist gleich wieder um. Halte dich gesund und munter und sei Du sowie Willy und Harry recht vielmals gegrüßt und geküßt von Deinem Willy und Eurem Papa. An meine Eltern, Marta, Paul und Dora sowie Deine Mutter, Emil,

Frieda und Harro auch einen schönen Gruß. Wenn du die Anschrift von Hans hast, schreibe mir sie doch bitte.Hast Du schon mal wieder einen schönen Traum gehabt?
Hast Du die Briefe mit den Zigaretten schon erhalten?

57) Im Süd-Osten, 12. Januar 1944

Mein lieber Buttje!

Ich habe nun schon einige Tage nicht mehr geschrieben. Hatte soviel mit Pakete packen zu tun. Für dich sind 2 Päckchen mit Rosinen (ungefähr 1 Pfd.), 1 Kilo-Paket mit Seife, 1 Päckchen mit 100 Zigaretten, 1 Kilo-Paket mit Oel und 1 Päckchen mit 40 Zigaretten und 2 Rollen Drops unterwegs. Aufgegeben sind sie zwischen den 7.1. und 10.1.. Gleichfalls habe ich für Deine Mutter und Frieda 2 Päckchen Rosinen, Hans und Alwine 2 Päckchen Rosinen, meine Eltern und Marta je 2 Päckchen Rosinen und für Dora 1 Päckchen davon aufgegeben. Heute habe ich das Paket für Marta und Paul auch fertig gemacht (mit Schnaps). Beschriftet habe ich es mit Pauls Namen und nach der Rombergstraße geschickt. Für Marta habe ich ein oder zwei zu Euch geschickt. Bei den meisten habe ich keinen Zettel mit Gruß beigelegt. Meistens habe ich das Päckchen fertig gemacht und dann denke ich erst daran. Wird wohl auch so in Ordnung gehen, nicht wahr? Post habe ich auch schon einige Tage keine, Soll aber heute welche geben. Vielleicht habe ich ja Glück, daß für mich auch etwas dabei ist. Walter Krützfeldt ist auch noch nicht angekommen, erwarte ihn jeden Tag. Deine schönen Sachen aus dem Weihnachtspaket habe ich schon alle verspeist. Der Kuchen war mal wieder ganz groß geraten. Hat auch nicht ein bißchen alt geschmeckt. Auch zu den anderen netten Sachen habe ich mich sehr gefreut. Für alles noch mal meinen besten Dank. Das Paket für

Marta und Paul habe ich heute mittag mit zur Komp. aufgegeben. Wird aber vorläufig nicht abgehen, soll eine Paket-Sperre sein. Ob nun all die anderen Päckchen und Pakete noch hier liegen ist mir nicht bekannt. Kann aber möglich sein. Habe gerade diese Woche davon gelesen, daß bei Euch bis zum 1. Februar eine Postsperre ist. Daß sie für uns auch zutrifft, hätte ich nicht gedacht. Na, bis zum 1. Februar ist ja nicht mehr so lange. Die Hauptsache ist ja auch, daß die Pakete alle überkommen, Bis jetzt hast Du und auch ich ja Glück gehabt. Wenn alle anderen Pakete auch so überkommen, kann man nicht klagen. Schade daß ich Hans seine Adresse noch nicht habe, kann ihn zum Geburtstag nicht mal schreiben. Augenblicklich bin ich beim Arzt in Behandlung- Gestern war ich endlich mal beim Zahnarzt. Wollte ja schon am Heuberg hin, habe damals aber keine Traute gehabt. Die Kameraden waren nämlich alle so begeistert von dem Arzt, daß sie sich freuten wenn sie mit der Behandlung fertig waren. In S. (Saloniki) bin ich nicht mehr zum Zahnarzt gekommen und hier habe ich es immer von einem auf den anderen Tag verschoben. Habe mir jetzt aber ein Herz gefaßt und habe es schon hinter mir. Angst habe ich nicht gehabt, war nur wegen der Zeit. Die Zähne waren schon so schlecht, daß da nichts mehr an zu machen war, 2 Stück sind mir gezogen worden. Waren ganz nette Burschen. Der Zahnarzt arbeitet ganz erstklassig. Erinnert an Willy Brockmöller. Die eine Kuse war schon in 2 Teile geteilt. Mußte 3 mal gezogen werden bis alles raus war. Der andere Zahn ist aber, allerdings mit äußerster Kraftanstrengung, glatt rausgegangen, Morgen soll ich nun operiert werden, und zwar will ich meine Warze, die ich an der Stirn habe weg machen lassen. Große Operation, nicht wahr? Sonst geht es mir noch gut, hoffe dasselbe auch von Euch allen. Das Wetter ist heut mal wieder schön, gestern Abend war es direkt mal laue Luft. Kein bißchen Wind, die See war ruhig, es war direkt die Ruhe vor dem Sturm. Und tatsächlich, um

1/2 12 Uhr kam auf einmal Wind auf Es wurde auf einmal ungemütlich und kalt. Der Wind kam nämlich aus dem Osten. Heute morgen war es auch erst noch kalt aber je höher die Sonne kam, desto wärmer wurde es. Jetzt (nachmittags) ist es direkt herrlich. Wenn die Sonne nachher weg geht wird es aber wieder kalt werden. Die Nächte sind aber jetzt ganz schön. Haben augenblicklich Vollmond. Kann man doch wenigstens sehen wo man hintritt. Die Vollmacht habe ich auch vor einigen Tagen abgeschickt. Hoffentlich nützt sie Dir in so weit etwas, daß Du auch dafür was für den Hausstand kaufen kannst. Ist in Eimsbüttel bei den letzten Angriffen auch wieder etwas geworfen worden? Hoffentlich habt Ihr bald Ruhe vor den Luftangriffen. Nach Hamburg sind ja jetzt auch allerhand andere Städte schwer betroffen worden. Wenn das doch bloß bald ein Ende nehmen wollte. Man lebt doch immer in Unruhe. Hast du meinen Brief der die „Probleme des Ehelebens" behandelt, schon bekommen? Auf Deine Antwort bin ich natürlich gespannt. - Hast Du in der letzten Zeit auch immer so lange auf Post warten müssen? Hoffentlich nicht. Mit der Post wird es heute auch wohl wieder nichts. Bis jetzt ist nämlich noch nicht angekommen. Na, trösten wir uns, vielleicht kommt morgen ja etwas. Etwas gelesen habe ich auch schon und zwar in den Kriminal-Roman. Wollte noch etwas lesen, daraus wird aber nichts mehr. Die Zeit läuft es ist schon nach 3 Uhr. Um 4 Uhr muß ich schon wieder aufziehen. Ja wie die Zeit doch läuft, nächsten Monat bin ich schon 1 Jahr beim Barras. Ich bin ja nur gespannt, wie es mit dem Urlaub werden wird. So mein Lieber Buttje! Und nun möchte ich schließen. Ich hoffe, daß Du nicht so lange auf Post warten brauchst. Halte du dich und die beiden Jungs gesund und seid recht vielmals gegrüßt und geküßt von Deinem Willy und Eurem Papa. Wirst Du auch aus dem Geschmiere schlau? Muß mich doch noch befleißigen besser zu schreiben. An meine Eltern, Marta,

Paul und Dora sowie Deine Mutter, Emil, Frieda und Harro auch einen schönen Gruß.

Anmerkung:
Kuse: Trichter im Zahn
Barras: Militär

58) Im Süd-Osten, 14.Januar 1944

Mein lieber Buttje!

Gestern abend bekam ich 2 Briefe von Dir. Es war der Brief vom 31. Dezember und der vom 5. Januar Nr. 40. Hast dich doch ordentlich angestrengt. Bist schon bei Nr. 40. Nur habe ich noch nicht alle. Der Reihenfolge habe ich jetzt bis Nr. 33. Diese beiden Briefe sind per Flugzeug gekommen. Darum sind sie auch so schnell übergekommen. Die noch fehlenden werde ich wohl heute oder morgen bekommen. Es sollen Schiffe kommen. Wird Walter Krützfeldt wohl dann auch mitkommen. Aus Deinem Brief von Sylvester, den Du bei Fiede geschrieben hast, bin ich nicht schlau geworden. Entweder warst Du doch blauer wie Du zugegeben oder Du hast vergessen noch ein Blatt einzulegen. Du Schreibst nämlich, daß Du den Brief den Fiede begonnen weiter schreiben willst. Habe den von Fiede begonnenen aber nicht gefunden. Weiter schreibst du, daß Du ein Päckchen von mir bekommen hast. Ich habe für Dich aber so viele Päckchen unterwegs, daß ich daraus nicht sehen kann, welches Päckchen es ist. Wenn du die Nr. oder wenn es keine hat, das Datum und Inhalt mir mitteilst, weiß ich doch um welches es sich handelt. Sonst habe ich mich aber zu dem Brief gefreut, zeigt er mir doch, daß Du doch einen kleinen Schwips hattest. Wäre auch gerne dabei gewesen. Schon darum weil Du so in netter Stimmung warst. Ist Emil jetzt eigentlich wieder ganz im Hause? Auf Deinen 6

Seiten langen Brief bin ich gespannt. Hoffentlich erhalte ich ihn bald. Mit der Operation meiner Narbe ist es noch nichts geworden. Eine Operation mit dem Messer wird es auch nicht. Wird mir irgend einer Säure entfernt. Die Säure ist aber im Augenblick nicht vorhanden. In 4 Wochen soll ich mal wiederkommen. Heute haben wir auch Korinthen bekommen, allerdings nur 1/2 Pfund. Werde Dir dieselben zuschicken, Tabak (1 Pfund) hat es auch gegeben. Werde ihn aufteilen und Hinni und Andreas welchen schicken. Hat mein Vater auch noch welchen? Paul wird doch wohl auch noch welchen haben, nicht wahr? Hast du eigentlich meine Post in der letzten Zeit immer bekommen, oder hast Du auch lange darauf warten müssen? Ich hoffe ja nicht, denn schön ist es ja nicht. So mein lieber Buttje! Ich möchte jetzt schließen, denn meine Zeit ist gleich wieder um. Will den Brief auch mit zur Komp. geben, denn es kann ja sein, daß die Post morgen früh weg geht. Gut geht es mir auch noch. Hoffe dasselbe von Euch allen. Halte Du Dich sowie Willy und Harry gesund und seid recht vielmals gegrüßt und geküßt von Deinem Willy und Eurem Papa. An meine Eltern, Marta, Paul und Dora sowie Deine Mutter, Emil, Frieda und Harro auch einen schönen Gruß. Gleichfalls an Hans und Alwine, Johanna, Fiede und Kinder. Ich will hoffen, daß Dein Wunsch auf ein baldiges Beisammensein recht bald in Erfüllung geht. Denke genau so wie Du <u>immer</u> daran. Das Zigarettenpapier habe ich auch erhalten, besten Dank.

20) Im Süd-Osten, 10. Janaur 1944

Mein lieber Buttje!

Anbei 1 Kg Oel. Wird Dir doch wohl recht sein, oder nimmst Du lieber Feigen und Rosinen? Denke doch daß du das Oel besser gebrauchen kannst. Gestern habe ich auch ein Päckchen mit 100 Zigaretten für Dich abgeschickt. Wollen hoffen, daß alles ankommt. So mein lieber Buttje! Sei du sowie Willy und Harry recht vielmals gegrüßt und geküßt von Deinem Willy und Eurem Papa. An meine Eltern, Martha, Paul, Dora, Deine Mutter, Emil und Frieda und Harro einen schönen Gruß.

21) Im Süd-Osten, 16. Janaur 1944

Mein lieber Buttje!

Ich wollte eigentlich erst schreiben, wenn ich Post von Dir bekomme. Wird aber doch wohl zu lange dauern. Habe immer noch keine Post außer der vom 31.12. und 5.1. erhalten. Muß irgendwo wieder allerhand Post festliegen. Schiffe sind schon lange nicht mehr angekommen. Besteht auch augenblicklich gar keine Aussicht, daß welche einlaufen. Es ist aber möglich, daß morgen Post mit dem Flugzeug kommt. Die Päckchen liegen glaube ich noch alle hier. Hatte schon Angst, daß ein Teil davon verloren gegangen ist. 2 Schiffe sind nämlich untergegangen. Hatten aber keine Post an Bord. Die Post ist gerettet, aber einige Sack sind mit Petroleum durchtränkt. Kann eigentlich nur das Paket mit dem Oel dabei sein. Das wird aber nicht gelitten haben, weil es gut abgedichtet ist. - Das Wetter ist hier augenblicklich ungemütlich. Es ist auch auf einmal sehr kalt geworden. Weht ein scharfer Ostwind. Sogar ein ganz klein wenig geschneit hat es hier, waren aber nur ein paar Krümel. So viel Schnee wird es hier auch wohl nicht geben. So kalt wie bei Euch ist es hier aber nicht. Richtiges Frostwetter wie wir es bei uns kennen, hat es hier noch nicht gegeben. Der Wind macht es hier so kalt. Na, lange wird das Wette nicht mehr anhalten. Noch 1 ½ Monate und die größte Kälte ist vorüber. Unser Hund (von dem ich Dir mal schrieb) guckt uns jetzt fast garnicht mehr an. Hat jetzt immer einen ständigen Begleiter bei sich. Lebt scheinbar ganz der Liebe. Scheint mit seiner neusten Errungenschaft ganz zufrieden zu sein. Er stellt sich bei uns mal ein, ist aber schnell wieder verschwunden. Na, lassen wir ihm sein Vergnügen. Er wird nachher schon wieder bei uns angetrollt kommen. Heute habe ich Päckchen mit Blätter- Tabak für Hinni, Andreas, Hans und Fiede zurecht gemacht. Wollte Nerlich auch welchen zukommen lassen, hatte aber nicht mehr so viel. Werde aber das nächste Mal an ihn denken. Vergesse bitte nicht mir das Verpackungsmaterial und den Bindfaden wieder zurück zuschicken. Auch die ganz kleinen Patr.-Schachteln.

So mein lieber Buttje! muß Dich heute mit diesem kleinen Brief begnügen. Möchte gerne schlafen gehen. Bleib also gesund und sei Du sowie Willy und Harry recht vielmals gegrüßt und geküßt von Deinem Willy und Eurem Papa. An meine Eltern, Martha, Paul, Dora sowie Deine Mutter, Emil, Frieda und Harro auch einen schönen Gruß.

60) Im Süd-Osten, 18. Janaur 1944

Mein lieber Buttje!

Post habe ich immer noch nicht erhalten. Man wartet und wartet und hofft immer auf den anderen Tag. Schiffe kommen augenblicklich überhaupt nicht und der Flugverkehr ist noch nicht wie er sein soll. Wird wohl aber im Laufe der Zeit ausgebaut werden. So unruhig wie ich vor meinem Urlaub war, bin ich jetzt nicht mehr. Warte aber trotzdem immer auf Post von Dir. Walter Krützfeldt ist auch noch nicht hier. Wird wohl irgendwo fest liegen. Na, einmal wird er auch überkommen. Hoffentlich kommen die ganzen Päckchen, die ich aufgegeben habe, auch alle über. Wäre sonst auch schade, habe ein paar schöne Sachen, die bestimmt gebrauchen kannst, eingekauft. Denn Seife und Oel sind doch nur Artikel. - Mir geht es noch immer gut. Essen und Trinken schmeckt und ruhig ist es auch noch. Eier bekommen wir schon etliche Wochen jeden Tag 3 - 4 Stück. In der ersten Zeit habe ich mir immer Rührei davon gemacht. Bin ich mir jetzt aber allmählich über geworden. Mache mir neuerdings Spiegeleier. Wenn die Gefahr des Schlechtwerdens nicht bestünde, hätte ich schon mal welche geschickt. denn Ihr bekommt doch bestimmt ganz selten mal welche. Etwas kälter ist es auch schon geworden. Gestern am Tage und die ganze Nacht über hat es hier ordentlich geschneit. Die Luft wurde heute aber wieder etwas wärmer und jetzt haben wir den schönsten Matsch. Ich hatte heute morgen, als ich von der Wache reinkam klitschnasse Füße. Die Griechen (sind die reinen Wetterpropheten) sagen, daß es morgen Frost geben soll. Wie geht es Dir und den beiden Jungs denn noch? Und geht es meinen Eltern auch noch gut? Ich hoffe es jedenfalls. Seid Ihr inzwischen schon wieder vom Tommy belästigt worden? So recht klappt es garnicht mit dem Schreiben. Liegt wohl hauptsächlich daran weil ich solange keine Post erhalten habe. Na, wenn der reiche Postsegen kommt, wirst Du auch wieder etwas längere Briefe von mir bekommen. Ich glaube doch, daß du mir nicht böse bist, wenn die Briefe augenblicklich nicht so lang ausfallen.

So mein lieber Buttje! halte dich weiterhin gesund und sei Du sowie Willy und Harry recht vielmals gegrüßt und geküßt von Deinem Willy und Eurem Papa. An meine Eltern und Geschwister auch an Deine Mutter, Emil, Frieda und Harro auch einen schönen Gruß.

61) Im Süd-Osten, 20. Januar 1944

Mein lieber Buttje!

Post hat es immer noch nicht gegeben. Erzählt wird aber, daß heute welche mit dem Flugzeug kommen soll. So bei kleinem wird es auch Zeit. Von hier ist gestern Post abgegangen. Das Wetter war gestern mal wieder schön. Der Wind hatte nach gelassen. Im Schatten war es wohl frisch aber auszuhalten. In der Sonne aber schön warm. Der Schnee ist von der Straße so ziemlich verschwunden. Auch auf den Bergen liegt nicht mehr viel. Letzte Nacht war es beinahe windstill war garnicht mal so kalt obwohl wir 4 Grad hatten. Kommt wohl davon, daß es trocken war. Naßkaltes Wetter ist doch unangenehmer. 4 Grad ist ja nicht viel aber für hier doch allerhand. Vorgestern als der Schnee auf den Straßen lag und es nachher ziemlich matschig war, haben die Griechen fast garnicht gearbeitet. Ein großer Teil ist fast ohne Fußbekleidung. Laufen auch viele barfuß umher. Man muß sowieso staunen, daß sie es bei dem naßkalten Wetter ohne jegliche Fußbekleidung aushalten. Kaufen können sie sich auch keine Stiefel, denn viel verdienen sie auch nicht und dann sind sie auch viel zu teuer. Unterschiede gibt es aber auch. Einige Arbeiter sind ganz gut angezogen. Haben Stiefel, wollene Strümpfe und auch wollenes Unterzeug. Ich wollte auch schon mal Wolle kaufen und sie Dir schicken. Habe aber immer noch nicht soviel aufgebracht, daß ich welche kaufen konnte. Halte es erst auch für wichtiger, wenn ich Dir Oel, Seife, Rosinen usw. schicke. Feigen und Rosinen sind augenblicklich überhaupt nicht zu haben, und wenn dann schon nur gegen Zigarettenpapier. Bohnen wollte ich kaufen, es aber nachgelassen. Die Bohnen sind schon im Meer gewesen, sind von einem untergegangenen Schiff. Habe darum Angst, daß sie auf der langen Fahrt schlecht werden oder auskeimen. Etwas Geld habe ich noch will mal sehen, was ich dafür kaufen kann. Etwas Tauschware habe ich auch noch, na mal sehen. Vielleicht kaufe ich auch noch einige Zigaretten. So und nun muß ich schließen. Es ist gleich 1/4 vor 10 Uhr und um 10 Uhr muß ich auf Posten ziehen. Wollte den Brief noch heute mittag mit abgeben. Vielleicht geht er heute dann noch mit ab. Hast dann wenigstens etwas von mir zu lesen. Halte Dich gesund und sei Du sowie Willy und Harry recht vielmals gegrüßt und geküßt von Deinem Willy und Eurem Papa.

An meine Eltern, Martha, Paul, Dora sowie Deine Mutter, Emil, Frieda und Harro auch einen schönen Gruß.

62) Im Süd-Osten, 23. Januar 1944

Mein lieber Buttje!

Eben ist gerade ein Schiff angekommen aber leider hatte es für uns keine Post bei sich. Heute morgen sind aber schon einige Schiffe bei uns vorbei gekommen und in den anderen Hafen eingefahren. Werden wohl für uns welche mitgebracht haben. Wird dann spätestens morgen Post für uns geben. Wäre ja besser gewesen, wenn sie erst zu uns gekommen wären. Hätte es doch dann heute schon Post gegeben. Aber gedulden wir uns. Haben wir solange gewartet wird es auf einen Tag auch nicht mehr ankommen. Die Hauptsache ist ja, daß überhaupt wieder die Schiffe fahren. Heute morgen habe ich auch ein paar Päckchen aufgegeben. Habe für mein Geld Mandeln gekauft und sie vorgestern geknackt. Für dich ist ein ½ Pfd. Päckchen mit Mandeln und ein Päckchen mit deutschen Pfeifentabak und 20 Zigaretten. Mein Vater wird wohl noch Tabak für die Pfeife haben. Kannst das kleine Päckchen ja Fiede geben. Fiede hat bei der letzten Tabaksendung nur 1 Päckchen erhalten. Ich hatte nicht mehr. Diesen kann er mit den andren mischen, dann schmeckt er auch ganz gut. Die Zigaretten sind natürlich für Dich.

Hast Du die 100 Stück schon gekriegt? Für meine Mutter habe ich auch ein ½ Pfd. Päckchen und für Willy und Harry auch eins. Die Beiden werden sie doch bestimmt gerne essen. Sonst habe ich ja nichts für sie. Werden sich aber auch wohl zu dieser Kleinigkeit freuen. Für Harro habe ich auch ein kleines Päckchen aufgegeben. Soll auch nicht zurückstehen. Das beliebte Geräusch ist schon wieder zu hören. Es läuft schon wieder ein Schiff ein. Vielleicht haben wir ja Glück. Der Obermaat vom Hafenamt erzählt uns gerade eben, daß für uns im andren Hafen Post angekommen ist. Also kann ich morgen bestimmt mit Post rechnen. Doch ein schönes Gefühl. Na, Du kennst es ja. Meine Wache ist gerade beendet. Das heißt bevor ich diesen Brief anfing. Das Wetter ist heute wunderschön. Nicht eine Wolke ist am Himmel. Die Sonne scheint so schön und es ist direkt warm. Heute habe ich seit langer Zeit ohne Mantel auf Posten gestanden. Aber heute Nacht werde ich ihn wohl wieder anziehen müssen. Nachts ist es immer noch ziemlich frisch. Der Schnee ist fast ganz verschwunden. Nur auf den Bergen liegt noch etwas. Wird aber, wenn das Wetter so bleibt, bald verschwunden sein. Also das Schiff, das eben eingelaufen ist, hat keine Post an Bord. Ist kein Wehrmachtsschiff. Dein Mandelpäckchen hat diesmal keine Nr. bekommen. Habe es vergessen. Werden darum aber auch schmecken. Feigen und Rosinen sind augenblicklich schlecht zu kriegen und wenn dann nur gegen Zigarettenblättchen. Wenn ich davon aber welche habe, schicke ich Dir doch lieber Oel und Seife. Oder nimmst Du lieber mal wieder Rosinen und Feigen? Denke an Oel hauptsächlich, weil Du das doch zum Zubereiten täglich gebrauchen kannst Also schreibst mir Deine Wünsche mal. Dein Wunsch sei mir Befehl. Schicke mir auch bitte das Verpackungsmaterial wieder zu. Der Bindfaden geht sonst auch so langsam auf die Neige. Man braucht zu jedem Päckchen doch allerhand davon. Ich sage mir auch lieber etwas mehr als zu wenig. Denn schön ist es ja nicht, wenn nur die Hälfte ankommt. Sonst geht es mir noch gut. Ich hoffe, daß es Dir, Willy und Harry, meinen Eltern, Martha, Dora, Deiner Mutter, Emil, Frieda und Harro auch noch gut geht. Den Brief habe ich nun doch nicht mehr fertig gekriegt. Mußte mir noch mein Abendbrot zurecht machen. Hatte mir Kartoffeln gekocht. Mußte sie noch abpellen und braten. Haben sehr schön geschmeckt. Mit 3 Mann haben wir und eine schöne Schüssel voll gebraten und 10 Eier daran gemacht. Als ich nachts aufstand um Wache zu stehen, lagen 5 Briefe von Dir vor, eine Karte von Martha war auch dabei. Die Briefe haben die Nummern 34, 35, 36, 37 und 38. Zu den Briefen habe ich mich sehr gefreut. Habe jetzt bis Nr. 40 alle Briefe von Dir erhalten. Walter Krützfeldt ist bis jetzt noch nicht eingetrudelt, wird aber wohl noch im Laufe des Tages ankommen. Daß es nun mit Doras Lütten nichts geworden ist, ist ja schade. Aber das ist ja immer so, wer keine haben will bekommt welche und wer sich danach sehnt hat kein Glück damit. Kannst aber nichts bei machen. Und wenn sie sich noch solche Mühe dabei geben. An Hans werde ich auch gleich schreiben, damit er zu seinem Geburtstage noch Post von mir bekommt. Deine Briefe werde ich mit dem nächsten Brief beantworten. Schreibe mir doch bitte von wann die Päckchen sind, die Du von mir bekommen hast. Werde da sonst nicht schlau aus. Habe ich doch mehrere Päckchen mit Mandeln und Rosinen unterwegs. Auch Martha kann mir mal mitteilen von wann die Päckchen sind, die sie von mir bekommen hat. So und jetzt will ich schließen. Der Brief kommt dann vielleicht noch heute mit weg. Halte dich also gesund und sei Du sowie Willy und Harry recht vielmals gegrüßt und geküßt von Deinem Willy und Eurem Papa. An meine Eltern, Martha, Paul, Dora sowie Deine Mutter, Emil, Frieda und Harro auch einen schönen Gruß.

Heute wir es wohl wieder Post geben. Es läuft jetzt auch schon wieder ein Schiff ein. Ich wünsche Dir angenehme Träume. Hoffe auch auf ein baldiges Wiedersehen.

63) Im Süd-Osten, 26. Janaur 1944

Mein lieber Buttje!

Gestern habe ich 3 kleine Pakete mit alter Post zurecht gemacht. So bei kleinem wurde es doch zu viel. Ich habe so wie so allerhand Kleinkram. Habe gestern meine Sachen gepackt und dabei festgestellt, daß ich allerhand Sachen habe. Ich bin seit heute auf einer anderen Stelle und auch in einem anderen Ort. Bin gestern schon von meinem alten Stützpunkt weg und bin die Nacht bei der Komp. gewesen. Das heißt die ganze Nacht nicht. Bin nämlich nachts noch auf Streife gewesen. Habe Richard Heinitz auch getroffen. Soll Dich auch vielmals grüßen. Heute morgen ging es dann mit einem Muli und zweirädigem Wagen ins neue Quartier. Verbessert habe ich mich auf jedem Fall Habe ich doch für mich mehr freie Zeit. Wir sind hier mit 5 Landser. Und das ist schon so, je weniger desto besser. Sonst ist es ein ganz kleiner Ort. Ist aber weltberühmt durch seine Heilquellen. Die einzelnen Badekabinen haben wir mit sauber zu halten. Die Badeanstalt selbst ist schon paar Tausend Jahre alt. Aber noch in sehr gutem Zustand. Die Bäder selbst sind eingebaut und ganz aus Marmor. Es sind zum größten Teil Einzelkabinen, sind aber auch einige für 2 Personen dabei. Jetzt geht es noch, aber im Sommer ist hier großer Betrieb. denn dann kommen von der ganzen Insel Zivilisten zum Baden. Augenblicklich benutzen aber hauptsächlich die Soldaten die Bäder. Vor allen Dingen die Offiziere. Das Wasser ist natürlich warm und kommt aus den Bergen. Ich habe heute auch gleich ein Bad genommen. Es war doch etwas schönes. Eigentlich doch komisch, daß das Wasser warm aus den Bergen kommt, nicht wahr? Aber die Natur hat schon ihre Eigenarten. Auf diesen Posten bin ich schon immer scharf gewesen. Ein Feldwebel von der Komp. fragte gestern auch als er mich sah: „Na, da haben Sie ja wieder den Vogel abgeschossen". Verpflegen tun wir uns auch alleine. Unseren Koch kennst Du auch. Es ist Wilhelm Müller. Kennst ihn doch wohl noch vom Heuberg. Seine Frau war damals mit Richard Heinitz seiner Frau zusammen im Quartier. Im Sommer muß es hier schön sein. Gibt es hier doch viel Wein und Aprikosen. Aber lieber wäre ich im Sommer für immer wieder bei Dir. Man kann es noch so gut treffen, Sehnsucht nach Haus hat man doch immer. Walter Krützfeldt ist noch nicht eingetroffen. Hörte heute morgen von 2 Urlaubern, die ihn getroffen haben, daß er noch in S. ist. Wird wohl aber bald rüber kommen. Daß ich Deine noch fehlenden Briefe alle bekommen habe, schrieb ich Dir ja schon im letzten Brief Die Briefe die W. Krützfeldt mitgenommen und in Wien aufgegeben, waren nicht so schwerwiegend. Hatte ihn selbst drum gebeten, weil ich annahm daß Du sie dann eher bekommen würdest. Er wollte doch ursprünglich erst am 20.12. zu Dir kommen, daß es nun länger gedauert hat, ist ja Schuld der Post. Daß Willy und Harry Dir zu Weihnachten durch das Schenken Dir viel Freude bereitet und dadurch Dich über die trüben Stunden etwas hinweg geholfen haben, freut mich. Sollst sie man in Zukunft immer zum Einkaufen schicken, kriegst dann vielleicht bald wieder ein Teil des Hausstandes zusammen. Na Spaß beiseite. So kleine Artikel werden sie schon bekommen aber die größeren Stücke werden wir doch anschaffen müssen. Daß meine Mutter betrübt war, daß sie nichts schenken konnte, kann ich mir vorstellen. Aber das macht doch nichts. Hat sie doch sonst schon soviel geschenkt, daß sie schon gerne mal aussetzen kann und auch unfreiwillig. Daß ich mit meinen Gedanken an Deinem Geburtstage und auch an den

Feiertagen bei Euch war, kannst Du Dir wohl denken. Hatte ich doch während meiner Wachzeit Zeit genug dazu. Sonst habe ich die Feiertage genau so verbracht, wie jeden anderen Tag. War in einer Hinsicht auch ganz gut so. Und sonst hoffe ich auch wie du, daß es der letzte Weihnachten im Kriege war. Hat sich Harry seine Fußverstauchung schon wieder gebessert? Ich hoffe es doch. Überhaupt was ne Frage ob ich genauso gewartet hätte wie der Marinesoldat bei der Frisörin. Habe ich doch warten gelernt. An Hans habe ich gestern auch geschrieben. Mal sehen ob er wieder schreibt. Morgen rechne ich auch mit Post. Soll schon wieder welche angekommen sein. Hoffentlich hast Du auch schon mehr und öfter Post von mir bekommen. Recht hast du auch, man freut sich zu jedem Brief und wenn er noch so kurz ist. Hier bei uns vor dem Hause läuft gerade eine Herde Schafe vorüber. Dabei sind auch ein ganz Teil kleiner Lämmer. Sehen zu drollig aus. Du würdest bestimmt hingehen und versuchen mit ihnen zu spielen, nicht wahr? So mein lieber Buttje und nun für heute erst mal Schluß gemacht mit dem Schreiben. Muß mir noch mein Bett machen. Für alle Deine Briefe meinen besten Dank. Habe mich sehr dazu gefreut. Hoffe daß es Dir mit meinen ebenso geht. Halte Dich also gesund und sei Du sowie Willy und Harry recht vielmals gegrüßt und geküßt von deinem Willy und Eurem Papa. An meine Eltern, Martha, Paul und Dora sowie Deine Mutter, Emil, Frieda und Harro auch einen schönen Gruß.

Anmerkung:
Muli: Maultier, Maulesel.

64) Im Süd-Osten, 26. Janaur 1944

Mein lieber Buttje!

Heute bekam ich die schon erwartete Post. War wieder ein ganzer Stapel. Von dir waren es die Briefe Nr. 39 vom 4.1., Nr. 41 vom 7.1., Nr. 42 vom 9.1. und einen Brief vom 2.1. geschrieben mit der Schreibmaschine. Von Martha, Hinni, Andreas und einen Brief von Deiner Mutter war auch dabei. Ferner die beiden Bögen (grau) Packpapier. Alle Briefe, die ich bekommen habe sind ziemlich lang und ausführlich gewesen. Hinni schrieb mir von Wien aus. Wäre ja ganz nett gewesen, wenn er hier zu mir gekommen wäre. Und dann vielleicht noch als Vorgesetzter. Hier sind in der letzten Zeit auch allerhand mit derselben und ähnlichen Krankheiten hergekommen. Schade ist es ja, daß er da durch um seinen Urlaub gekommen ist. So schnell wird er jetzt keinen bekommen. Daß er mein Päckchen bekommen hat freut mich. Das zweite Päckchen mit Tabak welches ich ihn hingeschickt habe, werde ich wohl wieder zurück bekommen. Hinni schreibt mir daß er sich erstmal freut, daß er aus R. raus ist. Ist vielleicht viel aus dem Weg gegangen. Denn gerade jetzt ist in seinem ehemaligen Abschnitt der Teufel los. Von Andreas habe ich auch einen 4 seitenlangen Brief gekriegt. Mein Päckchen mit Tabak hat er auch erhalten. Und geschmeckt hat er ihm auch. Hoffentlich bekommt er das andere auch schnell. Andreas schreibt mir auch, daß Emmi nicht mehr bei Johanna wohnt weil sie sich nicht vertragen können. Er schreibt auch so als wenn Johanna die allein Schuldige ist. Mir scheint Emmi hat ihn wieder schön eingewickelt. Emmis Adresse hat er mir auch aufgeschrieben, meinte daß sie zu einem Brief von mir freuen würde. Werde Andreas den Gefallen natürlich tun. Die Streitigkeiten zwischen Emmi und Johanna lassen mich kalt, wenn sie sich nicht vertragen können müssen sie eben auseinander bleiben. Daß das

Zusammenwohnen mit einem Fiasko enden würde, war ja auch voraus zu sehen. Daß Harry Quindel auf Urlaub kommt glaube ich schon. Hat er doch im nächsten Monat sein Jahr rum und was wohl das Wichtigste ist, hat er schon Frontbewährung. Bei uns soll es ja auch mit dem Urlaub im Februar losgehen. Wird aber wohl noch nichts draus werden. Denn da sind noch so viele Bombenbeschädigte nach und wenn es mit der Fahrerei so weiter geht, bin ich bis Weihnachten noch nicht dran gewesen. Die Schiffssperre trägt dabei die Hauptschuld. Werde mich auch überraschen lassen. Habe am liebsten auch Dauerurlaub. Krützfeldt hat mit seiner Behauptung, daß ein Paket ein viertel Jahr bis hier her gebraucht, doch wirklich übertrieben. Habe ich doch alle Pakete ziemlich schnell erhalten. Der Kuchen, das muß ich betonen, ist noch nicht alt, trocken und auch nicht hart geworden. Glaubst Du mir es jetzt? Daß Du Martha und Paul von den Rauchwaren etwas abgiebst habe ich gewußt. Und wenn ich an Martha geschrieben habe, damit sie auch mal etwas für Paul hat, habe ich nur gemeint, daß sie ihn dann auch mal eine Freude machen könnte. Hast du die Vollmacht schon erhalten? Die ist doch so aufgesetzt wie Du mir aufgeschrieben hattest. Ich verstehe garnicht, daß sie da so ein Aufhebens von machen ob der Satz nun so oder so formuliert ist. Sie sollen lieber die Leute die durch die Bombenangriffe Heim und vielfach auch Angehörige verloren haben, so behandeln wie es sich gehört. Daß da augenblicklich nicht viel zu helfen ist, wird ein jeder verstehen aber daß sie obendrein wegen des Verlustes diesen Menschen durch die Behandlung das Leben schwer machen, setzt allen die Krone auf. Von Mariechen ist bis jetzt keine Post gekommen. Werde aber mal den Anfang machen. Ihre Adresse habe ich von Hirmi bekommen. Komme jetzt auch mal eher zum Schreiben. Daß ich große Sehnsucht nach dir und den beiden Jungs habe wirst du mir wohl ohne große Bekräftigung glauben. Und daß der Krieg mal schnell zu Ende gehen kann, glaube ich schon. Möglich ist doch alles. Also lassen wir uns überraschen. In dem neuem Kostüm möchte ich Dich schon mal sehen. Na, vielleicht dauert es ja nicht mehr so lange, daß ich wieder bei dir bin. Von Anna Jung ist es ja ganz nett, daß sie Dir all die Sachen geschickt hat Und sonst bleibe man weiter (wenn da was Altes bei abfällt) beim..., Sonst geht es mir noch immer gut. Sogar besser wie in der letzten Zeit. Habe ich doch für mich mehr freie Zeit. Habe letzte Nacht seit langem mal wieder durchgeschlafen. Morgen wird wohl unsere Wache losgehen, haben aber nur nachts Wache zu stehen. Den Tag das Bad sauber zu halten und sonst die Arbeiten die für unser leibliches Wohl zu machen sind, nichts zu tun. Von unserem früheren Wachlokal bin ich nur 1 Stunde entfernt. Also kann da leicht mal hinkommen, wenn ich was zu kaufen habe. Hier bei uns im ländlichen Frieden wohnt nämlich sonst niemand. Hier stehen außer unseren noch einige andere Gebäude, die aber leer sind. Die Leute sind alle nach einem anderen Ort gezogen. Das liegt hier ganz idyllisch. Ganz von Bergen umgeben. Im Sommer muß es hier besonders schön sein. Einen Gärtner (Landser) haben wir hier auch. Viel Obst soll es hier im Sommer geben. Außer Aprikosen gibt es auch noch Äpfel, Birnen, Pflaumen und Gemüse in großer Anzahl. Das Schöne bei allen ist aber das tägliche Baden, Habe heute morgen auch gleich wieder ein Bad genommen. Jetzt kommen hier ja noch nicht viele Zivilisten zum Baden, aber im Sommer muß hier ein reger Betrieb sein. Das warme Wasser nehmen wir auch zum Zubereiten des warmen Essen und auch zum Kaffee und Tee. Es schmeckt sehr gut. Vor dem Kriege muß hier viel los gewesen sein. Es handelt sich um das Heilbad Therma. Wirst wohl auch schon davon gehört haben. Ist es doch weltbekannt. Morgen will ich erst mal daran gehen und meine Wäsche waschen. Ist doch etwas schönes wenn man immer warmes Wasser bei der Hand hat. Das

Sauberhalten des Bades macht mir auch Spaß. Heute haben wir unser Heim hergerichtet. Haben uns ein paar Borde für unsere Sachen zurecht gemacht. Mußte eben mal unterbrechen. Habe mal einen ordentlichen Schluck genommen von dem bekannten Uso. Schmeckte mir ausgezeichnet, war schön kalt. Getrunken habe ich hier noch nicht viel. Ich meine solange ich vom Urlaub wieder zurück bin. So'n großes Verlangen habe ich auch nicht danach. Aber das eine kann ich Dir sagen, wenn der Krieg mal zu Ende iost, werde ich nicht einen sondern mehrere Feiertage machen und auch etliche zu mir nehmen. Aber mit Dir zusammen. In Deinem letzten Brief fragst du, ob ich auch so lange zum Brief gebrauche. Kann Dir mitteilen, daß ich zu diesem Brief schon paar Stunden gebraucht habe. Bin nämlich alle Augenblicke gestört worden. Wir haben hier ein paar Spaßvögel die mich durch ihre Possen öfters vom Schreiben abgehalten haben, aber jetzt will ich doch sehen, daß ich mit dem Brief zu Ende komme. Wilhelm Müller hat schon 4 Briefe geschrieben und ich bin immer noch bei dem ersten, er hat aber ganz groß und viel freien Raum geschrieben. Und dann habe ich ihn auch in den Verdacht, daß er alles die gleichen geschrieben hat (also Schablone).
So mein lieber Buttje! Ich hoffe und wünsche, daß ich Dich bald wieder für immer in meine Arme nehmen kann. Halte dich also gesund und verliere nicht den Mut denn auch der Tommy wird eines Tages seine Bombardierung einstellen. Sei recht vielmals gegrüßt und geküßt von Deinem Willy. Willy und Harry auch Gruß und Kuß. An meine Eltern, Martha und Paul sowie Dora, Deine Mutter, Emil, Frieda und Harro auch einen schönen Gruß. Zu dem Brief von Deiner Mutter habe ich mich sehr gefreut.

Anmerkung:
Posse: derber lustiger Streich

65) Im Süd-Osten, 29. Januar 1944

Mein lieber Buttje!

Denke, daß ich heute wieder Post bekomme. Es war 2 Tage wieder ziemlich stürmisch. Aber gestern am Tage hat es sich wieder beruhigt. Vorgestern Nacht war es wieder ein Sturm, da war alles dran. Habe die Nacht zum ersten Mal hier an meinem neuen Ort Posten gestanden. Bin ganz schön durchgeweht worden. Sonst an und für sich geht es hier noch, denn wir liegen noch an einer ziemlich geschützten Stelle. Ganz von Bergen umgeben. Morgen wollte ich eigentlich mal eine kleine Bergtour machen. Ob es was wird weiß ich noch nicht, denn wenn ich von Dir Post bekomme, werde ich das Schreiben vorziehen. Auf dem einen Berg, der der höchste hier in der Umgebung ist, steht eine Kapelle. Es war vor dem Krieg ein beliebter Weg darauf. Beliebter ist wohl ein bißchen komisch ausgedrückt. Vor dem Krieg sind hier aus allen Ländern welche auf etliche Wochen im Bad gewesen und dann sind sie oben zur Kapelle hinauf gegangen um wohl zu beichten oder was sie sonst gemacht haben. Kenne mich mit dem religiösen Kram nicht so aus. Wird wohl so'ne Art Wallfahrtsort gewesen sein. Das Wetter ist am Tage eigentlich immer schön. Beim Sturm ist es allerdings etwas frisch aber kalt ist es nicht direkt. Auf der anderen Seite habe ich einen ganz schönen Klecks gemacht. Liegt aber an meiner Feder, die ist nämlich schon kaputt. Mit der Ausrede hätte ich früher in der Schule nicht kommen dürfen. Dann hätte es bestimmt etwas hinten drauf gegeben. Aber so schlimm wirst Du es wohl nicht mit mir machen. Bin ja zum Glück auch nicht in Deiner Reichweite. Zum Glück sage ich, würde schon gerne mal ein Fell voll von Dir einkassieren, wenn ich in Deiner Nähe sein könnte. Denn so schlimm wird es auch nicht werden. So'ne kleine Balgerei wäre doch auch mal ganz schön. Glaube auch, daß es mit einem netten

Abschluß enden würde. Oder glaubst Du es aber nicht? Hast vielleicht jetzt sogar Angst dich mit mir anzulegen. Ich meine wegen meiner Körperfülle. Werde hier nämlich als dick und vollgefressen angesprochen. Aber deshalb keine Angst. Wie Du auch wissen wirst, sind dicke Leute gutmütig. - Heute morgen ging es hier schon in aller Frühe hoch her. War die Nacht durch und auch des Morgens noch eine Übung. Als die Übung beendet war stieg natürlich alles ins Bad. Hatte dadurch fast den ganzen Morgen zu tun. Walter Krützfeldt ist immer noch nicht eingetroffen. So und nun will ich schließen. Nächstes Mal bekommst Du wieder einen längeren Brief Muß nämlich gleich essen. Und das kann ich doch unmöglich stehen lassen.

Also mein lieber Buttje! halte dich gesund und sei recht vielmals gegrüßt und geküßt von Deinem Willy. An Willy und Harry auch herzlichen Gruß. An meine Eltern, Martha, Dora, Paul sowie Deine Mutter, Emil, Frieda und Harro auch einen schönen Gruß.

Anmerkung:
so'ne: so eine
Fellvoll: Schläge mit der Hand auf den Hintern, das Fell versohlen

66) Im Süd-Osten, 30. Janaur 1944

Mein lieber Buttje!

Mit der Post ist es doch wohl nicht geworden. Es ist auch schon wieder Wind aufgekommen. Aber der wird auch nicht ewig dauern. Eines Tages wird dann auch wieder die Post anrollen. Wird dann auch ein ganzer Stapel sein. Also trösten wir uns bis dahin. Bekommst Du meine Post immer regelmäßig oder mußt Du auch so lange darauf warten? Hoffe doch, daß Du sie schneller erhältst. Heute morgen habe ich schon ordentlich geschafft. Habe allerdings ziemlich lange geschlafen. Und nicht nur geschlafen sondern auch seit langer langer Zeit mal wieder ganz nett geträumt. Kommt wohl daher, weil ich letzte Nacht auf einsamer Wacht mit meinen Gedanken, mal wieder wie so oft, bei Dir war. Möge doch der Traumgott Dir auch mal einen netten Traum bringen. Wie genügsam man doch geworden ist. Ist man doch schon mit einem Traum zufrieden. Wann mag es sein, daß man sich wieder ganz hat. Wenn man nicht die Hoffnung auf ein baldiges Ende hätte, könnte man auch verzweifeln. Geht doch jeder Tag uns vom Leben ab. Für Dich ist das Leben doch besonders schwer. Hast Du doch schon Jahre auf ein Leben verzichten müssen, wie es sich gehört. Man muß sich immer wieder fragen: „Warum". Verdenken kann man es eines Teils niemanden wenn sie das Leben leben wie es kommt. Ich selbst könnte mich allerdings nicht daran gewöhnen, glaube auch, daß es für den häuslichen Frieden später nicht gerade von Nutzen sein wird. Und wie viele gibt es auch hier, die sich mit Individien einlassen, wo vielleicht mal alles dran gewesen ist. Denn eine saubere Frau oder Mädel bekommt hier doch niemand. Sind doch die Griechen gerade in ihren Sitten sehr streng. Ein ordentliches Mädel wird sich auch mit niemanden einlassen. Und wenn sie es tut, kann sie für ihr späteres Leben auf die Freuden der Ehe ganz verzichten. Wenn eine Frau hier bei der Hochzeit nicht mehr unschuldig ist, kann der Ehemann die Ehe sofort wieder lösen. Wohl aus dem Grunde gibt es hier wohl auch so viele Homosexuelle. Denn all die jungen Leute kommen vor der Hochzeit schon gar nicht mal dazu miteinander zu verkehren. Bei uns soll es ja auch so sein, aber wo gibt es das noch? Von den strengen Sitten halte ich nichts. Denn ich stehe auf dem Standpunkt, daß man etwas natürliches nicht unterbinden soll. (Und wie sollen sich die jungen Leute überhaupt kennen lernen.) Man sieht doch hier wie auch bei den Klosterinsassen wo es hinführt. Die strengen Sittengefolge sind wohl auch hauptsächlich auf die Macht, die die Kirche auf die Menschen ausübt zurückzuführen, wer kann überhaupt darüber urteilen ob ein Mädel unschuldig gewesen ist oder nicht? Kann ein Mädel doch das leicht verlieren, woran die Sittenapostel erkennen wollen ob gebraucht oder nicht. Ich weiß nicht ob Du Dich an das Buch erinnerst, was wir mal gelesen haben. Es war von einem Neger geschrieben. Er selbst ist von seinem Stamm geflüchtet und zwar nach England. Seine Freundin wurde auch bei der Hochzeit als nicht mehr unschuldig überfuhrt. Ist dann wie alle anderen die sich gegen die „Sitten" verstoßen haben zur Ausgestoßenen gemacht worden. Auch hier hat es sich bewiesen, daß auch durch körperliche Arbeit das kleine Etwas einen Sprung kriegen kann, es ist auch möglich, daß der Ring hier auch sein Mögliches getan hat. Vielleicht ist vor dem Kriege garnicht so streng darauf gesehen worden. Es spricht aber eigentlich alles dagegen. Denn man sieht hier z.B. ein junges unverheiratetes Mädel überhaupt nicht in einem Lokal. Es ist schon selten, daß sich da eine Frau aufhält. Und wenn schon, dann in Begleitung ihres Mannes. Wie die jungen Mädels überhaupt ihre Zeit verbringen weiß ich nicht. Bin da noch nicht hinter gekommen. Denkst bestimmt, das interessiert mich besonders, nicht wahr? Ist aber nicht so, mich interessiert hauptsächlich die Sitten und Gebräuche der Griechen. Abends wenn es dunkelt oder dunkel ist, sieht man schon gar keine. Ob es Angst vor den Landser ist oder ob es auch vorher schon so war, ist mir nicht bekannt. Die jungen Leute (Männer) sieht man dagegen immer zusammen ob nur in der Kneipe oder sonst wo. So Pärchen wie bei uns sieht man schon garnicht. Das wäre höchstens wenn es ein verheiratetes Paar ist. So und nun will ich da doch mit aufhören. Wird dir doch mit der Zeit langweilig oder doch nicht? Denke doch daß es Dich auch interessieren wird, wie die Menschen hier leben. Es gibt hier auch Frauen (verheiratete) die für Brot oder Essen sich hingeben. Obwohl das jetzt wenig vorkommt. Denn ganz so schlecht lebt der Grieche jetzt nicht mehr. Wer will auch über eine Frau die sich vor allem für ihre Kinder dadurch zu essen anschafft, den Stab brechen. Nun bin ich schon wieder dabei. So und nun will ich da weiter schreiben wo ich angefangen bin. Und zwar wie ich den heutigen Tag verbracht habe. Nachdem ich heute die Höhe gekriegt habe bin ich gleich ins Bad gestiegen, habe mich rasiert und die Wäsche die ich ausgezogen habe gleich gewaschen. Das Waschen macht hier direkt Spaß. Wird sie doch hier wo man das warme Wasser aus erster Hand hat, so schön sauber. Habe jetzt meine Unterwäsche wenigstens wieder schön sauber und schön weiß gekriegt. Einmal schön genügt nicht. Habe auch festgestellt, daß Du nicht allein das Wort „man" so oft gebrauchen kannst. Habe es schon oft gebraucht, daß es direkt auffällt. Nach den Baden und Waschen bin ich dann erstmal an den Frühstückstisch gegangen. War inzwischen schon ½ 10 Uhr geworden. Aber es lohnte sich doch noch. Gab es heute Kuchen. Hatten heute Rolladen. Schmeckte sehr gut. Um mich rein hausfräulich zu benehmen habe ich dann meine Wäsche vorgenommen und sie ausgebessert. Bin bis zum Mittagessen aber nicht fertig geworden. Mußte meine Arbeit also unterbrechen und erst Mittagessen. Es gab Kartoffeln, Gulasch und Apfelmuß. Willi Müller meinte, wenn es uns nicht Salz genug wäre, könnten wir uns noch abends ranmachen. Sein Glück, daß wir alle so menschenfreundlich sind, sonst hätte er doch Keile gekriegt. Er hatte nämlich des Guten zuviel getan. Ich hatte ja erst die Absicht, heute eine kleine Bergtour zu machen, habe es aber vorgezogen, meine Strümpfe zu stopfen und Dir diesen Brief zu schreiben. Inzwischen habe ich schon Abendbrot gegessen. Bin heute Nachmittag öfter beim Schreiben unterbrochen worden. Hatten einige Badegäste die ohne einen Klöhnschnack unsere Stätte nicht verließen. Interessanter ist ja ein Brief wenn er Neuigkeiten erhält.

Würde dir ja auch gern welche mitteilen, aber in unserer gottverlassenen Gegend passiert nichts Neues. Wann der Krieg aus ist kann ich dir nicht sagen und das wirst Du auch wohl viel eher zu wissen kriegen als ich. Ich kann Dir nur wie schon so oft mitteilen, daß ich große Sehnsucht nach Dir und den beiden Jungs habe und schon mit großer Ungeduld auf das Ende des Krieges warte.

So mein lieber Buttje ich hoffe, daß Du diesen Brief bei guter Gesundheit erhältst und Dir dieser Brief obwohl er weiter nichts Neues gebracht hat, Freude bereite. Ist Willy und Harry schon wieder gesund? Will es doch hoffen. Mir geht es auch noch gut. Halte dich also munter und sei du sowie Willy und Harry recht herzlichst gegrüßt und geküßt von deinem Willy und Eurem Papa. An meine Eltern, Martha, Paul, Dora sowie deine Mutter, Emil, Frieda, Harro, Hans und Alwine, Fiede, Johanna und Karl-Heinz auch einen schönen Gruß.

Anmerkung:
Klönschnack:Gespräch, sich unterhalten.

23) Im Süd-Osten, 31. Janaur 1944

Mein lieber Buttje!

Heute habe ich die kleinen Gummischuhe umgesetzt. Das was ich dafür haben wollte, habe ich ja nicht gekriegt. Aber 4 Kilo Mandeln geht ja auch noch. Habe da lange genug mit rum gehandelt. Für Willy und Harry habe ich auch ein Päckchen abgeschickt. Waren es doch ihre Schuhe also müssen sie auch etwas dafür haben. Bleibe gesund und vergesse nicht eines Tages wird uns auch die Sonne wieder scheinen. Es grüßt und küßt Dich vielmals Dein Willy.

Anmerkung:
Beizettel zu einem Paket

67) Im Süd-Osten, 01. Februar 1944

Mein lieber Buttje!

Heute habe ich 3 Päckchen aufgegeben. Sind in allen 3 Mandeln. Rosinen und Feigen sind garnicht mehr zu haben. Müssen schon die neue Ernte abwarten. Hoffe aber bis dahin wieder im Hause zu sein. Die kleinen Gummischuhe habe ich verkauft und dafür die Mandeln bekommen. Post ist immer noch nicht angekommen. Für Willy und Harry habe ich je ein Päckchen davon zurecht gemacht und eins für Dich. Etwas müssen die Beiden doch auch haben. Waren es doch ihre Schuhe. 2 Zulassungsmarken lege ich auch bei. Wollte sie erst garnicht schicken, denke aber, daß Du sie doch vielleicht gebrauchen kannst, wenn Du mal etwas für mich aufgetrieben hast. Also für etwas Eßbares, was Du Dir abknappen mußt sind sie nicht, Bitte das zu beherzigen. Haben wir doch mehr zu essen wie Ihr. Heute bin ich mit dem Rad in die Stadt gefahren (was man so Stadt nennt). Das Wetter war herrlich, bin direkt in Schweiß gekommen. Finde doch, daß man auch mit dem Rad die landschaftlichen Schönheiten in sich aufnehmen kann. Habe heute eigentlich zum ersten Male gesehen, wie das kleine Städtchen von der anderen Seite hübsch aussieht. Richtig Flachland gibt es hier überhaupt nicht. Ein Berg löst den anderen ab. Überall auf den Feldern waren die Bauern beim Pflügen oder beim Instandsetzten der Weingärten. Zum Pflügen haben sie hier noch den Holzpflug. Habe im ganzen Balkan auch noch keinen anderen gesehen. Nach dem ich meine Sachen alle erledigt hatte, habe ich mich wieder auf dem Rückweg gemacht. Hatte aber eben 5 - 600 Meter zurückgelegt da ging mir aus dem Hinterrad die Luft aus. Habe den Schaden gleich untersucht und auch einen Dorn im Reifen gefunden. Ein Unteroffizier der bei uns draußen war und zu Mittag wollte, trat, nachdem er sich den Schaden angesehen hatte, mir sein Rad ab und nahm dafür mein um es gleich reparieren zu lassen mit. Ich war natürlich baff, hatte das doch nicht erwartet. Der Unteroffizier hatte allerdings nicht mehr weit zu gehen aber trotzdem hätte es doch nicht jeder getan. Ich hatte aber noch gut eine Stunde Weg vor mir. Bin dadurch wenigstens noch zur rechten Zeit gekommen, denn unser Wachhabender mußte nachmittags zur Komp. und wollte das Rad benutzen.

So mein lieber Buttje! Muß jetzt schließen, will noch schnell eine Stulle essen und dann beginnt mein Dienst. Halte dich also munter und sei Du sowie Willy und Harry recht herzlich gegrüßt und geküßt von Deinem Willy und Eurem Papa. An meine Eltern, Martha, Paul, Dora sowie Deine Mutter, Emil, Frieda und Harro auch einen schönen Gruß.

Anmerkung:
baff: erstaunt
Stulle: Scheibe Brot

Kopie eines Originalbriefes vom 28.07.1944

dort zusammensein mit den Kindern gehabt habe, denn
doch nur I nur Sorge um Euch. Ich kann es alles verstehen,
wenn die mir rückführt. Die Kinder sind schon alle Miß-
pflichtvoll. Die brauchst sie zu mir nicht mit nach Hamburg
zu nehmen. Ich wäre froh, wenn dies die Deutschen nur
wissen wünscht. Ganz Jahre Unruhe würde man doch
nicht sein. Hinnen doch vor kurzen noch wieder Angriffe
auf Hamburg. Auch gestern gab der Wehrmachtbericht Dies, daß
auf Hamburg bomben gefallen wurden. Jedesmal überrund
mir einen Schrek und ich bet zur nächsten Benachrichtigung
ein Ruhe. Meine liebe Lieschen, wenn ich dir dieses spreche,
dann habe ich nicht den Absicht dir einen Vorwürfe zu machen.
Ich spreche dir dort das alles nur, weil ich in Sorge um
Euch bin. Wie kann es nämlich noch schwer Dieses leben
kommst so sie alt wirst, das Schicksale sein bestehen nie-
gebrannt. Dieß braucht oder ich nicht zu sein. Ich brauche
ehrlich zu dir und will dir nur fraer sagen: Ob Euch
oder nicht mir wichtig ist, kann man im voraus nicht
wissen, dies ergibt immer erst die Wiederhere. Und doch die
mich ....das beste willst, weiß ich dorum. Ich habe dir bis
habe doch immer frei Hand gelassen und dies es ist auch.
Ich habe Dich nur einen Wunsch gesagt. Also ich bit sein
unguts, wenn ich mich nicht richtig ausgedrückt habe. –
Was geht es mir noch immer gut, wenn ich mich vor der
pues Will, und Harry hoffe. – Hoffentlich sind die letzten Alarme
für Euch alle gut .....laufen. Dürulel Ofer frag Dich alle
vergessene Freunden, er Du noppfred wie vellen Liebe.
Aber so einen flaschen geht es wohl noch mehr. – Ich breputed
gerrncht so nicht zum Spreiben aufgelegt. Ein wunde,
habe wening Schlaf gehabt letzte Nacht. Mochte .... freite
mit diesen Zeigen auch zufrieden sein, der einige nicht
schon wieder laffor sein. Also meine liebe Lieschen haller dir
gesund und grüße Will und Harry von mir. Zu der Hoffnung, daß wir und recht bald wiedersehen grüßt und
küßt dir vielmals deine Will. An meiner klaren Monika
tarre, deren Mütter, fruit, pieter und ferre auch einen schön
Gruß.

1 - Hochzeit 1931

2 - Minna, Willy, Harry und Vater Willi

3 - Die Geschwister Hans, Martha, Hinrich und Willy

4 - Fußballmannschaft Hansa 11 mit Willy 2.v.r.

6 - Auf dem Heuberg 1943

5 – Minna Ladiges

7- Im Luftschutzbunker
"Paulinenenallee 60"

8 - Minna und Willy mit ihren Freunden Hugo und Emmi Schmidt

9 - Willy Karl Adolf Ladiges

10 - Minna mit Harry und Willy

13 - Postkarte aus Thessaloniki

12 - Willy in Uniform (links)

11 - Auf Lemnos (Willy links)

14 - In Griechenland (Willy 3.v.r.)

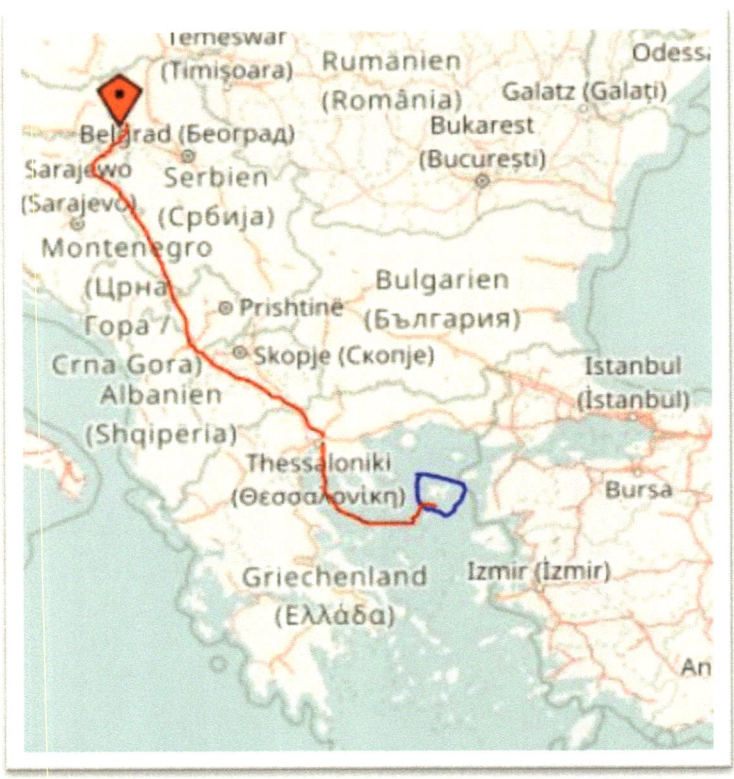

Quelle: www.openstreetmap.de

Sehr warhscheinlich nahm das Battalion, dem Willy Ladiges zugeteilt war, dieser Route von Limnos aus, um nach Deutschland zurück zu kehren.

Leider kam das Battalion nur bis kurz hinter Belgrad, wo es mit einem jugoslawischen Großangriff konfrontiert wurde.

Ein Großteil der Soldaten aus diesem Battalion fiel in der Gegend von Lovas, 100 km westlich von Belgrad.

68) Im Süd- Osten, 05. Februar 1944

Mein lieber Buttje!

Am 3. Februar bekam ich ein kleines Päckchen mit Zigaretten von Andreas und am gleichen Tage auch das Paket von Walter Krützfeldt. Ich wußte von seiner Ankunft ja schon ein Tag vorher. Ich war gerade auf dem Wege von unserer Komp. zu meinem Spili (Haus) als er mit einem Lastwagen an mir vorbei fuhr. Abends hat er auch noch bei mir angerufen. Es paßte sich ganz schön, daß er am andren Tage noch etwas zu besorgen war, konnte das Paket gleich abgeben und ihn auch sprechen. Er war ziemlich niedergeschlagen. Erstmal wegen der langen Fahrt und dann hat er mit seiner Frau auch wieder einmal eine Enttäuschung erlebt. Der arme Kerl hat aber auch zu viel Pech mit den Frauen. Ist es doch schon seine 3. Frau. Entzweit haben sie sich nicht. Brauchst auch nichts zu sagen, wenn Du sie mal treffen solltest. Zu dem Paket habe ich mich sehr gefreut. Meinen besten Dank auch dafür. Ich werde versuchen für all die schönen Sachen etwas Vernünftiges einzukaufen. Damit auch Du für die Laufereien die Du gehabt hast, belohnt und auch Freude hast. Wieviel Zigarettenpapier hast Du mitgeschickt? Waren es 50 Stck. oder waren es noch mehr? W. Krützfeldt hat in S. welche rausgenommen um für mich Tabak zu kaufen, er weiß aber nicht mehr wie viel er rausgenommen hat. Gestern habe ich nun auch endlich wieder Post von Dir bekommen. Es waren die Briefe vom 12., 14. und 16. Januar. Also Nr. 43, 44 und 45. Habe Deine Briefe bis jetzt alle der Reihe nach erhalten. Auch für Deine Briefe meinen besten Dank. Ich bekam mit Deinen noch folgende Post. Briefe von Martha, Hinni, Frieda und Emil, Emi Riehn , Emil Kahns und eine Karte von Hans aus Delmenhorst. Daß Du öfter und vor allen dingen, wenn Du lange keine Post von mir bekommen hast, nicht recht weiß was Du schreiben sollst, kann ich verstehen, geht es mir doch auch manchmal so. Brauchst aber keine Angst zu haben. Hier ist noch alles ruhig. Es geht mir auch immer noch gut. Das Zigarettenpapier welches im Brief war, habe ich auch bekommen. Von Martha und Frieda habe ich auch welches bekommen. Vielleicht bekomme ich noch Feigen, mal sehen was sich machen läßt. Mit der Post wird es jetzt auch wohl geregelter zu gehen. Habe gehört, daß jetzt jeden Freitag Post kommt und auch von hier weggeht. Wenn es auch nur einmal in der Woche ist, so ist es doch besser, man weiß, daß einmal Post kommt und geht. Auch für Dich ist es doch eine Beruhigung. Wenn Du auch 8 Tage warten muß, so wirst Du dafür aber gleich mit ein paar mehr Briefe bedacht werden. Ich werde mein Möglichstes tun. Die letzten Tage habe ich wenig Zeit gehabt, wollte diesen Brief schon gestern schreiben. Ein Radio haben wir hier nicht. Gibt hier überhaupt nicht viel davon. Posten habe ich allerdingst jede Nacht gestanden auch jetzt noch. Am Tage habe ich aber jetzt außer ein paar Arbeiten frei. Heute Mittag bin ich schon mit diesem Brief angefangen mußte aber wieder damit aufhalten. Hatten einen ganz großen Betrieb heute bei uns. War von um 2 bis um 6 Uhr im Bad beschäftigt. Morgen werde ich wohl den ganzen Tag schreiben müssen. Aber das wird nicht so schwer sein, denn ich habe ja allerhand zu beantworten. Von Anna Jung ist es ja nett, daß sie dir all die schönen Sachen geschickt hat. Werde Ihr in den nächsten Tagen mal schreiben. Aber sonst hoffe ich, daß Du all die schönen Sachen behalten wirst. Ich muß dich doch in den netten Sachen auch noch bewundern. Und hoffentlich recht bald. Wird es doch auch mal Zeit, daß Ihr endlich mal von den Flugzeugen verschont bleibt. Ist man doch selbst auch immer unruhig. Ob Du nun noch zu Fiede und Johanna ziehst, mußt Du selber wissen. Ich sehe es allerdingst lieber, wenn du in Hamburg bleibst. Mit Johanna ist auf die Dauer doch kein Auskommen. Wirst Dich da durch vielleicht auch noch mit Fiede erzürnen. Und dann besteht da draußen vielleicht noch viel eher eine Gefahr bei den Angriffen. Für die Kinder wird es da draußen ja ganz schön sein aber mit Johanna sehe ich auch schon wegen der beiden Jungs schwarz. Möchte dir aber nicht darein reden, lasse dir darum vollkommen freie Hand. Für meine Eltern wäre es ja auch vielleicht ganz gut, wenn sie ihr Heim wieder für sich haben. Glaube aber, daß sie dich und die beiden Jungens eben so gerne so lange bei sich behalten, bis es mal zu Ende ist. Wenn ich auch erst wieder bei dir bin wird es ja sowieso alles anders werden. Ich glaube auch, daß es nicht mehr solange dauert. Deine Mutter kann ganz beruhigt sein, gelacht habe ich nicht über ihren Brief. Im Gegenteil ich habe mich sehr dazu gefreut. War es doch ihr erster Brief. Daß Du Dich gefreut hast, als Du nach 8 Tagen meine Post bekam kann ich mir vorstellen. Geht es mir doch genau so wenn ich von Dir Post bekomme. Hast Du nun die fehlenden Briefe von mir schon erhalten? Zwischen den einzelnen Briefen die von mir und Dir gehen liegt doch immer eine ganze Zeit Ich weiß nämlich garnicht mehr was ich in den einen Brief geschrieben habe. Du schreibst von wegen energisch Bescheid sagen. Man schreibt doch zu viele Briefe. Von jedem Brief kann man auch schlecht eine Abschrift machen. Auf Deinen nächsten Brief der meinen 8 seitenlangen Brief beantwortet bin ich jetzt schon gespannt. Daß Du meine Briefe nicht zeigst macht doch nichts, sind sie doch auch nur für Dich geschrieben. Und dann schreibe ich doch auch an meine Eltern öfter. Angst brauchst Du nicht zu haben, daß ich im zunehmenden Alter so quarckig werde. Bin ich dann, abgesehen von den kleinen Streitigkeiten die doch wohl in der besten Ehe vorkommen, so gewesen? Sollte es aber doch so sein, werde ich mich befleißigen diese schlechte Angewohnheit abzulegen. Ich glaube nicht, daß sich meine Eltern so ausgesprochen haben, wie wir es tun. Macht doch wohl die Zeit und Erziehung. Mein Vater mußte als Schuljunge schon beim Bauern von morgens früh bis spät arbeiten. Waren dann noch 11 Kinder im Haus. Was sollten die Eltern da schon groß sich ihren Kindern widmen. Und meine Mutter hat doch überhaupt kein Zuhause gekannt. Ist doch ihre Mutter und auch ihr Vater schon so früh gestorben. Sie ist doch in ihren Schuljahren und auch in den folgenden eigentlich immer bei fremden Leuten gewesen. Es ist doch nur immer mit ihr rumgestoßen worden. Meine Mutter hat uns früher mal davon erzählt. Sie hat dabei in einer Tour geweint und uns kamen dabei natürlich auch die Tränen. Wenn man da über nachdenkt, was haben meine Eltern abgesehen von ihren ersten Ehejahren schon groß gehabt. In ihren besten Jahren sind sie auch durch den Weltkrieg nicht beisammen gewesen und die Jahre nachher waren auch danach (?). Mein Vater hat doch immer wieder versucht auf einen grünen Zweig zu kommen. Aber was nutzte in den Jahren nach dem Kriege schon die ganze Kraft die er daran setzte. Denn Krieg und Inflation haben doch die meisten Menschen fertig gemacht. Mein Vater ist ohne Übertreibung meinerseits, ein guter Kerl und vor allen Dingen uns immer ein guter Vater gewesen. Er hat doch für uns getan was er konnte. Er hat auch in der Vorkriegszeit viel Pech gehabt. Ich glaube das alles trägt doch zu allem bei. Natürlich hat die Veranlagung auch viel zu sagen. Aber trotz allem hat er meine Mutter doch immer gerne gehabt. Genug Beispiele hat er doch gegeben. Auch dieser Krieg hat meinem Vater natürlich bös mitgenommen. Jetzt wo das Geschäft einigermaßen gut ging ist es wieder so weit, daß alles hinüber gehen kann. Bei uns ist doch alles etwas Andres. Ist doch der Gedankenaustausch schon, man kann wohl sagen, ein Fortschritt. Kommt doch hauptsächlich daher weil wir eine andere Erziehung und vor allen Dingen durch eine andre Zeit gegangen sind. Und ich glaube auch, komme was da will, wir werden das Leben schon meistern. Wenn 2 Menschen wissen was sie wollen und sich zugetan sind werden sie es auch schaffen. Und mag die Zeit auch noch so schlecht sein. Eine harte Prüfung haben wir schon hinter uns. Man sagt doch, nach einer schlechten kommt auch wieder eine gute Zeit. Und ich glaube auch, daß uns auch bald wieder die Sonne scheinen wird. Man würde doch schon zufrieden sein, wenn erstmal der Krieg zu Ende ist und wir uns wieder ganz haben, nicht wahr? Hinni schrieb mir, daß er jetzt bei seiner neuen Komp. angelangt ist und auch die Uniform vom Malaria-Haufen trägt. Sein Brief ist schnell übergekommen. Wie haben jetzt auch eine Winteruniform bekommen und zwar die Feldgraue. Es wurde aber auch Zeit, denn ich habe alle Augenblicke meine Hose nähen müssen, weil sie mir zu eng geworden ist. Eine Afrika-Uniform haben wir aber behalten. Ich habe mich schon so daran gewöhnt, daß ich die Alte doch viel lieber trage.

So mein lieber Buttje! Nun bin ich doch so bei kleinem mit meiner Weisheit zu Ende. Vielleicht muß ich die ersten 4 Seiten noch mal schreiben. Ein Kamerad hat sich so dummerhaftig angestellt und seinen Tee über meine Post gegossen. Ich hatte doch einen ganz schönen Zorn. Aber das hilft ja alles nichts. Muß mal abwarten wenn es trocken ist, vielleicht geht es ja auch noch so. Was macht Deine Erkältung denn? Ich hoffe doch, daß du sie wieder los bist und es Dir und den beiden Jungs noch gut geht.

So mein lieber Buttje, lasse Dich nicht unterkriegen und bleibe gesund. Sei Du sowie Willy und Harry recht herzlichst gegrüßt und geküßt von Deinem Willy und Eurem Papa. An meine Eltern, Martha, Paul, Dora sowie Deine Mutter, Emil,. Frieda und Harro auch einen schönen Gruß. Gleichfalls an Familie Nerlich und Familie Kahns.

Anmerkung:
Uniform/Malaria-Haufen: Tropenuniform

69) Im Süd-Osten, 09. Februar 1944

Mein lieber Buttje!

Ich habe gerade Mittag gegessen und ein bißchen aufgeräumt. Meine Kameraden haben sich schlafen gelegt. Ich will die Zeit nutzen und dir ein paar Zeilen schreiben. Bin die ganze Woche noch nicht dazu gekommen. Habe jeden Tag allerdings geschrieben. Hatte allerhand zu beantworten. Einen Brief habe ich noch und zwar Emil Kahns seinen, werde ihn vielleicht heute noch schreiben. Gestern habe ich ein Kilo-Paket mit Oel für Frieda und Deine Mutter zurecht gemacht. Denke doch, daß du noch welches hast. 2 Dosen Oel will ich diese Woche noch kaufen. Eine wollte ich für Martha und eine für Dich zurecht machen. Frieda und Martha haben mir immer etwas geschickt. Habe deshalb gedacht ihnen auch mal Oel zukommen zu lassen. Hoffentlich hast Du nun nicht alles weggegeben. Hätte dir sonst erst eine Dose geschickt. Kocht Ihr im Hause, ich meine Dich, meine Mutter und Dora eigentlich zusammen? Wenn nicht, müßte ich meiner Mutter ja auch mal welches geben. Ich nehme aber an, daß Ihr zusammen wirtschaftet. Die Tabletten habe ich noch nicht an die Wand gedrückt. Denke aber, daß ich sie noch los werde. Eins habe ich im letzten Brief ganz vergessen. Ich wollte mich für die hübschen Bilder schon bedanken. Ich habe mich dazu am meisten gefreut. Es sind einfach herrliche Aufnahmen. Wenn ich sie heil wieder mit nach Hause bekomme, werde ich sie später mal einrahmen lassen. Die Sonne schien erst so schön. Habe mir deshalb einen Tisch rausgestellt und habe draußen geschrieben. Bin aber doch wieder ins Zimmer gegangen. Wenn die Sonne mal verschwindet, ist es doch ziemlich frisch. Das Wetter ist hier immer noch windig und frisch. Am Tage meistens Sonnenschein. Letzte Nacht hat es sogar etwas geregnet. Wir haben jetzt auch eine Wintergarnitur gekriegt. Die feldgraue Uniform. Man kann sie jetzt auch noch gebrauchen. Denn die Tropenuniform kühlt eher als daß sie wärmt. Gestern habe ich hier den Koch gemacht. Unser Koch war zur Stadt. Einer mußt ja kochen und da bin ich dazu ausersehen worden. Wohl hauptsächlich weil ich öfter über das Essen gemeckert habe. Der Koch hätte sich, glaube ich, gefreut, wenn das Essen daneben geraten wäre. Als ich ihm nach dem essen fragte ob es ihm geschmeckt, sagte er, ihm wäre es gleich wie es schmeckt er ißt alles. Auf den Standpunkt stehe ich nun mal nicht. Denn wenn man sich schon Essen kocht, muß man sich das auch, wenn es geht, geschmackvoll zubereiten. Wie ich es fertig gekriegt habe ein einigermaßen gutes Essen auf den Tisch zu kriegen, interessiert dich wohl nicht, nicht wahr? Ich hatte frisches Fleisch zur Verfügung und vorgesehen war eine Reissuppe. Vom Gärtner habe ich mir ein paar Stangen Porree geholt. Es sind ganz lange, dicke. Habe solche bei uns noch garnicht gesehen. Den Porree also geschnitten und in den Topf hinein, d.h. in die Töpfe. Mit einem kommen wir Verfressenen nicht aus. Zwiebeln habe ich auch paar dran gemacht. Das Fleisch habe ich in kleine Stücke geschnitten. Das Schneiden hat eigentlich außer dem Kochen die meiste in Anspruch genommen. Nachdem mir ein Grieche das Messer geschärft hatte, ging es aber besser. Wie er das Messer so scharf gekriegt hat ist mir ein Rätsel. Hat er doch nur mit Hilfe eines einfachen Steins gemacht. Das Fleisch also in den Topf zu den anderen Sachen und dann aufs Feuer. Ins Kochen ist es schnell gekommen nehmen wir doch zu allem das Wasser aus dem Bade. Ist immer schon ziemlich warm. Habe alles so lange kochen lassen bis das Fleisch gar war, dann habe ich den Reis und die Kartoffeln drangemacht. Etwas Gewürz, Maggi und ein bißchen Fett habe ich auch noch zugegeben. Das Abschmecken habe ich natürlich nicht vergessen. Um 12 Uhr war das Essen fertig und es gab natürlich nur ein Lob. Was eine Angabe wirst Du bestimmt sagen, nicht wahr? Man freut sich doch wenn

das Essen gut gelungen. Verstehe jetzt auch warum Du öfter gefragt hast, „schmeckt es dir auch". Und ich habe Dir so selten ein Lob erteilt. Nicht daß das Essen mir nicht geschmeckt hat, nein ich habe da nur nicht über nachgedacht.. Obwohl doch jeder für seine Arbeit gerne ein Lob einheimst. Hast du inzwischen schon wieder Post von mir bekommen. Ich rechne da Freitag wieder mit. Und wie geht es dir und den beiden Jungs sonst noch? Ich hoffe doch gut. Mir geht es noch gut- Wie lange ich hier bleibe weiß ich noch nicht, es wird gemunkelt, daß unsere Komp. nach einem anderen Ort der Insel soll. Na, wollen es abwarten. Die kleinen Päckchen die ich Dir geschickt habe, kannst Du zusammenfalten. Kannst sie dann leicht als Päckchen schicken. Und wenn Du etwas Bindfaden hast, schicke mir doch welches. Habe fast gar keine mehr. Kannst du die gebrauchten nicht wieder zurückschicken?
So mein lieber Buttje! Nächstes Mal mehr. Halte dich gesund und halte Dich munter. Es grüßt und küßt Dich sowie Willy und Harry Dein Willy und Euer Papa. Herzlichen Gruß auch an meine Eltern, Martha, Paul, Dora, Deine Mutter, Frieda, Emil und Harro. Auch an Alwine und Hans sowie an Fiede und Johanna einen schönen Gruß.

70) Im Süd-Osten, 11. Februar 1944

Mein lieber Buttje!

Heute erhielt ich Deine Briefe vom 21., 23. und 31. Januar. Nr. 47, 48 und 51. fehlen also noch 46, 49 und 50, denke, daß ich sie morgen erhalte. Die Briefpost geht einmal die Woche mit dem Flugzeug. Die ich heute erhielt sind gestern außer Fahrplanmäßig gekommen. Kann meinetwegen öfter passieren. Für Deine Briefe meine besten Dank. Daß du die Päckchen von Nr. 8-10 und das Kilo- Päckchen erhalten hast, freut mich. Die fehlenden Päckchen Nr. 6, 7 und 11 werden wohl auch noch überkommen. Eigentlich komisch, die Päckchen sind doch mit mehreren zusammen aufgegeben. Ist aber ja möglich, daß einige unten liegen geblieben sind. Heute habe ich 2 Kilo-Pakete zurecht gemacht, sind beide mit Oel. Eins für dich und das andere für Martha. Wie es nachher mit dem Schicken wird, weiß ich noch nicht. Es wird nämlich gemunkelt, daß wir nach einem anderen Ort sollen. Wie es dort mit dem Einkaufen steht, ist mir nicht bekannt. Na, wollen mal sehen, bis jetzt ist es noch nicht so weit.Wenn die Post weiter mit dem Flugzeug geht, kann man eigentlich zufrieden sein. Sind die Briefe doch nicht gar so alt. Wenn Du so große Schwierigkeiten mit dem Anschaffen von Zigarettenpapier hast, muß Du es sein lassen. Schön ist es ja gerade nicht, wenn Du um jedes einzelne Blättchen betteln mußt. Sonst glaube ich doch, daß Oel, Seife, Rosinen, Feigen und Mandeln eine gute Hilfe für Dich sind. Und gerade Zigarettenpapier ist das beliebteste Tauschmittel. Für Martha habe ich ein Päckchen mit Zigaretten abgeschickt. Wollte für dich auch noch eines schicken, habe aber noch keine Marketenderware für Januar bekommen. Na, ich werde aber an Dich denken. Wirst wohl jetzt auch die von mir geschickten erhalten haben. Über meinen Urlaub habe ich schon so oft geschrieben , aber etwas Neues kann ich Dir leider auch jetzt noch nicht mitteilen. Wird damit auch nichts werden. Die Bombenbeschädigten sind ja noch nicht mal in Urlaub gefahren. Wenn es so weiter geht, sind wir im nächsten Jahre noch nicht soweit. Dein Bericht von dem Theaterstück war ganz gut. Lese so etwas ganz gern. Ich würde dir auch so etwas berichten aber leider gibt es hier kein Theater. Ab und zu läuft hier mal ein Film. Letzte Woche gab es den Film „Das große Spiel". Ich bin schon eine ganze Zeit nicht mehr zur Filmvorführung gewesen. Für unsereinen der des Nachts Posten stehen muß, ist es immer schlecht. Und jetzt ist der Weg dafür doch ein bißchen zu weit. Ich denke gerade daran.

Du brauchst auf meine Briefe keine Luftpostmarken aufkleben. Wir sind hier nicht für Luftpost zugelassen. Wenn die Post jetzt trotzdem mit der Luftpost geht, brauchst Du deshalb aber keine Marken aufkleben.
12.2. Habe den Brief doch nicht mehr fertig gekriegt. Und Post habe ich heute auch nicht mehr abbekommen. Na, trösten wir uns. Jeden Tag Post wäre auch zuviel verlangt. Werde dafür das nächste Mal mit einem reichen Postsegen bedacht. Daß Du Dich zu den 6 Briefen die Du auf einmal nach der langen Warterei bekamst, gefreut hast, glaube ich Dir. Du schreibst Dir fehlen noch die Briefe Nr. 36 und 46 dabei sind sie auf meiner Liste schon abgestrichen. Ob es meinerseits ein Irrtum ist kann ich noch nicht sagen. Werde es aber mal nachprüfen. Von Dir fehlen mir noch die Briefe Nr. 46 und 49 und 50. Das gemeine dabei ist, daß gerade der 10 seitenlange Brief dabei ist. Sonst überkommen kann er ja noch. Die 24, die ich auf alle Post schreibe, ist nur wegen der schnelleren Beförderung. Wirst es wohl auch schon in der Zeitung gelesen haben. Also aus dem Geschmiere bist Du immer noch schlau geworden. Na dann geht es ja. Habe mir bei Martha's und Pauls Briefen auch nicht mehr Mühe gegeben. Wenn Du es nicht glaubst, kannst Du sie Dir ja mal zeigen lassen. Für das Geschmiere kann ich nichts, saß etwas zwischen der Feder. Ich setze mich meistens mit dem Vorsatz zum Schreiben hin, schön leserlich zu schreiben. Aber wenn man dann erstmal dabei ist wird es doch nichts. Wenn einem dann gerade etwas eingefallen ist, schreibt man dann gerade etwas schneller um ja den Faden nicht zu verlieren. Als Besserung für die Schmiererei mußt Du doch noch etwas anderes Dir aussinnen. Denn für die angekündigte Strafe bin ich gerade nicht bange. Im Gegenteil. Werde auch mein möglichstes tun um bei Kräften zu bleiben. Werde sie wohl nachher gebrauchen müssen. Eier essen wir noch jeden Tag. Und zwar jeden Abend mit Oel in der Pfanne. Letze Woche als ich Verpflegung geholt habe,

bekam ich für jeden 100 (für den Monat) mit. Ich glaube Ihr würdet zufrieden sein, wenn Ihr die Hälfte davon bekommen würdet, nicht wahr? Ein paar Mal haben wir schon Milch gekauft und haben uns Pudding gemacht. Auch morgen gibt es wieder welchen. Kuchen haben wir von Weihnachten ab jeden Sonntag gekriegt. Über die Verpflegung kann man nicht klagen. Und wenn man selbst kocht, ist es auch noch besser, kann man doch auch mal etwas kochen was man sonst so leicht nicht vorgesetzt bekommt. Vertragen kann ich das gute Essen und auch die vielen Eier. Machen mir aber nichts. Verdauungs - und sonstige Beschwerden habe ich aber dadurch aber auch nicht. Brauchst keine Bange zu haben. Zugenommen habe ich glaube auch schon wieder. Gestern zum Paßbilder machen, habe ich einige extra bestellt. Hoffentlich werden sie diesmal etwas. Werde Dir natürlich auch ein davon schicken. Kannst dann ja anhand des Bildes feststellen ob ich dicker geworden bin. Meine Kameraden die ich lange nicht gesehen habe sagen immer ich wäre schon wieder dicker geworden. Richard Heinitz hat sich eigentlich überhaupt noch nicht verändert. Ist fast gar nicht dicker geworden. Vielleicht haben diejenigen die nicht zunehmen, vorher auch schon so ein geregeltes Leben gehabt. Bei mir hat die viele Arbeiterei doch viel ausgemacht. Na, zum Schaden ist es ja nicht. Wer weiß was man noch alles durchmachen muß, hat man dann doch etwas zum Zusetzen. Und leiden wirst du mich deshalb wohl auch noch mögen. Oder sagt Dir ein dicker Mann nicht zu? Wir haben schon wieder seit ein paar Tagen Sturm. Und heute hat sich der Sturm noch verdoppelt. So schlimm habe ich es noch nicht erlebt. Man kann getrost von einem Orkan sprechen. Wir haben schon Angst gehabt, daß unser Haus weg weht. Vom Dach ist auch schon alles mögliche herunter geweht. Habe eben gerade einige Fenster befestigt. Wären uns bald weg geweht. Ja der Wind hat es mal wieder in sich. Ich bin schon paar mal so'n bißchen eingenickt. Habe

letzte Nacht nicht viel Schlaf gehabt und am Tage immer auf den Beinen gewesen. Werde mich auch gleich etwas hinlegen. Vielleicht habe ich auch wieder einen schönen Traum. Ein kleines Päckchen mit Seife werde ich morgen auch für Dich zurecht machen. Ich habe erst gedacht, ich könnte morgen einige kleine Päckchen mit Feigen für Dich packen, aber da wird leider nichts daraus. Ein Kamerad wollte mir welche mitbringen, ist aber noch nicht damit übergekommen. Müssen wir eben warten. Na das haben wir ja schon gelernt. So mein lieber Buttje! Hoffentlich kannst Du nun auch aus allem schlau werden. Halte dich also gesund und munter und sei Du sowie Willy und Harry recht vielmals gegrüßt von Deinem Willy. An meine Eltern, Martha, Paul, Dora sowie Deine Mutter, Emil Frieda und Harro auch einen schönen Gruß.
Lege 2 Zulassungsmarken bei.
Denke doch mal an Bindfaden. Der alte wird sich auch bestimmt noch mal verwenden lassen.

71) Im Süd-Osten, 14. Februar 1944

Mein lieber Buttje!

Gestern abend als ich von der Wache rein kam fand ich Deinen Brief vom 19. Januar (Nr. 46) vor. Unser Unteroffizier der den Sonntag über in K. war, hatte für uns Post, die gestern mit ein Schiff angekommen war, mitgebracht. Der Inhalt und die Anzahl der Seiten wog mehr wie mehrere Briefe. Du hast Dein Herz ja ordentlich mal ausgeschüttet und ich habe mein Fett weg. Hast mir doch ordentlich den Kopf gewaschen. Als ich beim Lesen war und auf jeder Seite nur Anschuldigungen vorfand, dachte ich schon es sollte ein Abschiedsbrief werden. Aber die letzte Seite brachte dann die auf allen vorhergehenden Seiten gesuchten lieben Zeilen der Versöhnung. Von denen hätte ich gerne noch mehr gelesen. Gelesen habe ich Deine Briefe etliche Male und festgestellt, daß ich mir damals Dir gegenüber direkt gemein benommen habe. Nicht daß ich jetzt erst durch Deine Briefe zu der Überzeugung gekommen bin, ich habe es schon vorher gewußt, nur nicht den Mut gehabt. Dir alles zu sagen. Wenn wir während meines Urlaubes eine Wohnung für uns gehabt hätten, wäre die Aussprache nicht wie jetzt schriftlich sondern mündlich geworden. Und dann wollte ich auch nicht die paar Stunden die wir für uns hatten, durch die alten Geschichten trüben. Und doch wäre es vielleicht richtiger gewesen. Denn eine mündliche Aussprache ist doch immer besser und verständlicher als eine schriftliche. Hättest Du bestimmt auch die Tage der Aussprache und Versöhnung auf die Sonnenseite buchen können. Nach allem was Du in Deinem Brief geschrieben und aufgeführt hast, kann ich Dir nur Recht geben. Daß ich vor allem die Hauptschuld trage, habe ich schon in einem anderen Brief geschrieben und zugegeben. Richtigstellen möchte ich nur einiges. Deine Eltern haben an dem Zerwürfnis direkt keine Schuld. Ich wollte damit nur sagen, daß wir damals unsere eigene Wohnung hätten haben müssen. Denn ich glaube doch, daß Du mir darin Recht geben wirst wenn ich gesagt oder geschrieben habe, daß jung und jung zusammen gehört und jung und alt sich nie richtig vertragen werden. Auch wenn man bei Eltern oder Schwiegereltern wohnt ist es nicht anders. Oder willst du etwa behaupten, daß es nicht so ist? Oder möchtest Du immer bei meinen Eltern wohnen? Obwohl ich weiß, daß Eltern immer das Beste wollen, wenn es sich um die Kinder und dessen Kinder handelt, so ist es doch grundverkehrt wenn man zusammen eine Wohnung hat. Also deine Eltern wollte ich nicht angreifen oder etwa Unrecht tun. Ich glaube auch nicht, daß ich ungezogen Deinen Eltern gegenüber benommen habe. Einmal, daß erinnere ich. Da habe ich mich Deiner Mutter gegenüber nicht korrekt benommen. Vielleicht erinnerst Du Dich dessen noch. Wir waren beim Mittagessen, ich war von der Arbeit gekommen, warum wir uns gezangt haben weiß ich nicht mehr genau. Willy war damals noch klein. Deine Eltern waren vorn in der Stube. Deine Mutter kam während wir uns zankten in die Küche und wollte wohl vermitteln und da habe ich zu ihr gesagt sie solle rausgehen. In einem vernünftigen Ton habe ich es nicht gesagt sondern in einem Schnauzton. Ich könnte es mit der Engheit in der wir uns befanden höchstens entschuldigen. Ich wüßte aber nicht, daß ich mich sonst schlecht benommen habe. Kleine Aufmerksamkeiten habe ich doch immer für sie gehabt, d.h. zu der Zeit wo ich in Arbeit stand. Und das fiel auch in die Zeit wo es bei uns an der Verständigung fehlte. Ich sage in der Zeit wo es bei uns an der Verständigung fehlte. Den die ganze Zeit über habe ich keine Freundin gehabt. Deinen Vater habe ich überhaupt gern gehabt. Vertragen haben wir beide uns doch immer gut. Kommt vielleicht daher weil Männer unter sich doch viel eher zugetan sind. Sie trinken mal zusammen ein oder spielen Karten (Du wirst bestimmt sagen, das kann man auch alles mit einer älteren Frau) und haben immer ein beliebtes Thema (Auch hier kann man die Frau anführen aber das sind wie Du mir auch zugeben wirst Ausnahmen und zu der gehörst du). Darum schon weil Du zu denen gehörst ist es eigentlich beschämend, daß wir erst heut zu einer Aussprache kommen, die schon vor Jahren hätte kommen müssen. Um aber auf meine Eltern zurückzukommen. Du schreibst, daß sie mich aufgehetzt haben. Oder vielmehr ich wäre im Hause aufgehetzt worden. Mein lieber Buttje das stimmt aber doch nicht. Daß wir uns nicht vertragen haben ist auch im Hause kein Geheimnis gewesen. Ich habe als Hauptgrund damals angegeben, daß es davon käme weil wir keine eigne Wohnung hätten. Und an dem Tage den Du anführst, hat mir meine Mutter ins Gewissen geredet. Ich bin aber stur meinen Weg gegangen. Hatte damals gerade die Tändelei angefangen. Mehr als Tändelei ist es nie für mich gewesen. Oder denkst Du, daß ich jemals in eine Scheidung eingewilligt hätte? Wäre für mich auch keine Frau gewesen. Dafür waren mir Willy und auch nachher Harry viel zu viel Wert. Und wenn die Beiden mir auch damals schon soviel Wert waren, dann muß die Mutter also auch Du mir, etwas Wert gewesen sein. Um aber nicht abzukommen von dem bewußten Sonntag. Also meine Mutter hat mir ins Gewissen geredet und als ich mir nichts sagen ließ, geweint. Nicht etwa meinetwegen sondern deinetwegen. Deshalb ist sie auch mit Dir zu Wensien gegangen. Nicht etwa um Dich aufzuhetzen. Nein, nur um uns wieder zusammen zu bringen. Am nächsten Tage hat sie mich gefragt ob wir immer so steif neben einander gegangen wären wie an dem Abend als wir zusammen nach Hause gingen. Ich habe darauf nichts erwiedert. Sie sagte nur es wäre ein Jammer. Und Martha hat mit Dir darüber gesprochen nicht etwa um Dich aufzuhetzen sondern um uns wieder zusammen zu bringen. Später hat sie doch auch zu Dir gesagt, Du müßtest einfach hingehen (zum Fußballspiel) was Du auch einmal gemacht hast (wie wir nachher noch mit Hups den Film Mata Hari gesehen haben). Oder glaubst Du meine Mutter wäre mit dir zu Wensien gegangen, wenn sie geahnt hätte, daß ich da mit einer Freundin bin? Sie hat mir danach auch noch die Leviten gelesen und mir gesagt, daß sie sich direkt geschämt habe. Sie hat da mit Dir gesessen und ich wäre überhaupt nicht zu Euch gekommen. Und das nicht allein, bin ich da die ganze Zeit mit einer Freundin zusammen. Du kannst es mir schon glauben meine Mutter und auch Martha haben da nichts von gewußt und auch nicht die Absicht gehabt, Dich etwa aufzuhetzen. Hoffentlich glaubst Du es mir auch. Auch früher schon war es immer ein Kapitel für sich, wenn wir auf meine Eltern und Geschwister zu sprechen kamen. Oder fing es alles mit Deiner irrtümlichen Annahme des Aufhetzens von damals zusammen? Ich schreibe Dir das alles so ausführlich, damit Du auch darin klar siehst. Spreche doch ruhig mal mit meiner Mutter und auch Martha darüber. Ich meine den bewußten Sonntag. Viel später hat Martha mich mal gesehen (1934). Hat es mir aber mal gesagt, als ich auch die 2 Jahr schon hinter mir hatte. Ich glaube wenn Du mit Martha und auch mit meiner Mutter darüber sprichst wirst Du erkennen, daß Du mit Deiner Annahme im Unrechten warst.Daß alles seinen anderen Gang genommen hätte wenn wir eine eigene Wohnung gehabt hätten, wage ich noch zu behaupten. Denn Du wirst mir auch jetzt wohl recht geben, wo Du bei meinen Eltern wohnst, daß eine eigene Wohnung eine eigene Wohnung ist. Und daß man seine eigene Wohnung für sich hat, es nicht so leicht zu Reibereien kommt. Nicht daß meine Mutter mir etwa schon was vorgejammert hat. Daß Du und die beiden Jungens bei ihnen wohnen. Ich schreibe es nur, weil ich doch genau weiß, daß so etwas garnicht ausbleibt. Die Post, die ich von meinen Eltern bekomme kannst Du gerne lesen. Wirst dann auch feststellen, daß es meine eigne Ansicht ist. Also das Grundübel war die Wohnung. Ob ich wohl noch mal weiter komme? Daß Du da nichts für konntest, daß wir keine hatten, ist doch klar. Gab es doch schon ohne Beziehungen (oder das nötige Geld) fast gar keine. Deshalb habe ich mir ja auch keine Freundin angeschafft. Das kam doch alles ein nach dem anderen. Zuerst bin ich so ausgegangen und versackt und dann nach einer ganzen Zeit erst kam die Freundin. Erinnerst Du es nicht, daß ich öfter gemeckert habe, wenn das ganze Haus bei Deinen Eltern voll war? Damals waren Andreas, Emmi und Gerhard jeden Tag bei Euch. Wenn man den ganzen Tag gearbeitet hat, freut man sich, wenn man dann abends seine Ruhe hat. Du wirst bestimmt fragen, hast du sie dann in der Wirtschaft gehabt? Wenn Du heute irgend etwas mit meinen Eltern gehabt hast würdest Du dann nicht auch Deine Ruhe suchen (oder sagen wir Ablenkung) und wenn es im Kino ist. Aber das alles ist nur Rumdudelei. Wenn ich dir ganz klar Antwort geben soll warum ich das alles getan habe, kann ich nicht sagen. Es war damals alles wie ein Rausch. zur Entschuldigung kann ich nicht viel vorbringen und ungeschehen kann ich es auch nicht machen. Wie ich Dir schon schrieb geht es durch die Bank fast jeden Mann so. Je nach Temperament und Veranlagung. Der eine mehr der andere weniger. Und ein jeder hat noch immer festgestellt, ganz gleich wie er sich amüsiert hat, daß er das Liebste doch im Hause hat. Und das habe ich auch immer gewußt. Nur daß ich, wenn Du verständlicher Weise und das zu Recht, ein Gesicht gezogen hast, ich mit meinem Dickschädel auch noch stur blieb. Heute kann es aber nicht mehr passieren, erstmal bin ich über die erste Jugend hinaus und zweitens werden wir uns durch nichts mehr erschüttern lassen. Ich glaube auch die Zeit ob sie nun gut oder schlecht war hat aus allen eins werden lassen. Und gerade deshalb weil wir gute und auch schlechte Zeiten kennengelernt haben wissen wir auch zu schätzen was wir aneinander haben. - Um nochmals auf den Sonntag zurück zu kommen. Du schreibst, daß die Stunden nachher beschämend für Dich waren. Genau weis ich mich dessen nicht mehr zu erinnern. Nur das eine weis ich, nicht Du sondern ich hätte mich schämen sollen. Denn Du hast ja nur Dein Recht verlangt was dir zu stand. Von wegwerfen kann keine Rede sein. Nur ich in meiner Sturheit habe mich wie ein eigensinniges Kind benommen und versteckte mich, statt meiner Gefühlen freien Lauf zu lassen, hinter einem eisigen Panzer den ich damals angelegt hatte. Deine allzu drastische Äußerung, wie ein Schwein stimmt auch nicht. Habe es Dir auch schon ein paar mal geschrieben. Möchte es nur noch mal unterstreichen. Wenn Du es nochmal anführst sehe ich mich gezwungen Urlaub einzureichen und dich dann mal ordentlich übers Knie zu legen. Mir scheint im guten kommen wir über diesen Punkt doch nicht ins Reine. So mein Buttje, daß wäre im großen und ganzen alles was ich auf Deine Ausführungen zu erwidern hätte. Für Deine Offenheit danke ich Dir. Wäre die Aussprache ja eigentlich erledigt und können einen Schlußstrich darunter ziehen. Ich möchte nur noch kurz anführen, da wir in der Hauptsache doch nur von den trüben Stunden schreiben, daß wir doch auch viele gute Stunden zusammen verlebt haben. Angefangen bei Callsen. Dann Hildesheim, Braunschweig, Holland. Unsere Radtouren in die Holsteinische Schweiz, Weserbergland, Harz und nicht zu vergessen unsere Ferien an der Ostsee. Und die letzten Jahre bin ich da nicht fast jeden Sonntag nach dem Spiel d.h. wenn ich mal hingegangen bin gleich nach Haus gekommen. Und sind wir nicht im Sommer meistenteils mit dem Rad zusammen weggefahren? Wann bin ich schon mal im letzten Jahr groß weggegangen. Obwohl Du Wochentags und auch Sonntags nicht viel von mir gehabt hast, weil ich doch immer bis spät abends gearbeitet habe. Alles vorhergewesene gebe ich zu aber auch das von mir angeführte wirst Du nicht ableugnen können. Ich habe mich doch in den letzten Jahren mehr im Hause aufgehalten. Und wenn die Früchte der vielen Arbeit abermal durch die Grausamkeit des Krieges zunichte gegangen sind, so soll uns das sowie alles andere nicht abhalten nochmals von vorne anzufangen. Nur möchte ich noch mal so jung sein wie damals als wir uns kennenlernten und natürlich auch die Erfahrung. Daß Du mit mir viel durchgemacht hast weiß ich schon aus dem Grunde bin ich Dir doch für Dein tapferes Verhalten dankbar. Ich habe auch schon so oft daran gedacht, daß Dein Leben doch ganz vertuscht ist, wenn ich nicht wieder kommen sollte. Denn all die schönen Jahre hast Du dann doch an meiner Seite ohne große innere Freude verloren. Die Jahre kann Dir doch keiner wieder ersetzen. Und wenn Du wirklich nochmal einen anderen Mann finden solltest so wird es das doch nicht sein, weil doch die gemeinsam erlebten Stunden der Jugend fehlen. Einen Mann zu finden wird natürlich nicht schwer sein. Aber ob man einen findet mit dem man auch eins wird in allen was einen beseelt. Und dann was noch das schwerste Kapitel ist, das sind doch die Kinder. Ein Mann kann zu einer Frau noch so gut sein aber der Kinder wird er sich doch nicht so annehmen. Schon weil sie nicht von seinem Blute sind. Ich schreibe Dir dieses nicht um auf die Tube zu drücken, sondern weil es doch auch mal eintreten könnte. Ich glaube aber, daß wir alle uns gesund wiedersehen werden. Zu Befürchtungen ist auch kein Anlaß. Hier ist noch immer alles ruhig. Und sollte es hier wirklich mal unruhig werden so wird mir wohl auch das Glück zur Seite stehen. Damit ich Dir auch beweisen kann, daß das von mir Geschriebene nicht nur leere Worte sind. So mein lieber Buttje meine Ausführungen sind über diesen Punkt beendet. Ich hoffe und wünsche daß der Krieg bald aus sein wird und wir uns bald für immer wiederhaben. Meine Sehnsucht ist auch groß. Ach könnte ich dich doch erst wieder richtig in die Arme nehmen und ordentlich drücken. Dann brauche ich auch nicht meinen Kopf so anstrengen und dir ellenlange Briefe zu schreiben. Ich schreibe Dir gern einen Brief weiß ich doch daß Du Dich zu jedem Brief von mir freust aber doch ziehe ich das erste vor und nehme Dich in meinem Arm. Wäre doch die Aussprache eine viel bessere gewesen. Und vor allen Dingen hätte sie einen guten Abschluß gefunden. Stimmt doch nicht wahr? So nun möchtest du auch noch wissen ob ich befördert bin. Nein so weit ist es noch nicht. Die Nachzahlungen gibt es öfter weil der Drachmen so rapide in die Höhe geht. Wenn Ihr Oel am Essen macht dürft Ihr nicht soviel nehmen. Wir machen ganz gewöhnlich eine Zwiebelsoße und gießen die über das Essen. Ganz gleich was für eine Suppe es ist. Und am Gemüse machen wir auch Oel nur wie gesagt nicht so viel. Mir macht der Geschmack auch nichts aus. So mein Buttje es wird wieder Zeit für mich, gleich muß ich auf Posten ziehen. Ich hoffe, daß Dir dieser Brief auch Freude gebracht hat und er auch zur Verständigung beigetragen hat. Hoffe auch, daß wir das Kapitel alte Geschichten ad Akta legen können und in den nächsten Briefen unsere Gedanken auf ein anderes Geleise bringen können. Mein lieber Buttje für Deinen lieben Brief nochmals meinen besten Dank. Sei Du sowie Willy und Harry recht vielmals gegrüßt und geküßt von Deinem Willy und Eurem Papa. An meine Eltern, Martha, Paul, Dora sowie Deine Mutter, Frieda, Emil und Harro auch einen schönen Gruß.

Anmerkung:
Leviten gelesen: tadeln
2 Jahre: Mein Vater hatte zu Beginn des III. Reiches die verbotene kommunistische Hamburger Volkszeitung mit einer Gruppe hergestellt und verteilt. Durch eine eifersüchtige Frau eines Mitglieds der Gruppe wurde diese verraten. Mein Vater mußte für 2 Jahre ins Konzentrationslager Fuhlsbüttel einziehen.
versackt: wenn man, meistens in einer Gastwirtschaft, Alkohol o.ä. trinkt und sich lange dort aufhält und die Zeit nicht beachtet

72) Im Süd-Osten, 16. Februar 1944

Mein lieber Buttje!

Heute erhielt ich mal wieder einen Stapel Post. Die meisten natürlich von Dir. Es waren die Briefe vom 26. Januar (Nr. 49), 28. Januar (Nr. 50) und von 2. Februar (Nr. 52). Eine Berliner, eine Hamburger und 3 Kölner Illustrierte sowie 2 Zeitungen „Das Reich" kamen auch von Dir. Ein Brief war von Willly und Harry und einer von Martha dabei. Eins hätte ich bald vergessen, eine Zeitung betitelt „ Feldpostbriefe" bekam ich auch und zwar von der NSDAP Ortsgruppe Müggenkamp. Deine Briefe sind sonst immer die ersten die ich zur Hand nehme und lese aber heute war ich so gespannt auf die Post von der Partei, daß ich die zuerst nahm. Bitte es zu entschuldigen, war doch zu neugierig. Für Deine liebe Post meinen besten Dank. Ein kleines Päckchen mit 2 kleinen Stücken Seife und ein Leinentuch habe ich heute aufgegeben. Und ein kleines Päckchen mit alten Briefen habe ich auch zurecht gemacht. Diese kann ich aber noch nicht abschicken weil augenblicklich keine Pakete bei unserer Komp. angenommen werden. Wir werden in den nächsten Tagen, vielleicht auch schon morgen oder übermorgen von hier abrücken. Wir kommen nach einem anderen Ort der Insel. Heute ist W. Krützfeldt hier bei uns schon vorbei gekommen. Mußte die Verpflegung für die Quartiermacher hinbringen. Er bleibt gleich da. Das schöne Leben ist dann leider vorbei. Das morgendliche Bad werde ich wohl sehr vermissen. Es ist aber auch zu schön morgens gleich ins Bad zu springen. Heute morgen beim Baden habe ich da auch so über nachgedacht. Ich kam mir immer wie ein kleiner Krösus vor. Das Rasieren habe ich gleich im Bad besorgt. Ich bin ja gespannt, was ich jetzt für einen Posten bekomme. So gut wie dieser wird er wohl nicht werden. Na, warten wir ab. Morgen bekomme ich auch 1 Ocker Feigen, die ganz guten. Werden wohl die letzten sein. Vielleicht bekomme ich aber am Sonnabend doch noch mal welche. Ein Kamerad wollte mir welche besorgen. Auf der ersten Seite schrieb ich von 2 Kilo-Paketen, eins davon sollte das Geburtstagspäckchen für mein Vater sein. Das wird aber zum Geburtstag leider nicht mehr ankommen. Das andere ist für Dich. Für Deine Mutter werde ich auch ein Päckchen zu ihrem Geburtstag zurecht machen. Die Möglichkeit, daß auch das nicht zur rechten Zeit ankommt, besteht auch. Aber das macht wohl weiter nichts. Die Hauptsache ist ja, daß sie überhaupt ankommen.In Deinem Brief vom 26. Jan. Nr. 49 waren auch 8 Buch Zigarettenpapier. Meinen besten Dank. Es ist nur schade, daß es da so wenig von gibt. Denn dafür kann man hier alles für haben. Das mit Tuti und Herta sind ja nette Neuigkeiten. Ja, was der Krieg nicht so alles mit sich bringt.

Den mit Tuti wär es sonst wohl garnicht passiert. Bei Herta ist es schon was anderes. Denn die beiden haben sich ja eigentlich von Anfang an nicht vertragen. Nun sitzt Onkel Ernst und Tante Marie da auf einmal mit 2 geschiedenen Töchtern. Wegen unserem Urlaub ist immer noch nicht raus. Ich glaube auch nicht mehr daran. Ich hätte Dir ja gern die Mitteilung überbracht, daß ich dann oder dann käme, aber leider ist es wieder mal nichts. So'n bißchen Trost könntest Du schon gebrauchen. Liest man es doch aus jedem Brief heraus. Mein lieber Buttje! Du brauchst doch nicht immer gleich so unruhig sein, wenn Du auf Post von mir warten mußt. Hier ist es doch noch immer ruhig. Glaube auch nicht, das es hier mal unruhig wird. Nervös und aufgeregt seid Ihr alle, daß liest man aus jedem Brief heraus. Das kommt wohl hauptsächlich von den Bombennächten im Sommer und daß Ihr auch jetzt noch immer des Nachts in den Bunker müßt. Wegen der Verschickung der Kinder stehe ich auf den selben Standpunkt wie Du. Ich halte es für richtiger, wenn Du mit den Kindern zusammen bei meinen Eltern bleibst. denn wer kann heute noch dafür garantieren, daß in diesem oder jenem Ort wo die Kinder untergebracht werden, keine Bomben fallen? Ich halte es bei Euch noch immer am sichersten. denn was soll da noch groß passieren. Es sind ja doch fast nur noch Ruinen in Eurer Umgebung. Von Martha ihren Tabletten habe ich auch einige umgesetzt. Habe für 10 Stück 10 Eier gekriegt. Ganz nett nicht war? Wenn es nach mir ginge würde ich lieber heute als morgen zu dir fahren. Für unsereinen ist dieses Leben doch nichts. Die Jugend kann sich da schon eher mit abfinden. Meistens sind sie unverheiratet und wenn, dann nehmen sie es nicht so genau. Haben noch einen „Scher di an nix". Meinen 12 Seiten langen Brief wirst Du wohl schon erhalten haben. Hoffentlich bist Du aus allem schlau geworden. Auch hoffe ich, das er dazu beiträgt Klarheit zwischen uns zu bringen und nicht das Gegenteil. Übertrumpfen wollte ich

Dich mit dem 12 Seiten nicht. Ließ sich nicht auf 10 Seiten raufbringen konnte nicht enger schreiben. Wäre sonst wohl auch aus der Schmiererei überhaupt nicht schlau geworden. So, mein lieber Buttje! Nun halte dich gesund und munter und sei recht vielmals gegrüßt und geküßt von Deinem Willy. Gruß und Kuß auch an Willy und Harry. Herzliche Grüße auch an meine Eltern, Martha, Paul, Dora sowie Deine Mutter, Emil, Frieda und Harro

Anmerkung:
Ortsgruppe Müggenkamp: benannt nach der Müggenkampstraße in Eimsbüttel.
„Scher di an nix": Plattdeutsch : „Kümmere Dich um nichts."

73) Im Süd-Osten, 18. Februar 1944

Mein lieber Buttje!

Will die Zeit noch ausnutzen und dir noch ein paar Zeilen schreiben. Wann wir von hier weg kommen, weiß ich noch nicht. Wird aber wohl in ein oder zwei Tagen geschehen. Ob ich dann gleich zum Schreiben komme ist noch fraglich. Man weiß auch nicht ob man da in der ersten Zeit zu kommt. Ein paar Feigen habe ich gestern bekommen. Werde Dir aber leider keine von schicken können. Habe sie für Deine Mutter als kleines Geburtstagsgeschenk vorgesehen. Hoffe aber, daß ich morgen noch welche bekomme. Ein Kamerad, der bei Heinitz ist, wollte mir welche besorgen. Das Geburtstagsgeschenk für meinen Vater (eine kleine Flasche Uso) habe ich noch nicht los werden können. Ebenso geht es mir mit ein Kilo-Paket das für dich ist. Wenn es etwas später ankommt macht es ja auch nichts, die Hauptsache, es kommt überhaupt an. Buttje denke doch mal daran, daß Du mir den Bindfaden (gebrauchten) etwas Packpapier und wenn Du kannst etwas Klebmasse schickst. Das letzte was Du geschickt hast war schon recht. Es ist nur zu schnell wieder alle. Ich wollte Dir Zigaretten schicken, habe aber augenblicklich selbst keine. Habe lange keine bekommen. Wir sollen aber in den nächsten Tagen welche haben. Auch Blättertabak soll es wieder geben. Na, wollen mal sehen, was sich machen läßt. Sonst geht es mir genau so wie Dir. Habe erst vor zwei Tagen Post bekommen, warte aber schon wieder auf die nächste. Ich denke, daß ich morgen welche bekomme. Kommt doch heute die Briefpost mit dem Flugzeug. Die letzten Päckchen habe ich auch garnicht nummeriert. Weiß es nicht genau. Ein paar mal habe ich schon mit dem Schreiben ausgesetzt. Mittagessen kam dazwischen. Es gab Erbsensuppe. Bin so voll gewesen, daß ich mich erst mal ein Augenblick hingelegt habe. Als ich dann eben mit dem Schreiben angefangen hatte, kam ein Schwung Landser zum Baden. Mußte also meinen Laden wieder zusammen packen und mit runtergehen. Und nun will ich doch versuchen den Brief zu beenden. So leicht wird es mir heute garnicht. Habe ich doch gestern erst einen Brief für dich geschrieben. Auch an Martha habe ich gestern geschrieben - Heute hat sich das Wetter endlich mal wieder aufgeheitert. Hatten über eine Woche nicht besonderes Wetter. Vorige Woche ein Orkan wo alles dran war. Die anderen Tage, vielmehr die Nächte waren ziemlich stürmisch. Heute aber, d.h. erst heute nachmittag hat es sich aufgeklärt. Hoffentlich bleibt es nun ein bißchen beständig. Von Ernst habe ich auch noch keine Post bekommen. Hast Du schon mal wieder mit seiner Mutter gesprochen und etwas Näheres über ihn gehört? Auf Post von Andreas und Hinni warte ich auch. Habe von beiden im Januar Post bekommen. Hoffe aber, daß bald mal wieder Nachricht von ihnen kommt. Und vor allen Dingen Post von Dir. Ist es mir doch immer die liebste. Am liebsten setze ich mich dann in eine Ecke ganz für mich. Bin dann meistens ganz abwesend. Es ist doch etwas Schönes wenn man von seinen Lieben Post bekommt. Schon gar wenn alles im Hause in Ordnung ist und keine Schrecknachrichten kommen. So in der Fremde um Land und Leute kennen zu lernen ist es ganz schön, nur man müßte auch wissen wen es mal wieder nach Hause geht. Gesehen habe ich während meiner kurzen Militärzeit schon allerhand. Wenn doch wenigstens mal eine Urlaubsregelung für uns käme. Das kann doch nicht immer so weiter gehen. Einmal müssen sie doch auch mal daran denken uns in Urlaub zu schicken. Na, wir wollen die Hoffnung nicht aufgeben. Leben wir doch alle in der Hoffiiung. Man hofft und hofft immer. Man hofft daß die Briefe und Pakete gut überkommen, man hofft daß im Hause alles gesund bleibt, man hofft daß man bald zu seinen Lieben in Urlaub fahren kann und man hofft daß der Krieg bald zu Ende ginge und man mit seinen Lieben leben könnte wie man sich es ausgemacht hat. Hast Du schon mal einen Satz mit so viele „hofft" gelesen oder geschrieben? Eigentlich müßte doch eine Hoffnung bald in Erfüllung gehen. Meinetwegen und auch Deinetwegen könnte es gleich das Letzte sein. Hat man sich doch dann gleich für immer wieder. Wenn man in Urlaub kommt ist ja ganz schön aber wenn man dann wieder gehen muß, ist für beide Teile doch bestimmt nicht schön. Also mein Buttje hoffen wir, daß die letzte Hoffnung in Erfüllung geht und wir recht bald alle gesund bei unseren Frauen und Kindern sind. Bis jetzt geht es mir noch immer gut. Hatte gestern und bis heute mittag eine kleine Magenverstimmung die aber schon beinahe wieder ganz behoben hat. Werde mir den Magen wohl überladen haben. Gut essen ist ja ganz schön aber man darf aber auch nicht zu doll reinhauen auch noch also kein Grund zur Besorgnis. So mein lieber Buttje! Für heute erstmal Schluß. Halte dich weiterhin gesund und sei Du sowie Willy und Harry recht vielmals gegrüßt und geküßt von Deinem Willy und Eurem Papa. Herzliche Grüße auch an meine Eltern, Martha,

Paul, Dora, Deine Mutter, Emil, Frieda und Harro. Gleichfalls an Hans und Alwine und Fiede und Johanna.

73) Im Süd-Osten. 21. Februar 1944

Mein lieber Buttje!

Deinem Brief vom 11. Februar habe ich erhalten wofür meinen besten Dank. Freitag haben wir Marketenderware bekommen. Zigaretten habe ich allein 325 Stück, 2 Pakete Tabak und ein so Blättertabak bekommen. Für dich habe ich Sonnabend gleich ein Päckchen mit 100 Stück aufgegeben. Ein kleines Päckchen mit alten Briefen ist auch unterwegs. Das Wetter ist augenblicklich nicht gerade schön. Haben hier jeden Tag Regen. Letzte Nacht war es auch ganz schlimm. Regen, Wind und Gewitter. Gewitter haben wir überhaupt jetzt viel. Bei Euch gibt es doch eigentlich nur Gewitter wenn es ordentlich heiß ist. Hier ist es aber jetzt naßkaltes Wetter und trotzdem gibt es immer Gewitter. Sonnabend haben wir uns auf den Marsch gemacht nach unserem neuen Quartier. Morgens war es noch ganz gutes Wetter. Es war wenigstens trocken und nachmittags als wir los machten regnete es natürlich. Hat auch bis heute noch nicht wieder aufgehört. Marschiert sind wir ungefähr 25 -30 km. Ich habe mich natürlich wieder Blasen an den Füßen gelaufen, die Straßen (eigentlich zu viel gesagt) standen ganz und gar unter Wasser. Und wir natürlich auch. Das letzte Stück war überhaupt schlecht zugehen, wegen dem Wasser und auch weil es dunkel war. Alle Augenblicke war man mit dem Fuß im Wasser. Wir waren aber schon so durchnäßt daß uns das garnichts mehr ausmachte. Die Steine haben uns viel mehr zu schaffen gemacht. Denn davon gibt es hier mehr als auf dem Heuberg. Als wir dann endlich ankamen war es schon so dunkel, daß man fast gar- nichts mehr sehen konnte. Daß in Quartier gehen ging verhältnismäßig glatt von statten. Bis auf 4 Mann und zu denen gehörte ich. Ein Obergefr. ging mit uns los. Haben verschiedene Häuser abgeklappert. Beinahe 2 Stunden sind wir umhergezogen bis wir überhaupt ein Dach über den Kopf hatten. Nach langem hin und her bekamen wir dann doch noch ein kleines Stück mit Stroh belegten Fußboden. Unser ganzes Gepäck sollte mit einem Auto kommen, war aber noch nicht da. Nachdem wir spät abends nochmal runtergestelzt sind und es immer noch nicht übergekommen war legten wir uns mit den nassen Klamotten nieder. Meine Stiefel und Strümpfe habe ich ausgezogen, hatte ich doch so nasse und kalte Füße, daß an ein Einschlafen da mit garnicht zu denken war. Nachdem ich die Strümpfe ordentlich ausgewrungen hatte, habe ich sie wieder übergezogen und auch die ganze Nacht warme Füße gehabt. Aber sonst hat mich doch wie ein Schneider gefroren, die Nacht ging aber auch, wenn auch mit allerhand Zigarettenpausen, vorüber. Morgens nach dem Kaffeetrinken wurde gleich Ausschau nach dem Gepäck gehalten aber leider war unser nicht dabei. Unser sollte unterwegs aufgeladen werden, weil unser Quartier (ehemaliges) auf dem Wege lag. Jeder andere hatte sein Gepäck am morgen bekommen und konnte sich natürlich auch trocknes Zeug anziehen. Nur wir 3 Mann mußten noch weiter so herumlaufen. Zum Glück bekamen wir in unserem Raum einen Ofen. Habe wenigstens meine Strümpfe am Ofen trocknen können. Meinen Mantel hatte ich morgens schon gleich draußen aufgehängt. Morgens d.h. bis nach Mittag war es noch trocken. Abends, ich wollte mich schon schlafen legen, da bekam ich Bescheid, daß ich den nächsten Morgen nach einem andren Ort käme. Als ich meine Verpflegung holen wollte, kam das Auto mit unserem Gepäck. Ich war natürlich heilfroh. Die ganze Nacht durch hat es geregnet gestürmt und gewittert. Und so war es auch noch morgens als wir mit unserer Eselkarawane loszogen. Zuerst ging es ja noch aber mit der Zeit wurde der Weg immer, je weiter wir kamen, weniger gangbar. Zuletzt mußten wir doch wieder umkehren. Der eine von uns, es war der Abbenseth, (Du kennst ihn wohl noch, wir trafen ihn in der Brandstwiete) der hatte eine störrischen Esel, daß er damit seine liebe Not hatte. Als wir den Weg wieder zurück machten ging ihn der Esel durch. Er natürlich hinterdrein. Der Esel lief um den ganzen Berg herum. Und fast immer im Trapp. Wir haben natürlich unseren Spaß gehabt. Als wir an unser Ausgangspunkt zurückkamen, kam der Esel auch von einem Berg herunter gelaufen und verschwand in seinem Stall. Der Esel machte nachdem er noch mal reiß aus genommen hatte, doch mit. Allerdings unter Führung seines Herrn. Einmal liefen wir noch verkehrt aber dann kamen wir doch auf den richtigen Weg. Es regnete noch. Man muß nur immer wieder staunen was die Esel alles schleppen können. Die Wege waren durch den Regen natürlich ganz aufgeweicht. Von den Bergen strömte das Wasser nur so herunter. Etliche Wasserbäche hatten wir noch zu passieren kamen aber doch wohlbehalten in unserem neuen Quartier an. Wir liegen hier mit 12 Mann zusammen und haben 3 Räume. Einen Tages und 2 Schlafräume. Mit einem Hamburger bin ich auch zusammen und zwar mit Walter Krützfeldt. Nachdem wir unser Quartier bezogen hatten, bin ich gleich erst mal dabei gegangen und habe mich ganz und gar umgezogen. Das Zeug war von dem Regen wieder ganz durchnäßt. Einige Zigaretten und etwas Tabak ist auch mit aufgeweicht. Hoffentlich hält der Regen bald auf, denn bei diesem Wetter Dienst zu machen ist auch nicht gerade angenehm. So und das ist so ziemlich alles was ich Dir von unserem Umzug zu berichten hätte. 2 Briefe fehlen mir noch von Dir (53 + 54) denke aber, daß ich sie noch im Laufe der Woche bekomme. Mit dem Deutschschreiben hast Du Dich ja ordentlich angestrengt, aber wenn ich ehrlich sein soll, muß ich doch sagen, das mir Deine lateinische Schrift doch besser gefällt. Zum Uso zum Verdünnen nimmt man kaltes Wasser. Ich verdünne den Uso überhaupt nicht mehr. Er bekommt mir auch, trinke ich doch höchstens mal 1 oder 2 Glas davon. So'n Säufer bin ich doch nicht. Sonst geht es mir immer noch gut. Hoffe dasselbe auch von Dir und den beiden Jungens.

So mein Buttje und nun will ich doch schließen. Ich weiß nämlich nicht wie lange das Licht hier brennt. Bin hier noch zu neu. Also nächstes Mal mehr. Hast Du meinen 12 seitenlangen Brief schon? Und noch eins, kannst Du mir etwas Zwirn schicken? Also mein Lieber Buttje! Halte Dich sowie Willy und Harry gesund und munter und seid recht vielmals gegrüßt und geküßt von Deinem Willy und Eurem Papa.

74) Im Süd-Osten, 23. Februar 1944

Mein lieber Buttje!

Eben habe ich an Andreas und Hinni geschrieben. Wollte auch an Emmi und Marie schreiben, hatte ihre Adressen aber nicht mehr. Habe die ganze erledigte Post zu Dir geschickt und da waren Andreas und Hinnis Briefe mit den Adressen bei. Müssen mir die Adressen noch mal schreiben. Heute habe ich das Paket für meinen Vater aufgegeben. Hoffentlich geht es auf diesen Monat noch mit weg. Einen Bummel habe ich dabei auch gemacht. Ich habe Deinen Namen statt den meines Vaters drauf geschrieben. Ja, das macht die Gewohnheit. Für Andreas und Hinni habe ich auch ein Päckchen mit Blätter-Tabak aufgegeben. Etwas habe ich noch hier. Werde es vielleicht in den nächsten Tagen schicken. Wir sollen auch schon wieder Marketenderware haben. Die Marketenderware die wir vorige Woche bekommen haben, war noch für Januar. Mal sehen, was es alles geben wird. Wenn ich wieder genug Zigaretten kriege, bekommst Du wieder welche ab. Ein kleines Päckchen habe ich eben auch noch für Dich zurecht gemacht. Es enthält nicht viel. Es sind darin: 2 Lichthalter und 2 Pilze die meine Mutter mir zu Weihnachten geschickt hat, ein paar Muscheln, ein Stück Seife und einige alte Briefe. Die Muscheln wollte ich für Willy und Harry sammeln, bin da aber damals von abgekommen. Und bei der Heilanstalt waren keine. Lagen nicht am Wasser. Unser Quartier haben wir auch schon zurecht gemacht. Wir sind mit 13 Mann zusammen. Haben ein Tages und 2 Schlafräume. Die Quartiere sind hier doch besser als in dem Ort wo unsere Komp. jetzt liegt. Mit dem Kaufen sieht es hier aber schlecht aus. Erst mal sind sie enorm teuer und dann ist auch nicht viel am Markt. Muß mal wieder in der Umgegend Umschau halten. Soll da noch allerhand zu kaufen geben. Na, wollen mal sehen. Mir geht es sonst noch immer gut, was ich auch von Dir und den beiden Jungens hoffe. Also mein lieber Buttje! Nächstes Mal wird der Brief wieder etwas länger. Halte Dich also gesund und sei recht vielmals gegrüßt und geküßt von Deinem Willy und Eurem Papa. Herzliche Grüße auch an meine Eltern, Marta, Paul, Dora sowie Deine Mutter, Emil, Frieda und Harro.

75) Im Süd-Osten, 25. Februar 1944

Mein lieber Buttje!

Ich wollte mich gerade rasieren. Hatte mich schon mir schon Wasser heraufgeholt als ein Unteroffizier kam und mich wegholte. Mußte zu unserer Kantine gehen und da wurde mir gesagt, ich sollte sofort zum Oberfeld kommen. Vom Oberfeld kriegte ich Bescheid, daß ich die Kantine übernehmen sollte. Fürs erste sollte ich da nur aufpassen. Getränke haben wir noch nicht. Wird wohl auch noch was kommen. Augenblicklich sitze ich so ziemlich als einziger Gast in meiner Gaststätte. Wir haben aber gerade das Radio angestellt. Wenn ich mit diesem Brief fertig bin werde ich erst mal den Bestand machen. Der Raum ist ganz nett. Spiele sind auch genug vorhanden. Fußballspiel, Halma, Mensch ärgere Dich nicht, Schach und auch Tischtennis. Wenn es erstmal etwas zu Trinken gibt werden sich wohl auch mehr Gäste einfinden. Augenblicklich gibt das Radio Germany corling. Was man nicht alles beim Barras werden kann, erst Badewärter und nun sogar Kneipwirt. Kneipwirt ist ja ein bißchen zu wüst ausgedrückt. Denn die Kantinenwirte bei der Wehrmacht trinken meist am wenigsten. Mit mir wird es jedenfalls der Fall sein. Die Kantine soll auch mittags gebraucht werden. Wir warten nur noch auf die Teller und Schüsseln. Es soll gemeinsam gegessen werden. Es scheint für unsere Abteilung allerhand gemacht zu werden. Post habe ich seit Montag noch nicht wieder erhalten. Denke aber, daß es etwas in den nächsten Tagen geben wird. Heute habe ich auch ein Kilo-Paket aufgegeben. Eine Nummer hat es aber nicht bekommen. Habe es wieder einmal vergessen. Bin immer so in meinen Paketbau vertieft, daß ich da erst an denke, wenn das Paket ganz und gar verpackt ist. Einen Zettel habe ich aber beigelegt. Hoffentlich kommt es heil über. Wirst es wohl gut gebrauchen können. Für meinen Vater habe ich vor 2 Tagen ein Kilo-Paket mit Uso aufgegeben und heute ein Päckchen mit Blättertabak. Der Tabak ist etwas naß. Ist bei unserem Umzug vom Regen naß geworden. Mein Vater kann ihn auf ein Stück Papier ausbreiten und trocknen lassen. Das Kilo-Paket und das Päckchen soll mein Vater von mir als Geburtstagsgeschenk haben. Für Deine Mutter wollte ich ein Päckchen mit Feigen schicken. Ist aber noch nichts daraus geworden. Hatte sie schon fix und fertig gepackt aber nicht mehr aufgeben können weil wir packen mußten und abmarschieren mußten. Auf dem Marsch ist mir das Päckchen ganz aufgeweicht. Und an dem Tage als wir in unserem jetzigen Ort ankamen, mußten wir bis zum Abend auf unsere Verpflegung warten und da habe ich erst eine und dann immer noch eine gegessen bis es sich nicht mehr lohnte sie abzuschicken. Den Rest habe ich mir dann auch noch gegönnt. Ein Geburtstagspaket bekommt Deine Mutter aber noch. Weiß nur noch nicht, was ich bekomme. Hier in unserem Ort ist alles zu teuer. Muß mal übers Land. Es muß sich hier auch erstmal einlaufen. Weiß noch nicht wie es mit den Dienst und mit der freien Zeit aussieht. Bis jetzt haben wir noch nicht viel Dienst gehabt. Haben zuerst mal unsere Unterkünfte sauber gemacht. Sahen wüst aus. Einige Gäste sind schon paar mehr gekommen. Wollen alle den Nachrichtendienst hören. Sind doch viel in Unruhe wegen der Bombenangriffe auf deutsche Städte. Augenblicklich wird gerade ein Artikel von Goebbels verlesen, der in der Zeitung „Das Reich" erschien. Ich werde wenn der Nachrichtendienst beendet ist den Laden zu schließen und mein Bett aufsuchen. Mir geht es noch immer gut. Hoffe dasselbe auch von Euch allen. Müßt Ihr noch so oft in den Bunker oder hat es schon nachgelassen? Wenn das doch bloß bald ein Ende nehmen würde. Denke doch mal daran und schicke mir mal eine Schreibfeder mit. Mit Blei schreibe ich nicht so gerne. Bindfaden und Alleskleber sowie Packpapier habe ich auch nicht mehr. Vergesse es bitte nicht. So mein Buttje! Ich will jetzt meinen Laden schließen. Bin nämlich jetzt mein einziger Gast. Sind alle in ihre Spilis (?) gegangen. Mir wird es hier auch zu kalt. Halte dich also weiter gesund und munter es grüßt und küßt dich sowie Willy und Harry recht herzlich Dein Willy und Euer Papa. An meine Eltern, Marta, Paul, Dora, Deine Mutter, Emil, Frieda und Harro auch eine schönen Gruß. Denke auch mal an Emmis und Maries Adressen. Viele Grüße für Dich von deinem Willy

76) Im Süd-Osten, 27.Februar 1944

Mein lieber Buttje!

Heute gab es bei uns Post. War aber nur Paketpost und Zeitungen. Für mich waren die Zeitungen „Das Reich" und die Illustrierten „Franfurter" und „Köllner" dabei. Auch ein Brief von Hans und Alwine mit Briefpapier uns 2 Zigaretten-Blättchen sowie 1 Zigarettendrehblatt. Für die Zeitungen von Dir meinen besten Dank. Hätte ja lieber gesehen, es wäre auch gleich Briefpost mitgekommen. Hat ein Brief doch inhaltlich doch mehr Wert als alles andere. (Von seinen Lieben). Mir fehlen auch die Briefe Nr. 53 und Nr. 54. Na, hoffen wir, daß sie in den nächsten Tagen mit überkommen. Ich habe es mir in der Kantine gemütlich gemacht. Heute morgen bin ich gleich beigegangen und habe aufgeräumt und Feuer gemacht. Das Feuer anmachen war auch so eine Sache. Gestern haben Krützfeldt und ich erst den ganzen Ofen und die Rohre sauber gemacht und heute quamlte der Ofen schon wieder. Alles schimpfen half aber nichts. Mit der Zeit ging es aber. Mußte ich doch bis um 11 Uhr eine saubere und warme Bude haben. Um 11 Uhr wurde heute schon zu Mittag gegessen. Es gab Kartoffeln, Gulasch und Bohnensalat und hinterher noch eine süße Suppe mit Rosinen und Aprikosen darin. Das Essen ist hier wichtig. Ich hatte wieder bald zu viel gegessen. Beim Abwaschen des Geschirrs für die Unteroffiziere war mir das Bücken direkt eine Qual. Ich habe nachher als ich von der Küche Wasser holte mein Kochgeschirr noch vollmachen lassen. Werde die Suppe, denn davon war noch genug übrig geblieben, zu heute Abend essen. Spart man dann doch etwas Brot. Mit dem Brot komme ich immer so eben aus. Wenn man davon etwas in Reserve hat ist ganz schön. Denn es gibt auch Tage wo man zum Abend gerne mal ein Stück mehr essen möchte. Sonst die meisten bei uns kommen mit dem Brot aus. Es gibt ein halbes Brot den Tag. Ab und zu in der Woche abends eine Suppe. Nach dem Mittagessen war ich nur eine kurze Zeit im Quartier. Habe einem Kameraden Tauschmittel mitgegeben. Wollte ins Nachbardorf zum Einkaufen. Hoffentlich setzt er alles zu günstigen Bedingungen ab. Bin danach wieder in die Kantine gegangen. Sitze hier mit W. Krützfeldt allein. Schreiben beide an unsere Lieben. Ich bin schon ein paarmal mit dem Schreiben angefangen. Unser Quartier liegt nahe und die Kantine direkt am Hauptplatz. Ist so ein Marktplatz, wie er bei uns in jeder kleinen Stadt ist. Nur das er kleiner ist. Seit eben nach 2 Uhr stehen und sitzen hier die Gruppen schon, es ist hier heute Karneval. Ich habe wunder gedacht, was für ein großer Umzug es werden würde. Es kam aber nur ein Wagen mit 7-8 Mann drauf Auf dem Wagen hatten sie ein Segel drauf gesetzt, die Besatzung hatten sich die Gesichter schwarz gemacht. Sie stökerten mit ihren Stöckern die sie zum vorwärtsbewegen hatten und fuhren um den Platz paarmal herum und verschwanden dann. Es war doch noch nicht alles. Es kommt wohl alles auf stottern. Eben kam ein Kameltreiber mit einem Kamel. Das war sehr gut gelungen. Da hatten alle Ihren Spaß dran. Nachdem er mit sein Kamel ein paar mal die Runde gemacht und zum Ergötzen aller mit der Schnauze gehalst hatte, verschwanden alle in eine Uso-Kneipe. Nach einer kurzen Zeit kamen sie aber wieder heraus und machten ihre Runde und ihre Späße. Es war hier ein Gejohle als wären hier nur Kinder. Dabei sind es viele Erwachsene und Jugendliche. Vor unserer Kantine haben sich auch allerhand aufgebaut. Ein kleines Mädchen von ungefähr 4 Jahren hat es mit der Angst gekriegt. Wir haben sie zu uns reingenommen und nun steht sie bei uns auf einem Stuhl und sieht durch die Tür dem Treiben zu. Gestern habe ich hier in der Kantine zwei alte Bekannte getroffen. Und zwar Heinrich Peters und meinem Namensvetter mit dem ich schon in F. und dann später auf dem Heuberg bekannt geworden bin. Sie waren die ganze Zeit über, bis zum November, auf dem Heuberg. Eben war ich zum fotografieren draußen. Walter Krützfeldt hat heute 2 Pakete bekommen und in dem einen waren 2 Filme drin. Wir haben uns einen Apparat geliehen und uns und auch einige Sachen vom Karneval geknipst. Hoffentlich wird es diesmal etwas. Das Zigarettenpapier ist doch so knapp und doch muß man immer wieder staunen wo einige es herkriegen. W. Krützfeldt hat von einem Arbeitskameraden heute 100 Stück geschickt gekriegt und von seiner Frau 25 Stück. Müssen doch gute Beziehungen haben. Die Kameraden von mir kriegen ganz selten mal welches geschickt. Es ist eigentlich schade, daß es so knapp geworden ist, denn wenn man das zeigt, kann man hier alles haben. Alle anderen Artikel stehen nicht so hoch im Kurs. So mein lieber Buttje und nun will ich schließen. Ich hoffe daß es Dir sowie Willy und Harry gut geht. Von mir kann ich es noch sagen. Halte Dich sowie Willy und Harry gesund und munter und seid recht vielmals gegrüßt und geküßt von Deinem Willy und Eurem Papa. Herzliche Grüße auch an meine Eltern, Marta, Paul, Dora, Deine Mutter, Emil, Frieda und Harro sowie Onkel Ernst und Tante Marie, Familie Kahns, Nerlich, Hans und Alwine und Fiede und Johanna.

77) Im Süd-Osten, 29. Februar 1944

Mein lieber Buttje!

Post habe ich noch nicht wieder erhalten, denke aber daß bald welche überkommt. Heute habe ich zum ersten Mal etwas zum Trinken in meiner Kantine. Heute morgen kam ein Gregor zu mir und sagte ich sollte ihm einen Kanister geben er wollte mir Wein bringen. Ich habe ihm den Gefallen getan und er brachte mir auch den Wein. Morgen gibt es aber schon wieder Wein und Branntwein.

Ich muß in den nächsten Tagen los und Wein und Uso einkaufen. Gestern war ich in K. mit verschiedenen von unserer Komp. Mit den Fotobildern ist es wieder nichts geworden. Die Bilder sind einfach nicht aufzufinden. Ich selbst bin nicht beim Fotograf gewesen. Kormte es nicht mehr schaffen. Wir waren zur Entläusung. Unser Quartier war bös verlaust. Ich habe keine gehabt. Wir haben bei uns 2 Schlafräume und in dem ich liege waren Gottseidank keine. Ich hatte mir auch gleich eine Matratze aus Papier genommen. Die Räume sind während unserer Abwesenheit entgast worden. In K. haben wir natürlich allerhand Bekannte getroffen. Die Freude war auf beiden Seiten groß. Mit den neuen Leuten stehen sie doch nicht auf so gutem Fuß. Es sind auch Leute vom Heuberg. Sind aber Langjährige, hauptsächlich Kriminelle. Ein Unterschied besteht doch. Man sieht es doch jeden an wo er her ist. So mein Buttje nächstes Mal mehr. Werde alle Augenblick vom Schreiben abgehalten. Muß meine Gäste bedienen. Mir geht es noch immer gut. Hoffe dasselbe auch von Euch Allen. Sei Du sowie Willy und Harry recht herzlich gegrüßt und geküßt von Deinem Willy und Eurem Papa. An meine Eltern und Geschwister sowie Deine Mutter, Frieda, Emil und Harro auch einen schönen Gruß

78) Im Süd-Osten, 1. März 1944

Mein lieber Buttje!

Gestern habe ich dir einen Brief auf die schnelle geschrieben. Ich hoffe, daß ich heute Vormittag nicht mehr gestört werde. Gerade als ich das geschrieben hatte wurde ich schon gestört, wir schreiben heute schon den 2. März. Inzwischen hat sich schon allerhand geändert. Bin seit heute wieder bei der Komp. Gestern hatte ich zum Schreiben keine Zeit mehr. 3 kleine Päckchen mit Rosinen habe ich aber noch schnell gepackt. Die Päckchen sind für Deine Mutter zum Geburtstag. Ich habe aber noch nicht einmal Zeit gehabt einen Zettel reinzulegen. Mußte gestern Abend noch in der Kantine bleiben und ausschenken, gestern Abend bekam ich Bescheid, daß ich zur Komp. mußte. Und zwar bin ich angefordert worden, weil ich da Fußballspielen soll. Ich wäre ja viel lieber in meiner Kantine geblieben. Mein Oberfeld hätte mich auch gerne behalten, konnte aber nichts dagegen machen. Als ich heute morgen zur Kompanie kam, lag auch Post für mich da. Es waren Deine Briefe vom 9. Februar (Nr. 54), vom 14. Februar (Nr. 56) und vom 16. Februar (Nr. 57). Zeitungen habe ich auch mehrere bekommen. Kann dir aber im Moment nicht sagen, welche es sind habe sie meinem Unteroffizier geliehen. Bekomme sie nachher zurück. Für deine liebe Post meinen besten Dank. Hatte schon wieder über eine Woche darauf gewartet, es fehlt also immer noch der Brief Nr. 53. Vielleicht kommt er ja noch über. Schreibe mir doch bitte noch mal alle Päckchen und Pakete auf die Du seit Januar von bekommen hast. Mir kommt es so vor als ob Du in Deinem Brief Nr. 53 davon geschrieben hast. Du schreibst nämlich im Brief Nr. 54 von Seife. Ich habe von dir aber noch keine Nachricht erhalten, daß Du Pakete erhalten hast. Vielleicht bekomme ich den Brief Nr. 53 überhaupt nicht. Es wird nämlich erzählt, daß Post verloren gegangen sein soll. Mit der Reinschrift wird es jetzt wohl nichts werden. Den die Quartierfrage ist hier noch sehr mau. Werde wohl jetzt auch selten zum Schreiben kommen. Hier ist nämlich kein elektrisch Licht und Lampen und Kerzen sind auch nicht vorhanden. Wenn du mal Kerzen und vielleicht auch mal eine Batterie für meine Taschenlampe auftreiben kannst, wäre ich Dir sehr dankbar. Nur immer Wünsche nicht wahr? Von Frieda und meiner Mutter war auch Post dabei. Frieda hatte 2 und meine Mutter sogar 16 Blättchen Zigarettenpapier beigelegt. Daß Du Stimmungen hast und nicht immer zum Schreiben aufgelegt bist verstehe ich und nehme es dir auch nicht übel. Bin ich doch froh, daß Du immer brav bist und ausharrst. Mit der Wohnung bin ich einverstanden. Ist für dich und auch für meine Eltern wohl auch besser. Auch besteht dann auch schon eher die Möglichkeit mal ein Stück Möbel zu bekommen (oder Bettwäsche). Die Wohnung hat mir schon immer gefallen. Wenn der Krieg mal aus ist und für alle Räume Möbel da sind muß es doch schön sein. Ach und wie schön wäre es dann wenn ich Urlaub bekäme. Etwas Amtliches ist es noch nicht. Erzählt wird ja viel, dennoch soll es Mitte März losgehen. Soll aber nur bei guter Führung gewährt werden. Ich glaube ja nicht daß ich bei den ersten mit bei bin. Die Bombenurlauber werden wohl ganz zum Schluß kommen. Na vielleicht bekomme ich dann für immer. Einen Willy Schmidt aus dem Sonderzug kenne ich, war aber glaube ich nicht bei unserem Haufen. Hat er auch Bombenurlaub? So mein Buttje! Für Deine Post nochmals meinen besten Dank, warte jetzt schon auf die nächste. Hast Du meinen 12 seitenlangen Brief schon erhalten? Hoffentlich brauchst Du auf meine Post nicht immer solange zu warten. Den Gruß an R. Heinitz werde ich ausrichten. Werde ihn heute wohl treffen. Sonst geht es mir noch gut. Hoffe dasselbe von Euch allen.

So mein Buttje! Halte Du dich und die beiden Jungens gesund es grüßt und küßt euch recht vielmals Dein Willy und Euer Papa. Herzliche Grüße auch an meine Eltern, Marta, Paul, deine Mutter sowie Emil, Frieda und Harro. Auch an Hans und Alwine, Fiede und Johanna sowie Familie Kahns und Nerlich einen schönen Gruß. Bekommst Du die Wohnung denn von dem Hauswirt auch auf meinem Namen oder gehört sie Deiner Mutter?

79) Im Süd-Osten, 05. März 1944

Mein lieber Buttje!

Heute bekomme ich von Dir die Briefe vom 5.2., Nr. 53 und vom 18.2., Nr. 58. Außerdem auch noch „Das Reich" und 2 Illustrierte. Für alles meinen besten dank. Überhaupt ganz groß, 2 mal in der Woche Post. Hoffentlich hast du auch mal das Glück. Nach Deinen ganzen letzten Briefen wartest Du aber auch schon wieder eine ganze Zeit. Auf mein Sammelbezugschein waren Hosenträger auch mit drauf. Habe sie aber damals schon gekauft. Erinnerst du es nicht mehr. wenn Du aber nochmal welche bekommen hast, schadet auch nichts. Gebrauchen kann man sie ja immer. Die Päckchen müssen jetzt ja eigentlich auch eintrudeln. So bei kleinem wird es jetzt ja Zeit. Heute erzählten mir mehrere Kameraden, Daß ihre Päckchen schon lange nicht mehr angekommen sind. Wollen auch keine mehr schicken. Halten es für wichtiger wenn sie nur noch ihre monatlichen Kilo-Pakete schicken. Augenblicklich sieht es hier mit dem Kaufen auch schlecht aus. Die Rosinen und Feigen sind so allmählich alle geworden. Und mit der neuen Ernte ist es noch nicht so weit. Das wird immerhin noch einige Monate dauern. Und wer weiß wie es bis zu der Zeit aussehen wird.
(6.3.). Gestern nachmittag bin ich zum Fußballspielen gewesen. Ich bekam gleich zu Anfang des Spieles eine Muskelzerrung an der linken Wade. War heute morgen damit im Revier und bin für einen Tag Innendienst geschrieben. Um 11 Uhr, jetzt haben wir1/4 nach 10 Uhr, muß ich damit zum Arzt. Zu verwundern ist es ja nicht, daß ich eine Zerrung gekriegt habe. In der Nacht von Freitag auf den Sonnabend hatten wir einen Ausmarsch und Nachmittags auch noch Dienst. Sonntags auch noch Marschieren und danach Sport und Spiele. Der Nachtmarsch war garnicht mal so schlimm. Habe allerdings ordentlich laufen müssen, war als Melder. Ich habe mir

aber nicht mal Blasen gelaufen. Aber trotzdem hat sich das immer auf den B........Spiel bemerkbar gemacht. Es ist nur Überanstrengung. Ich hatte ja im Voraus schon schwarz gesehen mit der Spielerei. War aber garnicht mal so schlimm. Trotz meiner Verletzung war ich noch nicht mal der schlechteste Mann. Im Gegenteil, ich war sogar noch einer der besten. Ohne Angabe. Nach dem Spiel waren wir noch alle Mann im Kino. Es gab den Film „Mein Leben für Irland". Der Film hat mir ganz gut gefallen. Hatte er doch wenigstens einen Inhalt, von der rührseligen Liebe war auch nicht viel drin enthalten. Vorweg gab es einen Kulturfilm. Gefiel mir auch gut. Behandelte die Steinmetzarbeiten. War lehrreich und interessant. Das Fußballspielen hat doch etwas für sich gehabt. Hätte diesen Brief sonst heute auch nicht fertig gekriegt. Wir haben hier furchtbar viel Dienst. Von morgens 7 Uhr bis mittags ½ 2 Uhr Arbeitsdienst und dann wieder von um 1/4 nach 3 Uhr bis 6 1/2 Uhr auch wieder Dienst. Zum Schreiben und Sachen in Ordnung bringen kommt man schon garnicht. Richtig Licht haben wir hier nicht und Tische und Bänke fehlen hier auch. Wird alles erst zurecht gemacht. Komme eben wieder vom Arzt. Habe 2 Tage Innendienst gekriegt. Glaube aber nicht, daß es in der Zeit weggeht. Den Film „Vom Schicksal verweht" habe ich auch schon mal gesehen. Ich glaube sogar damals in Belgrad. Wegen Urlaub ist immer noch nichts raus. Glaube auch nicht mehr daran. Für uns W.U. Soldaten muß doch eine Sonderregelung bestehen. Man merkt es doch immer wieder. Denn aus welchem Grunde gibt man uns den Urlaub den alle anderen Soldaten bekommen. Schließlich tragen wir doch alle denselben Rock und tun doch auch unsere Pflicht. Ich glaube sogar noch mehr wie fast alle anderen Soldaten. Glaube auch nicht, daß Hans so eine harte Ausbildungszeit mitgemacht hat, wie wir sie hatten und auch jetzt noch haben. Es geht mir aber immer noch gut. Mich kann auch nichts mehr erschüttern, der Dienst fällt mir auch nicht schwer. Man müßte nur etwas mehr freie Zeit für sich haben. So mein lieber Buttje, halte dich sowie Willy und Harry gesund und seid recht vielmals gegrüßt und geküßt von Deinem Willy und Euerem Papa, an meine Eltern, Marta, Paul, Dora sowie Deine Mutter, Emil, Frieda und Harro auch einen schönen Gruß. Ich werde Dir auch in den nächsten Tagen etwas Geld schicken. Vielleicht werde ich es auch heute schon los.

80) Im Süd-Osten, 07. März 1944

Mein lieber Buttje!

Will die Zeit noch schnell nutzen, weiß nicht ob ich morgen am Tage noch Zeit dazu habe. Bis morgen habe ich Innendienst wegen der Muskelzerrung. Es ist schon etwas besser geworden, du weißt ja selbst wie schnell solche Sachen wieder in Ordnung sind. Bis zum nächsten Sonntag hatte ich ja alte Verletzungen auskuriert. Ob nun Sonntag wieder gespielt wird weiß ich noch nicht. Hätte nicht gedacht, daß mir das Spielen so wenig Muskelkater brächte. Habe im Voraus schon Manschetten gehabt. Vielleicht macht es viel aus, daß man immer auf den Beinen ist. Mit der Mannschaft ist nicht allzuviel los. Hatte mir mehr davon versprochen. Es sagt doch schon allerhand, wenn ich mit meinem Alter immer noch einer der besten bin. Den Ball richtig behandeln, wie Stoppen und Zuspielen, können nur ein paar Mann. Aber darauf kommt es einigen auch garnicht an. die Hauptsache sie spielen mit. Vorhin habe ich ein kleines Päckchen mit erledigten Briefe fertig gemacht. Werde es morgen mit abgeben. Hatte meine Not es richtig zu verschnüren. Bindfaden habe ich überhaupt nicht mehr. Schicke mir den Bindfaden immer wieder zurück den ich für Dein Päckchen verwende. Bis jetzt habe ich noch nichts eingekauft gekriegt. Es ist hier schlecht etwas zu kriegen. Habe auch erst 2 Verkaufsräume hier gesehen. Der eine davon hat meistenteils sogar noch zu. Mandeln gibt es noch genug zu kaufen. Durch die Schale geht aber zuviel verloren. Man muß schon 4 -5 Ocker haben um 1 Kilo- Paket damit füllen zu können. Und dann ist es mit der Zeit zum Knacken der Mandeln auch schlecht bestellt. Hätte sonst schon mal wieder welche geschickt. Ich will mal sehen ob ich Seife bekomme. Einige Blättchen habe ich schon für mich verbraucht. Habe sie gegen Eier eingetauscht. Heute war ein Grego bei mir der wollte Eier verkaufen. 15 Eier für 4 Buch Zigarettenpapier. Könnte ich die Eier Euch schicken. Hätte dann gleich ein paar Pakete fertig gemacht. Ich habe ihn gefragt wie es mit Oel steht. Er erzählte mir, daß er selbst nicht viel bekommt. Und mir nichts verkaufen könnte, da er 6 Kinder hat. Will aber mal sehen, ob ich anderwo etwas bekomme. Viel Zigarettenpapier habe ich ja auch nicht mehr (20 Stück) soll aber noch 20 Stück von einem Kameraden haben der für mich Tabak mitbringen sollte, aber keinen gekriegt hat. Na, wollen mal sehen was sich machen läßt. Letzte Nacht hat es wieder ganz doll geregnet und gewittert. Ich selbst habe nicht viel davon gemerkt. Nur einmal als ich aufwachte hörte ich 2 Donnerschläge. Augenblicklich grünt und blüht hier fast alles. Einige Bäume haben auch schon ausgeblüht. Heute scheint schon wieder die Sonne. Das unbeständige Wetter wird aber diesen Monat noch anhalten. Und dann wird es wohl wieder allmählich heiß werden. Wie ist das Wetter denn jetzt bei Euch? Wechselt wohl auch immer Regen und Sonnenschein, nicht wahr? Oder ist es etwa doch noch Winter geworden? Und was macht die Wohnung? Wann ziehen Emil und Frieda denn in die Nähe von Buchholz. Möchte am liebsten jetzt auch für eine kurze Zeit mit dir und den beiden Jungs nach draußen rausziehen aber da geht ja leider nicht. Eben habe ich Uso gekriegt. Werde ein Paket fertig machen für meinen Vater und ein für dich, hast dann auch mal was zum anbieten wenn du mal

Besuch hast. Kannst ihn ja vielleicht zum Hochzeitstag gebrauchen. Vor lauter Kummer wirst Du ihn wohl nicht allein austrinken. Der Duhnsche würde auch zu groß werden. Am liebsten würde ich die Flasche mit Dir zusammen austrinken. A la Heuberg. Du wohl auch nicht wahr? Na, wollen hoffen, daß es bald ein Ende hat und wir uns gesund wiedersehen. Dann werden wir zusammen alles nachholen. So mein Buttje, nun halte dich sowie Willy und Harry gesund und seid recht vielmals gegrüßt und geküßt von Deinem Willy und Eurem Papa. Herzliche Grüße auch an meine Eltern, Marta, Paul, Dora sowie Deine Mutter, Emil, Frieda und Harro.

Erklärung:
Manschetten gehabt: sowohl Angst als Befürchtungen gehabt
Grego: vermutlich für Grieche
doll: viel, stark
Duhnsche: duhn, angetrunken, einen Schwips haben
a la Heuberg: auf dem Heuberg (Wehrmachtsausbildung) hatte unsere.Mutter unseren Vater besucht. Dort werden sie wohl auch leicht duhn und vergnügt gewesen sein.

81) Im Süd-Osten, 09. März 1944

Mein lieber Buttje!

Post habe ich noch nicht wieder bekommen, soll aber heute welche geben. Will aber doch noch schnell ein paar Zeilen schreiben. Wir haben gerade Mittag. Müssen in einer halben Stunde aber schon wieder antreten. Gestern nachmittag hatte ich einen Gang nach einem anderen Ort zu machen. Das Wetter war herrlich. Habe den ganzen Weg dahin über Berg und Tal gewählt. Hatte aber doch für hin und zurück 4 Stunden zu gehen. Zu marschieren war es gut. Habe in dem Ort gleich mal nachgefragt ob es etwas zu kaufen gab.

Habe einem Kamerad der dort stationiert ist, Tauschmittel da gelassen. Was er dafür nun einkauft weiß ich noch nicht. Bekomme es Sonntag. Einige Blättchen habe ich auch so viel wie verloren. Und zwar sind es die, die Walter Krützfeldt in S. einem Kameraden gegeben hat zum Tabak kaufen. Tabak und Blättchen hatte er aber nicht für mich. Will sie mir aber wenn er ein Paket kriegt ersetzen. Wenn er aber hofft mich zu vertrösten und anzuschmieren werde ich ihm aber die Leviten lesen. Werde mir den Ganoven schon kaufen. Du läufst Dir die Hacken wegen der Blättchen ab und er denkt er kann mich überfahren. Eine Flasche Uso habe ich schon aufgegeben und zwar für dich. Kannst ihn ja zum Hochzeitstag gebrauchen. Hätte die andere Flasche auch abgeschickt, habe aber kein Packpapier und kein Bindfaden mehr. Muß also damit noch warten. Sonst sieht es mit Oel, Seife, Rosinen und Feigen schlecht aus. Werde aber versuchen was aufzutreiben. So mein lieber Buttje, ich hoffe, daß es dir sowie Willy und Harry noch gut geht. Von mir kann ich es noch sagen. Die Zeit ist gleich um. Halte Dich sowie Willy und Harry gesund und seid recht herzlich gegrüßt und geküßt von Deinem Willy und Eurem Papa. Herzliche Grüße auch an meine Eltern, Marta, Paul, Dora sowie Deine Mutter, Emil, Frieda und Harro.

Im Süd-Osten, 11. März 1944

Mein lieber Buttje!

Gestern erhielt ich Deinen Brief vom 22.2. (Nr.59) und die Zeitungen, 2 mal „Das Reich" und 2 mal die Illustrierten Köllner und Frankfurter. Auch die Fußballwoche war dabei. Für alles meinen besten Dank. Daß du die Päckchen mit den Rosinen und Zigaretten bekommen hast, freut mich. Verstehe aber nicht, daß Du immer noch keine Post von mir bekommen hast Es muß ja schon welche verloren gegangen sein, ist ja sonst garnicht möglich. Ich habe doch immer Post von Dir bekommen, wenn auch mit 8 Tagen Zwischenraum. Dein Brief war vom 22.2.. Sind die Zeitungen eigentlich schneller übergekommen als der Brief? Von Marta und Deiner Mutter war auch ein Brief dabei. Ich komme jetzt nicht so oft zum Schreiben. Haben in imserem Quartier noch kein vernünftiges Licht. Muß schon immer auf die Schnelle in der Mittagszeit schreiben. Die Briefe sind darum auch immer etwas überhastet und kurz geschrieben. Muß schon etwas Rücksicht darauf nehmen. Ich habe bis jetzt aber immer jeden 2. Tag geschrieben. Also an mir liegt es nicht, wenn Du so lange keine Post bekommen hast. Kann nur auf die Transportschwierigkeiten zurück zufuhren sein. Wegen Urlaub kann ich Dir immer noch keine Hoffnung machen. Mir wäre es auch lieber wenn ich gleich ganz bei Dir bleiben könnte. Auf Urlaub fahren ist ja ganz schön aber wenn es dann nach der kurzen Zeit wieder zurück geht, ist doch nicht schön. Wollen jedenfalls hoffen, daß es nicht mehr so lange dauert bis wir uns ganz wieder haben. Sehnsucht habe ich auch schon große aber es nützt ja doch nichts. Müssen schon warten bis es so weit ist. Hat Dora eigentlich schon mal Päckchen von mir erhalten? Ein Päckchen ist für sie mit Rosinen und Mandeln vom 12. Dezember unterwegs und ein mit Mandeln vom 27.12. und dann noch ein vom 8. Januar mit Rosinen. Du hast bis jetzt fast alle Päckchen von mir erhalten. Auch meine Mutter, Marta und Frieda. Wäre ja komisch wenn ausgerechnet Dora sie nicht bekommen sollte. Nach meiner Liste fehlen Dir noch die Päckchen Nr. 11, 17, 18, 20 und fortlaufend. Denke doch, daß du sie noch alle bekommst. Bis jetzt hat es ja eigentlich noch immer damit geklappt. Ich hoffe auch, daß Du die Briefpost jetzt auch schneller erhältst. Habe diesen Brief doch nicht mehr fertig gekriegt.

Schreiben heute schon Sonntag, den 12.3. War gestern Abend im Kino. Es gab den Film „Der große König". Es war von dem Film immer so viel erzählt worden. Habe wunder gedacht was da mit los ist. Hat mir garnicht gefallen. Heute morgen waren wir zur Heldengedenkfeier. Es hat gegossen was das Zeug halten wollte. Es regnet hier augenblicklich fast jeden Tag. Gestern hatten wir Kompanie-Belehrung. Unser Hauptmann erzählte uns, daß wir Bewährungssoldaten sind und weil wir noch keine Frontbewährung haben, sind wir erst nach 2 Jahren Wehrwürdig. Auf dem Heuberg hieß es allerdings bei ½ jähriger Frontbewährung und 1 jähriger Militärzeit würden wir Wehrwürdig. Wie es mit dem Urlaub ist weiß ich nicht. Ob wir da auch 2 Jahre warten müssen ist mir nicht bekannt. Von Urlaub habe ich auch noch nichts gehört. Heute habe ich Deinen Brief vom 28. Februar (61) erhalten. Meinen besten Dank. Mir fehlt jetzt nur noch Nr. 60. Hast Du meine Briefe Nr. 66, Nr. 72 nun auch erhalten? Heute habe ich 1 Liter Oel gekauft, er ist aber anders wie das übliche. Nennt sich Safarin- Oel. Wird aus einer Pflanze gewonnen. Der Geschmack ist besser wie das vom Oliven-Oel. Es scheint aber nicht ganz soviel Oel-Gehalt zu haben, ½ Liter Oliven-Oel habe ich auch, nur weiß ich noch nicht wie ich es Dir schicken soll. Mir fehlen die Dosen dazu und auch das Packpapier. Die beiden Bilder von Willy und Harry habe ich auch erhalten. Sind beide ganz schön geworden, Harry wie Du ganz richtig geschrieben hast, wie so'n Briet und Willy wie er immer guckt. Du schreibst auch ich hätte später keine Ursache Dich dick zu nennen, weil ich selbst so dick geworden bin. Hast du etwa auch schon wieder zugenommen? Denke doch, daß es nicht zu schlimm wird. Ich selbst werde wohl nicht mehr zu nehmen. Bin nämlich nicht scharf darauf etwa noch einen Hängebauch zu bekommen. Glaube auch, daß es nachher schnell wieder verschwunden ist. Ich meine das Dicke. Wenn ich erst mal wieder unter Deinen Fittichen bin, werde ich schon wieder schlanker werden. Wenn es doch erst so weit wäre. Letzte Nacht hatte ich wieder einen Traum. War bei Dir. Aber nicht in der neuen sondern in der alten Wohnung. Es freut mich, daß wir erstmal wieder eine Wohnung haben. Denke auch, daß wir damit diesmal Glück haben. Mit den Zigaretten sieht es augenblicklich schlecht aus. Haben lange keine bekommen. Kriegen allerdings täglich 6 Stück aber die reichen nur nicht ganz. Werden aber wohl bald Marketender-Zigaretten bekommen. In K. sind wir mit Zigaretten besser versorgt worden. Wenn ich aber bald wieder mehrere bekomme werde ich wieder an Dich denken. Es sind für dich auch noch ungefähr 140 Zigaretten unterwegs. Hättest Du man erst alle Päckchen und Pakete von mir. es sind doch noch allerhand unterwegs. Schicke mir doch bitte einige 20 Pfg.-Marken. Kann sie für die Kilo-Pakete gut gebrauchen. Un denke mal wieder an eine gute Schreibfeder. Meine Feder ist überhaupt nicht mehr gut zu gebrauchen. So allmählich bin ich nun doch mit meinem Latein zu Ende. Von mir kann ich Dir berichten, daß es mir noch gut geht. Hoffe dasselbe auch von Dir sowie Willy und Harry. Zu Deinem Einzug in die neue Wohnung wünsche ich Dir alles Gute. Hoffe auch, recht bald wieder ganz bei Dir zu sein. So mein lieber Buttje! Nun halte dich sowie Willy und Harry recht gesund und seid recht vielmals gegrüßt und geküßt von Deinem Willy und Eurem Papa. Herzlichen Gruß auch an meine Eltern, Marta, Paul, Dora Deine Mutter, Emil, Frieda und Harro, Hans und Alwine, Fiede und Johanna sowie Familie Kahns, Nerlich und Schmidt. Hast Du auch noch genug Oel? Ob Du noch genug hast, weil Du doch von meinen Eltern weggezogen bist.

Anmerkung:
Briet (Brieten): frech, ungezogen
Willy immer guckt: er hielt als Kind beim Kucken immer den Kopf schief (und tut es übrigens heute noch)

83) Im Süd-Osten, 14. März 1944

Mein lieber Buttje!

Eben habe ich ein Kilo-Paket für dich zurecht gemacht. Werde es morgen aufgeben. In dem Paket ist Safran-Oel. Hast Du überhaupt jetzt noch Oel? Etwas ist auch noch unterwegs. Hoffentlich bekommst du nun auch alles. Mir geht es noch immer gut. Hoffe dasselbe auch von Dir, Willy und Harry. Letzte Nacht hat es wiedermal ordentlich geregnet. Wir sollten einen Ausmarsch haben ist aber nichts draus geworden. Jetzt am Tage ist das beste Wetter. Heute morgen war ich nach dem Ort wo ich zuletzt in der Kantine war. Ist ungefähr eine Stunde von hier entfernt. Der Weg geht immer bergauf und ab. Es sieht jetzt hier ganz schön aus. Alles ist grün und der größte Teil der Bäume steht in Blüte. Der Weg dahin und auch zurück war für mich ein Genuß. Als ich die letzte Höhe erreicht hatte, lag unten im Tal der Ort zu dem ich wollte. Von weitem sehen die Orte alle ganz hübsch aus. Sind meistens auch im Tal angebaut. Aber auch welche sind an den Berghängen. Unser Ort gefällt mir jetzt auch schon etwas besser. Mit der Zeit gewöhnt man sich auch an alles. Nur unverschämt teuer ist hier alles. Die Einwohner sind hier alle freundlich. Haben in ihrem Ort noch nie Soldaten gehabt. So mein Buttje! Und wie geht es Dir? Wie gefällt es Dir in Deiner neuen Wohnung? Du könntest mir auch ein paar Briefumschläge mitschicken. Oder sind sie schon alle? Wenn sie alle sein sollten, kannst Du ja bei Jannssen mal vorgehen und ein paar holen. So und nun muß ich schließen. Meine Mittagszeit ist gleich zu Ende. Halte dich gesund und sei du sowie Willy und Harry recht vielmals gegrüßt und geküßt von Deinem Willy und Eurem Papa. An meine Eltern, Marta, Paul, Dora sowie Deine Mutter, Emil, Frieda und Harro auch einen schönen Gruß.

84) Im Süd-Osten, 16. März 1944

Mein lieber Buttje!

Habe eben gerade Abendbrot gegessen. Es gab heute Abend warm. Sagosuppe süß gekocht mit Rosinen. Hinterher habe ich mir noch 5 Eier in die Pfanne gehauen. Habe mir gestern welche für die Tabletten die ich von Marta habe eingetauscht. Allerdings nicht so günstig wie damals beim Heilbad. Ich habe davon aber noch allerhand. Werde sie auch umsetzen, denn wer weiß wie lange sie noch im Kurs sind. Post hat es noch nicht wieder gegeben. Denke aber, daß es zum Sonntag noch welche geben wird. Heute nachmittag war ich zur Melderausbildung in einem Nachbarort von uns. Von einem Berg auf dem wir standen hatten wir eine ganz prima Aussicht. Wir konnten genau wie auf dem Heuberg die Schweizer Alpen, hier übers Meer einige Inseln und die F. Küsten sehen. Auf den Bergen war sogar der Schnee zu sehen. Ein herrlicher Anblick. Wir haben jetzt viel Arbeitsdienst zu machen. Es ist aber immer noch ziemlich frisch. Die Sonne ist schon ganz schön warm aber der Wind ist noch kalt. In einigen Wochen wird es wohl schon wärmer werden. Dann werden wir wohl schon in der Badehose arbeiten körmen. Über Schiffssperre wegen U-Boot - und Sturmgefahr bin ich nicht mehr im Bilde. Wir hören wohl dann und wann mal daß Schiffssperre ist, aber sonst hören wir nicht viel. Kommt daher weil wir nicht mehr am Hafen liegen. Mit dem Baden wird es jetzt auch nicht mehr so gut sein. Sind nicht mehr so dicht am Wasser. Haben ungefähr 3/4 Stunde bis zum Wasser zu gehen. Aber bis es so weit ist, kann noch viel passieren. Richard Heinitz hat bei mir mit im Quartier gelegen. Ist aber augenblicklich im Revier. Liegt schon beinahe 8 Tage da. Was im fehlt kann ich garnicht mal sagen. Hatte vorige Woche Fieber. Hatte noch keine Zeit ihn zu besuchen. Die Tage sind immer ausgefüllt. Und abends wenn der

Dienst zu Ende ist, habe ich keine Lust mehr noch weg zu gehen. Wenn ich nicht gerade schreibe, lege ich mich meistens gleich nach dem Abendbrot schlafen. Vorgestern war ich im Kino. Das ist noch das einzigste wo ich noch mal hingehe. Gesehen habe ich den Film "Lache Bajazzo". Dieses Mal bin ich nicht eingeschlafen. Habe den Film jetzt zum 4. Male gesehen. Gesehen eigentlich erst einmal. Die anderen 3 Male bin ich jedesmal eingeschlafen. Der Film hat mir gut gefallen. Vor allen Dingen der Gesang von Benjamini Gigli. Er ist doch ein ganz großer Sänger. Hast Du den Film auch schon gesehen? Wirst du wohl schon. Bist Du doch jetzt ein eifriger Kinogänger. Ich habe mich beim letzten Kinobesuch noch mit einem anderen Kameraden unterhalten, wie schön es doch war, wenn man mit seiner Frau im Kino war und dann hinterran noch eine schönen Halben getrunken hat. Es ist ja selten vorgekommen, daß wir zusammen ins Kino gegangen sind, aber doch vergißt man so etwas nicht. War doch schön, nicht wahr? Manchmal bin ich auch so vertieft, daß ich denke Du säßest neben mir. Na wollen hoffen, daß es damit nicht mehr solange dauert. Nächste Woche soll es den Film „Trupa" geben, da werde ich auf jeden Fall hingehen. Hast Du mir doch gerade von diesem Film schon viel erzählt. Na wollen mal sehen ob ich genau so begeistert von dem Film sein werde, wie Du es warst. Und sonst mein lieber Buttje kann ich Dir mitteilen daß es mir immer noch gut geht. Ich hoffe dasselbe auch von Dir, Willy und Harry sowie von Deiner Mutter. Neues kann ich Dir leider nicht berichten. Habe aber doch so eben diese 4 Seiten voll gekriegt.
So mein lieber Buttje und nun will ich schließen. Das Licht ist schon viel zu weit runtergebrannt. Müssen damit sparen. Halte Dich also gesund und sei Du sowie Willy und Harry recht vielmals gegrüßt und geküßt von Deinem Willy und Eurem Papa. An meine Eltern, Marta, Paul, Dora sowie Deine Mutter, Emil, Frieda und Harro, Hans und Alwine, Fiede und Johanna auch einen schönen Gruß.

Gleichfalls auch an Familie Nerlich und Kahns. Schlaf schön mein Buttje und angenehme Träume.

85) Im Süd-Osten, 18. März 1944

Mein Lieber Buttje!

Will dir schnell noch ein paar Zeilen schreiben. Habe mich eben gewaschen. Das Waschen war ja nicht so schön wie im Heilbad. War ziemlich primitiv. Man füllt sich nach dem Baden doch ganz anders. Morgen geht es wieder zum Fußballspielen. Hoffentlich bekomme ich nicht wieder eine Muskel - oder Sehnenzerrung. Möchte den anderen Spielern doch gern mal etwas vorspielen. Ich bin in der Mannschaft nämlich der einzige Schütze Arsch der in unserer Mannschaft spielt. Es spielen außer 3 Feldwebel nur Unteroffiziere in der Mannschaft. Die meisten haben eine ziemlich Angabe. Sie sind aber alle noch viel jünger als ich. Mit dem Spielen selbst hapert es aber bei den meisten. Nach dem Spiel gehe ich ins Kino. Es gibt den Film „Trupa". Ich bin auf den Film direkt gespannt. Ob er mir wohl auch gefallen wird? Gestern war das Wetter ganz übel. Wir hatten von morgens 7 Uhr bis nachmittags 5 Uhr Arbeitsdienst. Die meiste Zeit hat es geregnet. Auch windig war es sehr. War direkt ungemütlich. Als wir mit den Arbeiten fertig waren wurde es windstill und die Sonne kam auch noch mal durch. Heute war es schon bedeutend besser. Hatten fast den ganzen Tag blauen Himmel. Ist aber immer noch etwas frisch. Es scheint so als ob es morgen auch gutes Wetter werden wird. Wenn es nur erst etwas wärmer werden würde. Habe nicht gedacht, daß hier solange schlechtes Wetter sein würde. Und mein Buttje, wie geht es Dir und den beiden Jungens? Ich hoffe doch noch gut. Von mir kann ich es noch sagen. Post habe ich noch nicht wieder von Dir bekommen.

Hoffe aber bald wieder etwas zu bekommen. Von Hinni, Andreas und Hans habe ich auch lange nichts mehr gehört. Hast Du eigentlich meinen 12 Seiten langen Brief schon erhalten. Warte schon auf die Anwort. So mein Buttje und nun will ich schließen. Halte Dich gesund und sei Du sowie Willy und Harry recht vielmals gegrüßt und geküßt von Deinem Willy und Eurem Papa. An meine Eltern, Marta, Paul, Dora, Deine Mutter, Emil, Frieda und Harro auch einen schönen Gruß.

86) Im Süd-Osten, 20. März 1944

Mein lieber Buttje!

Ich habe heute einen Tag Innendienst. Gestern beim Fußballspielen habe ich, wie schon so oft, einen gegen die Knochen gekriegt. Ist aber nicht so schlimm geworden. Bin jetzt in meinem Quartier und mache Umschläge. Dick ist der Fuß nicht, wird wohl morgen auch wieder in Ordnung sein. Muskelkater habe ich überhaupt nicht. Das Spiel selbst war schon besser als das vorherige, es war wenigstens schon etwas System drin. Mir hat es bis auf die kleine Verletzung nichts ausgemacht. Komisch ist es aber wenn man erst wieder drin ist macht ein das Spielen doch wieder Spaß. Ich bin ganz gut ins Spiel gekommen. Hatte einen guten Mittelstürmer und einen guten Linksaußen neben mir. Nach fachmännischem Urteil war der linke Flügel der beste Mannschaftsteil. Nach dem Spiel fragte mich der Spieß wie alt ich bin, als ich ihm sagte, daß ich im 39. Lebensjahr bin war er doch erstaunt. Er hat sich doch gewundert, daß ich noch so einen guten Fußball spielte und noch so spritzig bin. Er meinte auch, ich solle, wenn mein Fuß mir Beschwerden mache ins Revier gehen und Innendienst machen, damit ich beim nächsten Spiel wieder mit dabei bin. Nach dem Spiel war ich im Kino. Es wurde der Film

„Trupa" gegeben. Ich wollte erst schon nach dem Spiel nach Hause gehen, habe mich aber doch gefreut, daß ich es nicht gemacht habe. Der Film war doch sehr schön. Er hat mir gut gefallen. Das war doch wenigstens mal wieder ein Film. Die La Jana spielte in dem Film ganz groß. Schade nur, daß so eine begabte Frau so früh aus dem Leben scheiden mußte. Überhaupt der ganze Film war wie eine Variete'-Vorstellung, alles gute Kräfte. Den Film kann man sich immer wieder ansehen. Jetzt kann ich auch verstehen, daß Du so begeistert warst. Gestern haben wir auch Marketenderware bekommen. Jeder bekam über 300 Zigaretten, 7 Zigarren, 1 Paket Tabak, Wein und auch Kognak. Außerdem gab es Rasierklingen, 1 Schachtel Streichhölzer, Seife und Zahnpasta. Von den Zigaretten werde ich Dir ein Paket zurecht machen und zuschicken. Hast du inzwischen schon Päckchen und Pakete von mir erhalten? So allmählich muß doch wieder was eintrudeln. Ich will jetzt gleich wenn ich den Brief fertig habe noch paar Päckchen packen, etwas Blättertabak hat es auch gegeben. Will ihn Hinni hinschicken. Ich habe auch schon lange keine Post von dir erhalten. Auch von meinen Eltern, Marta, Frieda, Hinni und Andreas habe ich lange nichts mehr gehört. Wenn es doch bald alles ein Ende hätte. Immer lebt man in der Ungewißheit. Denn was kann nicht noch alles passieren, bis es mal ein Ende hat.- Mir geht es noch immer gut. Auch ist es hier noch immer ruhig. Ich wünschte Ihr hättet so eine Ruhe. Das Leben läßt sich hier schon ertragen, nur müßte man seine Lieben bei sich haben. Hat sich nun mit den Kindern etwas was geändert? Du bist doch noch der selben Ansicht darin wie zuvor, nicht wahr? Halte es jedenfalls auch für das Beste. Mit dem Urlaub hat es soweit eine Änderung gegeben, daß jetzt auch die Vorgesetzten nicht mehr alle fahren können. Es dürfen jetzt nur noch 1% in Urlaub fahren. Damit ist also die Urlaubsfrage soweit geregelt, daß es für uns schon garnicht mehr in Frage kommt. So ungefähr habe ich es mir auch vorgestellt. Na, wir wollen nur hoffen, daß der Dauerurlaub schneller kommt als wir denken. Ich hoffe auch, daß es Dir sowie Willy und Harry noch gut geht. In der Hoffnung, daß ich Dich wieder recht bald in die Arme nehmen kann grüßt und küßt Dich, Willy und Harry Dein Willy und Euer Papa.

An meine Eltern, Marta, Paul, Dora, Deine Mutter, Emil, Frieda und Harro sowie Hans und Alwine sowie Fiede und Johanna auch einen schönen Gruß.

Anmerkung:
Revier: Sanitätsstation
La Jana : war in den 30iger Jahren eine berühmte Schauspielerin

87) Im Süd-Osten, 21. März 1944

Mein lieber Buttje!

Heute abend kam der lang erwartete Postsegen. Von Dir bekam ich die Briefe Nr. 60 vom 25.2., Nr. 62 vom 2.3., Nr. 63 vom 5.3., Nr. 64 vom 7.3. und Nr. 65 vom 9.3.. Für alle Deine lieben Briefe meinen besten Dank. Außerdem bekam ich noch Post von meinen Eltern einen Brief mit Zigarettenpapier, von Marta 2 Briefe mit 4 Zigarettenpapier, von Hinni und Andreas je 1 Brief und einen von Willemann. Das Zigarettenpapier (12Stück) und 2 Schreibfedern sind auch heil übergekommen. Dafür extra meinen besten Dank. Einige Päckchne sind auch schon aufgegeben und schon unterwegs. 1 Kilo-Paket mit Safran-Oel, 1 Päckchen mit 100 Zigaretten und für Paul 1 kleine Flasche mit Uso. Soll für sein Geburtstag sein. Kommt ja etwas später aber das macht der Liebe wohl kein Kind. Für Hinni habe ich auch ein Pfund Tabak abgeschickt. Daß Du die Päckchen und auch die Kilo-Pakete mit Oel und Seife erhalten hast, freut mich. Hoffentlich bekommst Du den 12 seitenlangen Brief nun auch noch, es wäre ja schade wenn er verloren gegangen ist. denn so viel Zeit um ihn noch mal zu schreiben, habe ich augenblicklich garnicht. Und ob man ihn auch wieder so zusammen kriegt, ist auch noch die Frage. Schade wäre es schon aus dem Grunde weil er vieles enthält, was Dich besonders interessiert. Ist er doch in der Hauptsache so geschrieben um Klarheit zwischen uns zu bringen. Na hoffen wir, daß er doch noch überkommt. Ich habe bis jetzt ja auch noch alle Briefe der Reihe nach erhalten. Daß du etwas Zeug mit zu Emil und Frieda gegeben hast, halte ich für richtig. Ich kann mir allerdings nicht denken, daß der Tommy Hamburg noch mal mit Bomben belegen wird. Aber Vorsicht ist darum doch am Platze. Denn man kann nie wissen was noch alles kommen kann. Wollen jedenfalls hoffen, daß sie Euch in Zukunft in Ruhe lassen. Einmal muß der Krieg ja auch mal zu Ende gehen. Daß Ihr noch mal evakuiert werden sollt, kann ich mir eigentlich nicht denken. Denn wo wollen sie euch schon hinbringen. Sieht es doch überall schlecht aus. Aus allen großen Städten sind doch schon die Menschen rausgezogen und aufs Land geschickt worden. Na, daß Schlafzimmer was Elli sich gekauft hat, muß ja eine nette Kiste sein. Wenn es augenblicklich nichts anderes gibt, wollen wir man lieber damit warten. Die jetzigen Betten die Du hast genügen ja erst mal. Wenn es auch alte sind. Die Hauptsache ist ja, daß man erstmal überhaupt etwas zum Schlafen hat und keine angst haben braucht, daß sie zusammen brechen. Ein Schild für die Tür werde ich wohl zurecht kriegen. Holz ist hier knapp, sonst hätte ich ein gemacht, wie das was auch mit aufgebrannt ist. Aus Deinem Traum den Du im Brief Nr.65 schilderst, bin ich nicht aus schlau geworden. Du schreibst, daß Dich ein Marm umsorgt und verwöhnt hätte (womit?) und Du nach dem Erwachen noch genau wußtest welche Worte er zu Dir gesprochen hatte, dann schreibst Du: Ich hätte gefragt, ob das alles für mich, ja für Dich aus Liebe. Hattest Du ihn gefragt ob er das alles für Dich getan hat (aber was hat er denn für Dich getan, ich will das aber auch zu genau wissen nicht wahr? Dabei ist es nur ein Traum gewesen. Und doch bin ich auf den Marm eifersüchtig, obwohl er garnicht existiert) und hat er dann zu Dir gesagt er hätte alles aus Liebe zu dir getan? Wenn es sich so verhält bin ich da doch beinahe aus schlau geworden aber erst als ich beim Schreiben war. Komisch ist es doch, obwohl ich restloses Vertrauen zu Dir habe und es nur ein Traum war, hat es mir doch einen Stich gegeben. Wenn ich bei dir gewesen wäre, hättest Du bestimmt nicht so einen Traum gehabt und ich auch nicht fragen brauchen, wo du mit Deinen Gedanken warst. Ach wenn doch bloß der Krieg ein Ende hätte und wir wieder zusammen wären. Meine größte Angst ist die, daß bei euch noch irgend etwas passieren könnte und fremde Truppen sich da mal breit machen könnten. Man darf da garnicht über nachdenken. Na, wir wollen hoffen, daß wir alles gut überstehen werden und wir uns recht bald wiedersehen werden. Eine Zeitschrift von der N.S.D.A.P. habe ich auch heute bekommen von Ortsgruppe Müggenkamp. Sonst geht es mir noch gut. Ruhig ist es hier auch noch immer. Ich hoffe, daß es Dir und den beiden Jungs auch noch gut geht und Ihr von den vielen Luftangriffen endlich mal Ruhe habt. So mein lieber Buttje! Ich will jetzt doch den Brief beenden. Habe nicht mehr die Ruhe zu Schreiben, eben sind der größte Teil meiner Kameraden aus dem Kino gekommen und machen sich hier an den Tischen breit. Wollen noch eine Stulle essen. Sie haben den Film; „Die gläserne Kugel" gesehen. Werde voraussichtlich morgen hingehen. Mein Fuß ist vom letzten Spiel noch nicht wieder in Ordnung. Wird wohl aber bald wieder werden. So mein lieber Buttje! Halte Dich also gesund und sei recht vielmals gegrüßt und geküßt von Deinem Willy. An Willy und Harry auch Gruß und Kuß. An meine Eltern, Marta, Paul, Dora, deine Mutter, Emil, Frieda und Harro auch eine schönen Gruß.

Ich wünsche Dir angenehme Träume und davon eine ausführliche Berichterstattung. Und wenn es geht dieses Mal mit einem Mann der mein Anlitz trägt.

88) Im Süd-Osten, 23. März 1944

Mein lieber Buttje!

Eben habe ich einen Brief an Hinni geschrieben. Will noch schnell versuchen, Dir auch ein paar Zeilen zu schreiben. Post soll auch schon wieder gekommen sein. Ist aber noch nicht bei unserer Komp. Wird wohl morgen im Laufe des Tages ausgegeben. Hoffentlich ist für mich auch etwas dabei. Werde wohl Sonntagnachmittag schreiben müssen. Habe nämlich allerhand Post zu beantworten. Kannst Du mir mal ein paar 20 Pfennig-Briefmarken mitschicken? Ist für die Kilo-Pakete. Sind immer knapp damit. Will auch mal sehen, ob ich für die Zigarettenblättchen die ich vorgestern bekommen habe, etwas auftreiben kann. Das Leben ist hier immer noch dasselbe. Für mich ist das Fußballspielen und der Gang ins Kino immer eine Abwechslung. Gestern war ich auch schon wieder im Kino, es wurde der Film „Die gläserne Kugel" gegeben. Der Film war nicht mein Geschmack, Hatte mir davon mehr versprochen. Der Liebesfilm „Aus dem Isargebirge" hat mich aber wieder versöhnt, der war sehr gut. Wenn man die schönen Landschaftbilder sieht, weiß man doch erst zu schätzen wie schön doch die Heimat ist und wie öde es hier ist. Gefallen hat mir auch aus der Wochenschau die Eislaufmeisterschaften aus Wien. Einen Abgang hatten wir hier bei uns am Quartier auch. Wollte dir von denjenigen schon immer mal schreiben, war ein ganz kleines Kerlchen. Ich bin mit ihm immer gut ausgekommen. Er lag die ganze Zeit neben mir. War schon 43 oder 44 Jahre. Gern getrunken hat er auch einen. Ging abends ganz allein weg und kam dann mit einem kleinen Brand wieder an. Er hat uns dann viel Freude bereitet. Wir kamen dann meistens nicht aus dem Lachen heraus. Er litt wenn er was getrunken hatte beinahe an Verfolgungswahn. Erzählte immer er hätte unseren Spieß getroffen und der wollte ihn erschießen, sagte dann immer was der wohl bloß von mir will ich tue keinem Menschen was. Einmal soll der Spieß ihn getroffen haben und ihn vorgehalten haben, daß er schon wieder betrunken und wo er mit seiner Flasche wieder hinwolle. Er sagte er wäre nüchtern und wolle nur Wasser holen. Ein böses Ding hat er sich damals in K. abgekniffen. Es war auf seinem Geburtstag. Er hatte Post geholt und sie zum Hafen gebracht, mußte den leeren Sack wieder zur Komp. bringen. Und von diesem Gang erzählte ist er erst am nächsten Tag wieder gekommen. Und das auch noch auf Umwegen. Er ist nämlich total besoffen in einem anderen Ort in der Nähe von K. aufgefunden worden und dann in die Arrestzelle gebracht worden. Als er seinen Rausch ausgeschlafen hatte, hat er die Tür gewaltsam geöffnet und ist zum Hafen gegangen hat sein Gewehr geschnappt und ist auf Wache gegangen. Die Verhandlung ist jetzt vor einer Woche gewesen. Vorher hat er doch böse Manschetten gehabt. Hat mir in seinem Rausch immer davon erzählt. Sagte dann immer "Wat wüllt se blos von mi", „De süllt mi doch to freden loten". „O Gotto gotto Gott, ik ool Marm". „Ik bün sogar all Großvadder". Und das wiederholte er immer wieder. Als er dann Bescheid bekam daß er zum Termin mußte, war er ganz klein und fragte was er wohl bekommen könnte. Ich habe ihn natürlich getröstet. Als er von dem schweren Gang zurückkam war er doch froh. Bei der Urteilsverkündung hat er schon bevor die 4 Wochen ausgesprochen waren sein Ja gegeben. Wir haben es alle bedauert, daß er jetzt von uns weg gekommen ist. Kam zu einer anderen Einheit. Wird es da aber auch gut haben. So einen Spaßmacher kann man hier schon gut gebrauchen. Hilft einen doch über manche Stunde hinweg. Ich gehe hier außer zum Fußball oder ins Kino überhaupt nicht weg. Viele von uns haben sich schon mit den Griechen hier angefreundet und besuchen sie öfter des Abends. Mir liegt so etwas nicht. Müßte sonst schon mit einem Griechen enger befreundet sein. Gastfreundlich sind sie schon einmal Und gerade deshalb gehe ich schon garnicht hin. Haben sie doch selbst nicht viel zu beißen.

So mein Buttje! Ich hoffe, daß ich Dir mit dem kleinen Bericht nicht gelangweilt habe. Halte dich also gesund und sei recht vielmals gegrüßt und geküßt von Deinem Willy. An Willy und Harry auch Grüße und Küsse. Herzliche Grüße auch an meine Eltern, Marta, Dora, Paul, Deine Mutter Emil, Frieda und Harro. Anbei 2 Zulassungsmarken. Schicke mir aber kein Paket mit Eßwaren. Ich bekomme hier noch immer genug. Schlaf recht schön und einen schönen Traum Wünscht dir Dein Willy.

Anmerkung:
böse Manschetten: ängstliches Gefühl, mulmiges Gefühl im Bauch

89) Im Süd-Osten, 24. März 1944

Mein lieber Buttje!

Heute erhielt ich schon wieder Post und zwar Deinen Brief vom 12. März (Nr. 66). Für Deinen lieben Brief meinen besten Dank. Habe mich sehr dazu gefreut. Von Marta und von Ernst Heiden bekam ich auch Post. Ernst Heiden schrieb mir von Odessa. War ganz erstaunt, daß er nach dort versetzt ist. Daß Du meinen 12 seitigen Brief nun doch erhalten hast freut mich. Hat er doch, wie ich aus Deinem Brief ersehe, dazu beigetragen, nun endlich die Klarheit zwischen uns gebracht, die schon lange hätte sein sollen. Daß wir jetzt wieder eine Wohnung mit Deiner Mutter zusammen haben, macht mir nichts aus. Erstmal sind wir ja, wie Du ganz richtig schreibst, älter und verständiger geworden und dann stehen wir uns doch irmerlich viel näher als damals. Wenn wirklich ich mit deiner Mutter eine Meinungsverschiedenheit haben sollte, was doch immerhin möglich ist, so werde ich mich da heute mit Dir über aussprechen und dann wird wohl alles in Ordnung gehen. Darüber mache ich mir auch gar keine Gedanken. Wir wollen doch auch die Jahre die wir zusammen leben nicht noch durch nebensächliche Dinge verzetteln. Sondern wollen die Zeit die uns noch zur Verfügung steht ausnutzen. Das Leben ist doch so kurz. Wieviel Jahre sind uns schon vom Leben abgegangen. Und da bin ich ganz Deiner Meinung, daß wir alles nachholen wollen, die Hauptsache ist ja, daß wir uns gesund wiedersehen werden. Du hast schon Recht wenn Du schreibst, ich wäre viel zu lebensbejahend, ja das bin ich auch, ich werde mein Leben so teuer verkaufen wie nur möglich. Lebensbejahend bin ich auch darum, weil ich in der Hoffnung lebe, Dich und auch Willy und Harry wiederzusehen. Und wenn, wie Du schreibst das Geschick gegen Dich sein sollte so werde ich niemals die Kinder von mir geben. Habe ich die Beiden doch viel zu lieb und sind sie doch von mein Fleisch und Blut. Ich glaube Dir wenn Du sagst bei Deiner Schwester hätten sie es gut. Aber ich glaube auch daß Du es verstehen wirst, wenn ich die Kinder für mich haben will. Denn für die Erziehung der Kinder bin ich verantwortlich. Möchte auch nicht daß sie mir entfremdet werden. Ist es mir doch damals und auch jetzt schwer genug geworden Dich und die Kinder in der schweren Zeit allein zu lassen. Ich habe das nur geschrieben weil Du es in Deinem letzten Brief erwähnt hast. Ist auch ganz richtig von Dir gewesen davon mal zu schreiben, was ich in diesem Fall machen werde, kann ich dir nicht sagen. Das eine weiß ich aber bestimmt, daß ich mit allem so fertig sein werde, daß ich mich nicht wieder binden werde. Jetzt nachdem wir uns, man kann wohl sagen, erst richtig gefunden haben, wieder zu verlieren, nein dann lieber gleich Schluß mit allem. Aber solch trüben Gedanken gebe ich mich garnicht hin. ich glaube bestimmt, daß wir uns alle wiedersehen werden. Ich sage mir nämlich, daß, wenn wir untergehen sollten es schon hätte geschehen können. Du und die Kinder habt Euch auch aus dem Flammenmeer gerettet. Und ich habe in so fern immer noch Glück gehabt, daß ich hier auf der Insel sitze. Was hätte in der Zeit wenn ich anderwo gewesen wäre, schon alles passieren können. Wie viele die mit mir zum Heuberg gefahren sind, leben schon garnicht mehr. D.h. die anderwo eingesetzt worden sind, wenn ich davon geschrieben habe, an denken muß man da schon, denn dafür ist die Zeit viel zu ernst und kann zu viel an jedem Tage passieren. Aber glauben tue ich nicht daran. Im Gegenteil, wie ich schon auf dem anderen Blatt geschrieben habe hänge ich genau so am Leben wie Du auch. Wir wollen doch für uns und für unsere Jungens leben. Und ich will doch auch das wieder gut machen, was ich an Dir gesündigt habe. Ich will, daß Du später mal sagen kannst, die Jahre die Du mit mir verlebt hast waren wohl immer Freude. Nun hast du aber eine neue Wohnung und muß schon bald wieder auszihen. Habe heute gehört, daß alle Frauen und Kinder bis zum 1. April aus Hamburg raus müssen. Aber eine Hoffnung bleibt uns doch, und das ist die, daß der Krieg bald zu Ende geht. Also mein Buttje laß da kommen was da will, wir werden auch die letzte Zeit des Krieges überstehen und uns wiedersehen. Es kann ja sein, daß du lange Zeit mal ohne Post bleiben könntest. Wenn die Verbindung nach hier mal unterbrochen sein sollte. Was auch angehen könnte. Aber darum brauchst Du nicht in Sorge zu sein. Vor kurzem habe ich noch gehört, da habe einer auch von seinem Kausin über Jahre nichts mehr gehört. Hatte ihn schon ganz aufgegeben und jetzt hat er Nachricht erhalten, daß er in Gefangenschaft ist. Also mein Buttje habe keine Angst meinetwegen. Wir werden uns schon wiedersehen. Halte dich gesund und sei Du sowie Willy und Harry recht vielmals gegrüßt und geküßt von Deinem Willy und Eurem Papa. Herzliche Grüße auch an Deine Mutter meine Eltern, Marta, Paul, Dora, Emil, Frieda, Harro, Hans und Alwine, Fiede und Johanna.

90) Im Süd-Osten, 26. März 1944

Mein lieber Buttje!

Gleich nach Mittag habe ich mich zum Schreiben hingesetzt. Habe schon 4 Briefe und 1 Karte geschrieben. Die Briefe waren für Andreas, Willemann, Marie und Emmy und die Karte für Gerhard zu seiner Konfirmation. Und jetzt sollst du auch noch ein paar Zeilen von mir haben. Heute haben wir kein Fußballspiel. Wenn alle 14 Tage eins ist genügt mir vollkommen. Kommt man gerade am Sonntag eigentlich richtig zum schreiben. Ich habe bis jetzt an dich jeden 2. Tag geschrieben. Ob ich es aber diese Woche auch kann weiß ich noch nicht. Wir haben augenblicklich überhaupt keine Kerzen mehr. Müssen schon wenn es diese Woche keine gibt, im Dunkeln sitzen. Sonst hatten wir immer wo wir waren elektrisches Licht. Aber hier gibt es noch keins. Mit der Zeit wird hier aber auch welches kommen. In den meisten Orten ist von der Wehrmacht das Licht gelegt worden. Gemacht ist und wird schon viel. Alleine wenn man den Straßenbau nimmt. Richtige Straßen hat es hier überhaupt nicht gegeben. Es ist aber schon vieles besser geworden, auch hier bei uns im Ort gibt es alles andere aber keine Straßen. Jetzt ist aber auch damit schon angefangen worden. Heute morgen war ich mit noch anderen Kameraden zu unserem Batl. Waren als Ehrenkomp. bei einer Ordensverleihung. Die Orden und zwar waren es Kriegsverdienstkreuze 2 Kl. wurden an Unteroffiziere und

Feldwebel verliehen. Das Wetter war mal wieder ganz miserabel. Nachts und auch am Tage hat es eben weg geregnet. Lieber einen trocknen Frost als dieses nasse Wetter. Na, einmal wird auch hier wieder die Sonne mit aller Macht scheinen. Kompanie - Belehrung hatten wir auch vor dem Mittagessen. Thema war: Geschlechtskrankheiten und Geschlechtsverkehr. War ganz interessant. Unser Kompanie-Chef hat ganz gute Anregungen und Beispiele gegeben. Überhaupt beschweren können wir uns nicht über ihn. Er sieht zu wo er für uns was machen kann. Wo etwas zu organisieren ist organisiert er. Hat uns auch ans Herz gelegt, für die Drachmen die wir als Löhnung bekommen, uns etwas zu essen dafür zu kaufen. Habe es eben auch in die Tat umgesetzt. Hatte noch über 100000 Dr.. Ein Ei kostet aber schon jetzt 25000 Dr. 4 Eier und eine kleine Flasche Wein habe ich mir auch gerade für die Tabletten die ich von Marta habe gekauft. Also habe ich 8 Eier zu verspeisen. Heute gab es auch genug gutes Mittagessen. Hammelbraten, Kartoffeln und Sauerkohl. Und als Verpflegung Brot, Butter, Konservenfleisch und ein Stück Ziegenkäse oder nennt er sich Schafskäse. Weiß es nicht genau. Schmeckt mit Zwiebeln drauf ganz schön. Über das Thema Geschlechtskrankheiten und Geschlechtsverkehr hat unser Hauptmann uns gesagt wir sollten enthaltsam leben. Die Balkanvölker bzw. Frauen sind durch die Bank alle verseucht. Sind fast alle geschlechtskrank. Wissen tun sie es aber meistens garnicht. Bei uns tritt es aber ganz anders in Erscheinung weil wir Nord-Europäer ein ganz anderes Klima gewöhnt sind. Er sagte auch daß er bei uns vorausschickt da fast alle verheiratet sind, daß wir sowieso enthaltsam leben, ich wüste auch nicht, daß ein Landser überhaupt zu ein Geschlechtsverkehr kommt. Obwohl es bei uns ein großer Teil ist, die bei den Griechen im Hause kommen. Aber bis zum Geschlechtsverkehr ist doch ein weiter Weg. Sind doch die Mädels schon religiös so erzogen, daß es schon garnicht in Frage kommt. Wenn sich schon eine dafür hergibt ist es auch eine (Prosti?). Ich schrieb Dir darüber ja auch schon einma.l Einige Beispiele gab er auch wie er vor Jahren in Rumänien war. Da haben allein von 2400 Mann 251 sich eine Geschlechtskrankheit weggeholt. 2 davon waren nach 4 Wochen schon tot. Von Syphilis und von einer anderen Krankheit die noch gefährlicher sein soll war auch die Rede. Auch im Weltkrieg (I.) soll es viel vorgekommen sein, daß dadurch ganze Familien verseucht worden sind. Frauen und auch Kinder. Nur durch schon Kußübertragung. Gerade über Geschlechtskrankheiten habe ich auf meiner Fahrt (Rückfahrt vom Urlaub) viel von Landser gehört. Es sollen viele Landser von ihren Frauen die während ihrer Abwesenheit außerehelich verkehrt haben angesteckt worden sein. Die ausländischen Arbeiter sollen viel versucht haben. Das ein Krieg gerade in dieser Beziehung auch viel mit sich bringt ist wohl nicht zu ändern. Gibt es doch zu viele die sich nicht beherrschen können. Unser Hauptmann meint auch, daß durch die Enthaltsamkeit keine Störungen geschlechtlicher Art entstehen sondern im Gegenteil dadurch die Kraft aufgespart wird und eine Geschlechtsfreudigkeit bis ins späte Alter sein wird. Ganz nette Aussichten, nicht wahr? Na wir werden ja sehen ob die Analyse richtig ist. Jedenfalls kann ich Dir versichern, daß Du meinetwegen keine Angst haben wirst. Ich werde mir meinen Körper nicht durch ein paar liebestolle Minuten ruinieren. So mein lieber Buttje das war das Thema Geschlechtskrankheiten. Hoffentlich habe ich Dich damit nicht gelangweilt. Eine Neuigkeit kann ich dir heute mitteilen. Gestern erzählte uns unser Spieß, daß ab 1 .April jede Woche 5 Mann in Urlaub fahren. Aber und das ist das betrübende dabei, die Bombenbeschädigte die schon im Urlaub waren kommen ganz zum Schluß an. Wenn alles gut geht und nichts dazwischen kommt, werde ich dann wohl erst im August ankommen. Sind bis dahin noch allerhand Monate. Aber bis dahin kann noch allerhand passieren. Mir wäre es auch viel Lieber ich könnte bald für immer zu Dir fahren. Na, lassen wir uns überraschen. Jedenfalls sind wir erstmal ein Stück weiter, der Urlaub läuft. Etwas weniger Günstiges habe ich auch erfahren und zwar das, daß Ihr d.h. alle Frauen und Kinder bis zum 1. April aus Hamburg raus sein müssen. Ob es nun stimmt, weiß ich nicht. Habe von Hamburger Kameraden, die es von ihren Frauen wissen, gehört. Wenn es sich tatsächlich so verhalten sollte, ist es mit unserer Wohnung auch aus und vorbei. Aber das soll uns alles nicht erschüttern. Die Hauptsache ist, daß wir recht bald wieder für immer beisammen sind. Und wenn wir die erste Zeit uns mit einem Zimmer begnügen müssen. Zu einer Wohnung werden wir nachher schon kommen. Das soll jetzt nicht unsere Sorge sein. Wenn Du mit den Kindern tatsächlich aus Hamburg muß, dann nehme Deine ganzen Sachen wenn es geht mit. Oder bringe sie zu Frieda und Emil. Denn die Wohnung wird doch von fremden Leuten bezogen und wenn die Sachen dableiben, bist du das nachher auch noch los. Aber hoffen wir, daß Ihr in der Wohnung bleiben könnt bis alles zu Ende ist. Und das kann doch nicht mehr so lange dauern. Übermorgen werde ich auch 50.- Mark für Dich abschicken. Wirst das Geld wohl gebrauchen können. Ich werde es hier doch nicht los.

So mein Buttje und nun will ich schließen. Es wird auch schon zu dunkel. Mein Lieber Buttje! Ich hoffe, daß alles wunschgemäß verläuft. Halte Dich also gesund und sei Du sowie Willy und Harry recht vielmals gegrüßt und geküßt von Deinem Willy und Eurem Papa. An Deine Mutter, meine Eltern, Marta, Dora sowie Emil, Frieda und Harro auch einen schönen Gruß.

91) Im Süd-Osten, 29. März 1944

Mein lieber Buttje!

Ich sitze augenblicklich neben der Schreibstube. Bin heute als Melder. War eben zum Batl.. Ist im Nachbardorf von uns. Ist ungefähr eine halbe Stunde von uns entfernt. Ich muß gleich wieder rüber und was hinbringen. Ob ich nun öfter den Melder machen muß, weiß ich noch nicht. Meinetwegen schon. Müßte eben wieder weg. Habe dieses Mal aber den Gang mit dem Rad gemacht. Auf der Hinfahrt habe ich ein paar Mal das Rad schieben müssen. Die Straßen sind streckenweise so weich (der Sand) daß man da nicht durch kommt. Auf der Rückfahrt bin ich aber fast die ganze Strecke gefahren. Ich habe jetzt Mittagszeit. Habe eben mein Mittagsessen verdrückt. Es gab Pellkartoffeln, Soße und Sauerkraut. Schmeckte ganz gut. Die letzten Tage war furchtbar schlechtes Wetter, stürmisch und kalt. Ja, etwas hat es dann und wann sogar geschneit. Allerdings nicht so viel daß es liegen bleiben konnte. Dabei hatten wir auf einem Berg zu arbeiten. War nicht gerade schön. Heute ist es aber nicht mehr so schlimm. Der Wind hat schon nach gelassen. Aber kalt ist er noch immer. Es wird wohl überall augenblicklich solch schlechtes Wetter sein. Bei Euch wohl auch, nicht wahr? Wie ist es denn nun, mußt Du und die Kinder jetzt auch mit aus Hamburg raus? Wenn ich das genau wüßte, hätte ich deine Post jetzt schon zu meinen Eltern geschickt, dadurch wirst du wieder unnötig lange auf Post warten müssen. Immer was Neues und doch nichts Besseres. Hätten sie Euch nicht da lassen können. Anderwo ist es jetzt doch auch gefährlich. Und vielleicht ist es in Hamburg noch am ungefährlichsten. So mein Buttje! Und nun muß ich schließen, meine Mittagszeit ist gleich vorbei. Ich hoffe daß es Dir sowie Willy und Harry noch gut geht. Von mir kann ich es noch sagen. Ruhig ist es hier auch noch. Wünsche euch auch noch solche Ruhe.

So mein Buttje! Halte dich sowie Willy und Harry gesund und seid recht vielmals gegrüßt und geküßt von Deinem Willy und Eurem Papa. An Deine Mutter, Emil, Frieda, Harro sowie meine Eltern, Marta, Paul und Dora auch einen schönen Gruß. Träume recht schön. Dein Willy.
Anbei ein Foto von mir. Ja das soll ich sein. Kennst mich wohl garnicht wieder, nicht wahr? Ganz so dick bin ich nun doch nicht.

92) Im Süd-Osten, 31. März 1944

Mein lieber Buttje!

Gestern erhielt ich Dein Paket vom 29. Februar. Habe mich sehr dazu gefreut. Ist alles heil über gekommen. Der Kuchen ist extra prima. Eigentlich muß ich schreiben, war extra prima. Ich habe ihn nämlich schon beinahe ganz verdrückt. Furchtbar, nicht wahr? Das kommt wohl weil man so selten Kuchen bekommt. Sonst kriegten wir noch jeden Sonntag Kuchen. Das ist jetzt aber auch nicht mehr. Du entwickelst Dich noch zu einer guten Kuchenbäckerin. Kriegst die Kuchen immer fabelhaft zurecht. Die Zeitungen mit dem Zwirn habe ich gestern auch bekommen. Und heute die Briefe Nr. 67 vom 15. März und Nr. 68 vom 18. März. Meinen besten Dank. Auch für die beigelegten Zigarettenblättchen. In meiner Kantine bin ich nicht mehr. Habe es Dir schon geschrieben. Flaschenbier habe ich da nicht gehabt und Schnaps und Wein ist auch keine Buchware. Von dem Zeug gibt es hier immer noch ohne. Die Kantine in der ich war ist in einem anderen Ort. Bin jetzt bei der Komp.. An Gerhard habe ich eine Karte zur Konfirmation geschrieben. Auch an Emmy habe ich einen Brief geschrieben. Ja, ich wollte auch, daß der Krieg bald zu Ende wäre, dann brauchte man um das bißchen was sich wieder angeschafft hat, nicht mehr in sorge zu sein. Mit den Scheinen für die Kochtöpfe ist es ja auch ganz groß. Hast Du einen Schein für

Töpfe, und bekommst doch keine. Wegen Urlaub habe ich dir in einen der letzten Briefe ja schon geschrieben, daß alle Woche 5 Mann fahren können. Kann Dir schon wieder eine Neuigkeit darüber mitteilen. Es hat sich nämlich schon wieder geändert. Bekanntgegeben ist es noch nicht, habe es aber aus ganz zuverlässiger Quelle gehört. Urlaube sollen wir erst bekommen, wenn wir 2 Jahre Soldat sind. Ganz nette Aussichten nicht wahr? Nur wegen so einen kleinen Fehltritt, den wir begangen haben wird einem das einzige wo sich jeder Soldat nach sehnt genommen. Wenn man da mal über nachdenkt, kommt man sich wie ein ganz schlechter Kerl vor. Wenn man seine Pflicht nun nicht täte, könnte man es schon verstehen. Aber wir tun doch unsere Pflicht wie jeder andere Soldat. Und daß wir nicht im direkten Einsatz sind, ist doch auch nicht unsere schuld. Auch sind hier doch noch andere Soldaten, die doch auch ihren Urlaub bekommen. Wegen Urlaub an die Komp. schreiben ist zwecklos. Habe auch die Hoffnung, daß der Krieg vor Beendigung meiner 2 jährigen Soldatenzeit aus ist. Ein Foto habe ich dir im letzten Brief auch beigelegt. Hoffentlich geht der Brief nun nicht verloren. Gestern mußte ich auch wieder als Melder. Mußte abends spät noch die Post holen. Habe mir dazu 2 Mulis besorgt. 1 Stunde habe ich alleine dazu gebraucht um sie zu bekommen. Ich bekam einen ganz Dicken war richtig vollgefressen und einen trägen normalen Muli. Auf den Trägen habe ich mich raufgesetzt und den Dicken hatte ich im Schlepp. Ich war schon ein ganzes Stück aus unserem Ort heraus, als es mir zu bunt wurde, der Muli auf dem ich saß lief mir nicht schnell genug. Wollte mich auf den Dicken setzen. Als ich dann so weit war und mich aufschwingen wollte, wurde der Dicke scheu und wäre dabei beinahe im Sand getrudelt. Beim nächsten Sprung kam ich oben zu sitzen, aber der Muli hatte sich gedreht und Richtung Heimat genommen. Und ging mit Galopp die Straße runter. Der andere

Muli hatte sich aber nicht mitgedreht und ist dabei umgefallen. Der Strick an dem sie aneinander befestigt waren ist auch noch entzwei. Ich bin dann vom Muli gesprungen, hatte garnicht gesehen was los war. Der Muli auf dem ich gesessen hatte, ging in einem Karacho wieder zurück und ich hinterdrein. Zu fassen konnte ich ihn aber nicht kriegen. Ein paar Griechen haben ihn festgehalten. Ich dann wieder zurück und noch mal mein Glück versucht, diese Mal bin ich aber zurecht gekommen und bin dann ohne Zwischenfall nach dem Ort gekommen von wo ich die Post holen mußte. Habe da noch eine ganze Zeit auf die Postbearbeiter gewartet. Wollte gleich die Briefpost mitnehmen, die mit dem Flugzeug gekommen war. der gute Mann kam aber nicht. Bin dann mit der Paketpost allein abgezogen, waren 2 sack. Habe sie den dicken Muli aufgeladen, auf den anderen habe ich mich raufgesetzt und hinter den anderen hergeritten. Sonst finden die Mulis immer ihren Weg allein zurück. Aber der Dicke war ein ganz sturer Bock. Als nämlich die Abzweigung nach unserem Ort kam, lief er glatt geradeaus. Mußte ich natürlich von mein Muli runter und ihn auf den richtigen Weg bringen. Bin dann vorweg geritten. Das ging dann auch eine ganze Zeit gut. Bis dann am Wegrand was zu futtern war, da hat er dann erstmal Halt gemacht, aber auf mein Geschrei hat er sich dann doch bequemt. Dasselbe Manöver passierte aber nochmal, nur mit dem Unterschied, daß er sich nicht stören ließ und ruhig weiter fraß. Ich mußte dann notgedrungen von meinem Muli wieder runter. Als ich dann auf ihn zu kam, riß er aus und zwar übers Feld. Ich mußte mit meinem Muli, den ich hinter mir her zog einen großen Bogen machen um ihn wieder auf die Straße zu bekommen. Als ich ihn dann soweit hatte lief er im Galopp davon. Mein Muli eben so schnell hinterher und ich mußte natürlich auch lange Beine machen. Habe aber das Sinnlose nach einer Zeit des Laufens eingesehen und habe erstmal meinen Muli zum Stehen gebracht und mich drauf gesetzt, den anderen habe ich garnicht mehr gesehen. Als ich dann kurz vor unserem Ort war sah ich im Dunkeln meinen dicken Muli auf dem Feld stehen und fressen. Nach gutem Zureden kam er dann auf die Straße und setzte sich dann langsam in Bewegung. Im Ort mußte ich meinen Muli schnell anbinden um den Dicken vor dem Ausreißen zu fangen. Als ich ihn dann hatte war der andere schon weg. Habe mich aber darum aber nicht gekümmert. Konnte nur nach seinem Stall gelaufen sein. Nachdem ich die Säcke abgegeben hatte, kam der Besitzer von dem anderen Muli und wollte den Strick wieder haben mit dem ich die Säcke festgebunden hatte. Seine Frau, die auch mitgekommen war, sagte, Muli viel gelaufen und viel „mauser", Mauser heißt essen. Wirst wohl über meine Ungeschicklichkeit lachen, nicht wahr? Aber belohnt worden bin ich nachher doch noch. Und das sogar von Dir. Hatte mit dem Paket noch garnicht gerechnet, es wird wohl auch das letzte Paket gewesen sein, denn von jetzt ab dürfen ja nur noch Päckchen auf Zulassungsmarken geschickt werden. Hoffentlich dürfen wir zu euch noch Pakete schicken. Denn das ist mir wichtiger. So mein Buttje! Und nun will ich auch schließen. Das Licht ist hier nicht besonders. Bin von heute bis morgen abend auf Wache. Muß auch in einer Stunde auf Wache ziehen. An Ostern habe ich überhaupt noch nicht gedacht. Habe auch keine Karten mehr. Werde morgen aber noch schreiben. Für die Zigarettenblättchen die Dora beigelegt und für den Speck von Marta beiden meinen besten Dank Zu Ostern wünsche ich Dir und den beiden Jungens alarmfreie Tage und Nächte und alles Gute.

So mein Buttje und nun halte dich sowie Willy und Harry gesund und seid recht herzlichst gegrüßt und geküßt von Deinem Willy und Eurem Papa, an Deine Mutter, Emil, Frieda, Harro sowie meine Eltern, Marta, Paul und Dora auch einen schönen Gruß. Hoffentlich habe ich Dich mit meiner kleinen Erzählung nicht gelangweilt. Und dann entschuldige auch die schlechte Schrift. Lesen wirst du es wohl können. So nun schlaf schön und träume schön und wenn es geht auch von mir. Nochmals einen schönen Gruß und viele Küsse von Deinem Willy.

93) Im Süd-Osten, 01.April 1944

Mein lieber Buttje!

Ich habe noch etwas Zeit. Habe eben einen Brief an meine Eltern und einen an Hans und Alwine geschrieben. Von Hans und Alwine bekam ich gestern auch einen Brief mit Zigarettenblättchen und Briefpapier, dieser Bogen ist davon. Du schreibst auf der dem Paket beigelegten Karte, daß Du noch ein Paket abschicken wolltest. Hoffentlich hast Du es zur rechten Zeit aufgegeben, denn von Euch zu uns dürfen jetzt ja keine Pakete mehr aufgegeben werden. Ich werde wohl doch mit dem Brief aufhören müssen. Ich will nämlich bevor ich raus muß noch ein paar Eier braten und auch essen. Habe mir eben welche gekauft. Es gab heute Geld, setze es immer gleich um. Denke eben gerade daran. Ich habe 50.- Mark für Dich abgeschickt. Das Geld sollst Du zum Hochzeitstag haben. Wirst es wohl gebrauchen können. Hoffe auch noch etwas anderes für Dich zu bekommen. Will es morgen mal versuchen. Denke dabei an Seife und Oel. Na, mal sehen was sich machen läßt. Hier vor der Türe spielen die Kinder. Gegenüber von unserem Wachlokal ist eine Schule. Die Kinder haben gerade Pause. Eben haben sich zwei kleine Buttjes geschlagen und jetzt macht der eine ganz schöne Musik. Er quarkt wie so'n Baby, das Brust haben will. Ein kleines Mädel schielt immer zu mir hinein. Sie wohnt in dem Hause wo wir unser Quartier haben. Sie heißt Strawula. Einen Bruder hat sie auch. Sein Name ist Antonius. Sie sind beide sehr drollig. Sie sind ungefähr 6 -

8 Jahre alt. Die Mutter ist wohl in den Dreißigern. Sieht aber aus als wäre sie schon in den Vierzigern. Sie ist ohne Mann. Ihr Mann soll ihr davon gelaufen sein. Ist in Ägypten. So mein Buttje und nun muß ich schließen, es wird nun doch bald Zeit. Meine Eier muß ich auch noch verdrücken. Mir geht es noch gut. Hoffe dasselbe auch von Dir, Willy, Harry und Deiner Mutter. Haltet Euch also gesund und seid recht vielmals gegrüßt und geküßt von deinem Willy und Eurem Papa. An meine Eltern, Marta, Paul, Dora sowie deine Mutter, Emil, Frieda, Harro, Hans und Alwine, Fiede und Johanna auch einen schönen Gruß. Auch an die Familien Nerlich und Kahns herzliche Grüße. Schöne Träume wünscht Dir Dein Willy.

95) Im Süd-Osten, 03. April 1944

Mein lieber Buttje!

Heute erhielt ich Deinen Brief vom 20. März (Nr. 69) wofür meinen besten Dank. Wollte eigentlich gestern schon schreiben, bin aber nicht mehr zu gekommen. wir haben gestern unseren Schlaf- und Wohnraum sauber gemacht. Nachdem ich mich dann rasiert und gewaschen hatte, blieb nur noch Zeit Abendbrot zurecht zu machen und zu essen. Zum Abendbrot hatte ich mir die 4 Eier die ich gekauft hatte, gebraten. In der letzten Zeit habe ich fast jeden Abend gebratene Eier gegessen. Ist immer zusätzlich. Es wird bald ein bißchen zu viel. Es kommt mir bald so vor, als ob die Eier etwas mit dem Träumen zu tun haben. Oder ob es die überflüssigen Vitaminen machen, daß man des öfteren so nette Träume hat? In der letzten Woche hatte ich nämlich einige Male so schöne Träume, in denen immer Du in vor kamst. Wünschte, du hättest auch mal so einen schönen Traum. Gestern nach dem Abendessen war ich im Kino. Es wurde der Film „Oh diese Männer" gegeben, er gefiel mir ganz gut. wenn da auch inhaltlich nicht viel mit los war, aber gelacht haben wir doch viel. Gesehen hatte ich den Film im vorigen Jahre, kurz bevor ich in Urlaub fuhr auch schon mal. Das machte mir aber nichts. Ich gehe ganz gerne mal ins Kino. Ist es doch mal eine Abwechslung. Sind es doch immer ein paar Stunden wo die Gedanken doch mal auf ein anderes Gleis gebracht werden. Die 6 Zigarettenblättchen waren auch in dem Brief drin. Ich denke, daß ich Dir in 8 oder 14 Tagen etwas schicken kann. Bekomme Oel und Seife von einem Kameraden zu ganz billigen Preis. Die Dosen für das Oel habe ich schon, nur den Inhalt noch nicht. Für die 22 Buch Zigarettenpapier die W. Krützfeldt einen anderen von unserer Komp. mitgegeben hatte, soll ich bei der nächsten Marketenderware 200 Zigaretten haben. Hätte ich sie man erst. Werde Dir und auch Marta 100 davon schicken. Wenn Paul etwas anders dafür bekommt, kriegst Du ja auch ein Teil davon ab. Gestern wurde uns mitgeteilt, daß alle Päckchen und Pakete die von hier am 7. März abgegangen sind, verloren gegangen sind. Als die Säcke in S. ankamen, sprangen die Ratten heraus. Hatten sich einen guten Tag gemacht. Hoffentlich sind nicht alle Pakete dadurch verloren gegangen. Es kann nämlich angehen, daß durch den Sturm die Post paar Wochen hier liegen geblieben ist, und erst am 7. März befördert worden ist. In Frage können kommen, die Pakete vom 22.Februar für meinen Vater eine Flasche Uso, für Hinni u. Andreas Blättertabak auch vom 22. Februar und ein Päckchen mit ein Stück Seife und alte Briefe auch vom 22. Februar. Ferner für dich 1 Kilo-Paket mit Mehl vom 25. Februar und am gleichen Tage für meinen Vater Blätter-Tabak. Bei diesen Paketen besteht aber die Möglichkeit, daß sie vielleicht schon früher abgegangen sind. Aber die 3 Päckchen mir Rosinen die Deine Mutter zu ihrem Geburtstage von mir haben sollte, werden wohl verloren gegangen sein. Die 3 Päckchen habe ich am 1. März aufgegeben. Das wird alles gewesen sein. Die nächsten Pakete habe ich erst am 7. März aufgegeben. Können also am selben Tage noch nicht mit weggegangen sein. In ein Paket war die Flasche Uso und im Päckchen alte Briefe. Na, wollen hoffen, daß nicht so viel verloren gegangen ist. Sollten die Päckchen für Deine Mutter nicht ankommen, werde ich für sie ein anderes Paket fertig machen. Vorgestern hat unser Kleiner von dem ich schon mal geschrieben habe, sich auch wieder ein Dings abgekniffen. Wir hatten Übungsalarm, durften aber im Quartier bleiben und uns lang machen. Nach einer Stunde kam unser Komp.- Chef durch unser Quartier. Unser Kleiner war noch dabei seine Sachen zu packen als er in unseren Raum kam. Als er ihn sah fragte er ihn ob er nicht melden wollte. Jawohl Herr Unteroffizier sagte er darauf Worauf der Leutnant ihn fragte ob er ihn nicht kenne. Nein Herr Unteroffizier sagte er. Der Leutnant verkniff sich ein Lächeln und ging weiter. Wir haben nachher natürlich ordentlich darüber gelacht. Der kneift sich aber auch immer allerlei Sachen ab. Er ist aber trotzdem bei den Vorgesetzten ganz gut angeschrieben, sie amüsieren sich über ihn.

So mein Buttje! Und nun bin ich wieder am Ende. Kann Dir mitteilen, daß es mir noch gut geht. Ich hoffe dasselbe auch von Dir, Willy und Harry. Dein letzter satz endete mit „Nur wer die Sehnsucht kennt...." Ich schließe mich dem an. Aber mein Buttje halte man noch ein bißchen aus, wir werden uns doch bald wiedersehen. Bleibe bis dahin also gesund und munter und sei Du so wie Willy und Harry recht herzlichst gegrüßt und geküßt von Deinem Willy und Eurem Papa. An Deine Mutter, Emil, Frieda und Harro sowie meine Eltern Marta, Paul und Dora auch einen schönen Gruß. Herzlichen Gruß auch an Familie Heiden. Träume schön von Deinem Willy.

95) Im Süd-Osten, 05. April 1944

Mein lieber Buttje!

Post habe ich noch nicht wieder bekommen. Denke aber, daß ich diese Woche noch welche bekomme. Heute nachmittag sind wir aus unserem Quartier ausgezogen. Liegen jetzt mit 6 Mann in einem Griechenhaus. Haben den ganzen Nachmittag unser neues Quartier hergerichtet. Unser Raum ist besser wie der alte. Haben 3 Fenster da drin. Können direkt aufs Meer gucken, das Meer ist aber ein ganzes Stück von uns entfernt. Zu gehen ist es ungefähr eine3/4 Stunde. Wäre besser gewesen wenn wir näher dran gewesen wären. Karfreitag und die Ostertage spiele ich Fußball. Beinahe so wie früher, nicht wahr? Nur fehlt nach dem Spiel das köstliche Bier. Nach dem Spiel geht es immer gleich, ohne einzukehren ins Quartier. Heute habe ich für mein letztes Geld noch Eier gekauft und sie mir in die Pfanne geschlagen. Es waren 6 Stück. Geschmeckt hat es sehr gut. Heute bekommst Du nur diesen kurzen Brief. Wollte schon früher schreiben, bin da aber nicht zu gekommen. Unser Quartier mußte erst fertig. Eine Zeitung und zwar die „Kölner" habe ich gestern bekommen. Auch von Frieda einen Brief. Habe Frieda ihren Brief gestern schon beantwortet. Gut geht es mir auch noch. Hoffe dasselbe auch von Dir, Willy und Harry. Sei Du, Willy und Harry recht vielmals gegrüßt und geküßt von Deinem Willy und Eurem Papa. An Deine Mutter, meine Eltern, Marta, Paul, Dora sowie Hans und Alwine, Fiede und Johanna auch einen schönen Gruß.

96) Im Süd-Osten, 06. April 1944

Mein lieber Buttje!

Heute bekam ich deine beiden lieben Briefe vom 22.3. (Nr.70) und vom 26.3. (Nr. 71). Meinen besten Dank. Aus Deiner Aufstellung bin ich schlau geworden. Nur hast du das Kilo-Paket mit Seife vergessen. Hast du es schon erhalten, schreibst mir schon mal davon. Es ist danach eigentlich nur Nr. 17 bis jetzt nicht angekommen, es waren 2 kleine Päckchen mit Rosinen. Man kann eigentlich zufrieden sein, ist doch fast alles übergekommen. Die beiden kleinen Päckchen sind schon zu verschmerzen. Wollen hoffen, daß die anderen Päckchen alle überkommen. In den nächsten Tagen schicke ich auch ein Päckchen mit Seife für dich ab. Habe heute (war im Hafenstädtchen) 2 Stücke gekauft. Zigaretten habe ich mir auch gekauft. Hatte keine mehr. Wir sollen nächste Woche welche haben. Dann bekommst Du auch wieder welche. Auf Seife und Oel warte ich auch noch. Werde wohl auch noch 8-14 Tage darauf warten müssen. Die 100 Zigaretten die ich am 18.2. (Nr. 27) abgeschickt habe wirst Du wohl auch in den nächsten Tagen bekommen. Werden als nächstes Päckchen für Dich fällig sein. Von Marta habe ich heute auch ein Brief mit Zigarettenpapier erhalten. Werde für das Zigarettenpapier für sie Zigaretten kaufen. Es waren 6 Stück, bekomme dafür 60 Zigaretten. Mit der Post ging es bis jetzt ja auch noch, nicht wahr? Habe immer noch wie sonst alle 2 Tage geschrieben. Denke auch, daß ich auch weiterhin so machen kann. Habe mir manches Mal die Zeit dafür abgestohlen. Aber mit der Zeit wird es ja immer besser, denn es ist abends jetzt schon länger hell. Die letzten Tage hatten wir schon richtiges Sommerwetter. Noch nicht so heiß wie es hier im Sommer wird, aber so wie bei Euch im Hochsommer. Ich wollte erst morgen früh schreiben (Karfreitag), haben den ganzen Tag frei. Habe es mir aber überlegt. Muß morgen früh nämlich waschen. Nachmittags habe ich auch keine Zeit. Gehe zum Fußballspielen. Meine Muskelzerrung hat sich inzwischen wieder behoben. Habe danach schon wieder gespielt und auch am rechten Knöchel etwas abgekriegt. Beim langen Laufen tut es manchmal noch etwas weh. es wird sich aber wohl wieder geben. Wie oft habe ich mich schon beim Fußballspielen verletzt und es immer wieder besser geworden. Zu dem Oel hat Frieda sich wohl gefreut, nicht wahr? Habe Deins und Martas 1 Tag später als Friedas abgeschickt. Am 11. Februar. Müßte es eigentlich schon bekommen haben. Ich höre eben zu meinem Entsetzen, daß die Uhr schon gleich 11 ist. So spät oder so lange bin ich schon lange nicht mehr auf gewesen. Netter Satz, nicht wahr? Zweimal lange. Macht aber wohl nichts. Wirst es auch so verstehen. Warum soll man nicht auch mal so schreiben. Man spricht sich manchmal ja auch allerlei Zeug zusammen. Daß ich aber so lange auf bin macht eigentlich nichts, brauche ich morgens nämlich nicht so früh aufzustehen. Es wäre nur nicht schön wenn heut Nacht noch Übungsalarm käme. Es ist da heute nämlich von gemunkelt worden. Ja, wir stöhnen schon wenn wir einmal die Woche Alarm haben, und Ihr habt da jeden Tag und jede Nacht genug von und dann sogar noch den richtigen Alarm. Du wirst in der letzten Zeit doch wohl auch öfter Post von mir erhalten haben. Ich habe die letzten Wochen fast jede Woche 2 mal Post von Dir erhalten. Müßte doch umgekehrt eigentlich ebenso sein. Ich wollte jedenfalls es wäre genau so. Von Richard Heinitz soll ich auch schön grüßen. Er ist aus dem Lazarett entlassen worden. Hat Malaria gehabt. Wird aber vielleicht operiert werden. Hat sich nämlich einen doppelten Bruch zugezogen. Er hofft ja stark damit, daß er nach einem Heimatlazarett zum operieren kommt. Wegen Urlaub kann ich Dir immer noch nichts Neues berichten. Habe gehört, daß uns erst Urlaub gewährt werden kann, wenn wir vollständig Wehrwürdig sind. Vor kurzem bei einer Komp.-

Belehrung ist uns gesagt worden, daß wir erst nach 2 Jahren Wehrwürdig werden. Also haben wir noch ein bißchen Zeit. Wenn Willy und Harry das Schreiben vor lauter Spielerei vergessen, macht doch nichts. Laßt sie ruhig spielen, was haben sie schon groß von ihrer Jugend. Jeden Tag und auch in der Nacht ein paar mal in den Bunker, dann sind sie am Tage auch nicht in der Stimmung, sich noch den Kopf mit Briefeschreiben zu belasten. Und mit der Keile ist es auch nicht so weit her. Du drückst doch, genau wie ich es tat gern ein Auge zu. Wir haben doch früher auch gern gespielt. Und das doch in einer viel ruhigeren Zeit. Also laß sie man ruhig spielen, es kommt doch noch mal ein Tag wo sie für mich ein paar Zeilen schreiben. So mein Buttje und jetzt muß ich doch schließen. Das Licht geht auf die Neige. Ich hoffe daß es Dir noch gut geht. Von mir kann ich es noch sagen. Und große Sehnsucht habe ich auch nach Dir. Ach wäre ich doch bald erst wieder ganz bei Dir. Wollen die Hoffnung nicht aufgeben. Einmal muß es ja zu Ende gehen. Also mein lieber Buttje bleibe Du sowie Willy und Harry gesund und seid recht vielmals gegrüßt und geküßt von Deinem Willy und Eurem Papa. An deine Mutter, meine Eltern, Marta und Dora auch einen schönen Gruß.

97) Im Süd-Osten, 08. April 1944

Mein lieber Buttje!

Gestern am Karfreitag haben wir Fußball gespielt und ich habe mit meinem rechten Fuß wieder Beschwerden. Habe, weil wir morgen am Ostersonntag und Ostermontag auch spielen müssen für heute frei gekriegt. Muß meinen Fuß kühlen, damit ich morgen wieder mitspielen kann. Der Spieß sagte, ich darf auf keinen Fall ausfallen. Gestern hatten wir eine der stärksten Mannschaften vor uns. Unsere

Hintermannschaft war schon sehr gut. Im Sturm mußten wir einige neue Leute reinnehmen die aber nicht einschlugen. Zum Unglück unterlief einen unserer Verteidiger auch noch ein Schnitzer der uns beinahe zum Verhängnis wurde. Derselbe Spieler machte es aber wieder wett als uns ein Elfmeter zugesprochen wurde. Er schoß den Ball zum Ausgleich ein. Danach wurde das Spiel im Sturm auch etwas besser. Vor allen Dingen auf der linken Seite. Der Linksaußen der neben mir spielt ist ganz prima. Der weiß wenigstens mit dem Ball umzugehen. Die Zuschauer waren zum größten Teil auf unserer Seite. Haben uns in der 2. Halbzeit mächtig angefeuert. Unser Komp.-Chef lief auch ganz aufgeregt am Tor hin und her. Wir haben es dann auch noch geschafft. Mit 2. 1 Toren und die ersten beiden Punkte verließen wir den Platz. Hoffentlich bleiben es nicht die einzigen. Morgen haben wir auch noch einen starken Gegner vor uns. Gestern hatten wir den ganzen Tag dienstfrei. Beide Ostertage sollen auch dienstfrei sein. Gestern morgen habe ich große Wäsche gehabt. Das Wetter ist die letzten Tage herrlich. Von früh bis spät Sonnenschein. An Marta habe ich eben auch einen Brief geschrieben. Zu unserem Hochzeitstag wollte ich Dir 2 Kilo- Pakete schicken, habe die Sachen aber nicht bekommen. Werde heute aber noch 2 Päckchen mit Seife zurecht machen. Zu unserem Hochzeitstag wünsche ich dir nur eins, daß wir uns recht bald für immer wieder haben. Wollen hoffen, daß Du das letzte Mal an diesem Tag allein bist. Zu einer Hochzeit und auch an einem Hochzeitstage gehören doch zwei. Habe mit dem Schreiben aufhören müssen. Es gab Mittagessen, und zwar Bohnensuppe. Schmeckte sehr schön. Habe sogar noch einen Schlag mehr verdrückt. Bin natürlich bis oben hin voll. Unser Essen ist noch immer gut. Einige von anderen Komp. stöhnen ja. Das liegt aber meistens am Koch. Gestern nach dem Spiel war ich im Kino. Es wurde der Film „Befreite Hände" gezeigt. Hat mit gut gefallen. Die Brigitte Horney sehe ich überhaupt gerne. Sie hat so etwas Unterkühltes an sich. Als Beilage im Film war ein Ausschnitt aus dem Philharmonischen Orchester. Die Musik war ganz groß. Habe unwillkürlich daran denken müssen, daß wir Beide überhaupt noch nicht zu einem Konzert waren. Außer dem einen im Konventgarten. Früher habe ich da auch nicht viel Interesse an gehabt. Jetzt möchte ich schon gerne mal hin, auch ins Theater. Man würde es heute auch alles besser verstehen und beurteilen können. Für Opern und Schauspiele war ich schon garnicht zu haben. Möchte es jetzt aber gerne alles sehen. Na, wir werden es nachher alles nachholen. Es macht wohl doch viel aus, daß man älter und darum auch reifer wird. Dabei hat man immer gedacht, daß die Interessen immer die gleichen bleiben. Man sieht aber, daß man sich mit der Zeit doch umformt. Am meisten trägt aber das dazu bei, daß wir uns näher gekommen sind und dadurch auch unsere Interessen die gleichen sind. Das eine zieht das andere nach. Ich will aber damit nicht sagen, daß dadurch, daß wir uns näher gekommen sind die Gedanken auch die gleichen geworden sind. Interessen und Gedanken sind doch zweierlei. Man kann ganz und gar sich einig sein und die gleichen Interessen haben, aber das Gehirn arbeitet doch zur Verdauung einer Sache ganz anders. Und das ist ja auch das Gute dabei. Denn sonst würde ja bei irgendeiner Sache der Gedankenaustausch ja überflüssig sein. Ein Buch oder ein Film kann gut sein. Man könnte ja sagen der Film oder das Buch ist gut und jede Aussprache erübrigt sich. Aber ob Film, Theater oder Konzert, das alles wird ja gebracht um sich überhaupt geistig zu entwickeln. Ich weiß nicht ob Du dich noch daran erinnerst. Wir haben vor Jahren mal den Film „Goldrausch" oder „Gold" mit Charlie Chaplin gesehen. Die große Masse lachte, als er vor Hunger seine Schuhsohle aß. Du hattest aber gleich richtig begriffen. Also Gedanken darüber gemacht. Und mit einem Buch oder mit der Musik ist es dasselbe. Damit ist es nicht gesagt, daß der eine dem

andren überlegen sein muß. Nein, gerade wenn zwei sich geistig ziemlich gleich sind, sind die Meinungen ja auch um so verschiedener. So und nun will ich doch damit aufhören. So allmählich wird es für dich auch zu langweilig werden. Habe ich doch schon mal so etwas Ähnliches geschrieben. Eben kam der Grego dem das Haus gehört und brachte mir ein Stück Maiskuchen. Er sah ganz gut aus. Direkt Goldgelb. Aber so gut wie Dein Kuchen schmeckte er lange nicht.
So mein lieber Buttje und nun will ich doch so bei kleinem Schluß machen. Bin schon paar mal gestört worden. Gleich kommen meine Kameraden auch wieder. Wie geht es Dir denn noch? Hältst Du auch noch solange ohne mich aus? Mir geht es noch gut auch macht mir das S.......Beschwerden. Also mein lieber Buttje! Halte dich sowie Willy und Harry gesund und seid recht vielmals gegrüßt und geküßt von Deinem Willy und Eurem Papa. An Deine Mutter, meine Eltern, Marta, Dora sowie Hans und Alwine und Fiede und Johanna auch einen schönen Gruß.
Hast du schon wieder mal einen netten Traum gehabt? Oder läßt der Traumgott Dich ganz im Stich?

Anmerkung:
Konventgarten: war vermutlich ein Ausflugslokal, Tanz - u. Veranstaltungslokal meiner Ansicht nach in der Nähe des Axel-Springer -Verlages, Kaiser-Wilhelm-Straße.

30) Im Süd -Osten, 09. April 1944

Mein lieber Buttje!

Wollte erst 3 kleine Päckchen schicken, das Stück Seife ist aber dafür zu schwer. Hoffentlich werden die Zigaretten und die Drops nicht nach der Seife schmecken. Das Paket (vielmehr der Inhalt) soll ein kleines Geschenk zum Hochzeitstage sein. Und die Drops für jeden von euch eine Rolle. Ich hoffe, daß alles gut überkommen wird. Mir geht es noch immer gut, Hoffe dasselbe auch von Euch. Seid also recht vielmals gegrüßt und geküßt von Deinem Willy und Eurem Papa. An Deine Mutter, meine Eltern, Marta und Dora auch einen schönen Gruß.

Anmerkung: Beizettel zu dem Paket.

31) Im Süd-Osten, 10. April 1944

Mein lieber Buttje!

Schicke Dir hiermit die erledigte Post zurück. Die Karten auch. Die Karten hätte ich gerne bei mir behalten, wird mir aber zu viel. Es sammelt sich doch allerlei an. Bewahre die Post bitte auf. Möchte da später mit Dir gern in rum stöbern. Vielleicht hast Du mir und ich Dir an Hand der Briefe und Karten vieles zu erklären. Mir geht es noch gut, dasselbe hoffe ich von Euch allen.
Sei Du sowie Willy und Harry recht vielmals gegrüßt und geküßt von Deinem Willy und Eurem Papa.

98) Im Süd-Osten, 10. April 1944

Mein lieber Buttje!

Nun sind die Ostertage auch schon beinahe vorüber. Wir hatten heute morgen Kompaniebelehrung und danach konnte ich abtreten. Mein Fuß ist immer noch nicht wieder in Ordnung. Habe gestern gespielt, war aber nicht so in Form. Mein Fuß machte mir doch zu schaffen. Wollte heute eigentlich gar nicht spielen. Hat nämlich wenig Zweck. Unser Oberfeld hat mich aber doch überredet. Die ganzen Tage war es schönes Wetter aber heute morgen fing es an zu regnen. Es ist ganz windstill. Meinetwegen könnte es den ganzen

Tag regnen damit das Spiel ausfällt, gestern haben wir das Spiel verloren. Es war hauptsächlich darauf zurück zu führen weil wir am Freitag schon ein schweres Spiel hatten. Mit einer ausgeruhten Mannschaft hätten wir das Spiel gestern gewinnen können. Nach dem Spiel bin ich gleich nach Hause gegangen. Habe dann nach dem Abendbrot ein Paket für dich gepackt. Ich wollte erst 2 kleine Päckchen machen, das eine Stück Seife war aber zu schwer. In dem Paket ist auch drin enthalten: 2 Stück Toilettenseife, 1 Stück Waschseife, 20 Stück Zigaretten und 3 Rollen Drops. Von den Drops soll jeder eine Rolle haben. Du ißt doch auch gerne mal etwas Süßes, nicht wahr? Ich hätte Dir ja lieber etwas anderes nettes Süßes gegeben, aber daß geht ja leider nicht. Wollen aber hoffen, daß Ich es recht bald nachholen kann. Zu Ostern haben wir 2 große Stück Kuchen bekommen. Auch gab es noch 2 angemalte Eier, 3 Rollen Drops und 1 Tüte Karamellbonbons, das Essen war auch extra prima. Was es heute geben wird weiß ich noch nicht. Nach dem Abendbrot haben wir 5, eigentlich nur 3, denn 2 schieden schon frühzeitig aus, unseren Marketenderschnaps und Wein ausgetrunken. Sind bis um 12 Uhr auf gewesen. Einen Brand habe ich aber nicht gehabt. Ich denke ja daß diese Woche auch wieder Post ankommt. Kriegst Du die Post jetzt schon etwas schneller und regelmäßiger? Zigaretten hat es bei der Marketenderware noch nicht gegeben. Soll aber diese Woche, wenn sie überkommen, ausgegeben werden. Hat mein Vater nicht mehr die Abfälle von dem Verdunklungspapier. Das Papier ist doch viel stärker, wie all das andere Packpapier. Ich habe nämlich Angst, daß die Pakete zu leicht kaputt gehen. Denn die haben auf dem langen Weg doch manchen Knuff auszuhalten. So mein lieber Buttje für heute muß Dir dieser kurze Brief genügen. Ich habe nämlich noch meine ganzen Strümpfe zu stopfen. Ja, einige sind die reinen Kuhlöcher. Von selbst werden sie nicht gestopft und eine Hausfrau habe ich nicht. Würde ja gerne zu Dir fahren und sie Dir zum Stopfen bringen, damit sie auch fachgemäß gemacht würden. Richtig entlohnen würde ich Dich schon dafür. Mir geht es sonst noch immer gut, hoffe dasselbe auch von Dir, Willy, Harry und von Deiner Mutter. Bleibt also alle gesund und seid recht vielmals gegrüßt und geküßt von Deinem Willy und Eurem Papa. An Deine Mutter, meine Eltern, Marta und Dora auch einen schönen Gruß.

99) Im Süd-Osten, 14. April 1944

Mein lieber Buttje!

Ich wollte schon vor 2 Tagen schreiben, bin aber nicht dazu gekommen. Wir haben am Mittwoch Fußballspielen müssen. Hatten das Spiel welches am Ostermontag steigen sollte und nicht stattgefunden hat, noch nachzuholen. Mit meinen Füßen bin ich ganz malet (krank). Werde aber am Sonntag spielen müssen. Es geht um die Battl.-Meisterschaft. Wenn wir das Spiel gewinnen sind wir Meister. Wir stehen schon mit 3 Mannschaften punktgleich. Dem Torverhältnis nach stehen wir am besten. Ich glaube aber nicht daß wir es Sonntag schaffen werden. Unser Gegner ist doch stärker als wir. Ich habe heute zur Schonung meiner Füße frei gekriegt. Muß liegen und kühlen. Hoffentlich gibt es sich wieder mit meinen Füßen. Möchte gerne am Sonntag mit voller Kraft mein Bein gebrauchen können. Der Gegner hat nämlich eine große Angabe. Er hat am Mittwoch unser Spiel beigewohnt und bös angegeben. Unser Gegner vom Mittwoch war flau. Wir gewannen das Spiel mit 7:1 Toren. Na, wir wollen mal sehen wie es Sonntag wird. Gestern gab es mal wieder die lang ersehnte Post. Von Dir waren die Briefe Nr. 72 vom 29.3. und Nr. 73 vom 31.3. dabei, auch die beiden Illustrierten mit den Lichtern. 4 Buch Zigarettenpapier waren in dem Brief vom 31.3.. Für alles meinen besten Dank. Neben Deiner Post habe ich noch folgende Post erhalten: von Marta einen Brief und ein Päckchen mit dem vortrefflichen Speck, von meinen Eltern 2 große Briefe mit Faltpäckchen, von Hans und Alwine 2 Briefe, in dem einen waren 2 Buch Zigarettenpapier und 2 Rasierklingen und in dem anderen Briefumschläge. Von den beiden Schreibfaulen, Hans und Dora bekam auch je einen Brief, haben sich doch mal aufgerafft. Gestern abend wollte ich erst schreiben, bin da aber nicht mehr zu gekommen. Wir haben gestern von der Komp. 1 Kg Rosinen bekommen und die habe ich gleich verpackt. Ist als Kilo-Paket für Dich heute abgegangen. Eine Nummer hat, glaube ich, nicht bekommen. Na, die Hauptsache ist ja, daß es heil überkommt. Ich habe wenn ich Dir auch schon mitteilte, vorige Woche schon 1 Kilo-Paket geschickt mit Seife, Drops und Zigaretten. Von den Rosinen kannst Du Willy und Harry ja ein Päckchen abgeben. Denn zu Harry's Geburtstag werde ich doch wohl nichts auftreiben können. Die Rosinen habe ich in kleine Päckchen eingepackt und als ganzes eingepackt. Als ich mit dem Paket packen beinahe fertig war, kam die Post und als ich mit dem Studieren der Post fertig war, war es doch schon zu spät zum Schreiben. Netter Satz, nicht wahr? Im Kino bin ich auch schon wieder gewesen. Ich weiß nicht ob ich es Dir schon geschrieben habe. Es gab den Film, wie er genau hieß weiß ich allerdings nicht „Der unheimliche Gang des Alex Roscher". Es ist ein Schmugglerfilm. Der Film ist ganz nett. So etwas Abenteuerliches gefällt einem eigentlich immer. Kennst Du den Film schon? Ich denke eben gerade daran, eigentlich könntest Du meiner Mutter auch ein kleines Päckchen Rosinen abgeben. Sie schickt mir so oft Zigarettenpapier und ich habe in der letzten Zeit überhaupt nichts mehr geschickt. Kannst es auch lassen, in der nächsten Zeit werde ich doch Seife und Oel bekommen und dann kriegt meine Mutter davon was ab. Du behältst sonst ja nicht viel über. Gebrauchst doch zum Hochzeitstag und auch zu Pfingsten und Harry's Geburtstag zum Kuchenbacken allerhand. Auf den Zettel den ich im Paket beigelegt habe, schrieb ich auch, Du möchtest Deiner Mutter etwas abgeben. Wenn Deine Mutter die Päckchen mit Rosinen aber doch bekommt, ist es ja nicht nötig. Denn dann hat sie ja auch welche. Also mein lieber Buttje! Behalte die Rosinen man für Dich, denn so schnell wird es noch keine wieder geben. Ist doch allerhand. Bei den mageren Zeiten noch zunehmen. Angst habe ich darum aber nicht. Wenn es Dir schmeckt und Du immer noch genügend zu futtern hast, fahr man ruhig rein, es kommt wohl hauptsächlich davon, weil ich nicht bei Dir bin. Hast Du doch damals als ich bei Dir war, auch allerhand zugenommen. Aber laß man, wir werden das Kind schon schaukeln, wir werden nachher schon gemeinsam das überflüssige Fett ab trainieren. Oder bist Du anderer Meinung? Wegen Willy und Harry habe ich Dir in einem der letzten Briefe ja schon geschrieben, daß ich wegen ihrer wenigen Schreibens nicht böse bin. Laßt sie ruhig spielen. Sie haben sowieso nicht viel. Daß ich früher nicht gerne geschrieben habe, weiß Du auch. Meistens hast Du es für mich gemacht. Als Schuljunge habe ich es schon garnicht gern getan. Das ist ganz selten mal vorgekommen. An meinen Vater habe ich während des Weltkrieges auch nicht geschrieben. Lag wohl auch viel daran, weil wir dazu nicht angehalten worden sind. Und deshalb den Stab über Dich brechen, mein lieber Buttje, dazu habe ich keine Veranlassung. Schreibst du mir doch gerade genug und bin ich Dir in allen anderen Dingen nur zu Dank verpflichtet. Die Zeit ist doch für Dich schwer genug. Es ist doch für mich ein schönes Gefühl, weil ich mich in allen auf Dich verlassen kann. Wenn ich wieder für immer zu Dir komme, können wir uns doch beide frei und ehrlich in die Augen gucken. Das ist doch auch für mich viel wichtiger als wenn Du mit einer unnötigen Menge die Beiden zwingen würdest mal einen Brief an ihren Vater zu schreiben. Sie werden schon ganz allein dazu kommen. Ja, wenn ich wieder für immer zu Dir könne. Meinetwegen könnte es sofort sein. Und wenn es soweit ist, wollen wir ganz für uns und unsere Kinder leben. Alles andere wo wir uns immer an gerieben haben, ist ja für uns immer ad Akta gelegt. Uns wird nichts mehr aus dem Gleichgewicht bringen. In einer Hinsicht ist die Trennung doch ganz gut für uns gewesen, denn ich glaube nicht, daß es sonst so schnell zu einer Ausspreche zwischen uns gekommen wäre. Auch kann ich es, wenn ich an Dich denke, eher zu Papier bringen als es dir zu sagen. So fremd sind wir uns doch eigentlich garnicht gewesen, aber eine Wand ist doch zwischen uns gewesen. Und die umzureißen hast du fertig gebracht. Wenn ich Dich aber so richtig in die Arme nehmen kann und ganz mit dir alleine bin, könnte ich Dir aber jetzt wo alles hinter uns liegt, allerhand nettes und schönes ins Ohr flüstern. Und wenn es sein muß und du es lieber hast, auch frei und offen sagen, was mich bewegt und wie gern ich Dich habe. Bis jetzt habe ich es nur in der Sinneslust, ich denke dabei an die sexuelle Seite, mir anmerken lassen. Ja, es ist doch schön wenn man weiß, wenn man nach Hause kommt, daß alles sauber geblieben ist. Wie muß doch der oder diejenige zu Mute sein, wenn der Krieg zu Ende ist und sie finden statt einem Ehepartner einen seelischen Trümmerhaufen vor. Und wie würden die Kinder darauf reagieren. Achtung würden sie vor ihren Eltern doch nicht mehr haben. Man weiß es doch selbst vom Weltkrieg her. Auch hier sieht man es doch. Gerade hierin sind die Kinder doch schlauer. In unserem Ort geht es eigentlich. Kenne fast keine Frau, die sich gebrauchen läßt. Die Sitte und der Brauch ist doch zu verwurzelt. Ein Glück für die Landser die sich beherrschen können. Diejenigen Weiber die sich mit einem Soldaten einlassen sind fast alle geschlechtskrank. Der größte Teil der Griechen ist nämlich geschlechtskrank. Anzusehen ist es eigentlich keinem, Das

Klima macht wohl viel. Wenn man die Mädels und Frauen so sieht, kommt man unwillkürlich zu der Annahme, daß sie alle sauber sind, d.h. wenn sie angezogen sind. Ihre Haare sind immer zurechtgemacht und frisiert. Das Gesicht und die Hände waschen sie sich, aber alles andere überhaupt nicht. Wenn wie uns mal mit den entblößten Oberkörpern am Brunnen zum Waschen hinstellen, gucken sie uns wie ein Weltwunder an und sagen nix gut, kir, kir. Was so viel heißt wie kalt. Wenn man so zusieht, wie die Griechen sich waschen, staunt man doch immer. So'n kleiner Becher mit Wasser genügt für sie. Ich möchte keinen Griechen in der kalten Jahreszeit nackend sehen. Daher auch das Ungeziefer. Sonst unsere Quartiersleute sind sauber. Das Haus ist auch in gutem Zustand. Wir haben ein schönes sauberes Zimmer. Auch unten bei den Leuten sieht es sauber aus. Sie sind noch ziemlich jung. Schätze auf 26-28 Jahre. Du würdest sie bestimmt für 10 Jahre älter halten. Die Menschen hier sind doch früher als bei uns entwickelt, daher auch früher verblüht. Eine Frau von 30 Jahren sieht aus als ob sie schon über 40 Jahre ist. Auch die Hautfarbe (Gesicht) sieht bei den älteren Frauen direkt verwelkt aus. Bei den Männern ist es nicht so schlimm. Bei uns sieht eine Frau auch wenn sie schon über 40 Jahre ist, doch immer noch gut aus. Wenn sie nicht kränklich ist. Die Frau kann ich überhaupt nicht verstehen. Die kann kein Wort Deutsch. Es gibt hier sonst viele Frauen mit denen man sich verständigen kann. Die Männer können zum größten Teil soviel, daß man weiß was sie wollen, das kommt schon daher, weil sie für die Wehrmacht arbeiten und immer mit Soldaten zusammen sind. Freundlich sind sie eigentlich alle zu uns. Die Kinder ob groß oder klein bieten uns immer einen guten Tag. Die kleinen Dreikäsehoch grüßen sogar militärisch. Eben habe ich das Schreiben unterbrechen müssen. War Mittag. Es gab dicke Nudeln, süß gekocht. Habe einen ganz schönen Schlag gehabt. Mußte mich erstmal lang machen. Richard Heinitz ist heute mit der Ju nach S. geflogen. Soll operiert werden oder bekommt Bauchbänder. Er hat sich einen links- und rechtsseitigen Leistenbruch zugezogen. Er hofft ja, wenn er operiert wird, daß er in die Heimat kommt und von da in den Urlaub fahren kann. Ich gönne es ihm. Die letzten Tage bin ich öfter mit ihm zusammen gewesen. Wenn es mit meinen Füßen schlimmer wird werde ich wohl auch nach S. müssen. Es liegt nämlich nur an meinen Einlagen. Ich habe nämlich einen Senk- und Knickfuß. Eine orthopädische Anstalt gibt es hier nicht, kann also auch keine Einlagen bekommen. Hier haben sie nur fertige Einlagen und die nützen mir nicht. Durch das Fußballspielen ist es natürlich noch schlimmer geworden. Die Karten die du geschickt hast sind ganz nett. Haben mich gleich an unsere Zeit durchs Weserbergland erinnert. War doch eine schöne Zeit, nicht wahr? Ob wir solche wohl noch mal wieder kriegen? Es wäre ja zu schön, wenn wir die Tour zu Vieren machen könnten. Die großen Bilder die Du Walter Krützfeldt damals im Paket mitgegeben hast, schmücken unser augenblickliches Heim. D.h. nicht alle. 4 Stück nur davon. Die Bilder haben neuen Rahmen von Rohr gekriegt. Sieht ganz gut aus. Ein Türschild habe ich immer noch nicht gemacht. Wenn ich mal bißchen mehr Zeit habe, will ich aber doch mal dabei gehen. Hätte es gern aus Holz gemacht. Habe aber noch kein passendes Stück Holz dafür gefunden. Muß wohl doch erst eins auf Papier aufzeichnen. Du kannst es dann ja auf Pappe aufkleben. 2 Zulassungsmarken lege ich auch bei. Viel Zweck haben sie nicht mehr. Kannst sie ja nur für ein 100 Gramm Päckchen gebrauchen. Zigaretten haben wir auch noch nicht gekriegt. Soll aber in den nächsten Tagen welche geben. Hoffentlich nicht so wenig. Ich habe mir auch schon allerhand für meinen Gebrauch zu gekauft. So allmählich bin ich aber doch soweit, daß mir der Stoff ausgeht. Ich hoffe, daß ich Dir mit diesem Brief Freude bereitet habe. Du denkst gewiß nun hat er 4 Tage nicht geschrieben und jetzt will er sich mit diesem langen Brief wieder an schmusen, nicht? Wenn er man schneller als gewöhnlich ankommt, sind die Tage auch wieder eingeholt. So mein lieber Buttje! Nun halte Dich schön gesund und sei Du sowie Willy und Harry recht vielmals gegrüßt und geküßt von Deinem Willy und Eurem Papa. An Deine Mutter, meine Eltern, Marta, Dora, Hans und Alwine sowie Fiede und Johanna auch einen schönen Gruß. Dasselbe auch an Frau und Herr Heiden, Emil Kahns, Trude und Hilde sowie Familie Nerlich. Und für Dich weil Du so brav bist extra einen langen innigen Kuß.

Am Rand, Seite 1:
Die Briefmarken habe ich auch bekommen, besten Dank, deine Briefe vom 3.4. bezw. 6.4. habe ich eben auch erhalten. Meinen besten Dank. Antwort darauf gibt's morgen.

Anmerkung:
Ju: Ju 52. legendäres Flugzeug der damaligen Zeit. Passagier, Transport- u. Militärflugzeug.
S.: Saloniki, jetzt Thessaloniki.

Im Süd-Osten, 13. April 1944

Mein lieber Buttje!

Habe heute 1 Kg Rosinen bekommen und sie gleich eingepackt. Willy und Harry kannst Du ja je 1 kl. Päckchen abgeben und auch Deiner Mutter. Ich wünsche Euch guten Appetit. Seid alle recht vielmals gegrüßt und geküßt von Deinem Willy und Eurem Papa.

Beizettel eines Paketes

Süd-Osten, 14. April 1944

Mein lieber Buttje!

Jetzt geht es schon dreistellig. Ich hatte Deinen Brief gerade beantwortet, da kam Dein Brief vom 3. April an. Es ist der Brief den Du wieder zurückbekommen hattest weil er zu schwer war. Er hat die Nr. 74. Für Deinen lieben Brief meinen besten Dank. Müßt mir doch immer einen auswischen. Ob es nun das Fettschwimmen beim Fußballspiel ist oder es sich um den Traummann dreht. Ich sehe mich doch noch gezwungen Extra-Urlaub einzureichen, um Dir die Hosen mal stramm zu ziehen. Oder sind es Höschen? Kenne mich da garnicht mehr aus. Wird doch bald Zeit, daß ich auf Urlaub komme, sonst verlern ich noch alles. Vorhin mußte ich auch einen Schein, der von der Sozialverwaltung Altona war, unterschreiben. Es war wegen der Familienbeihilfe. Du hast doch sonst mehr Unterstützung bekommen. Wie kommt es denn, daß Du jetzt nur noch 170.- Mark bekommst? Ist es im Allgemeinen weniger geworden oder ist es wegen der Miete? Daß Willy und Harry in ihren Osterferien nach Kakenstorf zu Harro fahren, ist ja schön. Noch besser wäre es ja, wenn Du da draußen ein Wochenendhäuschen bekommen würdest und ihr alle, auch Du da den Sommer über wohnen bliebest. So bist du doch ganz allein im Haus. Könnte ich doch bei Dir sein. Immer schreibt man es doch wieder, obwohl man ganz genau weiß, daß es nur fromme Wünsche sind. Ist die Wohnung auf unseren Namen geschrieben oder gehört sie noch Emil? Es ist ja ganz schön wenn wir später gleich eine Wohnung haben. Aber ob es nicht doch besser ist, wenn Du auch mit rausziehst? Wer weiß was noch alles kommt. Vielleicht dauert der Krieg ja auch nicht mehr so lange. So und dann wünscht Du mir angenehme Träume und dann nur von Dir. Du schreibst weiter, was ich will, willst du schon lange. Weißt Du denn auch was ich will?

Mit den Träumen bin ich nämlich garnicht zufrieden. Ich will nämlich recht bald Dich wieder haben so wie Du leibt und lebst. So mein lieber Buttje ich will man lieber Schluß für heute machen, sonst schreib ich doch noch zu viele Sachen, die man sich besser sagt. Ich bin auch schon müde. Habe außer Deinen beiden Briefen schon 5 andere geschrieben. Wirst auch erstmal genug von den anderen Brief zu lesen haben (8 Seiten lang). Herzliche Grüße und Küsse sendet Dir, Willy und Harry Dein Willy und Euer Papa. An Deine Mutter, meine Eltern, Marta und Dora auch herzl. Grüße.

101) Im Süd-Osten, 17. April 1944

Mein lieber Buttje!

Ich wollte gestern morgen schon schreiben, bin aber nicht da mehr zu gekommen. Und gestern Nachmittag bin ich zum Fußball gewesen. Meine Füße waren noch nicht in Ordnung, gespielt habe ich aber doch. Es ging natürlich nicht so gut wie sonst, aber Versager war ich nicht. An dem Spiel war alles dran. Wir haben mit 4 Mannschaften punktgleich gestanden. Mußten also wenn wir den Meister machen wollten, das Spiel gewinnen. Unser Spiel war um 2 Uhr angesetzt. Nach uns spielten die anderen beiden Mannschaften. Da wir mit 4 Mannschaften punktgleich und wenn bei den beiden Spielen 2 gewinnen sollten, müßten die Gewinner auch noch mal gegeneinander spielen. Ein unentschieden kam also für uns nicht in frage. Es klappte bei uns ganz gut. Bis 20 Minuten vor der Halbzeit stand es immer noch 0:0. Torgelegenheiten waren auf beiden Seiten genügend. Innerhalb von 3 Minuten waren wir aber durch 2 Schnitzer von unseren Verteidigern mit 2 Toren ins Hintertreffen gekommen. Zur Halbzeit stand es also 2:0 für den Gegner. Gleich nach der Halbzeit schoß ich zum 1. Gegentor für uns ein. Stand der

Partie 2:1. Schon etwas günstiger für uns. Alles anrennen ans gegnerische Tor nützte aber nichts. Im Gegenteil in der Mitte der 2. Halbzeit schoß der Gegner noch ein 3. Tor. Mit 3:1 gegen uns sackten wir doch ziemlich zusammen. Die Zuschauer hatten wir zum größten Teil auf unserer Seite. Während des ganzen Spiels wurde ein Spektakel gemacht. War beinahe so wie bei großen Endspielen. Der Spektakel und das Anfeuern steigerte sich aber noch als wir 8 Minuten vor Schluß alles auf eine Karte setzten und zum Endspurt ansetzten und darauf das 2. Tor fiel. Anstoß ein kleines hin und her und wir hatten den Ausgleich. Und in den letzten Minuten schafften wir sogar noch das 4. Tor. Hatten also das Spiel doch noch 4:3 gewonnen. Heute liege ich natürlich wieder flach. Muß zum Sonntag wieder auf Draht sein. Denn es geht um die Meisterschaft. Als Preis ist glaube ich ein Hammel ausgeschrieben. Am Sonnabend ist Sportfest und als Abschluß am Sonntag das Endspiel. Wird wahrscheinlich wieder hoch hergehen. Auf den Sieg haben wir gestern abend noch einen kleinen genommen. Schlimm ist es aber nicht geworden. Wir hatten nur 2 kleine Flaschen Schnaps. Ich war auch froh als ich mich lang machen konnte. Ein behelfsmäßiges Türschild habe ich heute morgen gemacht. Wird wohl erstmal genügen. Kannst es ja auf Pappe kleben. Ein Bild habe ich auch beigelegt. Habe es mal gefunden. Hat ein Unteroffizier von uns gezeichnet. Das Blatt auf den es gezeichnet war, war schon so schmutzig und auch etwas abgegriffen. Habe es darum ausgeschnitten und aufgeklebt. Könnte ich Dich doch auch mal wieder so in die Arme nehmen und küssen. Vielleicht besteht ja die Möglichkeit, daß ich doch noch mal auf Urlaub komme. Unser Komp.- Chef hat uns gestern gesagt, daß ein Teil von unserer Komp. am 20. April wehrwürdig wird. Es werden wohl 20 Mann sein. Für diese besteht die Möglichkeit in Urlaub zu kommen. Vielleicht habe ich ja das Glück dabei zu sein. Es kommen dafür nur solche in frage, die noch keine Strafen und während der letzten 6 Monate gute Führung gehabt haben. Es sollen jetzt laufend in jedem Monat welche wehrwürdig gemacht werden. Wenn ich bei den ersten noch nicht mit bei bin, wird es vielleicht beim nächsten Mal sein. Also hoffen wir weiter. Gestern ist auch der kleine Berliner (mit dem wir Pfingsten als wir von Thiergarten(?) kamen und nach Storzingen wollten, ein Stück mit ihm, seiner Frau und Kind längst gegangen sind) wieder vom Urlaub zurück gekommen. Das Schiff mit dem er rüber gekommen ist, ist in Seenot geraten und beinahe untergegangen. Er sah schlecht aus. Wäre dabei bald ertrunken. Ja, für Urlaubsfahrten muß man sich schon ruhige und windstille Tage aussuchen. Gestern und heute haben die Griechen Ostern. In der Nacht vom Sonnabend zum Sonntag sind sie mit einer Kerze bewaffnet zur Kirche gegangen. Und gestern am Tage hatten sie sich auch fein gemacht und sind unter Führung der Pfaffen singend durchs Dorf gezogen. Und danach wurde dem Wein und Uso gut zugesprochen. In einem Griechenhaus bin ich hier noch nicht gewesen. Außer in dem Haus wo wir unser Quartier haben. Aber unten bei den Griechen bin ich noch nicht gewesen. Walter Krützfeldt ist ein ganz begeisterter Zuschauer bei unseren Spielen gewesen. Er hat von seinem Quartier bis zu uns ungefähr eine 3/4 Stunde und von uns zum Platz noch mal eine halbe Stunde zu laufen. Das Wetter ist immer noch schön. Man kann es garnicht glauben, daß anderwo Krieg ist. Hier atmet man direkt Ruhe. Könntest du es doch auch sagen, daß bei euch jetzt Ruhe ist. Wäre doch erst alles vorüber, daß man wieder aufatmen körmte und wir uns für immer wieder haben. Ja ich denke auch so oft daran, wie ich damals vor der Tür stand und Du mich fest gedrückt hast. Ach, wäre es doch bald soweit. Würdest mich doch dann für immer festhalten, nicht wahr? Muß es wohl sowieso, damit ich nicht auf Abwege gerate. Oder hast du keine Angst mehr dafür? Habe eben so darüber nachgedacht wie schön es doch wäre, wenn wir jetzt zusammen wären und in einem Wochendhäuschen ein paar Wochen leben und da rumstrolchen könnten. Meine beiden Briefe vom 14.4. und einer von 8 Seiten Länge und der andere vom 2. hast Du wohl schon erhalten. Ich hoffe, daß Du diesen recht schnell bekommst. Ich warte natürlich auch schon wieder sehnsüchtig auf Post von Dir. Na, vielleicht kommt diese Woche ja noch welche.

So mein lieber Buttje! Ich hoffe, daß es Dir, wie Willy und Harry noch gut geht und in der Hoffnung, daß wir uns recht bald für immer wieder haben, grüßt und küßt Dich recht vielmals Dein Willy. An Willy und Harry auch Gruß und Kuß. Schönen Gruß auch an Deine Mutter, meine Eltern sowie Marta und Dora, Hans und Alwine, Fiede und Johanna, Kahns und Nerlich. Interessiert Dich überhaupt der Fußballbericht? Wenn nicht werde ich in Zukunft Tinte und Papier sparen. Nochmals einen schönen Kuß von Deinem Willy.

Anmerkung:
Spektakel :Lärm, Geschrei, lautes Gerede

102) Im Süd-Osten, 19. April 1944

Mein lieber Buttje!

Bin eben mit dem Essen fertig. Es gab dicken Reis mit Apfelmus. Wollte mich eigentlich hinlegen. Werde aber nicht mit dem Brief fertig. Muß also auf das Langmachen verzichten. Es fällt mir aber nicht schwer. Habe vor dem Essen schon eine Zeit gelegen. Und dann opfere ich es für Dich gerne. Seit gestern Abend habe ich Wache. Ist mir doch so'n bißchen schwer gefallen, wegen meiner Füße. Ist aber immer noch besser als wenn ich den ganzen Tag beim Arbeitsdienst draußen bin. Montag und auch gestern bis zum Abend hatte ich frei und durfte meine Füße schonen. Das verflixte

Fußballspielen. Wenn ich erstmal wieder bei Dir bin spiele ich auch nicht mehr. Aber zum Zugucken werde ich doch gehen. Dann mußt Du aber mit. Allerdings Sonntags bei warmen Wetter und bei Sonnenschein gibt's das nicht. dann wird hinaus ins Freie gefahren. Räder dazu werden wir mit der Zeit schon wieder kriegen. Zum Wandern bin ich ja noch nie aufgelegt gewesen und dann werden meine Füße größere Touren auch nicht aushalten. Darum auch schon meine Abneigung von früher. Eine schöne Wanderung weiß ich schon zu schätzen. Werden auch ganz kleine Ausflüge zu Fuß machen. Denn ich hoffe doch, wenn ich erst wieder Maßeinlagen habe, daß mir das Laufen nicht so viel Beschwerden machen wird. Hat es mir doch auf dem Heuberg, außer bei den großen Märschen nicht viel gemacht. Und dann ist Wandern ja nicht mit Marschieren zu vergleichen. Denn bei den großen Märschen waren wir auch noch ganz schön bepackt. Ja, wie oft denke ich an die paar schönen Stunden die wir auf den Heuberg zusammen verlebt haben. Erst gestern Nacht wieder als ich allein auf Posten stand, kamen mir die Gedanken. Haben Dir die Ohren nicht geklungen oder ist die Entfernung von mir zu Dir zu weit? Eigentlich sollten die Entfernungen beim Gedankenspiel ja nichts sagen. Aber sonst bedeuten sie doch viel. Wenn man auf der Karte allein die Entfernung von Dir bis hier her betrachtet, kann man sich es kaum vorstellen, daß es in so kurzer Zeit zurück zu legen ist. Ja, wenn man sich jetzt auf den Weg machen könnte zu Dir. Aber so flott geht es ja nun doch nicht. Sonst an mir sollte es nicht liegen. Ich würde mich schon beeilen. Könnte ich Dir doch erst mitteilen, daß ich doch noch mal auf Urlaub käme. Das würde doch schon eine Beruhigung für Dich sein. Die Hoffnung werden wir aber nicht aufgeben, nicht wahr? Vielleicht sehen wir uns ja noch eher wieder, als wir ahnen. Wie schön würde es doch sein, wenn ich jetzt zu Dir käme. Erstens bis Du ganz allein, den die Kinder und Deine Mutter sind doch wohl schon in Kakenstorf, und dann hätten wir die Kinder und Deine Mutter sowie Emil, Frieda und Harro überraschen können. Man malt sich alles so schön aus und es kommt doch nicht dazu. Ein paar Tage wären wir dann ganz für uns geblieben. Wir hätten uns doch allerhand zu erzählen gehabt. Glaubst du nicht auch? Ich glaube ich habe Dir in dem letzten Brief auch schon so etwas ähnliches geschrieben. Wird wohl für dich allmählich langweilig, oder nicht? Ich kann z. B. wenn Du Sachen schreibst, die nur uns Beiden angehen immer wieder lesen. Und ich bin ganz betrübt, wenn Du so schnell damit aufhältst. Mir liegt es nicht so, kann es nicht so in richtige Worte kleiden. Hätte Dir sonst öfter etwas Liebes mitgeteilt. Mir kommt es immer so vor als ob Du darüber lächeln würdest. Obwohl ich genau weiß, daß Du so etwas gerne hörst. In einer Stunde muß ich noch mal auf 2 Stunden Posten stehen, dann haben wir es auch wieder geschafft. Hier haben wir immer nur von einem zum anderen Tag Wache. Ist so auf jedem Fall besser. Letzte Nacht habe ich nicht viel Schlaf gehabt, werde es aber diese Nacht nachholen. Zigaretten wird es morgen oder übermorgen wohl auch geben. Hier sind sie schon. Brauchen nur ausgegeben zu werden. Werde an Dich denken. Hoffentlich gibt es nicht so wenig. Oel und Seife habe ich auch noch nicht bekommen. Denke aber, daß das auch bald eintrudeln wird. Gestern hat es auch schon Post gegeben. Von Dir war aber leider nichts dabei. Die Post ist mit dem Schiff gekommen. War nicht ganz neu. Hatte Deine schon vor ein paar Tagen gekriegt, per Flugzeug. Warte aber doch schon auf Deine lieben Zeilen. Ein kleines Päckchen mit Bindfaden und Zigarettenpapier von meinen Eltern war auch dabei. Bin also doch nicht leer ausgegangen. Habe mich in der Zeit verguckt, dachte ich hätte noch eine Stunde Zeit. Stimmt aber nicht. Es ist nämlich gleich schon so weit. Hoffentlich wirst Du aus meinem Geschmiere auch immer schlau. Etwas Schuld hat auch die Feder, die ist schon wieder so schlecht. Weiß nicht was ich da mit aufgestellt habe. Hatte von Dir ja 2 bekommen, weiß aber nicht wo ich mit der anderen geblieben bin. Muß doch mal sehen ob ich hier eine auftreiben kann. So mein lieber Buttje! Und nun halte Dich schön gesund und sei Du sowie Willy und Harry recht vielmals gegrüßt und geküßt von Deinem Willy und Eurem Papa. An Deine Mutter, meine Eltern, Marta, Dora sowie Emil, Frieda und Harro sowie Hans und Alwine, Fiede und Johanna auch eine schönen Gruß. Und für Dich noch einen extra schönen Kuß.

103) Im Süd-Osten, 22. April 1944

Mein lieber Buttje!

Heute bekam ich Deine Osterkarte, wofür meinen besten Dank. Sonst bekam ich aber keine Post. Denke, daß in den nächsten Tagen wieder mehr kommt. Gestern haben wir Marketenderware bekommen. Die lang ersehnten Rauchwaren sind auch mit ausgegeben worden. Die Zigaretten und 2 Pakete Tabak habe ich gleich verpackt und aufgegeben. Für dich habe ich 100 Zigaretten abgeschickt. Es sind noch gute Griechische. An Marta und Paul habe ich auch 100 Zigaretten und 1 Paket Tabak abgeschickt. Die Zigaretten sind nicht so gut. Es sind die W.-Zigaretten. Zum Tauschen werden sie sie aber mit Kußhand los werden. Du wirst doch auch etwas davon abbekommen. Für meine Eltern habe ich auch ein Päckchen zurecht gemacht und zwar mit 1 Stück Seife und 1 Paket Tabak. Oel und Seife habe ich immer noch nicht. Denke aber, daß ich es bald bekommen werde. Sonst ist hier noch alles beim alten. Mit der Wehrwürdigkeit hat es noch lange Beine. Bis jetzt ist noch nichts raus. Ich hatte mich schon auf den morgigen Tag (Sonntag) gefreut. Fußballspiel ist nicht, wollte mich bei dem schönen Wetter mal draußen bißchen sonnen. Muß heute Abend auf Wache ziehen. Also der ganze Sonntag ist futsch. Nächsten Sonntag wird es auch nichts damit, denn dann wird wieder Fußball gespielt. Heute morgen hatten wir zum Arbeitsdienst 15 junge Mädels mit bei uns. Das war ein Geschnatter. Der Komp.-Chef kam auch vorbei und meinte es wäre ganz nett, wenn wir da eine Aufnahme von machen würden. Ein Unteroffizier hat uns dann nachher auch geknipst. Hoffentlich bekomme ich da auch ein Bild von ab. Hast Du mein Bild welches ich in einen der letzten Briefe mit beigelegt habe, schon bekommen? 23.4. Mit dem Brief bin ich doch nicht mehr fertig geworden. Habe die Nacht schon hinter mir. Nachts ist es doch noch kalt. Überhaupt wenn man auf einem Flecken steht. Am Tage ist es hier schon ganz schön warm. In der Sonne kann man schon braten. Meine Füße sind so einigermaßen wieder in Ordnung. Du schreibst mir, Daß Du vor lauter Alarm nicht zum Schreiben kommst. Habe es auch von andren Kameraden, die von ihren Frauen Post bekommen haben, gehört, daß bei Euch mit dem Alarm wieder ganz schlimm ist. Wäre es nicht doch besser wenn Du Deine Sachen packen würdest und auch mit ins Wochenhaus ziehst? Wenn die Wohnung dann uns verlustig gehen sollte, läßt sich das dann nicht ändern. Das Leben ist doch wichtiger. Denn was nützt den Kindern und auch mir die Wohnung, wenn die Mutter und mein Buttje nicht mehr ist. Sollst es Dir doch noch mal genau überlegen. Lange kann es sowieso nicht mehr dauern. Es genügt doch vielleicht schon wenn Du den Sommer über außerhalb Hamburgs bist. Also mein Buttje tu was Du für am wichtigsten hältst. Von hier kann man sich schlecht ein Urteil darüber bilden. Wenn ich bei dir wäre, wäre es alles halb so schlimm. Ja, wenn es doch bloß erst mal zu Ende wäre. Wir haben dagegen ein ruhiges Leben. Das Essen ist gut und was das wichtigste ist, wir haben hier Ruhe. Das Buch „Ziel Nanga Parbat" habe ich auch durchgelesen.

Es hat mir sehr gut gefallen. Ich werde es gelegentlich zurückschicken. Ist es doch bei Dir besser aufgehoben als bei mir. Gestern und auch heute läuft hier der Film „Krach in Hinterhaus". Ich hätte mir den Film ganz gerne angesehen. Bin da aber gestern und auch heute werde ich nicht da zu kommen. Mit der Wache bin ich erst um 6 Uhr fertig und dann ohne Abendbrot da noch raus laufen ist nicht gerade mein Geschmack. Hast Du eigentlich von Emil Riehm in der letzten Zeit gehört? Habe schon lange keine Post mehr von ihm bekommen. Sonst hat er doch immer regelmäßig geschrieben. Ist in der letzten Zeit bei Euch wieder etwas passiert? Kann mir nicht vorstellen warum er auf einmal nicht mehr schreibt.Ich bin ja gespannt ob Marie und auch Emmy etwas von sich hören lassen. Das Wetter ist auch heute wieder herrlich. Jetzt um 8 Uhr ist es schon so warm wie bei uns im Hochsommer. Es ist jetzt aber noch aus zu halten. Wenn ich geahnt hätte, daß wir diesen Sommer auch keine kurzen Hosen bekommen, hätte ich mir eine mit gebracht. Etwas Stoff dafür hätte meine Mutter bestimmt gehabt. Mit den Wickelgamaschen jeden Tag in der Hitze rum zu laufen ist nämlich nicht gerade schön. Verschiedene Kameraden haben sich eine machen lassen. Wie sie zu dem Stoff gekommen sind ist mir ein Rätsel. Werden sich wohl irgendwo festen Leinenstoff organisiert haben und auch selbst gefärbt haben. Es wird ja erzählt, daß wir kurze Hosen bekommen sollen. Aber wann werden die mal überkommen. Wenn Du mal paar Feuersteine für meinen eigenen Gebrauch auftreiben kannst, wäre ich Dir sehr dankbar. Hast Du eigentlich schon die Dose Oel bekommen? Müßte doch schon da bei dir sein. Denn Frieda hat ihre schon lange. Hoffentlich ist es nicht verloren gegangen. Marta ihre und Deine habe ich zusammen abgeschickt. Na, hoffen wir, daß es noch überkommt. So mein lieber Buttje, nun bin ich mit meiner Weisheit auch zu Ende. Erwarte sehnsüchtig Deine nächste Post. Hoffentlich kommt bald welche. In der Hoffnung, daß wir uns recht bald für immer wieder sehen, grüßt und küßt Dich mein lieber Buttje Dein Willy . An Willy und Harry auch Gruß und Kuß. Herzliche grüße auch an Deine Mutter, meine Eltern, Marta, Paul, Dora sowie Hans und Alwine und Fiede und Johanna, Nerlichs und Kahns.

Anmerkung:
W.- Zigaretten : Wehrmachtszigaretten
Wehrwürdigkeit: Das Wehrmachtsbataillon 99 war hauptsächlich zusammen gestellt aus Nazi-Gegnern und Kriminellen. Unser Vater war ein politischer Nazi-Gegner. Diesen Leuten wurden erst sehr spät die Wehrwürdigkeit anerkannt
futsch: bedeutet soviel wie weg

31) Im Süd-Osten, 21. April 1944

Mein lieber Buttje!

Anbei 100 Zigaretten. Werden wohl wieder Langerschute sein, nicht wahr?
Ich wünsche Dir einen angenehmen Schmok. Sei recht vielmals gegrüßt und geküßt von deinem Willy. An Willy und Harry auch Gruß und Kuß. Herzl. Gruß an Deine Mutter.

Anmerkung:
Paketbeipackzettel
Langerschute: Wahrscheinlich Zigarettenmarke

104) Im Süd-Osten, 23. April 1944

Mein lieber Buttje!

Eben habe ich Post und zwar von Dir die Briefe Nr. 75 vom 10.4. und Nr. 76 vom 13.4.. Für die Briefe meinen besten Dank. Habe mich sehr dazu gefreut, trotz der wenigen angenehmen Berichte. Das ist ja bald nicht mehr zum Aushalten mit den Alarmen bei Euch. Das kann doch unmöglich noch lange so weiter gehen. Man hofft nur immer, daß es bald zu ende geht. Von Willy und Harry habe ich die Karten auch bekommen. Von Hinni und Marta war auch Post dabei. Hast Du die Dose Gel noch nicht bekommen? Marta hat ihr's Ostern auch schon gehabt. Daß ich das Paket mit dem Uso für meinen Vater, mit Deiner Adresse versehen hatte, wußte ich garnicht. War da denn ein Zettel bei, daß mein Vater ihn haben sollte? Denn für dich ist doch auch eine Flasche unterwegs. Oder war es die Flasche die in Mehl eingepackt war? Dann stimmt es so. Daß die Zigaretten angekommen sind freut mich. Bist doch gewiß damit immer auf den letzten, nicht wahr? Aber daß Du von den Zigaretten noch welche abgibst, ist doch nicht nötig. Ich schicke Marta auch immer welche. Ich habe gestern auch erst wieder 100 Stück und ein Paket Tabak für sie aufgegeben. 1 Pfd. Blätter-Tabak habe ich auch noch. Hatte den für Paul vorgesehen. Werde es aber nicht alles zu Paul schicken. Muß mit der Hälfte zufrieden sein. Hinni hat mir in seinem Brief sein Leid geklagt. Er schreibt mir daß er endlich das mit Sehnsucht erwartete Paket mit Tabak erhalten hat. Ich kann es ihm schon nachfühlen. Ging es mir auf dem Heuberg manchmal auch so. Wenn ich heute Abend noch genug Zeit habe, lege ich diesem Brief noch einige Zigaretten bei. Bekommst sie dann schneller. Du meinst ob die Kameraden sich mit der griechischen Bevölkerung verständigen können? Verständigen kann man sich fast mit allen. Und wenn da wirklich welche sind die überhaupt keinen Brocken Deutsch können, dann sind meistens in der Familie Kinder, die es bestimmt können. Die kleinen Kinder auf der Straße sprechen uns schon immer an „was Namen". Wollen wissen wie wir mit Vornamen heißen. Die kleinen Krabauter rufen mich mit meinem Namen. Einige davon keime ich auch mit Namen. Einige davon sind Strawula (Mädchenname), Angelika, Antonius, Kosta, Mizoll. Aber mit den Jungfern und den Erwachsenen komme ich nicht so intakt. Ich spreche wohl mit den einen und anderen aber so wie in K. ist es doch nicht. Die Diganies (junge Mädel) gucken genau wie bei uns mehr auf Lametta. Obwohl, einige von den Kameraden unterhalten und scherzen auch mit ihnen. Ich werde mit ihnen aber nicht warm. Vielleicht bin ich auch ein bißchen zu ernst für sie. sind sie doch noch jung und immer zu scherzen aufgelegt. Da scherze ich lieber mit den kleinen Krabautem. Ist es doch ein viel natürlicheres. Es ist zu drollig wenn sie sich mit uns unterhalten wollen. Überhaupt wie schnell sie die Sprache sich angewöhnen. Dicker wie auf dem Bild was Du von mir erhalten hast, bin ich aber doch nicht. Im Gegenteil ich habe sogar etwas abgenommen. Merke es an mein Koppel. Kommt wohl vom Fußballspielen, am Essen liegt es nicht. Haben immer noch genug. So und feierlich sehe ich auch aus. In so einem Stand muß man doch eine feierliche Miene aufsetzen. Zu der Zeit war ich auch noch Wehrmachts-Badewärter. Das sagt doch eigentlich alles. Ich hätte ja lieber gesehen wenn ich auf dem Bild ein lächelndes Gesicht gemacht hätte. Habe es aber glaube ich beinahe ganz verlernt. Ich will damit nicht sagen, daß ich überhaupt nicht mehr lache. Das schon, nur ist es nicht so ein befreiendes Lachen. Wie kann man das auch noch in der heutigen Zeit. Denn die Gedanken hat man doch immer bei allem doch immer bei Euch. Richtig befreit aus dem Innern heraus lachen und freuen kann ich mich erst dann wieder wenn wir erst wieder alle g sund für immer beisammen sind. Heute sind die Griechen wieder ganz groß in

Schale. Es sind verschiedene Kinder getauft worden. Etwas anders als bei uns geht es damit zu. Wenn sie sich für das Kind einen Namen ausgesucht haben, warten sie mit der Taufe solange bis der Name auf dem Kalender erscheint. Und wenn es ein halbes Jahr dauert. Da geht es bei uns doch einfacher vor sich. Mit der Kirche sind sie hier eng verknüpft. Daher auch die strengen Sittengesetze. Staunen muß man nur wenn sie sich zu ihren Festtagen anziehen. Es besteht auch zwischen Alltag und Feiertag ein zu großer Unterschied. Zu kleiden wissen sie sich aber. Nur eins kann ich bei den Mädels und Frauen nicht verstehen, warum sie Alltags immer ein Kopftuch um haben. So und nun will ich mit dem Gedröhne aufhalten. Ich wollte schon immer mal fragen ob die Umschläge von meinen Briefen auch immer so beschädigt sind. Sie sind nicht gerade kaputt aber doch etwas eingerissen. Ich glaube es liegt an den Umschlägen. Erstmal sind sie etwas zu groß und dann wird die Qualität auch nicht mehr so gut sein. So mein Buttje und wie geht es Dir hältst Du auch noch solange aus bis alles zu Ende ist. Wenn es nach mir ginge würde ich sofort zu Dir eilen und alles Schwere von Dir nehmen. Ich muß diesen Brief leider jetzt beenden. Meine Zeit ist bald rum. Muß noch einmal 2 stehen und dann bin ich fertig. Der ist ja nicht so lang wie Deiner geworden (8 Seiten). Aber mit der Zeilenanzahl nimmt er es mit Deinen doch bald auf. Es kommt auf die Länge ja nicht immer drauf an. Die Hauptsache ist ja, daß der Inhalt Dir auch gefällt. So mein lieber Buttje in Gedanken nehme ich Dich ganz fest in die Arme und küsse Dich bis Dir der Atem vergeht. Sei Du sowie Willy und Harry recht vielmals gegrüßt und geküßt von Deinem Willy und Eurem Papa. An Deine Mutter, meine Eltern, Marta, Dora, Hans und Alwine, Fiede und Johanna auch eine schönen Gruß. Die Zigaretten lege ich im anderen Brief bei. In Brief Nr. 103.

Anmerkung:

Krabauter: kleine Kinder, die aber schon laufen und sprechen können
Gedröhne: öfters wiederholendes Gesprochenes
K. = Mir nicht bekannter Ort. In Feldpostbriefen durften keine Ortsnamen genannt werden. Falls Post in Feindeshand gerät und sie daraus Rückschlüsse ziehen könnten

105) Im Süd-Osten, 25. April 1944

Mein lieber Buttje!

Heute an unserem Hochzeitstag will ich doch noch schnell ein paar Zeilen schreiben. Wollen hoffen, daß es der letzte Hochzeitstag während des Krieges ist. Heute ist Post gekommen, weiß aber nicht ob für mich auch was dabei ist. Sie ist noch nicht aussortiert. Das Wetter ist hier immer noch schön. Nur ist es morgens meistens sehr windig. Nachmittags läßt der Wind aber nach und abends und nachts ist es fast immer windstill. Wir haben hier einen Sportplatz im Bau. Er ist schon beinahe fertig. Habe die letzten Tage da mit gearbeitet. Er liegt ganz gut. Fast ganz mit Gras bewachsen. Im Sommer kann man darauf spielen. Aber im Herbst und Winter wird er nicht bespielbar sein. Ist dann immer unter Wasser. Ist Sumpfgelände. Es soll hier überhaupt Malariagebiet sein. Glaube aber nicht, daß es so schlimm ist. Denn Tümpel und stehendes Wasser wo sich die Mücken aufhalten gibt es hier nicht. Heute haben wir auf unserem Platz ein Trainingsspiel gemacht. Da war natürlich alles dran. Einen Platz haben wir, aber keinen Fußball. Wir sollten zu diesem Zweck von einer anderen Komp. einen haben. Die haben ihn aber nicht rausgerückt. Wir waren also gezwungen unseren Handball dafür zu nehmen. Die Hülle ist ganz gut aber mit der Blase ist nichts mehr los. Sie haben aber ihr möglichstes getan. Ich meine diejenigen die den Ball zurecht gemacht haben. An dem

Ball ist den ganzen Vormittag und auch noch am Nachmittag geflickt worden. Das Spiel sollte um 4 Uhr los gehen. Der Ball kam aber erst um 5 Uhr. Nach einer guten viertel Stunde hat ein Anfänger so einen Gewaltschuß angebracht, daß der Ball dabei einging. Mir war es ganz recht, daß das Spiel so vorzeitig zu Ende ging. Meine Füße wollten doch nicht so. Man wird doch alt. Das heißt die Füße. Sonst macht es mir nämlich keine Beschwerden. Eben ist die Post gekommen. War nur ein Brief für mich dabei und der ist noch nicht mal von Dir. War ein Brief von Andreas. Der Brief war vom 10 .April. Am 6.4. ist er wieder zurückgekommen. Am selben Tage hat er eine Brief und ein Päckchen mit Tabak von mir erhalten. Er hat sich zu dem Tabak natürlich gefreut weil er ganz abgebrannt war. Gestern habe ich auch 2 Päckchen mit Tabak aufgegeben. Für Hinni und für Paul. Allerdings habe ich den Tabak für Paul an Martas Adresse geschickt. Hoffentlich bekommst Du die Zigaretten recht schnell. 100 im Päckchen und 15 Stück im Brief Du schreibst mir in Deinem letzten Brief, daß dir mein Brief vom 24. März viel Freude bereitet hat. Ich weiß leider nicht mehr worüber ich da geschrieben habe. Die Zeit der Ankunft der Briefe und der Antwort ist doch zu lang. In der Zeit hat man schon wieder so viele Briefe geschrieben, daß man tatsächlich nicht mehr wissen kann worüber man geschrieben hat. Muß schon wenn Du davon erwähnst, ein kleines Stichwort dabei geben. Im großen und ganzen haben die Briefe ja fast den selben Inhalt. Jeder Brief ist voll von Sehnsucht und hoffen. Meine beiden Kameraden haben sich schon schlafen gelegt. Es ist aber noch garnicht mal so spät. Wird wohl ½ 9 Uhr sein. Ich werde mich aber auch gleich hinlegen, denn ich bin auch müde. Wenn man den ganzen Tag an der frischen Luft ist, ist es auch kein Wunder. Daß ich die kleinen Lichte, die in den Zeitungen mit eingepackt waren, bekommen habe, schrieb ich Dir doch schon mal. So mein Buttje! Das wäre heute erst mal alles. Gut geht es mir noch. Nur habe ich große Sehnsucht nach Dir sowie nach Willy und Harry. Beteuern brauche das wohl nicht extra. Anwort auf Willy und Harrys Karten kriegen sie in den nächsten Tagen. So mein lieber Buttje und nun sei Du recht vielmals gegrüßt und geküßt von Deinem Willy. An Willy und Harry auch Gruß und Kuß. Herzl. Grüße auch an Deine Mutter, meine Eltern, Marta und Dora.

Anmerkung:
Blase: Zur damaligen Zeit und auch noch eine ganze Zeit nach dem Kriege bestand ein Fußball aus zwei Teilen. Aus der Hülle (Leder), äußere Teil und aus der Blase (Gummi), innere Teil, der aufgepumpt wurde

32) Im Süd-Osten, 26. April 1944

Mein lieber Buttje!

Anbei 1 Stück Toilettenseife und alte Briefe. War heute in Muderos (Moudhros?) und habe bei der Gelegenheit gleich paar Stücke Seife eingekauft.
Meine Mutter bekommt auch ein Päckchen. Mir geht es soweit noch gut, hoffe dasselbe auch von Dir, Willy und Harry. Recht viele Grüße und Küsse von Deinem Willy und Eurem Papa.

Paketbeizettel.

106) Im Süd-Osten, 27.April 1944

Mein lieber Buttje!

Gestern habe ich für Dich und für meine Mutter ein kleines Päckchen mit Seife (Toilette) zurecht gemacht. Für dich ist es ein

Stück aber extra prima. Für meine Mutter habe ich 2 Stücke eingepackt soll eine kleine Aufmerksamkeit für ihren Geburtstag sein. Oel und Seife wo ich schon lange auf warte habe ich noch nicht bekommen. Hast Du die Dose Oel und das Kilo-Paket mit Mehl schon bekommen? Wird allmählich fällig. Post hat es heute auch gegeben. Es war aber nicht viel. Für mich war aber nichts dabei. Gestern habe ich von Andreas schon wieder einen Brief bekommen. Er hatte von mir als er aus dem Urlaub kam, einen Brief und ein Päckchen Tabak vorgefunden und am nächsten Tage bekam er noch ein Paket Tabak. Wir haben hier jeden Tag Arbeitsdienst. Anfang der Woche war ich auf unserem Sportplatz beschäftigt. An dem einem Tage ist mir auch so ein Dings passiert. Ich sollte die Tore anstreichen. Hatte von den beiden Toren die Pfosten fertig und mußte um auch die Torlatten zu streichen, mich auf einen anderen Kameraden seine Schulter setzen. In der einen Hand hatte ich den Eimer und in der anderen den Pinsel. Es ging Stück für Stück. Den Kameraden habe ich noch gefragt, als wir die Hälfte zurückgelegt hatten, ob er es auch noch aushalten könnte. Er sagte ja immer weiter. Wir haben dann auch ohne Absetzen die 7 m lange Torlatte angepinselt gekriegt. So sagte ich dann nun wieder runter. Ich wollte natürlich daß er sich bückte. Er machte aber gar keine Anstrengungen, im Gegenteil er ging immer rückwärts. Und dann noch mit dem Oberkörper ganz nach hinten rüber gebeugt. Daß es dabei zum Stürzen kommen mußte, war mir klar. Den Eimer mit Farbe konnte ich aber unmöglich von mir werfen, dann wäre alles ausgelaufen. Paar Schritte ging es noch rückwärts und dann stürzten wir nach hinten über. Mein Kamerad ist dabei noch gut weg gekommen. Ich aber aber kriegte die ganze Farbe über mein Zeug. Ein Glück daß es nur Wasserfarbe war. Alles lachte natürlich und ich auch. Nur mein Kamerad nicht. Als ich ihn dann fragte, warum er dann immer rückwärts mit mir gegangen wäre, sagte er ihm wären die Beine eingeschlafen. Wir haben darüber natürlich noch mehr gelacht. Man kann sich sowieso schon über ihn amüsieren wenn er spricht. Er ist Volksdeutscher, von der polnischen Grenze. Noch ziemlich jung. Ist vor kurzem Oberschütze geworden. Ist natürlich ganz stolz darauf. Er versteht sich mit den Griechen sehr gut. Spricht beinahe fließend griechisch. Ist natürlich überall bei der griechischen Bevölkerung gern gesehen. So'n kleiner Spaßvogel ist er auch. Er kann es nur nicht ab, daß die griechischen Mädels so stur sind. Den Uso nimmt er in rauhen Mengen. Wenn er mal ordentlich einen genommen hat, fragt er den nächsten Tag, gestern schwer Uso getrunken von allen Seiten besoffen. „Von allen Seiten" sagt er nämlich in jedem Satz. Heute habe ich mir ein paar neue Schuhe geholt. Die anderen waren mir zu groß. Der Fuß hatte da auch keinen ordentlichen Halt. Dieses sind noch ganz friedensmäßige Schuhe. Es läuft sich da doch ganz anders mit. Neues weiß ich Dir leider nicht zu berichten. Hast du von Frau Heiden schon gehört wo Ernst steckt. Hätte gern gewußt ob er noch nach der Krim gekommen ist. In dem kleinen Päckchen mit dem Stück Seife habe ich auch alte Briefe mit reingelegt. Am 13. Februar habe ich Dir schon mal ein Päckchen mit Seife und alte Briefe zugeschickt. Ist das noch nicht angekommen? Und wie ist es mit den Rosinen für Deine Mutter geworden? Es waren 3 Päckchen. Ich hoffe, daß noch alles überkommen wird. War Hans schon auf Urlaub? Und wie geht es denn den beiden Jungens? Ich hoffe doch, daß es Euch noch gut geht. Habt Ihr noch so viele Alarme? So mein Buttje und nun will ich doch schließen. Will noch an Willy und Harry schreiben, gestern habe ich an Andreas einen Brief geschrieben. Ich hoffe, daß ich in den nächsten Tagen auch von Dir Post bekomme. Warte schon wieder sehnsüchtig darauf. So mein lieber Buttje! Sei Du sowie Willy und Harry recht vielmals gegrüßt und geküßt von Deinem Willy und Eurem Papa. Auch einen schönen Gruß an Deine Mutter, meine Eltern, Marta und Dora.

107) Im Süd-Osten, 30.April 1944

Mein lieber Buttje!

Schon wieder ein Monat zu Ende und immer bin ich noch nicht bei Dir. Wie die Zeit doch läuft, nächste Woche bin ich schon 15 Monate Soldat. Wegen Urlaub ist immer noch nichts raus. Und wegen der Wehrwürdigkeit auch noch nichts. Von Freitag auf Sonnabend, oder besser gesagt von Sonnabend früh bis Mittag hatten wir einen Ausmarsch. Eigentlich sollte er in der Nacht von Sonnabend sein. Ist aber verlegt worden, weil wir heute um die Battl.-Meisterschaft spielen. Mit meinen Füßen hatte ich ja schwarz gesehen. Habe schon vorher gedacht, daß ich heute mit den Füßen, wegen des Marsches, ganz fertig bin. Es ist aber nicht der Fall. Die neuen Stiefel machen doch was aus. Das Gelenk ist bei den Stiefeln stabiler und dann gehen die Schäfte auch über die Knöchel. Der Fuß hat dadurch schon einen ganz anderen Halt. Hoffentlich lassen die Füße mir heute beim Spiel nicht im Stich. Vielleicht wird heute auch garnicht gespielt. Das Wetter ist garnicht besonders. Gestern am Tage und in der Nacht und auch heute ist es ziemlich windig und regnen tut es auch. Es ist heute direkt frisch. Die ersten Tage in der Woche war es schon so schön warm. Eben war ich zum Antreten. Wir hatten Komp.- Belehrung. Unser Komp.- Chef hat uns noch mal die Bestimmungen für uns W.- U.-Soldaten vorgelesen, wegen der Wehrwürdigmachung. Diejenigen, die Wehrwürdig wurden, kommen auch in Urlaub. Bis jetzt sind aber noch keine Wehrwürdig geworden. Ohne dem gibt es keinen Urlaub. Er erzählte uns auch, daß viele Frauen Urlaubsgesuche an ihn geschrieben hätten. Hat uns gesagt, daß es ganz zwecklos wäre. Er würde die Gesuche auch nicht beantworten, weil er da gar keine Zeit dazu hat. Na wir wollen nur hoffen, daß der Krieg bald aus ist. Ich hoffe heute oder morgen auch mit Post von Dir. Es wird gemunkelt, daß da schon Post gekommen sein soll. Und meistens ist da was dran. So mein lieber Buttje! Ich muß diesen Brief jetzt beenden, habe keine Zeit mehr. Wenn ich heute noch Post bekomme, werde ich morgen sowieso schreiben und dann wird der Brief auch wieder länger ausfallen. Halte dich also munter und sei Du sowie Willy und Harry recht herzlich gegrüßt und geküßt von Deinem Willy und Eurem Papa. An Deine Mutter, meine Eltern, Marta, Dora sowie Hans und Alwine, Fide und Johanna auch einen schönen Gruß.

108) Im Süd-Osten, 01. Mai 1944

Mein lieber Buttje!

Ich komme mir bald vor als wäre ich in Hamburg. Nur ist die Umgebung und das Heim ein anderes. Bist Du und die Jungens doch nicht bei mir. Es regnet nämlich ununterbrochen. Gestern morgen regnete es auch schon. Am Nachmittag klärte es sich aber etwas auf. Unser Spiel ist ausgefallen weil der Platz unter Wasser stand. Am Nachmittag habe ich mich erstmal lang gemacht. Nach 2 Stunden bin ich aufgestanden und wollte einen Brief an Dich schreiben. Bin da aber nicht mehr zu gekommen. Ein Kamerad von uns war mittags weggegangen und kam zu der Zeit als ich aufstand wieder und erzählte uns daß es bei der Kirche frei Uso und auch Wein gebe. Ein Kamerad und ich wollten sich das auch mal ansehen und natürlich von dem Freitrunk Gebrauch machen. Wir beide aber garnicht so weit gekommen. Auf dem Wege dahin wurden wir vom U.v.D. geschnappt und mußten mit einem Auto nach unserem

Hafenstädtchen und Sachen für unsere Komp. ausladen. Habe dabei den ganzen Nachmittag und abend mit zugebracht. In unserem Ort war Hochzeit da gab es den Freitrunk. Das ganze Dorf hat an der Hochzeitsfeier teilgenommen. Ganz in der Nähe von unserem Quartier ist ein freier Platz uns da hatten sich die Festteilnehmer eingefunden und ihr Tanzbein geschwungen. Man sagt immer die Südländer haben Temperament. Beim Tanzen müßte es sich doch besonders zeigen, aber so etwas lasches habe ich überhaupt noch nicht gesehen. Sie haben wohl einen Foxtrott mal mit getanzt aber alles andere war mehr gehen als tanzen. Die Musik, obwohl sie sich ganz gut anhörte (Geige und Zitter), und auch der Tanz hatte nichts mitreißendes. Es sah alles ganz gut aus, die Mädel und Frauen waren garnicht so gut angezogen wie bei uns in der Großstadt. Man kann es sich garnicht so vorstellen, wenn man ihre Behausungen und auch sie am Werktage sieht. So ein Kontrast gibt es auch glaube ich bei den Südländern. Aber eins haben sie uns voraus und das ist das Zusammengehörigkeitsgefühl. Alles ist zufrieden und zu Späßen aufgelegt. Der ganze Ort ist wie eine Familie. Die Braut war genau so gekleidet wie bei uns und der Bräutigam hatte einen Anzug, der nicht nur meinen Neid, sondern auch wohl noch etliches andere gewirkt hat. Extra prima Stoff und Maßarbeit. Wie die kirchliche Feier vor sich gegangen ist, weiß ich nicht, habe es nicht gesehen. Erzählt wurde mir, daß die Braut von ein paar Mädeln und der Bräutigam von 2 Jungens festgehalten wurde. Ein Landser meinte, damit er nicht zu guter Letzt noch auskneift. Die Hochzeitsfeier hat bis … angedauert. Als wir heute morgen bis zum Antreteplatz gingen, waren sie noch im Gange. Ich habe mich nur über die Musikanten gewundert, sie haben fast ununterbrochen gespielt. Habe nach meiner Arbeit noch eine ganze Zeit zugeschaut. Zu trinken habe ich aber nichts mehr abbekommen. Hatte da nachher auch keinen großen Appetit mehr drauf. Heute morgen bin ich auch wieder mit dem LKW zum Kartoffeln holen gewesen. Waren schon um ½ 7 Uhr da aber vor 9 Uhr haben die ihren Laden nicht aufgemacht. War für sie Festtag (1. Mai). Wir sind heute sogar wie jeden Tag um ¼ vor 5 Uhr aufgestanden und hatten bevor wir wegfuhren schon eine Stunde Gebäudedienst hinter uns. Die Zeit zwischen ¼ 7 Uhr und 9 Uhr habe ich bei einem Kameraden der auch zu unserer Komp. gehört zugebracht. Vorher habe ich auch noch Peter Schmuck getroffen, der in der Düppelstraße gewohnt hat. Emil Kahns kannte ihn auch sehr gut. Gehört auch zu unserer Komp. Sind bei der Marine augenblicklich. Haben da ein ganz anderes Leben als bei uns. Bei dieser Gelegenheit habe ich auch gleich Öl und Seife, auf die ich schon lange gewartet habe, bekommen. Ich werde beides in den nächsten Tagen abschicken, es ist gute Waschseife. Bei dem Kameraden von dem ich Öl und Seife bekommen habe, habe ich die 2 Stunden zugebracht. Ich hätte bei ihm bald einen kleinen Glimmer gekriegt. Habe da verschiedene Uso getrunken. Um 9 Uhr sind wir dann mit unserer Arbeit angefangen und waren um ½ 1 Uhr mit der 2. Ladung wieder in unserem Ort. Das Ausladen haben wir dann nachmittags gemacht. Wir sollen die Zeit vergütet haben. Nach dem Mittagessen haben auch wir Dienstfrei gehabt. Heute zum 1. Mai gab es von unserer Komp. Tee mit Rum. Und jeder bekam noch extra einen ¾ l Wein. Der Tee mit Rum und auch der Wein waren sehr gut. Ich bin jetzt beim Schreiben dabei mir die ¾ l zu Gemüte zu führen. Nehme ab und zu einen Schluck, denke daß ich bis zur Beendigung des Briefes meinen Wein aus habe. Vor dem Schreiben habe ich ganz groß diniert. Wir haben uns von heute morgen ein paar Kartoffeln mit gebracht und Kartoffelpuffer gebacken. Der eine Kamerad hatte die Kartoffeln geschält und gerieben und ich wurde zum Backen verurteilt. Die ersten sind natürlich nicht von der Pfanne runter gekommen wie sie sollten, aber nachher bin doch damit zurecht gekommen. Geschmeckt haben sie aber vortrefflich. Na, was man selbst backt muß ja auch schmecken. Wenn Du früher gekocht hast, und das Essen war versalzen oder war zu nüchtern hast Du es ja auch mit Todesverachtung heruntergestürzt und zu mir gesagt das schmeckt doch gut. Es war doch so, nicht wahr? So mein lieber Buttje und nun bin ich so bei kleinem mit meiner Weisheit zu Ende. Ein neuer Monat ist angefangen und ich hoffe, daß es uns auch den Tag die Wiedersehensnähe bringt. Post habe ich noch nicht bekommen. Wird aber wohl in den nächsten Tagen eintrudeln. Sehnsucht habe ich große nach Dir. Ich glaube aber, daß die Zeit nicht mehr fern ist, wo ich Dich wieder in die Arme nehmen kann. Gestern bei der griechischen Hochzeit habe ich so oft an unsere gedacht. Da war doch noch eine schöne Zeit, nicht wahr? So mein lieber Buttje nun halt Dich gesund und sei Du, Willy und Harry recht vielmals gegrüßt und geküßt von Deinem Willy und Eurem Papa.

Anmerkung:
U.v.D.: Unteroffizier vom Dienst.
Glimmer: in diesem Fall ist gemeint, bald duhn gewesen zu sein

109) Im Süd-Osten, 04. Mai 1944

Mein lieber Buttje!

Ich wollte gestern schon schreiben, bin aber nicht dazu gekommen. Mußte gestern Abend auf Wache ziehen. Am Dienstag habe ich meinen ersten Brand hier gehabt. Ein Kamerad von uns, allerdings einer von den Stammleuten, Oberschütze, fährt heute in Urlaub und da hat er mich mit zur Abschiedsfeier eingeladen. Er ist Volksdeutscher. Von der versoffenen Ecke, wo Paul her ist. Am Mittwoch hatte ich einen bösen Kater. Wir hatten auch alles mögliche durcheinander getrunken. Fürs erste ist mein Bedarf für längere Zeit gedeckt. Heute will ich auch noch 2 Pakete für Dich zurecht machen. Ein mit Waschseife und ein mit Oel. Das Oel habe ich im Kanister. Ist ein Kilo drin. Hoffentlich ist es nicht zu schwer. Muß es noch abwiegen. Den Kanister habe ich geschenkt gekriegt. Wenn die Paketsperre aufgehoben ist, kannst Du mir ihn ja zurückschicken. Ich hatte eigentlich mit mehr Oel und Seife gerechnet. Habe nur 1 Ocker Oel und 1 Ocker Seife bekommen. Vielleicht kannst Du meiner Mutter ja etwas Oel abgeben. Ein Stück Waschseife habe ich noch für sie. Hast Du nun schon Deine Dose Oel und das Mehl bekommen? Das Paket mit Safran und Oel und das Päckchen mit den 100 Zigaretten, die ich am 14.3. und 20.3. aufgegeben habe, werden ja auch schon fällig. Hoffentlich kommt es noch alles über. Marketenderware haben wir vorgestern auch schon wieder bekommen. Ist aber nicht so viel wie sonst gewesen. D.h. Zigaretten waren weniger. Sonst gab es 200 und jetzt haben wir nur 100 Stück bekommen. Wir sollten 200 Stück haben, es mußten aber ein paar Tausend Zigaretten eingespart werden, weil der Februar ein Defizit hatte. Dadurch sind uns 100 Stück abgezogen worden. Kann Dir darum diesen Monat keine Zigaretten schicken, denn die 100 Stück muß ich notwendig selber gebrauchen. Ich will aber mal sehen, ob ich welche zu kaufen kann. Das Wetter ist heute wieder herrlich auch gestern war es schon schön. Nur nachts ist es noch immer kalt. Ich hatte beim Posten stehen einen Mantel an und trotzdem hat mich noch etwas gefroren. Gestern und Vorgestern war auch wieder Kino, bin da aber nicht hingekommen. Hätte den Film gern gesehen (Hochzeitsnacht) soll ganz nett gewesen sein. Mit mein Briefpapier komme ich jetzt auch auf den Rest. Ich habe noch etwas zum Schreiben, sind aber alte Feldpostbriefe. Und mit einer Seite bist du doch nicht zufrieden, nicht wahr? Vielleicht kannst Du ja mal etwas schicken. Ich wollte ja, Du brauchst mir keine

Briefpapier mehr zu schicken. Wäre lieber sofort zu Dir gekommen. Wollen hoffen, daß der Tag nicht mehr fern ist. Zum Muttertag wünsche ich Dir alles Gute. Hoffentlich ist es der letzte wo ich nicht bei Dir bin. Ich muß jetzt erstmal aufhalten mit dem Schreiben. Muß erstmal auf 2 Stunden an die Luft. So und jetzt kann es weiter gehen. Habe inzwischen schon gegessen und Post bekommen. Von Dir waren da 2 Briefe bei und zwar Nr. 78 vom 19.4 und Nr.79 vom 22.4.. Meinen besten Dank. Von Paul war auch ein Brief mit Blättchen und von Marie eine Karte dabei. Aus Marie ihren bin ich nicht ganz schlau geworden, sie hat mir von ihrem Horst vorgeschwärmt. Nennt sie ihn Ziso oder so ähnlich? Dein Brief Nr. 77 fehlt noch. Vielleicht ist er ja auch verloren gegangen. Soll nämlich allerhand Post in B. verloren gegangen sein, durch Bombeneinwirkung. Daß du nicht die richtige Lust zum Schreiben hast, kann ich verstehen. Bin dir auch nicht böse, wenn der Brief etwas kürzer ausfällt. Von den beiden Briefen Nr. 96 soll einer Nr. 95 sein. Habe am 5.4. und am 6.4. die beiden Briefe geschrieben. In Deinem Brief von 22.4. schreibst Du, daß Du das Safranöl erhalten hast. Hast Du denn die ganzen anderen Päckchen und Pakete denn noch nicht erhalten? Es sind das die Dose Oel vom 11.2., ein Päckchen mit Seife und alte Briefe vom 23.2., ein Kilo-Paket mit Mehl vom 25.2., eine Flasche Uso vom 7.3. und ein Päckchen mit alten Briefen vom 7.3. Vielleicht hast Du ja schon etwas davon erhalten und in dem Brief Nr.77 mir nicht mitgeteilt. Hat Deine Mutter eigentlich die 3 kleinen Päckchen mit Rosinen vom 1.3. bekommen? Fällig ist auch noch ein kleines Päckchen mit Blättertabak für meinen Vater vom 25.2.. Wollen hoffen, daß alles noch ankommt. Grund zur Sorge um mich brauchst du nicht zu haben. Hier ist noch alles ruhig und gut geht es mir auch noch. Ich glaube auch, daß wir hier besser leben, wie jeder in der Heimat. Glaube auch, daß wir ohne einen Schuß abzugeben auf das Ende des Krieges warten könne. Daß mein

Wunsch für Dich angenehme Träume zu haben noch nicht in Erfüllung gegangen ist, ist ja bedauerlich. Aber wie kommst du bloß auf solche entsetzliche Träume? Liest du denn so viele Räubergeschichten? Ich hatte früher wenn ich viel gesoffen hatte, auch immer darauf den Tag so entsetzliche Träume. Oder bist Du etwa jetzt unter die Alkoholiker gegangen? Will es nicht hoffen. Wenn schon, dann wir beide zusammen. A la Heuberg. Die Tage werden mir nie wieder aus dem Gedächtnis kommen. War auch zu schön. Nur zu kurz war die Zeit. Das Leben ist überhaupt zu kurz. Die Zeit läuft viel zu schnell. Wenn man alles nachholen könnte, ginge es ja noch. Nur muß es recht bald der Fall sein.Daß Du noch ohne mich solange aushältst, freut mich. Werde es Dir nie vergessen. Aber warum sollte ich Dir denn die nötige Anregung geben? Kannst du es nicht auch mal? So mein lieber Buttje und nun will ich auch schließen. Ich hoffe, daß sich Deine und auch Willlys Beschwerden behoben haben. Auch hoffe ich, daß wir uns recht bald für immer wiedersehen. Halte dich bis dahin gesund und munter und sei Du sowie Willy und Harry recht vielmals gegrüßt und geküßt von Deinem Willy und E rem Papa. An Deine Mutter, meine Eltern, Marta und Dora auch einen schönen Gruß.

Anmerkung:
Oker: vermutlich griechische Maßeinheit
B.: vermutlich Belgrad

33) Im Süd-Osten, 05. Mai 1944

Mein lieber Buttje!

Dieses Paket gebe ich einem Kameraden mit. Ist nämlich zu schwer. Das Paket wird im Reich aufgegeben. Hoffentlich kommt es schnell über. Kannst meiner Mutter ja etwas abgeben. Sei recht vielmals gegrüßt und geküßt von Deinem Willy. An Willy und Harry auch Gruß und Kuß.

Paketbeipackzettel

34) Im Süd-Osten, 05. Mai 1944

Mein lieber Buttje!

Anbei 1 Kilo Seife. Wollen hoffen, das sie unversehrt ankommt. Mir geht es noch immer gut. Hoffe dasselbe auch von Dir, Willy und Harry. Viele Grüße und Küsse sendet dir sowie den beiden Jungens Dein Willy und Euer Papa. An Deine Mutter, meine Eltern, Marta und Dora auch einen schönen Gruß.

Paketbeipackzettel

110) Im Süd-Osten, 05. Mai 1944

Mein lieber Buttje!

Gestern bekam ich erst 2 Briefe von Dir und heute auch schon wieder einen. Es war Dein Brief vom 25.4., Nr. 80. Meinen besten Dank. Nr. 77 fehlt aber noch. Es wird Dein Brief vom 13.4. sein. Denn den habe ich noch nicht. Du schreibst nämlich, daß du mir mitgeteilt hast, daß es mit dem Wochenendhäuschen nichts wird und das die Jungens ein Zimmer in Kakenstorf bekommen. Daß Dir die Jungens zum Hochzeitstag mit den Geschenken viel Freude bereitet haben, freut mich. Und die Freude für dich wäre ja noch größer gewesen, wenn ich bei Dir wäre. Aber das kommt auch noch mal. Bin darum nicht bange. Daß du die 3 Briefe gerade zum Hochzeitstag bekommen hast, ist ja nett vom Postboten gewesen. Stehst wohl mit ihm auf n gutem Fuß. Oder ist es etwa eine Postbotin? Wegen meiner Füße brauchst Du nicht in Sorge zu sein, sie sind fast ganz wieder in Ordnung. Das Hauptübel waren dabei die schlechten Stiefel. Gestern habe ich seit langer Zeit (14 Tage) zum ersten Mal wieder gespielt. Hatten Training. Ging wieder ganz gut. Hatte überhaupt keine Beschwerden. Übermorgen steigt das Endspiel. Werde es Dir am Montag berichten. Heute nacht haben wir einen Ausmarsch. Hoffentlich wird es nicht so'n großer. Heute Abend ist auch Konzert in unserem Nachbarort. Bin aber nicht mit gegangen. Wenn wir den Ausmarsch nicht hätten, wäre ich aber doch mitgegangen. Fast die ganze Komp. ist hin. Der Spieß hat mich rausgenommen, wegen meiner Füße. War mir auch ganz recht. Konnte ich doch während der Zeit den Brief für dich schreiben. Heute habe ich auch das Paket mit Seife aufgegeben. Das Paket mit Öl werde ich einem Urlauber mitgeben, der voraussichtlich nächste Woche fährt. Er wird es dann im Reich aufgeben. Das Paket ist so zu schwer. Von Andreas habe ich heute auch einen Brief bekommen. Er hofft auch, daß wir uns bald im Hause wiedersehen. So bei kleinem wird es ja auch Zeit. Ist in der Nacht vom 27. auf den 28. April bei euch auch was passiert? Ein Kamerad (Hamburger) erzählte mir heute daß seine Frau ihm geschrieben hätte, das in der Nacht wieder Bomben auf Hamburg abgeworfen sind. Hoffentlich ist bei euch allen alles gut abgegangen. Wenn man doch erst wegen der Angriffe beruhigt sein könnte. Hast Du nun inzwischen schon Pakete von mir erhalten? Hast Du schon wieder mal von Ernst Heiden gehört? Oder warst du noch nicht wieder bei Frau Heiden? Von Emil und Frieda habe ich auch lange nichts gehört. Ich bekam vor längerer Zeit mal eine Karte und da schrieben sie "Brief folgt. Der Brief ist aber bis jetzt noch nicht übergekommen. Auch von Frau Riehm habe ich schon paar Monate keine Post bekommen. Heini Riehm kannst Du´, wenn Du ihn noch antriffst, einen schönen Gruß bestellen. Sonst geht es mir noch gut. Auch ist es hier immer noch ruhig. So bei kleinem will ich jetzt auch aufhalten mit dem Schreiben. Möchte mich gerne noch einem Augenblick hinlegen, damit ich vor dem Marsch wenigstens etwas geschlafen habe. Auf einem Nachtmarsch zu gehen, ohne Schlaf gehabt zu haben, ist nämlich nicht schön. Mir fällt auch nichts mehr rechtes ein, bin auch müde. Habe die beiden letzten Nächte nicht viel Schlaf gehabt. Sogar die 3 letzten Nächte. Denn gestern bin ich auch spät ins Bett gekommen. Habe die beiden Pakete noch zurecht gemacht.

So mein lieber Buttje nun halte dich weiterhin gesund, in Gedanken drücke ich Dich fest an meine Brust und küsse Dich vielmals. Herzliche Grüße und Küsse sendet Dir Dein Willy. An Willy und Harry auch Gruß und Kuß. Schönen Gruß auch an Deine Mutter, meine Eltern, Marta, Dora, Emil, Frieda und Harro.

111) Im Süd-Osten, 08. Mai 1944

Mein lieber Buttje!

Gestern nach unserem Spiel bekam ich noch Post. Von Dir war der Brief vom 16. April Nr. 77 dabei. Der von mir schon erwartete. Meinen besten Dank. Daß Du die Päckchen alle bekommen hast, freut mich. Nach meiner Liste fehlen aber immer noch das Paket mit Oel vom 11. Februar und 1 Päckchen mit alten Briefen vom 7. März. Auch die 3 kleinen Päckchen mit Rosinen die ich am 1. März für deine Mutter aufgegeben habe fehlen noch. Ein kleines Päckchen hat deine Mutter vor kurzem ja gekriegt, es ist ja möglich daß die anderen beiden Päckchen verloren gegangen sind. Für dich wäre als nächstes das Päckchen mit 100 Zigaretten fällig. Müßtest es eigentlich schon haben, denn Marta hat vom gleichen Tage schon den Uso bekommen. Na, hoffentlich kommt noch alles über. Gestern habe ich einem Urlauber den Kanister mit Oel mitgegeben. Das Mehl welches du bekommen hast, soll Weizenmehl sein. So und den Uso magst Du auch, ich sag ja. Du bildest Dich ja noch zu einem richtigen Getränksmann aus. So allein zu trinken (Uso) geht auch, aber Wein dazu ist auch für einen Getränksmann zu viel. Hast Du zu unserem Hochzeitstage noch etwas von dem Uso übrig behalten? Die Regelung, die Du wegen Willy und Harry getroffen hast, heiße ich für gut und richtig. Hätte ja lieber gesehen, wenn Du auch mit hinaus gezogen wärest. Aber vielleicht ist es so ja auch richtiger, wenn Du in der Wohnung bleibst. Wenn du wirklich Arbeit annehmen willst, dann sehe doch zu, daß Du irgendeine Beschäftigung zum Reinmachen bekommst. Arbeitest du eigentlich noch bei Frau Schöppner? So eine Beschäftigung wäre doch viel besser. Ist sie doch auch viel zwangsloser. Das Wetter ist in der letzten Zeit wieder herrlich. Den ganzen Tag Sonnenschein. Kurze Hosen haben wir heute auch gekriegt. Ist doch ein viel freieres Gefühl als wenn man die Wickelgamaschen um die Beine hat. Heute habe ich den ganzen Tag auf dem Sportplatz gearbeitet. Mache da die Netze für die Tore. Flechte sie aus Draht. Eine ganz schöne Beschäftigung. Werde wohl noch einige Tage zu tun haben. Etwas Farbe habe ich auch schon bekommen. Gar kein Wunder bei der Hitze. Gesicht und Arme sind schon schön braun. Bei der Arbeit laufe ich nur mit der kurzen Hose umher. Ein paar Tage und dann wird der Körper die schöne braune Farbe haben. Von Hinni, Marta und meiner Mutter habe ich auch Post bekommen. Von Marta und Hinni auch Zigarettenpapier. Für Hinni habe ich gestern noch ein Päckchen mit Tabak zurecht gemacht. Wollte für Andreas auch mal wieder etwas schicken, hatte aber nicht so viel. Haben bei der letzten Marketenderware weniger als sonst gekriegt. Auch Zigaretten haben wir nur 100 Stück bekommen. Alle anderen Komp. von unserem Battl. haben aber auch dieses Mal 200 Stück bekommen.

Warum wir dieses Mal so wenig gekriegt haben ist mir aber nicht bekannt. Alle anderen Sachen haben wir aber mehr gekriegt. Ich denke aber, daß ich noch einige Zigaretten für Dich auftreiben kann. Unterwegs sind für Dich aber noch 200 Stück. Die Hauptsache ist ja, daß sie auch ankommen. Gestern in der dollsten Hitze, nachmittags um 2 Uhr ist unser Spiel um die Battl.- Meisterschaft ausgetragen worden. Es ist aber noch nicht zur Entscheidung gekommen. Nach 2 Stunden bei einem Stande von 2: 2 Toren wurde es abgebrochen, Haben also eine reguläre Spielzeit und eine halbstündige Verlängerung gespielt. Das Spiel war wohl flott aber doch nicht so gut, wie das vorherige was wir 4: 3 gewonnen haben. Jeder einzelne Spieler war nicht so gut wie sonst. Vielleicht war auch jeder zu aufgeregt. Es ging ja immerhin um etwas. Ich war auch nicht so gut wie bei den anderen Spielen. Obwohl ich mit den Füßen keine Beschwerden hatte. Es wäre auch besser gewesen wenn das Spiel am späten Nachmittag statt gefunden hätte. Die Hitze hat uns doch bös zu schaffen gemacht. Ich habe in diesem Spiel Halbrechts gespielt. Der Rechtsaußen (derjenige mit dem ich vor kurzem die Abschiedsfeier gemacht habe) sollte am selben Tage noch in Urlaub fahren. Er wurde nach dem Spiel mit einem Motorrad zum nächsten Hafen gefahren. Der Glückliche macht sogar die Fahrt übers Meer per Flugzeug. Wenn es nach mir gegangen wäre hätte ich ihn garnicht mehr mitm chen lassen. Denn, das wird doch wohl jedem so gehen, wer das Glück hat in Urlaub zu fahren, der wird doch schon mit seinen ganzen Gedanken zu Hause sein. Er hat sich ja die größte Mühe gegeben aber das nützte alles nichts. Hat allerhand versiebt. Das Spiel hätten wir auch ohne diesem Ausfall gewinnen müssen. Spielerisch waren wir trotz allem besser. Aber das zählt ja nicht. Der Gegner hat wie bei fast allen spielen, sein Tor durch schlechte Abwehr unserer Hintermannschaft bekommen. Halbe Stunde nach Spielbeginn bekam der Gegner sein erstes Tor. Wir glichen durch einen Strafstoß aus und ein paar Minuten später hatte der Gegner wieder die Führung durch ein Marmeltor übernommen. Durch ein gutes Zusammenspiel unseres gesamten Sturmes glichen wir aber wieder aus. Es war ein Prachttor unseres Linksaußen. Bis zur Halbzeit änderte sich nicht mehr am Resultat. Die zweite Halbzeit hatten wir die bessere Seite. Habe bestimmt gedacht, das wir es noch schaffen würden. Wir waren eigentlich immer mehr im Angriff als der Gegner aber wir hatten heute kein Glück. Nach Beendigung der regulären Spielzeit wurde noch zweimal eine Viertelstunde gespielt. Aber keine Mannschaft hat es geschafft. Der Kampf um die Meisterschaft ist noch nicht entschieden. Nächsten Sonntag wird es noch mal wieder losgehen. Das wir alle nach dem Spiel fertig waren, kannst Du Dir wohl denken. Humpeln tun sie von uns fast alle. Auch ich. Mir ist noch kurz vor Schluß ein Verteidiger gegen meinen Oberschenkel gesprungen. Zu sehen ist nichts, schmerzt aber deshalb doch. So mein lieber Buttje, das ist der Brief vom 1. Endspiel. Ich hoffe, daß wir das nächste für uns entscheiden werden. Hoffentlich habe ich Dich mit dem Bericht nicht gelangweilt. Mir geht es noch immer gut. Hoffe dasselbe von Euch allen. Und jetzt will ich schließen. Halte Dich sowie Willy und Harry gesund und seid recht vielmals gegrüßt und geküßt von Deinem Willy und Eurem Papa. An Deine Mutter, meine Eltern, Marta, Dora, Hans und Alwine, Fiede und Johanna sowie Emil, Frieda und Harro auch einen schönen Gruß. Und für Dich extra noch einen langen Kuß.

Von Emil und Frieda habe ich schon lange nichts mehr gehört. Auch von Emi Riehm nicht.

112) Im Süd-Osten, 10. Mail 1944

Mein lieber Buttje!

Heute sollte eigentlich Post kommen, jedenfalls wurde ein Flugzeug erwartet. Es scheint aber nicht gekommen zu sein. Nachdem es die letzten Tage herrliches Wetter war, stürmte es heute mal wieder wie lange nicht. Deshalb wird auch keine Post gekommen sein. Na, trösten wir uns. Wird wohl nicht so lange anhalten der Sturm. Ebenso schnell wie er gekommen, ist er auch verschwunden. Sonst ist das Wetter aber schön gewesen. Den ganzen Tag klarer blauer Himmel. Nur der Wind war nicht angenehm. Ich habe auch heute den ganzen Tag auf unserem Sportplatz gearbeitet. Ausziehen konnte man sich aber nicht bei dem Wind. Morgen werde ich auch ein Päckchen mit Toilettenseife für Dich zurecht machen. Auch für meine Mutter habe ich ein Stück Waschseife und Toilettenseife. Augenblicklich ist es hier sehr schön. Ich meine die Umgebung. Alles grün, die Mandeln hängen schon an den Bäumen und auch die Feigen schon. Das Korn und auch alles andere steht schon sehr gut. Hier gibt es auch sogar Flächen mit Gras. In unserem anderen Abschnitt war Gras nämlich eine Seltenheit. Hier bei uns in der Umgebung des Ortes, ist viel flaches Land umgeben von Bergen. Das Land ist lange durchtränkt vom Wasser. In der Winterzeit steht viel davon unter Wasser. Ein Teil davon, auch da wo wir unseren Fußballplatz haben, ist direkt moorig. In den Sommermonaten ist es aber ganz ausgetrocknet. Auch ein Süßwassersee der etwas weiter von uns entfernt ist, trocknet im Sommer auch aus. Bei der enormen Hitze nicht verwunderlich. Der Wein setzt auch schon an. Ob ich die Weinernte in diesem Jahre wohl noch mitmachen werde. Es ist ja was schönes. Aber viel lieber würde ich darauf verzichten und zu Dir eilen. Wie ist es denn eigentlich bei Euch in Hamburg beim letzten Angriff am 26. und 27. April geworden? Ist auch in Eurer

Nähe etwas passiert? Sind Willy und Harry schon in der Heide? Ist doch immer eine Beruhigung. Wärst Du doch auch mit da in Sicherheit. Die Gedanken kreisen immer um ein und dasselbe. In der Nähe unseres Sportplatzes sind jeden Tag von einer anderen Komp. Pferde zum Weiden da. Auch heute waren sie wieder da. Als wir auf dem Nachhausewege waren, rannte eine Stute von den Pferden an uns vorbei, gefolgt von einem jungen feurigen Hengst. Ein Tempo hatten die beiden auf, als ginge es um ihr Leben. Die Stute rannte querfeldein durch ein Kornfeld. Der Hengst erst noch ein Stück die Straße runter und wieherte ein paar mal. Hatte die Stute aus den Augen verloren. Dann aber mit einem Satz war er auch im Kornfeld und erblickte die Stute wieder. Mit einem Karacho wieder hinter drein. Es war direkt ein herrlicher Anblick wie die beiden Pferde dahin rasten. Ob der Hengst wohl noch zu seinem Recht gekommen ist, kann ich nicht sagen. Die Pferde entzogen sich nachher unserem Blickfeld. Hätte es ganz gern gesehen. Man sieht jetzt überhaupt viel wie sich alles mögliche paart. Am meisten kann man dem Spiel der Vögel zusehen. Auch muß man staunen was so ein Hahn auf dem Hühnerhof für Arbeit zu leisten hat. Des morgens in der Frühe ist er schon im Gange. Wann wird wohl für uns der Frühling wiederkommen. Hoffentlich dauert es nicht mehr so lange. Denn mit jedem Tag werden wir älter. Wegen Urlaub ist immer noch nichts raus. Unsere Vorgesetzten fahren schon bald zum 2. Male in Urlaub. Jedenfalls rechnen sie schon. Es sind von denen nur noch einige nach. Könnten sie uns nicht auch in Urlaub schicken. Um den Einsatz-Urlaub sind wir schon gekommen und jetzt nach 15 Monaten Dienstzeit gibt es auch noch keinen. Na, wir sind ja geduldig und haben warten gelernt. Mir geht es noch gut. Hoffe dasselbe auch von Dir Willy und Harry. So mein lieber Buttje und nun muß ich schließen. Das Licht geht schon wieder auf die Neige. Werde nächstens in der Mittagszeit schreiben. Geht jetzt schon eher.

Haben 3 Std. Mittag. Mein lieber Buttje halte dich gesund und sei Du sowie Willy und Harry recht vielmals gegrüßt und geküßt von Deinem Willy und Eurem Papa. An Deine Mutter, meine Eltern, Marta und Dora auch einen schönen Gruß.

113) Im Süd-Osten, 12. Mai 1944

Mein lieber Buttje!

2 Tage sind es schon wieder her als ich an Dir den letzten Brief schrieb. Muß also wieder ran und schreiben. Der Stoff dazu fehlt mir aber. Weiß tatsächlich nicht, was ich schreiben soll. Das kommt aber hauptsächlich daher weil ich noch keine Post wieder von Dir erhalten habe. Der Wind hat sich immer noch nicht gelegt. Es war die letzten 3 Tage direkt wieder etwas kalt. Das macht aber nur der Wind. An windgeschützten stellen ist es nämlich schön warm. In einer Hinsicht ist es ganz schön, daß immer etwas Wind hier auf der Insel ist. Im Hochsommer wäre es ja sonst nicht vor Hitze auszuhalten. Und die Krankheitsfälle würden auch mehr sein. Heute ist auch einer von uns ins Lazarett gekommen wegen Malaria. Die Krankheit ist jetzt erst zum Ausbruch gekommen. Alle Malariafälle während der letzten Zeit stammen alle noch vom vorherigen Jahre. Und zwar sind alle davon bis jetzt Betroffene von ein und demselben Stützpunkt. Richard Heinitz gehört auch zu denen. Von Richard Heinitz habe ich auch noch nichts wieder gehört. Wird wohl noch in S. sein. Er ist wie ich Dir auch schon schrieb wegen Bruchoperation da. Heute habe ich auch ein Päckchen mit Seife (Toilettenseife, 2 Stück), 2 Brustbeutel und eine Rolle Drops für dich aufgegeben. Die Brustbeutel können Willy und Harry ja vielleicht gebrauchen. Für meine Mutter habe ich auch ein Paket aufgegeben. Ich hatte noch ein Stück Waschseife (von der ich

auch 1 Kilo geschickt habe) und 2 Stück Toilettenseife. Hast Du inzwischen schon wieder etwas erhalten? Eben habe ich Mittag gegessen. Heute war ich zum Arbeiten auf dem Sportplatz. Die Netze für die Tore habe ich fertig. Habe nur noch Kleinigkeiten zu machen. Mein lieber Buttje. Heute muß Du schon mit einem kleinen Brief zufrieden sein. Ich weiß tatsächlich nichts mehr zu schreiben. Der nächste Brief wird dann auch wieder etwas länger ausfallen. Ich kann Dir nur noch mitteilen, Daß ich große Sehnsucht nach Dir habe. Aber das ist ja schon ein altes Leiden. Das kann nur wieder geheilt werden durch eine Wiedervereinigung. Hoffen wir, daß es recht bald ist. So mein lieber Buttje, nun bleibe Du sowie Willy und Harry gesund und seid recht vielmals gegrüßt und geküßt von Deinem Willy und Eurem Papa. An Deine Mutter, meine Eltern, Marta und Dora, auch einen schönen Gruß. Herzliche Grüße auch an Emil, Frieda, Harro, Hans und Alwine, Fiede und Johanna.

Im Süd-Osten, 11. Mai 1944

Mein lieber Buttje!

Anbei 2 Stück Toilettenseife und 2 Brustbeutel sowie 1 Rolle Drops. Die beiden Brustbeutel können die beiden Jungens wohl gebrauchen. Hätte ja lieber 3 Rollen Drops geschickt, habe aber keine mehr. Mir geht es noch gut. Hoffe dasselbe auch von euch allen. Sei Du sowie Willy und Harry recht vielmals gegrüßt und geküßt von Deinem Willy und Eurem Papa. Herzliche Grüße auch an Deine Mutter, meine Eltern, Marta und Dora.
Paketbeipackzettel

114) Im Süd-Osten, 14.Mai 1944

Mein lieber Buttje!

Ich will man schon mit dem Brief anfangen. Hatte erst die Absicht noch damit zu warten bis die Post hier ist. Es soll nämlich heute noch Post geben. Unterwegs zu uns ist sie schon. Einige Kameraden von uns holen sie schon aus dem Nachbarort. Es sollen 6 Sack sein. Wird also wohl auch für mich etwas dabei sein. Hoffentlich bekomme ich sie noch bevor ich zum Fußballspielen gehe. Heute steigt noch mal das Endspiel. Es scheint, daß wir noch eine einigermaßene Mannschaft auf die Beine kriegen. Hatte schon schwarz gesehen. Einige von unserer Mannschaft sind diese Woche noch in Urlaub gefahren und einer ist noch verletzt. Mit mir geht es noch oder besser gesagt schon wieder. Mit der Post sind auch noch einige Urlauber zurück gekommen. Und einer davon wird bei uns mitspielen. Gestern haben wir auch noch einen Verteidiger entdeckt. Es ist einer von unserem Nachersatz. Sind Leute wie Hinni, die nicht mehr im Osten verwandt werden können. Es scheint, daß wir doch noch eine einigermaßene Mannschaft zusammen kriegen. Hoffentlich schaffen wir es heute. Mit dem Dienst ging es gestern und heute. Heute morgen hatten wir nur eine Stunde Marschgesang und hinterher Kompanie-Belehrung. Um 10 Uhr hatten wir schon Dienstschluß. Gestern Mittag hatte ich Waschtag. Habe mir meine Unterwäsche, Strümpfe und Sporthemden ausgewaschen und heute morgen habe ich mir meinen Anzug gewaschen. Hose und Jacke waren zu Mittag schon trocken. Etwas Wind haben wir hier immer noch. Aber zur Hauptsache trocknet die Sonne die Wäsche schnell. Das Wetter ist auch heute wieder herrlich. Ich werde wohl wieder etliche Schweißtropfen lassen müssen beim Spiel. Beim letzten Spiel waren es schon rein Bäche die von meinem Körper herunter gelaufen sind.

Etwas abgenommen habe ich, glaube ich auch. Merke es an meinem Koppel. Das paßt gar nicht mehr so recht. Das Fußballspielen macht doch viel aus. In einer Hinsicht freue ich mich, daß ich wieder etwas abgenommen habe, denn das Dicke stand mir doch nicht. Und vor allen Dingen ist man bei der Behäbigkeit doch zu steif und bequem geworden. Gestern hörte ich, daß die Paketpost (die schon eine Woche auf einem Schiff liegt) zum größten Teil von den Ratten angefressen ist. Hoffentlich habe ich mit meinen Paketen Glück gehabt. Ich kann mir ja nicht vorstellen, daß die Ratten auch die Seife mit verdrücken. Habe in der letzten Zeit nur Seife und für Hinni ein Päckchen mit Tabak geschickt. Mit dem einkaufen ist es augenblicklich sehr schlecht. Wird wohl erst mit der nächsten Ernte etwas besser werden. Ich habe doch aufhalten müssen. Bin vom Fußballspielen schon wieder zurück. Auf dem Wege dahin brachte uns einer die Post nach. Für mich waren Deine Briefe vom 28.4. (Nr. 81) und vom 3.5. (Nr.83) dabei. Habe mich zu Deinen lieben Briefen sehr gefreut, aber ein mittelmäßiger Aufsatz ist Dein Brief nun doch nicht gewesen. Der Brief hat mir doch allerhand Neuigkeiten gebracht. Ein Brief ist doch dann gut, wenn er so geschrieben ist, wie man denkt und auch sonst gesprochen hätte. Denn wenn man sich unterhält spricht man doch auch nicht geziert. Jedenfalls wir doch nicht. Jeder Brief fällt auch nicht so aus. Ist man doch nicht immer so in Stimmung. Von Hinni, Paul und Rudolf Nerlich war auch Post dabei. Unser Endspiel haben wir heute gemacht und wieder Erwarten vergeigt. Eben vor Spielbeginn setzte ein Sturm ein der auch an unserer Niederlage viel Schuld hatte. Zu unserem Pech hatte der Gegner auch noch Platzwahl. Wir spielten mit dem Wind und der Gegner setzte gleich zwei Tore in unser Netz. Ganz böse Schnitzer unseres Torwärters. Der Torwart hat viel Schuld an unsere Niederlage. Wir holten bis zur Halbzeit die beiden Tore wieder auf und waren auch drückend überlegen, aber zu weiteren Erfolgen kamen wir nicht. Hatten viel Pech mit unseren Schüssen. Nach Halbzeit stand die Partie für uns aussichtslos. Der Wind ließ nicht nach und jetzt drängte der Gegner. 20 Minuten lang hielten wir das Spiel aber noch ziemlich offen, aber dann schlug es gleich 2 mal hintereinander bei uns ein. Ganz böse Schnitzer des Torwächters machte unsere Hoffnung auf Verbesserung des Torverhältnisses aber zu nichte. Beim Schlußpfiff hatten wir 6:2 verloren. Das Resultat entspricht aber nicht dem Spielverlauf. Na, wir haben das Spiel wenigstens hinter uns. Am liebsten möchte ich das Spielen am Nagel hängen. Wenn schon 11 Mann eine Mannschaft bilden, dann muß es auch nicht nur auf dem Spielfeld sondern auch nachher eine Kameradschaft sein. Ich kann eigentlich nicht klagen, ich wurde von jedem gut behandelt. Ja, vielleicht hätte ich sonst wenn ich nicht gespielt hätte, nicht eine so gute Nummer. Aber trotz allem merkt man doch immer die Kluft die zwischen uns und den Vorgesetzten besteht. Unser ehemaliger Komp. Chef hat auch zu den Stammleuten (Stammleute sind diejenigen die nicht zu den W.-U.-Soldaten gehören) vor kurzem noch gesagt, Abstand halten. Wie soll dabei eine Kameradschaft auf die es doch ankommt, wenn es wirklich mal Ernst werden sollte, zustande kommen. Inzwischen haben wir schon wieder einen anderen Komp.-Chef bekommen. Der gefällt mir besser als der vorherige. Aber das nur so nebenbei. Es sind bei den Vorgesetzten einige vernünftige Leute mit denen man sich auch unterhalten kann. Der größte Teil ist aber jung und hat doch nicht die Sorgen wie unser einer. Die nehmen das Leben noch von der leichten Seite. So und jetzt zu etwas anderem, mit dem Urlaub ist es immer noch nichts. Es besteht noch dieselbe Bestimmung, wonach uns erst der Urlaub gewährt werden kann, wenn wir Wehrwürdig sind. Aber die einzige Hoffnung auf ein baldiges Wiedersehen besteht noch durch eine schnelle Beendigung des Krieges. Sonst habe ich nämlich keine Hoffnung mehr auf einen

Urlaub. Also hoffen wir, daß der Krieg bald zu Ende geht. Daß die 100 Zigaretten übergekommen sind, freut mich. Sind sie für Dich doch immer ein Geschenk, nicht wahr? Hat denn Deine Mutter nun alle 3 Päckchen Rosinen bekommen? Du schriebst mir mal, daß Deine Mutter ein Päckchen Rosinen bekommen hätte. Und wenn jetzt 2 Pakete angekommen sind wären ja eigentlich 3 da. So mein lieber Buttje! Das wäre erstmal alles für heute. Deine Briefe beantworte ich morgen, d.h. wenn ich Zeit dazu habe sonst übermorgen bestimmt. Ich sitze jetzt nämlich bei Kerzenlicht und da muß mit gespart werden. Du schreibst Deine Schrift wäre schlecht, welchen Ausdruck soll ich dann noch für meine gebrauchen. Und nun mein lieber Buttje halte dich schön gesund und sei Du sowie Willy und Harry recht vielmals gegrüßt und geküßt von Deinem Willy und Eurem Papa. An Deine Mutter, meine Eltern, Marta und Dora schönen Gruß.

115) Im Süd-Osten, 15. Mai 1944

Mein lieber Buttje!

Mein Briefpapier geht jetzt auch auf die Neige. Mit den Umschlägen geht es genau so. Wenn Du mir nicht etwas schickst, bin ich direkt gezwungen, kleine Feldpostbriefe an Dich zu schreiben. Wenn Du es so nicht schicken kannst, dann gebe Marta doch etwas mit. Sie fährt doch öfter mal zu Paul. So viel ich weiß, können Soldaten unter sich doch Päckchen schicken. Für uns Soldaten besteht doch keine Sperre. Muß mal sehen, vielleicht geht es ja so. Oder hast du auch kein Brielpapier mehr? Bei Janssen wirst Du bestimmt was bekommen. Tinte hatte ich auch nicht mehr. Wir haben uns aber da selbst geholfen. Haben uns selbst welche gemacht. Ein Stück Kopierstift mit Wasser ergibt die beste Tinte. Sie sieht doch garnicht mal so schlecht aus, nicht wahr? Nur eine Feder fehlt mir noch immer. Habe mir diese geliehen. Von den beiden die du mir geschickt hast, ist eine nicht mehr zu gebrauchen und die andere kann ich nicht wieder finden. Habe schon alles auf den Kopf gestellt, nützt aber alles nichts, ist nicht wieder aufzutreiben. Vielleicht kannst du mir ja mal wieder eine im Brief beilegen. Heute morgen bin ich zum Arzt gewesen. Gestern beim Fußballspielen habe ich mir eine Zehe verstaucht. Bin für 3 Tage krank geschrieben worden. Dadurch kann ich Dir jetzt schon wieder schreiben. Vor mir habe ich Deine lieben Briefe die ich gestern erhalten habe, welches ich dir auch schon in meinem gestrigen Brief schrieb. Daß Willy und Harry jetzt den Sommer über in der Heide sind, freut mich. Ist es doch auch für die Beiden besser sind sie doch erstmal aus dem gefährdeten Hamburg raus und können ruhig schlafen und spielen und was wohl das Wichtigste ist, sie können wieder zur Schule gehen. Hoffentlich klappt es auch damit. Du schreibst mir, daß mein Vater für Harry einen Schulränzel gemacht hat. Hat Willy denn einen? Wäre für mich noch eine größere Beruhigung ist wüßte Dich auch da. Ja, es dauert nicht mehr lange und wir haben schon wieder Pfingsten. An unsere gemeinsam verlebten Tage auf dem Heuberg denke ich oft. Könnte ich doch erst wieder ganz bei Dir sein. Trümmer und viel Arbeit würde ich gern auf mich nehmen. Die Hauptsache ist doch, daß man erst wieder da ist, wo man hingehört und zwar bei seinen Lieben. Auf Urlaub zu kommen, damit habe ich eigentlich noch nicht gerechnet und auch jetzt nicht. Wenn sie uns den Genuß, den einzigen den überhaupt ein Landser hat, zukommen lassen wollten, hätten sie es schon lange tun müssen. Alle anderen Soldaten, die nicht die Buchstaben W.-U. vor der Stirn geschrieben haben, können alle 8 Monate in Urlaub fahren. Und nun sage mir doch einer, warum wird uns denn keiner gewährt. Der größte Teil, ja fast alle sind doch verheiratet und haben Familie.

Unsere Frauen und Kinder haben doch auch die tollsten Nächte bei den Bombenangriffen mitgemacht. Werden also Frauen und Kinder mit gestraft, weil der Mann und Vater einmal im Leben daneben gehauen hat, wofür er aber schon mal bestraft worden ist. Aber mein lieber Buttje, das ganze Reden darüber nützt ja doch nichts. Ich hoffe, daß Du Dich auch nicht unterkriegen läßt, wenn ich nun auch denn nicht in Urlaub komme. Ich habe Dir bis jetzt ja auch immer geschrieben, daß für mich nur ein Urlaub in Frage kommt und das ist der Daunernde. Wie lange es bis dahin ist, ist schwer zu sagen. Hoffe aber, daß es schnell zu Ende geht. Was bis dahin noch alles passieren kann, weiß man nicht. Brauchst meinethalben aber nicht in Sorge zu sein, auch wenn Du mal längere Zeit ohne Post bist. Wir sind hier immerhin auf einer Insel und da geht manches bei der Beförderung vor. So und nun weiter zur Beantwortung Deiner Briefe. Ich denke doch, daß ich Dir mit dem vorherigen nicht in allzu trübe Stimmung versetzt habe. Bist doch immer ein ganzer Kerl gewesen. Ich sehe auch nicht ein, daß ich dir etwas vorgaukeln soll. Mit der Wahrheit ist man doch immer am besten gefahren. Habe man keine Angst, auch für uns wird noch wieder die Sonne scheinen. Nach S. werde ich wegen der Einlagen wohl nicht rüberkommen. An unsere ruhigen Abende in unserer gewesenen Wohnung denke ich öfter. Daß ich aber quaddelig war, wenn du mich im Schlaf gestört hast, weiß ich nicht mehr. Das ich morgens öfter quaddelig war, das weiß ich (scheint ein Erbfehler zu sein). Wie oft habe ich Dir Unrecht getan. Das soll aber nicht mehr vorkommen. Auch ich denke viel an unsere gemeinsam verlebten Stunden. Habe mich doch genau wie Du wohl gefühlt. Wie sollte man das auch jemals vergessen können. Haben wir doch da fast unsere ganzen Ehejahre verlebt. Die schlechten wie auch die guten. Und gerade weil du bei den guten auch wie bei den schlechten warst, hat sich unsere Ehe auch so gefestigt. In der heutigen Zeit ist es für die Kinder nicht gerade schön, aber doch freue ich mich, daß unsere Ehe nicht kinderlos geblieben ist. Die Liebe zu unseren Kindern hat uns doch immer wieder über alles hinweg geholfen. Das ist doch so, nicht wahr? Wenn der Kireg erstmal zu Ende ist, werden wir uns auch in unserem neuen Heim wieder wohlfühlen. Das glaube ich bestimmt. Wir werden trotz der schweren Zeit unser Leben leben. Die Hauptsache ist doch, daß wir alle am Leben bleiben. Alles tote Inventar ist doch zu ersetzen. Aus Deinem Brief Nr. 82 mache ich mir nicht draus wegen der trüben Sätze die du schreibst. In der heutigen Zeit bleibt es doch garnicht aus, das man mal niedergeschlagen ist, das geht doch jedem Menschen so. Einer Aufheiterung bedarf ich nicht. Ein jeder Brief von Dir, ganz gleich wie er geschrieben ist, bringt mir Freude. Eine schöne Wut magst du ja gehabt haben als der Sturm Dir Deine Mütze mitsammt deinen Haarklammern fort wehte. Daß Dein Haar durcheinander war und Du wie ein Struwelpeter ausgesehen hast, glaube ich schon. Ach, wie gerne habe ich in Dein Haar gewühlt. Meistens durfte ich es ja nicht. Hattest ja immer Angst, daß die Wellen rausgingen. Hast Du dem Wind nicht auch zugerufen, mein Haar, meine Ondulation? Beim Zahnarzt bist Du auch. Hast dich ganz drollig ausgedrückt. Dein Gaumen wäre an der einen Seite durchgebrochen. Du meinst bestimmt dein Gebiß. Hans Albrecht ist unser ehemaliger Schuhmacher. War früher in Fichte St. Pauli und später bei Hansa 11. All die guten Kerle gehen rauf. - Daß Emil Kahns das Schreiben sparen wollte sieht ihm so richtig ähnlich. Kannst ihn gelegentlich mal wieder grüßen. Mit Willy Mücke und seiner Schwester (Hinnis Frau) ist glaube ich auch was nicht koscher. Sie sollte Hinni man mehr Liebe zu wenden. Er hat es bestimmt verdient. Marta schrieb mir vor kurzem auch schon, daß Hinni so wenig Post von Marie bekommt. Wenn Hinni doch bloß schlau werden würde. Hinni rechnet, wie er mir schrieb, stark mit seinem Urlaub. Hoffentlich ist

Marie wenigstens in den Tagen bißchen vernünftig und Hinni die paar Tage nicht auch noch vergrällt. Von Paul habe ich einen lieben Brief bekommen. Hat ihn geschrieben als er vor kurzem in Hamburg war. Vorige Woche hat er mir eine Karte geschrieben und an Hand eines Briefes, den ich an Marta geschrieben habe, sah er wie nichts sagend doch die paar hingeworfenen Sätze voran, die er an mir geschrieben. So schreibt er wenigstens. Ich hatte Marta in einem Brief geschrieben, daß es doch was schönes ist, daß man sich ganz und gar auf seine Frau verlassen kann. Darauf gekommen bin, weil Marta mir von Marie geschrieben hatte und Hinnis halber in Sorge war. Bei der Gelegenheit habe ich auch ein bißchen aus der Schule geplaudert. Aber das was ich geschrieben habe, kann ich verantworten. Ich habe Marta nämlich geschrieben, daß Du doch viel mehr mit mir durchgemacht hast und bei den schönen Stunden die wir am Heuberg verlebt haben. Durch die Klatscherei von Paul Glöckners Frau von der Höhe in die Tiefe gestürzt bist. Und auf diesen Brief hin hat mir Paul einen geschrieben. Den Brief den ich an Marta geschrieben habe, kannst du Dir ja mal ausleihen. An das, was nur uns beiden angeht habe ich nicht geschrieben. Das wird auch nur zwischen uns bleiben. Da bin ich viel zu Egoist um an unsere Intimitäten noch andere teilnehmen zu lassen. Paul seinen Brief bekommst Du ja auch noch zu lesen. Schicke dir in den nächsten Tagen wieder ein kleines Päckchen mit alten Briefen. Und sonst mein lieber Buttje geht es mir noch gut. Ich hoffe daß der Krieg recht schnell ein Ende nimmt und ich Dich wieder für immer in meine Arme nehmen kann. Hoffentlich brauchst Du auch nicht so lange auf Post von mir zu warten. Recht hast Du auch, wenn man lange keine Post bekommen hat. weiß man garnicht Recht was man schreiben soll. Ging es mir doch vor ein paar Tagen genau so. Und jetzt nachdem ich Post von Dir bekommen habe, habe ich gestern einen von 6 Seiten und auch heute einen von 6 Seiten geschrieben.

Schlau wirst Du wohl aus allem geworden sein. Ist ja alles ein bißchen kraus durcheinander geschrieben, aber Du kennst mich ja und wirst mich auch verstehen.

So mein lieber Buttje und nun sei Du recht vielmals gegrüßt und geküßt von Deinem Willy. An Willy und Harry auch Grüße und Küsse. Herzliche Grüße auch an Deine Mutter, meine Eltern, Marta, Dora, Emil, Frieda und Harro.

Anmerkung:
vorgaukeln: was falsches erzählen
Quaddelig: unwirsch
Ondulation: in die Frisur Wellen einlegen, einbrennen
Koscher: nicht ganz echt
Gergrällt: verdirbt

Süd-Osten, 17. Mai 1944

Mein lieber Buttje!

Gestern bekam ich Deinen Brief vom 9. Mai Nr. 85. Meinen besten Dank. Habe mich sehr dazu gefreut. Hätte der Brief Nr. 84 nicht auch gleich mitkommen können. Denn auf die beigelegten Bilder hast du mich richtig neugierig gemacht. Hoffentlich brauche ich auf den Brief nicht zu lange warten. Hast Du meine Briefe Nr. 103, 104 und 105 schon bekommen? Du schreibst nämlich Du hättest die beiden Briefe Nr. 102 und 106 erhalten. Oder hast Du die anderen schon vorher bekommen? Will es hoffen. Schön sieht es ja nicht aus, zwischen der ersten und der zweiten Zeile einem Zwischenraum von 1 licero(?). Kennst doch den Fachausdruck, warst Du doch auch mal in einer Großbuchdruckerei beschäftigt. Erinnerst es noch, wenn ich Dich von da abgeholt habe? Habe da manches Mal eine ganze schöne Zeit auf dich gewartet. Ich wollte, ich könnte die Zeit zurückschrauben und alles mit dir noch mal erleben. Wer hätte es damals geahnt, das wir noch so eine böse Zeit mitmachen müssen. Erinnerst Du auch noch wie ich zum ersten Male bei Euch oben war und dich abholte (ich hatte damals ganze 3 Tage Urlaub). Wir waren damals so artig und haben es uns nicht getraut die Nacht über am Lütjensee zu bleiben. Was waren wir damals noch dumm. Oder war ich es nur? Auch die Sonnabende die wir bei Deinen Eltern verbracht haben erinnere ich noch genau. Weiß Du noch wie Du mir meine Fingernägel beschnitten hast und Dein Vater zu Deiner Mutter sagte, das hast Du früher bi mi nicht mockt. Auch unsere Ferienfahrten waren doch schön. Ich habe früher viel an Dir rum zu mäkeln gehabt und wie habe ich Dir manches Mal Unrecht getan. Was war ich doch damals eifersüchtig. Weist du auch noch wie wir als Verlobte in Holland nicht zusammen schlafen durften weil die Tochter im Hause war. Und am nächsten Tage als die Tochter nicht im Hause war, es uns gnädigst gestattet wurde? Haben wir eigentlich alles nachgeholt was wir am Vortage versäumt hatten? Genau weiß ich es nicht mehr. Und dann die schönen Tage in Hildesheim und Braunschweig, wo für uns 6 Mann ein Bett zu wenig war und nachher noch 2 nicht gebraucht worden sind. Das Saufgelage in Braunschweig weiß Du doch auch noch. Wie Emmi übel wurde und sich übergeben mußte und Du aus Kameradschaft mit machtest. Warum aber Hugo die Betten auseinander geschoben hatte ist mir noch ein Rätsel. Ob er wohl Angst gehabt hat, daß wir etwas merken konnten? Ach und wie freute ich mich immer wenn du damals noch bei Union 08 nach dem Fußballplatz kamst. Auch da haben wir doch schöne Stunden verlebt. Weiß Du auch noch wie wir an einem Pfingsten mit Hugo und Emmi zusammen waren und Knackwurst mit Kartoffelsalat gegessen und nachher Sekt getrunken haben. Es war bei Euch in der Stresemannstraße Ecke

Adolfstraße. Weil Hugo damals seine Nassauer Tour an sich hatte sind wir frühzeitig aufgebrochen, haben uns bei Euch vor dem Torweg verabschiedet und nachher sind wir beide noch mal losgezogen. Überhaupt sind wir damals viel allein in dem Lokal gewesen, damals gab es noch den Maitrunk, oder hieß es Maibowle? Weil ich es gerne sah, wenn Du einen kleinen Schwips hattest, habe ich Dir immer Maibowle und Bier durcheinander trinken lassen. Marta schrieb mir vor kurzem, das Leben ist nur noch im Suff zu ertragen. Viel Wahrheit liegt darin. Ich meine nun nicht, daß man immer besoffen sein muß. Aber wenn man einen kleinen dabei getrunken hat ist man viel aufgeräumter und kommt auch mehr aus sich heraus. Man sagt sich eher etwas, was man sich sonst doch nicht so leicht sagen würde. Obwohl es doch eigentlich Unsinn ist. Man müßte es sich doch auch so sagen können. Aber jeder Mensch ist nun mal anders geartet. Er kann das, was in ihm ist und was er denkt nicht so verständlich erzählen. Auch durch Briefe kommt man sich näher als bei Unterhaltungen. Es bleibt doch nichts ungesagt, was sich leichter schreiben läßt. Durchweg nimmt man doch an, daß man bei so langer Trennung sich gegenüber fremd wird. Aber gerade das Gegenteil ist bei uns eingetroffen. Wir sind uns doch auch dadurch schon viel näher gekommen. Und das bißchen was uns noch zur vollen Verständigung fehlt, werden wir nachher schon fertig kriegen. Oder sind wir uns schon so eins daß da nichts mehr fehlt? Gestern ist hier einem Kameraden von uns auch ein Ding passiert. Er bekam einen Brief von seiner Frau. Auf dem Brief war aber nur der Absender seiner Frau und die Feldpost-Nr. Der Name war ein anderer. Seine Frau hatte gewohnheitsgemäß seine Feldpost-Nr. darauf geschrieben. Obwohl der Brief für einen anderen Mann bestimmt war. Der Kamerad von uns war natürlich fertig. Er hatte so große Stücke auf seine Frau gegeben. Der Brief ist sofort an den Komp.-Chef gegangen der alles weitere veranlassen wird. Ja, was in der heutigen Zeit nicht alles passiert. Zu verwundern ist es ja nicht. Wir sind doch alles Menschen. Und zum Leben gehört es doch einmal. Warum geben sie uns auch nicht den Urlaub der uns doch genau so wie jedem anderen zusteht. Vieles würde doch verhindert. Ein kleines Intermezzo hatte ich gestern auch mit einem Kameraden deswegen. Er verurteilte daraufhin alle Frauen. Er meinte wenn wir uns Zurückerhaltung auferlegen, können es die Frauen auch. Recht hat er auch. Aber er vergißt dabei, daß Frauen genau wie Märmer auch verschieden geartet sind, wer nicht einen festen Willen hat, kann sich leicht betören lassen. Wie viele Männer gibt es die so oft die Gelegenheit dazu haben sich mit einem Mädel einzulassen. Man sieht es doch immer wieder wie die Bordelle von den Landsern überfüllt sind. Und gerade diese verlangen von ihren Frauen unverbrüchliche Treue. Mir steht der Sinn garnicht danach mich mal in solchen Häusern auszutoben. Und ich bin doch auch sexuell bestimmt nicht kühl veranlagt. All mein Sinnen gehört nur Dir. Wie freue ich mich zu jedem Brief von Dir und wenn Du dann noch etwas Nettes schreibst oder ich überhaupt an Dich denke, kommt mein Blut in Wallung. Aber das eine weiß ich schon heute, mag der Krieg auch noch eine Zeit dauern und wir uns vorher nicht wiedersehen, an ein anderes Mädel werde ich mich nicht weg werfen. Dafür habe ich dich viel zu lieb. Ja, daß wäre zu schön wenn ich auf Urlaub käme und 3 wir einige Tage ganz für uns allein wären. Sehnsucht nach Dir habe ich doch so große. Könnte ich Dich doch erst wieder in meine Arme nehmen und Dich drücken bis Dir der Atem ausgeht. Es würde eine Zeit werden, die auch die Tage vom Heuberg noch in den Schatten stellen. Stehen wir doch jetzt ganz anders zu einander. Ja, mein lieber Buttje käme die Zeit doch recht bald, denn wir beide müssen uns recht bald wieder ganz haben. Das Du es mußt, lese ich aus jeder Zeile die Du mir schreibst. Und das mein Verlangen nicht nur leere

Worte sind, wirst du wohl aus meinen Briefen auch schon gesehen haben. So ein Urlaub ist doch ganz schön. Aber wenn ich darüber richtig nachdenke, möchte ich doch lieber zu Dir kommen, wenn der Krieg ganz aus ist. Die letzten Tage vom Urlaub ist man doch nicht mehr ganz bei der Sache, ging es mir doch bei meinem Sonderurlaub so. Ich habe die letzten Tage immer nur gedacht, wäre der Krieg doch aus oder wärest Du doch erst wieder weg. Vor dem Abschied hat wohl jeder Landser Angst. Du hast mir den Abschied aber leicht gemacht. Bist ebenso tapfer gewesen wie damals als ich gehen mußte. Jetzt kann ich Dir dafür nur Dank sagen. Aber später werde ich es Dir mit Zinsen zurück geben. Daß Du manchmal nicht zum Schreiben aufgelegt bist, verstehe ich. Bin Dir darum auch nicht böse. Aber das Grübeln und Weinen muß Du lassen, denn das macht, wie Du schon richtig schreibst, alt und häßlich. Ich möchte dich doch wieder so vorfinden wie ich Dich verlassen habe. Auch ändert das auch an der ganzen Sache nichts. Du fragtest ob es mich interessiert wie Du die Tage verbringst. Ich habe doch ganz früher mal geschrieben, du möchtest mir schildern wie Du die Zeit verbringst. Aber wenn du mir schon den Sonnabend bis Montagmittag schildern willst, muß du es auch tun und nicht schon Deine Schilderung mit Sonntagabend abbrechen. Gelangweilt hat es mich nicht. Siehst es doch schon daran, daß ich gerne wissen möchte, was Du von Sonntagabend bis Montagmittag gemacht hast. Übermorgen werde ich auch 3 kleine Päckchen aufgeben. In ein Päckchen sind alte Briefe im 2. das Buch welches du mir mal mitgeschickt hast und meine Zigarrentasche. Kann die Tasche hier doch nicht gebrauchen. Es ist im Hause auch besser aufgehoben. Ich habe hier auch gerade genug Kleinkram. Im 3. Päckchen habe ich für Willy und Harry ein Notizbuch. Das beste davon kann Harry sich aussuchen. kann es als Geburtstagsgeschenk betrachten. Ich kann ihm ja doch mit nichts eine Freude machen. Hier ist nämlich nichts zu haben. Gestern habe ich den ganzen Tag geschrieben. An Willy und Harry eine Karte, an meine Mutter zu Ihrem Geburtstag einen Brief und an Hinni, Paul und Nerlich auch je einen. Von Willy und Harry habe ich aus Kakenstorf noch keine Post bekommen, auch von Frieda und Emil lange nichts mehr. Nach meiner Liste habe ich vom 8. Februar die letzte Post von Frieda bekommen. Es ist aber möglich, daß ich einen Brief vergessen habe einzutragen. Und sonst mein lieber Buttje geht es mir außer der großen Sehnsucht, die ich nach dir habe, noch gut. Hoffe dasselbe auch von Dir, Willy, Harry und Deiner Mutter. Ich hoffe auch, daß du viel Freude an diesem Brief haben wirst. Kannst du auch alles entziffern? Ich mußte schon so eng schreiben, weil die Papierknappheit mich dazu zwingt. Wenn du etwas Schreibpapier hast für mich, dann schicke es über Paul zu mir. Für uns Landser besteht keine Päckchensperre. Ich kann zu Dir und genau so kann Paul wie ich zu ihm Päckchen schicken. Wenn Hinni gerade auf Urlaub ist, kann er für mich auch ein Päckchen mitnehmen und unterwegs oder bei seiner Einheit für mich aufgeben. Bin eigentlich erstaunt gewesen, als Du mir von Deinem Besuch bei Emmi Schmidt schriebst. Ist Hugo nicht mehr im Haus? Ein Kamerad von mir hat gestern auch Post von seiner Frau gekriegt, sie teilte ihm mit, daß sie einem Urlauber ein Paket mitgegeben hätte, der es von seiner Einheit aufgibt und er so zu dem Paket auf Umwegen kommt, sie schrieb , Liebe mach erfinderisch. So nun lieber Buttje für heute genug. Bis zum nächsten Mal sei Du recht vielmals gegrüßt und geküßt von Deinem Willy. An Harry und Willy auch Gruß und Kuß. Herzliche Grüße auch an Deine Mutter, meine Eltern, Marta, Dora, Emil, Frieda, Harro, Hans und Alwine, Fiede und Johanna.

Hast Du von Erni Riehm mal wieder gehört. Habe schon einige Monate keine Post mehr von ihm. Lege 2 Zulassungsmarken bei, kannst sie ja vielleicht später gebrauchen.

Anmerkung:
Die letzten Sätze waren die Randnotizen.
Nassauer: einer der sich gerne aushalten läßt
Suff: Ableitung von Saufen.
„Als ich gehen mußte" = Damit meinte unser Vater die Zeit, als er ins KZ-Fuhlsbüttel mußte

37) Im Süd-Osten, 16. Mai 1944

Lieber Willy und Harry!

Diese beiden Taschenbücher sind für Euch. Harry darf weil er am 5.6. Geburtstag hat, sich das Beste aussuchen. Erzürnen werdet Ihr Euch doch nicht des wegen, nicht wahr? Bleibt schön brav und paßt in der Schule auf. Ihr habt viel nach zu holen. Auch gute Erholung in der Heide wünscht Euch Euer Vater. Seid auch vielmals gegrüßt und geküßt. An Eure Mutti auch Gruß und Kuß. Herzliche Grüße auch an Oma, Onkel Emil, Harro und Tante Frieda.

Paketbeipackzettel

117) Im Süd-Osten, 19. Mai 1944

Mein lieber Buttje!

Hast du meinen Brief Nr. 116 bekommen? Wie sah die Rose denn aus, die ich beigelegt hatte? Hier gibt es augenblicklich viele Blumen. Vor allen dingen auch Rosen. Sie sind erstmal billiger als bei Euch, kosten nämlich garnichts und dann braucht man sich auch nicht lange anzustellen. Ich hätte garnicht gedacht, daß es hier so viele Blumen gibt. Am liebsten hätte ich Dir einen ganzen Strauß geschickt. Ja, wenn es ginge auch Rosen. Aber so weit sind wir ja noch nicht, daß wir im Päckchen Blumen schicken. Heute lege ich auch wieder eine bei. Habe sie jetzt zum pressen unter ein Bügeleisen gelegt. Ja, sogar ein Bügeleisen haben wir in unserem Besitz. Vorgestern sind wir hier in unserem Ort auch schon wieder mal umgezogen. In dem letzten Quartier wohnten ein junges Ehepaar mir einem kränklichen Kind. Das Kind ist 15 Monate alt und kann noch nicht ein bißchen sprechen und auch nicht laufen. Das quarkte fast den ganzen Tag herum. In der Mittagszeit und auch am Abend mußten wir immer leise auftreten. Dabei war es garnicht mal so einfach, denn die Fußböden sind so dünn, daß man, wenn man in der Mitte auftritt, sich der Fußboden direkt durchbiegt. Und mit unseren eisenbeschlagenen Stiefel kann man noch so vorsichtig auftreten, Lärm macht es doch. Die Frau ist auch schon wieder in andern Umständen und darum mußten wir wohl auch hauptsächlich ausziehen. In unserem neuen Quartier ist es aber ganz gut. Wir brauchen uns nicht so in Acht zu nehmen. Denn die Kinder sind hier nicht und eine Frau ist hier auch nicht. Es wohnen in diesem Haus nur 2 Junggesellen. Verstehen kann man sich mit den Beiden auch ganz gut. Sie verstehen wenigstens etwas deutsch. Unser Raum ist auch größer und bequemer als der vorherige. Wir haben 2 Doppelbetten drin stehen und dann noch viel Platz. 3 Fenster und drei verschiedene Seiten. Nur die Aussicht ist nicht so schön wie bei den anderen. Da konnten wir von dem einem aufs Meer und von den anderen einen Berg und Windmühle beschaun. Hier ist ein Fenster beinahe ganz von Bäumen verdeckt. Die Zweige wachsen schon fast ins Fenster hinein. Die beiden anderen Fenster führen oder besser gesagt man guckt von da auf Rückfronten von verschiedenen Häusern. Das eine ist sogar nur durch einen schmalen Gang von unserem getrennt. Gleich am ersten Morgen als wir noch bei der Morgentoilette waren, begrüßte uns eine Frau von der anderen Seite. Sie war natürlich erstaunt, Landser zu sehen. Gut eingeführt hat sie sich aber doch bei uns, denn sie hat uns gleich eine Dose Milch rübergeschickt. Die Milch war ganz frisch und schmeckte sehr gut. War Schafsmilch. Von der Milch machen sie auch Käse. Wollte immer schon mal einen kaufen und Dir schicken. Habe aber noch keinen bekommen können. Gestern Abend haben wir von der selben Frau einen geschenkt gekriegt. Er schmeckt sehr gut und ist auch schön fettig. Die Griechen essen den Käse viel. Mit einem Stück trocknes Brot und ein Stück Käse sind sie schon zufrieden. Butter kennen sie glaube ich überhaupt nicht. Wie es vor dem Kriege war, weiß ich nicht. Ich staune sowieso immer wie die Griechen zurecht kommen. Denn für den Lohn den sie hier bekommen, können sie sich nichts kaufen. Hier in diesem Ort hat fast jeder sein Stück Land und auch seine Schafe und Hühner. Aber es gibt doch auch Leute, die das nicht haben. Der Drachmen klettert immer höher. Ein Ocker Oel kostet jetzt schon 4-5 Mill. Drachmen. Ein Arbeiter bekommt aber nur 50 000 den Tag. Kann sich gerade dafür ein Ei kaufen. Es ist mir unverständlich wo von die überhaupt leben. Die Männer und Frauen sowie ihre Töchter sind jetzt fast jeden Tag bei der Feldarbeit. Das Korn und auch alles andere steht sehr gut. Kommt hauptsächlich davon weil in diesem Jahr beinahe bis im Mai es viel geregnet hat. Und die Sonne jetzt, tut auch ihr übriges. Gestern morgen ging ich mit einem Kameraden zum Sportplatz um da zu arbeiten, auf dem Wege dahin kamen wir an ein Weingarten vorbei, wo die ganze Familie beim Hacken war. Die Tochter sagte, nachdem wir sie mit „Galli Maura" begrüßt hatten (auf deutsch Guten Morgen) wir sollten mithelfen. Wir sagten, daß wir auf unserem Sportplatz zu tun hätten. Ja, sagte sie darauf „jetzt nix arbeiten aber im Augusto viel klapsie, klapsie". sie meinte damit jetzt bei der Arbeit wollen wir nicht helfen aber im August wenn der Wein reif ist, dann wollen wir mit helfen. Recht hat sie ja, aber wir können doch nicht einfach unsere Arbeit die wir zu machen haben, liegen lassen. Beim Vorbeigehen unterhalte ich mich immer mit diesem Mädel. Sie gefällt mir, weil sie immer freundlich und zu Spaßen aufgelegt ist. Nebenbei hübsch ist sie auch, ein netter Kerl. Versteht auch ganz gut deutsch. Einmal hatte ich 12 junge Mädels beim Kartoffelschälen zu beaufsichtigen. Sie heißt übrigens Maria (mit Hinnis Maria nicht zu vergleichen, diese hat doch mehr Temperament) war auch mit dabei. Die 12 schnatterten die ganze Zeit und die Maria war die Führerin dabei. Das war ein Geschnatter und ein Gelache. Verstanden habe ich natürlich nichts. Hatte manchmal das Gefühl, daß sie sich über mich lustig machten. Nach einer ganzen Zeit sagte die Maria zu mir; „Du immer sitzen und nicht sprechen, wir Dich schon ganz vergessen." Danach sind wir dann doch noch ins Gespräch gekommen. Erst haben sie mich ganz schief angeguckt und mich gefragt warum ich nicht arbeite. Wollten sich scheinbar nicht von mir auf die Finger gucken lassen. Geschält haben sie fürchterlich. Entweder haben sie die Kartoffeln wenn sie Stellen hatten, ganz zerschnitten oder aber die Augen gelassen. Wenn Du nun mit so einen Haufen zusammen bist und muß und muß sie immer wieder sagen besser schälen und sie tun es doch nicht, dann kannst du doch einen zu viel kriegen. Ich habe mich aber nicht aufgeregt, habe immer nur gedacht wenn es doch nur erst Mittag ist. Für einen Aufsichtsposten bin ich doch nicht zu gebrauchen. Das muß doch angeboren sein. Richard Heinitz könnte es schon. So mein lieber Buttje und nun habe ich die 4 Seiten vollgeschrieben und noch nicht ein bißchen davon geschrieben was uns bedrückt. Ich hoffe aber, daß Dich meine Aufzeichnungen nicht gelangweilt haben. Auch hoffe ich, daß es Dir und den beiden Jungens noch gut geht. Ich glaube aber, daß Du es verstehen wirst, daß man nicht immer von rein persönlichen Dingen schreiben kaim. Daß ich große Sehnsucht nach Dir habe und ich dich nur lieb habe weißt Du doch auch ohne daß ich es besonders erwähne. Halte dich also bist zu nächsten Mal gesund und sei du sowie Willy und Harry recht vielmals gegrüßt und geküßt von Deinem Willy und Eurem Papa. An Deine Mutter, meine Eltern, Marta, Dora, Emil, Frieda und Harro auch einen schönen Gruß.

118) Im Süd-Osten, 21. Mai 1944

Mein lieber Buttje!

Für Deinen lieben Brief Nr. 84 vom 6. Mai meinen besten Dank. Ich habe mich zu den Bildern sehr gefreut. Damit hatte ich garnicht gerechnet. Gut sind sie auch geworden. Dein Einzelbild gefällt mir sehr, aber auch das andere ist sehr gut geworden. So natürlich wie Willy, Harry und auch Du geworden bist. Von dir ist es eine ganz ungezwungene Haltung. Dabei wären Willy und Harry bald nicht mit aufs Bild gekommen. Du legst Dich so ungezwungen zurück wie Du es öfters machst, wenn Du etwas beobachtest. Dadurch auch die Bezeichnung von dem Fotograf, Du wärst so stark. Eigentlich ein starkes Stück solche Behauptung aufzustellen. Daß du darauf erbost warst, ist zu verstehen. Seine Schuld ist es aber, daß Du auf dem Bild so breit geworden bist, denn das hätte er doch abändern können. Mir gefällt es aber so. Ist es doch ganz natürlich. Willy und Harry sind sehr gut geworden. Beide machen so feierliche Gesichter. Es ist garnicht zu merken, daß Ihr erst vor kurzem ausgebombt seid. Die Beiden mit den schönen Anzügen, auch Dein Kleid gefällt mir sehr gut. Ja, wollen wir hoffen, daß wir uns auch recht bald natürlich wiedersehen. Nächste Woche wird vielleicht der erste von uns in Erholungsurlaub fahren. Derjenige ist schon seit voriges Jahr Wehrwürdig. Bis jetzt sind von uns 30 Mann dafür eingereicht. Im vorigen Monat 15 und in diesem auch 15. Zurück ist aber noch nichts davon. Wird erst alles geprüft. Bei den 2. soll ich auch dabei sein. Hoffentlich läuft die Geschichte recht schnell. Ich wollte gestern abend schreiben, habe es aber nicht mehr geschafft. Hier war gestern eine K.D.F.-Veranstaltung und da bin ich hin gewesen. Es war ganz nett. Das Beste was ich bis jetzt gesehen habe. Die Sängerin war leider erkältet. Konnte nicht mitmachen. Es waren 3 junge hübsche Rumäninnen. Musik und Tanz wurde geboten. Musik von Mozart, Schubert, Grieg und auch von Strauß. Die Tänzerinnen hatten den meisten Beifall. Erst brachten sie einige Sachen, aber dann tanzten sie Sachen, die den Landser sogar mitriß. Als Abschluß brachten sie dann „Auf der Reeperbahn nachts um ½ 1" Ja, wären wir da man erst wieder. Ich muß jetzt auch mit dem Schreiben erstmal aufhalten. Es geht gleich zum Schießen. Zum Unglück bin ich da auch noch zum Schreiben eingeteilt. Muß also bis zum Schluß dableiben. Ob ich in der Mittagszeit dazu komme, weis ich noch nicht. Gleich nach dem Essen muß ich auch schon wieder weg. Heute spielt die Battl.-Mannschaft und da bin ich als Ersatz aufgestellt. Wäre Lieber mal im Hause geblieben und hätte geschrieben. Bin um 11 Uhr wieder zurück gekommen vom Schießen. Habe da bis eben schreiben müssen, geschossen habe ich heute schlecht. Hatte ein neues Gewehr. Habe es vor kurzem erst gekriegt. Hatte bei 3 Schuß 1 Treffer, eine 4 und als letzten Schuß doch noch eine 12. Es ist heute wieder ziemlicher Wind. Der trägt da auch mit zu bei. Und vor allen Dingen, daß ich mit dem Gewehr überhaupt noch nicht geschossen habe. Eben bekam ich Bescheid, daß ich schon eine Stunde früher auf dem Sportplatz sein muß, weil das Spiel um eine Stunde vorverlegt worden ist. Habe zum Schreiben nicht mal eine Stunde mehr Zeit. Daß Du die Päckchen und Pakete alle erhalten hast, freut mich. Als nächstes sind ja jetzt die 100 Zigaretten fällig. Hast sie ja vielleicht auch schon. Daß Nerlich K.W. gchrieben worden ist, schrieb er mir schon. Von Willy und Harry habe ich noch keine Post bekommen. Vergessen werden sie mich schon nicht. Eben habe ich mir die Bilder noch mal angesehen. Es kommt mir so vor als ob Ihr da garnicht sitzt, es sieht so aus, als ob Ihr steht. Stimmt das? Willy macht schon ordentlich ein vernünftiges Gesicht und hält sich wie auch Du ganz gerade und drückt ordentlich die Brust raus. Wogegen Harry so'n bißchen zusammen gesunken steht oder sitzt. Er macht es genau so wie ich. Beim Fotografen mache ich auch immer eine furchtbare Figur.

So mein lieber Buttje. Ich muß jetzt doch schließen. Ich hoffe das es Dir sowie Willy und Harry noch gut geht. Haltet Euch also munter und seid recht vielmals gegrüßt und geküßt von Deinem Willy und Eurem Papa. An Deine Mutter, meine Eltern, Marta, Dora, Emil, Frieda und Harro auch einen schönen Gruß. Vielleich gibt es heute auch schon wieder Post. Schreibe Dir dann Morgen wieder einen längeren Brief.

Anmerkung:
Erbost: empört
K. D. F.:Kraft durch Freude, veranstaltete im III. Reich Reisen und anderes mehr
K. W.:vermutlich Wehrtauglich

119) Im Süd-Osten, 22. Mai 1944

Mein lieber Buttje!

Gestern abend als ich vom Fußballspiel zurück kam, mußte ich noch auf Wache aufziehen. Habe es vorher garnicht gewußt. Mit meiner Wache bin ich aber schon fertig, es ist jetzt 4 Uhr, um 7 Uhr werden wir abgelöst. Will versuchen in der freien Zeit Dir diesen Brief zu schreiben. Hoffentlich werde ich nicht so viel gestört. Wollte heute morgen schon schreiben, bin aber nicht dazugekommen. Bin fast in meinem 4 Stunden, die zwischen den einzelnen Wachen liegen, rumgelaufen. Mitgespielt habe ich gestern nicht, war darüber auch froh, denn kleine Schrammen hätte es wohl doch wieder gegeben. Am Sonntag geht es nach K., unserem ehemaligen Abschnitt. Auch wieder mit der Battl.-Mannschaft. Ob ich mitspiele weiß ich noch nicht, ist auch nicht so wichtig. Als Ersatz werde ich aber auf jedem Fall mitfahren. Ich muß da doch meine alten Bekannten begrüßen. Wind haben wir hier immer noch, aber sonst ist es herrlich. Heute am Tage habe ich beim Posten stehen auch nur kurze Hose und Tropenhemd angehabt. Habe dabei noch so gedacht, du müßtest mich mal so sehen, auf dem Kopf haben wir bei der Wache einen Tropenhelm auf. Aber trotz der leichten Bekleidung bin ich beim Posten stehen so'n bißchen mattelig gewesen. Hatte die letzte Woche von 1-3 Uhr Mittags. Es wird aber noch besser werden, denn wir haben noch keinen Hochsommer. Die Fliegen machen uns auch schon zu schaffen aber noch viel mehr die Flöhe. Die Flöhe springen einem auf der Straße schon an. Das die Griechen so viel Flöhe haben ist gar kein Wunder. Die Frauen setzen sich nämlich, in der Hand ihre Baum- oder Schafswolle, in den Sand auf den Straßen. Als ich am Sonnabend von der K.d.F.-Veranstaltung kam, zog ich mir, weil mir die Füße so brannten, Schuhe und Strümpfe aus. Ich habe während der ganzen Zeit, nur immer meine Beine hoch genommen und mir die Flöhe von den Beinen gesucht. In Flohfangen habe ich direkt Routine. Man sollte ja eigentlich annehmen, daß sie mal abnehmen müßten, aber die Bambusen vermehren sich so, daß man mit dem Knacken garnicht mitkommt Wäre man doch bloß erst wieder im Hause, damit man mit dem allen nichts mehr zu tun hat. Manchmal können sie ein direkt schwach machen. Post ist gestern und heute noch nicht gekommen, denke aber, daß in den nächsten Tagen welche kommen wird. Nun werde ich doch noch gestört. Muß mit einem Arrestanten spazieren gehen. Ist ein Hamburger.

Konnte das Saufen nicht lassen. Hat sich schon allerhand hier abgekniffen. Gegen einen Vorgesetzten ist er in seinem Brand auch schon tätlich gewesen. Dafür ist er im vorigen Jahr schon mal bestraft worden. Danach hat er sich aber laufend besoffen, die Nacht über weggeblieben und allerhand Gewalttätigkeiten begangen. Vor ein paar Wochen ist er zu 1 ½ Jahren Zuchthaus verurteilt worden. Wartet nun auf seinen Abtransport. Wenn er nüchtern ist, ist er der beste Kerl. Auch arbeiten kann er gut. Wenn er sich über irgend etwas geärgert hat und dann was trinkt, ist er nicht zu halten. Ja, der Uso hat schon allerhand angerichtet. Einer von einer anderen Komp. hat sich umgebracht, totgesoffen. Der hat so einen Brand gehabt, daß er aus seinem Rausch garnicht wieder aufgewacht ist. Auf unserem Friedhof in K. liegen, trotzdem wir noch keine Feindberührung gehabt haben, doch schon allerhand, die meisten davon sind Schiffbrüchige. So mein lieber Buttje und nun will ich den Brief beenden. Habe inzwischen den Arresttanten schon ausgeführt und habe meine Wache auch schon beendet. Bin auch schon wieder in meinem Quartier, Ich hoffe, daß Ihr alle noch gesund und munter seid. Es grüßt und küßt Dich sowie Willy und Harry recht vielmals Dein Willy und Euer Papa. An Deine Mutter, meine Eltern, Marta, Dora, Emil, Frieda, Harro, Hans und Alwine sowie Fiede und Johanna.
Mit meinem Briefpapier muß ich haushalten, bin bald auf den Rest.

Anmerkung:
Bambusen: bezeichnet man Leute, die leicht zu einem Schabernack (Ulk, beißender Spott) aufgelegt sind

120) Im Süd-Osten, 24. Mai 1944

Mein lieber Buttje!

Heute morgen war ich mit einer Eselkarawane nach einem unserer Stützpunkte. Es war eine ganz schöne Tour daraus, haben ungefähr 2 ½ Std. dazu gebraucht. Mit 4 Landser waren wir und ungefähr 15 Mädels. Die Mulis hatten eine ganz schöne Last zu tragen, sind aber ohne Zwischenfall da angekommen. Auf dem Wege dorthin ging es an Kornfelder und an Felder mit Wein vorbei. Das Korn steht hier in diesem Jahre sehr gut. Und am Wein sind auch schon ganz kleine Trauben dran. Ich habe immer gedacht, daß ich die Weinernte nicht mehr mit machen brauchte, es sollte bis dahin mit dem Krieg schon zu Ende sein. Ich glaube aber, daß es dann doch noch nicht so weit ist. Ein Kamerad sagte gestern noch zu mir, die Wein-, Mandel und Feigenernte will er auf jeden Fall noch mitmachen. Ich bin im vorigen Jahre ja gerade zu der Zeit auf Urlaubsfahrt gewesen. Habe da nicht viel von mitgekriegt. Wenn die Prüfung und Aussprechung der Wehrwürdigkeit nicht zu lange dauern wird und keine Urlaubssperre eintritt, kann es möglich sein, daß ich zur selben Zeit wieder in Urlaub fahre. Aber festlegen werde ich mich da aber nicht. Denn gerade mit unserem Urlaub haben sich die Bestimmungen so oft geändert, daß man da garnicht mehr auf hofft. Ich will man bei meiner einzigen Hoffnung bleiben, und zwar die, daß der Krieg schnell zu Ende geht und wir uns dann gleich für immer haben. Wäre auch das Beste. Nachdem wir unsere Last abgeliefert hatten, ging es im ziemlich flotten Trapp wieder unserer Behausung zu. Wir hatten verschiedene Mulihengste mit, die gebärdeten sich wie toll. Waren immer hinter den Stuten her. Einen hatten wir darunter, der war knapp zu halten. Vor ein paar Tagen hat er ein Mädel runter geworfen und ist dann durchgegangen. Ich habe früher nicht gedacht, daß die Mulis so laufen können. Gehen sie doch sonst nicht übermäßig schnell. Der Gregor hat es besser raus als wir. Der strampelt wenn er da auf sitzt mit beiden Beinen und schlägt dabei dem Muli in die Seite. Das Schlagen nützt beim Muli nicht viel, er läßt sich dadurch garnicht aus der Ruhe bringen. Das einzige ist noch, um ihn zur schnelleren Gangart zubringen, wenn man ihn mit einem spitzen Gegenstand so'n bißchen kitzelt. Dann geht er auf und davon. Zurück kamen wir erst nach 1/2 12 Uhr. Um 11 Uhr ist schon Mittag. Und jetzt muß ich gleich schon wieder los. Es ist schon wieder gleich 2 Uhr. 25. 5. Den Brief habe ich doch nicht mehr fertig gekriegt. Wollte es gestern Abend noch erledigen. Aber wenn man sich etwas vornimmt, kommt es doch immer anders. Ein Kamerad von uns hatte Wache. Der andere mußte unseren Wein und Schnaps, den wir für diesen Monat bekommen, holen, und ich habe Feuer angemacht und eine ganze Waschschüssel voll junger Erbsen aufgesetzt. Als sie eben im Kochen waren, fiel da etwas Schmutz von der Wand hinein. Mußte das Wasser also wieder abgießen und neues hinein tun. Das Feuer hatte ich zwischen paar Steinen in einer Nische angemacht. Öfen kennen die Gregors eigentlich garnicht. Ich habe gedacht, daß die Erbsen höchstens eine halbe Stunde kochen brauchen. Insgesamt hat es aber ungefähr 5 Stunden gedauert. Richtig weich waren sie aber nicht geworden. Wir haben sie aber dann doch vom Feuer genommen. Denn sonst hätten wir wohl die ganze Nacht noch mit zu nehmen müssen. Etwas Öl und eine Zwiebelsoße ist noch dran gekommen und dann haben wir uns darüber hergemacht. Unser Hauswirt und sein Cousin haben uns beim Essen mit geholfen. Allein hätten wir es unmöglich verdrücken können. Die Gregors haben noch Salat und Fisch gemacht. Das Essen schmeckte, obwohl die Erbsen nicht ganz weich geworden waren, sehr gut. Zum und nach dem Essen haben wir unser Getränk ausgetrunken. So wenig war es garnicht mal. Für jeden hat es 1 Liter Wein und etwas Schnaps gegeben. Als unser

Getränk alle war, hat der eine von den Gregors noch Wein spendiert. Bei der Gelegenheit haben wir doch noch so'n kleinen unter die Mütze bekommen. Unterhalten haben wir uns ganz nett. Die Beiden sind ein paar prächtige Kerle. Mir sind nachher immer schon die Augen zugefallen. Auch von dem Gesöff mochte ich nachher nichts mehr. Den Schnaps den wir von der Komp. bekommen ist ein ganz gefahrliches Zeug. Nennt sich Skribowitz oder so ähnlich. Der Wein war ganz gut. Hatten Weiß- und Rotwein. Heute morgen hätte ich natürlich noch gerne etwas länger geschlafen. Einen Kater hatte ich aber nicht. So ganz schlimm ist das Saufgelage auch nicht gewesen. Richard Heinitz ist gestern Abend hier wieder eingetroffen. Gesprochen habe ich aber noch nicht mit ihm. Habe ihn heute morgen nur beim Antreten gesehen. Er ist heute zur Bäckerei zum Kuchen backen. Zu Pfingsten gibt es nämlich Kuchen. Ja nun haben wir schon wieder Pfingsten. Könntest Du mich doch besuchen. Es wäre schön gewesen. Zu Besuch wirst Du ja auch fahren, nicht wahr? Besuchst du doch bestimmt Willy und Harry an diesen Tgen. Einen Gruß kannst du ja nicht mehr bestellen, denn der Brief kommt ja doch nicht mehr zu der Zeit an. Aber du fährst ja noch öfter hin. dann kannst Du es ja immer noch ausrichten. Zu Pfingsten habe ich dieses Mal überhaupt keine Grüße geschrieben. Ich glaube ja, daß Du es damit nicht so genau nimmst, die Hauptsache ist ja, daß du Post von mir bekommst. Das alles ist einem auch so Wurst. Man lebt hier von einem in den anderen Tag hinein. 2 Tage nach Himmelfahrt bin ich auch erst gewahr geworden, daß es so einen Tag auch gibt. Ein Kamerad erzählte, daß Himmelfahrt auch schon vorbei wäre. Hätte es sonst überhaupt nicht gemerkt. Die Zeit läuft aber auch so schnell. Die Tage, Wochen und Monate gehen ohne irgend etwas an einem vorüber. Wäre es doch erstmal wieder so weit, daß man von den Tagen etwas hat. Daß man wieder im Hause ist und seine Frau

und Kinder bei sich hat und versuchen kann wieder etwas Schwung in den Laden zu kriegen.
So mein lieber Buttje! Und nun muß ich auch aufhören. Es ist gleich wieder soweit. Heute Abend gehe ich ins Kino. Gegeben wird der Film „Schiller". Könnten wir doch erst wieder zusammen ins Kino gehen. Na, warten wir noch ein bißchen. Einmal wird auch der Tag kommen. Halte dich bis dahin gesund und munter und sei recht vielmals gegrüßt und geküßt von Deinem Willly. An Deine Mutter, meine Eltern, Marta, Dora, Emil, Frieda und Harro auch einen schönen Gruß.

Anmerkung:
Gregors: so bezeichneten die Landser vermutlich die Griechen

121) Im Süd-Osten, 26. Mai 1944

Mein lieber Buttje!

Ich will heute lieber schon schreiben. Ob ich da morgen zu komme glaube ich nämlich nicht. Morgen Mittag werde ich da nicht zu kommen und abends schon garnicht. Morgen Abend ist eine K.d.F.-Veranstaltung. Ausgeführt von Landsern unseres Battl. und danach muß ich auf Streife gehen. Die geht bis morgens früh. Sonntagnachmittag haben wir ein Fußballspiel. Ich wollte ja eigentlich nach K, da spielt die Battl.-Mannschaft, aber der Stab hat unsere Mannschaft zu einem Gesellschaftsspiel eingeladen. Wir werden mit viel Ersatz spielen. Unsere Spieler fahren alle mit der Battl.-Mannschaft. Bis auf ein paar Ausnahmen. Die Mannschaft die am Sonntag spielt ist nur durch einen Unteroffizier vertreten. Alles andere sind Landser. Nach dem Spiel sind wir zu einem gemütlichen Beisammensein vom Stab eingeladen. Ich bin ja gespannt wie das ausgeht. In unserer Mannschaft spielt auch Walter

Krützfeldt mit. Angegeben hat er schon immer mit seinem Fußballspielen. Meistens steckt aber nichts dahinter. Ich glaube er hat überhaupt noch nicht gespielt. Ich habe nämlich mal gesehen, wie er einen Ball getreten hat. Und das genügte mir. Post habe ich schon wieder 8 Tage nicht von Dir bekommen. Das liegt aber nicht an Dir. Du wirst wohl von mir auch eine ganze Zeit nichts bekommen. Denn unsere Post ist auch noch nicht von hier abgegangen. Verstehe garnicht, daß diese Woche noch kein Flugzeug gekommen ist. Na, vielleicht kommt morgen ja eins. Dann geht doch meine Post von hier doch auch ab. Wirst dann wohl wieder einen ganzen Stapel auf einmal bekommen. Marketenderware wird es morgen wohl auch geben. Ich schicke Dir dann gleich 100 Zigaretten. Soviel ich gehört habe, sollen wir 400 Stück haben. Hoffentlich stimmt das auch. So mein lieber Buttje und jetzt muß ich schließen. Meine Wäsche kocht, muß gleich danach gehen. Halte dich sowie Willy und Harry gesund und seid recht vielmals gegrüßt und geküßt von Deinem Willy und Eurem Papa. An meine Eltern, Marta, Dora, Deine Mutter, Emil, Frieda u. Harro sowie Hans und Alwine, Fiede und Johanna auch schöne Grüße.

Anmerkung:
Stab: höhere, leitende Dienstelle beim Militär

Im Süd-Osten, 28. Mai 1944

Mein lieber Buttje!

Anbei 100 Zigaretten, es waren die einzigen Griechischen. Alles andere waren W. Zigaretten. Haben 400 Stück und 4 Pakete Tabak im Ganzen gekriegt. Ich hoffe, daß es dir und den beiden Jungens noch gut geht. Von mir kann ich es noch sagen. Halte Dich munter und sei recht vielmals gegrüßt und geküßt von Deinem Willy. An

Willy und Harry auch Gruß und Kuß. Herzl. Gruß auch an Deine Mutter.

Paketbeipackzettel

122) Im Süd-Osten, 29. Mai 1944

Mein lieber Buttje!

Gestern erhielt ich Deinen lieben Brief Nr. 86 vom 11. Mai und einen ohne Nr. den Du bei Fiede mit der Maschine geschrieben hast, vom 14. Mai. Für beide Briefe meinen besten Dank. Von Willy und Harry habe ich auch Post bekommen. Einen Brief von Willy und eine Karte von Harry. An Andreas habe ich den letzten Brief vor 14 Tagen geschrieben. Von Gerhards Verletzung ihn aber noch nichts mitgeteilt. Ob es richtig ist, Andreas davon nichts zu schreiben halte ich eigentlich für verkehrt. Denn einmal muß es ihm ja doch mitgeteilt werden. Ich würde da jedenfalls nicht mit einverstanden sein. Warum kannst du mir denn keinen „Nur"-Liebesbrief schreiben? Hast Du mir denn so wenig zu sagen? Recht hast Du auch, daß es so langsam Zeit wird, daß wir uns bald mal wiedersehen müssen. Man ist doch schließlich noch kein alter Tattergreis. Zu den Bildern habe ich mich, wie ich Dir auch schon schrieb, sehr gefreut. Ach könnte ich Dich doch erst wieder ganz für mich haben. Wie oft habe ich es Dir schon geschrieben und doch ist es immer noch nicht so weit. Wie lange mag es bloß noch dauern? Man hofft immer von einem Tag zum anderen und einer Woche zur anderen. Und dabei geht die schöne Zeit an uns vorbei. Wenn man wenigstens alles nachholen könnte. Man weiß doch jetzt wo man von einander getrennt ist, wie so richtig lieb man sich hat. Vorher hat man es wohl auch gewußt, aber da trübte unser Zusammenleben doch keine so lange Trennung. Heute am Pfingstmontag sollten wir auch erst Dienst haben. Der Dienst ging aber nur bis zum Mittag. Gestern hatten wir den ganzen Tag dienstfrei. In der Nacht d.h. von ¼ vor 10 Uhr (Sonnabend zum Sonntag) war ich mit einem Unteroffizier auf große Streife. Als wir los gingen war das Wetter noch einigermaßen. Mondschein. Später aber verschwand der Mond aber hinter die Wolken und ein starker Wind kam auch auf. Bei Tage wäre es eine ganz schöne Tour. Zuerst bis zum ersten Stützpunkt ist noch Flachland aber dann geht die Bergsteigerei los. Beim ersten Berg (zum 2. Stützpunkt) den wir nehmen mußten, ist uns doch bald die Luft ausgegangen. Nachdem wir unser eintreffen bei der Komp. gemeldet haben, ging es gleich weiter. 3 Stützpunkte haben wir abzuklappern. Man würde, wenn man nicht, auf einer freien Stelle direkt am Meer, 3 Stunden Wache stehen müßte, alles in allem in 4 Stunden wieder zurück sein. Die 3 Stunden stehen ist das schlimmste. Überhaupt wenn das Wetter noch so schlecht ist. Der Wind hat uns da so richtig durch geweht. Das scheint überhaupt als wollte uns der Wind nicht mehr verlassen. Es stürmt immer noch und das schon Monate immer wieder direkt kalt. Auf den Stützpunkten die wir besucht haben war überall schwer was los. Die Stimmung war ganz groß. Die hatten alle gerade Marketenderware gekriegt. Das Leben auf einem Stützpunkt ist doch schön. Da herrscht eine ganz andere Kameradschaft als bei der Komp.. Das kommt daher, weil das Zusammenleben ein ganz anderes ist. Obwohl, mir gefällt es bei der Komp. auch. Ich bin schon solange ich bei der Komp. bin als Melder und zwar als Radarmelder beim Komp.-Trupp. Der Komp.-Trupp. soll die Elite der Komp. sein. Wat ne Angabe, was? Aber ich schreibe das nur, weil es auch in den militärischen Büchern steht. Gestern, als ich von der Streife zurück kam, habe ich nur 3 Stunden geschlafen. Zum Kaffee gab es zur Feier des Tages Kuchen. Und zwar Sträuselkuchen. Ein ganz schönes Stück. Von Kuchen kann ich doch allerhand verdrücken, aber das Stück habe ich doch nicht auf einmal weggekriegt. Mittags bekam ich Bescheid, daß ich bei der Battl.-Mannschaft als Ersatz mitmachen mußte. Um 1 Uhr ging es mit dem Auto schon los. Es ging nach K.. Mitgespielt habe ich aber nicht. Ein Glück. Ich fühlte mich nach der Streife auch nicht besonders. War doch ziemlich müde. Unser Gegner hatte die Veranstaltung ganz groß aufgezogen. Vor Spielbeginn kam ein Trompeter zu Pferde und dahinter ein Wagen. Alles mit Blumen geschmückt. Vorn auf dem Wagen saß der Kutscher (Landser) und ein Leutnant. Der Leutnant war auf dem Heuberg mal kurze Zeit unser Komp.-Chef. Der Leutnant hatte eine Klingel in der Hand und klingelte damit ganz Kasteron (?) zusammen. Hinten auf dem Wagen saß die Mannschaft. Nachdem sie in diesem Aufzuge zweimal um den Platz gefahren waren, begann das Spiel. Gewonnen hat das Spiel die Mannschaft von K.. Die Mannschaft war eingespielter, auch hielten sie den Ball immer flach. Wenn der Sturm von K. in Tornähe kam, setzte ein Höllenspektakel los. Der Gegner hatte dazu 2 Maschinengewehre aufgebaut und dann mit Platzpatronen einige Salven geschossen. Die Schießerei blieb das ganze Spiel über bei. Die Jugend hatte ihr übriges auch dazu beigetragen. Die war nämlich auf den Kirchturm raufgestiegen und beim ersten Tor setzte ein Sturmgeläut ein. Das hat sich dann noch 3 mal wiederholt. Das Spiel ging 3:1 verloren. Nach dem Spiel wurde dem besten Stürmer des Gegners ein Kranz umgehängt. Der Kranz war so groß, daß von dem Spieler nichts mehr zu sehen war. Danach setzte sich die Mannschaft wieder auf den Wagen und dann ging es mit Trompete und Glockengeläut wieder zu ihrem Kameradschaftsheim. Wir aber fuhren wieder zurück. Ich war froh als ich wieder mein Quartier zu fassen hatte. Es war zum Zugucken doch zu kalt. Nach dem Abendbrot habe ich mich auch nicht mehr lange aufgehalten, bin gleich ins Bett gegangen. Habe bis heute morgen um 5 Uhr durchgeschlafen. Es war aber erst um 6 Uhr Wecken. Der Dienst war doch noch geändert. Ein Glück. Wäre sonst garnicht zum Schreiben gekommen. Eben kam ein Kamerad und erzählte, daß es heute noch Post gibt. Hoffentlich ist für mich auch etwas dabei. Ein Päckchen mit 100 Zigaretten geht morgen auch für Dich weg. Für Marta und Paul auch. An Hinni und Andreas will ich auch noch etwas Tabak schicken. Sonnabend haben wir schon Wein und Schnaps gekriegt und heute gab es noch mal für jeden 1 Liter Wein und einen Liter Bier. Das Bier extra prima. Auch der Wein ist gut. Den Schnaps habe ich noch nicht probiert. Soll heute Abend vor sich gehen. Mandeln haben wir heute auch gekriegt. Es sind aber nicht viel. Wenn ich noch genügend Zeit habe, werde ich sie heute noch zurecht machen. Sonst am anderen Tage. Wenn ich mal wieder Wein bekomme , werde ich Dir mal eine kleine Flasche schicken. Bei diesem bin ich schon beigewesen. Mit dem Urlaub ist immer noch nichts raus. Die Listen der ersten Wehrwürdigen sind noch nicht zurück, warten wir noch ein bissel. Sonst geht es mir noch gut. Ich hoffe das auch von Dir, Willy und Harry. Ich will diesen Briefjetzt auch beenden. Sollte ich heute noch Post bekommen, schreibe ich Dir morgen wieder. Böse wirst Du darüber wohl nicht sein, wenn zuviel Post kommt. So mein lieber Buttje und nun bleibe recht gesund und sei Du sowie Willy und Harry recht vielmals gegrüßt und geküßt von Deinem Willy und Eurem Papa. An Deine Mutter, meine Eltern, Marta, Dora, Emil, Frieda, Harro, Hans und Alwine sowie Fiede und Johanna auch einen schönen Gruß. Solltest Du Gerhard mal wieder besuchen, so richte ihm auch einen schönen Gruß und gute Besserung aus. Und für Dich extra einen schönen Kuß.

Anmerkung:
K.: Kasteron oder ähnlich, oder die Stadt oder Ort Kondias

extra Prima: ein Ausdruck, wenn unserem Vater etwas besonders gut gefiel
Bissel: ißchen

123) Im Süd-Osten, 30. Mai 1944

Mein lieber Buttje!

Post habe ich gestern von Dir nicht mehr bekommen. Es war nur ein Brief von Andreas vom 17. Mai dabei. Die Post aus dem Osten kommt jetzt schon schneller hier an als Deine. Die Frontverkürzung macht sich doch bemerkbar. 3 Päckchen habe ich heute auch aufgegeben. Ein ist davon für Dich mit 100 Zigaretten, ein mit Zigaretten für Marta und ein mit Tabak für Hinni. Für Andreas will ich auch noch eins fertig machen. Und Du bekommst noch ein kleines mit Mandeln. Gestern Abend haben wir in unserem Quartier mit unseren beiden griechischen Mitbewohnern einen kleinen gemütlichen Abend veranstaltet. Wir waren zu fünft. Zu trinken hatten wir unsere Marketenderflüssigkeiten, Bier Wein und Likör. Zum Schluß brachte unser Hauswirt auch noch Uso. Ich bin so'n kleines bißchen auch in Stimmung gewesen. Um 12 Uhr haben wir Schluß gemacht. Eigentlich wollten wir am 1. Pfingsttag einen gemütlichen Abend machen. Unser Hauswirt hatte uns dazu eingeladen. Morgens früh ist er auch schon mit einem Muli weg geritten um Wein und Uso zu holen. Am Sonnabend hat er noch gesagt, viel Festtag, viel Wieno und Uso. Vom Einkaufen kam er abends wieder zurück. Er machte ein ganz unglückseliges Gesicht. Heute große Scheiße, sagte er, und dann erzählte er uns sein Mißgeschick. Er hatte 10 Ocker Wein und 2 Ocker Uso gekauft und hat sich am Nachmittag damit auf dem Weg gemacht. Bis auf eine halbe Stunde vor unserem Ort war er angekommen, da traf er einen Kunden für den er eine Hecke machen sollte. Mit diesem handelte er über den Preis. Sein Muli war langsam weitergegangen. Sie waren natürlich nicht so schnell handelseinig. Als sie da noch standen, kam von der entgegengesetzten Seite ein Lastauto. Der Muli wurde scheu und lief in einem Graben. Dabei stürzte er und die Wein- und Usoflaschen gingen in Trümmer. Den Wein und Uso hatte er in 2 große Krüge. Der eine gehörte ihm garnicht. Das war sein größter Kummer. Denn so etwas kann er nicht wieder kaufen, weil die Artikel garnicht zu haben sind. Gestern Abend hatte er es aber glaube ich schon wieder vergessen. Er erwähnte davon garnichts mehr. Gestern Abend hat er viel von den Griechen erzählt. Für die Insel hat er aber nicht viel über. Er ist viel in Saloniki und Caravella (?) gewesen. Von Beruf ist er Schmied. Auf das Gebiet Disgenis (junge Mädchen) kam er auch zu sprechen. Sagte, die wären alle noch viel zurück, er sagte, daß er hier einmal mit einem jungen Mädel spazieren gehen könnte. Auf meine Frage was denn die jungen Männer machten, sagte er, daß sie entweder zu einem Straßenmädel gingen oder Selbstbefriedigung machen müßten. Wenn ein Vater seine Tochter verheiraten lassen wollte, muß er für sie ein Haus geben. Sind da mehrere Töchter hat er für alle ein Haus zu stellen. Ob der Mann Geld hat, darauf wird nicht gesehen. Für die Männer eigentlich eine gute Einrichtung. Brauchen sich um die Ausstattung des Hauses garnicht zu kümmern. Auf dem Festland in den Städten ist aber ein ganz anderes Leben. Da ist Musik, Theater, Tanz. Da gehen die jungen Leute genau so wie bei uns zusammen und amüsieren sich. Viel macht hier wohl hauptsächlich die Religion. Die ganzen letzten Tage war ich immer mit einer Eselkarawane, hauptsächlich mit jungen Mädels zu einem unserer Stützpunkte. Heute morgen habe ich, als wir zurück ritten, eine ältere Frau und ein junges Mädel beobachtet wie sie bei jeder Kapelle an der wir vorüber kamen ihr Kreuz machten. Wenn ich so etwas sehe, muß ich mich immer über die Dummheit der Menschen wundern. Auf der einen Seite schlau und gerissen, wenn es ums Handeln geht und in allen anderen Sachen noch so weit zurück. Der Cousin von unserem Hauswirt, der hier mit wohnt, ist von seiner Mutter mal ganz gehörig auf n Trapp gebracht worden, weil er mit einem jungen Mädel in sein Zimmer mit ihr angetroffen wurde. Wenn es noch ein junger Bengel gewesen wäre, könnte man es noch verstehen. Er ist aber schon 27 Jahre. Man muß sich nur wundem. Unser Hauswirt, der auch 29 Jahre alt ist, will wenn der Krieg zu Ende ist, die Insel so schnell wie möglich verlassen. Nach Deutschland möchte er auch schon. Er sieht sehr gut aus. Spricht auch verhältnismäßig gut deutsch. Ist auch sauber. Den meisten Griechen fehlt das. Über die jungen Mädels muß man sich auch immer wieder wundern. Jetzt in der Hitze tragen sie noch ihre Kopftücher. Die Tücher sind aus dickem Leinenstoff und verdecken beinahe das ganze Gesicht. Auch Handschuhe haben sie an, wenn auch ohne Finger. Wollene Strümpfe tragen sie auch, wenn sie mit uns gehen und auf dem Felde arbeiten. Die Strümpfe haben sie zum Schutz gegen Disteln und Brennessel. Kopftücher und Handschuhe zum Schutz gegen die Sonne. Wenn ich die Disgenies ((Mädel) mal gefragt habe, warum sie die Kopftücher um haben, wurde mir immer geantwortet, ohne Kopftücher nix gut, viel schwarz. Sie haben direkt Angst, daß sie braun werden. Komisch, nicht wahr? Wir freuen uns, wenn wir braun werden. In der ersten Zeit haben uns die Gregors ganz groß angeguckt wenn wir nur mit der kurzen Hose bekleidet gearbeitet haben. Jetzt haben sie sich aber schon daran gewöhnt. Ich möchte nur wissen, ob die Griechen sich überhaupt mal ihren ganzen Körper abseifen. Ich habe bis jetzt immer nur gesehen, daß sie ganz umständlich ihre Hände wuschen und ihr Gesicht nur abspülten. Ein Zinkbecher voll Wasser genügt. Waschschüsseln gebrauchen sie garnicht. Unser Hauswirt, er heißt Jargo, bildet darin auch eine Ausnahme. Wenn er von seiner Arbeit nach Hause kommt, ist es immer das Erste, daß er sich wäscht. Dabei zieht er sich auch das Hemd aus. Der Cousin von ihm heißt an Andera(?). Mit ihm ist auch gut auszukommen. Lieber mag ich aber den Jargo. Er hat so etwas frisches an sich und lächelt immer so drollig, er sieht auch ganz schneidig aus. Schwarze wellige Haare und ein schmales schlankes Gesicht. Bei den Mädels hat er große Chancen. Kauft sich da aber nichts für. Es nützt ja doch nichts, sagt er immer, weil sie noch sturer wie ein Panzer sind. So mein lieber Buttje, nun habe ich auf diese Weise die 4 Seiten auch beschrieben gekriegt. Hoffentlich hat es Dich nicht gelangweilt. Sonst muß ich doch noch versuchen andere Themen für Dich ausfindig zu machen. Sonst geht es mir noch gut. Hoffe dasselbe von Euch Allen. Neues von hier kann ich Dir auch noch nicht berichten. Das Wetter ist seit gestern auch wieder herrlich. Der Wind hat sich fast ganz gelegt. Heute morgen um 7 Uhr war es schon so warm, wie bei uns am Tage im Sommer. Die Gregors haben jetzt viel auf den Feldern zu tun. Erbsen und Bohnen sind schon so weit und müssen eingebracht werden. Die ganze Ernte ob es Erbsen, Bohnen oder Getreide ist, wird alles mit dem Muli befördert. So mein lieber Buttje! und nun halte Dich gesund und sei recht vielmals gegrüßt und geküßt von Deinem Willy. Gruß und Kuß auch an Willy und Harry. Recht herzl. Grüße auch an Deine Mutter, meine Eltern, Marta, Dora, Emil, Frieda und Harro.

39) Im Süd-Osten, 01. Juni 1944

Mein lieber Buttje!

Anbei etwas Blätter-Tabak. Kannst den Tabak ja Hans oder Fiede geben. An Hinni und Andreas sowie an meinem Vater habe ich schon welchen geschickt. Mir geht es noch gut. Hoffe dasselbe auch von Dir, Willy und Harry. Halte Dich gesund und sei recht vielmals gegrüßt und geküßt von Deinem Willy. An Willy und Harry auch Gruß und Kuß. Herzl. Gruß an Deine Mutter.

Paketbeipackzettel

40) Im Süd-Osten, 01. Juni 1944

Mein lieber Buttje!

Anbei ein paar Mandeln. Es sind ja nicht gerade viel aber deshalb wirst Du sie doch gebrauchen können. Sonst geht es mir noch gut. Hoffe dasselbe auch von Dir, Willy und Harry. Haltet Euch also gesund und seid recht vielmals gegrüßt und geküßt von Deinem Willy und Eurem Papa. Herzl. Gruß an Deine Mutter.

Paketbeipackzettel

41) Im Süd-Osten, 01. Juni 1944

Mein lieber Buttje!

Sende Dir ein paar alte Briefe und ein Stück Seife. Gleichzeitig mit diesem Päckchen gehen noch 2 Päckchen für dich ab. Ein mit Mandeln und ein mit Blätter-Tabak. Hoffentlich kommt alles über. Bis auf die große Sehnsucht, die ich nach Dir habe, geht es mir noch gut. Hoffe dasselbe auch von Euch allen. Haltet Euch gesund und seid recht vielmals gegrüßt und geküßt von Deinem Willy und Eurem Papa.

Paketbeipackzettel

124) Im Süd-Osten, 02. Juni 1944

Mein lieber Buttje!

Heute erhielt ich Deine lieben Briefe Nr. 87 vom 17.5.; Nr. 88 vom 22.5. und Nr. 89 vom 25.5.. Für alle Briefe und auch für die Federn meinen besten Dank. Von Hans und Alwine, Marta und einen Brief von Doras Geburtstag habe ich auch erhalten. Hans und Alwine hatten mir 2 Buch Zigarettenpapier und 1 Päckchen Vanillezucker und Marta mir 5 Zigarettenpapier beigelegt. Das Dora im Mai Geburtstag hatte, habe ich auch nicht gewußt. Hätte sonst eine Karte geschrieben. Ich bin heute garnicht so recht aufgelegt. Wir sind gestern geimpft worden. Habe da zuerst garnichts von gemerkt. Abends schwoll die Brust aber an und in den Knochen wurde ich so mattelig. Genau so flau und latschig als wenn man Grippe hat. Die Brust tut heute nicht mehr so weh aber ein flaues Gefühl habe ich noch in den Knochen. Das geht mir aber nicht allein so, alle anderen fühlen sich auch nicht so wohl. Wir haben deshalb heute auch einen ganz leichten Dienst gehabt. Morgen wird es wohl alles wieder in Ordnung sein. Letzte Nacht hatte ich auch einen Traum. Bin bei Dir gewesen. Als ich ankam war viel Besuch da. Ich habe da erstmal aufgeräumt und verschiedene an die Luft befördert. Das waren mir alles Unbekannte. Du hattest mir gesagt, daß sie sich immer bei Dir einfinden und überhaupt keine Anstalten machen mal wieder weg zu gehen. Daraufhin habe ich sie vor die Tür gesetzt. Es waren 1 älteres Fräulein und 3 jüngere. Als die 4 draußen waren habe ich Dich in die Arme genommen und bin dann leider aufgewacht. Ich war natürlich enttäuscht als ich aufwachte und Dich nicht mehr vorfand. Könnte es doch endlich Wirklichkeit sein. Bei der Geburtstagsfeier wäre ich gerne bei gewesen. War doch da alles bis auf ich, alles vertreten. Ich habe den Brief unterbrechen müssen. Bin erst heute Mittag um 1 Uhr mit dem Schreiben angefangen. Habe vorher meine Wäsche gewaschen. Um 2 Uhr mußten wir wieder antreten zum Arbeitsdienst. Heute vormittag hatten wir ganz leichten Dienst (Waffen reinigen und Putz- und Flickstunde).

Morgen haben wir nur vormittags Arbeitsdienst. Nachmittags ist Revierreinigen und abends gehe ich zur K.d.F.-Veranstaltung. Die von Landsern ausgeführt werden. Sonntagmorgen haben wir schon um 9 Uhr Dienstschluß. Gespielt wird nicht und mit der Wache habe ich auch Glück gehabt. Habe in der Nacht vom Sonnabend zum Sonntag 2 ½ Std. zu stehen. Also den ganzen Sonntag für mich. Will es am Sonntag doch wahr machen und zum Laden gehen. Es sind von uns ungefähr 20 Minuten zu gehen. Das Wetter ist noch immer herrlich. Von morgens bis abends immer klarer blauer Himmel und dabei schon eine ganz schöne Hitze. Ach, wie wäre es doch schön, wenn wir bei so einem Wetter uns aufs Stahlroß schwingen könnten und gemeinsam eine Fahrt ins Grüne machen könnten. Wäre es doch erst so weit, nicht wahr? Diese Woche bin ich fast garnicht zum Schreiben gekommen, d.h. Deine Post ist regelmäßig abgegangen. Bin aber vor lauter Packerei nicht dazu gekommen an Willy und Harry sowie Frieda und Andreas zu Schreiben. Am Dienstag habe ich 3 Pakete aufgegebenen. Für dich 100 Zigaretten, für Marta Zigaretten und für Hinni Tabak. Heute habe ich 6 Päckchen aufgegeben. Darunter 3 für Dich, ein mit Mandeln (kleine Kostprobe), ein mit ein Stück Seife und erledigte Briefe und ein mit Blätter-Tabak. Den Blätter-Tabak kannst Du Hans ja zu kommen lassen. Für meinen Vater und Andreas habe ich auch je ein Päckchen mit Blätter-Tabak abgeschickt. Und ein Paket mit deutschem Tabak habe ich noch für Hinni aufgegeben. Hoffentlich kommt alles über. Die Urlaubstage laufen doch zu schnell. Morgen muß Hinni auch schon wieder weg. Er hat aber wenigstens mal ein paar Wochen im Hause sein können. Wann wird die Zeit für uns mal kommen? Hoffen wir, daß es nicht mehr so lange dauern wird. Gestern sind 4 Mann von unserem Haufen befördert worden. 2 Mann zu Gefreite und 2 zu Oberschützen. Alle 4 sind damals aber schon auf dem Heuberg wehrwürdig geworden. Der eine davon ist heute schon in

Urlaub gefahren. Ich bin ja nur gespannt wie lange die Prüfung der anderen dauert, die vor 2 Monaten schon eingereicht worden sind. Also, daß du 5 Tage nicht geschrieben hast, findest Du toll. Du hast es aber wieder gut gemacht, da Du gleich einen 4 Seiten langen Brief geschrieben. Mit dem Brief hast Du mir viel Freude bereitet. Überhaupt ich freue mich über jeden Brief den Du mir schreibst und ist er noch so klein. Böse bin ich Dir nicht, wenn Du mal paar Tage überschlägst. Die Briefe kommen doch meistens alle 8-10 Tage und dann sind es gleich mehrere. Nur wenn Post kommt, und da ist überhaupt nichts von Dir dabei, dann macht man sich doch Gedanken. Aber bis jetzt habe ich von Dir ja noch immer regelmäßig Post bekommen. Bin Dir dafür schon zu Dank verpflichtet. Daß mit dem Küssen auf dem Fußballplatz weiß ich auch nicht mehr. Wer weiß was Paul in seinem Brand alles zusammen geredet hat. Und sonst bin ich auch Deiner Meinung. Geschmacklosigkeiten wie Marie werden wir uns nicht erlauben. Dafür sind wir beide ja auch noch nie gewesen. Und sonst bleibt alles andere schön unter uns, wie es ja auch schon immer gewesen ist. Wer Intimes ausplaudert hat meiner Meinung nach, kein Charakter. So etwas behält man hübsch für sich. Daran kann auch kein dritter Freude haben. So und Du verbietest mir die halbe Nacht aufzubleiben um für dich Briefe zu schreiben? Erstmal kommt es jetzt schon garnicht mehr vor, weil wir mehr Zeit haben und dann lasse ich es mir auch nicht verbieten. Denn wenn ich wirklich 4 Seiten lange Briefe für Dich schreibe dann tue ich es doch um Dir eine kleine Freude zu bereiten. Und das darf ich doch wohl, nicht wahr? Genau wie ich mich zu jedem Brief den ich von Dir bekomme, freue, möchte ich, daß Du an meinem Brief auch Freude hast. Deine Ansicht mit der Arbeit teile ich auch. Hast schon ganz recht, laß die Dämchen (Damen) ihre Bude man selber reinmachen. Ich habe auch nur davon geschrieben, damit du keine Schwierigkeiten hast. Und wenn du sonst irgend eine Beschäftigung annimmst, hast Du doch nicht mehr soviel Zeit für Dich. Auch würdest du nicht mehr die Zeit haben zu Willy und Harry zu fahren. Auch später möchte ich nicht, daß Du wieder eine Beschäftigung aufnimmst. Es ist doch ein ganz anderes Leben wenn die Frau im Hause ist. Auch schon der Kinder wegen. Zu arbeiten wird es nach dem Kriege genug geben. In meinem Beruf werde ich wohl nicht wieder schaffen. Das ganze Leben als Geselle tätig zu sein, da steht mir doch der Sinn nicht nach. Hoffentlich können mein Vater, Hinni und ich wieder gemeinsam schaffen, das wäre mir noch am liebsten. Nach dem Kriege wird gerade da viel zu tun sein. Der größte Teil hat doch alles verloren. So mein lieber Buttje und nun will ich auch schließen. Kann Dir noch mitteilen, daß es mir noch gut geht und es auch noch ruhig hier ist. Ich wünschte Du könntest das Gleiche sagen. Grüß mir recht schön unsere Jungens. Werde morgen auch ihren Brief beantworten. Und Du mein lieber Buttje, bleibe weiterhin gesund und sei recht vielmals gegrüßt und geküßt von Deinem Willy. An meine Eltern, Marta, Dora sowie Deine Mutter, Emil, Frieda, Harro, Hans und Alwine, Fiede und Johanna auch einen schönen Gruß.

Anmerkung: Unser Großvater hatte in Eimsbüttel ein Ladengeschäft und eine Kellerwerkstatt. Er war Polsterer, Tapezierer, und Sattlermeister

127) Im Süd-Osten, 08. Juni 1944

Mein lieber Buttje!

Post habe ich noch nicht wieder, denke aber, daß es bald wieder welche gibt. In den nächsten Tagen werde ich Dir auch ein Paket schicken. Und zwar werde ich Dir einen Schafskäse schicken. Ich habe mir in der letzten Zeit schon paar mal einen Käse gekauft.

Natürlich gegen Blättchen. Er schmeckt sehr gut. Ist aus einer Schaftsmilch. Ich habe meinen Platz gewechselt. Habe am Fenster gesessen, konnte mich da aber nicht recht rühren. Sonst besser ist es da. Am Tisch kann man es wegen der vielen Fliegen fast nicht aushalten. Und dann hier die Flöhe, das ist auch ein Kapitel für sich. Nicht nur im Zimmer, auch auf der Straße springen sie einen an. Manchmal kann man die Wut kriegen. Am Tage ziehe ich öfter mein Hemd aus und suche mir die Viecher. Aber in der Nacht ist es manchmal eine Qual. Daß es da kein Radikalmittel für gibt. Am Tage geht es immer noch, denn bei der Arbeit hat doch nur die kurze Hose an. Wenn ich aber abends schreibe oder nur so rum sitze, dann springen sie mir zu vielen an. Überhaupt das Schreiben. Die Gregor wenn sie nach Hause kommen, gucken schon immer wenn ich beim Schreiben sitze. Schreibe doch fast jeden Abend. Du ein A...(?) allein für Deine Post, sagen sie. Heute morgen war ich mit einem Fahrrad zu unserem Regiment. Hatte da verschiedenes zu besorgen. Zu fahren hatte ich ungefähr 1 Stunde. Morgens früh war es noch ganz angenehm. War es doch noch nicht ganz so warm. Hatte auch den Wind im Rücken. Zum größten Teil ging es auch noch Berg ab. Das Fahren macht mir immer noch Spaß. Vom Rad aus kann man auch alles so schön betrachten. Wenn wir von uns aus, den ersten Berg erstiegen haben, liegt vor uns das Meer. An den Wegen links und rechts, das in diesem Jahre besonders gut stehende Korn oder auch Wein. Auf dem Rückwege hatte ich schwer zu treten. Der Wind war warm und dazu die Hitze in der Mittagszeit. Ab und zu mußte ich auch absteigen. Wenn es zu bergig war oder wenn der Sand zu weich war. Wenn man durch den weichen Sand ging, kam einen ordentlich die Hitze von unten herauf als ich dann in mein Quartier ankam, war ich doch ordentlich flau. Meine Kameraden hatten schon gegessen und lagen schon flach. Sie schnarchten um die Wette. Nach dem Essen habe ich mich auch gleich hingelegt. Habe beinahe 3 Stunden geschlafen. Bin danach wieder frisch gewesen. Hatte erst die Absicht heute Abend zum Baden zu gehen. Habe es aber doch vorgezogen daheim zu bleiben. Mußte ja auch für Dich den fälligen Brief schreiben. Wenn ich aber gewußt hätte, daß ich morgen Abend auf Wache ziehen muß, wäre ich doch heute schon zum Baden gegangen. So komme ich da morgen und auch übermorgen nicht zu. Vielleicht kann ich ja Sonntag morgen zum Baden gehen. Nachmittags muß ich zum Fußballspielen. Es spielen 2 Auswahlmannschaften und da bin ich und noch einige andere Spieler von unserer Komp. aufgestellt. Von den beiden Mannschaften soll eine Battl.-Mannschaft aufgestellt werden. Und sonst mein lieber Buttje, geht es mir noch gut. Hoffe dasselbe auch von Dir und den beiden Jungens. Vielleicht kann ich Dir in den nächsten Tagen auch etwas über unseren Urlaub mitteilen. Habe heute beim Regiment etwas gehört. Es soll nach den neusten Bestimmungen für uns W.U.-Soldaten doch Urlaub geben. Näheres weiß ich aber noch nicht. Vielleicht werde ich am Sonnabend bei der Komp.-Belehrung näheres zu hören kriegen. Sonst wenn ich ganz ehrlich sein soll, große Hoffnung habe ich nicht. Sind wir doch bis jetzt doch immer noch vertröstet worden. Zeit wird es aber doch für jeden von uns, daß er mal wieder nach Hause kommt. 16 Monate Soldat und immer noch nicht im Hause gewesen. Na hoffen wir weiter. Bei all der Hoffnung geht glaube noch eher der Krieg zu Ende. Wäre auch nicht verkehrt, wenn man gleich für immer im Hause bleiben körmte. So mein lieber Buttje, das wäre erstmal wieder alles, Halter dich also gesund und sei Du sowie Willy und Harry recht vielmals gegrüßt und geküßt von Deinem Willy und Eurem Papa. An meine Eltern, Marta, Dora sowie Deine Mutter, Emil, Frieda, Harro, Hans und Alwine, Fiede und Johanna auch einen schönen Gruß. Wenn Du mal zu Schmidt gehst, bestelle ihnen auch einen schönen Gruß. Ist Hugo eigentlich außerhalb beschäftigt? Drücke man ordentlich die Daumen, daß wir uns recht bald wieder sehen. Dann werde ich Dich auch ordentlich Drücken und Küssen.

129) Im Süd-Osten, 12. Juni 1944

Mein lieber Buttje!

Heute morgen bekam ich Deine Pfingstkarte und Deinen Brief vom 30. Mai Nr. 90. Meinen besten Dank. Der Kanister mit Oel ist doch verhältnismäßig schnell übergekommen. Macht doch was aus wenn es von der Grenze aus aufgegeben wird. Als nächstes ist jetzt das Kilo-Paket mit Seife fällig. Wegen der Urlaubsfrage ist gestern bei der Komp.-Belehrung auch noch nichts Neues herauge- kommen. Das hat alles lange Zeit. Eine von uns ist gestern Wehrwürdig geworden. Die Geschichte läuft schon vom September vorigen Jahres. Ich glaube seine Frau hat es damals eingereicht. Wenn unsere Beurteilungen auch so lange laufen werden, dann gute Nacht. Dann kommt es doch so hin, wie uns schon mal gesagt worden ist. Urlaub gibt es erst nach 2 Jahren. Im letzten Brief war ich noch wegen des Urlaubs so voller Hoffnung aber heut bin ich wieder in einer Stimmung, daß mir der Kaffee hoch kommen könnte. Ich glaube an nichts mehr. Wenn es tatsächlich doch noch mal dazu kommen sollte, na gut, dann lassen wir uns eben überraschen. Jetzt hätte es gerade so gut geklappt, alle Stammlaute sind nämlich mit dem Urlaub durch. Ja, einige können jetzt schon für ihren 2. einreichen. Gestern nachmittag habe ich Fußball gespielt. Es war ein Auswahlspiel. Ich habe mit noch einigen von unserer Komp. in der B-Mannschaft gespielt. Bei uns in der B-Mannschaft klappte es besser, als in der A-Mannschaft. Es kam hauptsächlich davon, weil bei uns der Ball immer flach gespielt wurde. Wir gewannen das Spiel mit 5:1 Toren. Mit meinen Füßen habe ich eigentlich noch keine Beschwerden wieder gehabt. Recht heiß ist es hier immer. Aber der Wind der uns eigentlich nie verläßt, ist bei der Hitze doch angenehm, so auch gestern beim Spiel. Gegen 5 Uhr sind wir gestern auch erst angefangen zu spielen. Morgen ist schon wieder ein Auswahlspiel. Bin mit noch 2 Spielern von unserer Komp. für die A-Mannschaft aufgestellt worden. Wenn es klappt werde ich wohl in der Battl.-Mannschaft gegen K. mitspielen. Es ist ein schwerer Gegner für uns. Deshalb auch das viele Ausprobieren. Von meiner Mutter habe ich auch Post bekommen. Heute wollte ich erst ins Kino. Habe diesen Brief aber heute Mittag nicht mehr fertig gekriegt. Wollte mich nach dem Mittag nur einen Augenblick ausruhen, bin dabei aber eingeschlafen. Wenn ich nun morgen nicht spielen brauchte, hätte ich den Brief morgen geschrieben. Und noch einen Tag hinausschieben, das möchte ich doch nicht. In der Zeit kann der Brief ja schon befördert werden. Genau weiß ich es nicht, aber ich glaube, der Film betitelt sich „ Und das geschah in einer Macht". Theo Lingen soll da mit spielen. Vielleicht gehe ich morgen nach dem Spiel noch hin. Bin lange nicht mehr im Kino gewesen. Obwohl in der letzten Zeit viele Filme gespielt worden sind, hatte aber entweder Wache oder mußte für Dich notwendig einen Brief schreiben. An unsere verlebten schönen Stunden im vorigen Jahr zu Pfingsten, habe ich auch immer wieder denken müssen und denke ich auch noch immer. Wie schön wäre es doch gewesen, wenn ich jetzt doch an den Pfingsttagen bei Dir gewesen wäre. Ich habe heute zu einem Kameraden gesagt, warum gibt man uns nicht auch unseren Urlaub. Jeder einzelne würde doch mit viel mehr Schneid bei der Sache sein. Wir verleben hier ganz gute Tage und wenn zu gegebener Zeit jeder in Urlaube könnte, wäre auch jeder zufrieden. Die Briefe aller Angehörigen haben fast alle den selben Inhalt. In allen wird immer wieder die Urlaubsfrage angeschnitten. Es ist ja auch verständlich. Fast jeder von uns hat doch seine Familie und hängt da genau so wie jeder andere an. Ich bin nur gespannt ob das Problem noch im Kriege gelöst wird. Gestern Abend nach dem Spiel als ich mein Abendbrot verdrückt hatte, bin ich noch einen Augenblick spazieren gegangen. Abends ist es zu herrlich. Fast immer ganz windstill und ein feines Lüftchen. Bei der Gelegenheit bin ich auch noch ins Kameradschaftsheim gewesen und habe mir den Wehrmachtsbericht angehört. Auch heute wollte ich eigentlich hin. Hoffentlich kriege ich bis dahin den Brief noch fertig. Es geht nämlich schon wieder mit mein Latein zu Ende. Ich habe in der vorigen Woche meine Künste in Zigarettenspitzen machen versucht. Hatte auch schon 2, eine für Dich und eine für Marta fertig. Hatte im Ganzen 5 Stück gemacht. Bin sie aber alle los geworden. Meine beiden Kameraden haben mir eine abgeschnackt und die beiden Gregors haben auch solange geredet, bis ich sie los war. Ich mache für dich und Marta aber noch neue. Es wird aber noch einige Tage dauern bis ich sie abschicke. Ich spare für Dich nämlich Zigaretten. Von den 6 die wir am Tag bekommen, lege ich immer 5 zurück. Es sind Griechische. Zu einer Zigarettenspitze gehören doch auch Zigaretten, nicht wahr? So und sonst geht es mir noch gut und ruhig ist es hier auch noch immer. Gestern Abend bekam ich von unserer Nachbarin ein Stück Brot und ein Stück Käse dazu. Und das, ohne daß ich etwas gesagt hatte. Kriege das auch nicht fertig, darauf an zu spielen. Da könnte ich noch so großen Hunger haben. Was Gott sei Dank nicht zutrifft. Das Brot und auch der Käse haben mir sehr gut geschmeckt. Augenblicklich sind die Gregors mit Frau und Kindern auf dem Felde und sind dabei ihr Korn rein zu schaffen. Wenn man bedenkt wie primitiv sie das machen, müßte man denken sie schaffen es garnicht. Das ganze Korn wird alles mit der Sichel abgeschnitten. Liegen bleiben braucht es garnicht. denn trocken ist es ja. Es wird nur gebunden und auf einem Muli geladen und dann geht es ab. Zum größten Teil sind es die Kinder, die die Mulis mit dem Korn nach ihrem Hause führen. In 2 Monaten, sagen die Griechen sind sie mit allem fertig. Geknipst bin ich auch schon etliche Male. Auch heute wieder. Hoffentlich bekomme ich die Bilder auch. So mein lieber Buttje! Und nun bin ich mal wieder am Ende angelangt. Wird auch Zeit für mich. Will den Wehrmachtsbericht noch hören. Ich hoffe, daß es dir und unseren Jungens noch gut geht. Das sie nun endlich wieder zur Schule freut mich. Hoffentlich bleibt es auch dabei. So mein Buttje! Halte dich gesund und sei Du sowie Willy und Harry recht herzlich gegrüßt und geküßt von Deinem Willy und Eurem Papa. An meine Eltern, Marta, Dora, Deine Mutter, Emil, Frieda, Harro, Hans und Alwine sowie Fiede und Johanna auch einen schönen Gruß.

132) Im Süd-Osten, 18 Juni 1944

Mein lieber Buttje!

Bin eben mit dem Mittagessen fertig. Es gab Muskartoffel mit Gulasch und Spargel. Habe mir noch etwas dazu geholt, werde es heute Abend essen. Es ist jetzt 1 Uhr, um viertel nach 4 Uhr fahren wir mit 2 Lastautos zum Fußballspielen. Die ganze Komp. fährt mit. wenn ich diesen Brief geschrieben habe, will ich mich noch ein bißchen lang machen. Das Wetter ist heute wieder heiß. Auch ist es nicht mehr so windig wie an den anderen Tagen. Jetzt ist es direkt bruttig. Bei uns zu Hause würde darauf bestimmt ein Gewitter folgen. Aber hier gibt es im Sommer so etwas glaube ich garnicht. Im Frühjahr während der Regenzeit gibt es aber Gewitter genug. Also gerade umgekehrt wie bei uns. Gestern morgen hatte ich mal wieder eine Mulikarawane zu begleiten. Mußten damit bis ans Wasser. Sollte von da mit einem Schiff weiterbefördert werden. Mit

3 Mann blieben wir bei der Ladung zurück. Die anderen sollten den Rest noch holen. Kamen aber garnicht wieder. Weil es zu windig war, konnte es nicht mit dem Schiff befördert werden. Wir warteten auf näheren Bescheid, was zu machen war. Aber es kam und kam keiner. Meine Badehose hatte ich mir mitgenommen. Also ausgezogen und hinein ins Wasser. Die Luft war trotz des Sonnenscheins doch etwas kalt. Das Wasser aber herrlich. Nach dem Baden habe ich mich in die Sonne gelegt. Meine Beine und der Rücken sind schon schön braun gebrannt, aber die Brust und die Oberschenkel waren beinahe noch ganz weiß. Im vorigen Jahr auf dem Stützpunkt bin ich nur mit der kurzen Hose rumgelaufen. Aber hier bei der Arbeit kann man es schlecht machen. Arbeiten wir doch fast immer bei uns im Ort. es sieht nicht gerade schön aus wenn ein Teil des Körpers schön braun und der andere Teil beinahe noch weiß ist. Etwas habe ich allerdings noch vom vorigen Jahr gehabt. Nachdem wir da am Strand einige Stunden gewartet hatten, stellte sich doch bei uns der Hunger ein. Zu zweien gingen wir dann auch nach Hause. Es war schon 1 Uhr. Der andere kam erst gegen 4 Uhr zurück. Ich hatte natürlich einen Mordshunger. Es gab dicken Reis mit Rosinen drin gekocht. Weil es so gut schmeckte, bin ich noch mal zur Küche gegangen und habe auch noch was gekriegt. Ich hatte die Absicht zu schlafen, da es aber schon so spät war, habe ich es aber vorgezogen mich zu rasieren und meine Waffen zu reinigen. Während der Zeit kam Richard Heinitz und wollte mich zum Baden abholen. Bin aber nicht mitgegangen. Wollte für Dich einen Brief schreiben. Bin da aber doch nicht mehr zu gekommen. Meine Kameraden haben große Wäsche gemacht und dazu den Tisch gebraucht. Meine Wäsche die ich an hatte, habe ich schon morgens am Strande gewaschen. Ohne Seife. Ist aber alles schön sauber geworden. Vorne am Strand habe ich das Zeug ins Wasser gelegt und dann mit den Füßen drauf rum getreten. Einer von meinen

Kameraden hatte es bei den Griechen so gesehen. Ich werde es jetzt immer so machen. spart man da gleichzeitig die Seife mit. Als Richard Heinitz von mir weg ging, sagte er, allein habe ich auch keine Lust, dann lege ich mich schlafen. Als ich nun doch nicht schreiben konnte, bin ich zu ihm gegangen und habe ihn überredet mit mir zum Baden zu gehen. Es ist mir auch geglückt. Bis um 7 Uhr blieben wir da. Am Freitag hatte ich mir sogar ein Buch geholt, und das hatte ich mit. Das Buch heißt „Olivira". Dasselbe was wir auch mal hatten. Bis jetzt hat es mir aber noch nicht gefallen. Viel habe ich auch noch nicht gelesen. Auf dem Nachhausewege kamen wir an einem Zaun vorbei. Da stehen der Reihe nach noch bunt durcheinander große Kakteen. Alles in Blüte. Die Blumen sehen sehr hübsch aus. Habe mir 2 davon abgeschnitten. Wollte sie Dir hinschicken. Habe es mir aber überlegt. Als ich die Blumen abgeschnitten hatte, hatte ich an meinen Fingern überall ganz kleine Stacheln. Fast garnicht zu sehen. Habe eine ganze Zeit gebraucht, um sie wieder ab zu kriegen. Als ich wieder im Hause war, fand ich immer noch welche wieder. Die kleinen Stacheln sind giftig. Die Haut von den Kakteen sieht dabei aber so glatt aus daß man garnicht mit Stacheln rechnet. Auch kann ich sie im Brief garnicht schicken. Die Stengel an denen die Blume sitzt ist viel zu dick. Auch sind die Blumen auch ganz vertrocknet wenn sie bei Dir ankommen. Vielleicht kann ich Dir mal einen Ableger davon schicken. Mir geht es sonst noch immer gut. Hoffe dasselbe auch von Dir und den beiden Jungens. Ruhig ist es hier auch noch immer. Hast Du nun inzwischen schon wieder Post von mir bekommen? Ich habe seit 8 Tagen auch noch nichts gekriegt. Vielleicht kommt in den nächsten Tagen ja welche. Und sonst geht es mir noch immer so wie seit so langer Zeit habe große Sehnsucht nach Dir. Werde aber aushalten. Denke daß Du es auch noch kannst. Solange wird es auch nicht mehr dauern, bis wir uns für immer wieder haben. So mein lieber

Buttje! Nun bin ich doch so ziemlich mit meinem Latein zu Ende. Hoffentlich habe ich Dich mit diesem Brief nicht zu sehr gelangweilt. Es wäre mit dem Schreiben um vieles besser, wenn man öfters Post bekommen würde. So schreibt man immer aufs gerade wohl.

So und nun mein lieber Buttje! Halte dich weiterhin gesund und sei Du sowie Willy und Harry recht vielmals gegrüßt und geküßt von Deinem Willy und Eurem Papa, an meine Eltern, Marta, Dora, deine Mutter, Emil, Frieda, Harro sowie Hans und Alwine, Fiede und Johanna auch einen schönen Gruß.

133) Im Süd-Osten, 20. Juni 1944

Mein lieber Buttje!

Post habe ich immer noch nicht wieder von Dir. Vielleicht gibt es ja heute noch welche. Es wird nämlich erzählt, daß heute ein Flugzeug kommen soll. Hoffentlich wird es auch was. Man wartet und wartet der Dinge die da kommen sollen. Statt erfreulichen Nachrichten immer wieder schlechte. So auch gestern im Wehrmachtsbericht von der Bombardierung Hamburgs. Wie lange muß man nun wieder warten, bis man die Gewißheit hat, daß noch alles Wohlaufist. Wenn doch bloß alles vorüber wäre, damit man nicht immer in Angst sein braucht. Es ist ja auch ganz gleich, ob Ihr nun hier oder dort seid, sicher ist es doch nirgends mehr. Mit „hier" meine ich irgendwo in Deutschland. Ich wollte Ihr wäret hier, denn hier hättet Ihr Eure Ruhe. Ich habe gestern noch zu Richard Heinitz gesagt, könnten unseren Frauen und Kinder nicht bei uns sein. Wir beide sind gestern Abend nach dem Dienst noch zum Baden gewesen. Und als wir uns im Wasser tümmelten, kam ich auf den Gedanken. Wenn man so beim Baden ist oder am Strand liegt und man so aufs Wasser sieht, oder das Land, die Berge, die Leute beim Korn mähen sieht, kommt man unwillkürlich auf den Gedanken, warum kann es nicht überall auf der Welt so friedlich zu gehen. Gestern sind hier bei uns im Ort 2 Frauen gestorben. Lange aufhalten tun sie sich nicht damit. Die eine Frau wurde gestern schon beerdigt. Es waren arme Leute, hatten für die Verstorbene nicht mal einen Sarg. Sie wurde so auf einer Bahre durch die Straßen getragen. Vorweg gehen 3 Jungens, 2 mit Laternen und einer mit einem Kreuz. Dahinter geht der Pfaffe, die Bahre mit der Toten und hinterher die Angehörigen und Bekannten. Heute morgen haben die Kinder abwechselnd die Glocken geläutet. Volle 2 Stunden waren sie dabei. Immer mit einem Zwischenraum von paar Minuten erfolgten 2 Schläge. Die Frau die heute beerdigt wird, ist die Frau eines F... (?). Hat sogar einen blau angestrichenen Sarg mit einem weißen Kreuz drauf Der Sarg ist aber ziemlich schmal. Ein Kamerad sagte dazu, etwas bequemer hätten sie den Sarg auch bauen können. Denn die arme Frau kann sich da drin ja nicht mal umdrehen. So lange wie bei uns bleiben die Toten nicht in der Erde. Nach 2 Jahren werden die Überreste schon wieder raus geholt und in einem Glasbehälter in der Kirche aufgestellt. Ja, andere Länder, andere Sitten. Das Wetter ist immer noch schön, verführt uns immer wieder zum Baden. Der Wind hat etwas nachgelassen. Es weht aber immer noch ein kleines Lüftchen. Wäre sonst auch nicht mehr auszuhalten. Ich laufe den ganzen Tag nur mit der kurzen Hose bekleidet herum. Am Sonntagnachmittag war der größte Teil unserer Komp. und auch ein Teil unserer Bevölkerung mit uns zum Fußballspiel. Wir sind mit 2 Lastautos rüber gefahren. Auf dem einen waren fast nur Gregors. Auch viele Mädels waren mit. Und nicht zu vergessen die Jungens. Genau wie bei uns kennen sie jeden Spieler. In dem Ort wo unser Battl. seinen Sitz hat, war auch alles auf den Beinen. Nur wer nicht kam, war unser Gegner aus K.. Hatten morgens um 11 Uhr abgesagt. Als Grund gaben sie Benzinmangel für ihre Autos an. Gespielt haben wir aber trotzdem. Haben gegen die Marine aus M. gespielt. Ist genau so eine starke Mannschaft wie die aus K.. Ja vielleicht sogar etwas stärker. Der größte Teil der Spieler ist noch jünger als die meisten von uns. Es war ein sehr schönes Spiel von beiden Mannschaften. Von Anfang bis zum Ende spannend und schnell. Ich bin überhaupt nicht flau geworden obwohl ich doch viel gelaufen habe. Von unserer Komp. haben 3 Mann mitgespielt. Der eine, ein Unteroffizier, wurde von Platz getragen. Hat sich eine Verletzung am Fuß zugezogen. Bluterguß. Auch der andere humpelte etwas. Nur ich bin wohlauf. Muß man direkt anschreiben. Dabei habe ich am letzten Sonntag ein Spiel hingelegt, wie ich es in den besten Tagen meiner Fußballzeit bald nicht gemacht habe. Ganz gleich wie der Ball kam, immer wurde er von mir da hingelegt wo er hin sollte. Nur im Torschuß bin ich schwach. Für einen scharfen Schuß sind meine Füße doch nicht kräftig genug. Ich habe es aber durch gutes vor allen dingen flaches Ab- und Zuspiel wieder wettgemacht. Als Mittelstürmer hatte ich immer einen ausgezeichneten Techniker neben mir. Wir verstanden uns sehr gut. Dem Gegner war auch nur durch genaues Abspiel bei zukommen. Die Hintermannschaft war gute Klasse. Wir gewannen das Spiel 4:3. Ein schöner Erfolg. Ich wollte Du hättest das Spiel mit sehen können. Wärst bestimmt auch davon begeistert gewesen. Es ist doch ein Unterschied ob man in der Komp.-Mannschaft spielt oder mit ausgesuchten guten Spielern. Bei der Jugend hier im Ort bin ich durch das Fußballspielen sehr bekannt geworden. Fast jeder Junge spricht mich mit den Worten "Willy extra prima Fuutball" an. Hier auf der Insel wie auch überall in Deutschland ist die Jugend begeistert hinter das runde Leder her. Auf dem Platz war wieder allerhand Tamtam. Mehrere leere Fässer wurden zur Erzeugung von Lärm bearbeitet. Einige Glocken (Kirchenglocken) wie die auf dem Platz gekommen sind, ist mir ein Rätsel. Trompeten, Gramophontrichter usw. waren da auch zur Verständlichmachung und zum Anfeuern. Manchmal kam es mir bald so vor als wäre ich irgendwo in Spanien beim Stierkampf. Aber da wird es wohl doch noch temperamentvoller zu gehen. Ich hoffe, daß es Euch noch Allen gut geht und Ihr die Bombennächte gut überstanden habt. Hoffentlich sind es die letzten gewesen. Heute ist nun doch keine Post mehr angekommen. Morgen soll aber welche kommen. Na, trösten wir uns bis dahin. So mein lieber Buttje! Und nun halte Dich gesund und sei recht vielmals gegrüßt und geküßt von Deinem Willy. Ich wäre doch ruhiger, wenn ich wüßte, daß die Kinder bei Dir wären. Wie leicht könnte doch auch in Eurer Nähe mal eine Landung erfolgen. Und dann wäre es doch auch besser wenn Du die Kinder bei Dir hättest. Grüße mir die Beiden recht schön. Und für Dich noch extra einen Kuß. Herzl. Grüße auch an meine Eltern, Marta, Dora, Deine Mutter, Emil, Frieda und Harro.

Anmerkung:
M.: Myrina oder auch Mudros
Tamtam: Lärm.

134) Im Süd-Osten, 22. Juni 1944

Mein lieber Buttje!

Gestern Abend gab es Post. 10 Briefe für mich, davon alleine 5 Stück von Dir. Es waren die Briefe Nr. 91 vom 1.6., 92 v. 7.6., 94 vom 9.6. und 95 vom 12.6.. Für alle die lieben Briefe meinen besten Dank. Auch für die Federn. Die anderen Briefe waren von Harry, Willy, Marta, Hans und Hinni. In Martas waren sogar Zigarettenpapier. Ich staune immer wieder, daß es überkommt. Heute ist auch Post gekommen. Es waren Päckchen und Zeitungen. Da wird immer gesagt Zeitungen werden nicht befördert, dabei kommen sie hier doch noch immer an. Auch von Hamburg waren viele Zeitungen dabei. Versuche Du es doch mal bei einem anderen Postamt. Die Hamburger sind im großen und ganzen doch nicht so bürokratisch wie die Preußen (Altonaer). Eine Zeitung von Hansa 11 war für mich auch dabei. Es soll heute noch mal Post geben. Wird für mich wohl nichts mehr dabei sein, denn von Dir habe ich ja alle Post. Es könnte höchstens ganz neue sein. Zu Deinen Briefen habe ich mich sehr gefreut. Die Karten sind auch schön. Vor allen haben mich die beiden bunten Karten gefallen (Bub und Mädel). Der Bub sieht beinahe so aus wie früher unser Willemann. Findest Du nicht auch? Ich lege Dir in diesem Brief 2 Fotos bei, ein davon kannst Du ja meinen Eltern geben. Beide Bilder zusammen haben über eine Million Drachmen gekostet. Purer Leichtsinn, nicht wahr? Na, wir haben ja genug davon. Zu kaufen gibt es jetzt doch nicht s mehr dafür. Kann Dir immer noch nichts schicken. Es ist rein garnichts mehr zu kriegen. Mit den Rauchwaren bin ich auch knapp geworden. Ich habe sogar die gesparten, die Du haben solltest, mit auf geraucht. Bist mir darum doch nicht böse? Nächste Woche soll es wohl wieder Marketenderware geben. Dann schicke ich Dir wieder welche. Daß ich so knapp mit den Rauchwaren geworden bin, kommt hauptsächlich davon, weil ich den ganzen Tabak weg geschickt habe und mir auch keine Zigaretten zu kaufen konnte. Leid tut es mir nicht daß ich den Tabak alle vergeben habe. Hinni, Andreas und auch Ihr alle habt doch davon so wenig. Wenn ich mal ein bißchen weniger habe, schadet nichts. Würde mich sonst noch zum Kettenraucher ausbilden. Nein, mich ärgert es nur, daß ich die Dir zugedachten mit aufgeraucht habe. Aber laß man mein Buttje, Du wirst auch in diesem Fall zu Deinem Recht kommen. Daß ich die Bilder von Dir bekommen habe und mich dazu gefreut habe, schrieb ich Dir ja schon. Das Bild wo Du allein drauf bist, gefällt mir besonders. Ja so oft darf ich es garnicht begucken, bringt es mir doch immer eine sinnliche Verwirrung. Wann werde ich Dich mal wieder für mich ganz allein haben? Es kann eigentlich nicht mehr lange dauern und doch kann man es sich garnicht vorstellen, daß man für immer wieder im Hause sein kann. Es sind schon beinahe wieder 9 Monate her als wir uns zuletzt sahen. Ob die nächsten Monate wohl die Entscheidung bringen werden? Ich glaube bestimmt daran. Denn der Krieg mit seinen jetzigen Ausmaßen kann unmöglich noch lange Zeit dauern. Die Hauptsache ist aber, daß wir uns alle gesund wieder sehen. Wie mag es jetzt nach den letzten Bombenangriffen auf Hamburg bei euch aus sehen? Hätte ich doch bloß erst wieder Post von Dir und Gewißheit daß es Euch allen noch gut geht. Marta schrieb mir noch in ihrem letzten Brief vom 7. Juni, daß alles wegen der Invasision so aufgeregt ist. Das einzige Gute wäre aber, Daß Ihr die Nächte ohne Alarm wäret. Als ich den Brief bekam war Hamburg aber schon wieder 2 mal angegriffen worden. Hoffentlich hat Marta mit ihrer Zuversicht Recht behalten und hoffentlich wird Hamburg und Umgebung nicht auch noch direktes Kriegsgebiet. Vielleicht sieht man ja auch zu grau, aber möglich ist doch alles. Daß Ernst Heiden auf Urlaub ist, freut nicht. Ist er schon Wehrwürdig? Er hat ja vielleicht Glück gehabt, daß er durch seinen Malariaanfall aus dem größten Schlamassel raus gekommen ist. Wer weiß wo er sonst heute wäre. An Frau Heiden kannst Du einen schönen Gruß bestellen und ihr sagen, sie möchte doch Ernst sagen, daß er mal wieder etwas von sich hören läßt. Wenn Deine Briefe nicht so lang aus fallen macht doch nichts. Ich bin doch schon zu frieden, wenn Du mir mitteilst, daß es Dir und den Jungens gut geht. So oft kann man doch nicht (ich meine alle 2 Tage Briefe schreiben) seitenlange Briefe schreiben. Mir geht es doch auch so. Habe ich doch In der letzten Zeit öfter auch kurze Briefe geschrieben. Das Päckchen mit Seife welches du bekommen hast, ist doch 1 Kilo-

Paket gewesen, nicht wahr? Angst brauchst Du meinethalben wegen der vielen jungen Mädel nicht zu haben. Ich bin doch kein Jüngling mehr. Ich werde Dich nicht vergessen, mein Buttje, Wenn ich Dir schon die einzelnen Sachen schildere und zwar wie in dem Bericht von den griechischen Mädels, dann kann ich doch unmöglich, wenn die eine nun hübsch ist, nicht schreiben sie sieht nicht besonders aus. Das wäre kein getreuer Bericht. Ich halte es jedenfalls für richtig, wenn ich es Dir so schreibe, wie es ist. Die Mädels können noch so hübsch sein, darum werde ich doch keine Dummheiten machen. Ich habe Dir ja gerade in dieser Beziehung öfter meine Meinung geschrieben und Dir auch reinen Wein eingeschenkt. Du weißt doch ganz genau, daß es für mich keine andere Frau mehr gibt. Und aushalten werde ich es auch solange, bis wir uns wieder ganz haben. Daß Du beim Lesen des Berichtes ein komisches Gefühl gehabt hattest, verstehe ich ganz und gar. Würde es mir doch genau so gehen beim umgekehrten Verhältnis. So'n klein bißchen Eifersucht gehört doch zur Liebe. Wenn das nicht wäre, würden wir uns ja auch nicht lieb haben. Obwohl ich im großen und ganzen selten solche Anwandlungen habe. Früher war es schlimmer mit mir. Das wirst Du wohl auch noch wissen. Weiß ich doch genau, daß Du nur für mich da bist. Ja, das all Dein Sinnen und Trachten nur mir gehört. Es ist doch ein schönes Gefühl wenn man sich auf seine Frau so verlassen kann. Es gibt einem doch immer wieder Mut und Kraft zum Aushalten. Hoffentlich kann ich das alles, was Du für mich getan und jetzt noch tust, mit Haben und Zinsen wiedergeben. Mit meinen Gedanken bin ich immer bei Dir, denke oft daran, wie es alles werden wird, wenn ich erst wieder ganz bei Dir bin. Ich habe es mir alles so schön ausgemalt. Eine schwere Zeit wir es nach dem Krieg werden, aber deshalb lassen wir uns doch nicht unterkriegen, sind wir doch noch jung. Wir werden schon alles was wir versäumt haben, schon nachholen. Da hab man keine Bange. Die Hauptsache ist nur, daß der Krieg recht schnell ein Ende nimmt. Von Hans habe ich auch einen netten Brief gekriegt. Er ist ganz erstaunt darüber, daß ich mit beinahe 40 Jahren noch immer so einen Fußball spiele. Ja, er fragt mich, wo ich die Kraft hernehme. Ich kann ihm darauf eigentlich keine Antwort darauf geben. Ist es mir doch selbst ein Rätsel. Denn wenn man Sportler in meinem Alter sieht, wie die sich bewegen, muß man doch manchmal Vergleiche mit alten Opas ziehen. Es gibt natürlich Ausnahmen. Beim Marschieren bin ich eigentlich nicht so auf Draht wie beim wie beim Fußballspielen. Aber darin war ich ja noch nie groß. Am Sonntag spielen wir zum ersten Male auf unserem Sportplatz gegen die Mannschaft vom Stab. Wir werden wohl wenig Aussicht auf einen Sieg haben. Müssen nämlich mit Ersatz antreten und haben aus lange nicht mehr zusammen gespielt. Heute habe ich auch ein Bild bekommen. Werde es auch beilegen. So schön bin ich mit meinen Wickelgamaschen ja gerade nicht geworden. Wir hatten damals noch keine kurzen Hosen. Die Aufnahme ist nach unserem 2 stündigen Spiel gemacht worden. So flau sehe ich garnicht mal aus, nicht wahr? Hoffentlich bekomme ich auch die anderen Bilder noch. Und hoffentlich bekommst du diesen Brief auch. Es kann ja sein, daß durch die letzten Angriffe, die Post garnicht nach Hamburg rein kommt. Na, wir wollen hoffen, daß es diesmal nicht so schlimm geworden ist. So geschmiert hast Du Deinen Brief garnicht. Deine Briefe sehen immer noch gut aus und sind auch gut geschrieben. Wie sehen meine denn aus. Wenn ich zum Schluß noch mal durchlese habe ich immer Angst, daß Du sie nicht entziffern kannst. Ich habe immer die Absicht gut zu schreiben aber dabei bleibt es auch. Wenn ich erst richtig im Schreiben drin bin, dann geht das Geschmiere los. Ich glaube aber, daß Du bist jetzt alles entziffern konntest. Bist mir darum doch wohl auch nicht böse, nicht wahr? Hauptsache ist doch auch, daß Du die Briefe lesen kannst und Dir auch jeder Brief Freude bringt. Es ist schon ziemlich spät. Wir sitzen zu Dreien und schreiben. Beim Kerzenlicht. Das Wetter ist jeden Tag herrlich. Um die Mittagszeit fast nicht auszuhalten. Ich laufe den ganzen Tag nur mit der kurzen Hose bekleidet herum. Was ein Glück, daß wir die noch bekommen haben. Du merkst auch schon, daß mir beim Schreiben die Puste ausgegangen ist. So allmählich will auch der Brummschädel seine Ruhe haben. Neues kann ich Dir leider nicht mitteilen. Nur eins, aber das ist nicht so wichtig, es soll hier die Urlaubssperre kommen. Kann uns ja gleich sein, denn Urlaub gibt es ja doch nicht. Mir geht es sonst noch immer gut. Und ruhig ist es hier auch noch. Hoffentlich bleibt es bei Euch jetzt auch ruhig. Auch hoffe ich, daß es Dir und den Jungens noch gut geht. Heute Abend ist auch ein Urlauber zurück gekommen, sagte, daß es morgen wieder Post geben soll. Hoffentlich ist etwas von Dir dabei. Heute erst 5 Briefe bekommen und schau schon wieder nach den nächsten aus. Geht Dir doch auch so, nicht wahr?

So mein lieber Buttje und nun halte Dich schön gesund, wir wollen hoffen, daß wir uns recht bald für immer wieder haben, in diesem Sinne grüßt und küßt Dich Dein Willy. Auch viele Grüß und Küsse an Willy und Harry. An Deine Mutter, meine Eltern, Marta, Dora, Emil, Frieda und Harro auch einen schönen Gruß.

Anmerkung:
Schlamassel: Chaos
reinen Wein eingeschenkt: die Wahrheit gesagt
nicht auf Draht: sich nicht wohlfühlen, krank sein
Stab: Höhere Dienstgrade, Führung der Einheiten
Hansa 11: Fußballverein in dem unser Vater zuletzt Fußball gespielt hat. Der Sportplatz befand sich auf dem Heiligengeistfeld

135) Im Süd-Osten, 24. Juni 1944

Mein lieber Buttje!

Das Papier ist ja nicht gerade schön aber schreibfähig ist es noch. Habe auch nichts andres mehr. Sonnabends und sonntags haben wir jetzt immer schönen Dienst. Heute morgen sind wir im Gelände gewesen. Sind ordentlich warm geworden. Danach hatten wir aber leichten Dienst. Nach dem Essen hatten wir Sport und dann dienstfrei. Es gab heute Wein und Schnaps. Haben schon einen Kleinen genommen. Eben habe ich einen Brief an Willy und Harry geschrieben. Und Post habe ich eben auch von Dir und meiner Mutter bekommen. Der Brief von Dir war der vom 14. Juni (Nr. 96). Meinen besten Dank. Hätte ich doch Post von Dir von den letzten Bombenangriffen. Man ist doch immer in Unruhe. Hoffentlich ist es bei Frieda und Emil ruhig geblieben. Schön ist es ja gerade nicht, wenn bei den Angriffen Du ohne die Kinder bist. Weiß Du doch nach den Angriffen genau so wenig wie ich, wie es da abgelaufen ist. Es wäre doch besser, wenn Du mit den Kindern zusammen wärest. Kannst Du nicht irgend wo mit Willy und Harry für den Rest des Krieges hinziehen. Es ist doch ganz gleich, auch wenn Du es da nicht so besonders triffst. Die Hauptsache ist doch, daß Ihr Euer Leben erhaltet. Lange dauert es doch nicht mehr bis ich wieder für immer bei Dir bin. Überlege es Dir noch mal. Für mich ist es doch eine Beruhigung, wenn ich weiß, daß Du mit den Kindern zusammen bist. Wir leben verhältnismäßig einen ruhigen Tag und doch ist man nicht zufrieden. Wenn man wüßte, daß für Euch gesorgt ist und euch nichts passieren könnte, ginge es noch immer. Aber bei den ungeheuren Angriffen weiß man ja garnicht, was der nächste Tag bringt. Aber trotz allem glaube ich doch, daß wir uns alle gesund wiedersehen werden. Eine Beruhigung wäre es für mich aber schon, wenn ich erst wieder Post von Dir hätte. Hoffentlich brauche ich nicht so lange zu warten, wie im vorigen Jahr. Gestern war ich im Kino. In unserem Nachbarort haben sie ein Freilichtkino eingerichtet. Der Film war ganz nett. Aber sonst war es eine Pleite. Alle Augenblick ging der Strom weg. Es war so richtig ein Film auf Zeitlupe. Es war schade. Der Film nannte sich „Ferien vom ich". Ich habe viel gelacht dabei. Es waren in dem Film ganz gute Kräfte vertreten. Aber der Strom hat aus lauter Schikane bei den interessantesten Sachen die Puste eingestellt. Alle Augenblicke war der Strom weg. Zuerst haben wir uns darüber noch lustig gemacht, aber mit der Zeit kriegten wir doch eine Wut. Du hast in der letzten Zeit ja allerhand Film und Theaterbesuche gemacht. Wie gern wäre ich mit Dir gegangen. Lange kann es ja nicht mehr dauern und trotzdem läuft die Zeit doch nicht schnell genug. Hier bei uns ist im Augenblick Urlaubssperre. Für uns ja weiter nicht von Bedeutung. Denn wir als W.U.-Soldaten kommen ja doch nicht in den Genuß, der sonst für alle deutschen Landser in Frage kommt. Wie ich gehört habe, können nur Total-Bombengeschädigte in Urlaub fahren. Ja, der Urlaub, wie viele von uns haben darauf gebaut. Ich habe nie so recht daran gedacht Wenn ich auch so dann und wann davon geschrieben habe und Dich etwas Hoffnung gemacht habe, überzeugt davon bin ich eigentlich nie gewesen. Der Ton und die Behandlung ist hier ein ganz anderer geworden von unseren Vorgesetzten. Ab und zu kriegt der eine noch mal einen Koller aber das nehmen wir nicht mehr so tragisch. Auch ist die Grenze zwischen uns W.-U.-Soldaten und den sogenannten Stammleuten nicht mehr so eng gezogen wie vor ein paar Monaten. Die Stammleute, d.h. die Gefreiten und Obergefreiten müssen genau so Dienst mit machen wie wir. Vorher war es nicht der Fall. Die Unteroffiziere leben dafür einen herrlichen Tag. Sind nur zur Beaufsichtigung der Arbeit da. Die werden sich noch mal umgucken wenn sie mal wieder im Zivilberuf arbeiten müssen. Auch jetzt bei unserem Chef geht es anders zu. Sonst wurde den Stammleuten immer wieder gesagt, Abstand halten. Natürlich von uns. Glaube nicht, daß das die Kameradschaft fordert. Das Zusammenleben mit den Schützen ist aber ganz von allein und guter geworden und zwar dadurch schon, weil sie uns gegenüber keine Vergünstigungen haben. Ja auch im Dienst können sie uns auch nichts vorwerfen. Wir sind mit alle Mann von Anfang an mit allen Ausbildern zusammen und wenn wir eine reguläre Truppe wären, wäre der größte Teil auch schon Schütze. Wir sind ja immerhin schon 1 ½ Jahre Soldat. Die meisten Gefreiten und Obergefreiten sind erst später zu uns gekommen. Aber das nebenbei. Eben war ein Hamburger Kamerad hier und hat uns jedem eine deutsche Zigarette gegeben. „Jan Maat", und weil er auch einen kleinen getrunken hatte, Erlebnisse von Hamburg erzählt. Sachen die sich zwischen Nachts und Morgens auf dem Fischmarkt zu getragen haben. Er erzählte von den Lokalen der Großen Freiheit, Eierkohrs, von dem Fischkauf mit dem Band und von dem Nachhauseweg am Vormittag mit dem großen Blumenstrauß. Was war das doch noch für eine schöne Zeit. Ob wir das wohl noch mal erleben werden. Wer weiß wo wir noch mal unser Häuschen aufbauen werden. Nach den letzten Berichten sieht es ja beinahe so aus als ob auch der letzte Rest von Hamburg jetzt noch zerstört ist. Vielleicht ist es ja doch nicht so schlimm geworden. Wollen das Beste hoffen. Mir geht es noch immer gut. Hoffe dasselbe auch von Dir, Willy und Harry. Hoffentlich kannst Du auch alles entziffern. Habe doch so einen kleinen weg gekriegt. Aber das gibt sich alles wieder. Ach können wir doch erst wieder zusammen einen trinken. dann werden wir aber nicht so schnell damit aufhalten. Ich habe nur Angst, daß wir nicht so viel von den guten Stoff haben. Vielleicht kann ich dann ja auch von hier das nötige mitbringen. Das gut dabei ist ja, daß Du jetzt auch den guten Schnaps mit mir zusammen trinken wirst.

Wenn ich Dich noch so sehe, wie du auf dem Heuberg den Schnaps mit Verachtung (oder hast du es nur aus Liebe zu mir getan) runtergestürzt hast. Es ist ja ganz gleich ob mit oder Geschmack, schön war es doch, nicht wahr? So mein lieber Buttje und nun will ich doch den Brief beenden. Ich hoffe, daß es Dir sowie Willy und Harry noch gut geht und Ihr weiterhin vom Glück begünstigt seid. Halte Dich also munter und sei recht vielmals gegrüßt und geküßt von Deinem Willy. An Willy und Harry auch Gruß und Kuß. Herzl. Grüße auch an Deine Mutter, meine Eltern, Marta, Dora, Emil, Frieda und Harro. An Frau Schmidt und Em-my auch einen schönen Gruß. Der Brief ist inhaltlich nicht so gut ausgefallen, aber nächstes Mal werde ich meine Gedanken besser zusammen haben.

Anmerkung:
Fischkauf mit Band: es kam öfters vor, das Angetrunkene nach einer durchzechten Nacht noch einen Bummel über den am Sonntagmorgen stattfindenden Fischmarkt machten. Sie kauften dann einen Fisch, den sie an einem langen Band hinter sich herzogen

136) Im Süd-Osten, 26. Juni 1944

Mein lieber Buttje!

Heute bekommst Du nur einen kurzen Brief. Dafür werde ich aber morgen wieder schreiben. Heute nachmittag habe ich ein kleines Päckchen mit alten Briefe zurecht gemacht. Gestern beim Spiel habe ich mir eine Verletzung zugezogen. Habe erstmal 2 Tage frei gekriegt. Mein Schienbein und der Knöchel ist angeschwollen. Kann schlecht damit gehen. Wird aber in ein paar Tagen wieder in Ordnung sein. Sonst geht es mir noch gut. Ein Kamerad von mir hat mir einige Zeitungen zum Lesen geliehen. Zum größten Teil waren es Hamburger Anzeiger. Der kriegt sie auch heute noch immer von seiner Frau geschickt. Wohnt auch in Eimsbüttel. Die ersten Tage nach der Sperre hat sie die Zeitungen auch wieder zurück bekommen. Aber jetzt geht es glatt. Müssen doch Unterschiede bei den Postämtern gemacht werden. In einen der Zeitungen habe ich auch gelesen, daß der Sohn von Manhards aus der Rombergstraße im Osten gefallen ist. Wie viele Bombenopfer vom vorigen Jahr stehen noch drin. Und wie viele mögen es jetzt nach den letzten Angriffen sein? Die einzige Hoffnung bleibt doch nur noch, daß der Krieg recht schnell zu Ende geht. Hoffentlich ist bei Euch noch alles wohlauf. Ende der Woche kann ich wohl schon mit Post von den letzten Angriffen rechnen. So mein lieber Buttje! Für heute erst mal genug. Morgen mehr. Halte dich also munter und sei herzlichst gegrüßt und geküßt von Deinem Willy. Herzlichen Gruß und Kuß an Willy und Harry. An Deine Mutter, Emil, Frieda und Harro sowie an meine Eltern auch einen schönen Gruß. Und sonst wünsche ich ein baldiges Wiedersehen in der Heimat.

137) Im Süd-Osten, 27. Juni 1944

Mein Lieber Buttje!

Mit meinem Fuß ist es schon wieder besser geworden. Kann ich doch wenigstens wieder etwas auftreten ohne Schmerzen zu haben. Sonntagmorgen haben wir schon um 9 Uhr dienstfrei gehabt. Hatte erst die Absicht zum Baden zu gehen. Ist aber nichts mehr draus geworden. Wir haben einen Fußball gekriegt und den habe ich zurecht gemacht. Danach wurde es doch zu spät. War schon beinahe Mittag. Nach dem Essen, es gab Stampfkartoffel, Gulasch, Gurkensalat und als Nachtisch eingemachte Birnen, habe ich noch einen Brief an meine Eltern geschrieben. So allmählich wurde es dann auch Zeit zum Platz zugehen. Unsere Komp.-Mannschaft hat jetzt sogar schon eine Fußballtracht. Rote Hose und weißes Hemd. Sieht ganz gut aus. Nur mit dem Spiel war überhaupt nichts los. Wir mußten mit mehrfachen Ersatz antreten. Auch ich habe nichts gezeigt. Meine Füße machten mir Beschwerden. Weiß nicht ob es Überanstrengung war. Gleich zu Beginn bekam ich auch noch einen Tritt gegen mein linkes Schienbein. Es sah garnicht mal so schlimm aus. Und doch machte es mir während des ganzen Spiels zu schaffen. Nachdem es mit dem Spiel in der 2.Halbzeit auch nicht besser wurde, hatte ich auch keinen Schneid mehr und habe auch danach gespielt. Unser Gegner hatte, bis auf die Hintermannschaft, neue Leute aufgestellt. Alles junge Spieler. Wenn es auch keine überragende Spieler waren, aber sie spielten ganz flott und erfolgreich. Sie gewannen das Spiel 5:1. Gestern morgen als ich mich beim Spieß krank meldete, sagte er zu mir, er mochte nach dem Spiel garnicht vom Platz gehen. Es waren auf dem unserem Platz allerlei Volk aus unserem Ort vertreten, auch die Offiziere von unserem Battl. sind immer vertreten. Jeden Tag wird jetzt trainiert, sagte er noch zu mir. Und tatsächlich, gestern Abend ist schon der Anfang gemacht worden. Unser Komp.-Chef selbst hat auch mitgemacht. Ich selbst war natürlich nicht da. Sonst zu zutrauen wäre es mir schon, nicht wahr? Gestern Abend war auch schon wieder Kino. Wie der Film heißt habe ich schon wieder vergessen, soll aber ein guter Film gewesen sein. Fürs Kinogehen war ich schon immer zu haben. Als Schuljunge bin ich jeden Sonntag ins Kino gegangen. Habe meine Eltern so lange um einen Groschen gebettelt, bis sie ihn mir gaben. Und dann bin ich mit Karacho zum Kino gelaufen. Unsere Jungens geht es ja auch nicht besser. Später als ich vom König Fußball ganz und gar gefangen war, bin ich nicht mehr so oft hingegangen. Und in der letzten Zeit bin ich da wegen der vielen Arbeit schon garnicht mehr so oft zu gekommen. Wir sind doch eigentlich wenig zusammen ins Kino gegangen. Und doch hat es mir gefallen, wenn wir zusammen ins Kino und anschließend noch eingekehrt sind. Überhaupt, denkt man jetzt viel an einige Erlebnisse wo man sonst, wenn man im Hause ist, eigentlich garnicht an denkt. Weiß Du noch wie wir uns kennengelernt haben? Wie ich fast den ganzen Abend mit Dir getanzt habe. Und kaum ein Wort gesprochen? Ich mir dann eben vor Feierabend doch noch ein Herz faste und Dich gefragt habe, ob wir nicht zusammen einen trinken wollten. Wir waren (Fiedel und Alma auch mit) die letzten im Saal. Du hattest damals einen großen Strohhut auf, der Dir sehr gut stand. Nur an eins habe ich mich gestoßen, und zwar, daß Du Dein Haar an der Seite abgeschnitten hattest. Ich glaube ich habe es Dir gleich am ersten Abend gesagt, daß ich es nicht leiden mag. Also gleich den ersten Tag gemeckert, nicht wahr? Beim nächsten Mal als wir uns trafen, hatte ich vorher als Du noch nicht da warst, mit 2 aus Eurem Turnverein getanzt. Hatten sich, glaube ich, schon was eingebildet, denn als ich nachher mit Dir zusammen saß, guckten sie ganz groß. An dem Tage hast Du mir sehr gefallen (Wuschelkopf). Die ganze Zeit (bei Callsen) haben wir doch schöne Stunden zusammen verlebt. Es waren ja einige dabei die für Dich ja nicht gerade angenehm waren und die ich heute gerne als nicht gesehen haben möchte, aber doch überwiegen doch die guten. Wie bin ich immer spät von Dir weg gekommen. Weißt Du noch wie wir das eine Mal auch so lange in der Küche zusammen waren, es war schon morgens, war schon hell, als Dein Vater reinkam und zu mir sagte, ich sollte mich man zu Bett legen. Ob er da wohl etwas gemerkt hat? Und wenn schon, übel wird er es uns schon nicht genommen haben. Deine Eltern waren ja auch mal jung. Deinen Vater sehe ich noch immer vor mir wenn er in der Küche oder Stube saß und seine Hörer um hatte. Vertragen haben wir beide uns sehr gut. Und was war ich damals in Sorge als Du so krank warst. Weißt

Du noch wie ich gleich nach der Arbeit zu dir kam? Deine Mutter hat damals zum ersten Mal von der Verlobung gesprochen. Es sind genau 17 Jahre her. wie die Zeit doch läuft. Auch nach der Verlobung haben wir doch schöne Stunden verlebt. Wenn wir uns auch noch jung, unerfahren und ungezwungen unserer Liebe hingaben, so war es doch eine schöne Zeit, die ich nie vergessen werde. Und wie rücksichtsvoll waren Deine Eltern. Immer zur selben Zeit ließen sie uns allein. Nur später hatten wir öfter das Pech, daß Frieda und Emil da waren. Aber das kam ja zu Glück nicht so oft vor. Ob die Beiden sich wohl auch so ausgetobt haben? Ich kann es mir eigentlich garnicht vorstellen. So lange sind sie vorher doch eigentlich garnicht zusammen gegangen. Aber man kann sich ja irren, denn gerade darin ist jeder verschwiegen und behält es für sich. Man sagt doch, ein Kavalier genießt und schweigt. Ja, es war eine schöne Zeit, und doch waren die Tage auf dem Heuberg doch ganz andere. Zu dem Verlangen der Körper nacheinander kam das gänzliche Verstehen, es war doch zu schön. Wir mußten wohl erst so eine harte Prüfung auf uns nehmen um ganz zu einander zu finden. Ja, ich erinnere auch noch ganz genau wie du auf mich zu kamst. Am liebsten hätte ich Dich schon erdrückt. Wie hatte ich mich doch gefreut, daß Du doch noch gekommen warst. Wir beide haben es doch nicht zu bereuen gehabt. Gerade die Stunden haben uns so stark in unserer Liebe gemacht, daß uns nichts mehr erschüttern kann. Es war ja nur schade, daß wir 5 nicht alle Tage ganz für uns gehabt haben. Wie bin ich umher gerannt als wir uns gleich den ersten Sonntag verpaßt hatten. Und als wir uns dann doch trafen, wie Du Dich trotz der Tränen die Dir in den Augen standen wegen der verloren gegangenen Stunde. Und dann die Freude als ich Dir am Pfingstsonnabend mitteilte, daß ich bis zum Montagabend Urlaub habe. Unser Spaziergang nach den Bärenfelsen und dann unser Spaziergang den wir beide allein nach dem Lokal an der Donau machten war auch sehr schön. Der andere Tag war so schlecht, daß wir gezwungen waren im Hause zu bleiben und uns an die Schnapsbuddel zu halten. Und doch war es der beste Tag von allen. Denn da waren wir doch ganz alleine und ungestört. Sei mal ehrlich mein Buttje! Da hattest Du doch den Schnaps mir zu Liebe mit getrunken, nicht war? Du hattest doch mit Verachtung das Zeug herunter geschüttet. Und doch, war es nicht schön? Sind wir da doch beide ganz aus uns heraus gekommen. Wenn ich daran denke, durchströmt es mir noch ganz heiß. Haben wir doch da alles von uns geworfen und gerade da durch ganz zu einander gefunden. Und wie heiß waren wir doch in unserer Liebe. Ich sehe Dich noch immer so vor mir. Den Kopf in die Kissen gewühlt. Dein Wuschelkopf, Dein schönes schwarzes Haar und die hübschen großen Augen die da gerade an dem Tage viel zu oft voll Tränen standen. Waren es Freudentränen oder Tränen wegen des damaligen Abrückens? Ach könnten wir uns doch erst wieder ganz unserer Liebe hingeben, ohne daß das Schreckgespenst des Krieges vor uns steht. Aber ich hoffe doch, das die Zeit nicht mehr fern ist. Eine Entscheidung wird jetzt auf alle Fälle kommen. Wir wollen doch hoffen, daß wir uns dann gesund wiedersehen. Alles andere wird schon von alleine kommen.

So mein lieber Buttje, so allmählich muß ich nun doch den Brief beenden. Ich hoffe doch, daß ich Dir mit diesem Brief eine Freude gemacht habe. Hoffentlich können wir uns recht bald wieder in die Arme nehmen und gemeinsam mit unseren Jungens Hand in Hand, gute und frohe Stunden erleben. In diesem Sinne grüßt und küßt dich vielmals Dein nur Dich liebender Willy. Und wenn es noch so lange dauert, mich kann kein anderes Mädel interessieren. Dein Gesicht, vielmehr Du, stehst mir immer vor Augen. Nochmals recht viele Küsse von Deinem Willy. An unsere Jungens Willy und Harry auch schöne Grüße und Küsse, Herzlichen Gruß auch an meine

Eltern, Marta und Dora sowie an Deine Mutter, Emil, Frieda und Harro. Bleibe mir gesund und schreibe sofort wieder, damit ich wegen der Angriffe nicht unnötig in Unruhe bin.

Anmerkung:
Karacho: Eiltempo, so schnell wie es geht
Callsen: ein Tanzlokal, vermutlich nach dem Besitzer benannt
damaligen Abrückens: in der Kaserne Heuberg war die Grundausbildung beendet und die Tage zur Versetzung (Abrücken) an die Front standen bevor.

138) Im Süd-Osten, 29. Juni 1944

Mein lieber Buttje!

Gestern bekam ich Dein Päckchen vom 13 Juni. Meinen besten Dank. Es ist verhältnismäßig schnell angekommen. In 14 Tg. Ein Brief geht manchmal auch nicht schneller. Heute werde ich Dir ein Päckchen zurecht machen. Habe einige Zigaretten kaufen können. Daß Du mir nichts schicken kannst, macht doch nichts. Ich habe hier doch alles. Ich weiß doch ganz genau, daß Ihr zum Leben das lange nicht habt. Brauchst dir darum keine Gedanken zu machen. Augenblicklich ist hier ja auch soviel wie garnichts zu haben. Aber wenn die Ernte rein ist und wir noch hier, werde ich wieder mehr schicken. Wer weiß, was bis dahin noch alles passieren kann. Augenblicklich sieht es auf den Kriegsschauplätzen ja bunt aus. Ich glaube ja nicht, daß hier unten noch irgend was passieren wird. Aber doch muß man mit der Möglichkeit rechnen. Es kann auch leicht sein, daß wir hier mal abgeschnitten werden. Auch kann der Krieg zu Ende gehen und wir wegen Transportschwierigkeiten eine ganze Zeit auf den Heimtransport warten müssen. Aber darum brauchst Du meinetwegen nicht in Sorge sein. Ich glaube nämlich nicht, daß mir irgend etwas im Laufe des Krieges passieren wird. Hier rechnet jeder mit einem schnellen Ende des Krieges. Zu wünschen wäre es. Meine Sorge ist nur die, daß bei euch noch irgend etwas passieren kann. Wir wollen aber hoffen, daß alles an uns gut vorüber gehen wird. Das Wetter ist hier immer noch herrlich. Es hatte sich vor einigen Tagen mal etwas abgekühlt. Auf dem Festlande ist ein Gewitter gewesen. Hier ist es aber nicht rüber gekommen. Das Aufblitzen haben wir hier aber sehen können. Ein schönes Naturschauspiel. Heute müssen wir mal wieder umziehen. Bekommen ein größeres Quartier. Ich wäre gern hier geblieben. Aber danach geht es ja nicht. Wenn man sich eben eingelebt und alles schön zurecht gemacht hat, kann man wieder packen. Beim Barras ist nie etwas von langer Dauer. Da wird immer umgemodelt. Aber das kann uns ja nicht mehr erschüttern. Mit der Zeit wird man es ja gewohnt. Vor einigen Tagen habe ich hier mit unseren Gregors 66 gespielt. Zu Vieren spielen sie es genau so wie wir. Bei 3 Mann spielen sie es aber ganz anders. Wenn ich z.B. einen hohen Trumpf ausspiele, vielleicht das Trumpf-Ass, dann bedienen sie nicht. Obwohl sie Trumpfkarten in der Hand haben. Werfen sie kleine Karten bei. Bei 3 Mann bleiben einige Karten über und solange die nicht vom Tisch sind, spielen sie ohne Trümpfe. Dann aber wenn die letzte Karte vom Tisch ist, spielen sie genau so wie wir. Skat kennen sie nicht. Aber Gockern (?) tun sie. Das Spiel kenne ich allerdings nicht. Der größte Teil der jungen Griechen wird, wenn der Krieg zu Ende ist, von hier auswandern. Unser Quartiersmann wird es auch. Ist in der Hauptsache vor dem Krieg auf dem Festlande in Städten beschäftigt gewesen. Er hat die Absicht nach dem Kriege nach Deutschland oder Kanada auszuwandern. Verspricht sich da schon beruflich viel. Von Beruf ist er Schmied. Hat auf dem Festlande hauptsächlich in Fabriken gearbeitet. Von dem Stadtleben erzählt er am liebsten. Er hat da viel Geld verdient.

Hier kann er mit den jungen Mädels nicht ausgehen oder einen kleinen Flirt treiben, weil es sich nicht schickt. Aber in den Städten ist das Leben genau so frei wie bei uns. Am meisten staunt er immer darüber, daß unsere Frauen hoch in den dreißiger Jahren noch so gut aussehen. Für mich wäre es hier schon garnichts. Wenn die Mädels hier jung und hübsch sind, dürfen sie nicht angefaßt werden und wenn sie dann verheiratet sind, sind sie nach ein paar Jahren verblüht und verwelkt. Was hat nun so ein Mann von der Ehe. Was nützt da der gute Kern im Menschen. So'n bißchen Augenweide will doch jeder Mann haben. Sonntags haben sie sich, wenn sie nicht arbeiten, ganz gut zurecht gemacht und angezogen. Aber in der Woche sehen sie direkt speckig aus. Ausnahmen gibt es hier allerdings auch, aber das sind alte Frauen, die eine Zeit auf dem Festlande in den Städten gelebt haben. Die Frauen sind auch trotzdem sie schon einige Jahre verheiratet sind, immer noch sauber. Auch ihre Kinder haben sie gut gekleidet, die stechen direkt von allen anderen ab. Eigentlich ist es mir unverständlich, daß sie hier noch so weit zurück sind. Viele arbeiten doch in der Friedenszeit einige Monate auf dem Festlande. An Sonn- und Feiertagen sind sie dabei angezogen, daß sie einen Vergleich mit Städtern aushalten. Sonntags modern und schick angezogen, das Haar ganz modern onduliert und an den Wochentagen gehen sie so dreckig umher. Unterschiede genau so wie das Wetter. Ein Tag, vielmehr fast immer heiß und dann einige Tage eine radikale Abkühlung. Dadurch entstehen hauptsächlich auch die Krankheiten. In der letzten Zeit haben mehrere von uns, aber hauptsächlich Leute die erst zu uns gekommen sind, das Fieber gehabt, wo wir im vorigen Jahr auch mit zu tun hatten. Einen Malariafall haben wir auch schon. Wir dürfen wegen der Malariagefahr auch nicht mehr eine Stunde vor Sonnenuntergang bis eine Stunde nach Sonnenaufgang mit der kurzen Hose gehen. Bis jetzt habe ich noch nicht viel von den

Mücken gemerkt. Damals die Zeit als ich in S. lag, habe ich davon viel mehr gespürt. Ich hoffe auch, daß ich davon verschont bleibe. Denn die Krankheit stellt sich auch später immer wieder ein. So schlimmes Malariagebiet ist es hier ja auch noch nicht. Ernst Heiden war damals für Afrika ja auch nicht tropenfest. Vielmehr sein Blut. Daß er es im Süden der Ostfront noch mal wieder bekommen hat, ist ja nicht zu verwundern, denn da ist das Klima ja genau so wie hier bei uns. Vielleicht ja auch noch schlimmer. Viel macht hier ja aus, daß hier immer ein leichter Wind geht. Sonst wäre es hier manchmal wohl auch nicht auszuhalten vor Hitze. Sonst wegen der Hitze habe ich eigentlich noch keine Beschwerden gehabt. So eine richtige Abkühlung wie wir sie bei uns nach heißen Tagen haben gibt es hier garnicht. Wenn es bei uns mal einige Tage oder Wochen richtig heiß ist, gibt es doch bestimmt ein Gewitter mit dem nötigen Regen dazu. Wie ist doch so ein Gewitterregen für Mensch und die Natur wohltuend. Genau so erfrischend ist es doch auch für den Mann wie auch für die Frau, wenn die natürlichen Kräfte der menschlichen Körper zur Entladung kommen. Und auf alles das, muß man wie lange schon und wie lange noch, verzichten. Auf Urlaub zu kommen besteht immer noch keine Aussicht. Und wie gerne wäre ich mal wieder und wenn nur für kurze Zeit bei Dir gewesen. Wir wollen aber die Hoffnung nicht aufgeben, vielleicht kommt doch alles schneller als wir denken. Auf Post warte ich schon wieder sehnsüchtig. Habe ich doch immer keine Nachricht von Dir von den letzten Bombenangriffen. Hoffentlich habt Ihr alle es gut überstanden. Alle Hamburger machen sich Sorgen um ihre Angehörigen soweit sie noch in der Stadt sind. Ich hoffe aber bestimmt, daß ich in den nächsten Tagen Nachricht von Dir bekomme, daß alles noch wohl auf ist. Mir geht es hier noch immer gut. Mit meinem Fuß geht es auch schon wieder besser. Werde wohl morgen oder übermorgen wieder Dienst mit machen. Hier läuft ein

Tag wie der andere. Auch hofft man, daß alles bald ein Ende hat und wieder für immer bei seinen Lieben sein kann. So mein Lieber Buttje und nun halte Dich weiterhin gesund und sei Du sowie Willy und Harry recht vielmals gegrüßt und geküßt von Deinem Willy und Eurem Papa. An meine Eltern, Marta, Dora, Deine Mutter, Emil, Frieda und Harro sowie an Hans und Alwine, Fiede und Johanna auch einen schönen Gruß. Daß ich unbändige Sehnsucht nach dir habe, wirst Du mir wohl glauben. In Gedanken küßt Dich recht vielmals Dein Willy.

Anmerkung:
Barras: Militär
Umgemodelt: geändert
66: Kartenspiel, mit Skatkarten

139) Im Süd-Osten, 02. Juli 1944

Mein lieber Buttje!

Gestern bekam ich Deinen lieben Brief vom 20. Juni (98), wofür meinen besten Dank. Daß ich Dein Päckchen schon vor ein paar Tagen erhalten habe, schrieb ich Dir schon bereits. Am Freitag ist für dich auch ein Päckchen mit Zigaretten abgegangen. Es wäre zu schön, wenn das Päckchen auch so schnell überkommen würde. Von dir fehlt mir jetzt noch der Brief Nr. 97. Wird wohl diese Tage kommen. Auf Deinen Brief habe ich schon sehnsüchtig gewartet. Wußte ich doch überhaupt nicht, was nach den letzten Bombenangriffen bei Euch los war. Eigentlich war ich doch etwas enttäuscht. Hatte nämlich gedacht, Daß Du etwas von den Bombenangriffen mir mitteilen würdest. Es interessiert mich doch, wo Du zu der Zeit der Angriffe gewesen bist. Auch ob da Bomben bei Euch in der Nähe gefallen sind. Oder hast Du es mir absichtlich nicht geschrieben. Damit ich mich nicht unnötig aufrege? Wenn auf Hamburg Angriffe sind, kriege ich doch hier durch den Wehrmachtsbericht und auch durch Hamburger Kameraden zu wissen. Die Post kommt ungefähr alle 8-10 Tage und wenn man dann weiß, daß wieder mal einmal ein Angriff auf Hamburg gewesen ist, ist man doch in Sorge um Euch. Durch Kameraden habe ich erfahren, daß der erste Angriff am Sonntag in der Frühe schon war und hauptsächlich die Innenstadt angegriffen worden ist. Von Paul und Marta bekam ich gestern auch Post. Harry und Willy hatten auch einen Gruß mit draufgeschrieben. Paul teilte mir mit, daß er bei meinen Eltern angerufen hätte und noch alles wohlauf ist. Für mich war es eine große Beruhigung, war der Brief doch schon vom 21. Juni. Also ein Tag älter als Deiner. Eigentlich wundert es mich, daß Erni Riehm so lange nicht geschrieben hat. Ich hatte doch zuletzt an ihm geschrieben. Oder sollte der Brief vielleicht verloren gegangen sein. Ja, nach Gretels Meinung geht es ja nicht, aber Recht hat sie schon daß es so langsam Zeit wird, daß ich mal wieder nach Hause komme. Hoffentlich geht ihr Traum in Erfüllung. Daß es ein schönes Gefühl sein muß wenn man ohne Unterbrechung wieder durch schlafen kann, glaube ich Dir. Aber wäre es nicht viel besser wenn ich da auch mit bei sein könnte? Na, hoffentlich dauert es nicht mehr so lange. Ich kann Dir heute wieder einen Brief auf einen anständigen Bogen schreiben. Von Paul und Marta habe ich 4 Briefe auf einmal bekommen und in alle Briefe war Schreibpapier. Die Schrift müßte eigentlich auf so gutes Papier noch mal so gut werden. Aber wie Du siehst ist es doch nicht der Fall. Ich glaube auch nicht, daß ich mich da noch bessern werde. Die Hauptsache ist ja auch, daß Du meine Briefe entziffern kannst. Gut geht es mir auch noch, auch ist es hier noch ruhig. Gestern hatten wir eine Übung. Los ging es schon Freitagnachmittag um 5 Uhr und zurück kamen wir den nächsten Tag um 12 Uhr (mittags). Nach gut 2 stündigem Marsch haben wir bis morgens 2 ½ Uhr Rast gemacht. Dann fing die eigentliche Übung an. Geschwitzt habe ich viel. Kann da überhaupt allerhand von kriegen. Mir läuft das Wasser nur so am Körper runter. Geschlafen habe ich auf der Erde ganz gut. Nur gegen Morgen wurde es etwas frisch. Nachher beim Marschieren wurden wir aber doch gleich warm. An einem Platz an dem wir liegen blieben war ein Schwein angebunden. Ein Ferkel war auch dabei. Über das Ferkel haben wir uns amüsiert. Es weinte und sprang wie besessen hin und her und dann wenn es in der Nähe der Mutter kam rannte es unter ihrem Bauch unter durch. Hinter die Hühner war es auch immer hinterher. Die stoben immer mit einem Gegacker davon. Man konnte es dem Ferkel beinahe ansehen, daß es ihm Spaß machte. Sah bald so aus, als ob es spitzbübisch grinste. Nach ungefähr 1 Stunde begann unsere Übung. 5 Kameraden und ich sind Melder im Komp.-Trupp. Unser Komp.-Truppführer und wir sind immer in der Nähe unseres Komp.-Chefs. Bei jeder Meldung kam ich durchschwitzt wieder zurück. Das Wasser lief mir nur so runter. Dabei war es erst morgens 5 ½ Uhr als ich den ersten Gang machte. Nachher wurde es noch schlimmer. Allerdingst allzuviel hatten wir nicht zu laufen. Eine ganze Zeit saßen wir in einem tiefen Graben. Bei der Geländeorientierung entdeckte ich einen Birnbaum. Daß wir uns da erstmal die Taschen vollsteckten, ist doch wohl klar. Ich habe mir sogar noch welche mitgenommen. Um ½ 10 Uhr wurde die Übung beendet und wir gingen wieder zu unserem Rastplatz zurück. Nachdem wir uns angezogen hatten wir mußten abends eben vor dem Dunkelwerden unsere lange Hose und Jacke anziehen. Wegen Malariagefahr. Zu tragen bauchten wir die Sachen aber nicht. Hatten aus diesem Grunde mehrere Mulis mit. Ich mußte, weil ich Radmelder bin, ein Fahrrad mitnehmen. Zum Fahren bin ich aber nicht gekommen. Nach einem Kilometer war vorne schon die Luft rausgegangen. Hatte bis dahin das Rad nur geschoben. Gleich daraufhabe ich das Rad bei einem Bauern untergestellt und auf dem Rückwege wieder mitgenommen. Wozu ich das Rad überhaupt mitnehmen mußte ist mir ein Rätsel geblieben. Wege gab es überhaupt nicht, nicht mal Mulipfade. Es ging fast immer über Felder. Mein Bein war vor dem Marsch noch nicht wieder in Ordnung. Die ganze Woche hatte ich schon mein Bein gekühlt aber immer habe ich noch Beschwerden. Wenn es auch nicht direkt schlimm ist, so macht es sich doch auf die Dauer bemerkbar, Als ich zurück kam freute ich mich natürlich auf den freien Sonnabendnachmittag und den Sonntag. Ich hatte aber nicht damit gerechnet, daß ich noch Wache bekommen könne. Und tatsächlich trat es auch ein. Sollte abends auf Wache ziehen. Mit meinen Füßen war ich natürlich ziemlich fertig. Bin zum Spieß gegangen und bin auch von der Wache abgelöst worden. Habe morgens von 2-4 Uhr bei uns im Ort die Streife gemacht. Statt gestern Abend nun früh zu Bett zu gehen, habe ich doch noch lange aufgesessen. Ich hatte mir ein paar Bücher aus unserer Leih geholt. Das was ich gelesen habe war so spannend, daß ich es noch durchgelesen habe, bevor ich ins Bett ging. Es betitelte sich „Ein Mann rechnet ab". In der letzten Zeit habe ich verschiedene Bücher gelesen. Augenblicklich habe ich das Buch „Servus Kumpel" zu lesen. Etwas mehr Zeit hat man jetzt schon. Heute mittag bin ich doch ziemlich müde gewesen. Bin bei diesem Brief direkt eingeschlafen. Habe inzwischen 2 Stunden geschlafen, fühle mich doch frischer. Heute hat es auch Marketenderware gegeben. Zu rauchen war es dieses Mal nicht viel. Es gab nur 115 Zigaretten und 2 Pakete Tabak. Blättertabak gab es überhaupt nicht. Von dem bißchen kann ich natürlich nichts abgeben. Ich freue mich nur, daß ich für Dich vor einigen Tagen welche kaufen konnte. 100 Stück sind also trotzdem für Dich unterwegs. 1 Feuerzeug habe ich auch bekommen. Bin nur gespannt wie lange das hält. Lange habe ich bis jetzt noch kein Feuerzeug gehabt. Zu kaufen gibt es hier augenblicklich überhaupt nichts. Nicht mal die beiden üblichen 2 Kilo-Pakete habe ich dir im letzten Monat geschickt. Kannst Du mir nicht mal die kleinen Tüten mit Farbe schicken, zum Zeug färben. Ganz gleich welche Farben. Vielleicht kannst du ja auch eine Tüte mit Klebe oder Kleister auftreiben. Die letzte, die Du mir in der Dose geschickt hattest, war sehr gut. Aber so etwas kannst Du mir ja doch nicht schicken, wird zu schwer. Es gibt aber auch so kleine Tüten mit Klebe. Kann man sich dann selbst anrühren. Wenn du kriegen kannst nehme „Glutolin" oder „Glutofix". Es kann aber auch Sichelkleister ein. Gebrauchen kann man den Kleister immer sehr gut. Aber das mit der Farbe sehe man mal zu. Kannst Gehlsen ja mal besuchen. Wenn es aber nichts ist, macht es auch nichts. Solange wird es wohl auch nicht mehr dauern. Wollen doch hoffen, daß wir uns recht bald wiederhaben. Hast Du von Andreas und Hinni schon wieder mal Post bekommen. Hoffentlich haben sie ja ein bißchen Glück, sieht da ja bös aus, wo sie sind. Hans wird wohl doch noch nicht so schnell wegkommen. Paul schrieb mir von seinem ganzen Gebrechen. Sie wollen wohl aus ihm einen ganz anderen Menschen machen. So allmählich bin ich auch mit meinem Latein zu Ende. Zeit zum Abendessen wird es auch schon. Wie waren die Sonntagsabende in der letzten Zeit doch schön. Zum Abendbrot hatten wir meistens einen Halben (wenn es auch nicht mehr das Gute war) und dann hatten wir beide ein Buch vor die Nase. Es war nur ein billiges Vergnügen aber doch denkt da doch öfter an zurück. Und Sonnabends, was hattest Du immer viel zu tun um alles für den Sonntag fertig zu kriegen. Aber meistens haben wir doch am Tisch gesessen und gelesen. Wäre die Zeit doch erst wieder da.

So mein lieber Buttje und nun will ich doch den Brief beenden. Ich hoffe, daß es Dir, Willy und Harry noch gut geht. Halte Dich also gesund und sei recht vielmals gegrüßt und geküßt von Deinem

Willy. An Willy und Harry auch einen schönen Gruß und Kuß. An meine Eltern, Marta, Dora, Deine Mutter, Emil, Frieda und Harro sowie Hans und Alwine, Fiede und Johanna auch einen schönen Gruß. Auch an Emmy, Ursula und Frau Schmidt herzlichen Gruß. Könnte ich Dich doch erst wieder in die Arme nehmen und wieder küssen. Kann die Zeit garnicht mehr abwarten.
Einen Brief den ich an Ernst Heiden geschrieben hatte, habe ich wieder zurückbekommen.

Anmerkung:
Leih: Stelle zum Bücher leihen
Gehlsen: Drogerie am Eimsbütteler Marktplatz und Hausverwalter, Paulinenallee 60
Halben: Liter Bier

140) Im Süd- Osten, 04 Juli 1944

Mein lieber Buttje!

Beim Durchsehen meiner letzten Briefe, sehe ich, daß ich noch einen Brief an Deine Mutter zu schreiben habe. Den Brief habe ich vorige Woche erhalten. Er war aber schon am 14. April geschrieben. Wo der sich so lange rumgetrieben hat, ist mir ein Rätsel. Es war aber nicht der einzige Brief. Mehrere Kameraden (Hamburger) haben auch Post vom 15/16 April in der vorigen Woche erhalten. Deine Mutter wird wohl schon lange auf Post von mir gewartet haben. Einen Brief, den ich an Ernst Heiden geschrieben hatte, habe ich auch wieder zurück bekommen. Das Wetter ist immer noch schön. Beim Sitzen und beim Schlafen läuft einen der Schweiß schon herunter. Augenblicklich arbeite ich den ganzen Tag draußen (außerhalb des Ortes) in der Sonne. Bekleidet bin ich nur mit der kurzen Hose. Es wäre doch zu schön, wenn wir zusammen mal so einen Sommer verleben könnten. Man brauchte dann keine Angst zu haben, daß das Wetter schlecht werden würde. Ich wäre aber auch schon zufrieden, wenn wir wieder mal für ein paar Wochen an der Ostsee im Zelt verbringen könnten. Es war doch zu schön da draußen in Dassow (?). Daß die Zeit nach dem Kriege für uns alle sehr schlecht sein wird, steht fest, aber darum werden wir doch unsere Sonntage und Feiertage verleben wie es uns paßt. Hier bei uns ist noch Urlaubssperre. Ich glaube auch nicht, daß sie wieder aufgehoben wird. Einige von unsrer Komp., die gerade noch vor der Urlaubssperre gefahren sind, werden zu unserer Komp. nicht zurück kehren. Die sind in Wien gleich zu einem anderen Haufen gekommen. Werden nicht mit an die Front kommen. Wegen der Urlaubssperre bin ich auch ganz beruhigt. Lange wird es sowieso nicht mehr dauern. Wenn der Krieg mal zu Ende ist, steht glaube, die ganze Welt Kopf Ist doch von Kriege fast jedes Land betroffen. Und was haben die Menschen schon alles durchmachen müssen. Auch hier sehnt ein jeder ein schnelles Kriegsende herbei. Dabei haben wir hier eigentlich noch garnichts auszustehen. Wir können doch noch jeden Abend ins Bett gehen, ohne daß wir vom Tommy gestört werden. In unserem neuen Quartier haben wir uns schon ganz gut eingelebt. Wir sind mit 6 Mann (3 Hamburger) und haben 1 Schlafraum und einen Tagesraum. Ich werde hier der Haustyrann genannt. Ein Hamburger hat mir den Namen gegeben. Ich habe öfter was zu Meckern wenn sie ihr Waschwasser, ihre schmutzigen Kochgeschirre stehen lassen oder sonst keine Ordnung halten. Das paßt verschiedenen natürlich nicht. Der eine hat Dich sogar bemitleidet. Er sagte nämlich, mir tut Deine Frau direkt leid. Aber ich glaube so schlimm ist es doch nicht. Denn Ordnung halten tust Du doch, und sonst habe ich doch auch keinen Grund zum Meckern. Man hat ja mitunter mal seinen Moralischen, aber auch das wird sich nachher mit mir geben. Hier hat man manchmal eine

Stimmung, daß einem der Kaffee hochkommen kann. Aber auch das geht immer schnell wieder vorüber. Also mein lieber Buttje, Angst brauchst Du nicht vor dem Haustyrannen zu haben. Hier bringen es die Verhältnisse schon mit sich und nachher zu Hause muß ich mich Dir in verschiedenen Sachen doch unterordnen. Halte Dich weiterhin gesund und sei recht vielmals gegrüßt und geküßt von Deinem Willy. Gruß und Kuß auch an Willy und Harry. Herz. Grüße auch an Deine Mutter, meinen Eltern, Marta, Dora , Emil, Frieda und Harro.

141) Im Süd-Osten, 06. Juli 1944

Mein lieber Buttje!

Post habe ich noch nicht wieder bekommen. Denke aber, daß ich heute oder morgen welche bekommen werde. Ich hoffe doch, daß es Dir noch gut geht. Auch von Willy und Harry hoffe ich dasselbe. Kannst Du Dich immer noch nicht entschließen, ganz zu den Kindern zu ziehen? Es wird doch jetzt von Tag zu Tag schlimmer. Was nützt uns denn später die Wohnung. Wichtiger wie alles andere ist doch, daß Du bei den Kindern bist. Und wenn Du die Wohnung nicht aufgeben willst, so nehme wenigstens die Kinder zu Dir, wenn es noch gefährlicher werden sollte. Einen Vorwurf werde ich Dir nicht machen. Ich verstehe es ganz und gar, daß Du an all das hängst und es nicht noch mal verlieren möchtest. Vielleicht sehe ich auch zu schwarz. Aber Vorbeugen ist noch mir vom Übel gewesen. Am besten wäre es ja, wenn Ihr alle zusammen irgendwo unterkommen könntet. Ach könnte ich doch in der gefährlichen Zeit bei Dir und den Kindern sein. Wer weiß, was wir noch alles durch zu kosten haben, bis wir uns für immer wieder haben. Sonst bin ich über den Ausgang des Krieges nicht in Sorge, in Sorge bin ich nur, daß euch etwas zustoßen könnte. Es wäre doch schön, wenn Ihr Euch hier bei mir aufhalten könntet. Ist es hier doch ruhig. Kein Alarm würde euch hier aus den Betten holen. Gestern Mittag hatte ich mich hingelegt und von Dir geträumt. Ich war aber nicht bei dir im Haus, sondern du hattest mich hier besucht. Ich kam aus unserem Quartier und wollte zum Arbeitsdienst gehen und da standest Du mit noch einer anderen Frau bei uns vor der Tür. Die andere Frau ging mit ihrem Mann gleich weg. Zu Dir sagte ich, gehe man schon rauf, ich komme gleich nach. An der Ecke standen einige Kameraden von mir und unser Unteroffizier. Zu dem sagte ich, ich hätte noch etwas zu besorgen und ging dann zu Dir. Ich war aber noch nicht ganz bei Dir, da wachte ich auf. Und da stellte ich fest, daß es nur ein Traum gewesen war. Hätte es nicht Wirklichkeit sein können? Wie lange mag es noch dauern bis es soweit ist? Mit einem schnellen Kriegsende rechne ich auf jeden Fall. Alle drängen auf eine schnelle Entscheidung. Bei uns, und auch auf der Feindseite. Wenn der Krieg erst mal zu Ende ist, haben wir schon viel gewonnen. Will dann gerne solange warten, bis für uns auch die Möglichkeit eines Abtransportes besteht. Meinethalben brauchst Du nicht in Sorge zu sein. Glaube nämlich nicht, daß hier noch etwas passiert. Und aushalten wirst Du noch bis ich wieder bei Dir bin, nicht wahr? Ich kann es, denn Dein Bild steht immer vor mir. Ich habe auch kein Verlangen nach einer anderen Frau und mag sie noch so hübsch sein. Und nur um sich mal aus zu toben, mein lieber Buttje, das tue ich Dir nicht an. Würde es mir doch auch nicht recht sein, wenn Du es machen würdest. Für uns wird auch schon wieder die Zeit kommen, und dann mein Buttje, wird alles nachgeholt. So mein Buttje und nun will ich schließen. Du bist mir doch nicht böse, das der Brief nur ein 2 seitiger geworden ist? Ich muß mit dem Papier sparen. Und nun mein lieber Buttje halte Dich gesund, wollen hoffen, daß wir uns recht bald wiedersehen in diesem Sinne grüßt und küßt Dich in Liebe, Dein Willy. An Willy und Harry auch Gruß und Kuß. Herzliche Grüße auch an meine Eltern, Marta, Dora, deine Mutter, sowie Emil, Frieda und Harro.

142) Im Süd-Osten, 08. Juli 1944

Mein lieber Buttje!

Post habe ich noch nicht wieder gekriegt. Erwarten tun wir sie schon paar Tage. Das Flugzeug sollte schon vor einigen Tagen kommen. Na, vielleicht kommt heute das Flugzeug. Seit gestern abend habe ich Wache. Heute morgen schon ganz früh ist unsere Komp. auf Spähtrupp (Übung) gewesen. Es sind 7 Gruppen gelaufen. Für die ersten beiden Besten gab es Preise. Ich brauchte nicht mit, weil ich schlecht zu Fuß bin. Mit meinem Bein ist es immer noch nicht so, wie es sein sollte. Aber das wird schon wieder werden. Päckchen wollte ich eigentlich garnicht mehr schicken. Wer weiß ob die überhaupt noch ankommen. Auch ist hier schlecht was zu bekommen. Hoffentlich werdet Ihr nicht auch noch ernstlich belästigt. Wenn Ihr evakuiert werden solltet, bleibt immer bei der Masse. Geht nicht alleine. Mit einer Invasion in Eurer Gegend muß man nämlich auch rechnen. Ich glaube es ja nicht, aber möglich ist ja alles. Am besten ist dann ja immer wenn man nicht zwischen sondern hinter der Front ist. Wir wollen aber hoffen, daß alles gut abläuft und wir uns recht bald für immer wieder haben. Morgen will ich mal wieder zum Baden. Bin schon eine ganze Zeit nicht mehr hingekommen. Vorige Woche bin ich fast überhaupt nicht aus dem Bau gekommen und diese Woche bin ich nach dem Arbeitsdienst auch nicht mehr weggegangen. Wenn ich überhaupt mal weggehe ist es entweder zum Fußball, Kino oder Baden. Sonst sitze ich immer im Quartier. Wo soll man hier auch schon hingehen.

In der letzten Zeit habe ich viel gelesen. Augenblicklich lese ich das Buch „ 1793 das Jahr des Schreckens" von Viktor Hugo. Heute morgen habe ich mal wieder die Griechen beobachtet. Es war noch etwas schummrig, so gegen 4 Uhr. Da kamen die Frauen und Mädels bei mir vorbei als ich Posten stand. Man kann sich direkt ekeln wenn man sie sieht. So dreckig und speckig wie sie am Tage vorher vom Felde gekommen sind, so schieben sie auch wieder los. Mit dem Zeug was sie am Tage anhaben legen sie sich auch schlafen. Kein Wunder, daß sie voll Ungeziefer sitzen. Wie oft habe ich es schon gesehen, daß die Mütter ihre Kinder die Läuse vom Kopf gesucht haben. Eigentlich schade um die Kleinen. Es sind zum größten Teil niedliche und drollige Kinder. Nein, hier für immer leben, möchte ich doch nicht. Es geht doch nichts über die Reinlichkeit. Daß es den Menschen nicht selbst über wird. Die leben so von Generation zu Generation den Tag hinein. Wenn sie keine Lust zum Arbeiten haben, bummeln sie. Heute müssen sie schon eher mal ran. Erstmal müssen sie schon mehr arbeiten und ihre Felder bestellen damit sie nicht verhungern und dann wird ein Teil zu Arbeiten bei der Wehrmacht gebraucht. Früher ist hier viel eingeführt worden, aber das fällt während des Krieges fast ganz weg. Die Wein und Feigenernte fällt in diesem Jahre glaube ich sehr gut aus. Viel Arbeit haben sie davon aber nicht mal. Die Feigen und auch die Mandeln brauchen sie sich nur von den Bäumen zu holen. So mein Buttje mein Geist bedarf der Aufrischung. Weiß Dir tatsächlich nichts mehr zu berichten. Wird doch Zeit, daß ich mal wieder bei Dir sein kann. Wie geht es Dir noch? Und nun mein lieber Buttje, halte dich gesund und sei recht herzlich gegrüßt und geküßt von Deinem Willy. An Willy und Harry auch Gruß und Kuß. Herzliche Grüße auch an meine Eltern, Marta, Dora sowie an deine Mutter, Emil, Frieda, Harro, Emmy, Ursula und Frau Schmidt.

Ich wollte den Brief erst zukleben. Habe es aber doch unter lassen. Es geht nämlich immer morgens erst weg. Nun nachdem ich den Brief beendet hatte und auch mit meiner Wache fertig war, gab es Post. Von dir waren die Briefe Nr. 97, 99 und 100 dabei. Daß ich mich dazu gefreut habe, wirst du mir wohl glauben. Für Deine lieben Briefe und das Zigarettenpapier meinen besten Dank. Daß du die 100 Zigaretten bekommen hast, freut mich. Es war aber nicht die Nr. 35 sondern Nr. 38. Einige Päckchen fehlen aber noch, und zwar Nr. 36, Buch und Zigarrentasche, Nr. 37 für Willy und Harry Taschenbücher und alte Briefe. Von Hinni und meinen Eltern war auch Post dabei. In Hamburg ist ja bei den letzten Angriffen wieder allerhand vernichtet worden. Ist in der Paulinenallee auch was passiert? Hoffentlich bleibt es jetzt ruhig. So und Du warst nach Martas Geburtstagsfeier so richtig für mich in Form? Schade, daß ich nicht bei dir war. Wärst sonst bestimmt auf Deine Kosten gekommen. Aber das kommt auch noch mal. Da habe ich keine Angst. Daß Dir die Radtour nach Kakenstorf gefallen hat, glaube ich Dir. Die Bremer Chaussee bin ich auch schon mal gefahren. Allerdings nicht mit dem Fahrrad. War damals mit Hans nach Bremen. Daß Willy und Harry jetzt auch Radfahren können ist ja schön. Können wir dann später, d.h. wenn wir alle Räder haben, schön zusammen unsere Radtouren machen. Den Brief habe ich gestern Abend doch nicht mehr fertig gekriegt. Es wurde doch zu schnell dunkel. Eben habe ich auch Post gekriegt. Von Willy und Harry je einen Brief vom 28. Juni. Sie schrieben mir, daß sie augenblicklich schönes Wetter und jetzt auch große Ferien haben. Willy schrieb mir auch, daß er für Frieda zum Geburtstag nichts zu schenken hat und er deshalb Heckenrosen pflücken wollte. So, und Frieda ist auch mal wieder soweit? Sie sind doch sonst so vorsichtig gewesen. Ja das ist schon so, man kann noch so vorsichtig sein. Alle guten Vorsätze nützen da nichts. Wenn die Zeit danach ist, ist es ja auch nichts. Die Machart ist doch schön und kleine Kinder sind doch auch niedlich. Für Harro ist es doch auch besser, wenn er ein kleines Schwesterchen oder einen kleinen Bruder hat. Wegen Urlaub ist auch noch nichts raus. Ist auch zwecklos sich darüber noch zu unterhalten. Für uns kommt es ja doch nicht in Frage. Auch ist jetzt hier bei uns Urlaubssperre. Gerade wegen Urlaub ist uns schon soviel erzählt worden, daß man eigentlich beruhigt sein könnte. Ich bin es auch. Für mich kommt nur der Urlaub für immer in Frage. Ich wollte heute eigentlich zum Baden. Richard Heinitz wollte mich abholen. Hat mich aber wohl versetzt. Oder er schläft noch. Es ist nämlich schon ½ 2 Uhr und gleich nach dem Essen wollte er bei mir sein. Wenn ich diesen Brief fertig habe, werde ich wohl doch noch los ziehen. Das Wetter ist schön und so richtig mich mal wieder in die Fluten stürzen möchte ich auch gern. Könnten wir doch erst wieder zu- sammen unsere Sonntage verbringen. Wir wollen sie aber doch mehr ausnutzen, wie wir es sonst getan haben, nicht wahr? Und sonst hoffe ich ja auch, daß der Krieg recht, recht bald zu Ende geht und Du mich dann ganz für Dich in Beschlag nehmen kannst. So, mein lieber Buttje, nun will ich doch Schluß machen, sonst wird es mir doch zu spät. Halte Dich also gesund und sei recht vielmals gegrüßt und geküßt von Deinem Willy. Was meinst Du, wenn der Krieg ganz plötzlich zu Ende geht und wir uns schon eher wiederhaben als wir uns das vorstellen. Es wäre doch zu schön, nicht wahr? Wenn ich Dich erst wieder so richtig in die Arme nehmen könnte. In Gedanken schon d…, küßt Dich vielmals Dein Willy

143) Im Süd-Osten, ll. Juli 1944

Mein lieber Buttje!

Heute kann ich Dir mal wieder ein Foto von mir mitschicken. So besonders ist es ja nicht geworden. Jedenfalls das Gesicht ist schlecht geworden. Ich weiß nicht, ob ich mich bewegt habe oder ob es von der Sonne kommt. Von dem Negativ kannst Du ja noch Abzüge machen, wenn Du willst. Ein Bild hätte ich gerne davon. Ein Kamerad, auch ein Hamburger, wollte gerne eins haben. Ich habe direkt gestaunt, als er den Wunsch aussprach. Habe mich mit ihm öfter mal in der Wolle. Er ist ziemlich nervös und springt furchtbar schnell an. Er wohnt auch in Eimsbüttel, in der Satoriusstr. Ich kenne ihn aus Ansehen nach schon aus Fuhlsbüttel. Gelacht haben wir schon viel über ihn. Auch gestern wieder. Er wollte Abendbrot essen. Hatte 2 Eier und wollte sie sich braten. Hatte sie auf der Bank liegen und als er sich auf die Bank setzte, trudelte ein Ei runter und ging natürlich kaputt. Gleich darauf fiel ihm auch noch eine Schnitte Brot runter und da war es geschehen. Sein übriges Brot, das andere Ei, Messer und Gabel sowie seine Butter warf er hinterher. Wir konnten uns das Lachen nicht verkneifen. Er guckte uns dann auch an, als wollte er uns alle daneben werfen. Uns nach her als er beim Stiefel putzen war, kam er noch mal auf Touren. Wir wohnen eine Treppe hoch, der Raum zwischen unseren beiden Stuben hat eine Balkontür und da stehen wir immer wenn wir unsere Sachen sauber machen. Er stand beim Putzen da auch. Als ihm die Bürste aus der Hand fiel, warf er die Stiefel hinterher. Wir haben uns darüber natürlich amüsiert. Er guckte uns nur an und sagte, ihr seid ja keine Philosophen. Die Bürste wäre runter gefallen, aber dadurch daß er die Stiefel auch unten hat, könne er sie gleich unten putzen. Er hat dann wenigstens den Weg nicht umsonst gemacht Auch eine Einstellung. Wir sagen aber dazu "leichter Dachschaden". Wir haben ja alle mal unseren kleinen Vogel aber das bringt die Zeit so mit sich. Gestern Abend hatten wir Fußballtraining. Ich war natürlich auch wieder dabei. Meine Füße sind ja soweit wieder in Ordnung. Am Sonntag werden wir wohl auch wieder spielen. Gestern beim Training waren wir zum Spiel auf zwei Tore nicht genug und da haben wir einige Griechen mit spielen lassen. Im Tor stand unser griechischer Polizist. Ahnung vom Fußball hatten die Griechen bis auf einen nicht. Wir haben natürlich viel gelacht. Hauptsächlich über den Polizisten. Abends um 7 Uhr sind wir erst angefangen und doch haben wir ordentlich geschwitzt. Das Wasser lief wie Bäche an unseren Körper herunter. Viel Zeit habe ich nicht mehr. Ich muß um 3 Uhr wieder mit meiner Arbeit beginnen. Die letzten Tage habe ich wieder bei uns in der Küche gearbeitet. Da wird umgebaut. Müssen heute den Fußboden auszementieren. Morgen soll der Ofen versetzt werden. Der Fußboden muß bis dahin trocken sein. Mir geht es noch immer gut. Hoffe daßelbe auch von Dir sowie Willy und Harry. Ich warte schon wieder auf Post von Dir und vor allen Dingen auf das Kriegsende. Wollen hoffen, daß es nicht mehr solange dauern wird. Bis dahin halte Dich gesund und sei Du sowie Willy und Harry recht herzlich gegrüß und geküßt von Deinem Willy und Eurem Papa. An meine Eltern, Marta, Dora, Deine Mutter sowie Emil, Frieda und Harro auch einen schönen Gruß. Meine Umschläge sind auch schon wieder alle. Schicke mir doch ein 100 Gramm Päckchen mit etwas Briefpapier.

Anmerkung:
In der Wolle haben: Streit oder Streitgespräch haben

43) Im Süd-Osten, 13. Juli 1944

Mein Lieber Buttje!

Ich habe für dich eine kleine Büchse mit Fleisch über gespart und auch etwas Mehl beigelegt, es scheint Roggenmehl zu sein, es ist ja nicht viel, aber zusätzlich zu einer Mahlzeit wirst Du es schon verwenden können. Mir geht es sonst noch gut. Ruhig ist es auch noch immer. Hoffe auch, daß es so bleibt und der Krieg recht bald zu Ende ist. Ob wir von hier dann so schnell weg kommen glaube ich nicht. Auch kann es möglich sein, daß wir dann ganz ohne Verbindung zu Euch sind. Aber auch das wird vorüber gehen. Die Hauptsache ist ja, daß der Krieg erstmal aus ist und Ihr eure Ruhe habt. Alles andere wird sich schon zurecht laufen. Ich hoffe auch, daß alles zu unserer Zufriedenheit auslaufen wird und wir uns dann recht bald für immer wiederhaben werden. Ich kann die Zeit bis dahin schon garnicht mehr abwarten. Und doch muß man es. Das einzige Beruhigende ist noch, daß es nicht mehr so lange dauern kann. Zur Entscheidung und zur Beendigung des Krieges wird es in den nächsten Monaten kommen.

So mein lieber Buttje, ich hoffe, daß du dieses Päckchen noch bekommst und es dir, Willy und Harry noch gut gehen. Haltet Euch gesund und seid recht vielmals gegrüßt und geküßt von Deinem Willy und Eurem Papa.

144) Im Süd-Osten, 13. Juli 1944

Mein lieber Buttje!

Nun will ich aber doch bei und dir ein paar Zeilen schreiben. Gleich nach dem Mittagessen wollte ich es schon. Bin aber am Tisch eingeschlafen. Um ½ 2 Uhr bin ich aufgewacht. Habe dann erstmal ein Päckchen für Dich fertig gemacht. Ich hatte noch eine kleine Dose mit Fleisch und etwas Roggenmehl. Zusätzlich zu einer Mahlzeit wirst Du es schon verwenden können. Das Päckchen geht morgen ab. Hoffentlich bekommst Du es recht schnell. Man weiß ja nicht, was da alles zwischen kommen kann. Heute Nachmittag habe ich frei. Wir sind mit unserer Küche fertig. Sollte heute Abend fertig sein, haben es aber schon bis zum Mittag geschafft. Darum haben wir den Nachmittag frei gekriegt. Wäre es doch erst soweit daß ich ganz frei käme und man wieder machen könnte was man wollte. Na, lange kann es ja nicht mehr dauern. Denke, daß es sich in den nächsten 3 Monaten entschieden hat. Jeder rechnet hier damit, daß es jetzt zu Ende geht. Ja wäre es man erst so weit, nicht wahr? Was wird das für alle Menschen ein Aufatmen geben. In den ersten Wochen wird es wohl überall Freudenfeste geben. Ordentlich einen Trinken werden wir auch mit allen. Wir werden aber die meiste Zeit ganz für uns feiern. Haben wir doch viel nachzuholen. All die schönen Jahre die uns in unserem Liebesleben verlustig gegangen sind müssen doch wieder aufgeholt werden, nicht wahr? Meinst Du, daß wir es schaffen werden? Na, wir werden es ja sehen. Alt und verbraucht sind wir ja nicht. Ich fühle mich überhaupt frischer als vorher. Es wird wohl hauptsächlich daher kommen, daß ich mehr an der frischen Luft bin. Die Hitze und die viele Arbeit ist gerade nicht gut für meinen Körper gewesen. Wenn wir nach dem Kriege auch viel arbeiten müssen, das eine steht jetzt schon für mich fest, mehr freie Zeit werde ich mir nehmen. Ich glaube auch nicht, daß ich noch mal in meinem Beruf anfangen werde. Ewig abhängig sein von anderen Leuten, da steht mir doch nicht der Sinn nach. Es müßte sich sonst schon vieles ändern, daß es auch Zweck hätte zu arbeiten für Miete und das nötige Essen, nein, das kommt nicht mehr in Frage. Sich vielleicht dann auch noch anpflaumen lassen, das fehlte noch. Wenn alles gut geht und wir alle gesund wiederkommen, werde ich mit Hinni und meinem Vater zusammen arbeiten. Arbeit werden wir schon genug haben, dafür bin ich nicht bange. Der größte Teil ist ausgebombt und hat überhaupt keine Möbel mehr. Was wird das für Arbeit geben. Wenn das Geschäft richtig angefaßt wird und nicht nur selbst die Möbel herstellt sondern sich den Laden voll stellen läßt, daß man eigentlich nur verkauft und die Möbel abliefert, dann kann das Geschäft bequem paar Familien ernähren. Ich baue direkt schon Schlösser nicht wahr? Aber zu machen ist es doch. Warum sollte uns das Glück nicht mal hold sein. Wir könnten doch alle von unserer Familie mit im Geschäft sein. Paul als Reisender und Hans als Möbeltransporteur. Als Kontoristin müßtest Du dann schon Dich zu Verfügung stellen. Ganz groß was? Na wir wollen erst mal abwarten wie sich alles entwickelt. Jedenfalls werden wir schon zu recht kommen. Da habe ich gar keine Angst. Die Hauptsache ist, daß wir alle wieder im Hause sind. Man kommt immer wieder auf dasselbe zu sprechen. Nicht nur beim schreiben auch beim Arbeiten ist es der Fall. Alles ist doch schon Kriegsmüde. Die meisten haben es sich doch nicht träumen lassen, daß der Krieg 5 Jahre dauern wird. Ich habe im Frühjahr auch nicht gedacht, daß wir die Ernte hier noch mitmachen werden. Glaube aber, daß ich von der Weinernte doch noch was abkriege werde. Im vorigen Jahr bin ich, zu der Zeit ja nicht hier gewesen. War zu der Zeit gerade in S. Mitgemacht muß man es ja eigentlich haben. Viel Landser wollen die Weinernte gerne noch mal mitmachen. Ich für mein Teil würde da aber gern drauf verzichten. Waren doch die paar Tage die ich im vorigen Jahr bei Dir sein konnte mir viel mehr wert. Eine Weinernte kann mir auch jetzt ein Beisammensein mit Dir nicht ersetzen. Der Wein ist schon zu ersetzen und darauf kann man auch drauf verzichten aber nicht auf sein Liebstes. Ich habe den Brief eben unterbrechen müssen. Mußte meinen Karabiner reinigen. Anschließend habe ich mein Bett mit einer Flitspritze bearbeitet. Hoffentlich habe ich die Viecher alle rausgekriegt. Damit ich einigermaßen schlafen kann. Sonst in der Nacht merke ich eigentlich nicht so viel davon. Schlafe auch gut durch. Nur warm ist auch des Nachts sehr. Am schlimmsten mit den Flöhen ist es Abends wenn man im Zimmer sitzt. Dann springen sie einem immer in einer Tour an die Beine. Bevor ich zu Bett gehe, schüttel ich immer meine Decken aus. Auch mit meinem Nachthemd mache ich es. Auf dem Wege zum Bett springen die Flöhe aber wieder an die Beine. Streife dann erst das eine Bein und dann das andere Bein ab und dann geht's schnell unters Moskitonetz. Was man doch für Sorgen hat, nicht wahr? Ihr wäret froh wenn Ihr mal eine Nacht durchschlafen könntet. Aber das kommt auch bald. Jetzt im Sommer geht es ja. da bist du ja nicht so ein Eisklumpen. Aber wie ist es nun im Winter gewesen? Bist Du da überhaupt warm geworden? In diesem Jahr wirst du ja, wenn alles gut geht, wieder Deinen Ofen haben. Freust Du Dich schon darauf? Ich habe schon immer darüber gestaunt wie es möglich ist, daß Du und das am ganzem Körper so eisig kalt warst. Dabei bist Du doch vorher beinahe ganz in den Ofen reingekrochen. Wenn man so'n bißchen warm ist und da kommt zu einem so ein Eisklumpen ins Bett, dann geht es einem durch Mark und Pfennig. Wenn ich da so an denke, kann ich es mir direkt vorstellen als machtest Du es jetzt, wie Du so ganz vorsichtig mit dem einen Fuß und dann mit dem anderen und dann ganz zu mir hereinkamst, dann fühle ich direkt wie eisig kalt Du warst. Ich sagte immer, oh was für ein Eisklumpen und Du sagtest, mein Ofen. Ich merkte immer wie Du dann mit der Zeit so langsam warm wurdest. Das eisige Mädchen, das sonst immer so heiß ist. Ach ich wollte Dich so gerne wärmen und noch viel lieber zu Dir sein, an all solche Dinge, an die man sonst so vorüber geht, denkt man jetzt soviel. Vorhin habe ich ein Bild beguckt. Es war das, wo Hinni und Marie, Hans und Dora, Paul und

Marta und wir beide auf sind. Hinnis Urlaub nach seiner Erfrierung. In der Fettstraße. Alle sitzen zusammen und haben sich angefaßt, nur wir beide sitzen da so. Haben wir uns weniger lieb? Oder fehlte die letzte innere Verständigung? Ich glaube das war der Fall. Obwohl es uns ja nicht liegt unser Innerstes zur Schau zu tragen. Es sagt ja nichts und doch sollte man ein Kehrdienichts haben. Warum sollten wir uns nicht in Gegenwart anderer mal umfassen. Daß wir zusammen gehören weiß doch jeder. Das gute ist ja, daß keiner in uns hineinsehen kann, denn wie lieb wir uns haben, wissen wir doch nur allein. Und das ist doch schön. Ja mein Buttje, ich glaube wenn wir erst wieder für immer zusammen sind, kommen wir aus die Flitterwochen garnicht wieder raus. Oder bist Du durch die lange Entsagung schon so abgekühlt? Ich hoffe es doch nicht. Und wenn doch, dann werde ich auch genug Kraft haben um Dir die Lust dazu bei zubringen. Daß ich ungeheure Sehnsucht nach Dir habe wirst du wohl so glauben. In der Hoffnung, daß ich dich recht bald wieder in meine Arme nehmen kann grüßt und küßt Dich Dein Willy. Herzliche Grüße und Küsse auch an Willy und Harry. Und eine schönen Gruß an meine Eltern, Marta, Dora, Deine Mutter, Emil, Frieda und Harro.

Anmerkung:
Anpflaumen: anmeckern, anherrschen
Flitspritze : eine Pumpe, die so ähnlich wie eine Fahrradpumpe aussieht, an der sich ein kleiner Behälter mit einem Insektenvernichtungsmittel befindet
Kehrdienichts: so viel, wie sich nicht um die Meinung anderer zu kümmern

145) Im Süd- Osten, 16. Juli 1944

Mein lieber Buttje!

Eigentlich wollte ich gestern schon schreiben, bin da aber nicht mehr zu gekommen. Ich hatte gestern Wache bin aber trotzdem nicht zu gekommen. Wir hatten neben unserer Wache allerhand zu belaufen. Unsere Komp. hatte morgens früh eine Übung. Ich brauchte nicht mit wegen meiner Füße. Hätte die Übung aber gerne mit gemacht. Denn gerade Sonnabends und Sonntags haben wir wenig Dienst. Der Nachmittag ist fast ganz dienstfrei. Wogegen die Wache jetzt bis 8 Uhr geht. Meine Schreibsachen habe ich mir eben nach dem Mittagessen schon zurecht gelegt, war aber nicht von dem Buch, daß ich mir vor Mittag geholt hatte, weg zu kriegen. Mußte es erst durchlesen. Es war eins von den Romanheften, die Du auch öfters liest. Das Buch hieß: „Lück schießt in die Luft". Ein Kriminalroman. Geschrieben war es wie alle Kriminalromane. Er war natürlich unschuldig und gekriegt haben sie sich auch. Trotzdem man es doch weißt, daß es so kommen wird, liest man die Romane doch immer wieder. Sie sind hier für uns auch eigentlich das Beste. Für schwere Sachen hat man doch nicht so die Ruhe. Freitagabend war hier auch Kino. Ich konnte aber leider nicht mit, weil ich auf Wache ziehn mußte. Heute soll auch ein Film laufen. Ist aber noch nicht Bescheid gesagt worden, wann es los geht. Wäre heute gerne hingegangen. Zum Baden wollte ich erst auch, habe es aber vorgezogen im Hause zu bleiben. Es ist mir doch ein bißchen zu windig. Schreiben wollte ich auch. Vor allen Dingen war ich zu faul zum Laufen. Hast Du inzwischen schon wieder Post von mir gekriegt? Ich warte schon wieder darauf Vielleicht kommt ja in den nächsten Tagen welche. Das Wetter ist noch immer schön hier. Der Wind verläßt uns aber selten. Aber sonst ist es hier noch ruhig. Hoffe auch, daß es bis zur Beendigung des Krieges so bleibt. Gut geht es mir auch noch. 3 Tage hatte ich so'n bißchen Bauchschmerzen, ist aber schon wieder besser geworden. Dachte erst schon, daß ich das Fieber wieder einmal bekäme. Werde aber wohl etwas gegessen haben, was mir nicht bekommen ist. Vor ein paar Wochen sollten wir schon 3 Komp.-Mädels haben. Daraus ist aber nichts geworden. Die Mädels sollten nur eine kurze Zeit bei uns bleiben. Alle die, die bei denen mal Süßholz raspeln wollten, mußten sich in eine Liste eintragen und etwas von ihrer Verpflegung als Entgeld dafür abgeben. Bei zu geringer Beteiligung mußten aber diejenigen ins Nachbardorf Wie viele sich in die Listen eingetragen haben, weiß ich nicht. Es sollen aber doch einige gewesen sein. Man sollte es nicht für möglich halten. Eine Sache die doch nur die beiden Partner angeht noch Listenmäßig zu erfassen ist doch zu Geschmacklos. Daß sich überhaupt da welche eingetragen haben, ist mir unverständlich. Gekommen sind die Mädels aber nicht. Es soll von höherer Stelle abgebogen worden sein. Daß ich das nicht bedauert habe, wirst Du mir wohl glauben. Kennst Du doch meine Einstellung. Und dann noch etwas von der Verpflegung abgeben, das fehlte noch. Ja, wenn ich zu Dir eilen könnte, würde ich schon gerne auf die Verpflegung verzichten. Eines Tages werden auch wir wieder vereint sein. Solange wird es nicht mehr dauern. Bis dahin halte ich es noch aus. Mich interessiert das alles auch garnicht. Mich interessiert nur noch, das der Krieg recht bald zu Ende geht und ich bei Dir und den Kindern sein kann. Hast Du von Andreas schon wieder Post bekommen? Er wird jetzt wohl nicht so oft zum Schreiben kommen. Hoffentlich hat er und Hinni Glück.

So mein lieber Buttje und nun will ich auch schließen. In der Hoffnung, daß wir uns recht bald für immer wieder haben, grüßt und küßt Dich recht vielmals Dein Willy. An Willy und Harry auch Grüße und Küsse. Herzl. Gruß auch an meine Eltern, Marta, Dora, Deine Mutter, Emil, Frieda und Harro.

146) Im Süd-Osten, 18. Juli 1944

Mein lieber Buttje!

Auf Post warte ich schon wieder sehnsüchtig. Die letzte habe ich am 8. Juli erhalten. So bei kleinem wird es ja wieder Zeit, daß mal wieder Post kommt. Sind es heute doch schon wieder 10 Tage her. Hoffentlich ist in Wien und München nicht so viel verlustig gegangen. Meine bei den Bombenangriffen. Post von mir kann dadurch auch zum Deubel gehen. Mußt Du denn vielleicht auch so lange warten? Gestern war ich im Freiluftkino in unserem Nachbarort. Es wurde der Film „Tonelli" gezeigt. Ein Artistenfilm. Hat mir sehr gut gefallen. Es ist noch ein ziemlich neuer Film. Handlung garnicht mal so übel. Allerdings mit Happy end, aber das ist man ja schon gewöhnt. Ich will mal versuchen ihn zu schildern. Tonelli, ein ganz großer Artist, tritt mit seiner Frau und noch einem Partner auf. Seine kleine Tochter liebt er abgöttisch. Er zieht sie an und aus und bringt zu Bett. Ja, auch daß sie ihren Nachtopf ja hat, vergißt er nicht. Sein Engagement ist gerade abgelaufen. Hat noch einmal aufzutreten. Weil sein Partner und seine Frau noch nicht so weit sind, begibt er sich allein ins Theater. Weil er aber gleich als erster auftreten muß, geht er wieder zurück um seine Frau und seinen Partner zu verständigen. Da angekommen überrascht er die Beiden. Er beherrscht sich aber und geht wieder ins Theater nachdem er die Beiden verständigt hat. Vor lauter Enttäuschung nimmt er Alkohol zu sich. Sein alter Freund Frank und eine andere Kollegin bringen ihn nach langem Zureden davon ab. Inzwischen ist seine Frau und der Partner auch gekommen. Alle 3 machen sich für ihren Auftritt fertig und begeben sich zur Bühne. Seine Frau hat große Angst um ihren Freund. Er läßt sich aber nicht abhalten. Zuerst geht es ganz gut. Aber bei der Hauptnummer stürzt der

Partner vom Seil ab uns wird schwer verletzt in eine Klinik gebracht. Obwohl Tonelli an dem Unglücksfall ganz unschuldig ist, bezichtigt seine Frau ihn. als er das zu Hören kriegt rennt er nach Hause und flieht mit seinem kleinen Mädel und bringt sie in einem Kinderheim unter. Er selbst kriegt als Artist keine Arbeit und liegt schon einige Wochen bei seinem Freund Janko rum. Er rafft sich aber doch auf und nimmt Arbeit als Kellner an. Er spielt in der Kaschemme gewissermaßen den Rausschmeißer. Nach dem es ihm da zu heiß wird, geht er mit einem Wanderzirkus auf und davon. Er spielt da den dummen August. Auf einem Jahrmarkt wo der Zirkus auch gastiert, sieht er ganz plötzlich seine Tochter. Damit sie ihm nicht erkennt schminkt er sich und klebt sich auch noch einen Nase auf. Bei der Vorführung spielt er so groß und geht auch zum ersten Mal wieder auf ein Seil. Eine Kollegin von ihm, die er heimlich liebt, ist eine gute Artistin auf dem Seil und mit der reist er dann durch die Welt und werden unter dem Namen „Nelli und Jaro(?)" ganz berühmte Artisten. Gut gefallen hat mir das, wie er seiner kleinen Tochter zuliebe allerlei Späße treibt und als dummer August auf dem Seil seine Künste anbringt. Nach 6 Jahren Abwesenheit kommt er wieder in die Stadt in der sich damals die Tragö-die abspielte. Seine Frau kennt ihn trotz der Maskierung gleich wieder uns versucht ihn wieder an sich zu ziehen. Er geht aber auf nichts ein. Ja, er versucht sogar sie mit einer größeren Summe Geldes abzufinden. Zuletzt erklärt sie sich auch damit einverstanden und verspricht ihm beim Gericht alles in Ordnung zu bringen. Am nächsten Tage wohnt sie der Aufführung bei und geht nach der Vorstellung zu ihm in die Garderobe und erklärt ihm, daß sie mit der Scheidung nicht einverstanden ist. Als sie dann merkte, daß er trotz aller Überredungsversuche nicht von seiner Forderung nach abließ, zeigte sie ihren wahren Charakter und beschuldigte hin wiederum und wollte ihn dem Gericht melden. Abends ging er dann doch noch mal zu ihr um sie umzustimmen. Als er wieder von ihr zurückkam, wurde er verhaftet. Seine Frau war an dem Abend ermordet worden. Die Gerichtsverhandlung war dann der Schluß des Films. Er beteuerte seine Unschuld, konnte sie aber nicht beweisen. Die Sache stand sehr schlecht für ihn. Lief aber doch noch gut aus. Sein früherer Partner, der die letzten Jahre mit seiner Frau zusammen gelebt hatte, war an dem Stelldichein zugegen und hatte seine Geliebte dann, weil sie versuchte, wieder mit ihrem Mann zusammen zu kommen, ins Wasser geworfen. Auf der Gerichtsverhandlung gestand er seine Schuld ein und Tonelli wurde freigesprochen und heiratete seine Partnerin Nelli. So, das war der Film. Ich denke gerade daran, vielleicht hast Du ihn schon gesehen und ich habe ihn Dir unnütz geschildert. Wenn Du ihn aber noch nicht gesehen hast, und Du hast die Möglichkeit ihn zu sehen, solltest Du ruhig hingehen. Gefallen wird er dir bestimmt. Du hast doch für Artistenfilme eine Schwäche. Deshalb habe ich ihn Dir auch geschildert. Zum Kino sind wir mit dem LKW hingefahren. Einige Griechen die für unsere Komp. arbeiten waren auch mit. Ein paar Jungens in Willy und Harry's Alter auch. Der eine, der auch bei jedem Fußballspiel mir dabei ist, saß vor mir und nach der Vorstellung kam er zu mir und dann mußte ich ihn an die Hand nehmen. Mir war es gerade so als hätte ich eine von unseren Jungens bei mir. Er kam zu mir weil es schon dunkel geworden war. Als wir in unserm Ort kamen war Alarm. Natürlich Übungsalarm. Wir mußten so schnell wie möglich mit unseren Waffen auf unseren Antreteplatz erscheinen. Nach Prüfung der Vollzähligkeit konnten wir aber wieder in unsere Quartiere gehen und warten der Dinge die da kommen sollten. Nach einer Stunde mußten wir dann raus und die Übung begann. Es war ungefähr 12-12 ½ Uhr geworden. Übungsende war gegen 8 Uhr morgens. Geschwitzt haben wir alle. Ich war schon bevor wir abmarschierten am ganzen Körper naß.

Beschwerden hat mir die Übung aber nicht gemacht. Bis zum Mittag haben wir nur I Stunde Waffenreinigen gehabt und dann frei. Ob wir heute Nachmittag auch frei haben, ist noch nicht raus. Bin eben zum Wasserholen gewesen. Und als ich zurückkam traf ich den U.v.D. mit dem Dienstplan. Der Nachmittag ist soviel wie Dienstfrei. Haben von 3 ½- 6 Uhr Putz - und Flickstunde. So mein Buttje, und wie geht es Dir und den Jungens? Ich hoffe doch, daß es Euch noch gut geht. Von mir kann ich es jedenfalls sagen. Das Wetter ist immer noch herrlich. Windig ist es aber fast jeden Tag. Ein Glück, denn sonst wäre es bald nicht mehr auszuhalten. Hast Du meine beiden Briefe mit den beiden Fotos schon erhalten?Hoffentlich kommen sie auch über. Und nun mein lieber Buttje will ich auch schließen, es ist gleich ½ 4 Uhr. Halte Dich also munter und sei recht herzlichst gegrüßt und geküßt von Deinem Willy. An Willy und Harry auch Gruß und Kuß. Herzlich Grüße auch an meine Eltern, Marta, Dora, Deine Mutter, Emil, Frieda, Harro, Hans und Alwine sowie Fiede, Johanna u. Kinder. Wollen hoffen, daß der Krieg bald zu Ende geht und wir uns bald für immer wieder haben.

Anmerkung:
zum Deubel gehen: so viel wie zum Teufel gehen, vernichtet werden, verloren gehen
Kaschemme: minderwertige Kneipe
U.v.D.: Unteroffizier vom Dienst

147) Im Süd-Osten, 20. Juli 1944

Mein lieber Buttje!

Eben bekomme ich Deinen Brief Nr. 102 vom 3. Juli und Nr. l03 vom 7. Juli. Meinen besten Dank. Es fehlt mir noch Dein Brief Nr. 101.

Wird wohl in den nächsten Tagen auch noch überkommen. Von Marta und Frieda war auch Post dabei. Einen Brief von Hans habe ich wieder zurück gekriegt. Seine neue Anschrift weiß ich auch garnicht. Er ist doch inzwischen ins Lazarett gekommen. Ja, daß Du mir lieber heute wie morgen schreiben würdest, daß der Krieg aus ist, glaube ich Dir. Ein Wunder wird aber nicht geschehen. Dieser Krieg wird auch zu Ende wenn es sein muß. An ein Wunder glaube ich nicht. So etwas kann doch nicht ewig dauern. Daß das Ende nicht mehr fern ist, glaube ich bestimmt. Wird doch von allen Seiten die größten Anstrengungen gemacht, um ein schnelles Ende herbei zu führen. So und gespannt bist du auch, wie es bei uns mit der Urlaubsgeschichte aussieht? Ja, mein Buttje, ich wollte, ich könnte Dir da eine Hoffnung machen, muß Dir aber auch das bißchen Hoffnung nehmen. Die Urlaubsfrage steht hier bei und überhaupt nicht mehr auf`n Programm. Nicht mal die Landser sprechen mehr davon. Da glaubt keiner mehr dran. Und ich schon lange nicht Man darf da garnicht über nachdenken. 1 ½ Jahre Soldat und überhaupt noch keinen Urlaub. Das ist wohl einzig dastehend. Wenn wir während unserer Ausbildungszeit wenigstens einen Kurzurlaub gehabt hätten, wollte ich garnichts sagen, aber nicht mal einen Wochenendurlaub haben wir gehabt. Ja, während Deines Besuches damals kamen wir in der Woche nicht mal auf paar Stunden raus. Und dafür daß Du mich mal sehen wolltest, hast du schon Strafe zahlen müssen. Erzählen darf man es gar keinen, denn das würde doch keiner glauben. Wenn Du über dieses alles nachdenkst, wirst Du es auch verstehen, daß ich an einen Urlaub nicht glauben kann. Ein Urlaub für mich wird es nur geben, wenn der Krieg zu Ende ist. Und auch schon aus diesem Grund wünsche ich ein baldiges Kriegsende. Morgen sind wir schon 1 Jahr auf dieser Insel. Wie schnell doch die Zeit geht. Und bald geht der Krieg schon ins 6. Jahr. Wer hätte das zu Anfang des Krieges gedacht. Ich will jetzt erstmal mit dem Schreiben aufhören. Der Dienst geht jetzt weiter. Es ist gleich ½ Uhr. Ich schreibe heute Abend weiter. So der Dienst ist beendet und Abendbrot habe ich auch schon gegessen. Zum Abendbrot habe ich mir eine Gurke gekauft, sie schmecken mir sehr gut. Esse sie roh zum Brot. Da ich gerade beim Gemüse bin, will ich dir auch gleich auf Deine Frage ob ich Lust zu dem Schrebergarten hätte, antworten. So ein Schrebergarten ist ja ganz schön, vor allen Dingen im Sommer, wenn man ernten kann. Für die Bestellung des Gartens muß die nötigen Erfahrungen haben und zur Hauptsache Lust und Liebe. Die Erfahrungen kann man sich mit der Zeit aneignen und Lust und Liebe bekommt man schon dabei, wenn man das, was man gepflanzt auch Früchte trägt. Aber ob man die Ausdauer dazu hat, ist die Frage. Man soll sich das doch reiflich überlegen. Wenn man seinen Garten hat, muß man auch ganz darin aufgehen. Jeden 2 Tag müßte man schon da arbeiten. Wie es nachher mit der Arbeit aussehen wird, weiß man noch nicht und ob man auch die Zeit dazu hat. Die Arbeit um Leben zu können geht natürlich auch vor. Wenn ich ehrlich sein soll, muß ich zugeben, daß ich da jetzt doch nicht Lust zu habe. Für eine kurze Zeit ließe ich es mir schon gefallen, aber für immer möchte ich es doch nicht. Man ist dann doch Sklave des Gartens. Auch ist man immer gebunden. Etwas anderes vornehmen kann man sich dann schon beinahe garnicht. Ich finde auch, dafür sind wir noch viel zu jung. Glaubst Du, daß Willy und Harry immer Lust hätten auf dem Schrebergarten ihren Sonntag zu verbringen? Sie würden sich doch viel mehr freuen, wenn sie die Sonntage mit uns abwechslungsreicher verbringen könnten. Und Du mein Buttje, sei mal ganz ehrlich, möchtest du nicht auch lieber den Sonntag verbringen, wo man gerade zu aufgelegt ist. Ich meine damit, Radtouren, Baden, ins Kino, Theater oder sich im Hause bei einem gutem Buch gemütlich machen? Ich glaube nicht, daß es dir lieber wäre, außer der Arbeit in der Woche, auch noch Sormtags rum zu schuften. Eine Entspannung will doch jeder gerne haben. Verstehen kann ich Dich ganz und gar. Jetzt im Kriege, wo alles knapp ist, wäre es natürlich ganz schön, wenn man durch den Garten etwas zusätzlich hätte. Man muß sich aber, wenn man sich für so etwas entscheidet, vorstellen wenn alles wieder genügend zu kaufen gibt. Ist es dann nicht viel besser wenn man in seiner freien Zeit, das macht, wo man gerade Lust zu hat? Du kannst mir dann ja entgegenhalten, daß Emil und Frieda auch ins Theater, Kino gegangen sind, und auch mit uns Radtouren gemacht haben. Aber haben sie sich die Zeit nicht immer abknappen müssen? Wie oft ist Emil gleich von der Arbeit nach dem Garten gefahren und wie oft ist er die ganze Woche draußen geblieben. Ich glaube doch, daß wir besser fahren, wenn wir uns nicht damit belasten. Wir wollen doch unsere Zeit besser verbringen und ich glaube wenn wir es so machen, wie ich es Dir auseinander gesetzt habe, wir doch besser fahren werden. Auch müssen wir an unsere beiden Jungens denken. Ich bin nämlich nicht dafür, daß sie schon ihre eigenen Wege gehen. Dazu sind sie doch noch ein bißchen zu jung. So mein Buttje, das wäre meine Einstellung dazu. Ich hoffe doch, daß Du mir die Deinige auch mitteilen wirst. Heute Abend bekam ich auch noch Deinen Brief vom 30. Juni Nr. 101 und eine Karte von Harry. Für alle Deine lieben Briefe meinen besten Dank. Jetzt warte ich natürlich schon wieder auf die nächsten. Hoffentlich brauche ich darauf nicht so lange zu warten. Hoffe auch, daß Du meine Post recht schnell bekommst. Fachausdrücke hast Du Dir auch angenommen, man sollte annehmen Du wärst bei den Landsern. Wo hast du denn den Ausdruck eine Zigarettenlänge her? Erdbeeren habe ich hier noch nicht gesehen. Es gibt hier auch keine. Der Boden ist hier zu trocken. Erdbeeren mit Milch möchte ich doch schon mal wieder. Aber die gibt es nach dem Kriege ja auch noch. Was macht Harry sein Fuß denn? Hoffe doch, daß es bald wieder besser ist. Am Komp.-Chef liegt es nun nicht, wenn man nicht auf Urlaub kommt. Der kann dabei auch nichts machen. Das bestimmt doch eine höhere Stelle. Wie ich darüber denke, habe ich Dir ja schon auf der ersten Seite geschrieben. Elly, Emil seine Schwester ist direkt zu bedauern. Sie könnte doch verzweifeln. Gestern war ich wieder einmal im Kino. Es gab den Film; „Gefährtin eines Sommers". Ein mittelmäßiger Film. Sonnabend läuft auch wieder ein Film, ich glaube „Die gläserne Kugel". Ob ich da mitkomme, weiß ich noch nicht. Habe nämlich Sonnabend wieder einmal Wache. Ich will aber versuchen, daß ich mit komme. Vor meinem Chef mußt Du ja eine böse Angst haben. Und daß Domeyer nicht nach Deinem Geschmack ist, kann ich verstehen. Ist er mir doch auch nicht so sympathisch. Aber was tut man nicht alles, um etwas Mangelware zubekommen. Daß mein Vater wieder nach seinem Unfall wieder auf 'n Damm ist, freut mich. Ja, viel Glück hat er gehabt, das glaube ich schon. Schön ist es für ihn ja nicht, daß er auf seine alten Tage allein arbeiten muß. Na, hoffentlich dauert alles nicht mehr so lange, auch für uns wäre es doch schön, wenn wir uns bald für immer wieder haben. Soll das ein Leben werden, nicht wahr? Ach wäre es doch erst so weit. Man kann die Zeit schon garnicht mehr abwarten. Hoffentlich geht an Euch alles gut vorüber. Auch geht es mir noch gut. Die Verpflegung ist auch noch immer ausreichend Hast Du von Andreas schon wieder Post bekommen? Ich habe schon eine ganze Zeit nichts mehr von ihm gehört. Auch von Hinni nicht. Hoffentlich haben die beiden Glück, daß sie gesund wieder zurückkommen. Für Deine 2 Päckchen Zigarettenpapier meinen besten Dank. Hätte es beinahe ganz vergessen es Dir zu schreiben, daß sie angekommen sind. Bei der letzten Marketenderware hat es wenig Rauchwaren gegeben. Konnte Dir aber doch noch 100 Stück schicken. Habe welche zu kaufen können. Hoffentlich kommt alles gut über. Freust du Dich doch immer auf die Stäbchen, nicht wahr? Freue ich mich doch auch, wenn ich Dir damit eine Freude bereite. So mein lieber Buttje! Und nun bin ich doch mit meiner Weisheit zu Ende, muß auch sowieso schließen. Das Licht wird immer kleiner und das Briefpapier ist auch voll. Mein lieber Buttje, wir wollen hoffen, daß wir alles gut überstehen und wir uns alle recht bald gesund wiedersehen werden. Bis dahin grüßt und küßt Dich vielmals Dein Willy. An Willy und Harry auch Grüße und Küsse. Herzliche Grüße auch an meine Eltern, Marta, Dora, Deine Mutter, Emil, Frieda, Harro sowie Hans und Alwine, Fiede, Johanna und Kinder.

148) Im Süd-Osten, 22. Juli 1944

Mein lieber Buttje!

Gestern im Nachrichtendienst hörte ich, daß Hamburg wieder einmal angegriffen worden ist. Hoffentlich habt Ihr alle Glück gehabt. Ob das wohl noch mal aufhört? Ich habe heute Wache, in der Nacht auch schon. Mit den Gedanken war ich natürlich wieder bei Dir. Wenn es doch bloß erst Schluß wäre. Gestern morgen ist mir auch etwas passiert, wo ich lange über unruhig war. Ich hatte vom Tischler etwas zu holen. Auf dem Wege dorthin traf ich unseren ehemaligen Hauswirt und klönte mit ihm. Um die Zeit wieder aufzuholen, setzte ich eine schnellere Gangart an. Wie es dann passierte, ist mir noch nicht ganz klar. Auf einmal war ich zwischen einer Glucke und ihren Küken. Ich bremste natürlich gleich ab, aber da war das Unglück schon geschehen. Habe ein Küken totgetreten. Es tat mir so leid. Es lief erst noch ein Stück aber dann blieb es doch liegen. Eine Frau kam da gleich über zu, was sie gesagt hat, habe ich nicht verstanden. Was nettes wird es wohl nicht gewesen sein. Ändern hätte ich es mit guten Worten auch nicht mehr können.

Verstanden hätte sie es auch nicht. Jetzt mag ich da natürlich nicht vorbei gehen. Obwohl ich da doch garnichts vor konnte fühle ich mich doch schuldig. Ich sehe die Kleinen noch immer vor mir.Heute ist mal wieder ein ganz herrlicher Tag. Es ist ganz windstill. Und ausgerechnet heute muß ich wieder den ganzen Tag auf der Wache zubringen. Habe jetzt schon das 4. Mal auf einem Sonnabend Wache. Auf einem anderen Wochentag ließe ich es mir noch gefallen aber gerade sonnabends haben wir fast den ganzen Nachmittag frei. Heute ist sogar nachmittags für die ganze Komp. Baden. Ändern läßt sich das aber nicht. Werde morgen mal wieder zum Baden gehen. Meine Post habe soweit erledigt. Nur Harry muß ich noch seine Karte beantworten. Das werde ich jetzt gleich tun.In der letzten Zeit komme ich direkt öfter zum Lesen. Habe mir gestern erst wieder 4 Bücher geholt. So besonders sind sie gerade nicht. Ein Abenteuerroman und 3 andere Romane sind es. Viel Auswahl ist in unserer Bücherei nicht. Es sind zum größten Teil Kriegsbücher. Vorige Woche hatte ich ein gutes Buch. Es war eine Reisebeschreibung über die Sahara. Am liebsten lese ich jetzt kurze spannende Kriminal- oder Abenteuerromane. Für andere Bücher habe ich doch nicht solche Ruhe. Aber das gibt sich schon, wenn wir uns dann wieder gegenüber sitzen, jeder mit einem Buch vor der Nase. Wäre es man erst wieder so weit. Na, wir wollen das Beste hoffen, das es in den nächsten Monaten etwas wird. Sonst geht es mir noch gut. Ruhig ist es hier auch noch, also kein Grund zur Besorgnis vorhanden. Hoffentlich brauche ich nicht so lange auf die Post zu warten, die Du nach dem letzten Angriff geschrieben hast. So mein lieber Buttje! Heute wird der Brief nicht so lang. Wirst mir deshalb aber wohl nicht böse sein. Du hast doch wenigstens wieder mal ein Lebenszeichen von mir. So und nun sei recht vielmals gegrüßt und geküßt von Deinem Willy. Grüße und Küsse auch an Willy und Harry. Und herzliche Grüße an meine Eltern, Marta,

Dora, Deine Mutter, Emil, Frieda und Harro. In der Hoffnung, daß es dir gut geht und wir uns recht bald für immer wieder haben küßt Dich Dein Willy extra noch ein paar Mal.

149) Im Süd-Osten, 24. Juli 1944

Mein lieber Buttje!

Heute bekam ich Deine 3 Päckchen mit Briefpapier. Meinen besten Dank. Es wurde die höchste Zeit, hatte beinahe garnichts mehr. Vermißt habe ich aber doch etwas, und zwar ein paar Zeilen von Dir. Ich habe alle Blätter durchgesehen aber leider nichts gefunden. Hast wohl in der Eile es ganz vergessen, nicht wahr? Gestern, gleich nach dem Mittagessen, bin ich zum Baden gegangen. Auf dem Wege dahin, habe ich geschwitzt wie so'n junger Bulle. Das war auch eine Hitze da war alles dran. Ein ganz leichter Südwind ging, aber der kühlte auch so gut wie garnicht. Für ein paar Minuten wurde direkt ich etwas schwindelig. Kam natürlich von der Hitze. Der Schweiß lief mir nur so herunter. Richard Heinitz hatte ich vor dem Essen getroffen, er wollte auch zu dem Baden. Sagte mir, daß er in der letzten Zeit an einer anderen Stelle baden geht. Als ich unten am Strand kam, waren von unserer Komp. schon allerhand da. Ich bin aber gleich weiter gegangen zu der Stelle die Richard Heinitz mir bezeichnet hatte. Ich mußte erst am Strand lang und dann weil ich am Strand nicht weiter kam über einen Berg rüber. Bei der Gelegenheit habe ich mir gleich eine Kapelle, die ich immer mal ansehen wollte, betreten. Der Raum in den man ganz rein kam, war nichts sagend. An der hinteren Wand waren einige bunte Heiligenbilder und ein kleiner Vorbau. Es war aber alles verwahrlost. So gut wie die Kapellen am Heuberg, sehen sie hier nicht aus. Ich hatte gehört, daß von dem Raum eine Treppe runter gehen sollte nach einer Quelle. Ich sagte mir "sucht so werdet Ihr finden" und ich fand dann auch den Eingang. Im ganzen waren es 64 Stufen. Die Treppe war ziemlich eng und ging paar mal um die Ecken. Kühl war es auch da unten und dunkel. Nach dem ich die Treppen wieder rauf gestiegen war, machte ich mich wieder auf dem Weg. Etwas hatte ich noch vergessen und zwar die Bezeichnung der Kapelle. Am Eingang haben wahrscheinlich Landser dran geschrieben „Villa Ratte". Ordentlich in großen Druckbuchstaben. Wie sie auf den Namen gekommen sind, weiß ich nicht. Vielleicht haben diejenigen die da bei ihrem Hinkommen Ratten herum springen sehen. Als ich aus der Kapelle wieder raus kam und ein kleines Stück gegangen war, konnte ich Richard und einen Landser unten liegen sehen. Nach kurzer Klettertour war ich dann bei ihnen. Der Strand und auch das Wasser war prima. Das Wasser war auch nicht so warm wie an der anderen Stell, wo ich sonst gebadet habe. Hier wird es ganz allmählich tiefer, wogegen es an der anderen Stelle bei 180 - 200 m immer noch flach ist. Das beste an diesem Platz aber war, daß man hier ganz alleine lag. Wir haben natürlich nackt gebadet. Man konnte direkt sehen wie weiß man sonst ist. An dem Körperteil an der sonst die Badehose sitzt, war es besonders zu sehen. Nach dem ich mich ausgezogen hatte, habe ich erstmal eine Zigarette geraucht. Gleich ins Wasser wollte ich nun doch nicht. War ich doch am ganzen Körper naß. Der Sand war so heiß, daß man es knapp aushalten konnte. Richard Heinitz sagte noch das Wasser ist hier aber kälter. Als ich dann aber drin war, habe ich da aber garnichts von gemerkt. Ja das Wasser war so schön, daß ich garnicht wieder raus gehen mochte. Ich bin nur immer raus- und reingegangen. Im Wasser war es jedenfalls noch aus zuhalten. Getummelt habe ich mich wie ein Fisch im Wasser. Auch im Tiefen, was ich sonst eigentlich nie gemacht habe. Hättest Du da doch bei sein können. Gesprochen haben wir auch davon. Wie schön wäre es doch, wenn Du und die Jungens doch bei mir wäret. Ich wollte dann gerne noch ein Jahr hierbleiben. Ich hätte doch gestern Abend schreiben sollen. Der Brief wäre doch ein viel besserer geworden. Gestern hätte ich Dir so viel zu erzählen gehabt. Noch besser wäre es gewesen, ich hätte die ganzen Empfindungen schon am Strand zu Papier gebracht. Heute ist es alles wie weg geweht. Am Strand war es so ruhig, da hätte ich bestimmt alles zu Papier bringen können. Alles das, was man draußen in der Natur sieht, kann man später im Zimmer doch nicht mehr so anbringen. Am liebsten schreibe ich auch, wenn ich irgendwo ganz allein bin. Als ich gestern Abend nach Hause kam, saßen meine anderen Kameraden an beiden Tische und schrieben. Ich hätte ja noch schreiben köimen, aber das war mir zu eng. Ich habe mir mein Abendbrot gemacht und dann ein Buch zum Lesen genomen. Das Buch hieß: „Kilian und die Winde". Es gefiel mir so gut, daß ich es jetzt schon durch habe. Es handelt von einem Schiffer, der von den Winden, von einem Fluß zum anderen getrieben wird. Seine Frau ist ins Wasser gegangen weil sie das unruhige Leben nicht ab konnte und eine Tändelei mit einem anderen Mann angefangen war. Den Mann ließ sie dann sitzen. Er aber, der Schiffer, zog mit seinem Sohn von einem Fluß zum anderen. Andere Frauen kreuzten auch seinen Weg. In Liebesangelegenheiten ist es ziemlich frei geschrieben. Das Buch würde auch nach Deinem Geschmack sein. Heute und auch vorgestern habe ich es wieder gesehen wie auch und wenig tierliebend die Gregors sind. Nicht nur, daß sie die Mulis wenig zu fressen geben und viel arbeiten lassen, auch bei dem kleinen Federvieh sieht man es. Sonnabend als ich auf Posten stand, hatten ganz in der Nähe einige kleine Griechenjungen einen kleinen Falken. Ob der Falke nun seine Füße nicht gebrauchen konnte oder ob sie ihn so gefangen hatten, weiß ich nicht. Damit er nicht ganz weg fliegen konnte hatten sie ihm die Flügel beschnitten. Auch den

Schnabel. Die Jungens quälten den Vogel, warfen ihn ins Wasser und rissen ihn an seine Flügel ihn an seine Flügel und das alles am Beisein der Erwachsenen. Das Kinder und Erwachsene so sein können. Am liebsten hätte ich den Vogel erschossen damit er erlöst war. Heute als wir beim Arbeiten waren, hatten 2 Jungens auch so einen kleinen Falken. Wir haben ihn uns beguckt und festgestellt, daß ein Bein gebrochen war und Flügel und Schnabel beschnitten waren. Wir haben die beiden Jungens zugeredet und sie auch so weit gekriegt, daß sie den Vogel nachher auf ein Dach setzten. Das beste wäre ja, der Vogel wäre tot, denn was soll er mit den beschnittenen Flügeln anfangen. Wenn Menschen auf Vögel oder Tiere Jagd machen um sie zu essen, kann ich schon verstehen, aber daß sie so grausam sein können nicht. Hoffentlich habe ich Dir mit der kleinen Schilderung nicht zu traurig gemacht. Kannst Du doch überhaupt nicht sehen wenn irgend etwas oder irgendjemand gequält wird. - Mir geht es sonst immer noch gut. Hoffe dasselbe auch von Dir und den beiden Jungens. Ich lege dir ein kleines Gedicht von einem Landser bei. Habe es aus einer Soldatenzeitung ausgeschnitten. Die Mittagszeit ist gleich um. Muß den Brief also beenden. Will noch ein Stück Brot mit Tomaten essen. Die Tomaten und Melonen sind schon reif. Und es wird nicht lange dauern, dann sind es die Rosinen und Feigen auch. So mein lieber Buttje, und nun halte Dich schön gesund und sei recht vielmals gegrüßt und geküßt von Deinem Willy. An Willy und Harry auch Gruß und Kuß. Herzliche Grüße auch an meine Eltern, Marta, Dora, Deine Mutter, Emil, Frieda und Harro. Und sonst hoffe ich, daß der Krieg bald zu Ende geht und wir uns recht bald für immer gesund wiedersehen.

150) Im Süd-Osten, 26. Juli 1944

Mein lieber Buttje!

Wieviele mögen es noch werden. 150 Briefe seit Oktober vorigen Jahres. Wenn mir das einer früher gesagt hätte, daß ich noch mal so eifrig schreiben würde. Hatte ich doch immer angst, etwas was ich denke, zu Papier zu bringen. es geht mir eigentlich noch so. Allerdings bei dir nicht. Obwohl ich doch nicht alles dem Papier anvertraue. Es gibt doch zu viel, was man doch eigentlich nur sagen oder andeuten kann. Augenblicklich lese ich wieder viel. Bin direkt nicht von den Büchern weg zu kriegen. Auch eben mußte ich mir Gewalt antun. Das Buch welches ich mir heute vorgenommen habe heißt: „Pitt und Fox". Es scheint ganz gut geschrieben zu sein. Das Buch welches ich vorher gelesen habe, hat mich stark mit genommen. Es heißt: „Das Mädchen, das nicht lieben konnte". Geschrieben ist es von Gabriele Reuter. Das Mädchen ist aus gutem Hause. Mit ihrer Familie verbindet sie überhaupt nichts, sie ist froh, daß sie auf die Schule gehen kann, damit sie von ihrem Elternhaus weg ist. Auf dem Gymnasium und auch in der Stadt lernt sie viele Männer kennen. Keiner kann sie aber erwärmen. Was Liebe ist kennt sie garnicht und lernt es auch garnicht kennen. Das Studium wird ihr auch über, sie zieht dann auch zu einer Bekannten, die eine Gärtnerei hat. Mit dessen Bruder wird sie dann bekannt. Sie versteht sich ganz gut mit ihm aber lieben tut sie ihn nicht. Das Gefühl kennt sie garnicht. Mit der Zeit findet sie so viel gefallen an ihm, daß sie sich entschließt, sich mit ihm zu verheiraten, sie hofft, daß sich dadurch ihr Innerstes wandeln wird. Es ist aber nicht der Fall. Ja sie sagt ihm, nachdem sie festgestellt hat, daß sie Mutter wird, daß sie sich direkt davor ekeln könnte, wenn sie daran denkt, daß sie von ihm ein Kind bekommt. Sie hatte sich auch gleich nach der Hochzeit von ihm zurück gezogen. Als er einsah, daß ein Zusammenleben nicht mehr möglich war, verließ er sie. Sie versuchte dann ihre Kusine (Ärztin) zu überreden, daß sie einen Eingriff vornehmen sollte. Ihre Kusine verweigerte es und brachte sie dann auch davon ab. Die Monate bis zu ihrer Entbindung verbrachte sie fast immer allein. Und je weiter sich das menschliche Leben sich im Mutterleibe entwickelte, je öfter dachte sie an ihren Mann. Und das mit etwas Wärme, dessen sie sonst nicht fähig war. Ja, sie hatte direkt Verlangen nach ihm. Sie holte ihn aber erst zurück nach dem das Kind schon einige Wochen alt war. Dann empfand sie erst richtig. Da wurde der Wiedersehenstag zur Brautnacht. Acht Nächte - acht schöne Tage durften die Liebenden genießen. Und so empfingen sie die Gabe mit demütiger Inbrunst. Wußten sie doch beide gut genug, daß es für keine irdische Wonne eine Ewigkeit gibt, „sie genossen innig die Freude, sich gegenseitig zu ergründen". So die Verfasserin. Ich glaube du würdest an dem Buch auch Gefallen finden. Hoffentlich siehst du es nicht als Papierverschwendung an, wenn ich Dir einen kleinen Ausschnitt aus den Büchern gebe. Ich denke aber, daß es Dich interessiert. Kannst mir ja Deine Ansicht darüber mitteilen. Das Wetter ist hier noch immer schön. Nur ist es mal wieder bös windig. Letzte Nacht hat es sogar etwas geregnet. Etwas ganz seltenes hier zu Lande. Zu sehen war davon heute morgen aber nichts. Der Boden war noch genau so ausgetrocknet wie vorher. Wir haben hier noch immer Arbeitsdienst. Nur jeden 2. Tag haben wir nachmittags 2 Stunden Ausbildung. Ich bin bei dem Arbeitsdienst bei einer Maurerkolonne. Augenblicklich werden Aborte gebaut. Steine zum Bauern gibt es hier ja genug. Nur der Zement fehlt uns dazu. Aber das ist für uns keine Schwierigkeit. Wir arbeiten mit einer Mischung von Sand und Wasser. Bei dieser Hitze hält es zusammen wie Pech. Ob es nachher bei der regenreichen Zeit auch noch so zusammen hält, glaube ich allerdings nicht. Aber das soll uns wenig kratzen. Glaube nämlich nicht, daß wir dann noch hier sein werden, die Griechen haben zum Häuserbauen auch nur Sand und Wasser. Allerdings haben sie noch ein Teil Kalk dazu. Damit hält es besser zusammen. Bis jetzt stehen unsere kleinen Häuser aber noch. Die Griechen werden schön schmunzeln, wenn sie das später alles mal übernehmen können. Etwas Gutes haben sie durch die Besatzung doch. Eine Umgestaltung wird es nach dem Kriege bei den Völkern geben. Und auch hier wird es so kommen. Aber in punkto Reinigkeit wird es wohl keine Umwälzung geben. Das ist aus diesen Menschen nicht raus zu kriegen. Wenn das Baden hier im Meer schon verpöhnt ist, ist es schon weit genug zu. Dabei ist das Wasser so schön klar und sauber. Wie würden wir uns zu Hause freuen, wenn wir so eine Gelegenheit hätten. Marketenderware wird es wohl auch zu Ende der Woche oder Anfang nächster Woche geben. Ich habe gehört, daß wir wieder allerhand Zigaretten haben sollen. Schön was? Kann ich Dir doch auch wenigstens welche schicken. Hast du inzwischen schon wieder Päckchen von mir bekommen? Einige sind für dich noch unterwegs. Darunter auch 100 Zigaretten. Tomaten und Gurken gibt es hier augenblicklich allerhand. Bei Euch wohl nicht oder sind sie noch nicht so weit? Es wäre doch eine gute zusätzliche Hilfe. Wie sieht es denn sonst bei Euch aus? Ist da wieder viel demoliert worden, bei dem letzten Angriff? Wenn das doch bloß erstmal ein Ende hätte. So lebt man immer von der einen Nachricht zur anderen in Sorge um Euch. Die letzten Tage habe ich auch öfter von dir geträumt. Was ich aber geträumt habe kann ich Dir leider nicht sagen. Meistens habe ich es gleich wieder vergessen. Auch sind es nur immer ganz kleine Träume. Wäre es doch erst soweit, daß ich eines guten Tages an Deiner Seite aufwachen könnte. Dann würden wir auch wie Gabriele Reuter in ihrem Buch schreibt die Tage und Nächte genießen. Nur über die Zeit müßten wir uns noch einig werden, aber darüber werden wir uns schon einig werden. Da habe ich keine

Bange. Oder wird es dir dann doch auf einmal zu viel werden? Bei allen Erzählungen kommt man doch immer wieder auf das selbe hinaus, wäre es doch erst soweit. Die Tage und Wochen und Monate laufen so schnell und die gute schöne Zeit vergeht, ohne das man etwas davon hat. Und man wird immer älter. Könnte man wenigstens nachher wenn alles vorüber ist, die Zeit stehen lassen oder zurückschrauben. Damit man es wenigstens alles nachholen könnte. Mein Buttje, hältst Du es auch noch so lange aus, bis ich wieder bei Dir bin? Ich für mein Teil kann es, aber Du hast doch viel eher mal Gelegenheit dazu. Ich würde mich allerdings freuen, wenn ich Dich wieder so in die Arme nehmen könnte, wie ich dich verlassen habe. Ich glaube auch nicht, daß Du mir jemals untreu werden wirst, dafür kenne ich Dich viel zu genau. Und doch kommt mir doch mal der Gedanke. Da bißchen Eifersucht, das man in sich hat, bringt mich manchmal auf den Gedanken. Sei mal ganz ehrlich mein Buttje, denkst du nicht manchmal auch, ich könnte Dir untreu werden. Oder gibt es eine richtige Liebe ohne Eifersucht? Dann müßte ich mich noch ganz umstellen, denn eifersüchtig bin ich und war ich schon immer. Ich kann aber nur eifersüchtig sein, wenn ich richtig und heiß liebe. Und daß ich dich heiß und aufrichtig liebe, weiß Du doch. Also mein lieber Buttje, nehme an meinem Zweifel keinen Anstoß. Ich weiß, daß Du mich genau so lieb hast und glaube auch an Dir. Für heute erst mal Schluß. Es wird Zeit für mich. Es ist gleich ½ 4 Uhr. Halte dich also gesund und sei du sowie Willy und Harry recht vielmals gegrüßt und geküßt von deinem Willy. An meine Eltern, Marta, Dora, Deine Mutter, Emil, Frieda und Harro auch eine schönen Gruß.

Abei 2 Zulassungsmarken. Gebrauchen wirst du sie wohl nicht mehr können.

151) Im Süd-Osten, 28. Juli 1944

Mein lieber Buttje!

Als ich meinen letzten Brief schon verschlossen hatte, bekam ich Deinen Brief vom 13. Juli (Nr. lo5). Für Deinen Brief meinen besten Dank. Ich wollte schon gestern Abend schreiben, bin da aber nicht mehr zu gekommen. Mußte auf Wache ziehen. Ich hatte einen schönen Rochus. Habe jetzt doch schon 5 Mal hintereinander den ganzen Tag Wache gehabt. Dabei soll es umschichtig gehen. Einmal Tageswache und einmal in der Woche Streife. Die Streife ist nachts 2 Stunden. Einmal in der Woche mal Wache stehen ist ja nicht so gefährlich, aber wenn schon denn schon. Ich hatte mir gerade für gestern vorgenommen ins Kino zu gehen. Es gab den Film „Altes Herz wird wieder jung". Soll sehr gut sein. Heute wird er auch noch gegeben. Muß dann eben heute hingehen. Daß Du die 3 kleinen Päckchen erhalten hast, freut mich. Es sind jetzt nur noch 2 für Dich unterwegs. Ein mit Zigaretten und 1 Kilo-Paket mit Büchsenfleisch und Mehl. Von Dir fehlt mir noch der Brief Nr. 104. Wird wohl auch noch überkommen. - Wegen des Zusammenseins mit Willy und Harry haben wir uns wohl nicht richtig verstanden. Ich habe den Fall angenommen, daß wenn mal irgend etwas anderes passiert. Du vielleicht nicht die Möglichkeit hast, zu den Kindern zu kommen. Nur aus diesem Grunde habe ich darüber geschrieben. Daß die Beiden da draußen ihre Ruhe haben, glaube ich und wünschte, Du könntest sie mit ihnen da genießen. Und daß sie bei Frieda ihre Aufpassung haben, davon bin ich auch überzeugt. Auch freut es mich, daß sie dort wenigstens zur Schule gehen können. Wenn ich Dich um das Zusammensein mit den Kindern gebeten habe, dann doch nur aus Sorge um Euch. Ich kann es alles verstehen, was Du mir aufführst. Die Gründe sind schon alle stichhaltig. Du brauchst sie ja auch nicht mit nach Hamburg zu nehmen. Ich wäre froh, wenn

Du da draußen mit wohnen würdest. Ganz so in Unruhe würde man doch nicht sein. Waren doch vor kurzem erst wieder Angriffe auf Hamburg. Auch gestern gab der Wehrmachtsbericht durch, daß auf Hamburg Bomben gefallen sind. Jedesmal bekommt man einen Schreck und ist bis zur nächsten Benachrichtigung in Unruhe. So mein lieber Buttje, wenn ich Dir dieses schreibe, dann habe ich nicht die Absicht Dir einen Vorwurf zu machen. Ich schreibe Dir dies doch alles nur, weil ich in Sorge um Euch bin. Mir kam es nämlich nach lesen des letzten Briefes so vor, als wärest Du deshalb so'n bißchen eingeschnappt. Daß brauchst Du doch nicht zu sein. Ich bin doch ehrlich zu Dir und will doch nur Euer Bestes. Ob dieses oder jenes nur richtig ist, kann man im voraus nicht wissen, das ergibt immer erst die Situation. Und daß Du auch nur das Beste willst weiß ich doch auch. Ich habe Dir bis jetzt doch immer freie Hand gelassen und tue es jetzt auch. Ich habe doch nur einen Wunsch geäußert. Also nichts für ungut wenn ich mich nicht richtig ausgedrückt habe. - Sonst geht es mir immer noch gut, was ich auch von Dir sowie Willy und Harry hoffe. - Hoffentlich sind die letzten Alarme für Euch alle gut ausgelaufen. Könntest Ihr Euch doch alle irgendwo hinretten, wo Ihr verschont von allem bleibt. Aber so einen Flecken gibt es wohl nicht mehr. - Ich bin heute garnicht so recht zum Schreiben aufgelegt. Bin müde, habe wenig Schlaf gehabt letzte Nacht. Mußt heute darum mit diesem kurzen Brief zufrieden sein. Also mein lieber Buttje halte dich gesund und grüße Willy und Harry von mir. In der Hoffnung, daß wir uns recht bald wiedersehen grüßt und küßt Dich vielmals Dein Willy. An meine Eltern, Marta, Dora, Deine Mutter, Emil, Frieda und Harro auch einen schönen Gruß.

Anmerkung:
Rochus: ärgerlich, zornig sein

152) Im Süd-Osten, 29. Juli 1944

Mein lieber Buttje!

Gestern und heute bekam ich Deine lieben Briefe Nr. 104 vom 10. Juli, Nr. 106 vom 15. Juli und Nr. 107 vom 18.Juni.Die 3 Illustrierten kamen heute auch an. Für alles meinen besten Dank. Auch das Zigarettenpapier war dabei. - Das Briefpapier ist alles heil übergekommen. War nicht ein bißchen beschädigt. Deine Briefe haben mir viel Freude bereitet, vor allen Dingen der 6 seitige vom 18. Juli. Dein Brief vom 10.7. Nr. 104 war doch nicht so schlecht geschrieben. Du schreibst das ist auch einer mit Ärmel. Jeder schreibt doch auf seine Art. Ich kann es mir so richtig vorstellen, wie Du so emsig beim Lesen bist, Dich wegen der unbequemen Lage vom Chaiselongue in den Sessel rüberflüchtest und dann beim Briefeschreiben Dein Kopf immer schwerer wird und Du zuletzt mit der Nase auf dem Papier liegst. Ich alter Egoist hätte es aber lieber gesehen, Du hättest statt in Morpheus, in meinen Armen gelegen. Wäre für dich doch auch besser gewesen. In der Zeit Deines Alleinseins hätte ich Dich doch so gern ein bißchen getröstet. - Daß ich Dir mit dem Brief, wegen des Zusammenlebens mit den Kindern in so schreckliche Zweifel gebracht habe, tut mir direkt leid. Ich habe eigentlich nur damit ausdrücken wollen, daß ich es lieber sehe, wenn Du mit den Kindern zusammen wärest. Es wäre ja auf jeden Fall besser. Aber auch Deine Ansicht heiße ich gut, d.h. wenn heute oder morgen der Krieg aus sein sollte. Denn wenn es so weiter gehen sollte mit den Angriffen, wird unsere Wohnung wohl auch mit daran glauben müssen. Vielleicht wäre es ja doch besser, du würdest mit zu den Kindern ziehen. Da hast wenigstens auch Deine Ruhe und die Sachen behaltet Ihr dann wenigstens auch. Ich will oder möchte aber nicht, daß Du gegen Deinen Willen handelst. Bis jetzt hast Du noch immer mit allen Recht und Glück gehabt. - (30.

Juli) Habe mit dem Schreiben doch aufhalten müssen. Wir hatten gestern, weil der Waffenappell nicht so extra prima ausgefallen ist, bis um 8 Uhr Dienst. Heute morgen hatten wir Bekleidungsappell und da hatten einige ihre Taschen von den Hosen nicht so blitzsauber wie sie sein sollten. Dafür mußten wir dann 2 Stunden später noch mal mit unseren Hosen antreten. Nicht ganz 3 Stunden habe ich für mich heute Zeit. Um 5 Uhr geht es schon wieder los zum Fußballspielen, ist auch Dienst. Dafür singen wir dann nachher „was macht der Fußballspieler am Sonntagnachmittag". - Eine betrübende Nachricht kam gestern wieder durchs Radio. Terrorangriff auf Hamburg, 93 Abschüsse. Das sagt schon alles. Das muß ja wieder ganz bös bei Euch zugegangen sein. Hoffentlich ist alles gut abgelaufen. Wie wäre ich froh, wenn Ihr alle irgendwo in Sicherheit wäret. Wir wollen nur hoffen, daß es recht bald zu Ende geht. Ein Wunsch, der auch hier alle beseelt. Wenn nun diese Wohnung auch mit dran geglaubt hat, dann tue mir doch den Gefallen und ziehe zu den Kindern. Einen Platz für dich werden die Leute wohl noch über haben. Marta schrieb mir auch, daß die Leute so nett zu Willy und Harry sind und sie da auch wohl fühlen. Dasselbe hast du mir ja auch schon öfter mitgeteilt. Habe das von Marta angeführt, weil sie es gerade im letzten Brief angeführt hat. Marta schreibt auch, daß ich mich nicht so sorgen Eurethalben. Ihr haltet alle zusammen. Auch schreibt mir Marta, daß aus meinen Briefen soviel Heimweh raus zuhören ist. Ist das wirklich der Fall? Wer von uns hat nicht Heimweh nach seinen Lieben? Aber daß ich es so offensichtlich schreibe, bin ich noch garnicht gewahr geworden. Daß ich aushalten muß und auch aushalten werde, bis alles ein Ende hat, steht für mich fest. So niedergeschlagen wie Marta annimmt, bin ich aber doch nicht. Alle anderen müssen doch auch aushalten. Und gerade was das anbetrifft, habe ich doch mehr hinter mir. Also das mit dem Heimweh stimmt doch nicht ganz so.

Da braucht Ihr Euch und vor allen Dingen meine Eltern sich keine Gedanken über machen. Ich halte schon aus und wenn es noch länger dauern sollte, was ich aber nicht glaube. Wenn ich Dir schreibe, daß ich so große Sehnsucht nach Dir und den Kindern habe und ich Dich gerne mal wieder in die Arme nehmen möchte. Dadurch drücke ich doch nur immer wieder aus, das ich mit meinen Gedanken immer bei Dir und den Kindern bin. Als Niedergeschlagenheit braucht Ihr es aber nicht aufzufassen. Denn das bin ich nicht. Im Gegenteil ich werde noch jeden anderen aufrichten, bei denen es Not tut. Und was die Sorge anbetrifft, das geht doch wohl jeden so, der was von seinen Lieben hält. - Gerade im letzten Brief habe ich davon geschrieben. Und im Brief den ich gestern von Dir bekommen habe, schreibst Du schon davon, daß ich vielleicht beunruhigt bin weil Du allein bist und ich mir vielleicht einbilde, daß Du vielleicht auf dumme Gedanken kommen könntest. Daß das von mir eine unnötige Sorge ist, glaube ich. Und Dein kurzer Satz, daß ich mich auf dich verlassen kann, genügt mir. Ich bitte da den Satz wegen des Zweifels zu streichen. - Daß ich Dir mit den Bildern eine Freude bereitet habe, freut mich. Ziemlich genau bist Du aber noch immer. Es stimmt doch, wenn ich schreibe beinahe 40 Jahr. Was spielt ein Jahr dann heute in der schnellebigen Zeit noch für eine Rolle. Warum soll ich nun auch z.B. sagen wir kennen uns schon 19 Jahre. Zwanzig Jahre hört sich doch viel besser an. Ich bin nun mal eben für die Abrundung. Du hast es ja immer Übertreibung genannt, nicht wahr? - Dein Brief vom 18.7. Nr. 107 hat mir viel Freude bereitet. Einer von Deinen Briefen, die ich immer bei mir tragen werde. Hast Du es schon bemerkt, daß einige von Deinen Briefen nicht mit zurückgekommen sind? Alle kann ich sie hier nicht behalten, aber ganz ganz liebe behalte ich bei mir. An unser Kennenlernen erinnere ich mich noch ganz genau. So etwas vergißt man nicht. Es ist nun mal im Leben so, daß man die schlechten leicht, aber die schönen Stunden nie vergißt. Daß Du Käte Holst erzählt hast, ich hätte schwarze Haare weiß ich noch. Weiß aber auch, daß Du für schwarze Jünglinge eine Schwäche hattest. Oder hast Du es noch? Wenn es noch so ist, muß ich dann wohl später doch noch einen Haarkünstler aufsuchen und mir meine paar Haare schwarz färben lassen. Aber ich glaube, daß es so wie es ist, doch besser ist, denn in allen anderen Sachen sollen die Gegensätze auch harmonischer wirken. Wie komisch es überhaupt kommt im Leben. Ganz früher wollte ich immer ein blondes Mädchen haben und jetzt habe ich doch eine Schwarze zur Frau gekriegt. Und bin doch zu frieden. Gegen blonde Frauen habe ich schon seit Jahren eine Abneigung. Und weiß Du seit wann? Du erinnerst doch noch unsere Fußballtour nach Hildesheim. Wir hatten doch mit Hugo und Emmy ein gemeinsames Zimmer. Morgens beim Aufstehen vielmehr beim Waschen war Emmy nur leicht bekleidet und da sah ich den Unterschied so genau. Bei den Blonden sieht man es immer wieder, daß ihr Körper (die Haut) blaß (weiß) ist, wo Du doch einen viel besseren Teint hast. Auch ohne Sonneneinwirkung hat Deine Haut immer eine bräunliche Färbung und das ist es , was ich lieber habe. Das ist aber nur das Äußerliche. Das Innerste ist aber das ausschlaggebenste und das ist so wie ich es mir wünsche. Da ich mit beiden zufrieden bin, weiß Du ja auch. - Mit der Mütze, die ich Dir am Heiligenabend mit brachte, weiß ich auch noch. Aber weiß Du noch wie wir in der Eimsbütteler Straße oben beim Millerntor (auch zu Weihnachten) im Lokal saßen und ich von dir beschenkt wurde (es war der erste Weihnachten). Was Du mir da geschenkt hast, weiß ich nicht mehr. Weiß nur noch daß einige kleine Marzipanschweine dabei waren. Die hatte ich mir, weil ich mich zu dem Geschenk so gefreut hatte, bei mir auf den Nachschrank gestellt. Wollte sie nicht gleich aufessen. Die kleinen Schweine sind dann nachher aber eingegangen. Sind ganz zusammen geschrumpft. Ob ich sie dann gegessen habe weiß ich nicht mehr. Weißt Du auch noch wie Du so gerne einen Bubikopf haben wolltest und ich immer dagegen war. Wie oft hast Du doch gebettelt. Dabei war ich da garnicht mal so dagegen. Es hat mir nur Spaß gemacht, Dich ein bißchen zappeln zu lassen. Ich sehe Dich noch als wäre es gestern gewesen als Du auf dem Rad durch den Sandweg kamst. Du natürlich mit abgeschnittenen Haaren. Und das gegen meinen Willen. Du kucktest mich ordentlich so'n bißchen ängstlich an. War ich eigentlich so furchtbar? Soviel ich noch weiß, habe ich deshalb aber garnichts gesagt. Ich glaube sogar, ich sagte dir abends auch, daß ich daß viel Lieber leiden mag. Wie oft habe ich damals Streit mit Dir gesucht und das alles nur weil das Vertragen hinterher so schön war. Was war ich damals doch noch für eine dummer Junge. Und doch hattest Du mich damals schon so lieb. Wie oft hast du damals doch geweint wenn ich Streit mit Dir machte. Und wie schön war es doch, wenn ich Dich hinterher getröstet habe. Weiß Du noch wie Frau Reimann uns in der ersten Zeit immer so angekuckt hat, wenn wir im Treppenhaus gestanden haben? Und was habe ich Sonnabends immer lange auf Dich warten müssen, wenn Du beim Barbier warst. Aber für das Warten wurde ich dann ja nachher immer von Dir belohnt. - Alles Kleinigkeiten, die man aber doch nie vergißt. Unsere Tage auf dem Heuberg werden wir auch nie vergessen. Es ist schon richtig wie Du schreibst, daß die Stunden auf dem Heuberg doch die schönsten von allen waren. Weil doch zur Freude am genießen doch das Innerste mit sprach. Für diese Tage bin ich Dir doch so dankbar. Das werde ich Dir nie vergessen. Wenn ich erst wieder ganz bei Dir bei bin sollen die Tränen nur Freudestränen sein. Du weißt garnicht, wie angenehm es für mich war zu lesen, daß es auch Freudestränen waren und ich Dich in unserer Wohnung soviel Freude gab daß die Tränen kamen und wir beide glücklich waren. Ach war es nicht immer schön wenn bei meinen Eltern irgend etwas gefeiert wurde und wir beide so'n klein bißchen angesäuselt nach Hause gegangen sind? Wie lange hatten wir dann mit uns zu tun. Und wie spät sind wir dann immer aufgestanden. Ich mußte mich immer ermahnen sonst wären wir manchmal wohl überhaupt nicht aus den Federn gekommen. Wir haben doch so viele schöne Erinnerungen und doch sind es lange nicht genug. Aber das kann ja noch nachgeholt werden. Jung sind wir noch und auch noch unverbraucht. Das eine habe ich mir vorgenommen und das werde ich auch halten. Ich werde nur noch für Dich und die Kinder leben, auch sollen nur noch Freudestränen Dein süßes Gesicht benetzen. Und das nicht so wenig. Allerdingst hast Du da ja auch noch ein Wort mitzureden, denn das war ja schon immer so: „Dein Wille war mir Befehl". Aber ich glaube doch, daß wir uns hierin einig sind. Hoffentlich findest Du es nicht zu abgeschmackt, was ich Dir geschrieben habe. Man kann sich nicht anders machen wie man ist, auch fehlen mir manchmal die richtigen Worte. Aber ich glaube doch, daß Du mich richtig verstehst. In Liebesbriefen bin ich nun mal nicht groß. Ich möchte Dir so gerne damit sagen, wie lieb ich Dich habe. Es kommt für dich ja eigentlich ein bißchen spät, aber dafür ist die auch um so reifer und tiefer. - So mein lieber Buttje und nun will ich auch schließen. Es ist schon nach 10 Uhr. Um 1/4 nach 4 Uhr ist schon wieder Tag. Und nun mein lieber Buttje halte Dich recht gesund, wollen hoffen, daß wir uns recht bald wieder für immer haben und uns das Glück nie verlassen werde. In Gedanken an all unsere schönen verlebten Stunden grüßt und küßt Dich vielmals Dein Willy. Grüße mir auch recht schön unsere beiden Jungens. An meine Eltern, Marta, Dora, Deine Mutter, Emil, Frieda und Harro auch einen schönen Gruß.

Anmerkung:

Morpheus: Gott des Traumes
Chaiselongue: gepolsterte Liege mit Kopfteil
Teint: Hautbeschaffenheit, Hautfarbe
nicht aus den Federn gekommen: nicht aus dem Bett gekommen, leitet sich von ab von der Bettwäsche (Federbetten)

153) Im Süd-Osten, 2. August 1944

Mein lieber Buttje!

Gestern bin ich nicht mehr zum Schreiben gekommen. Bin von morgens früh bis abends spät im Hafen beschäftigt gewesen. Habe mit ausladen müssen. Um 1/2 12 Uhr bin ich erst zu Bett gekommen. Dafür aber schon wieder 1/4 nach 4 Uhr aufgestanden. Viel Schlaf habe ich noch nicht gekriegt. Ob wir nun heute Nachmittag frei haben, ist noch nicht ganz raus. Es ist aber möglich, daß wir heute Nacht auf dem Schiff arbeiten müssen. Die Ladung muß nämlich aus dem Schiff raus. - Post hat es heute auch gegeben. Von dir war aber leider nichts dabei. Ein Brief von meinen Eltern und 1 Zeitung von Hansa 11 war es auch nur. Vielleicht kommt in den nächsten Tagen Post von Dir. - Gestern hatte ich direkt etwas Fieber. Ich war furchtbar flau in den Knochen und hatte Kopfweh. Wird wohl von Sonntag gekommen sein. Ich habe nach dem Spiel kaltes Wasser getrunken und das hat da wohl hauptsächlich zu beigetragen. Heute fühle ich mich aber schon wieder besser. - Das Spiel am letzten Sormtag haben wir 4:1 gewonnen. Richtig verausgabt haben wir uns aber garnicht. Der Gegner war nicht allzu stark und heiß war es auch ganz enorm. Das Spiel begann erst um 1/2 6 Uhr aber trotzdem war es noch sehr warm. Das Zusammenspiel bei uns war schon besser als sonst. - Gestern habe ich den jüngsten Matrosen von dem Schiff getroffen, mit welchen ich die Fahrt nach hier gemacht habe. Sein Vater und Bruder sind augenblicklich in S.. Und das

Schiff soll stark beschädigt sein. Er fühlt sich wohl. Er ist zufrieden daß er im Hafen auf einem Schlepper ist. - Die Mittagszeit ist gleich schon wieder um und ich bin mit dem Brief immer noch nicht fertig. 2 mal bin ich schon eingeschlafen. - Das Wetter ist noch immer schön. In 8 oder 14 Tagen wird der Wein auch so weit sein. Vorgestern und auch heute habe ich ihn probiert. Der meiste war noch nicht so weit, geschmeckt hat er aber schon gut. Der blaue Wein ist aber noch nicht so weit. Da werden wohl noch paar Wochen auf hin gehen. Jetzt sind sie noch ziemlich sauer. - Augenblicklich wird mal viel von der Türkei gesprochen. Es wird erzählt, daß die Gegner Deutschlands der Türkei ein Ultimatum gestellt haben. Die Möglichkeit eines Abfalls von Deutschland besteht. Sollte die Türkei auf der Feindseite mitmachen, werden wir wohl in Zukunft auch nicht mehr soviel Ruhe haben. Aber auch das wird vorüber gehen. Rechne sowie so damit, daß es nicht mehr so lange dauert, bis der Krieg zu Ende ist. Mir geht es sonst noch immer gut. Hoffe dasselbe auch von Dir, Willy und Harry. - Von Hinni und Andreas habe ich noch keine Post wieder bekommen. Wird wohl mit der Zurücknahme zusammen hängen. - So mein lieber Buttje und nun will ich auch schließen. Nächstes Mal wieder mehr. Bin heute nicht aufgelegt zum Schreiben. Halte dich also gesund und sei recht vielmals gegrüßt und geküßt von Deinem Willy. An Willy und Harry auch Gruß und Kuß. Gleichfalls auch herzliche Grüße an meine Eltern, Marta, Dora, Deine Mutter, Emil, Frieda und Harro. Die Blume die ich beilege ist eine Baumwollblüte. Nochmals viele Küsse von Deinem Willy.

Anmerkung:
Hansa 11: ist der Fußballverein, wo unser Vater zuletzt Fußball gespielt hat. Der Sportplatz war zuletzt auf den Heiligengeistfeld.
1/2 6 Uhr: Früher wurde im 12 Stundenrhythmus gedacht und gesprochen. Hier war Spielbeginn also um 17.30 Uhr.

154) Im Süd-Osten, 4 August, 44

Mein lieber Buttje!

Die Tinte ist ja noch ein bißchen blaß aber mit der Zeit wird sie schon dunkler werden. Habe mir eben welche angerührt. Post habe ich von Dir noch nicht erhalten. Gestern ist welche gekommen, aber von Dir war keine dabei. Leider, na warten wir noch ein bißchen. Wird wohl mit der Zeit sowieso spärlicher werden. Sonst augenblicklich kann man eigentlich nicht klagen. In den letzten Tagen ist mit dem Flugzeug immer etwas mit gekommmen. - Die Entscheidung der Türkei haben wir auch gehört.- Ich glaube aber nicht, daß die Türkei noch mit in den Krieg geht. Wird wohl weiterhin abwarten. Die Möglichkeit, daß es hier noch mal unruhig wird, besteht. Bis jetzt ist es aber noch ruhig. - Das einzige Betrübende ist nur, daß wir in Zukunft kein Radio mehr hören körmen. Die Radioapparate sind hier alle eingesammelt worden. Wegen Batterie Knappheit. Der Wehrmachtsbericht wird hier jeden Tag ausgehängt ist aber immer 1 Tag alt. Und das gerade heut, wo die Nachrichten sich doch von einem Tag auf den anderen überstürzen. - Es wird nun doch so kommen, daß eines guten Tages der Krieg aus ist und wir überhaupt nichts davon wissen. Es wird sich aber schon rumsprechen. Augenblicklich sieht es überhaupt auf den Kriegsschauplätzen bös aus. Für Anna Jung und auch für Marie wird es jetzt auch allmählich brenzlich. Wo ist Andreas und Hinni denn jetzt, habt Ihr schon wieder Nachricht? - In den nächsten Wochen muß es sich ja entscheiden. Hoffentlich bleibt Ihr aus allen heraus. Habt Ihr doch gerade genug durch gemacht. Die Hoffnung auf ein baldiges Wiedersehen habe ich immer noch. - Das Wetter ist hier noch immer gut. Auch mir geht es noch gut. Und wie geht es Dir und den beiden Jungens? Ich hoffe doch auch noch gut. Gestern habe ich mich in Wein so richtig satt gegessen. Im großen und ganzen ist der Wein noch nicht so weit. Der helle Wein ist noch etwas saurer. Habe gestern aber blauen gegessen. Der war schon so schön süß. Habe davon so viel gegessen, daß mir das Abendbrot nicht mehr schmeckte. Der blaue Wein wird sonst noch später reif als der helle. Dieses wird aber frühreifer gewesen sein. 8-14 Tage wird es aber immer noch dauern, bis der Wein soweit ist. Man staunt nur immer wieder, wieviel Wein, Feigen, Mandeln, Tomaten und Melonen es hier gibt. Melonen habe ich hier auch schon viele gegessen. Da gibt es auch alle möglichen Sorten von. Rohe Feigen habe ich heute auch zum ersten Male gegessen. Sie schmecken ganz schön süß. - Die meisten Tomaten werden hier garnicht abgeerntet. Davon bleiben furchtbar viel auf dem Felde liegen. Könnte man die doch nach Hause schicken. Ihr werdet doch nicht viel davon zu sehen kriegen. Und sonst weiß ich nichts Neues zu berichten. - Die Tinte ist doch noch nicht so wie sie sein soll. Muß doch noch ein Stück Blaustift opfern. - Hoffentlich bekomme ich bald Post von Dir. Und vor allen Dingen, Post nach den letzten Angriffen geschrieben. - So mein lieber Buttje! Und nun halte Dich gesund und sei recht vielmals gegrüßt und geküßt von Deinem Willy. Grüße auch an unsere Jungens. An meine Eltern, Marta, Dora, Deine Mutter, Emil, Frieda, Harro, Hans und Alwine, Frieda und Johanna und Kinder auch einen schönen Gruß. Anbei alte Briefe.

155) Im Süd-Osten, 6. August 44

Mein lieber Buttje!

Gestern bekam ich Deinen Brief vom 25. Juli Nr. 109. meinen besten Dank. Es fehlt mir noch Brief Nr. 108. In der letzten Woche ist fast jeden Tag Post gekommen. Hoffentlich bleibt es dabei. Von Hinni und Andreas habe ich noch immer keine Post. Hast du oder meine Eltern schon wieder welche? Mir geht es immer noch gut. Hoffe dasselbe auch von Dir, Willy und Harry. Ruhig ist es hier auch noch. - Ich freue mich doch, daß Du augenblicklich bei den Jungens bist. Warst Du doch auch gerade bei den letzten Angriffen auf Hamburg bei ihnen. Es ist doch eine Beruhigung. Ist unsere Wohnung und auch die meiner Eltern noch mal verschont geblieben? Wollen es hoffen. - Daß es den beiden in der ländlichen Stille gefallt, glaube ich schon. Ist es doch mal etwas ganz anderes. Ich bin damals im Weltkriege auch gerne auf dem Lande gewesen. Mit den Kühen und Pferden wird sich die Jugend immer gerne beschäftigen. Und wenn es dann zur Belohnung noch frische Milch gibt, macht man die Arbeit noch mal so gerne. Fällt da für dich nicht auch mal etwas ab? Vielleicht kann ich Dir diese oder nächste Woche etwas Tabak schicken. Kannst dem Bauern damit ja vielleicht eine Freude machen. Diese Woche soll es Marketenderware geben. Blätter-Tabak gibt es nicht, dafür aber guten anderen Tabak. Wenn man die Urlauber hört, die jetzt zurück gekommen sind, staunt man doch. Zigaretten und Tabak muß da ja genau so hoch im Kurs stehen, wie die Artikel, die wir aus dem Reich kriegen. Das Wort „kriegen" stimmt allerdings nicht, es muß schon heißen „gekriegt haben". Sie sagen nämlich für Zigaretten und Tabak ist alles zu haben. - Heute lege ich auch ein Bild bei. Es ist damals aufgenommen worden, als ich noch als Kantinenwirt tätig war. All die anderen schönen Aufnahmen, von denen ich damals auch schrieb, sind nicht über gekommen. Es waren Aufnahmen vom Fasching. Zwei Frauen mit ihren hier üblichen Kopftüchern sind ja noch mit aufgekommen. In der Winterzeit haben sie die Kopftücher zum Schutz gegen die Kälte und im Sommer zum Schutz gegen die Sonne um. Von ihren Gesichtern ist beinahe garnichts zu sehen. Auf dem Bild habe ich noch ganz gut schick. Ganz so dick bin ich jetzt aber nicht mehr. Walter Krützfeldt steht neben mir. Wirst ihn wohl noch kennen. Heute wollen wir auch noch ein paar Aufnahmen machen. Eigentlich wollte ich zum Baden. Es ist mir aber zu windig. Gestern und heute hatten wir ganz leichten Dienst. Es ging gestern morgen allerdings schon um 3 Uhr los. Wir hatten einen kleinen Ausmarsch. Danach hatten wir Waffenreinigen und Waffenappell. Ich bin doch tatsächlich beim Schreiben eingeschlafen. Man soll es doch nicht für möglich halten. Den Schlaf habe ich mir aus den Augen gewischt und jetzt geht es schon wieder. Gestern nach dem Mittag hatten wir noch Revierreinigen und Zeuginstandsetzen. Habe den Nachmittag mit Waschen und Stopfen zu gebracht. Heute vormittag sollte Appell in verschiedenen Bekleidungsstücken sein. Ist aber ausgefallen. Heute morgen hatten wir erst Singen. Von unserem Battl. wird die Gesangskunst in der letzten Zeit gepflegt. Es soll hier bei uns auch ein Chor zusammen gestellt werden. Unser Sanitäts-Utz. leitet das Singen. Er hat dabei seine besondere Art. Für uns alte Landser aber die richtige, vom Beruf ist er evangelischer Pfarrer. - Man stellt sich darunter eigentlich immer einen älteren ernsten Menschen vor. In diesen Fall stimmt es aber nicht. Für Späße, soweit sie sich im Rahmen halten, ist er immer zu haben. Auch läßt er nie den Pfarrer zeigen. Der Unterricht ist von ihm immer humorvoll geleitet. Im Oktober soll ein Preissingen vom Battl. vom Stapel gehen. Bis dahin soll fleißig geübt werden. Wir Landser haben sonst das Singen wenn es auf dem Dienstplan angesetzt war, nicht besonders begrüßt, die Methoden sind auch verschiedenen, einige halten es für richtig, wenn das singen nicht klappt „Erdkunde" abzuwenden. Einer auf dem Heuberg nannte es „Erde küssen". Er wurde von uns danach nur noch der Erdeküsser genannt. Unser neuer Gesangslehrer ist aber nicht dafür. Er steht auf dem Standpunkt, daß Singen freiwillig betrieben werden muß. Ja, er sagte heute morgen, daß es nicht gut wäre, wenn nach dem Singen Appell ist. Er meinte dann bestehen doch gewisse Hemmungen. Gelernt haben wir deutsche Volkslieder und ein Lemnos-Lied. Das heißt von dem Lemnos-Lied haben wir erst eine Strophe. Die anderen müssen wir uns erst zu dichten. Unser Komp.- Chef besuchte uns auch während des Singens. Er war mit dem Singen wie es schien zufrieden. Wir haben zwar Volkslieder, das Lemnos-Lied und unserem V1 –Marsch (?) unserem Chef vorgesungen. Nach den beiden letzten hat er viel gelacht und ist dann auch wieder gegangen. Der V1-Marsch ist so ähnlich wie der chinesische Gruß. Nur mit noch mehr Spektakel verbunden. Wir wurden auch gefragt, ob jemand früher in einem Gesangsverein gesungen hätte. Es war unter uns nicht ein einziger. Einer, natürlich ein Hamburger, sagte, er hätte früher nur gesungen wenn er besoffen gewesen ist. Unser Gesangslehrer hat das aber nicht gehört. Gefragt hätte er aber dazu auch nichts. Solche Späße kann man sich jetzt schon mal erlauben. Na, so ganz junge Soldaten sind wir ja auch nicht mehr. Und dann sind wir doch schon alle um die Vierzig rum. Um 9 Uhr waren wir mit dem Singen fertig und damit auch der Dienst für heute. Inzwischen habe ich schon Mittag gegessen. Es gab heute Kartoffeln, Gulasch, Tomatensalat und als Kompott Pfirsiche. So und nun sitze ich hier und weiß nicht weiter. Mir ist auf einmal der Faden gerissen. Ich sehe aber nicht ein, daß ich jetzt schon den Brief beende. Das wäre ja auch eine Papierverschwendung, die ich mir nicht leisten kann. Und Du wirst bestimmt denken, wenn Du bis hier gelesen hast, jetzt ist der Brief schon zu Ende. Mir geht es jedenfalls so. Am liebsten möchte ich, daß die Briefe von Dir, gar keinen Schluß hätten. Und dann so liebe Sachen enthalten, wie Du mir schon in verschiedenen Briefen mit geteilt hast. Die Worte schon können beglücken. Komisch nicht wahr, sonst haben wir auf Worte garnicht so viel gegeben. Das Natürliche zog uns doch viel mehr an. Und das wird auch später wieder der Fall sein. Worte können auf die Dauer doch nicht so beglücken wie z.b. die Umarmung oder ein ineinander Aufgehen unserer Körper zu einem ganzen. Wie haben wir uns gerade darin gut verstanden. Viel dazu trägt natürlich bei, daß wir beide ziemlich heiß veranlagt sind und nicht nur den Körper sondern auch den Menschen liebten. Dadurch auch bei uns die körperliche wie die geistige Harmonie. Das letzte allerdings erst wie Du schon richtig schreibst, durch die Prüfung die uns auferlegt wurde. Aber um wieviel schöner muß es darum doch sein, wenn wir uns erst wieder ganz und für immer wieder haben. Die Erinnerung kann uns keiner nehmen und für die Zukunft werden wir uns gegenseitig genug Freude schenken, davon bin ich überzeugt. Weiß ich doch daß Du mich liebst und ich Dich doch genau so heiß liebe. Ich möchte Dich zu gerne viel liebe und angenehme Worte sagen, habe aber angst, daß sich das Papier biegen würde. Bewahre es mir auch lieber für später auf. So mein lieber Buttje, ich hoffe, daß ich Dir mit den wenigen Zeilen ein klein wenig Freude bereitet habe, auch hoffe ich, daß es Dir, Willy und Harry noch gut geht. Höre eben, daß Hamburg schon wieder angegriffen worden ist. Wenn nur nicht in Euer Nähe nicht auch noch eine Landung vorgenommen wird. Wollen hoffen, daß es nicht so weit kommt und wir uns recht bald gesund für immer wieder sehen werden. Bis dahin halte Dich gesund und sei recht vielmals gegrüßt von Deinem Willy. Kannst Du auch alles entziffern? Manchmal ist es wohl doch etwas schwer, nicht wahr?

156) Im Süd-Osten, 8. August 1944

Mein lieber Buttje!

Heute sollte Post kommen, habe es aber bös auf n Kieker. Seit Sonntag weht nämlich ein ganz schöner Wind. Der Wind ist ordentlich kalt. D.h. Nachts und morgens früh. In der Nacht vom Sonnabend zum Sonntag tobte ein Gewitter auf dem Festland. Das Blitzen war hier zu sehen. Daher auch der Witterungsumschwung. Wird sich wohl aber bald wieder geben. Marketenderware haben wir noch nicht bekommen. Rechne damit aber Ende der Woche. Ein Päckchen mit Zigaretten werde ich dann gleich für Dich abschicken. Ich will auch mal sehen, ob ich Dir ein Päckchen mit Mandeln schicken kann. Habe mir Mandeln besorgt. Muß sie aber erst noch Knacken und trocknen. So wie sie jetzt sind, halten sie sich noch nicht. Will mal sehen was sich machen läßt. - Wenn es möglich ist, bleibe man noch eine Zeit bei den Jungens in Kakenstorf. Ich bin dann doch beruhigter. - Gestern mittag waren wir von unserer Bude zum Knipsen, wir haben 4 Aufnahmen gemacht. Hoffentlich sind sie was geworden. Bei den ersten beiden Aufnahmen haben wir als Hintergrund eine griechische Mühle. Eine Ziege und Muli mit dem Besitzer der Mühle ist auch mit aufgekommen. Die 3. Aufnahme wurde im Maisfeld gemacht. Wir wollten so gerne 3 griechische Frauen mit aufnehmen. Hatten aber kein Glück. Nur eine ließ sich überreden. Die anderen Beiden rissen aus. Ob sie wohl wissen, wie unmöglich sie mit ihren Kopftüchern aussehen? Es scheint beinahe so. Die letzte Aufnahme haben wir unter einem Feigenbaum gemacht. Als wir mit dem Knipsen fertig waren und unser Oberschnappser den Film weiter drehen wollte, hat er verkehrt gedreht. Hoffentlich sind die Bilder nicht alle belichtet worden. Na, wir werden es ja sehen. Ich sag ja, wenn da schon ein Amateur bei ist. - Mir geht es sonst noch immer gut. Ich hatte in den letzten Tagen eine kleine Magenverstimmung, die hat sich aber schon wieder behoben. Am letzten Sonntag habe ich meinem Magen doch zu viel zugetraut. Als ich nachmittags mit dem Schreiben fertig war, (hatte für Dich und meine Eltern einen Brief geschrieben). habe ich für mich Abendbrot zurecht gemacht. Ich hatte von Mittags noch einige Kartoffeln, die habe ich mir gebraten mit 3 Eier. 2 Scheiben Brot mit Tomaten habe ich auch noch verdrückt. Und eine viertel Stunde später brachte ein Kamerad noch Melonen und Tomaten mit. Es waren Zucker und Bananenmelonen. Die Bananenmelonen schmeckten besonders gut. Und wenn man auf alles dieses noch Wein und hinterher Bier trinkt, braucht man sich nicht wundern, wenn man so'n bißchen komisch im Magen wird. Mit dem Wein ist kein Staat zu machen, schmeckt wie Essigwasser. Das Bier bekamen wir ganz unverhofft noch spät abends. Für jeden 1/2 Liter. So mein lieber Buttje, das wäre für heute erst mal wieder alles. Kann Dir auch noch mitteilen, daß es hier noch ruhig ist. Wollen hoffen, daß es so bleibt. Hoffe auch, daß es bei Euch jetzt auch ruhig bleibt und es Euch Allen noch gut geht. - Bis zum nächsten Mal halte Dich gesund und sei Du sowie Willy und Harry recht vielmals gegrüßt und geküßt von Deinem Willy und Eurem Papa. An meine Eltern, Marta, Dora, Deine Mutter, Emil, Frieda und Harro auch einen schönen Gruß.

157) Im Süd-Osten, 10. August 1944

Mein lieber Buttje!

Zu so früher Stunde habe ich lange nicht mehr geschrieben. Ich bin für einige Tage aushilfsweise bei uns in der Vermittlung. Habe mit noch einem Kameraden Telefondienst. Muß Verbindungen herstellen usw. Hatte mir das viel komplizierter vorgestellt. Bin da schnell hinter gekommen. - Eine Neuigkeit gibt es auch. Wir verlassen mal wieder die Gegend. Der Bescheid kam gestern ganz plötzlich. Unsere Arbeiten hatten wir auch beinahe ganz fertig. Genau wie vor einem halben Jahr. Unsere neue Heimat ist uns nicht unbekannt. Kommen wir doch zum größten Teil dahin, wo wir vor einem halben Jahr weggegangen sind. Zu dem Ort wo unsere Komp. lag und ich als Badewärter fungierte kommen wir aber leider nicht. Aber all die schönen Stützpunkte werden wir wieder beziehen. Ich selbst werde wohl nicht mit auf einem Stützpunkt kommen. Bleibe voraussichtlich bei der Komp.. Bin nämlich immer noch im Komp.-Trupp. Und der bleibt immer bei der Komp.. Der Ort in dem unsere Komp. Quartier nimmt, ist größer als der jetzige. Auch gibt es da mehr zu kaufen. Jedenfalls war es im vorigen Jahr so. Es kann sich aber auch da vieles geändert haben. Wir sollten erst schon morgen von hier weg. Es wird sich aber wohl um paar Tage verschieben. Jeder von uns begrüßte den Umzug. War uns doch unser altes Revier noch in guter Erinnerung. Die Gregors hier machten alle ein betrübtes Gesicht. Wissen sie doch nicht, ob sie sich mit den neuen auch so gut vertragen werden. Die ganze letzte Zeit hatten sie nie Uso wenn wir mal gefragt haben, aber gestern auf einmal kamen sie damit raus. Ich habe von einem Gregor auch etwas gekriegt, es brannte so schier getrunken wie Feuerwasser. - Gestern abend bekamen wir aus der Marketenderware jeder eine Flasche Sekt. Prima französischer 37`er. Ein Mittelding zwischen süßen und herben Sekt. Wir haben uns im kleinen Kreise einen gemütlichen Abend gemacht. Pech hatten wir vorher auch noch. Ich habe für unsere Bude unseren Sekt geholt. Es waren 7 Flaschen. Ich war gerade eben beim Rechnungsführer raus, da rutschte mir eine Flasche aus der Tasche und zersprang mit lautem Knall. Das ich da einen Zorn hatte, glaubst Du mir wohl. Habe aber noch Glück gehabt. Bin gleich mit dem Korpus delikti zu dem Rechnungsführer gegangen. Als ich dem Uffz. mein Malöhr geschildert hatte, rechnete er mir vor, wie viele er empfangen und was auf dem Transport schon entzwei gegangen war. Als ich ihm dann erzählte, daß ich mir vorgenommen hatte, auch mal einen zu trinken, sagte er zu seinem Gehilfen (auch ein Hamburger), daß es auch gerade Ladiges passieren muß und nach kurzem Überlegen, na geb ihn man eine. Ich war natürlich froh. Das Geld konnte ich schon verschmerzen. 1 Flasche kostete 4.50 + 2.50 M. Flaschenpfand. Billig, nicht wahr? Auf dem Wege in mein Spiti bin ich ganz vorsichtig gegangen. Nach dem Abendbrotessen haben wir unsere Flaschen aus dem Wassereimer geholt und den Korken gegen die Decke knallen lassen. So'n klein bißchen in Stimmung sind wir doch gekommen. Gesungen haben wir, wie lange nicht mehr. Eine Gedenkminute für unsere Lieben haben wir auch und mit Euch angestoßen. Wir waren an dem Abend mit 3 Hamburger. Daß da auch Hamburger Döntjes auf den Tisch kamen, ist wohl klar. Auch auf der Reeperbahn und noch verschiedene andere haben wir gesungen. Es war ein ganz netter Abend. Gelacht haben wir viel. Es ist viel geflaxt worden. Wir sind aber doch zur rechten Zeit zu Bett gegangen. Es kann 1/2 11 Uhr gewesen sein. Geschlafen habe ich wie ein Toter. Einen Kater habe ich aber heut nicht gehabt. Heute Mittag bin ich nur hier in die Vermittlung eingezogen. Meine Sachen für den Umzug habe ich zum größten Teil schon gepackt. Meinetwegen kann es morgen los gehen. - Heute haben wir auch unsere Marketenderware gekommen. Zigaretten haben wir 265 Stück, 1 1/2 Paket Tabak, 7 Zigarren und ungefähr 1 Pfd. losen Tabak gekriegt. Zigaretten hatte ich eigentlich mehr erwartet. Aber darum bekommst Du doch Deinen Teil. An Hinni und Andreas werde ich keinen Tabak schicken, denn wer weiß, ob sie ihn überhaupt kriegen. - Es ist schon nach 10 Uhr und noch immer sind die Gregors auf der Straße, sie singen ein Lied nach dem anderen. Haben hier heute schon viel Halloh gemacht. Es scheint bald so, als wollten sie uns einen Abschiedsabend geben. - Bis um 12 Uhr habe ich noch Dienst. Habe dann bis um 8 Uhr morgens frei. Müde bin ich jetzt schon. Die letzte Nacht macht doch schon was aus und dann bin ich sonst um diese Zeit auch schon im Bett. So früh gehst du bestimmt noch nicht zu Bett. - Sonst geht es mir noch gut. hoffe dasselbe auch von Dir, Willy und Harry. Ruhig ist es hier auch noch immer. Post habe ich noch nicht wieder bekommen. Hoffentlich kommt bald welche über. Die anderen Hamburger Kameraden haben auch noch keine Post wieder erhalten. Damit tröstet man sich immer. Und sonst hoffe ich noch immer, daß der Krieg bald zu Ende geht und wir uns recht bald für immer wieder haben. - Hast Du meine letzten Briefe schon alle erhalten? Auch das Bild vom letzten Winter. Einige Bilder stehen noch aus, hoffe, daß ich sie auch bald erhalte. So mein lieber Buttje und nun bin ich mit meiner Weisheit zu Ende. - An Willemann will ich auch noch einen Geburtstagsgruß schreiben bevor ich abgelöst werde. Bis Du immer noch in Kakenstorf? - Und nun mein lieber Buttje bleibe gesund und sei recht vielmals gegrüßt und geküßt von Deinem Willy. Grüße mir auch unsere Jungens. An meine Eltern, Marta, Dora, Deine Mutter, Emil, Frieda und Harro auch einen schönen Gruß.

Anmerkung:
Korpus delikti: Gegenstände, die bei einer Straftat zur Aufklärung beitragen
Malöhr (Malheur): Unglück, Unfall
Hamburger Döntjes: Kleine Anekdoten und Geschichten
geflaxt (flaxen): Witze reißen, sich aber auch über andere Lustig machen

158) Im Süd-Osten, 12. August 1944

Mein lieber Buttje!

Aus der Vermittlung bin ich schon wieder raus. Bin gestern mittag abgelöst worden. Den ich vertreten hatte ist wieder gesund. Er wollte lieber mit mir zusammen bleiben, hat es wohl auch den Spieß gesagt. Der andere sollte nämlich gestern abgelöst werden. Er war ganz entrüstet als er das hörte und hat sofort beim Spieß angerufen. Ich habe ihn aber vorher gesagt, er solle dem Spieß man sagen, daß ich keine große Lust dazu habe und auch nicht recht damit zurecht komme, der Spieß wollte, daß ich dableiben sollte, weil ich augenblicklich schlecht zu Fuß bin. Meinte dann aber während des Gesprächs, jetzt ist ja doch kein Dienst (wegen des Umzugs), dann bleiben sie man da (zu dem anderen). Ich war natürlich froh als ich gehen konnte. Bin lieber an der frischen Luft. Von der freien Zeit hat man da auch nicht viel. Es sind immer 8 Stunden Dienst und 8 Stunden frei. Schwere Arbeit ist es ja nicht. Lesen und schreiben kann man da immer bei. Ich ziehe aber jede andere Arbeit im Freien vor. Im Winter ließe ich es mir noch gefallen. Denke aber, daß ich im Winter nicht mehr hier bin. Bis dahin müßte der Krieg doch eigentlich zu Ende sein. Noch mal möchte ich hier einen Winter nicht erleben. Habe von einem genug. Ist hier, obwohl es nicht so kalt ist als zu Hause, doch zu ungemütlich. - Schlecht zu Fuß bin ich augenblicklich, weil ich an beiden Beinen Entzündungen habe. Es wird in den nächsten Tagen wohl wieder in Ordnung gehen. Heute habe ich schon Luft gekriegt. Es hat schon geeitert. Es heilt hier nur alles so schlecht. Wann wir hier nun abrücken ist noch nicht raus. Die Komp., die uns hier ablöst, ist noch nicht hier. Nur ein kleiner Teil davon, der Rest ist noch in S.. Wird wohl noch einige Tage dauern. Mir kommt es bald so vor als werden wir in unserem neuen Revier auch nicht lange bleiben. Vielleicht werden wir ja eines guten

Tages wieder festen Boden unter den Füßen haben. - Heute habe ich ein kleines Päckchen mit 100 Zigaretten zurecht gemacht. Geht zusammen mit diesem Brief ab. Gestern bekamen wir Bescheid, daß keine Post und keine Päckchen angenommen werden. Da wir aber doch noch einige Tage hier bleiben, nehmen sie morgen doch noch mal Briefe und Päckchen an. Es kann aber sein, daß einige Tage nichts angenommen wird. Sollte es der Fall sein, muß Du Dich schon gedulden. - An Willy habe ich eben auch eine Geburtstagskarte geschrieben. Schicken kann ich ihn leider nichts. Hier ist noch nichts zu haben. Wenn die Rosinen, Feigen und Mandeln erst so weit sind, werde ich aber an Euch denken. - Hast Du von Hinni und Andreas schon wieder etwas gehört? Und weiß Du auch was Ernst Heiden macht? Von Erni Riehm habe ich auch noch nichts wieder gehört. Vielleicht ist er ja auch schon eingezogen. - Und sonst mein lieber Buttje, geht es mir noch gut. Hoffe dasselbe natürlich auch von Dir, Willy und Harry. Ruhig ist es hier auch noch. Wie sieht es denn nach den letzten Angriffen in Hamburg aus? Post habe ich immer noch nicht von Dir. Na, warten wir ab. Vielleicht kommt ja in den nächsten Tagen welche. - Ich hoffe daß wir uns recht bald für immer wiedersehen. Bis dahin sei recht vielmals gegrüßt und geküßt von Deinem Willy. Grüße mir unsere Jungens. An meine Eltern, Marta, Dora, Deine Mutter, Emil, Frieda + Harro auch einen schönen Gruß. Hast Du die beiden Päckchen Nr. 42 und 43 schon erhalten?

159) Im Süd-Osten, 16.August 1944

Mein lieber Buttje!

4 Tage habe ich schon nicht geschrieben. Es wird also wieder Zeit. Seit Montag sind wir in unserem neuen Quartier. Am Sonntagabend bekam ich Deine beiden Briefe vom 22. Juli und 1. August (Nr. 108

+ 11). Meinen besten Dank. Es fehlt mir noch der Brief Nr. 110. Hast Du meine Briefe Nr. 142, 143, 144 uns 145 inzwischen erhalten? Vielleicht hast du es ja schon im Brief 110, den ich noch nicht habe, mitgeteilt. - Es ist jetzt 7 Uhr früh. Unser Quartier haben wir gestern schon in Ordnung gebracht. Wir haben mit 6 Mann einen schönen großen Raum mit 2 Fenstern und einen Balkon nach der Straße. Heute ist auch Arbeitsdienst. In unserem Hause haben die anderen Landser ihr Quartier zu entwanzen. Wir müssen uns zur Verfügung der Schreibstube halten. Wenn ich den Brief nicht mehr fertig kriege, muß ich ihn in der Mittagszeit beenden. Der Ort in dem wir jetzt liegen, ist nicht mit dem anderen in dem wir sonst waren, zu vergleichen. Hier ist es viel sauberer. Straßen und Häuser sind sauber und auch die Menschen. Unsere richtigen Quartiere haben wir noch nicht bezogen. Hier ist noch eine andere Komp.. Sie soll hier abrücken, wann steht noch nicht fest. Gestern bin ich fast den ganzen Tag unterwegs gewesen und habe Quartier gemacht für Feldwebel und Unteroffiziere. Es war eine ganz gute Beschäftigung. Bin durch allerhand Wohnungen gekommen. Ganz recht ist es den Leuten zum größten Teil ja nicht, wenn sie ein Zimmer abgeben müssen. Einige sind aber ruhig und gelassen dabei. Ganz zuletzt waren wir in einem Hause mit einer Familie von 8 Personen. Mann sah da gleich, daß sie begütert waren. Die Wohnung und auch die Einrichtungsgegenstände deuteten schon gleich daraufhin. Und nicht zuletzt auch die Familie. Quartier haben wir da nicht gemacht. Es war da kein Raum mehr frei. Zu einem Glas Wein wurden wir auch noch eingeladen. Es war so ähnlicher wie bei uns der Cherry Brandy. Vorher bei einer anderen Famlie hatten wir auch schon Uso bekommen. Sie reichen das Getränk auf einem Tablett herum. Auf dem Tablett stehen die Schnapsgläser und dabei ein Glas Wasser. Vor jedem bleiben sie stehen bis man getrunken hat, dann gehen sie zum nächsten. Bei einer Familie bekamen wir eine Melone. Die Frau schnitt die Melone in kleine Stücke und stellte sie uns auf einem Teller vor uns hin. Jeder bekam auch eine Serviette. So recht war es der Frau aber nicht, daß wir ein Zimmer haben wollten. Verstehen kann man es schon, aber das nützt ja doch nichts. - Das Wetter ist immer noch herrlich. Der Wind hat nachgelassen. Obwohl er hier nicht zu spüren ist. Der Ort ist fast ganz von Bergen eingeschlossen. - Ich wäre ja gerne mit auf einem Stützpunkt gegangen. Bin aber nicht von der Komp. weg gekommen. Habe alles möglich versucht. Mitgenommen hätten die Stützpunktführer mich schon. Bin auch vorgeschlagen worden. Aber als Melder im Komp.-Trupp kommt man von der Komp. nicht weg. Ich werde mich hier auch schon einleben. Auf dem Stützpunkt ist das Leben ruhiger und das ziehe ich beim Barras vor. Ruhig ist es hier auch noch immer. Hoffentlich bei euch jetzt auch. - Von meinen Eltern, Marta und Erni Riehm habe ich auch Post gekriegt. Erni schreibt mir, daß er vorher schon 2 Briefe geschrieben hätte aber von mir keine Anwort bekommen hat. Die beiden Briefe habe ich aber nicht bekommen. Glaube auch nicht daß sie über kommen werden. Das ist schon zu lange her. Hoffentlich bekomme ich Deinen ausstehenden Brief Nr. 110 noch. Jeden einzelnen Brief von Dir möchte ich nicht missen. Die beiden Buch Zigarettenpapier habe ich auch bekommen. Meinen besten Dank. - Ich habe Dir in meinem letzten Brief auch geschrieben, daß ich Dir Mandeln schicken wollte. Bei dem Pflücken derselben habe ich einen verkehrten Baum erwischt. Der größte Teil davon ist bitter Mandeln. Vielleicht kannst Du sie ja auch gebrauchen. Wenn nicht, kannst du sie ja vielleicht bei einem Bäcker los werden. Die nehmen sie gerne zum Kuchen backen. Viel darf man da ja nicht von nehmen! In zu großen Mengen sind sie ungesund. Soll wie mir mal einer erzählt hat, Blausäure enthalten. - Bin inzwischen mal eben beim Sanitäter gewesen. Habe mir die Füße bepflastern lassen. An beiden Füßen habe ich eine Hautabschürfung und rund um den

Beinen eine Entzündung. Ich habe aber schon Luft gekriegt. Die Stellen heilen schon alle wieder. Beim Umzug habe ich nicht mit marschieren brauchen. War vom Marsch befreit. Bin mit einem Lastauto gefahren. Richard Heinitz ist hier auch bei der Komp. geblieben, auch Walter Krützfeldt. Er war gerade eben bei mir. Kommt hier auch bei uns im Hause zu liegen. Wollte gerne mit bei uns ins Zimmer rein. Das geht aber nicht. Ist auch ganz gut so, denn er ist doch ein ziemliches Nervenbündel. Ein haben wir schon davon. Und 2 Nervöse ist doch zu viel. Bei uns im Komp.-Trupp sind wir mit 3 Hamburger. Der eine und ich haben gestern Quartier gemacht. Wir mußten den 3. Hamburger (der Nervöse), der bei unserem Komp.-Trupp-Führer den Putzer macht in ein anderes Quartier einweisen. Dabei wollten wir gleich die Sachen mitnehmen. Unterwegs traf der mit mir war, einen Griechen der ihm etwas Uso oder Wein zu trinken geben wollte. Er ging mit ihm. Darüber kam der andere gleich in Zorn, er tobte wie ein Verrückter. Ihm paßte es nicht, daß er nicht gleich mit uns kam. Die Halsadern traten direkt bei ihm hervor. So gierig auf dem bißchen Uso aber nur um sich von der Arbeit zu drücken. Das war es was er immer wieder heraus schrie. Und je mehr er schreit, je mehr kommt er in Rage. Ich habe natürlich gelacht. Das wirkte aber nicht beruhigend auf ihn. Als er dann wieder zu uns kam (der andere), hatte er sich aber schon etwas beruhigt. Wie schnell der gute Mann sich aufregt. Ich habe schon oft gefragt, wie soll es bloß mit ihm werden, wenn er mal wieder für ganz bei seiner Frau ist. Vielleicht hat seine Frau ja auch die Hosen an. Ist im Hause bei seiner Frau vielleicht klein und häßlich. Meistens ist es ja so. Er ist ein oder zwei Jahre verheiratet. Wenn er die richtige Frau hat, kann er ja noch zahm werden. Die Frauen vermögen doch viel. So mein lieber Buttje für heute will ich erst mal gut sein lassen. Will an meine Eltern, Marta und Erni Riehm, wenn es geht, auch heute noch schreiben, - Ich hoffe, daß es

Dir sowie Willy und Harry noch gut geht. Wenn Du es machen kannst, fahre doch öfter mal zu den Jungens raus und bleibe auch eine Zeit da. Du hast in Hamburg doch sowieso nicht zu tun. - Hast Du nun genug Rollglas bekommen? Oder hast Du alles mit Bretter zunageln lassen? Erfüllt ja auch erstmal seinen Zweck. Da werden nachher schon wieder Scheiben rein kommen. Denke auch, daß wir uns bald wiedersehen werden. Wollen die Hoffnung jedenfalls nicht aufgeben. Also mein lieber Buttje! In der Hoffnung, daß wir uns recht bald wieder in den Armen liegen können, grüßt und küßt Dich vielmals Dein Willy. Gruß und Kuß an unsere Jungens. Herzl. Grüße an meine Eltern, Marta, Dora, Deine Mutter, Emil, Frieda und Harro. - Sag mal, lassen meine Briefe eigentlich soviel Heimweh durchblicken? Meine Mutter schrieb mir auch davon, daß ich Sehnsucht nach Dir habe stimmt schon, aber daß ich es vor Heimweh nicht mehr aushalte, stimmt doch nicht.

Anmerkung:
Barras: In der Soldatensprache für Militär, Wehrmacht.
Rollglas: Ein biegsames Kunststoffglas mit Drahteinlage. Wurde benutzt, weil bei den Bombenangriffen immer viele Fensterscheiben zu Bruch gingen.

160) Im Süd-Osten, 18. August 1944

Mein lieber Buttje!

Habe eben für dich ein kleines Päckchen zurecht gemacht. Inhalt: 1 Gabel und 1 Löffel. Eingepackt in Tabak. Gabel und Löffel sind Kriegsware. Sind aus unserer Marketenderware. Wirst sie wohl für alle Tage gebrauchen können. Habe daran gedacht, sie Dir zu schicken weil bei Euch doch nichts zu kriegen ist. Den Tabak kannst Du ja für dich gebrauchen. D. h. wenn Du Dir davon Zigaretten drehen kannst. Er ist nämlich ganz kurz. Schmecken tut er besser als der Blättertabak. Solltest du da aber nicht mit zurecht kommen, kannst du ja jemand anders eine Freude mit machen. Vorgestern haben wir Marketenderschnaps erhalten. Mit 5 Mann eine Flasche. Unser Komp.-Trupp.-Führer hatte uns für den Abend eingeladen. Aus diesem Grunde haben wir uns noch 4 Flaschen extra prima Wein organisiert. Wir sind ganz gut in Stimmung gewesen. Unser Jüngster, ein Gefreiter, 21 Jahre alt, hat das Zeug doch nicht vertragen können. Der Schnaps, eigentlich war es kein Schnaps, es war Likör, schmeckte sehr gut. Er war so ähnlich wie Buracow-Weiß (?). Unser Jüngster, mit Namen Hans, war die wenigste Zeit an unserem Tisch. Er hat die Verbindung zwischen Tisch und Lokus nie abbrechen lassen. Auf dem Nachhauseweg schwankte er so, daß wir Angst hatten, daß er die Häuser, die an beiden Seiten der Straße standen, beschädigte. Sonst ist aber alles gut abgegangen. Sind alle heil wieder in unserem Spiti gelandet. Dienst haben wir bis jetzt noch nicht viel gehabt. Meistens bin ich für die Schreibstube unterwegs. - Morgen wird auch schon wieder die neue Marketenderware geholt. Ich werde für Dich sofort wieder ein Päckchen Zigaretten fertig machen und abschicken. Wer weiß wie lange noch Päckchen geschickt werden können. Zulassungsmarken schicke ich Dir in diesem Brief auch mit. Obwohl gebrauchen kannst Du sie ja doch soviel wie garnicht. 19.8. Habe den Brief doch nicht mehr fertig gekriegt, ich mußte nach der Mittagszeit Dienst machen. 1 Stunde Exerzieren und darauf 1 Std. Putz und Flickstunde. Nach dem Abendessen bin ich auch nicht mehr zu gekommen. Noch einer vom Komp.-Trupp, mit dem ich jetzt viel unterwegs bin (Quartiermachen usw.), sein Name ist August, und ich wurden gestern Abend von unserem Schneider zur Geburtstagsfeier eingeladen. Konnte also, um den Schneider nicht vor den Kopf zu stoßen, Deinen Brief nicht zu Ende schreiben. Damit aber auch Du zu Deinem Recht kommst, werde ich nicht wie vorgesehen 2 sondern einen 4 seitigen Brief schreiben. Bei dem Schneider war es ganz gemütlich. Wir waren ungefähr mit 10-12 Landsern da. Die Hälfte waren Hamburger und die andere Hälfte Berliner. Es war natürlich ein Sängerwettstreit. Wir haben den ganzen Abend vor der Tür gesessen und gesungen. Zu trinken gab es Uso und Wein. Soviel wir vor einigen Tagen haben wir aber nicht zu trinken gehabt. Es kann ja auch nicht jeden Tag gesoffen werden. Unser Komp.-Trupp-Führer war auch eine kurze Zeit da. Heute wollte er mit August hoch zu Roß die Stützpunkte besuchen. Ich habe ihn gesagt, daß es zu drein doch besser ist. Daraufhin durfte ich dann heute auch mit. Zu Bett gegangen bin ich noch vor dem Zapfenstreich. Morgens früh bin ich dann mit August auf die Suche nach Ponnis gewesen. Wir haben aber keine gekriegt. Von dem Griechen der die Mulis für die Komp. zusammen holt, haben wir 3 junge Mulihengste gekriegt. Weil ich noch mal ins Revier wollte, haben wir die Mulis stehen gelassen. Und als wir wieder zurück kamen waren unsere schönen Mulis weg. Da war ein anderer Landser mit abgezogen. Wir hatten natürlich eine schöne Wut, aber half ja alles nichts, wir mußten dafür alte Klappen nehmen. Einflechten möchte ich noch, daß mein Kamerad August Hamburger ist, 5 Jahre in der Fremdenlegion war, verheiratet ist und 4 Kinder hat und ein unterwegs ist, er wartet jeden Tag auf ein Telegramm. Das Französisch, das er in der Fremdenlegion gelernt hat, kann er hier gut gebrauchen. Viele Griechen können französisch sprechen. Vor allen Dingen die reichen Griechen. Viele Griechen haben in Afrika ihren Besitz. Sind meistens von hier ausgewandert. In der Friedenszeit leben sie dann 2- 3 Monate hier auf der Insel. Durch den Krieg sind viele überrascht worden und nicht mehr zurück gekommen. Mein Kamerad August hat fast ein ganzes Jahr die Kontrolle über die Straßen und Bauten in diesem Abschnitt gehabt.

Dabei ist er bei den Griechen sehr bekannt geworden. Auch hier in unserem jetzigen Ort hat er eine ganze Zeit gewohnt. Aber nun weiter zu unserem Ritt zu unseren Stützpunkten. Als wir glücklich aus unserm Ort heraus waren und mit einem Stock tüchtig nach geholfen hatten, kamen unsere Mulis sogar in einem kleinen Trapp. August war allerdings immer ein ganzes Stück hinter uns her. Auf den ersten Stützpunkt kam er bald eine 1/4 Stunde später an. Auf diesem Stützpunkt war ich im vorigen Jahre auch einige Tage. Nach kurzem Verweilen ging es weiter. Unser Komp.-Trupp.-Führer drosch so auf seinem Muli herum, daß er auf und davon ging. Wir beide, August und ich sind aber ganz gemütlich hinter her getrabt. Wir kamen eine ganze Zeit später auf dem anderen Stützpunkt an. Da angekommen haben wir erstmal unsere Mulis versorgt und sind dann im Ort gewesen. Haben uns erstmal mit Weintrauben und Feigen eingedeckt. Weizenbrot haben wir uns auch gekauft und dann alles zusammen gegessen. Nachher sind wir noch bei einem Griechen im Haus gewesen. Da gab es Uso und dazu Käse und Melone. Nach kurzem Verweilen gingen wir weiter um noch einen Griechen zu besuchen. Unterwegs trafen wir unseren Komp.-Trupp.-Führer der uns mitteilte, daß wir wieder zurück müßten. Auf dem Rückweg sind wir dann aber doch noch mal eingekehrt. Haben uns alle die Haare schneiden lassen. Unser K.-Tr.-F. der zuerst fertig war, wurde die Zeit zu lang und ritt schon im voraus. Wir wollten uns auf einem Stützpunkt treffen. Wir beide haben uns im Ort bei dem Bürgermeister noch 10 Eier mitgenommen. 2 Uso gab es auch für jeden. Unterwegs trafen wir noch 2 Kameraden von unserem Komp.-Trupp. Sie waren beide als Melder nach dem Bad gewesen, wo ich im Frühjahr war. Werde wohl nächste Woche auch mal dahin müssen. - Wir wollten den Beiden unsere Mulis mitgeben, aber darauf haben sie sich nicht eingelassen. Es war vorgesehen, daß wir auf dem Stützpunkt essen sollten, hatten aber kein Glück. Das Essen war schon alle. Haben uns von dem Koch jeder 5 Eier in die Pfanne schlagen lassen. Lange aufgehalten haben wir uns auf dem Stützpunkt aber nicht. Es war schon 1 Uhr. Gerade in der dollsten Hitze auf der Landstraße. Der ganze Weg ist äußerst romantisch. Es geht immer bergauf und ab. Auch links und rechts wechseln die Berge. Zwischendurch sieht man dann immer wieder das Meer. Bis zu unserem letzten Stützpunkt den wir angelaufen waren, sind es 3 Stunden zu laufen. Es ist auch der erste Ort der auf dieser Strecke von unserem entfernt liegt. Er liegt ganz nett. Eben vorher muß man auf einen Berg, der Weg führt in einer Serpentine herauf und oben angekommen, liegt der Ort im Tal am Fuße eines anderen Berges. Von da ist eine schöne Aussicht auf`s offene Meer. Im Hintergrund sieht man bei klarem Wetter eine andere Insel liegen. Trotz der Kahlheit der Berge hat die Landschaft auch ihre Reize. Um 1/2 3 Uhr waren wir wieder zurück. Gegessen habe ich nichts mehr, bin gleich ins Bett gegangen. War doch ziemlich abgespannt. Um 1/2 6 Uhr bin ich wieder aufgestanden und habe große Wäsche gemacht. Wir haben unsere Wäsche an einem Brunnen gewaschen. Die Frauen, die zum Wasserholen kamen, haben natürlich immer eine ganze Zeit zugeguckt und sich über unsere Wascherei amüsiert. Wir haben um sie schnell los zu werden Hamburger Platt gesprochen. So'n paar Brocken Deutsch verstehen die meisten aber für unser geliebtes Hamburger Platt reicht es doch nicht. Heute Abend bin ich garnicht mehr weggegangen. Hatte nichts anzuziehen. Alle 3 stunden habe ich gewaschen. August war noch mal weg um den Wehrmachtsbericht zu hören. Sitz mir jetzt gegenüber und schreibt auch an seine Frau. Die letzten Tage bin ich fast jeden Abend noch ein bißchen spazieren gegangen. Im Quartier zu sitzen ist Abends zu heiß. Die Nächte sind jetzt aber schon ziemlich kalt. Auch ist es morgens vor 5 Uhr noch dunkel und abends wird es auch schon gegen 8 Uhr dunkel. - Auf Post von Dir warte ich auch schon wieder. Hoffentlich gibt es bald welche. Wäre es doch erst soweit, daß wir uns alles sagen können. Geschrieben haben wir uns doch genug. Alle unsere Briefe ergeben doch schon ein dickes Buch. Na, wir wollen weiter hoffen. Vielleicht sehen wir uns schon in diesem Jahre. Möglich ist alles. Sonst kann ich dir mitteilen, daß es mir noch gut geht. Ruhig ist es hier auch noch. - Nun sind aus den 4 Seiten sogar noch 6 Seiten geworden. Hoffentlich hat Dir meine Schilderung nicht gelangweilt. - So mein lieber Buttje! Nun will ich den Brief beenden. Ich hoffe, daß es Dir, Willy und Harry noch gut geht und wir recht recht bald wieder für immer vereint sind. In Gedanken daran grüßt und küßt Dich vielmals Dein Willy. Grüße mir unsere Jungens, meine Eltern, Marta, Dora, Deine Mutter, Emil, Frieda und Harro, Hans und Alwine, Fiede und Johanna und Kinder.

161) Im Süd-Osten, 21. August 1944

Mein lieber Buttje!

Gestern abend bekam ich Deine lieben Briefe Nr. 112 vom 6. August und Nr. 113 vom 8. August. Meinen besten Dank. Von Hinni war auch ein Brief dabei. Der erste seit langer Zeit. Hinni klagt auch, daß er so wenig zu rauchen hat. Ich habe ihm lange nichts geschickt. Wußte ich doch garnicht wo er war. Hätte ihn sonst schon lange etwas geschickt. Ich werde heute aber noch ein Päckchen für ihn zurecht machen. Heute war für mich ein ganz großer Tag. Ich bin heute früh als Melder zu unserem Abschnitt nach K. gewesen und erst um 6 Uhr abends wieder zurück gekommen. Als ich in mein Quartier kam lag auf dem Tisch unsere Marketenderware. Für jeden 350 Zigaretten und 2 Pakete Tabak auch 8 Zigarren waren dabei. Um aber in die richtige Stimmung zu kommen gab es noch etwas was für mich mehr wiegt als alles andere und zwar kam noch mal Post. Von Dir waren 3 liebe Briefe dabei. Es waren die Briefe Nr. 110 vom 29.7. Nr. 114 vom 10. Aug. und Nr. 115 vom 12 Aug. Für alle die lieben Briefe meinen besten Dank. Gestern habe ich auch noch eine Sportzeitung von Hansa 11 und eine Feldpostzeitung von der N.S.D.A.P. bekommen. Zu den Bildern die in einem der Briefe beilagen habe ich mich sehr gefreut. Obwohl Du auf dem Gruppenbild garnicht mal so gut geworden bist. Du drehst Deinen Kopf ganz weg. Die Sonne scheinte wohl so stark. Drollig ist Willy geworden wie er den Ball krampfhaft festhält. Er hat wohl Angst daß Harry ihn den Ball weg nimmt. Harry in seiner typischen Haltung. Wer ist der kleine Junge denn? Das Bild mit den 3 Jungens ist auch gut geworden. - Daß Du ein paar Tage überschlagen hast mit dem Schreiben, macht doch nichts. Werde es auch garnicht so gewahr. Bekomme doch immer mehrere Briefe auf einmal. Wenn Du mich nun 8 oder 10 Tage warten lassen würdest, wäre es schon etwas anderes. Wir bekommen in der letzten Zeit alle 8 Tage Post und da ist dann immer von Dir Post dabei. Solltest du mich aber länger als 8 Tage warten lassen, dann würde ich bei der Postausteilung mal ohne Post sein und das wäre natürlich nicht angenehm. Bis jetzt habe ich kein Grund zu klagen. Es macht also nicht wenn du mal ein paar Tage überschlägst. Habe keinen Grund zu Knurren und mit dem Donnerwetter wird es auch nichts. Die Hosen werden Dir später sowieso mal stramm gezogen einen Grund werde ich schon finden. Das werde ich aber nicht machen um eine neue Erziehungsmethode anzuwenden. Ich bin Dir doch für jeden Brief dankbar. Was mußt Du allein schon wegen des Alarms durchmachen. Garnicht zu reden davon welche sexuellen Nöte die lange Entsagung mit sich bringen. Wenn man nicht die Hoffnung auf ein baldiges Ende hätte, könnte man doch bald einen zuviel kriegen. Nicht allein wegen des Sexuellen, nein vor allen

Dingen wegen der dauernden Bombenangriffe. Schweben doch immer Frau und Kinder, Eltern und Geschwister in Lebensgefahr. Es wird doch allmählich Zeit, daß es ein Ende nimmt. Meinethalben brauchst Du aber nicht in Sorge zu sein. Bis jetzt ist es hier noch immer ruhig. Wir haben auch schon paar mal Alarm gehabt, aber kein Flugzeug gesehen. Fliegen hier nur vorbei, wenn sie nach Rumänien einfliegen. Ich sehe hier für uns auch nicht so schwarz. Vielleicht bleiben wir ja ganz verschont. - Dein Traum wird sich aber wohl nicht bewahrheiten, denn ich glaube nicht, daß wir von hier weg kommen werden. Und Urlaub, na, das weißt Du doch auch selbst, daß das für uns nicht in Frage kommt. Auch bei einem Bombenschaden gibt es keinen mehr. Nur noch bei Todesfällen. Und darum auf Urlaub zu fahren, da will ich doch lieber verzichten. - Daß Dir meine Briefe gefallen, freut mich. Mir kommt es allerdings garnicht so vor, daß sie so gut geschildert sind. Mir fehlt doch zu einer guten Schilderung vieles. Was hat Dir denn von der Schilderung des Buches von Gabriele Reuter den so besonders gefallen und worauf hast Du denn Appetit bekommen? Auf das Buch oder auf das, was ich Dir besonders geschildert habe? Das besonders geschilderte mit mir zu verbringen wäre doch auch schön, nicht wahr? - Ja das Baden ist hier schon ein Genuß. Aber wo im Hause bei uns vielmehr in der Nähe Hamburgs kann man schon Nacktbaden? Und in Gegenwart anderer möchte ich es doch nicht. Denn so wie Du geschaffen, möchte ich Dich doch alleine sehen und haben. Da bin ich doch ein viel zu großer Egoist. Glaube auch nicht, daß Du darin mit irgendjemand teilen möchtest. - Daß die Griechen nicht so für die Reinlichkeit sind, wundert mich auch immer wieder. Gerade die Frauen müssen sich doch sauber halten. Doch noch viel mehr wie die Männer, wie oft habe ich daran gedacht und denke da auch immer wieder an, wenn ich so die Griechenfrauen und Mädels sehe, wie sauber Du doch warst und wie oft Du Dich doch gewaschen hast. - Bei der Mäuseangelegenheit hätte ich gerne mit bei sein mögen. Ich bewundere nur Deine Courage. denn in so einer Situation noch so viel Mut aufzubringen und aus dem Bett zu springen und durchs Zimmer zu gehen, hätte ich Dir garnicht zugetraut. - Erinnerst Du noch, wie der Schlauch von meinem Fahrrad geplatzt ist. Ehrlich gesagt, war mir damals auch ein bißchen mulmig zu Mute. Du hattest damals wohl auch Angst, aber da konntest Du Dich doch noch an mich anschmiegen. Und wie gerne tatest Du es, nicht wahr? Ach wann mag es sein, daß wir uns mal wieder so geben könnten wie wir es möchten. Allein wenn ich daran denke kommt mir ein süßes Gefühl. Es ist doch schon zu lange her, daß wir uns nicht mehr gehabt haben. - Sonst denke ich genau wie Du, daß der Mensch nicht nur äußerlich rein sei muß sondern auch innerlich. Und daß Du aushälts bis ich wieder bei Dir bin, glaube ich auch ohne große Bekenntnisse. Das Verhältnis zwischen uns wird dadurch ein viel harmonischeres sein. Wenn wir auch älter werden mein Buttje, aber unser Zusammenleben und unsere Liebe lassen wir uns nicht nehmen. Und nachholen werden wir so viel wie wir können. Du magst ja recht haben, daß wir nicht alles nachholen können, aber das eine glaubst du doch wohl auch, daß unser Liebesleben doch ein viel besseres werden wird. Denke doch nur an unsere schönen Stunden vom Heuberg. Wir haben vorher auch schon schöne Stunden zusammen verlebt, aber die vom Heuberg waren doch ganz andere. Haben wir uns doch da in allem ganz und gar verstanden. Und jetzt nachdem es zwischen uns überhaupt nicht anderes als unsere Liebe zu einander gibt, wird es doch noch viel besser und schöner. Das glaubst Du doch auch nicht wahr? Ich bin gerade so im Schreiben hätte gerne noch mehr geschrieben, aber es wird Zeit, daß ich das Licht ausmache und ins Bett gehe. Nächstes Mal mehr. In der Hoffnung einer baldigen Vereinigung, küßt dich vielmals Dein Willy. Herzliche Grüße an

Willy + Harry, meine Eltern, Marta, Dora, Deine Mutter, Emil, Frieda + Harro. - Und für dich noch viele Küsse.

Anmerkung:
K.: Stadt auf der Insel Limnos
NSDAP: Abkürzung für National Sozialistische Deutsche Arbeiter Partei
Courage: Schneid haben, tapfer sein

165) Im Süd-Osten, 3. September 1944

Mein lieber Buttje!

Deinen lieben Brief vom 20. August (Nr. 117) habe ich vorgestern erhalten wofür meinen besten Dank. Weil Du mit mir gescholten hast, habe ich gleich noch eine kleine Dose mit Fleisch abgeschickt. Von meiner Verpflegung ist es nicht genommen, brauchst keine Bange zu haben. Unsere Verpflegung ist immer noch gut und wenn ich mal eine kleine Dose über habe bekommst die ja, da kannst Du schelten soviel Du willst. Ein kleines Päckchen mit Mehl und zwei kleine Pröbchen mit Knäckebrot habe ich auch abgeschickt. Die Jungens essen das doch ganz gern. Rosinen und Feigen sind zu teuer, hätte sonst schon was geschickt. - 3 Briefe habe ich verkehrt numeriert. Hatte meine Liste nicht bei mir als ich zum Lehrgang war. Den Brief den ich am 29.8. geschrieben habe muß Nr. 162 haben usw.. Dieser ist nun wieder laut Liste. - Gestern gerade um die Mittagszeit hatte ich einen Gang zu machen. Bei der Gelegenheit habe ich das Leben und treiben in der Stadt mal wieder beobachten können. Alles was bei uns Mangelware ist, ist hier alles zu haben. Ganz gleich ob es Strümpfe, Unterwäsche, Kleider, Schuhe oder sonstige Gebrauchsgegenstände sind. Auch Eßwaren sind alle zu haben. In der Stadt ist immer noch ein reges Leben. Militär sieht man aber nicht mehr soviel wie im Vorjahre. Blitzmädel habe ich hier überhaupt noch nicht gesehen. Gerade davon wimmelt es sonst. Hier ist es noch viel wärmer als auf der Insel. Es ist fast immer windstill. Als ich wieder bei der Komp. anlangte, war ich am ganzen Körper klitschnaß. Dabei war ich ganz langsam gegangen. Eine halbe Stunde später mußten sich 2 Züge fertig machen zum Abrücken. Ich gehörte nicht mit dazu. Mußte aber doch nachher noch mit. Bin für einen anderen eingesprungen. Es hieß wir sollen eine … von Banden frei machen, sind da aber nicht zu gekommen. Mit einer ganzen Wagenkarawane ging es los. Unterwegs hatten wir noch einige Male Panne, dadurch verzögerte sich natürlich die Ankunft an unserem Bestimmungsort. So'n bißchen auf der Hut mußten wir schon sein. Kannten wir das Gebiet garnicht und war es doch als Bandenverseuchtes bekannt. Die Fahrt selbst war herrlich. Die ganze Nacht Mondschein. Paar Kilometer aus der Stadt heraus fing es mit 24 Kurven an. Bergauf und Berg runter. Nach 2 stündiger Fahrt sahen wir von weitem 2 große Feuerbrände. Es brannten viele Häuser einer Ortschaft. Ob da Partisanen gewohnt hatten oder was da sonst los gewesen ist, weiß ich nicht genau. Jedenfalls sollen 4 Bulgaren erschossen worden sein. Aus Vergeltung haben die Bulgaren fast die ganze Ortschaft in Brand gesteckt. Unsere Spitze ist irrtümlich mit den Bulgaren in eine Schießerei verwickelt worden. Jeder hielt den anderen für die Partisanen. Es ist aber alles gut abgegangen. 3 Verwundete hatte unser Battl.. Ich habe von der ganzen Schießerei überhaupt nichts gehört. War von der Spitze zu weit entfernt. Als wir am Feuer und an den Bulgaren vorbeifuhren war schon alles wieder beruhigt. Die Landschaft ist hier eine ganz andere als auf der Insel. Berge sind hier auch viel, aber höher uns bewachsener. So kahle Stellen gibt es hier nicht. Hier gibt es wenigstens auch Bäume und Büsche. Erst ging es an 3 große Seen vorbei. Es ging viel durch Berg und Tal. Die Straße war von beiden

Seiten von Bergen die mit Bäumen und Sträuchern bewachsen waren eingeengt. Ein ideales Feld für die Partisanen. Morgens gegen 3 Uhr waren wir an unseren Bestimmungsort angelangt. Der Ort liegt sehr schön, direkt am Meer. Ein Zug von uns blieb dort. Der andere war nur zur Sicherung mit. Zu dem gehörte ich. Wir sind ungefähr um 7 Uhr wieder nach S. zurück gefahren. Unterwegs haben wir noch ein großes Schweineschießen veranstaltet. In der Nähe des ausgebrannten Dorfes lagerten noch die Bulgaren. Die Schweine von den ausgebrannten Häusern hielten sich da auch auf. Die Bulgaren behielten 3 für sich. Die anderen nahmen wir uns. Freiwillig kamen sie nicht. Rissen sofort aus, wenn sie merkten was wie wollten. Es wurde dann eine große Knallerei. 2 haben wir auch abgekriegt. Auf der Fahrt haben wir dann noch zweimal Pause eingelegt. Beim ersten Mal mußten Melonen und beim anderen Weintrauben dran glauben. Am tollsten sah es aber aus, als ungefähr 20-30 Mann hinter die Schweine her waren. Ein Feldwebel und 2 Mann waren schon eine ganze Zeit hinter ein Schwein her gewesen, konnten es aber nicht zu fassen kriegen. Ein Kraftwagenführer, der auch darauf scharf war, sprang auf einmal in großen Sätzen hinterher, lief an alle vorbei und schnappte sich das Schwein am Schwanz und trug es dann mit sich fort. Der Feldwebel blieb erst stehen und dann fiel ihm wohl ein, daß er auch einen Anteil daran hatte. War er doch am meisten dahinter her gewesen. Es begann dann ein Kampf um das Schwein. Der Kraftwagenführer blieb aber Sieger. Habe es ihm gegönnt, war ein Hamburger. Dein Brief Nr. 116 fehlt mir noch, wird wohl zur Insel rüber gegangen sein. Soll heute wieder zurück gekommen sein. Einige Tage werden wir wohl noch hier bleiben. - Die Bilder werde ich wohl nicht mehr kriegen. Meine die von unseren letzten Aufnahmen. - Hoffentlich sind die letzten Angriffe auf Hamburg auch gut an Euch vorüber gegangen. Was wird denn eigentlich noch bombardiert? Da steht doch fast garnichts mehr. Das faule Leben gönne ich Dir schon. Das man jetzt keinen rechten Schneid zu irgend etwas hat, ist doch verständlich, aber das wird nachher ja alles wieder besser werden, wenn ich erst wieder bei Dir bin. Bis dahin aale dich man ruhig. Solltest wirklich so dick werden, macht auch nichts, das werden wir nachher schon alles wieder abtrainieren. Meinst Du nicht auch? - Hast Du von Andreas inzwischen schon Post bekommen? Wird wohl von da auch schlecht mit der Zustellung schlecht bestellt sein. So allmählich bin ich nun doch mit meinem Latein zu Ende. Also mein lieber Buttje, keine Angst meinethalben. Wir werden es schon schaffen und uns bald für immer wieder haben. In der Hoffnung auf ein baldiges wiedersehen grüßt und küßt Dich vielmals Dein Willy. Grüße auch unsere Jungens von mir. Gleichfalls meine Eltern, Marta, Dora. Deine Mutter, Emil, Frieda und Harro, Hans und Alwine, Fiete und Johanna und Kinder. Ich werde direkt mit Gewalt vom Tisch gedrängt, es hat eben Abendkost gegeben. Also mein lieber Buttje halte Dich gesund und sei extra noch vielmals geküßt von Deinem Willy.

166) Im Süd -Osten, 3. Sept. 1944

Mein lieber Buttje!

Heute bekam ich Deinen Brief vom 22. August Nr. 118 mit dem Zigarettenpapier. Meinen besten Dank. Hast Du eigentlich meine Briefe Nr. 151, 152, 153 und Nr. 154 schon bekommen? Dein Brief Nr. 116 habe ich immer noch nicht gekriegt. Vielleicht ist er ja auch verloren gegangen. Hätte gerne gewußt, wie Dir mein Brief Nr. 152 vom 29.7. gefallen hat. Eine kleine Büchse mit Fleisch wie Du schon mal von mir bekommen hast, habe ich Dir auch geschickt. Brauchst aber keine Angst zu haben, daß ich darum verhungere. Zu essen haben wir immer noch genug. Ich habe augenblicklich sogar Brot über. Habe noch 3 Brote. Morgen gibt es schon wieder ein. Alle anderen geht es aber auch so. Schade, daß ich sie Dir nicht schicken kann. Du könntest sie doch gut gebrauchen. Mit dem Schicken ist es aber auch so eine heikle Sache. Man weiß doch garnicht, ob noch alles überkommen wird. Gestern erzählte mir einer von der Marine, daß Carsta Lock auf dem Wege nach Belgrad ums Leben gekommen ist. Der Zug mit dem sie fuhr soll beschossen worden sein. Heute habe ich ihr Bild noch in der Süd-Ost-Zeitung gesehen. Es war doch ein hübsches Mädel. Aber danach fragt die Kugel ja nicht. - Auf den Kriegsschauplätzen sieht es augenblicklich ziemlich mulmig aus. Wenn es so weiter geht, besteht auch noch die Gefahr des Abschneidens. Beunruhigt bin ich deshalb aber nicht. Rechnen hat man da aber immer schon müssen. Brauchst deshalb aber keine Angst meinethalben zu haben. Ich werde schon durchkommen. Habe für die Zukunft keine Angst. Das kommt doch alles so wie es kommen soll. - Bis jetzt sind wir noch in S.. Ruhig ist es hier auch noch auch in der Umgebung. Wann und ob wir von hier weg kommen steht noch nicht fest. Jeder Tag kann auch was anderes bringen. Jedenfalls das eine steht fest, jeder Tag bringt uns näher ans Kriegsende heran. Von Marta habe ich gestern auch Post bekommen. Beantwortet habe ich den Brief eben auch schon. An meine Eltern habe ich auch einen kleinen Brief geschrieben. - Viel unterwegs bin ich hier noch nicht gewesen. Wir haben Ausgangsverbot. Haben Alarmstufe 1. Schon solange wir hier sind. Ist wohl hauptsächlich, weil im voraus gesehen für uns Marschbefehl kommen kann. - Vielleicht werde ich heute noch Fußballspielen. Eben sagte mir ein Unteroffizier, daß ich bei einer andern Komp. mitspielen kann. Schneid hätte ich schon. Habe schon lange keinen Ball mehr getreten. - Das Wetter ist immer noch schön, wird auch noch paar Monate so bleiben. Denke aber, daß inzwischen der Krieg ausgehen wird. - Daß die Jungens sich da draußen wohl fühlen, glaube ich, auch freut es mich daß sie in der Schule waren. - Daß Harry sich mit den Turnkunststücken wichtig gemacht hat, glaube ich auch. Unser Singchor hat sich in Wohlgefallen aufgelöst. Hat sich doch jetzt alles geändert. Ungeduldig brauchst du aber nicht zu werden wegen des Kriegsendes. Glaube das nun doch nicht, daß es noch 1 Jahr dauert.- Und wie ich mir Deine Briefe ohne einen Schluß vorstelle, möchtest du wissen. Deine Briefe sind mir dasselbe als wenn Du vor mir säßest und mir was erzählen würdest. Und in der Praxis könnte ich es mir schon vor¬ stellen wenn Du bei mir sitzen würdest. Dabei würde es aber zu Unterbrechungen kommen, denn wenn Du mir die Erinnerungen so nett erzählen würdest, müßte ich doch wohl aus inneren Trieb heraus die Erinnerungen Wirklichkeit werden lassen. Glaube auch, daß Du damit zufrieden sein wirst. Die Worte können noch so gut gestellt sein es ist doch immer etwas totes, dagegen die Wirklichkeit Leben. Und Leben ist doch das was wir wollen. - So mein Buttje und nun bleibe weiterhin gesund und sei recht vielmals gegrüßt und geküßt von Deinem Willy. Gruß + Kuß auch an Willy + Harry. Herzl. Grüße auch an meine Eltern, Marta, Dora, Deine Mutter, Emil, Frieda und Harro.

Anmerkung:
Carsta Lock: war eine Schauspielerin

167) Im Süd-Osten, 5. Sept. 1944

Mein lieber Buttje!

Gestern sind wir von S. abgefahren. Sind in einem ganz kleinem Ort. Als wir ankamen war der Ort wie ausgestorben. Das Dorf liegt ziemlich hoch. Im Rücken sind ziemlich hohe Berge. Wir haben unser Quartier in einem Garten aufgeschlagen. Der Chef und unser Komp.-Trupp.-Führer haben ein Zelt. Wir Melder, 4 Mann, haben in der Nähe vom Chef auch unser Zelt aufgeschlagen. Gestern und auch heute hatten wir den ganzen Tag zu tun um alles für unsere Behausung in Ordnung zu bringen. Als wir die Zelte aufgebaut hatten, sind wir erstmal los gezogen und haben uns Stroh, Tische und Stühle besorgt. Unser Garten ist wie ein Garten im Paradies. Wein, Aprikosen, Pfirsiche, Feigen, Äpfel und Pflaumen hängen in Fülle an den Bäumen. Aus dem Grunde haben wir uns den Garten auch für unser Quartier ausgesucht. Die Gegend ist ganz romantisch, nicht so kahl wie auf der Insel. Von unserem Garten können wir auf die Chaussee gucken. Hinter der Chaussee ist eine Ebene. Eine kleine Eisenbahn fährt da auch längst. Die Eisenbahn ist schmalspurig. So eine kleine habe ich noch nicht gesehen. Von uns sieht es wie Spielzeug aus. Hinter der Ebene sind wieder Berge. Ein großer See befindet sich auch in unserer Nähe. Ob ich da mal zum Baden komme, glaube ich nicht. Hier ist Bandengebiet und da kann man schlecht weg kommen. Dienst haben wir am Tage noch nicht gehabt. Wird wohl hier auch noch nicht viel gemacht werden. Hauptsächlich Wache wird geschoben. Nachts steht ein großer Teil Wache am Tage nicht so viel. Wir von K -Tr. gehen nachts Streife, müssen die ganzen Posten, die um unseren Ort stehen kontrollieren. Wenn wir einmal rum sind, ist die Wache auch beinahe beendet. Einmal in der Nacht brauchen wir nur 2 Stunden Streife gehen. Vielleicht werde ich morgen mit noch 2 Kameraden auf große Einkaufstour gehen. Wir wollen für unseren Chef und auch für uns etwas Zusätzliches kaufen. Hühner, Eier u.s.w.. Bei der Gelegenheit werde ich wohl auch zum Baden kommen. Müssen nämlich am See vorbei. - Diesen Brief muß ich auch gleich beenden. Bis jetzt haben wir unsere eigenen Autos noch nicht. Sind bei der Beförderung der Post auf hier durch fahrende Autos angewiesen. Eben ist ein Auto bei uns durchgekommen. Auf der Rückfahrt wird die Post mitgenommen. Ich weiß aber nicht wann er zurück kommt. Werde den Brief darum jetzt beenden. Brauchst Du dann auch nicht so lange auf Post von mir zu warten. - Mir geht es noch gut. Partisanen habe ich bis jetzt noch nicht gesehen. Wollen hoffen, daß es so bleibt. Mir gefällt es hier sonst ganz gut. Besser als in S.. Hier ist es so richtig ländlich, sittlich. Es gibt hier nur Männer und alte Frauen und auch einige Kinder. Warum schreibe ich dir in dem nächsten Brief. Post habe ich von dir noch nicht wieder erhalten. So, mein Buttje und nun halte Dich weiterhin gesund und sei Du sowie Willy und Harry recht vielmals gegrüßt und geküßt von Deinem Willy und Eurem Papa. Herzl. Grüße auch an meine Eltern, Marta, Dora, Deine Mutter, Emil, Frieda und Harro.

168) Im Süd-Osten, 7. September 1944

Mein lieber Buttje!

Der Brief vom 5. September ist gestern doch noch mit weg gekommen. Ich hörte von uns oben einen LKW die Straße längst kommen. Die Post geschnappt und nichts wie runter. Es waren mehrere LKW. Den letzten habe ich eben noch geschnappt. Im Laufen habe ich dem Fahrer die Post zugereicht. 8.9. Habe den Brief doch nicht mehr beenden können. Bin mit dem Putzer vom Chef und noch einen anderen Kameraden zum organisieren gewesen. Vor uns in der Ebene, ungefähr 3/4 Stunde von uns entfernt liegt eine große Farm. Da waren wir hin. Ungeheuer viel Federvieh, Kühe und Schafe hat der Besitzer. Für unseren Chef haben wir einen Puter bekommen. Und für uns 4 vom K.-Tr. haben wir uns einen eingehandelt. Ein Kamerad von mir konnte sich zum Glück mit dem Besitzer verständigen. Sie beherrschten beide die französische Sprache. Und nach dem Kauf hat uns der Farmer noch einen Uso eingeschenkt. Als wir wieder zurück waren, war es zum Schreiben doch schon zu spät. Wir mußten doch erst unseren Puter zurecht machen (Schlachten und rupfen). Heute morgen ist dann das Brutzeln los gegangen. Geschmeckt hat es vorzüglich. Jeder von uns hat ein paar schöne Stücke gekriegt. Zur Erhaltung der Gesundheit muß man schon etwas für sich tun. Wer weiß was man noch alles durch zu machen hat. Ist doch besser wenn man etwas zu zu setzen hat. Heute wollen wir uns von Feigen und Zwetschen Marmelade kochen. Dazu brauchen wir kein Zucker. Die Feigen die wir von den Bäumen pflücken sind so zum Essen bald zu süß. - Vorgestern abend haben wir ein seltenes Schauspiel erlebt. In der Abenddämmerung flammte uns gegenüber auf den Bergen Feuer auf. Es können 10-12 Feuer gewesen sein. Wir alle haben es uns eine ganze Zeit angesehen. Wir dachten, daß es ein Zeichen zur Verständigung der Partisanen wäre. Es kann aber eben so gut ein Freudenfeuer der Griechen gewesen sein. Es ist nämlich möglich, daß auf der anderen Seite des Berges Bulgaren zur Besetzung gelegen haben. Die aber jetzt nach den meisten Ereignissen abgezogen sind. Die Bulgaren sind bei griechischen Bevölkerung nämlich nicht gut angeschrieben. Hier in unserem Ort ist auch ein Teil wegen der Bulgaren ausgezogen und hat eine Zeit in den Bergen gehaust und sich in anderen Orten jenseits der Berge niedergelassen. Fast alle jungen Leute sind von hier weg gezogen. Junge Frauen und Mädels gibt es hier überhaupt nicht mehr, sind alle geflüchtet. Erzählt wird, daß die Bulgaren rücksichtslos gegen die jungen Mädels vorgegangen sind. Bei den Sitten und Gebräuchen kein Wunder, daß sie auf und davon gegangen sind. Von hier sind die Bulgaren schon vor der Loslösung von Deutschland abgezogen. Ihre Stützpunkte haben wir eingenommen. Hier in unserem Ort waren vorher keine. Zuerst kamen uns die Griechen hier ziemlich mißtrauisch entgegen. Mit der Zeit wird sich das wohl aber geben. Glaube aber nicht, daß wir hier lange Hegen bleiben. Nach den letzten Ereignissen sieht es nicht danach aus. Bis jetzt haben wir ein ruhiges Leben geführt. Von Partisanen überhaupt keine Spur. Von uns sind schon verschiedene Spähtrupps unterwegs gewesen aber noch keine Partisanen begegnet. Wenn hier wirklich mal welche gewesen sind, haben sie sich bestimmt zurück gezogen. So organisiert wie in Albanien werden sie hier auch nicht auftreten. - Hier atmet man richtig Ruhe und Frieden. Könnte es nicht überall so sein. Wir haben außer unserer Streife während der Nacht überhaupt keinen Dienst. Und trotzdem wundert man sich wo der Tag bleibt. Es ist beinahe wie im zivilen Leben. Morgens ohne Wecken aufstehen. Ich stehe gewöhnlich um 6 Uhr auf. Heute ist es aber schon 8 Uhr gewesen. Viel länger kann man aber auch nicht schlafen. Es ist vor Hitze am Tage garnicht aus zu halten. Hier ist es doch viel wärmer als auf der Insel. Auch ist es hier Malariagebiet. Jeden Tag kriegen wir 2 Tabletten zu schlucken. Bis jetzt haben wir aber noch keine Malariakranke. - Die Sonne scheint schon solange wir hier sind ununterbrochen. Heute ist ein leichter Wind aufgekommen. Ist direkt angenehm. - Meine Kameraden haben sich alle lang gemacht. Man kann schon sagen „faul und gefräßig". Nach dem Mittagessen gehe ich immer erst zum Nachtisch holen. Ist doch was schönes wenn man sich die Früchte nur so von den Bäumen runter holen kann. Wenn sich das nach dem Kriege doch bewahrheiten möchte, daß man mit der Familie die Ferien auch in den anderen Ländern verbringen kann. Es gibt doch so viel zu sehen und zu bewundern. Auch in S. gibt es davon viel. Obwohl neben den Palästen auch viel Schmutz gibt. Aber das sind Eigenarten, die bei den Südländern wohl ganz nicht abzuschaffen sind. In der Friedenszeit würde da wohl auch eine Änderung geschaffen werden. Jetzt während des Krieges bleibt doch so was liegen weil da doch keine Zeit ist. - Das schöne bei allem ist, daß wir hier wieder Radio hören können. Jeden abend ist unser Garten bevölkert von vielen Landsern. Ist doch jeder interessiert am Kriegsgeschehen und der weiteren Entwicklung. - Gestern Abend wurde im Wehrmachtsbericht auch von Nachtangriffen auf Hamburg gesprochen. Hoffentlich ist bei Euch alles heil und gesund geblieben. - Wie geht es Dir und den Jungens denn sonst noch? Ich hoffe doch, daß es Euch noch gut geht. - Nach dem See bin ich bis jetzt noch nicht gekommen. Schade, daß er nicht direkt vor uns liegt. Das Baden vermißt man doch. Überhaupt wenn ein so herrlicher See einem vor der Nase Liegt. - Abends wenn es dunkel wird, brennt an verschiedenen Stellen ein Feuer. Auch gestern wieder am Fuße des Sees, es waren ungefähr 5-6 Brandstellen. Das Feuer brennt die ganze Nacht. Angefangen war es schon um 7 Uhr. Um 8 Uhr wird es erst dunkel. Warum sie das Feuer machen, bin ich noch nicht schlau geworden. Es wird gesagt wegen der Malariamücken, ob das aber stimmt, weiß ich nicht. Es sieht abends und nachts ganz gut aus. Die Nächte sind augenblicklich direkt herrlich. Überhaupt nicht kalt. Wenn ich meine Streife beendet habe, sitze ich immer noch eine ganze Zeit bei einer Zigarette und lasse meine Gedanken freien Lauf, daß sie dann über 1000 Kilometer zu Dir eilen und bis zum Niederlegen bei Dir bleiben, wirst Du wohl glauben. Hoffentlich gehen unsere Wünsche auf ein baldiges Wiedersehen recht bald in Erfüllung. Daß der Krieg bald zu Ende geht glaube ich bestimmt aber ob ich so schnell bei Dir sein kann, kann ich Dir leider nicht sagen. Wollen es jedenfalls hoffen. Zeit wird es ja, daß wir uns wiederhaben. Ein Jahr ist beinahe schon wieder her, daß wir uns zuletzt gesehen haben. Ich würde mich freuen, wenn ich zu Deinem Geburtstage wieder bei Dir sein könnte. Na, die Hoffnung wollen wir jedenfalls nicht aufgeben. Ja, so richtig ausquatschen möchte ich schon gerne mit Dir. Aber nicht nur das. Das Radio spielt gerade „Der Dompfaff hat uns getraut". Ach wir werden noch mal eine Zeit durchleben wie sie nach einer Trauung ist. Man nennt die Zeit Flitterwochen. Freust du Dich schon darauf? - So mein lieber Buttje! und nun halte Dich weiterhin gesund und sei Du sowie Willy und Harry recht vielmals gegrüßt und geküßt von Deinem Willy und Eurem Papa. An meine Eltern, Marta, Dora, Deine Mutter, Emil, Frieda und Harro auch einen schönen Gruß.

169) Im Süd-Osten, 10. September 1944

Mein lieber Buttje!

Heute morgen bin ich gleich nach meiner Streife, die ich von 3-5 Uhr hatte, aufgeblieben. Ich habe einen herrlichen Sonnenaufgang erlebt. Mit dem Blick auf den See im Hintergrund die Berge. Der See still und friedlich. Hinter den Bergen kam dann allmählich die Sonne hoch. Das Farbenspiel ist nicht zu beschreiben. - Gestern abend habe ich zum ersten Mal wieder Schach gespielt. Habe gleich mit einem guten Spieler gespielt. Hatte direkt Angst für die haushohe Packung, die ich schon im voraus gesehen habe. Wie lange hatte ich nicht mehr gespielt. Und gerade Schach muß man schon öfter spielen. Es ging aber doch ganz gut. Habe die Partie sogar gewonnen. Heute Nachmittag wird weiter gespielt. Die Revanche habe ich angenommen. Schach ist doch das Spiel der Spiele. Wenn ich erst wieder bei Dir bin, werde ich Dir das Schachspielen auch lernen. Können wir uns dann außer dem Lesen auch mit einem Spiel beschäftigen, welches einem nie über wird. Ist doch jedes Spiel anders. Das Wetter ist hier immer noch herrlich. Wir verleben hier herrlich Tage. Dienst haben wir überhaupt nicht. Haben höchstens ein paar Meldegänge im Ort bei uns zu machen. Nachts gehe ich einmal Streife um den Ort, das ist alles. Diese schönen Tage nutzen wir auch aus. Wir aalen uns so richtig. Wer weiß wie lange die schöne Zeit dauern wird. Die guten Tage werden doch immer schnell von den schlechten abgelöst. Sonst, hier läßt es sich schon aushalten. Diese Tage haben wir auch mal verdient, haben wir doch immer viel Ausbildung und Arbeitsdienst gehabt. Gelesen habe ich auch schon viel. Nur schade, daß wir unsere Bücher nicht mehr haben. Sind alle auf der Insel geblieben. All der unnötige Ballast mußte zurück gelassen werden. - Post habe ich schon lange nicht mehr von dir bekommen. So allmählich muß man sich wohl auch daran gewöhnen, daß die Postverbindung soviel wie ganz aufhört. Hoffe nur, daß du darum nicht den Kopf verlierst. Lange dauert es nämlich nicht mehr und ich bin wieder bei Dir. Dann haben alle Ängste und Sorgen endlich für Dich ein Ende. - Ruhig ist es hier noch. Vielleicht bleibt es ja so bis zur Beendigung des Krieges. - Abends bei der Streife begegne ich immer einem Muli. Der Muli ist so zutraulich, daß er mir immer schon entgegen kommt. Es ist nämlich für uns etwas ganz Ungewöhnliches. Auf der Insel waren sie nämlich so scheu, daß sie gleich ausrissen, wenn sie uns sahen. Vielleicht machen es auch die Schläge. Es gab für die Mulis mehr Schläge als zu fressen. Hier scheint es nicht so zu sein. Die Mulis sehen alle gut genährt aus. Abends kommen immer die Kühe von der Weide an uns vorbei. Beim ersten Mal haben wir glaube ich, alle ganz dumm geguckt als wir die Herde sahen. Ein Teil Kühe so wie wir sie kennen waren dabei. Der größte Teil Kühe waren aber Tiere die wir noch nie gesehen hatten. Sie sind klobiger wie Kühe, haben einen kleinen Kopf, den sie nach vorn hoch tragen. Sie sehen direkt unheimlich aus. so wie vorsintflutige Ungeheuer. Der Kopf ist schmal und lang und die Augen sind unappetitlich Weiß. Der ganze Körper ist fast so gebaut wie ein Elefant. Jo, watt dat nich alles givt. Vorige Woche sah ich erst eine Kamelkarawane und hier sieht man eine Art Saurier. - So mein Buttje ich hoffe, daß Du meine letzten Brief und auch diesen schnell bekommst. Halte Dich weiterhin gesund und munter, halte den Kopf hoch es wird schon wieder besser für uns werden und das in nicht gar zu ferner Zeit. Sei Du sowie Willy und Harry recht vielmals gegrüßt und geküßt von Deinem Willy und Eurem Papa. Herzliche Grüße auch an meine Eltern, Marta, Dora, Deine Mutter, Emil, Frieda und Harro.

171) Im Süd-Osten, 14. Sept. 44

Mein lieber Buttje!

Die 100 Zigaretten die ich für dich zurecht gemacht habe, sind leider nicht mit weg gekommen. Päckchen dürfen auch von hier nicht mehr geschickt werden. Ist bedauerlich, ändert aber nichts. Ich werde Dir jetzt öfter Zigaretten mit im Brief beilegen. 20 Gramm darf es schwer sein. Den Brief den ich am 12. geschrieben habe, war schon zugeklebt, sonnst hätte ich da gleich welche mit beigelegt. 12 Stück habe ich gestern mit einem kleinen Gruß eingepackt. Hatte keine Zeit mehr einen Brief zu schreiben. Jeden Augenblick konnte das Auto kommen, das die Post mit nehmen sollte. Da muß man immer wach sein. Heute werde ich auch paar Zigaretten für dich einpacken. Wenn der Brief nicht verloren geht, ist es ja dasselbe. Die Briefe werden dann wohl noch mit mehr Freude erwartet. Die ich gestern mit geschickt habe, waren W.-Zigaretten, heute kriegst du aber griechische. Die schmecken doch noch besser. Für Hinni habe ich auch ein Päckchen zurecht gemacht, will mal sehen ob ich im Brief Tabak mit reinlegen kann. - Gestern gab es Marketenderschnaps. Mit 5 Mann bekamen wir 2 Flaschen Likör und 3 Flaschen köstlichen Brandy. 1 Flasche Curacao und 1 Flasche von dem Schnaps haben wir gestern ausgetrunken. Den Besitzer von dem Garten wo wir unsere Zelte aufgeschlagen haben, hatten wir zu einem Drink eingeladen. Er hatte bald vom guten zu viel gekriegt. Er schwankte schon ganz nett. Mir ging es auch nicht viel besser. Um 1 Uhr mußte ich auf Streife. Ich konnte garnicht die Höhe kriegen. War froh, als ich die 2 Stunden um hatte. Habe heute einen ganz schönen Kater. Ich habe erst mal für eine Zeit genug. Heute morgen brachte uns der Gregor 2 Hühner und 2 Kochgeschirre voll Milch. Das eine Huhn war für unsern Chef und das andere für uns. Wir werden uns eine Hühnersuppe machen. Von 3 Hühnern muß es schon etwas gutes werden. 2 Hühner haben wir außerdem noch. Ein gekauftes und ein haben wir vom Sani geschenkt gekriegt. Die Gregor geben ein Huhn für 4 Zigarettenpapier weg. Ich habe bis jetzt noch keins gekauft. - Heute mußte ich auch ein Huhn mit abrupfen. Habe mich bis jetzt immer um gedrückt. Heute hatten wir aber 4 Stück und da mußte ich auch mit ran. Bis jetzt haben wir fast jeden Tag, außer unserer Verpflegung, Hühner gegessen. Morgen geht es nach einem anderen Ort um Eier zu organisieren. Könntet Ihr doch zu Hause doch auch Euch so etwas leisten. Na, einmal kommt die Zeit auch mal wieder und ich glaube, sie ist garnicht mehr fern. - Letzte Nacht haben wir hier einen kleinen Regenschauer gehabt. Etwas abgekühlt ist es heute. Wird wohl irgendwo Gewitter gewesen sein. Der Wind ist direkt angenehm. Es war aber auch in den letzten Tagen heiß wie im Backofen. Hast Du eigentlich von Andreas schon wieder was gehört? Schreibt Hinni auch noch? - So mein lieber Buttje und nun bin ich mal wieder mit meiner Weisheit zu Ende. Wollen hoffen, daß wir uns recht bald für immer wieder haben. Sei also recht vielmals gegrüßt und geküßt von Deinem Willy. Grüße und Küsse auch an Willy + Harry. Herzliche Grüße auch an meine Eltern, Mar-   ta, Dora, Deine Mutter, Emil, Frieda und Harro, Hans + Alwine, Fiede + Johanna + Kinder. - Für Marta habe ich gestern auch paar

Zigaretten abgeschickt (imBrief). Hoffentlich kommt alles über. Nochmals viele Küsse von Deinem Willy.

172 a) Im Süd-Osten, 17. Sept. 1944

Mein lieber Buttje!

Gestern habe ich 5 Briefe für Dich und einen für Marta geschrieben und in jedem 10 Zigaretten reingepackt. Habe sie aber wieder zurück gekriegt. Werden nicht befördert, nur noch Briefe. Habe es gutgemeint, läßt sich aber nicht ändern. Zu verstehen ist es auch. Denn Transportschwierigkeiten sind sowieso. Jeder von uns ist doch schon zufrieden, wenn er überhaupt Post. Ich warte auch schon auf Post von Dir. Diese Woche hat es 3 mal Post gegeben und nicht ein einziger Brief war für mich dabei. Dein letzter Brief war vom 26. August. Fast alle Hamburger warten auf Post. Vielleicht macht man sich ja unnötig Gedanken. Daß durch die dauernden Angriffe die Postbeforderung Ausfalle hat ist verständlich. Aber eben so gut kann bei den letzten Angriffen in Hamburg wieder allerhand passiert sein. Vielleicht wartest Du schon lange auf Post von mir. Walter Krützfeldt hat heute Post von seiner Frau gekriegt aus Grömitz. Sie wartet auch schon seit Mitte August auf Post. Ich werde heute 2 Briefe mit den selben Inhalt schreiben und zwar einen zu Dir nach Altona und den anderen nach Kakenstorf Einen wirst Du dann bekommt wohl bestimmt erhalten. D. h. wenn sie nicht unterwegs kassiert werden, was wir aber nicht hoffen wollen. - Mir geht es hier noch immer gut. Ruhig ist es hier auch noch. Viel essen kann ich schon garnicht mehr. Bin wohl doch zu scharf ran gegangen an die schönen Sachen. Puter und Hühner sind immerhin ja Sachen die man nicht alle Tage kriegt. Hier haben wir beinahe Tag für Tag welche. Ich mag schon gar keine mehr. Heute haben wir uns einen Kuchen gebacken. Natürlich einen ganz großen. Mit einem kleinen wären wir erst garnicht angefangen. Schmecken tut er ganz gut. Allerdings nicht so gut wie Deine Kuchen. Das ist ja auch nicht zu verwundern, denn dazu fehlt uns doch die Routine. - Das Wetter war in den letzten Tagen hier recht herbstlich. Regen, Wind und direkt frisch. Ja, nachts war es direkt kalt. Vorgestern hatte ich mir direkt einen aufgesackt. War am ganzen Körper so flau und latschig. Konnte die Nacht aber gut durchschlafen. Habe ordentlich geschwitzt und war am andren Tage wieder auf n Damm. Hatte erst schon Angst, daß es Malaria werden könnte. Hier ist nämlich Malariagebiet. Gestern war auch schlechtes Wetter, dachte schon die guten Tage wären vorbei. Heute morgen als ich aufwachte, war wieder das beste Wetter, so warm wie in den Tagen vorher ist es noch nicht, aber das wird in den nächsten Tagen schon wieder werden. - Hast Du schon die Post von mir in der ich Dir mitgeteilt habe, daß wir jetzt auf dem Festlande sind? Mir gefällt es hier ganz gut. Und sonst hoffe ich, daß wir uns bald für immer wieder sehen. Ich hoffe und wünsche, daß Ihr alle in der nächsten Zeit alles gut übersteht. Das Schlimmste wird für Euch wohl noch kommen. Aber das wird auch vorüber gehen. In der Hoffhung, daß wir uns recht bald gesund wiedersehen grüßt und küßt Dir Dein Willy. An meine Eltern, Marta, Dora, Deine Mutter, Emil, Frieda und Harro auch einen schönen Gruß.

173) Im Süd-Osten, 19. Sept. 1944

Mein lieber Buttje!

Endlich, schreibst du in Deinem Brief vom 8. Sept. Nr. 122 2 Briefe. Auch ich sage endlich, für Deinen Brief den ich heute bekam, meinen besten Dank. Deine Briefe Nr. 120 und 121 habe ich noch nicht erhalten. Wenn sie nicht mehr überkommen macht es ja auch nichts, kann ich schon verschmerzen. Die Hauptsache ist ja, daß ich erstmal wieder Post von Dir habe. Ich war ja ganz erstaunt, als Du mir schriebst, daß Du von der Arbeit kamst. Wußte ich doch noch garnicht davon. Wo arbeitest Du denn? - Was ist das denn eine Frau Rath von der Du schreibst. Ist es noch eine jüngere Frau? Oder ist es etwa die alte die über uns wohnt? - Diesem Brief lege ich den Brief Nr. 171 bei. Habe ihn heute wieder mit noch 3 anderen zurück gekriegt. Ich hatte in dem Brief Zigaretten reingelegt. Es werden aber nur noch Briefe befördert. Es ist ja schade, daß Du nun nicht mehr in den Genuß der Zigaretten kommst, aber wichtiger ist doch, daß überhaupt noch Post kommt. Wenn nun wirklich mal eine längere Zeit keine kommt, brauchst du nicht gleich in Sorge zu sein. Hab man keine Bange wir sehen uns schon wieder. Erst heute Nacht habe ich dich zweimal im Traum gesehen. Den Traum selbst, vielmehr die Träume kann ich dir nicht schildern. Ich weiß nur noch, daß ich mit Dir zweimal ganz alleine zusammen war und ich jedes Mal ganz plötzlich aufgewacht bin. Vielleicht spuken die Träume ja schon vor. Auch ich glaube, daß wir uns recht bald wiedersehen. Hier bei uns ist es noch immer ruhig. Feindberührung haben wir noch nicht gehabt. - Gestern habe ich 2 Briefe für Dich geschrieben. Weil ich so lange keine Post von dir bekommen hatte und auch nicht wußte ob du noch in Hamburg bist, habe ich den einen Brief nach Kakenstorf geschickt. Wer weiß auch, ob Ihr nicht doch eines Tages alle aus Hamburg raus müßt. Möglich ist alles. - Hast Du meine Briefe Nr. 151 - 154, 158, 160, 161, 162, 163 und 164 schon bekommen? Nr. 162, 163 und 164 sind die Briefe denen ich irrtümlich eine andre Nr. gegeben habe. Wirst es wohl auch am Datum gemerkt haben. - Mir geht es noch immer gut. In S. sind wir nicht mehr aber auf dem Festlande. - Das Wetter ist schon herbstlich. Am Tag ist es noch etwas warm aber gegen Abend und in der Nacht

ist es doch schon ziemlich frisch. Das es hier noch wieder wärmer wird glaube ich nicht. - Und unter die Stricker bist Du jetzt auch gegangen. Macht es Dir den Spaß? Früher warst Du ja nicht gerade davon erbaut. Ja, die Zeiten ändern sich und auch die Menschen. - Ich spiele jetzt fast jeden Tag eine Partie Schach. Bin jetzt wieder so mitten drin. Zu erst habe ich doch allerhand Bummel gemacht. Lesen tue ich auch viel. Es sind zum größten Teil Kriminalromane. Ganz böse Schwarten. Gestern hatte ich ein Buch, daß war so blöde geschrieben aber gelesen habe ich es doch bis zum Ende. Bücher sind hier rar. Unsere haben wir liegen lassen müssen. - Mit Weisheit bin ich mal wieder zu Ende. Jetzt wo ich viel Zeit habe, fällt mir doch nichts rechtes ein. Na, vielleicht können wir uns ja bald mündlich mehr sagen. Wir wollen jedenfalls hoffen, daß wir uns recht bald für immer wiedersehen. Hast Du nun von Andreas schon wieder etwas gehört? Hat Emmy denn auch keine Nachtschicht? Schreibt Hinni noch? So mein lieber Buttje und nun halt Dich weiterhin gesund und sei recht herzlich gegrüßt und geküßt von Deinem Willy. Grüße unsere Jungens Willy und Harry auch recht schön von mir, Herzliche Grüße auch an meine Eltern, Marta, Dora, Deine Mutter, Emil, Frieda + Harro.
Deinen Brief den ich heute bekam war der vom 8.9. Nr. 122.

Anmerkung:
Arbeit: Unsere Mutter hatte bei der Holsten Brauerei Arbeit angenommen, da sie sonst die Wohnung Paulinenallee 60, Parterre hätte abgeben müssen

174) Im Süd-Osten, 21. September 1944

Mein lieber Buttje!

Etliche Male habe ich meinen Platz heute schon gewechselt. Von der Sonne in den Schatten. In der Sonne ist es zu heiß und im Schatten auf die Dauer zu kalt. Habe mich jetzt an unserem provisorischen Schreibtisch gesetzt, der im Schatten steht. Mit dem Mittagessen bin ich fertig. Will jetzt die Ruhezeit ausnutzen zum Schreiben. Meine Kameraden liegen im Zelt und schlafen. Bevor sie sich hingelegt haben, haben sie erstmal die Fliegen raus gejagt. Es sind überhaupt böse Viecher. Zu unterscheiden sind sie nicht von den anderen. Nur stechen tun sie. Man kann manchmal direkt die Wut bekommen. Mit Flöhen habe ich hier noch keine Bekanntschaft gemacht. In unserem Zelt haben wir auch keine. In den griechischen Häusern sind aber mehr als genug. Überhaupt staunen muß man immer wieder was es hier für Tiere gibt. Man sollte es nämlich nicht glauben, daß es hier auch Schakale gibt. In der Nacht habe ich sie schon öfter Heulen gehört. Zuerst hört es sich schaurig an aber mit der Zeit gewöhnt man sich daran. Ihr Geschrei ist auch das schlimmste. Wenn sie nämlich einen Menschen sehen, nehmen sie reißaus. Machen sich nur an Kadaver heran und trommeln durch ihr Gejaule die ganze Meute zusammen. Die Nächte sind immer sternklar. So einen Sternenhimmel habe ich überhaupt noch nicht gesehen. D.h. auf der Insel war es genau so. Wann haben wir zu Hause bei uns schon mal die sternenklaren Nächte. Und dann ist es auch nur ein Bruchteil von den Sternen die man zu sehen bekommt - Man sagt immer Gegensätze ziehen an. Hier trifft es aber nicht zu, denn entweder zieht man sich aus oder etwas an. So am Tage und in der Nacht. Am Tage läuft man nur mit der kurzen Hose bekleidet herum und in der Nacht haben unsere Posten ihren Pullover und sogar ihre Mäntel an. Meinen Pullover und meine Jacke ziehe ich mit auch abends an. Trage nachts sogar meine Bauchbinde. Hatte mir gleich in den ersten Tagen eine kleine Erkältung zu gezogen, die auf den Leib geschlagen ist. Hat sich aber, nachdem ich für die nötige Wärme meines kleinen Bäuchleins Sorge getragen habe, wieder gegeben. Mir schmeckt das Essen wenigstens wieder. Und so lange das schmeckt, ist alles in Ordnung. Meine kleinen Stellen die ich an den Beinen hatte, sind soweit wieder in Ordnung. Nur eine kleine Stelle an der kleinen Zehe macht mir, wenn ich meine Stiefel an habe, noch Beschwerden. Aber in 1-2 Tagen wird sich das auch behoben haben. Man muß hier mit kleinen Wunden bös anlassen. Gleich entzündet sich das und heilt furchtbar langsam. Wegen der Stellen, die ich an den Beinen hatte, war ich vorige Woche mit zum Schwefelbad. Ganz in unserer Nähe befindet sich so eins. Es ist so ähnlich wie in dem Bad wo ich Anfang des Jahres war. Nur ist es nicht in so gutem Zustande. Das Wasser kommt auch heiß aus den Bergen und hat Schwefelgehalt. Heilend wirkt es. Hin sind wir gegangen und zurück sind wir mit der Liliputbahn gefahren. - Die Gregors betreiben hier hauptsächlich Viehzucht. Jeder hat so seine 5-6 Kühe. Auch Schweine hat fast jeder. Hier ganz bei uns in der Nähe ist auch eine Sau mit 10 Ferkel. Die Ferkel sind erst eine Woche alt. Sind aber allerliebst. Morgens wenn ich zum Kaffee holen zur Küche gehe, begegne ich immer einen Gregor. Der fuhrt an der einen Leine ein Schaf und an der andren ein kleines Schwein zum Weiden. Sieht zu putzig aus. Das Schwein geht an der Leine wie ein Hund. - Die Gregors werden jetzt schon zutraulicher. Haben wohl erst gedacht, wir wären genau so wie die Bulgaren. Die haben sich nämlich so allerhand widerrechtliche Sachen abgekniffen. Morgens ziehen sie an uns vorbei. Zu Fuß, auf Mulis und auch mit Ochsengespann. Viele kommen aus anderen Dörfern. Sind Kranke. Malariakranke und viele mit Geschwüren. Unser Sani hat hier eine Praxis da würde ihn mancher Arzt um beneiden. W.

Krützfeldt hilft da auch mit. Er hat sich so ziemlich wieder beruhigt. Seine Frau schreibt ihn immer noch fleißig. In der letzten Zeit lese ich wieder viel. Jedes Buch das ich zu fassen kriege wird verschlungen. Allerhand blödes Zeug ist auch darunter. Aber gelesen wird es darum doch. Eine nette Tiergeschichte habe ich gestern auch gelesen. Handelt sich um das Leben einer Raubkatze von Süd-West-Afrika. Augenblicklich lese ich „Der Sohn der Wälder". Ist auch ganz gut geschrieben. Man muß nur immer wieder staunen wo die Kriminalschriftsteller die Titel hernehmen. Habe heute ein Buch gelesen, das betitelt sich „Der Hund mit dem Schlips". Da war natürlich auch alles dran. Aber eine Leseratte verschlingt auch so etwas. - Sonst geht es mir noch immer gut. Auch ist es hier noch ruhig. Meinetwegen kann es auch so bleiben. - Auf Post von Dir warte ich natürlich auch schon wieder. Vielleicht gibt es in den nächsten Tagen ja wieder welche. - Was Du nun machst interessiert mich natürlich. Ich meine wo und was Du arbeitest. Du wirst es mir ja schon geschrieben haben, aber die Briefe werden wohl verloren gegangen sein. Habe sie bis jetzt noch nicht bekommen. Vielleicht schreibst Du es mir noch mal. So und Tante Minna wirst Du jetzt genannt. Damit kann ich mich nun doch noch nicht vertraut machen. Das hört sich doch ein bißchen alt an. So alt bist Du doch noch nicht. Wird auch bei meiner alten Anrede bleiben. - Hast Du nun inzwischen schon was von Andreas gehört? Emmy müßte doch eigentlich Bescheid wissen. Wohnt sie noch immer da draußen? Und was macht Hinni? Schreibt er noch immer? Habe noch keine Post wieder von ihm gekriegt. Arbeitet Marta eigentlich noch bei Beiersdorf? Und Hugo Schmidt? Arbeitet er noch auswärts oder ist er schon wieder in Hamburg? Von Erni Riehm habe ich auch schon eine ganze Zeit nichts mehr gehört. Kommt wohl jetzt auch wenig zum Schreiben. Die Hauptsache ist ja auch ich bekomme von Dir Post. Das ist mir doch am wichtigsten. Hast Du bei Deiner neuen

Beschäftigung auch Schichtarbeit zu machen? Und auch genug Zeit um zu den Jungens zu fahren? - So mein lieber Buttje und nun bin ich auch so ziemlich mit meiner Weisheit zu Ende. Ich hoffe, daß der Krieg bald aus und ich wieder bei Dir und den Jungens zu Haus. Sei bis dahin also recht vielmals gegrüßt und geküßt von Deinem Willy. An Willy und Harry auch Gruß und Kuß. Herzliche Grüße auch an meine Eltern, Marta, Dora, Deine Mutter, Emil, Frieda und Harro. Ist bei meinen Eltern noch alles beim alten? Und was macht Hans eigentlich? Ich verstehe nicht, daß er überhaupt nicht mal schreibt. Soviel Zeit wird er doch wohl über haben. Auch Dora. So mein Buttje bleibe gesund und sei nochmals geküßt von Deinem Willy.

175) Im Süd-Osten, 22. Sept. 1944

Mein lieber Buttje!

Heute kam Dein Brief Nr. 120 vom 30. August eingetrudelt Vielleicht wird dann wohl auch noch der andere fehlende Brief überkommen. Ich habe recht gedacht, dieser Brief würde etwas Neues für mich bringen, ich meine wegen Deiner neuen Beschäftigung, aber das wird wohl in den anderen stehen. Na, warten wir so lange. Für Deinen Brief und das Zigarettenpapier meinen besten Dank. Du brauchst nicht betrübt zu sein, daß Du mir nichts schicken kannst. Ich habe hier doch genug. So viel habt Ihr doch garnicht mal. Zu essen haben wir genug. Und genau steht es mit Rauchwaren. Ich habe noch 350 Zigaretten und auch noch genug Tabak. Daß ich Dir davon gerne etwas abgegeben hätte, weiß Du ja. Es geht aber leider nicht. Päckchensperre und im Brief darf auch nicht mehr reingelegt werden. - Wegen Andreas sehe man nicht zu schwarz. Er kann doch auch in Gefangenschaft geraten sein. Auch kann er von seiner Einheit weg sein und keine

Möglichkeit zu Postbeförderung sein. Genau so mußt Du damit rechnen von mit mal eine Zeit ohne Post zu sein. Wollen aber hoffen. Daß Du das nicht durchmachen brauchst. Sollte es aber doch mal passieren, brauchst Du meinetwegen nicht in Sorge sein. Hab man keine Angst, ich komme schon wieder. - Ihr seid ja die reinen Akrobaten, hinten Willemann auf n Rad mit einem langen Ast. Hast dabei gar keine Angst gehabt in einen Graben zu kippen? Hat Willy sich denn so in der Schule gebessert in der Schule, daß er sogar einen Preis dafür gekriegt hat? Es sollte mich freuen. Ja, mein Buttje, die Urlaubswünsche mußt Du dir aus dem Kopf schlagen. Denn jetzt gibt es schon gar keinen. Aber tröste Dich man, auch der Krieg wird eines Tages zu Ende sein. Wollen hoffen recht bald. Auch ich wäre lieber bei dir zu Hause. Aber auch das kommt wieder. Da brauchst Du Dir keine Gedanken über zu machen. Auch hier laufen die Tage so schnell. Bin jetzt schon beinahe 4 Wochen auf dem Festland. Und es kommt auch wieder die Zeit wo ich auf einmal wieder vor der Tür stehen werde. Dann werden wir auch sagen wie lange waren wir getrennt und doch ist die Zeit schnell gelaufen. Und doch hat sie uns was Gutes gebracht. Wer weiß wie sonst alles gekommen wäre. Vertragen haben wir uns in der letzten Zeit gut aber jetzt wird es doch ganz anders sein. - Von Hinni habe ich heute auch Post gekriegt und von Hans sogar auch. Hans hat ja mal wieder Glück gehabt. Hoffen wir, daß Hinni und Andreas genau so vom Glück in der Zukunft begünstigt sind. - So mein lieber Buttje und nun möchte ich doch schließen. So allmählich wird es mir hier zu frisch. Der Wind weht mir bald die Blätter fort. An Hans und Hinni habe ich auch eben geschrieben. Wollen hoffen, daß der Krieg bald zu Ende ist und wir uns dann alle gesund im Hause wieder sehen. Bis dahin halte Dich munter und sei recht vielmals gegrüßt und geküßt von Deinem Willy. Bestelle unseren Jungens auch einen schönen Gruß von mir. Auch an meine Eltern, Marta, Dora, Deine Mutter, Emil, Frieda und Harro.

176) Im Süd-Osten, 24. Sept. 1944

Mein lieber Buttje!

Heute ist mal wieder schönes Wetter. Ganz windstill und wieder schön warm. Im Radio spielen sie Operettenmusik. Ich denke da unwillkürlich an die Zeit, wo wir öfter in die Volksoper oder ins Operettenhaus gegangen sind. Weiß Du noch wie wir damals in Bahrenfeld gegen B.S. V. 19 gespielt haben und wir wieder unerwartet gewonnen hatten. Das sollte natürlich begossen werden. Und nur weil wir schon Karten für das Operettenhaus hatten, konnten wir nicht mit machen. Hatte mich doch geärgert. Aber verfallen konnten wir sie auch nicht lassen. Und vor allen Dingen deinetwegen konnte ich es auch nicht machen. denn Du hast es doch allen anderen vorgezogen. Käte und Kurt waren damals noch mit uns. Es wurde Paganini aufgeführt. Habe es aber nachher doch nicht bereut, daß ich mitgegangen bin. Auch die anderen Operetten die wir zusammen gesehen haben, haben mir gefallen. Und doch sind wir viel zu wenig hingegangen, nicht wahr? Allein wegen der Musik müßte man schon öfter dabei sein. Erinnerst Du noch den Abend wie wir im Conventgarten zum Konzertabend waren? Es war doch eigentlich das Beste. Was Ernst Heiden jetzt wohl macht? Ob er wohl auch im Westen mit eingesetzt ist? Warst du schon mal wieder bei Frau Heiden? Was ihr Mann und Willi jetzt wohl machen. Ob wir wohl alle noch mal so nett zusammen sitzen werden wie auf Ernst seiner Hochzeit? Das mit dem Aufstehen war ja auch ne dolle Geschichte, nicht wahr? 2 oder sogar 3 Wecker und doch um paar Stunden die Zeit verschlafen. Nach dem

Kaffeetrinken sind wir dann zusammen zur Arbeit gegangen. Ich habe Dich noch nach der Altonaer Str. zur Bahn gebracht. Es war eine ganz nette Hochzeitsfeier. Was war an dem Abend trotz des Krieges doch noch alles zu trinken und zu essen da. Einen ganz schönen Brummschädel habe ich an den nächsten Tag noch gehabt. Und abends hätte ich am liebsten gleich wieder weiter gemacht. Du auch ? - Heute morgen habe ich schon einige Partien Schach gespielt. Habe ganz bös gespielt. Kein Bein an die Erde gekriegt. Gleich geht es wieder los. Muß die Niederlagen doch wieder wett machen. Mein Partner wartet schon eine ganze Zeit. Ein Schachbrett fehlt uns immer. Haben uns jetzt auf unserem Tisch ein Schachbrett aufgemalt. Ich habe eben für Dich auch 25.- M. eingezahlt. Kann das Geld hier doch nicht gebrauchen. Und Du kannst es doch eher gebrauchen. Vielleicht kannst Du Willy und Harry ja auch eine Freude damit machen. - So mein lieber Buttje und nun bin ich mal wieder so weit. Ich hoffe, daß Du diesen Brief bei bester Gesundheit erhälts. Sei also recht vielmals gegrüßt und geküßt von Deinem Willy. An Willy und Harry auch einen schönen Gruß. Gleichfalls an meine Eltern, Marta, Dora, Deine Mutter. Emil Frieda und Harro. Und dann ein baldiges Wiedersehen in der Heimat. Bis dahin Kopf hoch!

177) Im Süd-Osten, 27. Sept. 1944

Mein lieber Buttje!

Von jetzt an kann ich nur noch 2 Briefe in der Woche schreiben. Glaube aber wenn die dann immer rechtzeitig ankommen, daß Du dann auch zufrieden bist. Diesen Brief bin ich am 27. schon angefangen aber nicht mehr fertig gekriegt. Seit gestern arbeiten wir an unserem Winterquartier. Ob wir es wohl noch gebrauchen werden? Ich glaube kaum. Als wir gestern wieder zurück kamen, bin ich nicht mehr zum Schreiben gekommen. Wir hatten noch so viel für unsere Essenzubereitung zu tun. Bis zum Dunkelwerden haben wir noch gebrutzelt. Wir hatten uns ein Schaf organisiert uns haben uns ein prima Essen gemacht. Vor 3 Tagen hatten wir sogar ein Ferkel. Gestern nach dem Abendessen haben wir eine Flasche selbst gebrauten Eierlikör anläßlich meines Geburtstages getrunken. An dem Eierlikör haben wir uns 15 Eier gemacht. Gescheckt hat er prima nur war es ein bißchen wenig. Ich bin dann auch zur rechten Zeit zu Bett gegangen. Heute haben wir uns noch eine Suppe von dem Rest gemacht. Nächste Woche werden wir uns noch ein Hammel vornehmen. Augenblicklich sitze ich im Zelt und schreibe. Gleich nach dem Abendessen hatte ich noch keine Zeit und jetzt ist es schon zu dunkel um draußen zu sitzen. Es schreibt sich so gerade nicht gut aber ich will den Brief gerne mit weg haben. Im Zelt haben wir nämlich keinen Tisch und auch keine Sitzgelegenheit. Entziffern wirst Du wohl alles können. Von Alwine und Hans habe ich gestern auch Post gekriegt. Kannst Hans und Alwine ja meinen besten Dank sagen für die Karte und das Zigarettenpapier. Schreiben kann ich den beiden jetzt auch nicht mehr. Die beiden Briefe die ich noch schreiben kann sind natürlich für Dich. Bis jetzt ist es hier noch alles ruhig und gut geht es mir auch noch. Habe schon wieder etwas zugenommmen. Aber es geht noch, rühren kann ich mich noch. Ich hoffe, daß es Dir und Willy und Harry auch noch gut geht und wir uns recht bald für ganz wieder haben. Halte Dich also munter und sei recht vielmals gegrüßt und geküßt von Deinem Willy. An Willy und Harry auch einen schönen Gruß. Gleichfalls an meine Eltern, Marta, Dora, Deine Mutter, Emil, Frieda + Harro.

178) Im Süd-Osten, 1. Oktober 1944

Mein lieber Buttje!

Gestern war für mich mal wieder ein Freudentag. Gab es doch mal wieder Post. Von Dir waren der Brief Nr. 121 vom 3. September und die 6 Päckchen dabei. Für die Päckchen und auch für den Brief meinen besten Dank. Daß Du die Kekse mit Liebe gebacken hast, glaube ich, waren sie doch so süß. Von Marta waren auch 2 Briefe dabei ein vom 15.9. und der andere vom 21.9.. Und von meiner Mutter ein Brief vom 15.9.. Schreiben kann ich jede Woche nur noch 2 Briefe. Du wohl auch jetzt. Aber bei Euch ist es ja nicht zu kontrollieren. - Daß Du mit Emmy zusammen bei der Holsten arbeitest, freut mich. Brauchst Du dich da nicht umzubringen. Ist doch was anderes als im richtigen R.- Betrieb. Du schreibst in Deinem Brief vom 3.9. daß Du schon lange auf Post von mir wartest. Inzwischen hast du ja nun schon Post von mir erhalten. Hoffe auch, daß Du auch schon neuere Briefe von mir erhalten hast. An mir liegt es nicht, wenn Du mal länger auf Post warten mußt. Na, das weißt du ja auch. Du siehst jas, mir geht es auch nicht viel besser. Von dir Post vom 3.9. und von Marta Post vom 22.9.. Lieber hätte ich ja von Dir einen Brief vom 22.9. gehabt. Aber beruhigt bin ich so auch. Marta schreibt, daß es Dir und den Jungens gut geht. Auch schriebt sie mir, daß sie sich immer wieder wundern muß, daß Du es alles so tapfer trägst. Wo Du doch eigentlich genug Grund zum Klagen hättest. Schon weil Du doch schon wieder über 1 Jahr auf mich wartest. Und dabei bestand doch eigentlich überhaupt keine Aussicht auf Urlaub. Und heute schon garnicht. Na, aber dafür aber die Aussicht auf eine schnelle Beendigung des Krieges. Hier bei uns geht es noch ganz ruhig zu. Es fliegen wohl mal Flugzeuge über uns weg, aber geworfen haben sie hier noch nichts. Glaube auch nicht, daß sie uns in unserem Frieden stören oder wir so schnell ins

Kriegsgeschehen einbezogen werden. Ich glaube eher daran, das der Krieg inzwischen aus geht. Das heißt wenn wir solange hier liegen bleiben. Möglich ist aber auch, daß wir eines guten Tages Richtung Heimat von hier abrücken. Bis jetzt haben wir ja immer noch Glück gehabt. Hoffe auch, daß es so in Zukunft bleibt. Hier bei uns ist es so ruhig wie auf der Insel. - Augenblicklich bin ich als Schreiber in der Schreibstube. Und daß ich, mit meiner schlechten Handschrift. Ende der Woche werde ich wohl wieder abgelöst. Der Schreiber war krank. Bin lieber draußen an der frischen Luft beim großen Haufen. - Das Wetter ist jetzt direkt herbstlich. Regen und Wind wechseln sich ab. Ich wird in diesem Brief Briefe für Marta + meinen Eltern beilegen. Dann kriegen sie wenigstens auch mal einen Brief. Du wirst wohl heute mit diesem kurzen Brief zu frieden sein. An Frau Rudnik, Etzkorn, Emmy, Ursula und Frau Schmidt einen schönen Gruß. Und sonst mein Buttje, habe man keine Bange eines Tages wird auch wieder für uns die Sonne scheinen. Wann fragst Du. Ich glaube es wird nicht mehr so lange dauern. Na, hoffen wir das Beste. Zeit wird es so bei kleinem, da hast Du recht. Auch ich wäre lieber heute als morgen wieder für immer bei Dir. So mein lieber Buttje und nun halte dich weiterhin gesund und sei Du sowie Willy + Harry recht vielmals gegrüßt und geküßt von Deinem Willy und Eurem Papa. An meine Eltern, Marta, Dora, Deine Mutter, Emil, Frieda + Harro auch herzliche Grüße.
Und sonst bin ich stolz auf Dich, daß Du Dich so tapfer hältst. Für die Päckchen nochmals meinen besten Dank.

Anmerkung:
R.- Betrieb: Rüstungsbetrieb

179) Im Süd-Osten, 3. Okt. 1944

Mein lieber Buttje!

Gestern bekam ich Deine Briefe Nr. 124 vom 18. September und die Geburtstagskarte. Für beides meinen besten Dank. Von Marta war auch ein Brief dabei. - Ich bin noch in der Schreibstube. Habe die abgehende Post fertig zu machen und auch die ankommende. Kann mir also meine Post als erster raus suchen. Und daß ich da für sorge, daß die abgehende Post auch schnell weg kommt wirst Du mir wohl glauben. - Ja, im Garten hause ich ja nun augenblicklich ja nicht, werde aber wohl in einigen Tagen da mein Quartier wieder aufschlagen. Aber wohl auch nur für ein paar Tage. Werden nämlich wenn wir unser Winterquartier fertig haben, da einziehen. Zeit wird es auch, denn die Zeit zum Zelten ist bald vorbei. Wir haben hier jetzt schon viel Regenwetter. Unser Garten ist auch schon ganz geplündert. Mit dem Paradiese ist es leider aus. Eine Eva habe ich da auch nicht gehabt. Bin da auch nicht auf scharf gewesen. Es wäre denn, du würdest als Eva bei mir erscheinen. Ja wäre es doch erst soweit. So allmählich muß das ja auch wieder kommen. Hier ist es noch immer ruhig. Auch geht es mir noch gut. Hoffe dasselbe auch von Dir, Willy und Harry. - Wo muß Willy denn seinen Ernteeinsatz mitmachen? In der Nähe von Kakenstorf oder noch weiter weg? Wäre ja am besten er könnte in Kakenstorf bleiben. Es ist der jetzigen Zeit doch nicht schön, wenn alles so auseinander gerissen ist. Na, unser Bestreben soll es sein, wenn der Krieg zu Ende ist, unseren Jungens so gut wie möglich, alles zu entgelten. - Beunruhigt bin ich nicht, wenn Du nicht so oft schreibst. Die Hauptsache ist ja, daß die Post noch überkommt. Sollte das wirklich mal abreißen, ganz gleich wie, dann werde ich auch nicht den Kopf hängen lassen. Ich weiß doch, daß Du mir treu bist und auch bleibst. Mich kann auch nichts erschüttern. Jedenfalls werden wir eines guten Tages wieder zusammen sein und das für immer. Und bis dahin werden wir den Kopf hoch halten, nicht wahr? Danach wird die Sonne schon wieder für uns scheinen, dafür bin ich nicht bange. - Vorgestern haben sie Hamburg ja auch wieder einmal gemeint. Hoffentlich ist an Euch alles gut vorüber gegangen. So mein lieber Buttje, und nun will ich auch schließen. Ein Kamerad hat mich hier besucht und dann schreibt es sich nicht so gut. Halte dich also gesund und sei recht vielmals gegrüßt und geküßt von Deinem Willy. An unsere Jungens auch Gruß und Kuß. Herzliche Grüße auch an meine Eltern, Marta, Dora, Deine Mutter, Emil Frieda und Harro. Und sonst sehne ich auch den Tag herbei wo ich Dich wieder für immer in die Arme nehmen kann. Glaube auch, daß der Tag nicht mehr fern ist. Nochmals viel Küße von Deinem Willy.

180) Im Süd-Osten, 9. Oktober 1944

Mein lieber Buttje!

So bei kleinen wird es ja wieder Zeit, daß ich mal wieder schreibe. Vor lauter Arbeit bin ich da nicht zu gekommen. Morgens sind wir immer schon früh raus gezogen zu unserer Baustelle. Abends gegen 5 Uhr sind wir immer zurück gekommen. Ehe man dann so weit ist, ist es schon dunkel. Seit gestern wohnen wir in unserem Häuschen. Ganz ist es noch nicht fertig. Das Haus für unseren Chef haben wir aber schon einige Tage fertig. Heute werden wir mit unserem Dach fertig. Die Wände haben wir uns geschüttet. Ist alles aus Beton. Bis auf unser Dach. Eine dünne Zementschicht soll da aber auch noch drauf. Dann kann die Regenzeit kommen. Vorige Woche haben wir jeden Tag 2 Mulis mitgenommen. Für den Transport für Wasser und Zement haben wir sie gut gebrauchen können. Der Weg von der Wasserstelle bis zu unserem Haus hin sind ungefähr 3-400 m. Das letzte Stück geht sogar bergauf. Wir liegen nämlich am halben Berge. Die Aussicht ist ganz gut. Wir gucken direkt auf den See. Unser jetziges Quartier ist von den vorherigen 4 km entfernt. Abends sind wir mit den Mulis hingeritten. Das war immer eine dolle Angelegenheit bevor ich richtig aufsaß. Am ersten Tage habe ich gleich einen Rutsch gemacht. So einfach ist es nämlich garnicht, wenn man Koppel, Seitengewehr, Patronentaschen und Karabiner umgehängt hat. Mein Kamerad hatte mehr Glück damit. Sein Muli war auch nicht so ein störisches Tier wie meins. Als ich das erste Mal runterflog hat er gelacht, daß ihm die Tränen kamen. Am nächsten Tag rief er schon bevor ich aufsaß, ick will watt sehn. Na, er hat dann auch was zu sehen gekriegt. Ich saß schon beinahe richtig, da rutschte mir der Karabiner über die Schulter, daß ich mich nicht mehr bewegen konnte. Der Muli wurde dadurch scheu und ich stürzte natürlich runter. Am nächsten Tage ging es mir genau so. Wenn es so weiter gegangen wäre, hätte ich bestimmt noch ein Diplom gekriegt wegen Saltorückwärts vom Muli. - Gestern haben wir Marketenderware bekommen. Es gab 16 Zigarren und 22 Zigaretten, Schnaps einen halben Liter und mit 5 Mann eine Flasche Sekt. Der Schnaps schmeckte garnicht mal so schlecht aber eine furchtbare Wirkung hatte der. Schnaps werde ich nicht anrühren. Mein Bedarf ist gedeckt. Der Kunstsprit ist doch ein furchtbares Zeug. Als wir schon ein Teil getrunken hatten, sind wir zu ein paar Kameraden gegangen die ganz in unserer Nähe ihr Quartier haben. Eine halbe Stunde war ich nur da, da war es so weit mit mir. Ich bin direkt raus gestürzt weil ich mich übergeben mußte. Wie ich dann in mein Quartier gekommen bin weiß ich selbst nicht. Am nächsten Tag (heute) erzählte es mir ein Kamerad. Er selbst hatte mich raufgebracht. Es waren nur 50 m zu laufen, aber doch hatte er seine liebe Not mit mir gehabt. Er selbst war auch nicht mehr nüchtern. Die meiste Zeit haben wir gelegen. Mir ist es noch unverständlich, denn soviel habe ich garnicht mal getrunken. Kopfschmerzen habe ich heute garnicht gehabt aber eine böße Katerstimmung. Na, aus und vorbei. Werde das Zeug nicht wieder anrühren. Ist auch sowieso besser wenn man einen klaren Kopf behält. Zigaretten hat es so wenig gegeben, weil in S. der größte Teil durch Fliegerangriff umgekommen ist. Es sind da schon öfter Bombenangriffe gewesen. Wir wissen schon immer bescheid wenn sie bei uns vorbei gebrummt kommen. Zu sehen sind sie auch fast immer obwohl sie ziemlich hoch fliegen. Hier bei uns ist es aber noch immer ruhig. Wollen hoffen, daß es so bleibt. - Zigaretten sind für Dich noch unterwegs eine Sendung vom 12. August und eine vom 22. August. Ferner noch Päckchen mit Mandeln, 2 mit Knäckebrot, 1 mit Mehl und ein mit Büchsenfleisch. Wollen hoffen, daß noch alles überkommt. Möglich ist es schon, daß etwas verloren gegangen ist. Deine 6 Päckchen habe ich schon vorige Woche bekommen. Meinen besten Dank auch noch. Habe es dir auch schon geschrieben. Von meinen Eltern habe ich noch keins erhalten. So traurig ist es doch nicht wenn Du mir nichts mehr schicken kannst. Ich kann doch auch nichts mehr schicken. So lange wird es ja sowieso nicht mehr dauern. Deinen Brief vom 24. September habe ich am 5. September (hier ist wohl der 5. Oktober gemeint) erhalten (Nr. 125). Meinen besten Dank auch für das Zigarettenpapier. Hoffentlich bekommst Du von mir auch immer regelmäßig die Post. - Das Bauen hat mir direkt Spaß gemacht. Wir haben allerlei Zement verarbeitet. Morgen wollen wir nun eine Zementschicht auf unser Dach schütten und dann geht es an die Innenarchitektur, Hoffentlich haben wir dann auch noch etwas von unserem Häuschen. Meistens ist es ja so, daß, wenn es fertig ist, abgerückt wird. Möglich ist alles. Wenn ich aber gleich zu Dir fahren könnte würde ich sofort meine Sachen packen. Na, auch das kommt glaube ich, sogar recht bald. So allmählich bin ich nun doch mit meinem

Latein zu Ende, müde werde ich allmählich auch. Die Nachwirkungen von gestern. Die Hauptsache ist aber, daß wir durch schlafen können. Wir brauchen nicht Posten zu stehen. Wenn wir erst mit unserem Bau fertig sind, wollen wir ins Schwefelbad gehen. Sind da jetzt ganz nahe bei. - Das Wetter ist schon über eine Woche herrlich. Heute war es auch wieder eine ganz schöne Hitze. Ist aber auch ein Glück, sonst hätten wir unseren Bau noch nicht fertig machen können. Es scheint aber, daß es in den nächsten Tagen anderes Wetter wird.- Wie habt Ihr denn die letzten Angriffe überstanden? Hoffentlich ist noch alles heil geblieben. Hast Du von Andreas schon wieder was gehört? - So mein Buttje und nun will ich doch schließen. Mir fällt nichts mehr ein. Halte Dich also weiterhin gesund und sei recht vielmals gegrüßt und geküßt von Deinem Willy. An Willy und Harry auch Grüße und Küsse. Herzliche Grüße auch an meine Eltern, Marta, Dora, Deine Mutter, Emil, Frieda und Harro, sowie Hans und Alwine, Fiede und Johanna, Emmy Schmidt, Ursula und Emmys Schwiegermutter. Und dann hoffe ich auf baldiges Kriegsende und ein gesundes Wiedersehen. Bis dahin halte den Kopf hoch und sei nochmals vielmals geküßt von Deinem Willy.

181) Im Süd-Osten, 11. Okt. 44

Mein lieber Buttje!

Wir sind immer noch mit unserem Häuschen beschäftigt. Gestern haben wir eine Zementschicht auf unser Dach gemacht und als wir gerade alles oben hatten fing es an zu regnen. Daß es da an einigen Stellen durchregnete war wohl nicht zu verwundern. Auch heute hat es öfter geregnet. Warten jetzt auf gutes Wetter damit wir unser Dach in Ordnung kriegen. Heute haben wir Innenarchitektur gemacht. Zu tun haben wir die nächste Zeit genug. Die Zeit läuft aber dabei. Heute haben wir uns erstmal einen Kalender angemacht. Wir wußten tatsächlich nicht, was wir für Tag und Datum wir hatten. Woher soll man das auch wissen, leben wir doch von einen Tag in den anderen. Streife oder Posten brauchen wir nicht zu stehen. Sind nur für Meldegänge da. Hier bei uns ist es noch immer ru¬hig. Und gut geht es mir auch noch immer. - Letzte Nacht habe ich furchtbar schlecht geschlafen. Habe allerhand Zeug zusammen geträumt. Irgendwo in der Stadt habe ich Willy und Harry und Dich getroffen. Harry und Du seid gleich nach Hause gegangen. Habe mit Willy noch irgend etwas kaufen wollen. Für Willy und Harry wollte ich etwas zum Naschen kaufen. Habe Aber nichts bekommen. Auf dem Nachhauseweg haben wir uns immer verlaufen. Irgendwo in Ottensen haben wir gewohnt. Um aber nach der betreffenden Straße hin zu kommen gebrauchten wir Stunden. Wir kamen immer bis zu der Straße die davor lag. Dann gab es immer ein Hindernis. Einmal war da ein Fabrikgelände zwischen und dann wieder war da nicht hin zukommen weil es verbaut war. Wie die Straße hieß weiß ich jetzt nicht mehr. Kannte das Gelände aber ganz genau. War direkt wie vor dem Kopf gestoßen weil wir da nicht hin gelangten. Alles mögliche haben wir versucht. Ich wollte abends mit Dir ins Kino aber das wurde dann doch nichts mehr. Ich bin dann nachher ganz plötzlich aufgewacht. Ich war noch ganz wirr von der Hast. Den Namen von der Straße wußte ich noch, habe ihn aber dann doch wieder vergessen. Was man sich nicht alles zusammen träumt. Im großen und ganzen ist es ja auch so man möchte gerne nach Hause und kann doch nicht, obwohl man doch weiß wo sein zu Hause ist. Aber die Hindernisse werden auch eines Tages weg geräumt sein. Und dann bin ich für immer bei Dir und den Jungens. Bis dahin bleibe schön gesund und sei recht vielmals gegrüßt und geküßt von Deinem Willy. Willy + Harry auch Gruß +

Kuß. Herzl. Grüße auch an meine Eltern, Marta, Dora, Deine Mutter, Emil, Frieda + Harro.

184) Im Süd-Osten, 25. Okt. 1944

Mein lieber Buttje!

Vor einigen Tagen schon erhielt ich Deine beiden Briefe Nr. 128 vom 9. Oktober und deinen Brief vom 13. Oktober (ohne Nr.). Für beide Briefe meinen besten Dank. Die Post kam für mich ganz überraschend. Vor einigen Tagen wurde uns gesagt, daß die Post nicht mehr angenommen wird. Habe darum auch nicht mehr geschrieben. Heute sagte mir ein Kamerad, daß doch noch Post angenommen wird. - Mir geht es noch immer gut. Ruhig ist es hier auch noch. Lange werden wir nicht mehr hierbleiben. Es hieß erst schon, heute geht es los. Ist aber doch noch mal verschoben worden. Wird wohl morgen oder übermorgen los gehen. Das Wetter ist noch immer schön. Hoffentlich bleibt es noch so. In der letzten Zeit sind wir mit Süßigkeiten direkt überhäuft worden. Erst gab es für jeden 3 1/2 Tafeln Schokolade, Süßbrot-Packungen, Drops, Bienenhonig und Oel. Gestern kriegten wir 3 Packungen Süßigkeiten und in jeder Packung waren auch noch 6 Zigaretten, außerdem gab es noch 6 Rollen Drops, 1 Packung Süßbrot und 2 Zigarren. Erzählt wird, daß es auch noch Marketenderware geben soll. Auf einmal so viel vom Guten. Könnten man doch noch Pakete schicken. Für Euch wäre es doch mal was anderes. Ich habe mich direkt schon über gegessen. Habe noch allerhand von den Süßigkeiten. Ein kleines Päckchen mit Süßigkeiten habe ich in meinem Rucksack gepackt. Wenn alles gut geht was ich hoffe, dann werde ich sie Euch mitbringen. Tabak habe ich auch noch einen großen Beutel voll. - Deine Post ist verhältnismäßig schnell übergekommen. In 7 Tagen ist doch eine

Leistung. Von Marta, Hinni, Willy und Harry habe ich auch Post bekmmen. Von der Baumwolle schrieb Hinni mir auch. Etwas Briefpapier hat er für mich auch beigelegt. Viel Zeit zum Schreiben werde ich in der nächsten Zeit wohl nicht haben. Und von Dir werde ich auf dem Marsch auch keine Post erhalten. Die Hauptsache ist ja, daß alles glatt geht. Auf dem Marsch selbst, freue ich mich schon, wird man doch allerhand zu sehen kriegen. Was wird das für eine Freude sein, wenn wir ungehindert durchkommen und wieder in der Heimat sind. Und wie schön wäre es, wenn der Krieg auch zu Ende wäre. Bis dahin, ich meine der Marsch in die Heimat, wird wohl noch eine ganze Zeit in Anspruch nehmen. Wird wohl alles auf Schusters Rappen vor sich gehen. Aber das macht mir nichts aus. Die Hauptsache ist, uns lassen sie ungeschoren. So mein lieber Buttje, das wäre erstmal alles. Ich hoffe, daß Du noch gesund und munter bist, auch Willy und Harry. - Und Scherben hat es beim Angriff auch wieder gegeben? Hoffentlich ist es nicht so schlimm geworden und hoffentlich sind die letzten Angriffe auch gut an Euch vorüber gegangen. So und nun mein lieber Buttje halte Dich gesund und sei recht vielmals gegrüßt und geküßt von Deinem Willy. An Willy und Harry, meine Eltern, Marta, Dora, Deine Mutter, Emil, Frieda und Harro auch einen schönen Gruß. Auch an Frau Schmidt, Emmy und Ursula eine schönen Gruß.

Für Willy und Harrys Post meinen besten Dank.
Vielleicht wirst Du ja jetzt längere Zeit keine Post bekommen aber darum keine Bange, mein Buttje. Ich werde schon wieder kommen.

Im Süd-Osten, 12. Nov. 44

Mein lieber Buttje!

Ich bin vor einigen Tagen schon einmal ein Brief angefangen, habe ihn aber nicht beendet und habe ihn auch nicht abgeben können. Wir sind schon 14 Tage auf dem Marsch in Richtung Heimat. Haben schon ein ganzes Stück hinten uns. Marschiert sind wir mitunter 30-32 Stunden ohne große Rast. Durch die Städte durch die wir gekommen sind, haben wir keine Post aufgeben können, weil keine Postverbindung mehr bestand. Heute sind wir in einem Ort gekommen in dem wir einige Tage liegen bleiben. Ich hatte mich schon schlafen gelegt, da kam der Bescheid daß Morgen früh Post abgegeben werden kann die nach Deutschland geht. Habe mich natürlich gleich hingesetzt um ein paar Zeilen an Dir zu schreiben. Bis jetzt hat mir das Marschieren noch keine großen Schwierigkeiten bereitet. Ich hätte nicht gedacht, daß man tagelang marschieren kann. Habe auch festgestellt, daß der Mensch mehr aushält wie ein Tier. Wir haben mehrere Wagen mit für unser Gepäck. Auch wir haben einen Wagen. Haben aber unsere Pferde schon etliche Male wechseln müssen. Wie lange wir noch auf der Landstraße liegen, weiß ich nicht, glaube aber, daß noch 1-2 Monate drauf hingehen bis wir die Deutsche Grenze erreicht haben. Bis jetzt ist auch noch alles gut verlaufen. Von den Flugzeugen sind wir allerdingst schon zweimal belästigt worden, aber wir haben deshalb doch unseren Weg fortgesetzt. Ja in ein oder 2 Tagen werden wir wohl wieder unseren Weg fortsetzen. Wollen hoffen, daß er weiterhin gut verläuft. - Von Dir, den Jungens, sowie meinen Eltern u. Geschwister, Deine Mutter, Emil, Frieda und Harro wünsche ich auch weiterhin alles Gute. So mein lieber Buttje ich muß jetzt schließen. Meine Kameraden wollen auch noch schreiben. Halte dich also gesund und sei recht vielmals gegrüßt und geküßt von

Deinem Willy. Herzliche Grüße auch an unsere Jungens, Willy und Harry, meine Eltern, Marta, Dora, Deine Mutter, Emil, Frieda, Harro. Hoffentlich bekommst Du diesen Brief recht schnell damit die Unruhe erstmal Dir wieder genommen ist. Ich denke auch, daß wir in der nächsten Zeit öfter schreiben können. Man sollte annehmen, daß, je näher man der Grenze kommt.

2. Brief während unseres Marsches.

Im Süd-Osten, 15. Nov. 1944

Mein lieber Buttje!

Wir liegen noch zur Sicherung anderer Truppen in einem kleinen serbischen Ort. Der 1. Brief war auch von hier. Es ist möglich daß wir heute Nacht oder in der morgigen weiter rücken. Zeit wird es auch. So gut die Ruhe auch für unsere Füße war, man möchte doch am liebsten ohne große Unterbrechung weiter marschieren. Den Marsch selbst durch den Balkan haben sich wohl alle von uns schlimmer vorgestellt. Feindberührung haben wir so gut wie garnicht (bis jetzt) gehabt. Die Flugzeuge haben uns wohl einige Male in Deckung gezwungen aber deshalb haben wir unseren Marsch doch immer nach kurzer Unterbrechung fortsetzen können. Von den Partisanen sind wir einmal aus weiter Entfernung angegriffen worden. - Als wir am 29. Oktober von unserem Stützpunkt loszogen hatten wir unsere Rucksäcke auf einen Wagen verladen. LKW haben wir überhaupt nicht. Für unsere Munition haben wir entweder Mulis oder Pferd und Wagen. Nach der 2. Station hatten wir auch schon unseren eigenen Wagen. Mit dem Pferd war nicht allzuviel los. Bekamen aber nach 2 Tagen 2 schöne Pferde. Einen konnten wir aber nur gebrauchen, weil wir einen Wagen für ein Pferd hatten. Als wir abends weiter zogen hatten wir Pech auf ganzer Linie. Das Pferd zog nicht. Nach vielen Anziehen riß das Pferdegeschirr, welches nicht in so gutem Zustande war, 2 mal entzwei. Bei der Gelegenheit blieben wir natürlich hinten hängen. Wir sahen uns gezwungen das 2. Pferd nebenbei laufen zu lassen, damit wir überhaupt von der Stelle kamen. Ich habe das andre Pferd, ein Grauschimmel, an der Leine nebenbei geführt. Einmal ging er vorn und hinten hoch und ich lag auf der Erde, war ausgerutscht. Den Grauschimmel habe ich aber nicht los gelassen. Es war ein sehr ängstliches Tier. Beide waren aber sehr feurig und liebten sich wie Geschwister die zusammen aufgewachsen waren. Wenn der eine nicht da war fing der andere schon an zu wiehern. Bei dem Aufbruch habe ich auch wieder etwas von meinen Sachen liegen lassen, und zwar meine Meldertasche mit Briefpapier, Rasierzeug, Seife und Zahnbürste, sowie Besteck. Einige Tage vorher hatte ich schon meinen Wäschebeutel mit meinen sämtlichen Rauchwaren liegen gelassen. Rauchwaren habe ich jetzt aber schon wieder genug. Ich wollte ich bekomme alles mit nach Hause. Mit unseren Pferden haben wir auch kein Glück gehabt. Nach 24 stündigen Marsch, bergauf und bergab, kamen wir ins Mazedonische Gebiet. Bevor wir weiter machten, haben wir unseren Rucksack gründlich entrümpelt. Wir mußten entrümpeln, weil wir große Berge zu überbrücken hatten. Wir hatten eine Serpentine vor uns, wo alles dran war. Viel Kraft und Schweiß hat uns der Berg gekostet. Den Grauschimmel haben wir ausgeliehen, weil ein anderes Pferd zusammen gebrochen war. Wir haben den Schimmel nicht wieder gesehen. Einige Tage später wurden wir aus weiter Entfernung von Partisanen mit Granatwerfern beschossen und dabei hat es unseren Schimmel erwischt. Ein Oberfeldwebel hatte den Schimmel als Reitpferd benutzt und ist durch eine Granate verletzt, auch das Pferd, und mußten ihr Leben lassen. Als wir weiter zogen und noch eine ganze Zeit von der Stelle entfernt waren, fing unser Gaul an zu wiehern. Unser Schwarzer ist nach einigen Tagen auch ein gegangen. Hat die Kolik gekriegt. Die Nacht werde ich auch nie vergessen. Am nächsten Tage haben wir uns schon wieder ein anderes Pferd organisiert. Ein ziemlicher Klepper. Werden wir wohl noch lange behalten. Er zieht ganz gut, ist aber ziemlich fertig und der jüngste ist er auch nicht mehr. Lange werden wir wohl sowieso nicht mehr mit dem Wagen fahren. Werden wohl nur noch Tragtiere benutzen. Auf dem kurzen Raum den wir bis jetzt durchwandert sind, haben wir serbisches, mazedonisches und wieder serbisches Gebiet durchstreift. Jetzt werden wir wohl eine Zeit auf serbischem Gebiet bleiben. Die Bevölkerung in dieser Gegend ist gemischt. Serben und Albaner. Die Albaner ziehen hier mit ihren Flinten umher. Kämpfen an Deutschlands Seite. Hier selbst ist augenblicklich ein großer Dreck auf den Straßen. Einige laufen hier sogar barfuß umher. Stiefel kennen die Eingeborenen überhaupt nicht. Aber das ist wohl im ganzen Balkan so. Ebenso der Dreck. Für die nächste Zeit bin ich nicht bange. Glaube an unserem guten Stern. Wir werden schon durch kommen. Es wäre doch schön, wenn wir zu Weihnachten im Hause wären. Wollen hoffen, daß unsere nächste Etappe eben so gefahrlos verläuft und wir uns recht bald für immer wieder haben. So, mein lieber Buttje und nun halte Dich weiterhin gesund und sei recht vielmals gegrüßt und geküßt von Deinem Willy. An Willy, Harry, meine Eltern, Marta, Dora, Deine Mutter, Emil, Frieda und Harro auch einen schönen Gruß. Will hoffen, daß es Euch noch allen gut geht. Von mir kann ich es sagen. Nochmals viele Küsse und ein baldiges Wiedersehen.

3. Brief während unseresMarsches

In den Bergen des Balkans, 3. Dez. 1944

Mein lieber Buttje!

Endlich kann ich mal wieder ein Lebenszeichen von mir geben. Mir geht es noch immer gut. Haben seit unserer letzten Sicherung allerhand Kilometer wieder zurück gelegt. Bis jetzt ist noch alles gut gegangen. Wollen hoffen, daß es weiter so bleibt. 2 Tage haben wir Ruhe gehabt. Haben zur Sicherung gelegen. Heute Nacht geht es wieder weiter. Wohin, noch fraglich. Ob weiter Richtung Heimat oder anderwo zur Sicherung ist noch nicht bekannt. Zu Deinem Geburtstage wünsche ich Dir alles Gute. Hoffentlich kann ich wieder recht bald für immer bei Dir sein. Auch zum Weihnachsfest wünsche ich Dir, sowie Willy + Harry, meinen Eltern, Marta, Dora, Deine Mutter, Emil, Frieda + Harro, sowie allen anderen herzl. Grüße. Ich sitze am Lagerfeuer. Es wird schon etwas dunkel. Der Bescheid zum Schreiben kam erst am Nachmittage. Heute habe ich mich seit 14 Tagen zum ersten Male wieder rasiert. Du hättest mich wohl garnicht wieder gekannt. Zum Waschen und gar zum Rasieren kommt man fast garnicht. Gut 1000 Kilometer haben wir schon zurück gelegt und immer noch nicht die Grenze überschritten. Jetzt geht es auf Sarajewo zu. Das Marschiewren selbst habe ich bis jetzt ganz gut überstanden. Ich hätte nicht gedacht, daß ich mit meinen Füßen so gut mit komme. Mal eben 30 oder 36 Stunden auf den Beinen ist immerhin schon eine Leistung. - Ich hoffe, daß sonst bei Euch noch alles heil und gesund ist. Man weiß jetzt doch tatsächlich nichts von einander mehr. Man fragt sich immer ist auch noch alles gesund? Sonst mache ich mir keine Gedanken. Ich weiß doch, daß ich mich auf Dich verlassen kann. - In der letzten Zeit haben wir uns allermögliche Kartoffelgerichte gekocht. Sind in einer Kartoffel reichen Gegend. Gestern und auch heute hatten wir fast nur mit der Essenzubereitung zu tun. Wasser ist hier schlecht zu kriegen. - So mein lieber Buttje und nun bleibe Du sowie auch Willy + Harry recht schön gesund. Wollen hoffen, daß wir uns recht bald für immer wieder haben. Bis dahin grüßt und küßt Dich dein Willy + Euer Papa. Herzl. Grüße auch an meine Eltern, Marta, Dora, Deine Mutter, Emil, Frieda und Harro.

Im Balkan, 10. Dez.44

Mein lieber Buttje!

Ob die Post ankommt weiß ich nicht, glaube auch nicht daran. Schreibe aber trotzdem. Es könnte ja doch sein, daß sie überkommt. Mir geht es noch immer gut. Hoffe dasselbe auch von Dir, Willy + Harry. Wir sind die letzten Tage noch nicht weiter gekommen. Liegen immer noch in den Bergen. Wie ich die gefressen habe. - Wann es weiter geht weiß keiner. Augenblicklich liegen wir auf einer Alm bei einer serbischen Familie. Heute haben wir Hammelfleisch und Kartoffeln zu Mittag. Zubereitet habe ich es. Habe überhaupt in der letzten Zeit viel gekocht. Morgen gibt es Weißkohl mit Hammelfleisch. Ein Glück, daß es hier viel Kartoffeln gibt. Würde sonst schlecht mit unserer Verpflegung aussehen. Ich denke aber, daß es besser damit wird, wenn wir über Sarajewo hinaus sind. Weihnachten werden wir wohl noch im Balkan zubringen. Hoffentlich ist es der letzte. - Zu Deinem Geburtstag nochmals alles Gute. Ich hoffe trotz allem, daß wir uns bald für immer wiedersehen. Bis dahin sei recht herzlichst gegrüßt + geküßt von Deinem Willy. Gruß an Willy + Harry, meinen Eltern, Marta, Dora, Deine Mutter, Emil, Frieda + Harro. Was macht Hans, Hinni, Andreas + Paul? Post habe ich schon 8 Wochen nicht mehr. Rechne auch nicht damit.

Auf dem Balkan, 20. Dez. 1944

Mein lieber Buttje!

Heute an Deinem Geburtstag gedenke ich Deiner in besonderer Weise. Möge es der letzte sein an dem wir nicht beisammen sind. Ich hoffe, daß es Dir Willy und Harry, sowie meinen Eltern +

Geschwister und auch Deine Mutter, Emil, Frieda + Harro noch gut geht. Von mir kann ich es immer noch berichten. Wir liegen noch immer zur Sicherung. So bei kleinem wird es wieder Zeit, daß es weiter geht. Erzählt wird, daß es morgen weiter gehen soll. Glaube aber noch nicht daran. Wir liegen hier ungefähr 1200-1500 m hoch. Auf die Berge, die etwas tiefer liegen ist noch kein Schnee. Hier oben bei uns aber. Am Tage bei Sonnenschein ist es ein herrlicher Anblick. Überhaupt hat die Landschaft hier ihre Reize. Nur das Bergsteigen macht mir weniger Spaß. Feindeinwirkung haben wir in unserem Abschnitt noch nicht gehabt. Hoffe, daß es so bleibt. - Umgezogen sind wir vor kurzem auch mal wieder. Etwas höher hinauf Die Unterkunft ist auch besser wie die vorherige. Post hat es immer noch nicht gegeben. Vielleicht gibt es ja auf dem Weitermarsch mal welche. Man ist tatsächlich von der Umwelt abgeschnitten. Seit einigen Tagen hören wir wenigstens mal wieder den Nachrichtendienst. Der Krieg will aber immer noch nicht zu Ende gehen. - An meine Eltern wollte ich auch gerne mal schreiben. Kann es aber nicht, weil ich kein Briefpapier mehr habe. Hoffentlich kann ich mal etwas auftreiben. Habe nur noch einen Feldpostbrief Wie mag es zu Hause bei Euch nur aussehen? So viel zu essen wie wir hier haben werdet Ihr wohl nicht haben. Kartoffeln gibt es hier genug und Viehzeug auch. Die Tage die ich bei der Komp. bin verbringe ich fast nur mit Essen zubereiten. 2 Tage in der Woche muß ich zum Battl. als Melder. Mit Brot werden wir in der letzten Zeit gut versorgt. Jede Komp. backt außerdem noch selber. Getreide dazu wird von den Landsern organisiert. So mein lieber Buttje und sei recht herzlich gegrüßt + geküßt von Deinem Willy.
An Willy + Harry, meine Eltern, Marta, Dora, Deine Mutter, Emil, Frieda + Harro auch einen schönen Gruß.

Im Balkan, 26. Dez. 1944

Mein lieber Buttje!

Seit dem 23. Dez. sind wir wieder auf dem Marsch. Viel zurück gelegt haben wir noch nicht. Die meiste Zeit haben wir auf der Straße gelegen. Vom 23. zum 24. Dez. und auch vom 24. auf den 25. Dez. lagen wir auf der Straße. Heiligabend um 3 Uhr haben wir uns ein Feuer auf der Straße gemacht. Hatten 2 Stunden Zeit. Während der Zeit wurde auch seit langer Zeit mal wieder Post ausgeteilt. Für mich waren 8 Briefe und 3 Zeitungen von Hansa dabei. Von Dir alleine 7 Briefe. Die Freude war natürlich groß. Es war mir mehr als das beste Weihnachtsgeschenk. Die Briefe von Dir waren die vom 27.10. (130), 29.10. (131), 3.11., 9.11, 13.11 (132), 16.11 und 29.11. Das Du den größten Teil der Briefe mit der Maschine schreibst, macht mir nichts aus. Die Hauptsache ist doch, daß überhaupt Post kommt. In einigen Tagen werden wir Sarajewo erreicht haben und vielleicht geht es dann sogar mit der Bahn weiter. Hoffen wir das Beste. Den Brief in dem Du vom Tod Willi Mücke geschrieben hast, habe ich nicht bekommen. Der 8. Brief war von Marta. Hoffentlich hast Du meine Post auch bekommen. Nach 40 Stunden Marsch haben wir gestern Quartier bezogen. Ich habe mit Mantel und Decke zugedeckt auf dem blanken Fußboden gelegen und besser geschlafen als im Schlaraffia-Bett. Wahrscheinlich geht es heute Nachmittag weiter. Die Berge sind nicht mehr ganz so hoch die wir zu überwinden haben. Ein großer Paß soll noch vor Sarajewo sein. Auf den Straßen ist es schon ziemlich glatt. Schnee liegt auch überall. Unser Quartier liegt auch auf dem Berg. - Ja und sonst wünsche ich auf, daß wir uns recht bald für immer wiedersehen. Peter Schmuck, der auch in unserer Komp. war, Emil Kahns kennt ihn auch, ist gefallen. Fliegerangriff zu Opfer gefallen. So mein lieber Buttje, hoffen wir, daß unsere Wünsche bald in Erfüllung gehen. Sei recht vielmals gegrüßt und geküßt von Deinem Willy. An Willy + Harry, meine Eltern, Marta, Dora, D. Mutter, Emil, Frieda + Harro auch herzl. Grüße.

Im Balkan, 5. Januar 1945

Mein lieber Buttje!

Vorige Woche habe ich wieder allerhand Post bekommen. Von dir natürlich am meisten. Meinen besten Dank. Hoffentlich bekommst du von mir auch bald mal Post. Wenn ich auch nicht so oft zum Schreiben komme wie sonst, aber geschrieben habe ich doch schon einige Briefe. Ich wollte vorige Woche auch gleich schreiben, bin da aber nicht zu gekommen. Seit dem 23. Dezember sind wir schon wieder auf dem Marsch und dann ist an schreiben nicht zu denken. Sylvester haben wir in einem kleinen Bergdorf Quartier bezogen. Nachts um 2 1/2 Uhr ging es aber schon wieder weiter. Den ganzen Tag über schneite es. Den anderen Morgen haben wir 3 Stunden Schlaf in einem Häuschen gefunden. Wir waren so richtig durchgefroren, es war furchtbar kalt geworden. Den nächsten Tag schneite es auch wieder ununterbrochen. Mit unserem Wagen eine ungeheure Kraftanstrengung für Pferd und auch für uns. Abends hatten wir auch noch Pech mit unserem Wagen und blieben zurück. Nachdem wir mit unserer Reparatur fertig waren zogen wir mit 6 Mann alleine weiter. Bein nächsten Haus haben wir aber halt gemacht. Bis zum nächsten Morgen blieben wir dann dort. Die Fahrt bis zur Komp. dauerte 12 Stunden. Da war alles dran. Die Wagen waren so verschneit, daß man nur mit äußerster Kraftanstrengung vorwärts kam. Als wir den Paß erreicht hatten, ging es aber etwas besser. Weil es bergab ging. Eine Schwierigkeit stellte sich uns aber noch im Weg und das war die Dunkelheit. Wir mußten höllisch anlassen, daß wir den Weg nicht verfehlten. Na, wir haben es aber geschafft. Abends spät langten wir bei unserer Komp. an. Unsere Komp. hatte Quartier in einem kleinem Städtchen bezogen. Wir wohnen bei einer Witwe. Hier ist es direkt schon etwas europäisch. Von der Reichsgrenze sind wir aber immer noch ein ganz schönes Stück entfernt. Über 1000 km sind wir schon marschiert. An 500 km haben wir aber noch nach, wir haben doch eine andere Richtung eingeschlagen. Über Sarajewo marschieren wir nicht mehr. Hoffentlich bleiben wir noch einige Tage hier liegen. Die Ruhe tut uns nach den Strapazen gut. Allerhand Erfrierungen haben wir auch schon bei unserer Komp. gehabt. Diejenigen sind schon fast alle abtransportiert. - Die Briefe die ich von dir erhalten habe sind Nr. 127 vom 5.10., 17.10., 20. 10., Nr. 129 vom 23.10., 27. 10. und 3. 12.. Außerdem war Post von Marta vom 20.10., von meinen Eltern vom 17.10. und von Hinni vom 16.10. Von Hans habe ich einen Brief wieder zurück bekommen. Hatte ihn nach Delmenhorst geschickt. - Für die Zeilen die Willy in Deinem letzten Brief geschrieben auch meine besten Dank. Richte auch an Marta und meine Eltern meinen besten Dank für ihre Post aus. Ich weiß noch nicht ob ich in den nächsten Tagen zum Schreiben komme. - Ich hoffe, daß es Euch Allen gut geht. Von mir kann ich es noch sagen. Wollen auch hoffen, daß der Krieg bald ein Ende nimmt und wir bald wieder vereint sind. - Ist der Sprößling bei Frieda schon angekommen? Und wie geht es Ihr? Will hoffen, daß sie alles gut überstanden hat. Hoffentlich kannst Du auch alles entziffern. Es ist nämlich ein ganz schönes Geschmiere geworden. Na, das bist Du ja von mir gewöhnt. - So mein lieber Buttje und nun halte Dich sowie sowie Willy und Harry weiterhin gesund und munter und seid recht vielmals gegrüßt und geküßt von Deinem Willy und Eurem Papa. An meine Eltern, Marta, Dora, Deine Mutter, Emil, Frieda und Harro auch einen schönen Gruß. Gleichfalls an Hans und Alwine, Fiede und Johanna und Kinder, Frau Schmidt, Emmy und Ursula. Und extra noch ein Küßchen von D. Willy.

Im Balkan, 6. Januar 1944

Mein lieber Buttje!

Lust zum Schlafen habe ich noch nicht. Wird Dir, weil doch nichts weiter zu tun habe ein paar Zeilen schreiben. Wir liegen immer noch im kleinen Städtchen. Meinetwegen könnten wir auch noch ein paar Tage hierbleiben. Es ist immer noch klares Frostwetter. Für uns mit unseren Fahrzeugen bei den hohen Schnee ist es kein gutes Fortkommen. Wann wir wohl die Deutsche Grenze erreichen werden? Je näher man kommt je langsamer geht es. Na einmal werden wir sie auch mal überschreiten. - 3 Finger habe ich mir auch verfroren. Ist aber nicht schlimm geworden. Ich kann wegen des Verbandes nur schlecht etwas anfassen. - Wie geht es Dir denn noch? Halst Du auch noch solange aus? Meinethalben kannst Du beruhigt sein. - Hast Du nun schon Post von mir bekommen? Ich hoffe doch. Sonst, Du bist nicht die einzige die auf Post wartet. Den Angehörigen von meinen Kameraden geht es ebenso. Man sollte aber annehmen, daß einmal auch die Post von hier überkommt. Noch besser wäre ja, ich könnte statt der Post bei Dir erscheinen, nicht wahr? So mein lieber Buttje! ich hoffe, daß dieser Brief recht schnell überkommt und er Dir bei guter Gesundheit antrifft. Halte dich also munter und sei recht vielmals gegrüßt und geküßt von Deinem Willy. An Willy und Harry auch Gruß + Kuß. Herzliche Grüße auch an meine Eltern, Marta, Dora, Deine Mutter, Emil, Frieda und Harro und den neuen Stammhalter.

Anmerkung: Dieser Brief scheint falsch datiert zu sein. Er ist sehr wahrscheinlich vom 4. Januar 1945. Siehe auch Poststempel.

Im Balkan, 8. Januar 1945

Mein lieber Buttje!

Diesen Brief wirst Du wohl bestimmt erhalten. Ich gab einen Urlauber diesen Brief mit. Der Urlauber ist Harburger und hat totalen Bombenschaden. Sein Vater ist auch bei dem Angriff ums Leben gekommen. Ich will hoffen, daß Du meine anderen Briefe erhalten hast, damit Du endlich Gewißheit hast, daß es mir noch gut geht. Kann dasselbe auch noch von mir sagen. Hoffe natürlich dasselbe auch von Euch allen. Post habe ich von Dir noch nicht wieder erhalten. Denke aber, daß in den nächsten Tagen wieder welche überkommt. Die älteste Post von Dir war die vom 3. Dez.. Später habe ich noch welche vom Oktober und November von Dir erhalten, aber die wird wohl irgendwo liegen geblieben sein. Wir liegen hier immer noch in dem kleinen Städtchen. Wie lange wir hier noch liegen bleiben ist nicht bekannt. Augenblicklich ist zum Marschieren auch nicht das richtige Wetter. Heute morgen ist ein kalter Wind aufgekommen. Sonst ist das Wetter aber am Tage klar und schön. - Heute ist hier der 3. Weihnachtstag. Am 1. morgens brachte uns unsere Wirtin für jeden ein belegtes Brötchen und 1 Glas Schnaps. Die Brötchen waren mit Fleisch und Rote Beete belegt. Kuchen habe ich nicht gesehen. Unsere Wirtin hat auch nicht viel zu beißen. Sie lebt mit ihren 8 jährigen Jungen zusammen. Ihren Mann hat sie vor 3 oder 4 Jahren verloren. Ist im politischen Kampf gefallen. In ein Raum wohnt unser Chef und noch 2 Feldw. und im anderen Raum (Küche) wohnt die Frau und 4 Mann. Dazu gehöre ich auch. Die Frau tut mir immer leid. Wenn ich da über nachdenke, daß es Dir auch mal so passieren könnte, graut mir jetzt schon.

Obwohl die Frau es bei uns nicht schlecht hat. Aber doch ist sie nicht ihr freier Herr. Hausen wir doch immer in ihrer Wohnung. Heute morgen mußten wir schon früh aufstehen. Um 3 Uhr wurden wir schon aufgeweckt weil die Partisanen sich rührten. Ab und zu veranstalten sie eine kleine Schießerei mit unserer Sicherung die auf den Bergen liegt. Unser Städtchen liegt im Tal. Ganz von Bergen umgeben. Jetzt im Winter sieht es hübsch aus wo alles verschneit ist. Aber im Sommer muß es hier noch besser sein. Es ist eine fruchtbare Gegend. Nur jetzt ist hier nicht viel zu holen. Zu viele Deutsche und auch Partisanen haben hier schon gelegen. - Die Bewohner sind zum größten Teil Mohammedaner. Die Mohammedaner sind auch die reichsten. Überhaupt eigenartig hier im Balkan die Zusammensetzung der Bevölkerung. Die Kriege in früheren Jahren haben doch viel zurück gelassen und gewandelt. Hier im Städtchen auch, muß es sich vor dem Kriege sich gut leben lassen haben. Vor allen Dingen sind die Menschen im Gegensatz zu anderen Balkanvölkern sehr sauber. Die Mohammedaner laufen allein 3 mal am Tage in die Moschee . (Das hat natürlich nichts mit Sauberkeit zu tun). Aber ihre Religion schreibt Waschungen 2 mal die Woche vor. Und genau so wie sie das Kirchengehen einhalten genau so fanatisch halten sie sich an alle andren Religionsbestimmungen. Die Mohammedanische Lehre ist wohl auch die modernste und gewaltigste Religionsbewegung. Die Mohammedaner würden für ihren Glauben auch zu Felde ziehen. Wo gibt es das bei uns? Soviel Kraft besitzt bei uns doch keine Religionsgemeinschaft. Das ist natürlich nur eine bescheidene Schilderung wie ich sie augenblicklich sehe. Als Verfechter des mohammedanischen Glaubens möchte ich darum aber nicht gelten. Meine Meinung über die Religion kennst Du ja und sie wird sich auch nicht ändern. - So und jetzt zu etwas anderem. Meine Erfrierungen an den Händen heilen sehr gut. Sah erst doch schlimmer aus. Auch sonst fühle ich mich sehr gut. Mit den Rauchwaren ist es nicht so reichlich. Verpflegungszigaretten gibt es nur noch 2 Stück den Tag. Ich habe aber noch genug Tabak. Damit werde ich noch eine Zeit auskommen. Nur Zigarettenpapier habe ich keins mehr. Ein Glück, daß ich meine Pfeife noch habe. Was man alles auf dem Marsch verliert glaubt keiner. Eßbesteck habe ich schon lange nicht mehr. Löffel und Gabel habe ich aber schon wieder in meinem Besitz. Man schimpft immer, daß der Rückmarsch so lange dauert, aber wer weiß vielleicht ist es doch so das richtige. Beim Barras muß man doch alles so hirmehmen wie es kommt. Nur eins möchte ich noch wissen, ob ich wohl vor Beendigung des Krieges Urlaub bekomme. In paar Wochen bin ich schon 2 Jahre Soldat und immer scheint er noch in weiter Ferne zu liegen. Aber das soll uns nicht abhalten, weiter zu hoffen auf ein baldiges Kriegsende und ein glückliches und gesundes Wiedersehen. So mein lieber Buttje für heute erst mal genug halte Dich weiterhin gesund und sei recht vielmals gegrüßt und geküßt von Deinem Willy. An Willy und Harry auch Gruß und Kuß. Herzliche Grüße auch an meine Eltern, Marta, Dora, Deine Mutter, Emil, Frieda + Harro.

Im Balkan, 12. Januar 1945

Mein lieber Buttje!

Vorgestern erhielt ich 4 Briefe von Dir. Es waren die Briefe vom 17. November, 22. Nov. und 2 Briefe vom 17. Dezember. Für die Briefe meinen besten Dank. Und Du hast noch immer keine Post von mir. Mir ist es unbegreiflich wo die Post bleibt. Denn von dir kommt die Post doch über. So oft wie sonst habe ich ja nicht geschrieben. D.h. so lange wir hier liegen habe ich jeden … 2-3 Briefe geschrieben. Auf dem Marsch kommt man natürlich nicht dazu. Wann wir von hier weiter marschieren weiß keiner. So einfach wird es auch nicht sein bei dem Schnee. Wenn es glatte ebene Straßen wären, ginge es noch. Aber die Pässe machen uns doch zu schaffen. Sollten wir doch noch über Sarajewo kommen müssen wir 50 km zurück und haben dann 2 Pässe zu nehmen. Glaube auch daß wir über S. müssen, denn die Straße auf der wir jetzt liegen ist ausgesprochenes Partisanengebiet. Es ist doch ein weiter Weg bis zur Heimat. Obwohl es nur noch etwa 500 km sind. 3 mal so viel haben wir schon zurück gelegt. Und das garnicht mal in so langer Zeit. - Ja, Weihnachten und Neujahr liegen schon hinten uns. Ich hoffe, daß Ihr die Tage den Verhältnissen entsprechend verlebt habt. Hoffentlich hat der Postbote Dir eine Weihnachtsfreude in Gestalt eines Briefes von mir übermittelt. Gestern habe ich einem Urlauber der nach Harburg fahrt einen Brief mitgegeben. Der wird wohl bestimmt ankommen. Hast dann endlich mal ein Lebenszeichen von mir. Sonst geht es mir immer noch gut. Hoffe dasselbe auch von Dir, Willy und Harry. Sehnsucht habe ich große nach Dir. Wollen hoffen, daß wir nicht auf eine zu harte Probe gestellt werden. Ich bin sonst voller Zuversicht. Es wird schon alles glatt gehen. So mein lieber Buttje, ich will hoffen, daß Du diesen Brief recht schnell und bei guter Gesundheit erhälst. Halte Dich also munter und sei recht vielmals gegrüßt und geküßt von Deinem Willy. Gruß und Kuß auch an Willy + Harry. So wie auch herzl. Grüße an meine Eltern, Marta, Dora, Deine Mutter, Emil, Frieda + Harro.

Im Balkan, 19. Jan. 1945

Mein lieber Buttje!

Hier ist es in den letzten Tagen sehr kalt geworden. Ein kalter Ostwind weht. Seit einigen Tagen bin ich mit auf einigen unserer

Stützpunkte. Man kommt aus den Klamotten garnicht mehr raus. Postenstehen ist Trumpf. Hoffentlich geht es bald wieder weiter. Post ist gestern auch mit der Verpflegung gekommen. Für mich war aber nichts dabei. Es waren aber alte Briefe die gekommen sind. Die nützen mir ja doch nichts. Die nächste Post von Dir, waren die beiden vom 17. Dezember. Ich denke doch, daß Du inzwischen Post von mir bekommen hast. Auch ja vielleicht schon den Brief den ich dem Urlauber mitgegeben habe. Ja, könnte man doch mal auf Urlaub fahren. Aber damit sieht es augenblicklich nicht rosig aus. Wenn wir eben vor der Grenze liegen würden, wäre es schon was anderes. Aber von dieser gottverlassenen Gegend aus besteht schon gar keine Möglichkeit. Sonst, Partisanen gibt es hier genug. Die lassen uns überhaupt keine Ruhe. Ziemlich zusammen geschmolzen ist unser Haufen auch schon. Viele Versprengte, daß sind solche, die auf dem Marsch nicht mitgekommen sind. Einige sind auch schon vor Beginn türmen gegangen. Krank sind während des Marsches viele geworden. Man merkt doch, daß unser Haufen zum größten Teil aus älteren Leuten besteht. Einige Verwundete und Gefallene haben wir leider auch schon zu verzeichnen. Bis jetzt sind es 3, die gefallen sind. Hoffentlich werden es nicht noch mehr. Schade um jedes Menschenleben. Mit dem ich im vorigen Jahre in Urlaub gefahren bin ist vor 3 Tagen auch gefallen. Nicht der den wir mit seiner Frau in der Kneipe in der Brandstwiete getroffen haben. Den hast Du nicht gesehen. Er war auch nicht aus unserer Komp.. Verheiratet ist er auch, auch einen Jungen auf den er besonders stolz war hat er. Nachdenken darf man schon garnicht mehr. Ich glaube aber, daß wir bald wieder weiterziehen. Verstärkung ist vor einigen Tagen schon eingetroffen. Vielleicht ist es ja auch unsere Ablösung. Wären wir bloß erst aus dem Balkan raus. Mein Bedarf ist gedeckt. Trotz der vielen landschaftlichen Schönheiten. Habe meine Wache eben rum. Ein paar schöne Eisbeine gefällig? Das Wetter ist sonst herrlich. Klarer blauer Himmel und Sonnenschein. Lieber wäre mir ein nebelverhangener Himmel und Hamburger Schmuddelwetter und natürlich möchte ich statt auf dem Balkan in Hamburg bei Dir sein. Na, wollen hoffen, daß es bald Wirklichkeit wird. So mein lieber Buttje, das wäre für heute erstmal alles. Ich hoffe, daß es Dir, Willy, Harry, meinen Eltern, Marta, Dora, Deine Mutter, Emil, Frieda und Harro, Hans + Alwine, Hans, Hinni und Andreas. Und nun mein lieber Buttje, halte Dich weiterhin munter und sei Du sowie Willy und Harry recht vielmals gegrüßt und geküßt von Deinen Willy. An meine Eltern, Marta, Dora, Deine Mutter, Emil, Frieda + Harro auch einen schönen Gruß. Geschrieben habe ich diesen Brief freihändig aus der Hand. Den Rest sogar im Stehen vor unserem Bunker. Nochmals viele Küsse von Deinem Willy. Es wird schon alles glatt gehen.

Im Balkan, 21. Januar 1945

Mein lieber Buttje!

Seit einigen Tagen sind wir wieder in unserem Städtchen. Von unserem Stützpunkt sind wir abgelöst worden. Werden aber wohl morgen oder in den nächsten Tagen einen anderen beziehen. Denke, daß wir wohl noch 14 Tagen in dieser Gegend bleiben. Gestern war ich mit zur Einweisung nach unserem neuen Stützpunkt. Als ich auf dem Berg stand, der unserem neuen Stützpunkt vorgelagert ist und ich so weit ich sah, nur Berge sah, kam mir der Gedanke, wie kommen wir hier nur raus. Ein Berg löst den anderen ab. Ganz so schlimm wie es aussieht ist es aber nicht. Bis nach Brad (?) hin (ungefähr 240 km von unserem jetzigen Standpunkt) geht es immer bergab. Immer zwischen den Bergen durch. Heute mittag setzte hier ein rechter Schneesturm ein. Da war alles dran. Ich habe mich nur gefreut, daß wir wieder in unserem Häuschen waren. Auf unseren letzten Stützpunkt war die Quartierfrage nicht besonders. Der neue scheint aber besser zu sein. Ich habe die Häuser nur von weitem gesehen, sie sahen aber sehr gut aus. Na, mal sehen wie es wird. Nach Aussagen der Einwohner soll der Winter sich hier ziemlich lange hinziehen. Der Frühling soll erst Ende April Anfang Mai einsetzen. Nette Aussichten. Meinetwegen könnte der Frühling jetzt schon kommen. Und mit ihm das Kriegsende. Gestern wurde im Wehrmachtsbericht ja auch unsere Absatzbewegungen erwähnt. Die Orte, die erwähnt wurden, haben wir schon vor 3 Wochen passiert. - Hier liegt der Schnee noch immer ziemlich hoch. Wenn man im freien Gelände herum läuft, hat man seine Not, die Füße aus dem Schnee heraus zu kriegen. Zu wundern ist es ja nicht, wo wir so hoch liegen. Trotzdem wir gewissermaßen im Tal liegen, liegen wir doch noch ziemlich hoch. - Die Verpflegung ist durch die Weite und wegen der verschneiten Straßen nicht immer so reichlich. Bis jetzt sind wir aber noch immer auf unsere Kosten gekommen. Morgens und abends bruzzeln wir uns immer eine Kost zusammen. Ja, sogar Brot aus Mais- und Gerstenmehl haben wir uns schon gebacken. Hat sehr gut geschmeckt. Das Verpflegungsauto ist heute auch gekommen. Jetzt nach dem wir Verstärkung erhalten haben, ist es auch nicht mehr so schlimm mit dem Transport. Die Straßen sind jetzt wenigstens frei von Partisanen. 25. Januar, Sonntagabend ist es doch zu spät geworden, habe den Brief doch nicht mehr fertig gekriegt. Die Tage darauf bin ich auch nicht mehr zum Schreiben gekommen. Montagmorgen sind wir zum Angriff angetreten und unseren neuen Stützpunkt bezogen. Angriff sollte es sein. Vom Feind haben wir aber nichts gesehen. Nur als wir den Stützpunkt bezogen hatte, haben sie zu uns rüber geschossen. Sie haben sich aber nach Erwiederung des Feuers sofort zurück gezogen. Unser neues Häuschen welches wir dann bezogen, war ganz nett.

Vorposten brauchten wir nicht zu stehen. Ein Glück, denn es war eine kalte Nacht. Am anderen Morgen haben wir unseren neuen Stützpunkt wieder verlassen und einen anderen bezogen. Ist auch nicht schlecht. Räumlich sogar noch besser. Heute erzählen sie hier, daß wir schon wieder abgelöst werden sollen. Vielleicht geht es ja so bis zur Grenze weiter. Meine Beschäftigung am Tage ist hauptsächlich Essen kochen. Ich muß den Burschen von Chef vertreten. Heute morgen habe ich von Maismehl Pfannkuchen gebacken, geschmeckt hat er ganz gut. Nur habe ich sie nicht heil aus der Pfanne gekriegt. Zu wundern ist es ja nicht, denn von Maismehl, Salz und Wasser kann man nicht mehr verlangen. Meistenteils machen wir uns eine Maismehlsuppe. Auch den Mais, so wie er ist, rösten wir uns in der Pfanne. Der Mais springt bei der Hitze auseinander. Auf`n Hamburger Dom gab es den auch zu kaufen. Wir nannten es „Schneeflocken". Die waren natürlich besser, denn da war immer noch eine Zuckerbrühe über. - Die Ortschaften hier liegen alle ganz gut. Sahen von weiten auch garnicht so übel aus. Nur wenn man näher heran kommt sieht man erst, daß sie alle baufällig sind, sie haben ihren Besitzer auch zu oft gewechselt. In Friedenszeiten muß es sich hier gut leben lassen. - Die Partisanen sind ziemlich hartnäckige Burschen. Sie versuchen immer wieder durchzubrechen. Sie machen sich aber fast immer vorher bemerkbar. Heute Nacht haben sie uns auch besucht, sie wurden aber zurückgeschlagen. Bis jetzt bin ich noch nicht zum Schuß gekommen. Bin ja auch nicht direkt mit vorn bei den Stellungen. So mein Buttje, für heute wäre es erstmal alles. Ich hoffe, daß ich in den nächsten Tagen wieder schreiben kann, (Ausfälle haben wir nicht gehabt). Mir geht es noch immer gut. Hoffe auch dasselbe von Dir, Willy und Harry. Halte dich weiterhin gesund und munter und sei recht vielmals gegrüßt und geküßt von Deinem

Willy. An Willy + Harry auch Gruß und Kuß. Herzliche Grüße auch an meine Eltern, Marta, Dora, Deine Mutter, Emil, Frieda + Harro. Post habe ich von Dir noch nicht wieder erhalten. Der letzte Brief war vom 17.12..

Anmerkung: Der am Anfang des Briefes bezeichnete Ort war nicht ganz zu entziffern. Es könnte sich aber um die Stadt Brad in Rumänien handeln.

1) Auf dem Balkan, 30. Jan. 1945

Gestern kam seit langer mal wieder Post. Für mich war auch was dabei. Von Dir waren es 2 Briefe und zwar vom 10. Dezember (134) und Nr. 1 vom 30. Dezember. Für Deine liebe Post meinen besten Dank. Bin Brief war von Hans + Alwine dabei und beigelegt waren 2 Buch Zigarettenpapier, 2 Rasierklingen + 2 Schreibfedern. Die Zigarettenblättchen kommen mir wie gerufen. Habe schon lange keine mehr. Ein Brief war von Hansa 11. Weihnachts- und Neujahrsgrüße, 3 Zeitungen von Hansa 11 waren auch dabei. - Emil und Frieda kannst Du meinen herzlichen Glückwunsch übermitteln zur Geburt des kleinen Mädchens. Die Freude war bei Euch wohl groß. Habt Ihr Euch doch ein Mädel gewünscht. Du selbst hättest wohl auch ganz gerne ein Mädel gehabt, nicht wahr? Mir kommt es nämlich so vor. Mir ist es schon gleich. Wenn es absolut so sein muß, werde ich Dir den Gefallen schon tun. Nur mußt Du Dich noch ein bißchen gedulden. So schnell werde ich wohl nicht kommen. Eigentlich ist es mir unbegreiflich, Daß Du immer noch keine Nachricht von mir hast. Die Briefe, die ich in der ersten Zeit unseres Marsches geschrieben habe, sind entweder verloren gegangen oder garnicht mehr befördert worden. Ende Dezember und Anfang Januar haben aber einige Angehörige schon Post erhalten. Ich denke doch, daß Du nun inzwischen auch schon Post von mir bekommen hast. - So und Willy möchte gerne Tischler werden? Meine Einwilligung hat er dazu. Tischler ist ein Beruf der eigentlich immer Arbeit hat. Und nach dem Kriege auf jeden Fall. Vielleicht kann er bei der Gelegenheit unsere Wohnungseinrichtung selber bauen. Das Harry noch mehr zum Spielen neigt, glaube ich, Willy ist doch ernsterer Natur. Er macht sich doch über alles mehr Gedanken. Harry ist gewissermaßen alles Wurscht. Zimmermann ist für Willy vielleicht doch zu schwer. Als Tischler ist er doch wenigstens in einer Werkstatt. Dagegen als Zimmermann viel draußen und noch gar zu schwere Arbeit. Tischler wollte ich ursprünglich auch werden. Auch jetzt hätte ich noch Lust einen Lehrgang mit zu machen. Es sind da doch viele feinere Arbeiten zu machen als beim groben Zimmermanns Beruf. Na, Willeman hat ja auch noch etwas Zeit sich das zu überlegen. - Und sonst ist es doch ganz gleich (während des Krieges) ob Junge oder Mädel. Wie viele Mädel und Frauen haben in diesem Kriege schon ihr Leben lassen müssen. Obwohl, darin bin ich auch Deiner Meinung, so'n kleines Mädel ist ganz seut. Nur wenn sie größer sind, hat man seine Not damit. Weiß es aus Erfahrung. Habe vor 20 Jahren mal ein Mädel kennen gelernt, die läßt garnicht mehr von mir ab. Und daß Eigentümliche dabei ist, daß ich auch nicht ohne sie sein kann. So ein Mädel hat doch etwas hypnotisches (anziehendes) an sich. Oder ist es doch mehr? Es ist wohl doch so, daß durch das lange Zusammenleben, das gegenseitige Verständnis und das Zusammenhalten erst bringt. Man nennt es auch ganz kurz „Liebe". Na, wir kennen es ja. Haben uns ja öfter schriftlich darüber unterhalten. Hoffentlich können wir es auch bald mündlich. - Im Stillen habe ich mich ordentlich geehrt gefühlt, als du mit mitteiltest, daß Emil ein noch größerer Meckerer ist. Daß er das ist, habe ich schon immer gewußt. Ja, ein bißchen Soldat spielen wäre garnicht so uneben. Da würde er schlecht ankommen mit seiner Meckerei. Daß er sich aber so weit gehen läßt und Dich anmeckert, wo Du doch aus Gefälligkeit während Friedas Abwesenheit, den Haushalt führst, ist doch ein starkes Stück. Vielleicht hätte er es ja lieber gesehen, ihr hättet ihn mit Harro allein gelassen. - Daß ein junges Mädel zuerst im Haushalt keine große Leuchte ist, ist doch verständlich. Und was hast Du in der ersten Zeit unserer Ehe verbockt? Es war doch höchstens die Verschiedenheit unserer Geschmäcker. Na, und die haben sich ja im Laufe der Jahre ausgeglichen. Weiß du noch Grünkohl mit Zucker? Na, so schlimm war es aber auch nicht Wenn man vernünftig ist, braucht man sich über solche Lapalien auch garnicht erst aufzuregen. Aber einige Menschen sind so unzufrieden mir sich selbst, daß sie einen Grund suchen, andere mit ihrer Meckerei zu belästigen. - Daß Du den beiden Jungens zu Weihnachten doch noch eine Freude bereiten konntest, freut mich. Hier in Kroatien ist erst Mitte Januar Weihnachten gewesen. Zu der Zeit waren wir noch im Ort. Die Frau bei der wir wohnten, weinte und sagte uns, daß sie nicht mal für ihren Jungen etwas zu Weihnachten hätte. Ich habe sofort an Euch zu Hause gedacht. Eine Mundharmonika, die ich für die Jungens mitbringen wollte, habe ich den Jungen geschenkt. So habe ich doch auch 2 Menschen eine Freude bereiten können. - So, mein lieber Buttje, das wäre erstmal wieder alles. Mir geht es noch gut. In Gefangenschaft bin ich noch nicht. Hoffe auch nicht dahin zu gelangen. Will auch hoffen, das es Dir, Willy und Harry noch gut geht. - Der besseren Übersicht wegen werde ich meine Briefe jetzt auch wieder numerieren. Und sonst habe ich den selben Wunsch wie auch Du, so schnell wie möglich in Deine Arme zu eilen. Bis dahin halte dich also gesund und sei recht vielmals gegrüßt und geküßt von Deinem Willy. An Willy und Harry auch Gruß und Kuß. Herzl. Grüße auch an meine Eltern, Marta, Dora, Deine Mutter, Emil, Frieda, Harro + Bärbele.

Anmerkung:
Wurscht: egal
Willemann: Kose- oder Spitzname von Willy
seut: süß (Plattdeutsch)
Lapalie: Kleinigkeit

2) Auf dem Balkan, 4. Februar 45

Mein lieber Buttje!

Heute an meinem 2 jährigen Dienstjubiläum will ich Dir auch einige Zeilen zu kommen lassen. Ja, 2 Jahre Soldat und immer noch Soldat. Dabei bin ich so bei der Sache. Verstehe garnicht, daß sie mich bei den Beförderungen immer übersehen. Na, kommen kann es ja noch. Erst muß ich mein „W.-U." ja mal los werden. Mies gestimmt bin ich deshalb aber nicht. Wir leben ja in der Hoffnung. Und Urlaub gibt es von hier auch nicht. Aber es besteht aber die Möglichkeit, daß wir nachher wenn wir erst unseren Marsch zurück gelegt haben, welchen erhalten. Wäre ja schön, wenn es gleich der … wäre. - Hier ist augenblicklich Tauwetter. Schon einige Tage. Heute regnet es sogar etwas. Meinetwegen. Kommt doch dabei der Schnee von den Straßen und unser Weitermarsch wird dadurch schon flotter vor sich gehen. Es wird wohl in den nächsten Tagen schon weiter gehen. Alles deutet daraufhin. Hoffentlich, denn hier herum liegen ist doch nicht nach meiner Mütze. Auch wird es sich mit der Zeit immer mehr hier zu spitzen. Sonst, augenblicklich besteht für uns noch keine Gefahr. Es wird auch schon alles gut gehen. - Vor einigen Tagen ist Willi Müller, Du wirst Dich wohl seiner noch erinnern, vom Heuberg, gefallen. Er hat eine Verwundung gehabt und ist den Tag darauf gestorben. Seine arme Frau. Wir hatten nicht damit gerechnet, daß er sein Leben lassen würde. Er war nach der Verwundung noch so mobil. Es war ein Lungenschuß. Muß wohl doch andere Teile mit verletzt haben. - Bis jetzt hat unsere Komp. eigentlich immer noch Glück gehabt. Hoffentlich bleibt es weiter so. Ich bin immer noch beim Komp.- Trupp und eigentlich nicht so in Gefahr. Liegen nicht so nahe an der H.K.L.. Also mein Buttje, keine Bange. Ich bin ganz zuversichtlich, daß wir uns recht bald wiedersehen. - Vor einigen Tagen haben wir unser ganzes Geld für die ganzen Marschtage erhalten. Weil ich hier doch nichts gebrauchen kann, habe ich alles aufgegeben. Es sind 158.- Mark. Wirst da wohl schon etwas mit anzufangen wissen. - Hast du nun schon Post von mir erhalten? Die meisten von meinen Kameraden ihre Angehörige haben schon zu Weihnachten Nachricht gehabt. Es ist mit unverständlich, denn ich schreibe doch noch viel öfter. Ich denke aber, daß Du jetzt auch schon Post von mir erhalten hast und weißt, daß ich wieder auf dem Balkan bin. So mein lieber Buttje, für heute bin ich mit meinem Latein zu Ende. Kann dir nur noch mitteilen, daß meine Sehnsucht nach Dir groß ist und ich dich recht bald mal wieder in meine Arme nehmen möchte. Aber das wird schon kommen. Bis dahin grüßt und küßt Dich recht vielmals Dein Willy. Gruß auch an Willy und Harry. Herzl. Grüße auch an meine Eltern, Marta, Dora, Deine Mutter, Emil, Frieda, Harro + Bärbele.

Anmerkung: H.K.L.: Hauptkampflinie

3) Auf dem Balkan, 7. Februar 1945

Mein lieber Buttje!

Endlich kam die Post auf die ich schon lange gewartet habe. Und zwar kam Dein Brief vom 9. Januar gestern an. Daß Ihr aus dem Häuschen wart, als Ihr seit langer Zeit meine Post bekommen habt, glaube ich. Auch ich habe mich gefreut, daß die Post endlich über gekommen ist. Heute Mittag soll auch Post mitkommen. Hoffentlich ist für mich auch welche dabei. Heute Abend werden wir wohl weiterziehen. Gepackt ist schon alles. Wirst wohl eine Zeit auf Post von mir warten müssen. Während des Marsches kommt man schon garnicht zum Schreiben. Es wäre wir beziehen irgendwo eine Stellung. Na, Du bist ja Kummer gewohnt. Gestern wurde im Wehrmachtsbericht ja auch etwas von hier unten erwähnt. Und zwar die Stadt Svornik. Das ist unser nächstes Ziel. Hoffentlich sind die Straßen einigermaßen. Letzte Nacht regnete und schneite es gleichzeitig. Davor die Tage war es schon so herrliches Wetter gewesen. Na, uns kann auch das nicht erschüttern. Wir haben schon ganz andere Tage hinter uns. Haben uns auch mit Schnee und Kälte genug herum geschlagen. Schlimmer kann es auch nicht mehr werden. Richard Heinitz ist seit einigen Tagen im Revier. Wird wohl wieder Malaria haben. Die Tage hier auf dem Stützpunkt waren für mich Tage der Ruhe. Nicht daß ich den ganzen Tag auf der Bärenhaut gelegen habe, nein zu tun hatte ich genug. Morgens bin ich mit einem Kameraden um 5 1/2 Uhr aufgestanden und dann ging es los mit der Essenzubereiterei. Wir hatten uns ungefähr 1 Ztr. Maismehl organisiert und davon gab es jeden Morgen und Abend eine Suppe. Plinsen, auf norddeutsch Pfannkuchen haben wir uns davon auch gebacken. Aber ohne Fett. Glaubst garnicht wie schön die schmecken. Den Vormittag über haben wir weiter nichts zu tun gehabt. Und doch war in Nullkommanix Mittag. Wasser gibt es hier bei uns in der Nähe nicht. Haben müssen wir aber welches. Wird also Schnee genommen. Bis jeder Wasser für sich zum Waschen welches aufgetaut hat, vergeht immer eine ganz schöne Zeit. Zu Mittag gibt es Essen aus der Feldküche. Und nachmittags wird Holz gehackt und an die Zubereitung des Abendessens herangegangen. Unsere Mehlvorräte sind fast ganz aufgebraucht. Für heute Abend gibt es noch mal eine Suppe. Während des Marsches kann man sich doch schlecht etwas kochen. Und dann hoffen wir, daß wieder frisch organisiert werden kann. Hoffentlich kommen wir mal wieder in eine Gegend, wo es wieder Kartoffeln in rauhen Mengen gibt, wie wir es schon mal hatten. Ich hatte es dir in verschiedenen Briefen auch schon mal mitgeteilt, wie wir damals gelebt haben. Eines Tages, es mag Anfang November gewesen sein, haben wir einen Bahnhof passiert, da standen Eisenbahnwagen alle bis oben hin voll Lebensmittel. Wir haben darin nur so gewatet. Und doch konnten wir nicht genug mitnehmen. Das Glück werden wir wohl jetzt nicht mehr haben. - Und Karl-Heinz ist jetzt auch schon an der Front. Man kann es sich garnicht vorstellen. Von den Bergen sind wir noch nicht runter und in der Nähe der Grenze auch noch nicht. Aber es geht jetzt Berg ab und auch der Grenze näher. Es sind nur noch ungefähr 500 km. Einen Paß haben wir auch noch vor uns aber der hat nicht mehr die Höhe, die die hatten, die wir schon hinter uns haben. Wenn wir erstmal die Hälfte von den noch zurückzulegenden km hinter uns haben, kommt die Ebene. Dann wird es schon etwas anders flutschen. Eben kann das Mittagessen (Haferflocken mit Wein) und damit die Post. Von Dir war auch ein Brief dabei und zwar der vom 22. Januar. Meinen besten Dank. Und Du wartest schon wieder 14 Tage auf Post. Es ist möglich, daß ich solange nicht geschrieben habe. Wir waren im Dezember eine ganze Zeit auf dem Marsch. Aber lange wirst Du nicht zu warten brauchen. Die Post wird schon überkommen. So und rot meinst Du zu werden, wenn Du mal wieder in die Arme genommen wirst? Na, auch das wird sich wieder geben. Wir sind ja keine Anfänger mehr, nicht wahr? Sonst an das Rotwerden glaube ich nicht so sehr. Denn vor mir wirst Du doch kein Schamgefühl haben. Oder etwa doch? So entfremdet werden wir uns doch nicht haben. Ja die Sehnsucht ist groß. Aber gerade darum weil man sich gern hat und zueinander hält, hält man es auch aus. Es ist doch so, nicht wahr? Ja ich wollte, ich stünde heute schon vor der Tür und könnte Dich in die Arme nehmen. Na, wollen hoffen, daß es nicht mehr so lange dauert. - So und du bist nun eifrige Strickerin geworden? Willst du das nachher auch so halten oder wollen wir uns wieder mit einem Buch vor der Nase gegenüber sitzen? Waren doch eigentlich angenehme Abende obwohl wir uns doch nicht viel gesagt haben, nicht wahr? Genug Lektüre wird es nachher schon geben und wenn nicht muß Du eben stricken und ich mir sonst eine Beschäftigung suchen. - So mein lieber Buttje für heute erstmal genug. Halte dich weiterhin gesund und sei recht vielmals gegrüßt und geküßt von Deinem Willy. Wollen hoffen, daß wir uns recht bald in der Heimat wiedersehen. An meine Eltern, Marta, Dora, Deine Mutter, Emil, Frieda, Harro und Bärbel auch einen schönen Gruß. Herzliche Grüße + Küsse auch an unsere Jungens. Heute Abend geht es endlich weiter.

Wäre ich man erst auf den Marsch nach Hamburg und in Deinen Armen.

Anmerkung:
Revier: Lazarett
flutschen: gut laufen, geschmiert laufen

EPILOG

Dieses war der letzte Brief, den unsere Mutter kurz vor Kriegsende bekam.

Ob es der letzte Brief war, den unser Vater geschrieben hat, ist nicht mehr zu ermitteln. Wenn er noch Post abgeschickt haben sollte, so kann diese in den letzten Monaten des Krieges, in dem vieles (fast alles) zusammenbrach, verloren gegangen sein.

Ausschnitte von der Mitteilung des Roten Kreuzes, Suchdienst München, vom 24. Januar 1974.

„Gutachten über das Schicksal des Verschollenen Willy Ladiges, geb. am 27.09.19005

Truppenteil: Festungs-Infanterie-Bataillon V/999
Vermißt seit 12. April 1945
DKR-Verschollenen-Bildliste Band CG, Seite 38

Ausgangspunkt für die Nachforschungen waren die dem Suchantrag entnommenen Angaben, die in die Verschollenen-Bildlisten aufgenommen wurden. Damit sind alle erreichbaren Heimkehrer aus Krieg und Gefangenschaft befragt worden, von denen angenommen werden konnte, daß sie mit dem Verschollenen zuletzt zusammengewesen sind. Diese Befragungen fanden sowohl in der Bundesrepublik als auch in Österreich und anderen Nachbarländern Deutschlands statt.

Ferner sind von anderen Stellen, die Unterlagen über die Verluste im 2. Weltkrieg besitzen, Informationen eingeholt worden. In erster Linie handelt es sich hierbei um das Internationale Komitee vom Roten Kreuz in Genf, die Deutsche Dienststelle für die Benachrichtigung der nächsten Angehörigen von Gefallenen der ehemaligen deutschen Wehrmacht in Berlin und die Heimatsortkarteien.

Über diese individuellen Ermittlungen hinaus wurde die Frage geprüft, ob der Verschollene in Gefangenschaft geraten sein konnte. Dabei wurden Kampfhandlungen, an denen er zuletzt teilgenommen hat, rekonstruiert. Als Unterlage dienten dem DRK-Suchdienst Angaben über Kameraden, die der gleichen Einheit angehört hatten und zum selben Zeitpunkt und am selben Einsatzort verschollen sind, Heimkehrerberichte, Schilderungen von Kampfhandlungen, Kriegstagebücher sowie Heeres- und Speziallandkarten.

Das Ergebnis der Nachforschungen führte zu dem Schluß, daß Willy Ladiges mit hoher Wahrscheinlichkeit am 12. April 1945 bei den Kämpfen im Raum Lovas, etwa 100 Kilometer westlich von Belgrad gefallen ist.

Zur Begründung wird ausgeführt:
Nach dem Scheitern der deutschen Offensive im Frühjahr 1945 in Ungarn wurden ab Mitte März die Truppen der Heeresgruppe Süd nach Westen zurückgedrängt. Am 13. April fiel Wien in sowjetische Hand. Auch die deutsche 2. Panzer-Armee konnte ihre Stellungen an der Drau nicht halten und zog sich in die sogenannte Reichsschutzstellung an der niederösterreichisch-ungarischen Grenze zurück.
Nur die Heeresgruppe E mußte die Front in Syrmien, 100 km westlich Belgrad, zwischen Drau und Save verteidigen, um den Durchzug der aus Bosnien kommenden deutschen Verbände zu sichern. Die Stadt Brod mit ihren Brücken mußte unbedingt gehalten werden, bis die Kolonnen aus Sarajewo das nördliche Save-Ufer erreicht hatten. Ende März gab die Heresgruppe E die 117. Jäger- Division an die 2. Panzer-Armee ab.
Am 12. April 1945 erfolgte der erwartete jugoslawische Großangriff in dem Abschnitt, der durch die Abgabe der 117. Jäger-Division unzureichend besetzt war. Als Ersatz für die Division war nur die Brigade Clotz mit dem Festungs-Infanterie-Bataillon V/999 zugeführt worden. Diese sollte den Frontabschnitt, der sich ostwärts

von Opatovac an der Donau über Lovas bis gegen Tovamik hinzog, verteidigen.
Den Angriff der jugoslawischen Verbände beschreibt ein Heimkehrer:
„Am 12. April vor 5 Uhr morgens setzte das Trommelfeuer des Gegners ein. Dazu kamen ab 7 Uhr Luftangriffe. Um 9 Uhr begann der Angriff auf unsere vollkommen zerschossenen Stellungen. Bei unserem Nachbarbataillon waren etwa 70 Panzer durchgebrochen und beschossen von rückwärts unsere Gräben, die wir verlassen mußten. Dabei erlitten wir sehr hohe Verluste."

Da keine schweren Waffen zur Verfügung standen, konnten die schnell eingesetzten Reserven weder dem Bataillon Entlastung bringen noch den weiteren Durchbruch des Geners verhindern. Bereits am Abend dieses schweren Kampftages ging der drei Kilometer westlich der Front liegende Ort Lovas verloren. Im Verlauf der Kämpfe geriet auch der in der Ortschaft befindliche Verbandsplatz in der Feuer von Artillerie und Panzern.

Seit diesen Kämpfen wurden zahlreiche Soldaten des Festungs-Infanterie-Bataillons V/999, darunter auch der Verschollene, vermißt. Für einige von ihnen liegen die Aussagen von Heimkehrern vor, daß sie gefallen sind. Viele haben aber bei der Verteidigung der Stützpunkte den Tod gefunden, ohne daß es von Überlebenden bemerkt wurde.

Es gibt keinen Hinweis dafür, daß der Verschollene in Gefangenschaft geriet.
Er wurde auch später in keinem Kriegsgefangenenlager gesehen.
Alle Feststellungen zwingen zu der Schlußfolgerung, daß er bei diesen Kämpfen gefallen ist."

2015 besuchte ich zusammen mit meinem Bruder und unseren Ehefrauen einige griechische Inseln, darunter auch die Insel Lemnos, auf der mein Vater fast ein Jahr lang stationiert war. Zwar fanden wir keine Erinnerungen mehr an die Anwesenheit der Deutschen Soldaten im 2. Weltkrieg auf der Insel, dennoch war es bewegend, an einigen Orten zu sein, die mein Vater vor Jahren dort auch besucht und kennengelernt bzw. sogar in ihnen gelebt hat. So sehe ich die Gegend dort vor meinem inneren Auge, wenn ich die Briefe meine Vaters lese.

Personen, die in den Briefen erwähnt werden:

Familie:

<u>Willy Adolf Karl Ladiges</u> – Vater des Autors – Ersteller der Feldpostbriefe

geb. am 27.09.1905 in Quickborn
gest. vermutlich am 12. April 1945 im Raum von Lovas, rund 100 km westlich von Belgrad

Von Beruf war Willy Ladiges Schriftsetzer und hat zuletzt in einer Druckerei in Hamburg in der Straße „Grimm" in der Nähe der Katharinen-Kirche gearbeitet.

Er saß zwei Jahre im KZ-Fuhlsbüttel (vom 01.03.1935 bis zum 08.11.1936) wegen Vorbereitung des Hochverrats. Willy war Mitglied einer Gruppe, die kommunistische Zeitungen gegen Hitler und die NSDAP entworfen und verteilt hat. Die Gruppe flog auf, weil ein Mitglied der Gruppe „fremd" ging und seine Frau die Gruppe verpfiff.
Ende 1942 / Anfang 1943 wurde Willy doch zum Krieg eingezogen.

<u>Minna Ladiges, geb. Driechel</u> – Mutter des Autors - Buttje

geb. am 20.12.1907 in Hamburg-Altona
gest. am 18.11.1991 in Hamburg-Wandsbek

Minna Ladiges war von Beruf Stenotypistin. Sie arbeitete vor und während des Krieges in der Reinigung Dependorf. Zum Ende des 2. Weltkrieges bis zu ihrer Pensionierung arbeitete sie als Reinmachfrei bei der Holsten-Brauerei in Hamburg.

Söhne der beiden:

Willy Ladiges, geb. 26.08.1931, wohnhaft in Hamburg
Harry Ladiges, geb. 05.06.1933 (Autor des Buches) wohnhaft in Hamburg

Weitere Verwandte:

Eltern von Willy Adolf Karl Ladiges

Julius Jürgen Friedrich Ladiges (geb. 03.03.1877 in Wedel, gest. 29.09.1957 in Hamburg
Anna Louise Karoline Ladiges, geb. Ehlers (geb. 06.06.1897 in Hamburg, gest. 28.12.1961 in Hamburg)

Geschwister von Willy Adolf Karl Ladiges

Martha, verheiratet mit Paul Alhelm
Hans, verheiratet mit Dora
Hinrich (Hinni), verheiratet mit Mariechen

Anna Jung: eine Tante von Willy A.K. Ladiges, die in der Müggenstraße wohnte

Onkel Ernst: ein Bruder von Julius Ladiges; er war Maurer und wohnte in der Lutherothstraße. Seine Frau war Tante Marie

Eltern von Minna Ladiges
Friedrich Hinrich Karl Anton Driechel (geb. 08.03.1863 in Hamburg, gest. 29.09.1939 in Hamburg)
Dorothea Henriette Wilhelmina Driechel, geb. Flederfisch (geb. 25.03.1867 in Hamburg, gest. 1956 in Hamburg)

Geschwister von Minna Ladiges

Hans, verheiratet mit Alwine
Friedrich (Fiede), verheiratet mit Johanna
Andreas, verheiratet mir Emmi
Frieda, verheiratet mit Emil Hartz

Harro Hartz: der Sohn von Frieda
Gerhard Driechel, Sohn von Andreas

Freunde und Bekannte:

Emil Kahns: ein sport - und politischer Freund von Willy A.K. Ladiges

Familie Nerlich: wohnte im Haus im Eidelstedter Weg 89. Herr Nerlich war ein politischer Freund von Willy A.K. Ladiges

Familie Michaelsen: wohnte im Haus im Eidelstedter Weg 89

Frau Rath: wohnte im II. Stockwerk in der Paulinenallee 60, ihr Mann war vermisst (war offensichtlich mit dem Schlachtschiff Bismarck untergegangen). Sie hatte sich mit Minna Ladiges angefreundet.

Frau Gülck (die „alte Frau"): wohnte auch in der Paulinenallee 60. Eine ehemalige Opernsängerin, die ihren noch sehr rüstigen Mann sehr herum kommandierte. Der Schrecken der Hausbewohner, hauptsächlich der Kinder

Frau Schöppner: eine Freundin von Anna Ladiges (Großmutter von Willy A.K. Ladiges), sie hatte ein Kurzwarengeschäft in der Methfesselstraße/Hamburg-Eimsbüttel. Hier hat Minna Ladiges zeitweise reingemacht.

Willy Brockmöller: Zahnarzt mit Praxis in der Alster-Krug-Chaussee/Fuhlsbüttel. Er war der Zahnarzt Marta Alheim und behandelte sie sogar noch kurz vor ihrem Tod, als sie mit Krebs im Wandsbeker Krankenhaus lag. Minna und Willy Ladiges waren bei ihm auch Patienten; der Autor war dort auch 1949 öfter zur Behandlung.

Erni Riehm oder Riehn: ist dem Autor leider unbekannt